タロット大全

——歴史から図像まで

伊泉龍一

The Complete Book of Tarot

Ryuichi Izumi

紀伊國屋書店

図9　ケーリー・イェール・パックのコート・カード、イェール大学ライブラリー（出典9）（本文33ページ）

図14「ユンギアン・タロット」（出典49）
（本文60ページ）
左から順に、悪魔、世界。

図 15 「ミスイック・タロット」（出典 40）（本文 60 ページ）
左から順に、吊るされた男、世界。

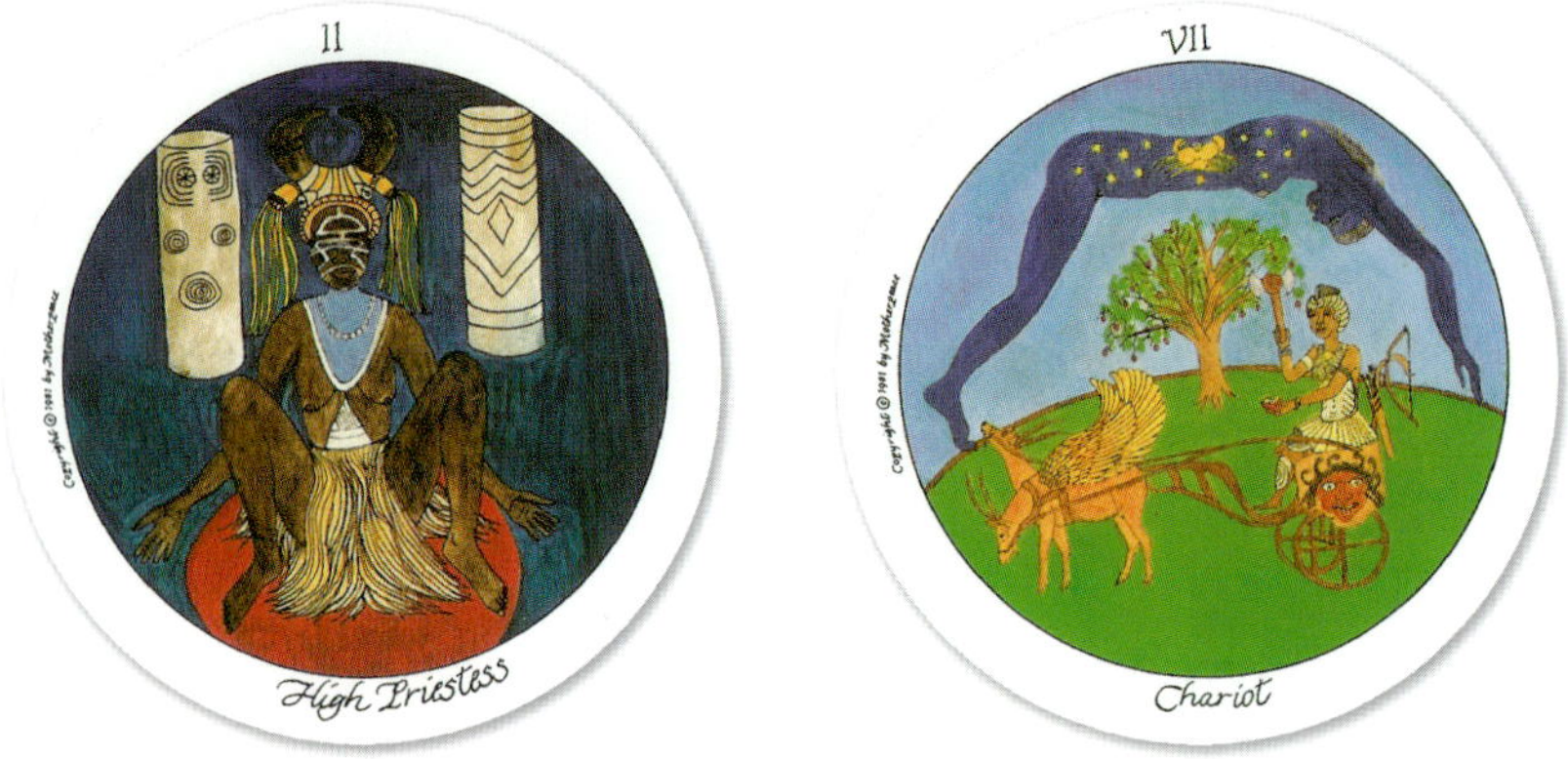

図 17 「マザー・ピース・タロット」（出典 45）
（本文 62 ページ）
左から順に、女司祭、戦車。

図 21 「チャイニーズ・タロット」（出典 24）（本文 63 ページ）
左から順に、魔術師、剣の 6。

図 22 「浮世絵タロット」（出典 13）（本文 63 ページ）左から順に、死、審判。

図 25 「ヴォイジャー・タロット」（出典 28）（本文 64 ページ）左から順に、女帝、隠者、星。

図 32　エテイヤのタロット・カード、リプリント版（出典 11）（本文 118 ページ）
左から順に、1、2、3、4、5、6、7、8、12、73、74、78。

図 37 「グラン・ジュー・ド・ル・ノルマン」リプリント版（出典 19）（本文 147 ページ）

図 38 「ペティ・ル・ノルマン」リプリント版（出典 35）（本文 147 ページ）

図 69 オスワルト・ウィルトのタロット リプリント版（出典 47）（本文 249 ページ）
左から順に、女教皇、死。

図 90　クロウリーのタロット
（出典 4）（本文 316 ページ）
左から順に、皇帝、司祭、恋人、
戦車、ワンドのナイト、
剣のクイーン、カップのプリンス、
ディスクのプリンセス。

図 100　ホールとクナップのタロット（出典 29）（本文 336 ページ）
左から順に、愚者、女帝、恋人、太陽。

図 104　「タロッキ・プレイヤー」、ミラノ
（出典 9）（本文 358 ページ）

図 105　ピアポント・モルガン－ベルガモ・パック、ピアポント・モルガン・ライブラリー及びアカデミア・カラーラ（出典 10）（本文 359 ページ）
左上から順に、愚者、ペテン師、女教皇、女帝、皇帝、教皇、愛、凱旋車、正義、老人、運命の車輪、剛毅、裏切り者、死、節制、星、月、太陽、審判、世界。

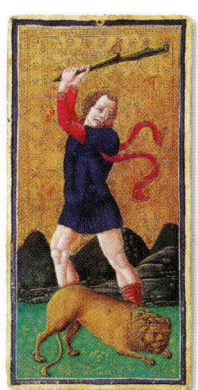

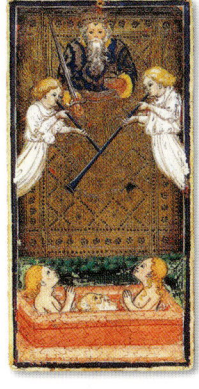

図109　ケーリー・イェール・パック、リプリント版
（出典26）
（本文362ページ）
左から順に、女帝、皇帝、愛（恋人）、剛毅（力）、凱旋車（戦車）、死、天使（審判）、世界、信仰、希望、慈愛。

図 114　ケーリー・イェール・パック「コインの 2」
（出典 26）（本文 364 ページ）

図 120　グランゴヌール・パック、パリ国立図書館（出典 25）
（本文 371 ページ）
左から順に、死、月。

図 121　フェラーラのエステ家のタロット、イェール大学ベイネッキー図書館（出典 9）（本文 371 ページ）

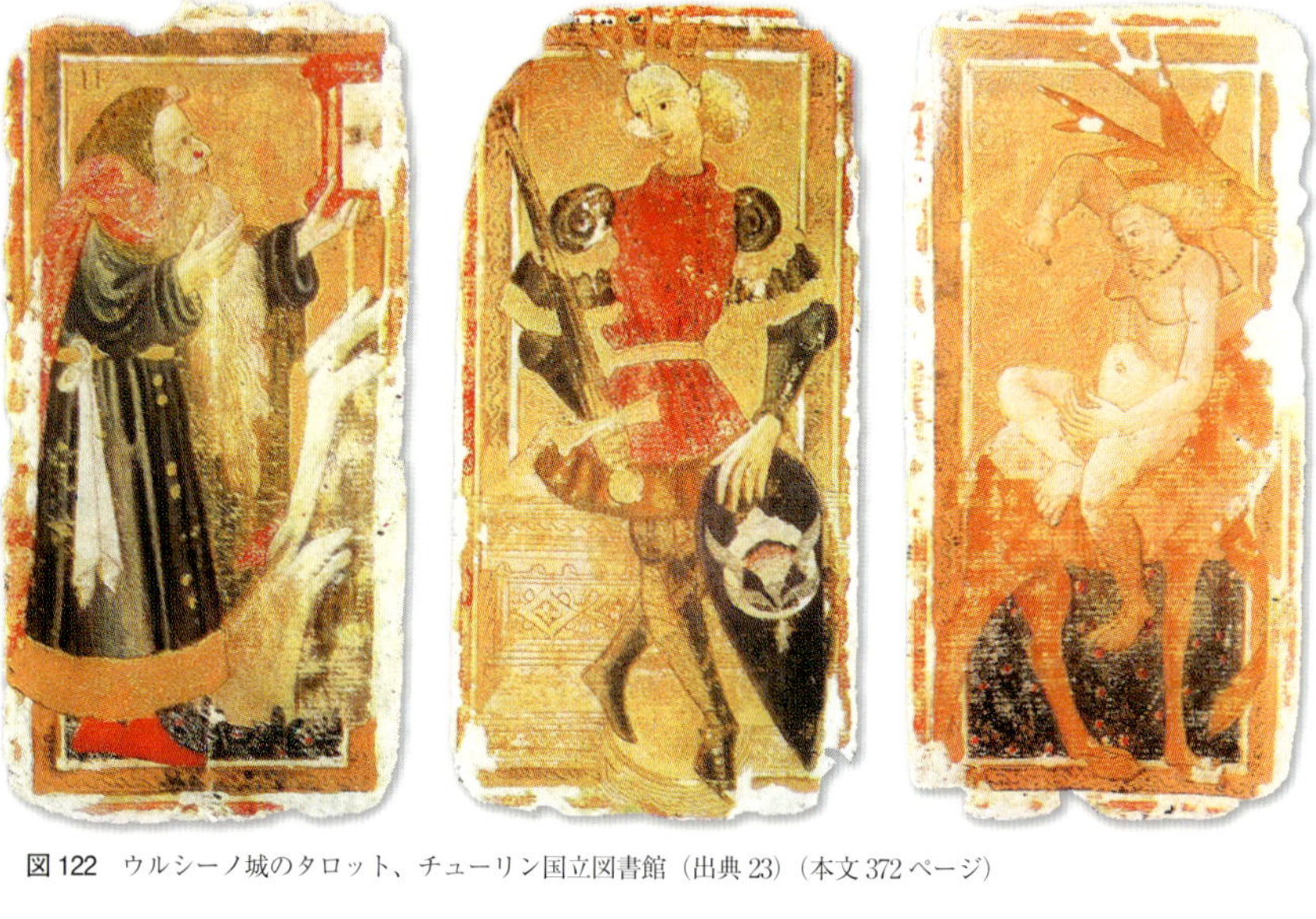

図 122　ウルシーノ城のタロット、チューリン国立図書館（出典 23）（本文 372 ページ）

図 126　ゴールドシュミットのタロット、ドイツ遊戯カード美術館、ウィーン
（出典 7）（本文 373 ページ）左から順に、愚者、女帝、教皇、
死 もしくは 剣のエース、太陽、（不明）、棒の 5、カップのエース、（不明）。

図 130　ガンジファ、ドイツ遊戯カード美術館、ウィーン（出典 23）（本文 380 ページ）

図 137　ジャック・ヴィエヴィルのタロット、リプリント版（出典 44）（本文 414 ページ）
左から順に、隠者、吊るされた男、カップの 2、コインのエース。

図 138　パリのタロット、リプリント版（出典 20）（本文 414 ページ）
左から順に、愚者、正義、コインのエース、コインの 4。

図 148　ミンキアーテ・パック、リプリント版（出典 39）（本文 436 ページ）左から順に、裏切り者、火、射手座、太陽。

図 163　ミンキアーテ・パック「賢明」、リプリント版（出典 39）（本文 479 ページ）

図 178　ミンキアーテ・パック「時の翁」、リプリント版（出典 39）（本文 496 ページ）

図 188　ヴィクトリア・アンド・アルバート美術館のヴィスコンティ－スフォルッア家のタロット「死」（出典 7）（本文 510 ページ）

図 199　ミンキアーテ・パック「希望」、リプリント版（出典 39）（本文 520 ページ）

図 201　ミンキアーテ・パック「星」、リプリント版（出典 39）（本文 520 ページ）

図 206　ジャック・ヴィエヴィルのタロット「月」、リプリント版（出典 44）（本文 525 ページ）

図 207　ジャック・ヴィエヴィルのタロット「太陽」、リプリント版（出典 44）（本文 525 ページ）

図 214　ジャック・ヴィエヴィルのタロット「世界」、リプリント版（出典 44）（本文 531 ページ）

タロット大全

The Complete Book of Tarot

目次

造本・装丁　妹尾浩也(iwor)
口絵デザイン　松田 陽(86Graphics)

はじめに

タロット――今本書を手に取られたあなたは、この言葉から何を連想されるのだろうか。すでに日本でもタロット占いは、一般の人々の間にも定着した感がある。東京はもちろんのこと、地方の都市部のあちらこちらでも見かける街の占いの店では、必ずといっていいほどタロット占い師の姿を見かけることができる。

古代のシビュラを彷彿とさせる、うっすらとしたヴェールを被った女性占い師が、テーブルの上に並べられたカードを一枚一枚めくっていく。やがて彼女は、カードに描かれた奇妙な絵柄を見つめながら、神妙な面持ちで次々と質問者の未来を予言していく……。このような占いのツールとしてのタロットは、ここ日本においては、スプーン曲げで名を轟かせたユリ・ゲラーの来日によって拍車をかけられた一九七〇年代後半の超能力やオカルト・ブームとともに、当時の少年・少女たちの間に広く浸透していった。そして今や二十代、三十代を中心とする若い女性の間では、すでに手相や星占いを凌ぐ人気のある占い方法として知られるに至っている。タロット占いブーム?　いや、もはや日本におけるタロット占いは、一時的な流行ではなく、すでに定番の占いとしてすっかりおなじみのものとなっているのだ。

ところで、わたし自身のタロットとの最初の出会いは、中学生の頃、同じクラスの女の子に恋占いをしてもらった経験である。ただし当時のわたしは、占いを好むタイプだったわけではない。逆にむしろ、ほとんど占いには興味がなく、不思議現象や神秘的なもの全般に対してもさほど関心を持つことのない、かなり冷めた少年だったと思う。

幼稚園の頃には、すでに両親に向かって「サンタクロースなんていない」と言い放ち、小学校の頃には「コックリさん」に熱中するクラスメイトに、「そんなもの自分で勝手に動かしてるんだよ」と皮肉って、随分と周りをしらけさせたものだった。つまり、幽霊・妖怪・神様・守護霊・生まれ変わり、そういったこと一切を信じない子供だった。ただ、いわゆるオカルトと総称されるものの中で、例外的に夢中になったものがあるとすれば、スプーン曲げなどの超能力と、宇宙人の乗り物としてのUFOぐらいのものだった（ちなみに、なぜこれらだけ信じたのかというと、子供の頃のわたしにとって、超能力と宇宙人に関することは、その他の不思議現象とは異なり、立派な「科学」であると思われたからだ）。

さて、そんな当時のわたしであるから、たかだかクラスメイトによる一回の恋占いごときでタロットに魅了されてしまうわけがなく、その後すぐにタロットのことなどすっかり忘れてしまっていた。


では、わたしが本格的に占いに興味を持つに至った最初のきっかけはというと、十代の終わり頃に、早川SF文庫の中の一冊であるフィリップ・K・ディックの『高い城の男』(1)を読んだことにさかのぼる。小学校の低学年のとき、まさに手に汗を握りながら、H・G・ウェルズの『宇宙大戦争』を読んで以来、SFは今も昔も変わらず唯一好きな小説のジャンルである。もう少し大人になってからは、スタニスワフ・レム、ルディ・ラッカー、ジェイムズ・ティプトリー・ジュニアあたりの割と哲学的な傾向を持つ作家を好んで読んだが、中でもとりわけディックは、思春期のわたしにとってまさに「グル」のような存在だった。

読んだことがある方はご存知のように『高い城の男』には、登場人物の一人の日本人が、易占にお伺いを立てるシーンが何度も登場する。ただし、この本を読み終えてすぐに占い自体を信じてしまったというわけではない。わたしを魅了したのは、あくまでサイエンス・フィクションの延長線上に現れてきたものとしての占いの世界だった。言い換えるなら、「偶然には意味がある」というひとつの仮の設定を前提とすることで世界がどう見えてくるかというパースペクティヴ上のものとして、占いの世界観はとても面白く興味深いものに思えたのである。もちろん、それを教えてくれたのが、ディックの『高い城の男』だったのだ。これについては、「ディック教」から無事に「脱会」することのできた現在でも、占いに対する興味のあり方としてさほど大きく変わってはいない。

ディックを通して易占を知った少し後に、たまたま読んだのが澁澤龍彦氏の「古代カルタの謎」と題されたタロットについてのエッセイである。この魅力的なエッセイについては、第一部の冒頭でも紹介するので、ここでは詳細は省く。さらに種村季弘氏の「愚者の旅」という、これまたタロットに関する非常に刺激的なエッセイを読んで、謎めいたその起源について本格的に興味をかきたてられた。[2]またそれからしばらく後に、シュールレアリスムの中心人物であるアンドレ・ブルトンが、タロットの「星」のカードの絵のイメージを素材とした『秘法十七番』[3]という散文詩を書いていることや、サルヴァドール・ダリがタロットを製作していることなども知り、[4]占いとしてだけではなく、タロットの絵そのものへの関心も増していった。そんな流れの中で、タロットに関する本をあれこれ読んで調べているうちに詳しくなり、ついに今回のような本を書くに至ってしまったというわけである。

ここで、試しに本書に収められたタロット・カードの図版のいくつかを眺めてみていただきたい。壺から壺へと液体を移し変える天使。アーモンド形の輪の中で踊る裸の女性。片足を木に縛られて逆さ吊りにされる男……。たとえタロットをよく知らなくても、一枚一枚のカードに描かれた不可思議で奇妙な絵柄の数々に、なんともいえず好奇心をくすぐられはしないだろうか。決して美的な観点から見て素晴らしい出来栄えとは言い難いが、そこには不思議と人を魅了する何かがある。いったいこれら一枚一枚のカードの絵柄は何を意味しているのだろうか？　いつ誰が何の目的で作ったのか？

ところで、一般の人から見たタロットの印象とは、現在どのようなものなのだろう。やはり最初にも述べたように、ミステリアスな占い師が操る神秘的な道具といったところなのだろうか。ちなみに、書店に並んでいるティーンエイジャー向けの手頃なタロット占いの解説書には、タロットの起源として「古代エジプト」、「古代インド」、「古代ユダヤ教」等々といった様々な説がまことしやかに列挙され、最後には「その起源はいまだ謎である」と締めくくられる。つまり、いまだタロットの出所が不明であるということから、ことさらその〝神秘性〟が強調されているのだ。さらに、少々まじめなムードの装いのもとで書かれたもう少し〝本格的な本〟では、たとえば「タロットは単なる占いのツールではなく、古代の賢者たちの叡智が絵として表現されたものだ」といったようなことが述べられている。これらについての真偽はさておいても、タロットが決して俗なるものではなく、なにか古来から伝わる崇高なものであるという主張は、熱狂的なタロット・ファンの間で、まず共有されているひとつの確信のようだ。

わたしは、ここ数年タロットにどっぷり親しんできたおかげで、多くのタロット占い師やタロット・ファンの方々と直接交流する機会が非常に多い。その経験から言うと、一言でタロット占い師やタロット・ファンといっても、その趣向を大きく三つのタイプとしてグループ分けすることができると思う[5]。

まず一つ目のグループとしては、タロットだけではなく、「不思議現象」や「超常現象」と呼ばれるもの全般を好むタイプである。または、いわゆる「精神世界的なもの」を好み、「霊的な世界」あるいは、「スピリチュアルな世界」が、決して非日常ではなく、当たり前の日常の中で、限りなく常識的なものと考えているタイプの人たちだ。

彼ら／彼女らは、タロットだけではなく、「体外離脱」、「生まれ変わり」、「オーラ・リーディング」、「チャネリング」、「アカシック・レコード」などといった懐疑的な人々からは突飛に思われがちな〝ハード〟なニューエイジ的な世界観から、「パワーストーン」、「ホメオパシー」、「アロマセラピー」、「フラワー・エッセンス」などといった、一般の人々にも受け入れやすい比較的〝ソフト〟なニューエイジ的な世界観まで、ほぼ全般を無条件に肯定する傾向が強く、場合によってはそれら複数を自ら実践していたりする（ニューエイジ的な世界観については、

第一部第三章で詳述する）。

実際に普段ごく親しくお付き合いしているわたしの知人の中にもこのタイプの方が多いので、ここでこんな引いた視点から述べていると後で怒られてしまうかもしれないが、正直に告白すると最初の方にも述べたように、冷めた子供時代を過ごしたわたし自身は、どうしてもニューエイジ的な世界観に対しては全面的には共鳴できないところが多分にある。

二つ目のグループは、タロット占いは大好きだけれども、意外にも「スピリチュアルなもの」にはほとんど関心を示さない人たちである。

彼ら／彼女らの興味があるのは、実際に直面している個々の悩み――恋愛、結婚、仕事、お金などといった現実の問題であり、それらに対して具体的にどう対処したらよいのか、という助言を占いに求めてくるのである（たとえば、「喧嘩した彼と仲直りしたいんだけど、どうすればいいのか？」とか、「転職するつもりなんだけど、タイミングはどうか？」等々）。したがって、目に見えない精神世界云々の話にはほとんど関心を持たない。すなわち「守護霊」や「前世のカルマ」や「霊的な使命」といったようなスピリチュアルなレベルの解答にはおおむね無関心であり、あくまで日常に密着したプラグマティックなアドバイスを求めるという意味で、良くも悪くも俗っぽい。

ちなみに、占いの世界に足を踏み入れるまでは、わたしにとって占い師は別世界の住人であり、きっと彼らは前者のスピリチュアルな趣向を持ったタイプの人だとばかり思っていた。けれども、実際に接してみたわたしの個人的な感触でいうと、現在日本で活躍しているプロの占い師は、意外なことにも前者よりもこの実利実益を求めるタイプが比較的多いような気もする（ただし統計を取ったわけではないので確かだとはいえないが）。つまり一見、派手で怪しげなヴィジュアル系占い師の先生方であっても、実際にちょっと話をしてみると、意外に一般人と何ら変わらぬノーマルな感覚の持ち主であり、親しみやすかったりするものなのだ。

最後に三つ目のグループを構成するのは、〝学術的〟なタイプの人たちである。

彼ら／彼女らはタロットをはじめ、占い全般を学問として考え、「占いは科学である」とか、あるいは「哲学である」といったような主張をすることが多い（場合によっては「占いは統計学だ」と主張する人もいる。けれどもそう主張する人のほとんどが、実際には厳密な意味での数学的な統計学を心得ていないのだが……）。

この三つ目のグループの人たちは、「占いの理論化」を重んじるとはいえ、その思想や方法論の多くが、現代の科学的パラダイム及び、科学的であると認められるための一般的な手続きから、大なり小なり逸脱していることは否めない（ちなみに、ここでいう「占いの理論化」ということがどういうことかは、第一部の第二章、第三章、及び第二部を読んでいただけるとご理解いただけると思う）。その理論なるものの大部分は、大雑把な見方によっては、結局ニューエイジ的世界観を奉じる最初のグループに含めてしまえるかもしれない。また哲学という観点から見ても、やはり一般的な意味での哲学的な思考スタイルであるとは認めづらく、むしろ、かなり突飛な形而上的世界を前提としたドグマのようなものであったり、あるいは哲学だとされるその主張のほとんどが、実は単なる人生訓のようなものであったりすることも珍しくはない。

以上見てきた三つのグループそれぞれのタイプは、現代の日本の占い状況にのみ適用できる分類なのではなく、本書で述べるタロットの歴史を通読していただけるとわかるが、十九世紀から二十世紀にかけて展開してきた諸外国のタロット占いを巡る状況としても、十分に当てはまるものなのである。

一方で、サイエンス・フィクションの延長として占いに興味を持ったわたしとしては、かろうじて二番目のグループに親近感がわくとはいえ、実際にはどのグループの考え方に対しても多少の違和感がある。というのも、本書の末尾でも詳しく述べるが、わたしにとってのタロットとは、結局のところ〈遊び〉という一言に集約されるからだ。人によって〈遊び〉という言葉に対しての受け止め方は様々であるかもしれないが、文化は「遊びの中で始まった」という歴史家ヨハン・ホイジンガの言葉を想起していただけるなら、この〈遊び〉という言葉にわたしが特別な意味を込めているということもおわかりいただけると思う[6]。

ではここで、いったん本書の構成を簡単に記しておこう。

第一部では、タロットがどのようなものと考えられ、実際にどのようなものとして扱われているのかという現在の事情を中心にお話しする。ここを読んでいただければ、これまでタロットの名前ぐらいしか知らなかった方でも、タロットの今の姿がどのようなものであるかを詳しく知ることができるだろう。

続く第二部は、現在に至るまでのタロットの起源と歴史についてである。また、ここではただ事実を淡々と追うのではなく、歴史の中でタロットがどのように変化し、そして今ある姿になっていったのかということを浮き彫りにするため、なるべく多くの具体例を盛り込みながらその変遷の様を追いかけていく。また、タロットを歴史の縦の線で見ていくと同時に横の線――いいかえるならタロットの変遷と同時代的な社会状況を意識した。したがって、オカルトや魔術、さらにニューエイジ、あるいは精神世界と呼ばれる分野にも視野を広げながら記述していく。そうすることで、タロットというモノの歴史と同時に、タロットを巡る人々の観念の歴史を描き出していく。

第三部では、タロットの魅力である各カードに描かれた絵を解釈していく。カードが製作された時代の文化的コンテクストから、単に絵柄のイメージの表層からだけでは見えにくい、その図像の持つ意味合いをできるかぎり探っていく。

ところで、一九九五年のオウム真理教の事件をきっかけとして、日本でもオカルト的なもの全般に対しての批判が一気に高まりをみせた時期があった。それ以来、単なる頭ごなしの安易で粗雑なオカルト批判は別として、きちんとしたクリティカルシンキングとしてのオカルト批判の論理に対しては、わたし自身も大いに賛同している。

しかしながら本書は、そういった視点からのオカルト批判を展開することを意図したものではない。それよりも、現代にまでつながる西洋近代のオカルティズムがいかにして誕生し発展していったのかを、タロットというひとつの具体的なモノを通して追ってみること。そしてそれによって、「古代から伝承された永遠の真理」であると称し、最初から「反証不可能」な形で提出されがちな「秘教的」な知識や法則も、実は特定の時代と地域による文化の産物であり、決して社会的・歴史的制約を逃れるものではないという認識を、改めてはっきりと提示することを目指したつもりである。

また、ついでにここで大風呂敷を広げさせていただくなら、オカルトの特定の分野の主題については、すでに日本で出ているオカルト専門書に負けないほどのボリュームと情報が、本書には含まれていると自負している。その点では、単にタロットの本としてだけではなく、オカルト的なことに関心のある読者の方でも、十分に読みごたえのあるものになっていると思う。

その一方で、もしかすると一般的な読者にとって、細々としたオカルトやタロット理論に関する説明は、どうでもいい瑣末な事柄だと感じられるかもしれない。わたし自身も執筆途中でそれをもっと簡略化してしまおうかと何度か考えたが、結局それは、本書の意図の一つからして、どうしても避けることのできないことだと判断し、あえて詳細な解説を書き連ねることにした。

今、「本書の意図の一つ」と述べたが、それはタロットとオカルトが、どのようなプロセスで結びつき、そして現代の神秘的なタロットのイメージが出来上がっていったのかという流れを、単なる年表のような形としてではなく、あくまでその具体的な実相として明らかにしてみたかったということだ。また日本では、歴史上のオカルティストたちの活躍に関して触れられていても、実際に彼らの具体的なオカルト理論がどのようなものだったのかがまとめられている文献が、いまだ少ないということも、もう一つの理由である。

なので、単におおまかな歴史の流れだけを知りたいという方には、あまり細部には拘泥せず、さっと読み流していただくスタイルをお勧めする。もちろん逆に、タロット本を何冊も読破されているタロット・マニアの方ならば、むしろその細部の記述にこそ興味を持って読んでいただけることと思う。

ここまで本書についてあれこれ述べてきたが、最終的に全体の執筆を通して目指したのは、昨今のタロット占いブームの背後にありながら、特にここ日本ではこれまで顧みられることの少なかったタロットの別の顔を描き出すことである。「占いとしてのタロット」、あるいは「オカルトとしてのタロット」が、これまでの日本におけるタロットの一般的な認識だとすれば、それらとは異なるタロットの姿も、本書の中にはたっぷりと収められている。特に第二部第三章以降では、タロットの神秘のベールの奥へと、歴史的、及び図像学的な観点から可能な限り迫っていく。それによって、占いやオカルトと結び付けられた一般的なタロットに対する認識からすれば、意外なタロットの持つ素顔が現れてきて、読者の中にはきっと驚かれる方もいらっしゃるだろう。

いまさらいうまでもなく本書は、いわゆる「タロット占い」のハウ・ツー本ではない。あくまで副題にある通り、内容はタロットの歴史及び、図像解釈が中心となる。したがって、好奇心旺盛なタロット・ファンの方々にはもちろんだが、広く歴史や文化史などに関心を持った方々にも、一読していただけたならば幸いである。

当初自分としては、本書を三ヶ月ぐらいで一気に書いてしまうつもりでいた。しかし、いざ書きはじめてみるとなかなかそうもいかず、結局実際の執筆には、約半年間の歳月がかかってしまった。ただし、構想から着手までには、その何倍もの年月がかかっている。特に約四年間にわたる新宿朝日カルチャーセンターでの講義の中で論じてきたことは、本書の内容のおおまかなベースとなっている。

今もタロットについての自説を自由に発表する場を提供し続けてくれている同カルチャーセンターのスタッフの皆様、及び、これまでのわたしの講義を聴講しに来てくださったすべての受講生の方々に、ここで改めてお礼を申し上げたい。

また、同世代でありながら、占いの世界においてはずっとわたしよりも先輩にあたる鏡リュウジ氏、そしてライターの水無月あおいさんとは、ほぼ酩酊状態になりながらの夜を徹した楽しいタロット談義の中から数々の貴重な示唆を得た。それなくしては、このような形での本は決して生まれなかったと思う。

さらに、どんな本が生まれるのか定かではなかった未熟な卵の状態で、紀伊國屋書店出版部に今回の本の企画を持ち込んでいただいた渋谷利明氏、竹内利光氏、そして西川純子さん、また一向にまとまらない漠然としたままの企画の話だったにもかかわらず、快く耳を傾けてくださった紀伊國屋書店出版部の黒田信二郎氏、そして編集作業に力を尽くしてくださった水野寛氏、近藤真里子さん、元・同出版部の矢内裕子さんには、この場を借りて深く心から感謝を捧げたい。

最後に、本書の中では、多くの翻訳文献も参照させていただいたが、文脈や表記の統一上、元の意味を損ねない程度に原文を若干改めている箇所が多々あることをお断りしておく。また、図版の中には細かいところが見えにくいものもあるが、ご了承願いたい。

二〇〇四年七月

伊泉　龍一

第一部　タロットの現在形

第一章　タロットとは何なのか？

「古代カルタ」としてのタロット

〝神秘〟と〝謎〟に包まれたタロットの雰囲気を伝えるのに、ふさわしい引用からはじめてみよう。タロットについてほとんど知らない方には、今ひとつわかりづらい文章かもしれないが、どうか細かいところは気にせずに、まずはその雰囲気だけを味わっていただきたい。ここには、一般によく知られる「タロット占い」というイメージとは異なる、タロットのもうひとつのミステリアスな顔がある。

十八世紀の学者ジェブランによってタロック（タロットのこと）の発明者と目されたトート・ヘルメスは、伝説によれば、文字の神、魔術の神で、しかも絵画的技法の神でもあったから、あらゆる神々の肖像を描くことに長じていた。トート・ヘルメスの神秘な肖像画を集めた書物は、「ア・ロッシュ」と呼ばれた。「ア」は教理を意味し、「ロッシュ」は始まりを意味する。こう書けば、A-Rosh が Taroch に変化したことは容易に理解されるだろう。ジェブランによれば、タロックの Tar は「道」を意味し、Rog は「王者」を意味する。すなわちタロックは「王道」の意なのである。[1]

これは一九六〇年代に、マルキ・ド・サドやジョルジュ・バタイユなどのフランス文学の紹介者でも有名な澁澤龍彦の書いた「古代カルタの謎」と題されたエッセイの中の一文である。澁澤はこのエッセイの中で、十八世紀のフランスの学者クール・ド・ジェブランによるタロットの古代エジプト起源説を引きながら、魅惑的なその歴史を非常に手際よくまとめてくれている。それによると、古代エジプトでトート・ヘルメスなる者によって発明されたタロットは、やがてあちこちを旅するジプシーの一族の手に渡り、その結果、ヨーロッパ各地へと広まっていったということである。

現在のようにタロット占いがポピュラーとなる以前の日本において、このエッセイは書かれた。そしてその後、日本でのタロットのイメージが形作られていくのに際して、このエッセイが与えた影響はさぞかし大きかったに違いない。現在のように、タロットの手引書が書店の占いのコーナーに並んでいるわけもなく、実のところ、このエッセイが戦後日本でタロットを本格的に紹介したはじめてのものだったからだ(2)。

ところで、わたしがこの文章に出会ったのは、本格的にタロットに興味を持ちはじめる前の、ちょうど二十代前半の頃だったと思う。澁澤が最初にこのエッセイを書いてから三十年ほど経ってからのことである。当時はさしてオカルト的なものに惹かれていたわけではないが、澁澤の博引旁証に魅せられつつ、魔術だの薔薇十字団などについて書かれたエッセイのページをパラパラとめくったものである。

「タロット……」。わたしがその言葉から真っ先に思い出したのは、確か中学生の頃、クラスの占いかぶれの女の子に、休み時間、恋占いをしてもらったおぼろげな記憶である。教室の机の上に並べられた不思議な絵柄のカードを見ながら、好き勝手なことを言われて、あれこれはやし立てられたものだ。

ところが、その中学生ごときの恋占いに使われてしまう道具が、澁澤のエッセイの中では、なんと古代エジプトを起源とすると述べられているのだから驚きである。澁澤のエッセイが出てから四十年と少し経った現在では、この極東の島国・日本においてですら、タロットは非常にポピュラーなものになった。ここでちょっと考えてもみてほしい。紀元前の彼方から二十一世紀の現在に至るまで、悠久の時を越えて人々の手から手へと渡り、ついに日本にまで到着したといわれるタロット！　これがもし真実ならば、その歴史とはなんとも気の遠くなる壮大なものではなかろうか。

このようなタロットの起源と歴史は、日本のタロット・ファンの間では、いつの間にやらおなじみのものとなってしまっている。そして、現在でも、市販のタロットの手引き書や雑誌の占いページをめくっていただくと、大概、これに似たような説明がなされているのを見ることができる。

タロットの歴史や起源については後の章で詳しく検討するが、とにかく澁澤のエッセイは、その記述内容の真偽はともかくとして、今読んでも非常に魅力的であることは間違いない。「古代カルタ」としてのタロットというファンタジーは、〝謎〟や〝神秘〟というものに惹かれてしまうタイプの人間にとっては、いつになってもたまらなく心をそそられるものである。

ところで、本書をお読みの方の中には、すでにタロットをよくご存知の方もいらっしゃるとは思うが、しかし、逆にほとんどタロットを知らない方のために、ここでタロットについてのごく簡単な基礎知識を紹介しておいた方がいいだろう。

タロット・カードの枚数と構成

改めていうまでもないことかもしれないが、タロットとは紙でできたカードのセットのことである。日本ではトランプならば誰でも知っていると思うが、それに非常に似ているものだといえば、だいたいどんなものか想像していただけるだろう。

ただし、普通知られている一般的なトランプと大きく異なるのは、タロットには二十二枚の奇妙な絵の描かれたカードが含まれているという点である。この二十二枚の特別なカードは、現在のタロット占いの本では、「大アルカナ」あるいは「メジャー・アルカナ」と呼ばれている。「アルカナ（Arcana）」という言葉は、日本語に訳すと「秘儀」というような意味であるが、このことからもタロットがなにやら神秘的なものであるというニュアンスが伝わってくるだろう。

図1をご覧いただきたい。これが現在の標準的なタロットの大アルカナである。ちなみに、このカードは主に十八世紀頃からフランスのマルセイユで作られるようになったものだ。もう一つ見ていただきたいのは、**図2**のカードである。こちらは、二十世紀初頭にロンドンで出版されたものである。それぞれについての詳細は、第二章の「タロットの歴史」のところで取り上げるが、二十世紀の標準的なスタイルのタロット・カードは、この二つのうちのどちらかがもとになっている。

一方、「小アルカナ」あるいは「マイナー・アルカナ」と呼ばれる五十六枚のカードがある。これはやや枚数は異なるがおおむねトランプと同じようなものだと考えていただければ、まずは結構である（**図3**）。

すなわち、大アルカナと呼ばれる特別な二十二枚のカードと、小アルカナと呼ばれるトランプに似た五十六枚のカード、この二組を合わせると合計七十八枚から成るひとつのタロット・カード・パックが出来上がることになる（カード全体のセットのことをパックという）。

もう少しだけ詳しく見ておこう。先ほどの**図1**のカードを見ていただくとわかるが、二十二枚の大アルカナのカードそれぞれには、独特な呼び名がつけられている。列挙してみると、「愚者」「奇術師（もしくは魔術師）」「女教皇（もしくは女司祭）」「女帝」「皇帝」「教皇（もしくは司祭）」「恋人」「戦車」「正義」「隠者」「運命の車輪」「力」「吊るされた男」「死」「節制」「悪魔」「神の家（もしくは塔）」「星」「月」「太陽」「審判」「世界」となる。また、「奇術師（もしくは魔術師）」からはじまって「世界」に至るまでのすべてのカードには、順に1から21までのナンバーが割り当てられている。しかし、「愚者」のカードにだけは通常、番号がつけられていない（ただし、「愚者」のカードに0が振られているものもある）。

カードの絵を見ていただくとおわかりの通り、どれも拙い絵でありながら、見るものを惹きつけずにはおかない、なんともいえない独特なデザインが施されている。この二十二枚のカードのそれぞれの絵の魅力が、後でお話しするタロット占いの実践のうえで要となってくる。

小アルカナの方も、もう少し詳しく見てみよう。こちらの五十六枚のカードは、さらに四つのグループに分けることができる。ちょうどトランプの「クラブ」、「スペード」、「ハート」、「ダイヤ」と同じように、「棒」、「剣」、「カップ」、「コイン」に分けられ（これらをスートと呼ぶ）、それぞれのグループは十四枚ずつのカードから構成されている（カードによっては「棒」が「ワンド」、「コイン」が「ペンタクル」となっているものもある）。トランプの場合は、「エース」から始まって「10」までの数のカードと、「ジャック」、「クイーン」、「キング」という人物が描かれた三枚のカードから構成されているため、それぞれのグループは十三枚から成っている。が、タロットの場合は、「エース」からはじまって「10」までの数字という点は同じであるが、残りの人物のカードが「ネイヴ」、「ナイト」、「クイーン」、「キング」と四枚のカードがあるため、全部で十四枚になっている（カードによって「ネイヴ」が「ペイジ」となっているものもある）。

さて、タロットの枚数とその構成について概観したところで、次にタロットがどのように使われているのかについても簡単に見ておこう。

一般的なタロット占いの方法

どこの書店にも大概はある「占い」のコーナーに行けば、タロット占いのやり方を書いた本は山ほどある。では、タロット占いの本は日本では何冊ぐらい出版されているのだろう。ネット通販で有名なアマゾンで「タロット」というキーワードで検索してみると、なんと日本語で書かれたものだけで一八七件、また、紀伊國屋ブックウェブでは二二六件、一方、洋書はアメリカのアマゾン・コムで、一八〇六件という数である。ただし、この検索結果はタロットの書籍だけではなく、タロット・カード自体も含む数ではある。それにしても、これだけの数

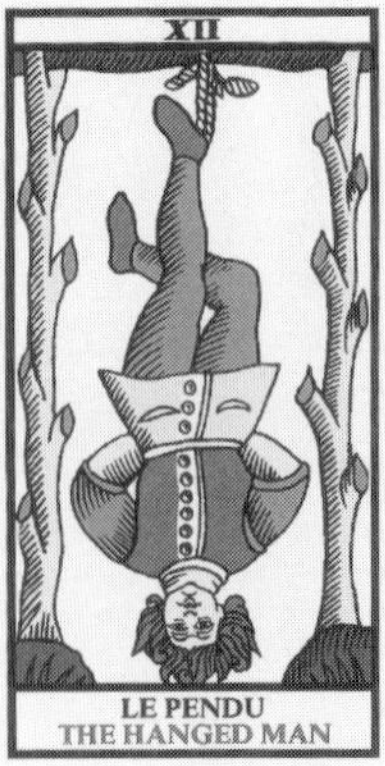

図1　マルセイユ・パック　大アルカナ（出典21）左頁左上から順に、愚者、奇術師、女教皇、女帝、皇帝、教皇、恋人、戦車、正義、隠者、運命の車輪、力、右頁左上から順に、吊るされた男、死、節制、悪魔、神の家、星、月、太陽、審判、世界。

LE MAT
THE FOOL

I
LE BATELEUR
THE MAGICIAN

II
LA PAPESSE
THE HIGH PRIESTESS

III
L'IMPÉRATRICE
THE EMPRESS

IIII
L'EMPEREUR
THE EMPEROR

V
LE PAPE
THE POPE

VI
L'AMOUREUX
THE LOVER

VII
LE CHARIOT
THE CHARIOT

VIII
LA JUSTICE
JUSTICE

VIIII
L'HERMITE
THE HERMIT

X
LA ROUE DE FORTUNE
THE WHEEL OF FORTUNE

XI
LA FORCE
FORCE

図 2　ウェイトースミス・パック　大アルカナ（出典46）
左頁左上から順に、愚者、魔術師、女司祭、女帝、皇帝、司祭、恋人、戦車、力、隠者、運命の車輪、正義、右頁左上から順に、吊るされた男、死、節制、悪魔、塔、星、月、太陽、審判、世界。

THE FOOL.

I
THE MAGICIAN.

II
B
J
THE HIGH PRIESTESS

III
THE EMPRESS.

IV
THE EMPEROR.

V
THE HIEROPHANT

VI
THE LOVERS.

VII
THE CHARIOT.

VIII
STRENGTH.

IX
THE HERMIT.

X
WHEEL of FORTUNE

XI
JUSTICE.

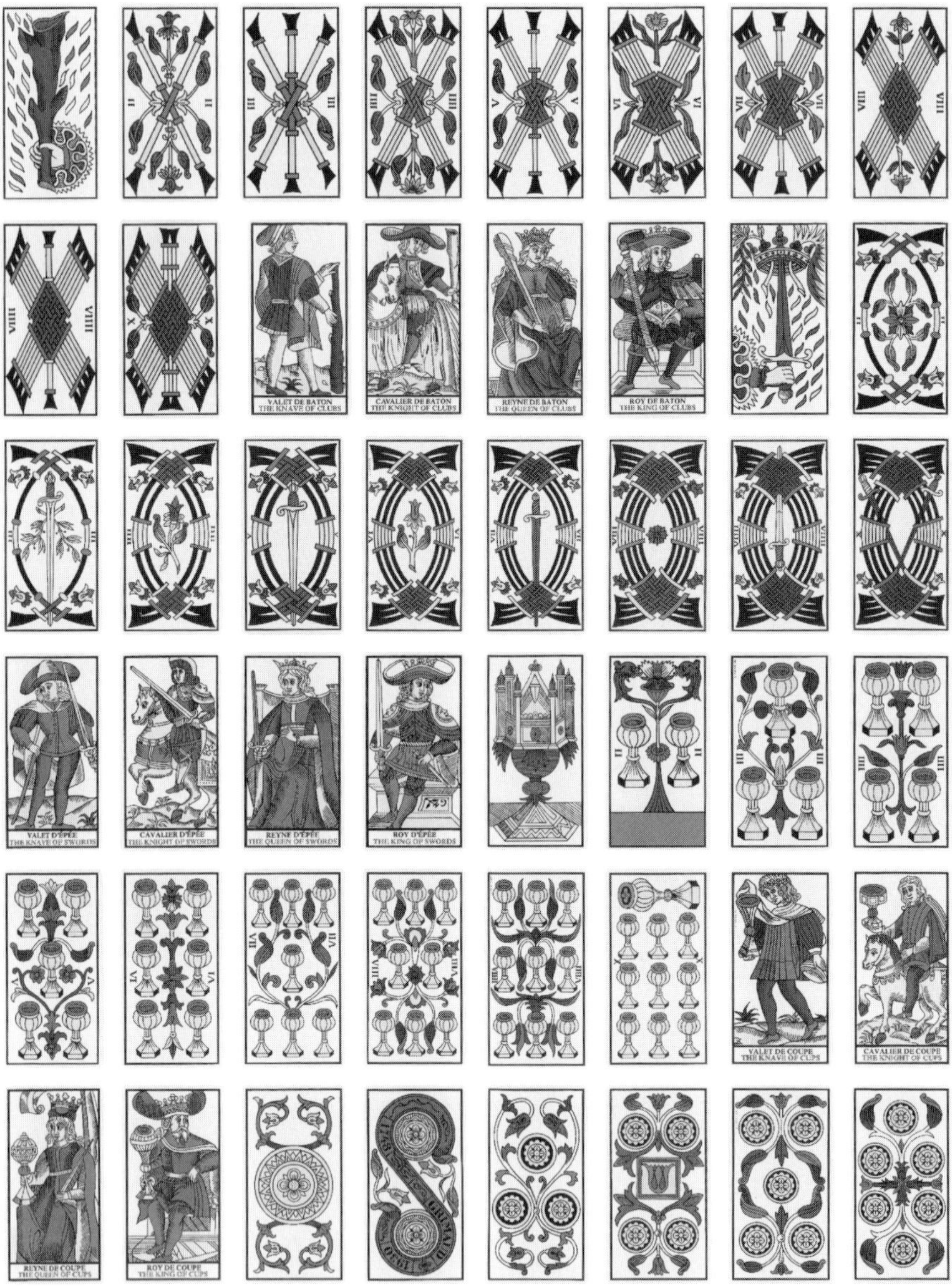

図 3　マルセイユ・パック　小アルカナ（出典21）

のタロットに関する商品が市場に出回っているというのは改めて驚きである。

ところで、これらの本の中に出てくるタロット占いの方法に目を通してみると、実のところ、書かれている内容自体には大差がなく、基本的な部分はどれも似たり寄ったりだ。ここでは、とりあえずそれらの中からごく標準的なタロット占いの方法を簡単に紹介しておこう。以下を読みながら実際にカードをめくっていただければ、はじめてのあなたでもタロット占い師の立派な真似事ができるはずだ。

ここでは、一九六〇年代にアメリカで出版されて以来、いまだにタロット占いにおいてスタンダードな地位を保ち続けているイーデン・グレイの著作から抜粋し、まとめてみる。(3)

〈シグニフィケイターを選ぶ〉

まず七十八枚のタロット・パックの中から、「シグニフィケイター(Significater)」と呼ばれるカードを選ぶことから占いはスタートする。シグニフィケイターなどというと一見難しそうだが、なんのことはない、単に質問者を表すカードのことをいう。

具体的なやり方はというと、前述の小アルカナの中から「質問者の年齢と肌の色」をもとにして、それに似た人物の描かれているカードを選ぶ。たとえば二十歳以下の少年や少女だったら「ペイジ」のカード、若い男性なら「ナイト」のカード、結婚している、あるいは成熟している男性なら「キング」のカード、二十歳以上の女性なら「クイーン」のカードを使用せよ、とイーデン・グレイは細かく指導する。

これに従うならば、結婚もしていないし成熟もあまりしているとはいえないわたしが自分のシグニフィケイターを選ぶ場合、一瞬「ナイト」を選ぶべきなのかとも思うが、年齢的には三十を超えているのでやはり「キング」を選ぶべきなのか、どうにも迷ってしまうところである。

また、次に「ワンド(棒)」、「剣」、「カップ」、「ペンタクル(コイン)」のどのスートから選ぶのかということも重要である。その場合、質問者の「目の色や髪の色」を参考にするらしい。たとえば「ブルーもしくは淡い色の目でブロンドの男性」だったら「ワンドのキング」で、「黒髪と黒い目の男性」だったら「剣のキング」なのだそうである。これだと黒髪と黒い目が普通の日本人の場合、「ワンドのキング」が選ばれることはまずないということになってしまう。

ただし、揚げ足を取るわけではないが、もし質問者がツルツルのスキンヘッドで、ブルーのカラーコンタクトを愛用する二十二歳のパンクスで、なおかつすでに所帯持ちの男性だったりすると、いったいどのカードを選べばいいのか、これまた迷うところである。

一九六〇年代というアメリカのヒッピー全盛期に本を書いたイーデン・グレイも、長髪、髭もじゃのフラワーチルドレンたちを前にしてそのあたりの疑問を持ったかどうかは知らないが、その後に、「質問者の年齢と髪の色」だけで選ぶことは有益だが決定的なことではないともつけ加えている。

〈シャッフル方法〉

さて、シグニフィケイターが決まったら、次にカードのシャッフルに入る。シャッフルの際には、シグニフィケイターとなるカードは、パックからよけて机の上に置いておく。また、イーデン・グレイの占い方法では、シャッフルの後にカードをレイアウト（並べること）したときにカードの向きがどう出るかということが、カード解釈をするうえで重要となるため、シャッフルはその点を配慮したやり方になる。

ちなみに、ここでいうカードの向きというのは、いわゆる日本のタロット占い師の間で「正位置」「逆位置」と呼ばれているものである。すなわち、占い師から見てカードが正しい向きで出たら「正位置」、逆さまに出たら「逆位置」と呼ばれるわけだが、それによってカードの占い上の意味が違ってくるようだ。こんなふうに言うと怒られてしまうかもしれないが、要するに、よく子供の頃にした、靴を放って表となるか裏となるかで明日の天気を占う遊びと、あくまで原理的には同じである。

さて、カードのシャッフル方法だが、イーデン・グレイの『タロット完全マスター（Mastering the Tarot)』の中では、カードを二つのパイル（束）に分けて、その片方を逆さまにし、それをリフルするというやり方を薦めている。リフルというのは、良くプレイング・カードのディーラーが、二つに分けたカードのパイルを親指の力で調整しながら、パラパラと素早く左右順番に落としていくやり方である。これは練習しないとなかなか難しい。実際の占いの場面でリフルがへたくそだと、占い師として格好がつかないのはいうまでもない。

さらに、カードを質問者に渡して、それを好みのやり方でシャッフルさせる。その際、質問者はカードをシャッフルしながら心の中で質問を念じなければならない。そして、質問がカードに伝わったと思ったらそれをやめる。一方で、質問者がシャッフルを行っている間、占い師の方は「自分を取り巻く高次の力」にお願いをする。たとえば「その出来事の真実が明らかにならんことを」というように。

シャッフルが終わった後は、質問者に左手を使ってカードを三つのパイルに分けてもらう。次に占い師の方が、再びパイルを重ねて一つに戻す。

実際にやってみるとわかることだが、この一連の細かな手続きは、タロット占いの神秘的なムードを高めるのに大いに貢献する。面倒臭がらずに一つ一つ丁寧に厳粛に行っていくことが大切だ。

図4　ケルティック・メソッド（Eden Gray *Mastering the Tarot* A Signet Book p.150より）（出典16）

〈レイアウト方法〉

最後にカードの一番上から順に、カードを机の上にレイアウトしていく。レイアウトの方法はいくつかあり、どのようなレイアウトにするかは最初に質問に応じて決めておかなければならない。ここでは現在、日本のプロのタロット占い師の間でも大人気のレイアウト方法であるケルティック・メソッドを紹介しておこう。

まずカードを**図4**の数字の順番にレイアウトしていく。それぞれのポジションにはそれぞれの意味がある。出たカードはそのポジションの意味に合わせて解釈していく。
さて、このように実際目の前に十枚のカードを並べてみると、質問者の側も占い師の側もぐっと、いかにも〝占いらしい〟ムードに包まれるはずである。

〈**各ポジションの意味**〉
①質問者を取り巻く全体的な状況
②①に対立する力。もしそれが良いカードなら、それは対立ではなく①を助けることを意味する
③①のもとになっていること
④近い過去からの影響、もしくは経験したこと
⑤未来に起こるかもしれないこと
⑥未来にものごとがどうなっていくか
⑦質問者がその質問について持っている恐れ
⑧その出来事についての家族や友人の意見や影響
⑨質問者自身のその出来事についての希望や理想
⑩最終的にどうなるか

さらに、各カード（ここでは煩雑になるのでとりあえず大アルカナのみ）の意味をキーワードとして列挙すると次のようになる。(4)

〈**各カードの意味**〉
0　愚者――――選択すべき状況

1 **奇術師**……創造的な力
2 **女司祭**……隠された影響
3 **女帝**……物質的な豊かさ
4 **皇帝**……リーダーシップ
5 **司祭**……慣習的なルール
6 **恋人**……二つの恋の間の選択
7 **戦車**……感情に対する精神の支配、憎しみを超えた愛の勝利
8 **力**……憎しみを超えた愛の力
9 **隠者**……知恵
10 **運命の車輪**……人生の上り下り
11 **正義**……バランス、法的な事柄
12 **吊るされた男**……高次の知恵への自己の明け渡し
13 **死**……変化、リニューアル
14 **節制**……適応、調整
15 **悪魔**……誘惑、物質への囚われ
16 **塔**……野望の挫折
17 **星**……健康、希望、インスピレーション
18 **月**……ごまかし、予期しない危機
19 **太陽**……偉業、解放、結婚
20 **審判**……スピリチュアルな目覚め
21 **世界**……すべてのことにおける勝利

占い師はこれら各カードのキーワードを手がかりに、質問に合った答えを見つけていく。ただし、実際に占い師が導き出す答えは、必ずしもここにあげた各カードのキーワードに従っているとは限らない。むしろそれらとはまったく関係なく、カードの絵柄から直接連想される内容を述べていくケースもあるようだ。とすると、同じカードが出たとしても、それを読む占い師によってまったく異なる解釈が引き出されることはいうまでもない。

このようなやり方をとる占い師たちは、決まってカードのもとの意味にこだわるよりも各自の自由な連想にゆだねて読むことが大事であると主張する。その理由はしばしば次のように説明される。すなわち、タロット・カードに描かれたシンボリックな絵柄がそれを注視する者の意識の状態に変容をもたらし、通常の意識の状態では到達し得ない、無意識の中の潜在的な予知能力を目覚めさせてくれるからだというふうに。このような深層心理学(?)風の説明は、タロット占いがなぜ〝当たる〟のかという謎に答えを提示してくれているようにも見えるせいか、現代の占い師の間では非常に好まれているもののひとつである。

さて、以上の説明で、タロット占いの経験がない人にもおおまかな雰囲気はつかめていただけたのではないかと思う。ここでどうしようもなくタロット占いに興味がわいたという方は、お近くの書店でタロット占いの実用書を購入し、どうぞじっくりお読みいただきたい。

ところで、読者のあなたは、このようなタロット占いの方法が一体いつ頃からあるものなのかご存知だろうか。十年ほど前、わたしがはじめてタロット占いの本を読んだとき、そういったタロット占いの起源に対する素朴な疑問が真っ先に浮かんだ。とはいえ、当時、日本の書店の占いコーナーに並んでいるタロット解説書を片っ端から手にとって眺めてみても、タロット占いがいかに〝神秘的〟であり、そしていかに〝当たる〟ものなのかということが述べられているばかりで、タロット占いの起源について確かなことはまったく述べられていなかった。あったとしてもせいぜい、「現代のタロット占いの方法はジプシーが代々伝承してきたものである」といったことが述べられているだけだった。

当時、もう一つ疑問に思ったことがある。それは、タロット占いとトランプ占いとの違いについてだ。最近の日本では、トランプ占いよりもタロット占いの方が圧倒的にメジャーかもしれないが、わたし自身はタロットをまったく知らなかった子供の頃に、トランプ占いのやり方をお姉さんたちから教わった記憶がある。タロット占いにしろトランプ占いにしろ、カードをめくって出たカードで質問に答えていくという点で非常に似ている。この双子のような二つの占いには、何か特別な関係でもあるのだろうか。それともまったく無関係なものなのか。

また、最近になって一般的に持たれているイメージとして、「タロットは神秘的なものだけれど、トランプはただの遊び道具である」というものもある。もしタロットが、トランプとは異なる神秘的な何かだとするのならば、その二つの間にある違いというのは何なのだろう。

引き続き本章では、二十世紀後半から現在に至るまでのタロット・ブームにおいて、タロットとはいったい何であったのかということを、少しずつ浮き彫りにしていくつもりである。おそらくその作業の中で、思ってもみない意外なタロットの姿が、「タロットの現在形」として少しずつ見えてくることになるだろう。

第二章　小アルカナのシンボリズム

トランプ、スート、コート・カード

ここで詳細を追っていく前に、本書で使用するタロットやトランプに関する用語について少々整理をしておこう。

まず「トランプ」という用語について。

今まで本書の中でも、日本でも親しまれている五十三枚から成るゲーム用のカードのセットのことを、慣例にならって「トランプ」という用語で表してきたが、実はこれは少々注意が必要である。というのも欧米では、一般的に「トランプ」という用語は、ゲームの中で「切り札」を意味する言葉として使用されるか、もしくは、現在タロット・パックの中で「大アルカナ」と呼ばれているものから「愚者」のカードを除いた二十一枚のカードのことを意味するからだ。一方で、通常の五十三枚のゲーム用のカードのセットのことは、単に「プレイング・カード」と呼ぶのが普通である。

ところが、日本ではプレイング・カードを指すのに「トランプ」という言葉が用いられてしまっている。なぜだろうか？　その理由については、いまだはっきりしたことはわかっていないが、一説では、文明開化華やかか

り し明治時代に、カードをプレイする西洋人がゲーム中に「トランプ」という言葉を使っていたため、それを聞いた日本人がカード・ゲームのことを「トランプ」と呼ぶのだと勘違いしたのではないかといわれている。ちなみに、国内ではじめてのカード・ゲーム解説書『西洋遊戯かるた使用法』が出版された明治二十年頃には、「トランプ」という言葉はすでに使われはじめていたようである。(1)

しかしながら本書では、以後の記述の混乱を避けるために、通常の五十三枚から成るゲーム用のカードに対して「トランプ」という呼称は使わず、欧米の用語法にならってプレイング・カードという言葉を使用することにする。その一方で、本書では「トランプ・カード」という言葉をこの後何度も使用することになるが、その際は、先ほども述べたように、現在、大アルカナと呼ばれている二十二枚のカードから「愚者」を除いた二十一枚のカードのことを意味しているので、どうか注意していただきたい。

次に「スート（suit）」。

通常のプレイング・カードは、前述したように「スペード」、「ハート」、「クラブ」、「ダイヤ」という四つのマークがつけられているが、このマークのことを「スート」と呼ぶ。すでに述べたように、現在一般的なタロットのスートは、「棒（あるいはワンド）」、「剣」、「カップ」、「コイン（あるいはペンタクル）」となっている。ちなみに、詳しくは第二部の歴史のところで述べるが、「ワンド」、「ペンタクル」という名称は、二十世紀になってから英語圏で一般的になったものである。そこで本書では、基本的に「棒」、「剣」、「カップ」、「コイン」で統一する（ただし、そこで引用したカードや著書の中で、「ワンド」、「ペンタクル」となっている場合にはそれに従う）。

最後に「コート・カード（court cards）」と「ヌーメラル・カード（numeral cards）」。

コート・カードというのは、直訳すると「宮廷カード」といった意味になる。通常のプレイング・カードでは、「キング」、「クイーン」、「ジャック」、そして現在のタロットの場合は「キング」、「クイーン」、「ナイト」、「ネイヴ（あるいはペイジ）」と呼ばれる人物が描かれたカードのことである（最後の「ネイヴ」と「ペイジ」の使用についても、基本的には「ネイヴ」で統一するが、スートの扱いと同様に、そこで紹介されているカードや著書の中で、「ペイジ」となっている場合にはそれに従う)。

一方、ヌーメラル・カードというのは、コート・カードを抜いた残りの「エース」から「10」までのカードのことを指す(ヌーメラル・カードは、「ピップ・カード(pip cards)」とも呼ばれるが、[2] 本書では、ヌーメラル・カードで統一する)。

さて、以上の用語が整理できたところで、いよいよ本題であるタロットについてより詳しく見ていきたい。そのためにまずは、タロット・カードとプレイング・カードとの違いを、より具体的に検討していく。順番としては、最初にスートの違いについて見ていき、その後で、それぞれのコート・カードの枚数の違いという点を見ていく。この二点は、現在、タロティスト(タロットにたずさわっている人のこと。たとえば、科学者のことをサイエンティストと呼ぶのと一緒)たちによって、タロットとプレイング・カードの差異が強調されるときに、必ず持ち出される部分である。では、さっそくスートの違いという点から確認していこう。

「万物の根源」としてのタロットのスート

プレイング・カードの「スペード」、「クラブ」、「ハート」、「ダイヤ」はただの区分のためのマークでそこにはとりたてて象徴的な意味は含まれていないが、一方で、伝統的にタロットの小アルカナに用いられている「棒」、「剣」、「カップ」、「コイン」は、ただの記号ではなく、それぞれが象徴的な深い意味を持っている。こういったスートの違いを前提とする理論は、タロット・カードとプレイング・カードの差異を強調しようとするときに、しばしばタロティストたちによって取り上げられる。そこで、まずここでは、タロティストたちの言う小アルカナの四つのスートが持つ象徴的な意味とはいったいどのようなものなのかを見てみるとしよう。

現在のほとんどのタロティストが同意するところによれば、小アルカナの「棒」、「剣」、「カップ」、「コイン」の四つのスートとは、わたしたちの目に見える物質的な世界の根源にあって、万物を構成するもととなっている四元素、すなわち「火」、「空気」、「水」、「地」を象徴したものだという。

宇宙のすべての事物が、「火」、「空気」、「水」、「地」の四元素の混合によって作られるという考え方は、もちろん、現代の物理学的な世界観や常識的なものの見方からすると理解不能な奇妙な話だ。が、ヨーロッパでは実際に、古代ギリシャの哲学者エンペドクレスから、ルネサンスの新プラトン主義者、そして近代の魔術師たちに至るまで、歴史のあちらこちらで言及されてきた伝統ある考え方であるのも事実である。

小アルカナの四つのスートを古来伝わる四元素に関連づける記述は、タロット占いの本の中でスートの説明に関する頁を開いていただければ、必ずといっていいほどお目にかかることができる。どうやら、現在のタロティストたちの間では、このようなスートの解釈はすでに議論の余地のない常識のようだ。しかも、小アルカナのスートは、それらをベースとしながらさらに様々な「四数組み合わせ」の原理のシンボルとして用いられている。すなわち、「四」という数で分類可能な観念や事物などをかき集めてきて、それらすべてを小アルカナの四つのスートが象徴するものだとみなす。そして実際にいくつかの本の中では、シンボルの照応表ともいうべき「四数組み合わせ」のリストが長々と作られているのだ。では、その具体例を見てみよう。

たとえば、アメリカのタロット占いのオーソリティの一人であるメアリー・K・グリアーの本を見ると、エンペドクレス、ヒポクラテス、ガレノスといった古代ギリシャ・ローマの哲学者や医師たちを引きながら、四元素、四体液、四気質の説明をしたうえで、それらをタロットの四つのスートに結びつける。さらに、彼女はそこに結びつけることのできると考えられる「四数組み合わせ」の膨大なリストをまとめあげている[3]。

その中のいくつかを紹介すると、「ワンド(棒)」、「カップ」、「剣」、「ペンタクル(コイン)」にそれぞれ対応するものとして、「黄胆汁」、「粘液」、「血液」、「黒胆汁」という四体液、「胆汁質」、「粘液質」、「多血質」、「憂鬱質」という四気質、そして「サラマンダー」、「ウンディーヌ」、「シルフ」、「グノーメ」という四大の精霊、「ヨッド」、「ヘー」、「ヴァウ」、「ヘー」というユダヤ教の聖なる四文字《テトラグラマトン》、「ライオン」、「鷲」、「天使」、「牛」というヨハネ黙示録の四つの生き物、「ミカエル」、「ガブリエル」、「ラファエル」、「ウリエル」という四人の大天使、さらには「南」、「西」、「東」、「北」の方角や、「夏」、「秋」、「春」、「冬」の季節などなど、リストはこの後もどんどん続いていく。その対応表の中にはスイスの有名な深層心理学者カール・グスタフ・ユングの述べた、「直観」、「感情」、「思考」、「感覚」という人間の四つの機能も含まれている。

ついでに、グリアー以外にも、面白いスートの解釈をしている例をいくつかあげておこう。まずは、「聖杯伝説」の研究家として知られるジェシー・L・ウェストンによる例を見てみよう（ちなみに、ウェストンはタロティストではない）。一九二〇年にイギリスで出版された『祭祀からロマンスへ（From Ritual to Romance）』という本の中で、ウェストンは、小アルカナの四つのスートが、「聖杯伝説」の中の四つのシンボルに対応し、さらにそれは、より古いケルトの伝承の中に登場する「四つの財宝」と関連しているのではないかと推測する。[4]

聖杯伝説の四つのシンボルとは、最後の晩餐で用いられた「カリス（聖杯）」、聖ロンギヌスがキリストの脇腹を刺した「長槍」、キリストの使徒たちが過越の祭りに生贄の仔羊を食したときの丸い「パテナ（聖体皿、大皿）」、そしてダビデ王の「精霊の剣」のことである。一方、「四つの財宝」とは、アイルランド神話のトゥアサ・デ・ダナン（ダーナ神族）の四つの護符のことである。まず、神々の父ダグザの持ち物で、いかなる食欲も満足させられる無尽蔵の「大鍋」。自らの祖父でありフォヴォリ族の指導者でもあったバロルを倒し、ダーナ神族に勝利をもたらした太陽神ルーの「槍」。偉大な指揮官ヌアザの魔法の「剣」。そして、アイルランドの正統の王がその上に足を置くと叫び声をあげるファールの「石」。

ウェストン自身は、タロットと聖杯伝説そしてアイルランドの伝承の間に直接的に関係があるのを立証することは困難であるとしながらも、その関連性が単なる偶然であるとは思えないという意見を述べている。ウェストンいわく、タロットや聖杯伝説に見られる四つのシンボルは、「人間の生命のエネルギーの原初的なシンボル」であり、さらに「豊穣性のシンボルのグループを形作る」ものとして古代の人々の宗教的な儀式に関連していたのではないかということである。[5]

もう一つ、フェミニズムの視点から、女神神話というコンテクストの中でタロットを解釈したことで知られて

いるバーバラ・ウォーカーによるスートの考え方を紹介しておこう。(6)

彼女は、タロットの四つのスートを、大胆にも、ヨーロッパを遠く離れインドの両性具有神アルドナハリスヴァラやタントラの教義と関連づける。アルドナハリスヴァラとは、カーリー・マーとシヴァが合体して両性具有になった神のことであるが、その姿（図5）は、四つの手にそれぞれ「笏」、「杯」、「指輪」、「剣」を持ったものとして表現される。そして彼女によれば、それらアルドナハリスヴァラの四つの持ち物それぞれが、ちょうどタロットの四つのスートと関連しているのだという。(7) しかし、それればかりではない。四つのスートは、タントラの哲学者が定めた人生の四段階、すなわち「サムホガ」、「ニルマナ」、「アルタ」、「モクシャ」にも対応しているという。やや長くなるが、彼女がタントラとタロットのスートの対応をどのように考えているかを簡単にまとめてみよう。

図5　アルドナハリスヴァラ（出典25）

サムホガ（喜びの生活）は、「水」の要素と関連があり、ちょうどスートの「カップ」に対応する。サムホガの段階は、「母親の庇護のもとにある若い時代と関連がある。このとき生命の杯は、感情、意識、他者の認識によって満たされ、感覚の喜びが、人生を経験することによって最も顕著に形作られる」。だから、「カップ」のスートは伝統的に、「愛、家族関係、結婚、子供、情緒など、心あるいは『人々の心』の問題」を象徴するものとして使用されてきたという。

次にニルマナ（建造の過程）は、「火」の要素と関連があり、ちょうどスートの「棒」に対応する。ニルマナの段階は、「成人した若者、権力の主張、活力の頂点」を意味する。したがって「棒」のスートは「地位、権力、仕事、商業」を象徴するものだったという。

次のアルタ（財産、所有）は、「地」の要素と関連があり、ちょうどスートの「コイン」に対応する。アルタは「労働の成果が蓄積し、成長した子供もまた『財産』となる中年時代」を表す。ゆえに「コイン」のスートは「金銭問題や財産」を象徴するものとなったという。

最後に、モクシャ（「解放」あるいは「死にゆく技術」）は、「風（空気）」の元素と関係があり、ちょうどスートの「剣」に対応する。「風」の元素は、「身体から解放されて、剣によって表される『死の王』あるいは『破壊者カーリー』の領域に入っていく霊魂」を意味したという。モクシャの段階は、人生の「第四の段階である老年を、恐怖を抱かずに死に近づくことを学ぶに適した時期」とみなされた。しかし、死の時期を人々は恐れなしには受け入れられなかったのだろう。だから、「剣」のスートは、「災難、困難、脅威、種々の悲運など」に結びつけられているという。

以上のように、小アルカナの四つのスートはヨーロッパの伝統を遥かに超え、より〝神秘〟と〝謎〟に満ちたオリエントの伝承との間にも関連性が見出されている。結論を言うと、どうやら現代のタロティストたちにとって、「万物の根源」としての小アルカナの四つのスートとは、人種や民族の垣根を超えた、すべての人類にとっての普遍的なシンボルを意味するもののようだ。また、最初に述べたように、スートの深い象徴的意味こそが「神秘のタロット」と「俗なるトランプ」との違いを明確にする一つの重要なファクターとみなされるのは、こういった独特の考え方が背景に置かれているためなのだ。

スートのヴァリエーション

前段では、現代のタロティストたちによって、タロットのスートのシンボリズムがいかに解釈されているかを具体的に追ってきた。だが、その一方で、歴史的な観点からスートについて調べてみると、すぐに意外なことが判明する。

まず、「棒」、「剣」、「カップ」、「コイン」のマーク自体は、日本やアメリカでは知られていなかったものの、ヨーロッパではかつて、タロットに限らず通常のプレイング・カードにおいても非常にポピュラーなものとして知られていたという点。すなわち、深い象徴的な意味を担っているはずのタロットと、単なる遊び道具としてのプレイング・カードが、同じスートを共有していたということになる。言い換えれば、「スートの違い」はタロットとプレイング・カードの差異を明確にする基準としては使えないということである。では、ここでプレイング・カードのスートについて、少し歴史的なことをまとめておこう。

現在、タロット独自のものだと思われがちな「棒」、「剣」、「カップ」、「コイン」の四つのスートは、十五世紀の終わりまではイタリア中で、通常のプレイング・カードにおいても使用されていた。今でもそのスートは、イタリア、スペイン、モロッコ、ラテン・アメリカの多くの地域や、フランスの一部でも採用されている。(8)

元オックスフォード大学論理学教授であり、タロットの歴史家としても有名なマイケル・ダメットは、これらの地域で使われているスートのことをまとめてラテン・スート・サインと呼んでいる。さらに、ダメットの分類によれば、このラテン・スート・サインはさらにイタリアン、スパニッシュ、ポルトガルの三つのスート・システムに識別できる。実際に**図6**を見ていただくとおわかりいただけると思うが、ダメットが「棒」、「剣」、「カップ」、「コイン」という同じスートのパターンで構成されているプレイング・カードを三つのグループに分類したのは、そこに描かれた「棒」と「剣」の特徴に相違がみられるからである。

スパニッシュ・スートにおける「剣」はまっすぐで、「棒」の方はこぶの多い棍棒となっている。一方で、イタリアン・スートにおける「剣」は三日月の形をしており、一方、「棒」はこぶのない洗練されたスタイルとなっている。

最後にポルトガル・スートは、スパニッシュ・スートと同様、剣はまっすぐである。一方「棒」の方の形の洗練度は、スパニッシュとイタリアンの中間である。

これら三つのスート・システムのうち、イタリアン・スートは、一般的なプレイング・カードとして、イタリ

図 6　ラテン・スート・サイン　左から順に、イタリアン・スート（出典９）、スパニッシュ・スート（出典12）、ポルトガル・スート（出典９）

アの北東部においては現在でも使用されている（特にトリエステ、ヴェネツィア、トレビッソ、トレントやロンバルディア地方のブレスキア、ベルガモで使用されている）。さらに中央ヨーロッパでも、二十世紀になってなお生き延びていた（だがこの地域では、一九四四年にプラハで作られたものが最後となった）。

一方で、スパニッシュ・スートは、スペインと中南米の一部の地域、そしてイタリアの一部に残っている。かつては、フランスのブルゴーニュやボルドー地方、そしてスペイン近隣のカタロニア地方でも使われていた。現在イタリアの地方では、シシリア、そしてイベリア半島の南半分と、ローマから北のピアセンツァまでは、イタリアン・スート以上に広く使われている。

最後にポルトガル・スートであるが、これはかつてはポルトガル全土にわたるスート・システムであった。またイタリアでもフィレンツェ、ローマ、シシリア、マルタなどで知られていた。ただし現在、ヨーロッパの普通のプレイング・カードのスートとしては使われていない。一方で、十六世紀のポルトガルの植民地主義によって、当時アジアにも伝来している。インド、インドシナ、日本では、かつてポルトガルのプレイング・カードが複製された。特に日本では、そこからのちに「天正カルタ」と呼ばれる独自の和製プレイング・カードが作られることになった[9]。

以上、見てきたように四つの〝シンボリックな〟スート・システムが、タロット固有の特徴ではないことは明らかである。ラテン・スート・サインと総称されるそれらは、ヨーロッパのプレイング・カードにおいてもごく普通に採用されているものだった。

一方、現在のプレイング・カードに普通に使われているスートである「クラブ」、「ハート」、「スペード」、「ダイヤ」はというと、一四七〇年頃、フランスのカード・メーカーによって発明されたものが、やがてイギリスやアメリカへと広がり、一般的になったものである。「クラブ」、「ハート」、「スペード」、「ダイヤ」の組み合わせがスタンダード化した成功の要因としては、シンプルなモノクロのシルエットであったため、単純な型紙を使って製造することが可能であり、従来の複雑なスートよりも容易に早く、なおかつ安価にデザインすることができたこと。さらに、形が抽象的であったため、今までのものよりも識別しやすく、また、国籍を越えた普遍性を持ったマークとして機能しやすかったことがある。

また、十六世紀の間には、ドイツやスイスでも、スートのヴァリエーションがいくつか作られた。その中で、最終的にドイツにおいて残ったのが、「ハート」、「ベル」、「葉」、「どんぐり」である。またスイスでは「盾」、「ベル」、「バラ」、「どんぐり」に落ち着いた（図7）。スイスで作られたスートは国境を越えることはなかったようだが、ドイツで作られたスートの方は、オーストリア、ハンガリー、チェコスロヴァキア、イタリア北部の山間地方、スロベニア、そしてわずかにポーランドにまで広まった。スイスで作られたスートは現在でも、スイスのドイツ語を話す州で使用さ

図7　左から順に、ジャーマン・スート、スイス・スート（出典9）

れているし、ドイツで作られたスートは、ドイツ本国と中央ヨーロッパの一部で、今もまだ使用されている。

最後にもう一度繰り返すが、現在のタロットの「棒」、「剣」、「カップ」、「コイン」から成るスート・システムは、以上見てきたように、タロット以外のプレイング・カードにおいても使用が認められているものなので、タロットの独自性を保証するものではない。また、それらのスートがとりわけ珍しく思われるのは、単に、アメリカ、イギリス、日本などの国々において、ラテン・スート・サインのプレイング・カードがほとんど広まらなかったというこれまでの歴史的事情によるものでしかない。

コート・カードの解釈論

次に、タロットとプレイング・カードを区別するもう一つの特徴としてあげられるコート・カードの枚数の違いについて見てみよう。その前に、念のためにここでもう一度、コート・カードの構成を確認しておこう。

まず、タロットの方は、それぞれのスートごとに、「キング」、「クイーン」、「ナイト」、「ネイヴ」の四種類、一方、通常のプレイング・カードは、「キング」、「クイーン」、「ジャック」の三種類から成る。すなわち、タロットの方がそれぞれのスートごとにカードが一種類多いため、全部で四枚余分のカードが含まれている。この違いは、何を意味しているのだろう。タロット・パックのコート・カード四種類の構成がもともとの完全なパターンであり、プレイング・カード・パックの方は、そこから一種類が欠落してしまったものなのだろうか。

ここでもまた、現代のタロティストたちのコート・カードに対する解釈を、最初に例をあげて見てみよう。前出のイーデン・グレイの本[10]をはじめとして、その他諸々のタロット解説書を見てみると、四枚のコート・カードに描かれた人物は、人間の世代と性別、すなわち「キング＝大人の男」、「クイーン＝大人の女」、「ナイト＝若い男」、「ネイヴ＝少年もしくは少女」を表していると解釈されるのが普通である。とはいえ、これで説明が終わってしまうわけではない。スートの解釈のところで見たような、より〝奥深い〟凝った説明が、コート・カードについてもなされている。

たとえば、先ほどのグリアーの本では、ヒンドゥー教の「タットワ」と結びつけてコート・カードの解釈が論じられている。[11] グリアーによると、タットワとは「物質的な経験の下に横たわっているものをシンボライズするために原初的な色で描かれた幾何学的な形」であり、「通常の感覚では把握できない微細な領域にコンタクトするためにデザインされたもの」だという。では、グリアーが、どのようにタットワとコート・カードを結びつけているかを簡単にまとめてみよう。

まず、タットワには「テジャス」、「アパス」、「ヴァユ」、「プリティヴィ」と呼ばれる四つのシンボルがあり、それぞれは「火」、「水」、「空気」、「地」の四元素に対応するものだとされている。また、タットワの四つのシンボルは、先ほども述べたように、幾何学的な形としてシンボライズされている。順にあげていくと「火」の元素に対応する「テジャス」は赤い三角形、「水」の元素に対応する「アパス」は銀の三日月、「空気」の元素に対応する「ヴァユ」はスカイ・ブルーの円、「地」の元素に対応する「プリティヴィ」は黄色の正方形、といった具合にそれぞれ表象される。

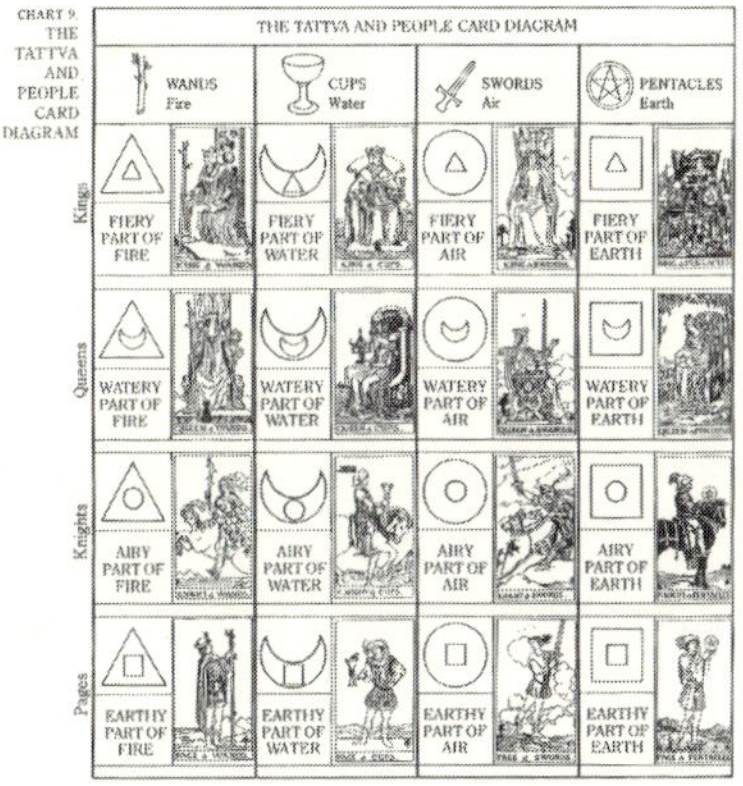

図 8　タットワとコート・カード（出典17）

そして、これらの四つのタットワのシンボルを二つずつ組み合わせて図形を作ると（たとえば「アパス」と「ヴァユ」を組み合わせて、スカイ・ブルーの円の中に銀の三日月など）、全部で十六パターンができあがるが、そこに、全部で十六枚のコート・カードが対応させられるわけだ（**図 8**）。たとえば「ワンドのクイーン」は「テジャス」と「アパス」のコンビネーションに対応し、「剣のキング」だと「ヴァユ」と「テジャス」のコンビネーションに対応する、というように。

こうして十六枚のコート・カードの特質は、四元素の可能な十六パターンの組み合わせに沿ったものとしてみなされることになる。

ここで、別のタロティストによるコート・カードの解釈例も簡単に取り上げておこう。オランダの「ユンギアン・サイコロジー・スクール」の設立メンバーでもあるカレン・ハマカー－ゾンダグは、コート・カードを二つに分け、「陰」、「陽」という相補的な原理とみなす。すなわち、「クイーン」、「ペイジ」が「陰」、「キング」、「ナイト」が「陽」に分類される。[12]「陰」と「陽」。なるほど、いかにもユング派らしいアプローチである。

また、フロイト、ユング、マズローなどの心理学を参照しながらタロットを解釈するカール・サージェントは、ユングのいう「思考」、「感情」、「直観」、「感覚」の四つに分けたタイプ論を、「キング」、「クイーン」、「ナイト」、「ネイヴ」に、それぞれ順にあてはめる。そうすることで、それぞれのカードに描かれた人物の性質の違いが説明される。[13]

ところで、今までまったくタロット・カードがどういうものか知らなかった方は、ユング心理学にまで結びつけられるこういった現代のタロット理論を、意外に思われたかもしれない。たかが占いと思いきや、ロジカルに理論を組み立てようとするタロティストが現代の欧米に非常に多いことに、かつてわたしも驚いたものである。

さて、以上のような説明を見てきてわかることは、コート・カードを解釈する際のタロット理論のほとんどが、コート・カードが三種類しかない場合には成立し得ないものとなっているということだ。その意味で、タロティストたちにとって、コート・カードの各スート四枚ずつから成る構成は、非常に重要な要素だ。

ところで、このような「四」という数を完成させる、プレイング・カードには含まれていないタロット特有のコート・カードとは、「キング」、「クイーン」、「ナイト」、「ネイヴ」のうちのいったいどの人物なのだろう。

一見、この答えは簡単なように見える。通常のプレイング・カードとタロットのコート・カードを比較してみると、「キング」、「クイーン」はどちらにも含まれている。そしてプレイング・カードの「ジャック」とタロットの「ネイヴ」はともに身分の低い人物として同一視できる。そうすると、残った「ナイト」の存在が、どうやらタロットにおける特別なカードであるかのように思われる。しかしこの点も、歴史的な観点から見ていくと、そう話は単純ではない[14]。

コート・カードの枚数のヴァリエーション

では、タロット・カードとプレイング・カードのコート・カードの違いを歴史的な観点から確認してみよう。すでに述べたように、現在わたしたちが一般的に親しんでいる「クラブ」、「スペード」、「ハート」、「ダイヤ」というスートから成るプレイング・カードは、もともと一四七〇年頃あたりからフランスでつくられたことに由来するものだった。確かに、そこでは、コート・カードは「キング」、「クイーン」、「ジャック[15]」という構成になっている。

ところが、前述したイタリアン・スートとスパニッシュ・スートのプレイング・カードにおけるコート・カードの構成を見てみると、「キング」、「ナイト」、「ジャック[16]」となっている。つまり、「クイーン」が含まれていないかわりに「ナイト」が含まれているのだ。この事実からわかるように、「ナイト」はタロット・パック固有のカードではない。そればかりか、十五世紀のジャーマン・スートのプレイング・カードを見てみると、各々のスートに対して四枚のコート・カードが含まれている。すなわち、実はコート・カードが四種類であるという点も、タロット・パックだけの特徴ではなかったのだ。

なぜ、プレイング・カードにおいては、三種類から成るコート・カードの構成がスタンダードになっていったのだろう。その理由は定かではない。しかし、少なくとも十五世紀の段階では、地域によって種類と描かれている人物の変動があったことは事実である。

その決定的な例として、ケーリー・イェール・パックと呼ばれる、十五世紀のイタリアで作られたタロット・パックのコート・カードを見てみよう（**図9口絵**）。このパックでは、各スートのコート・カードの枚数は三枚でもなく四枚でもなく、なんと六枚もある。すなわち、合計二十四枚ものコート・カードが存在していたわけだ。

もし、現在のタロット・パックがこのような形のまま残っていたなら、タロティストたちのコート・カードの解釈論も、前述のようなものとはまったく違ったものになっていたことだろう。

さて、これまでタロット・カードとプレイング・カードの違いをはっきりさせるために、スート、そしてコート・カードという点を順に検討してきた。もう一度、結論をまとめておくと次のようになる。まず、タロットの特徴ともいえるスート、「棒」、「剣」、「カップ」、「コイン」は、かつてプレイング・カードのスートとしても使われていた。さらに、コート・カードが四種類あるという事実もタロット固有のものではなく、コート・カードを四種類もつプレイング・カード・パックもかつては存在した。したがって、タロット・パックの小アルカナは、プレイング・カードと本質的に差別化することはできない。ということは、タロットの小アルカナには、プレイング・カードとは異なるなんらかの特別な神秘性や象徴的な意味があると主張することもできないということになる。

さて、そろそろこのあたりでいったん小アルカナから離れ、残された二十二枚のカード、すなわち大アルカナについての話題に入っていくとしよう。いうまでもなく、大アルカナは通常のプレイング・カード・パックの中には含まれていないタロット独自のものである。また、そもそも大部分の人にとって、タロット・パックの持つ〝神秘性〟は、不思議な絵の描かれた大アルカナに由来するものであるはずだ。したがって、わたしたちは大アルカナを検討することによって、「タロットとは何であるか」ということについて、より核心となる部分へと迫っていくことになるだろう。

第三章　大アルカナという鏡

大アルカナの絵柄の謎

大アルカナ。この象徴的でもあり寓意的でもある奇妙な絵柄の描かれた二十二枚のカードの存在こそが、タロットを神秘的で謎めいたものにしているのは疑うべくもない。

ここで、すでに一度紹介した二十世紀初頭に作られたタロット・パックの中から「吊るされた男」のカードを取り上げてみよう（図2）。実はこれは当時のオカルティストであり神秘主義者であったアーサー・E・ウェイトという人物によって作られたものだが、見ての通り、その絵のイメージはなんともいえない不思議な雰囲気に包まれている。片足を縛られ、逆さ吊りにされた男。しかし、彼の頭には後光がつき穏やかな表情さえ浮かべている……。この人物は、いったい何者なのか？

十八世紀末から二十世紀にかけて多くの人々が、こういったタロットの謎めいたカードの絵柄に対して様々な解釈を施してきた。たとえば、十九世紀の最も有名なオカルティスト、エリファス・レヴィは、「吊るされた男」のカードが、錬金術における「大作業」の終了と完成を意味し、また逆さ吊りにされている人物は、いにしえのプロメテウスであり、同時に裏切り者ユダでもあり、しかもキリスト教徒にとっての救世主であるともいう。(1) また、先ほどのカードの作者であるウェイト自身は、「自己の高次な性質の寓意が、このシンボルの中に埋めこまれているのを理解できた者は、大いなる覚醒に関する暗示を受け取るであろう」(2)と述べているが、そんなふうにいわれてしまうと、大アルカナの絵柄の〝謎〟は、一般人にはどうにも近づきがたい秘教の教えか何かのようにも思われる。

『アウトサイダー』の著者としても有名なイギリスの批評家コリン・ウィルソンは、『オカルト』と題した自著の中で、「吊るされた男」のカードを例に取りながら、タロットの絵柄の謎について次のように述べている。

「タロット・カード」は明らかに何かを意味している。それを創造もしくは構築した人が誰であれ、その人は、このカードのシンボルによって、全く明快な何かを伝えていたのである。いつかは、ジプシーの初期のある部族の記録で、地元の領主が悪人に罰を加えるために悪人を片足で逆さまに吊るした国があるということが発見されるかもしれないが、さしあたってはこの謎は解かれぬままに残り、私たちとしては、首をひねりながらカードを見つめて、カードのうえに直観を働かせるしかない。(3)

コリン・ウィルソンは、「吊るされた男」のカードに対する、前述のエリファス・レヴィやウェイトなどの、これまでの様々な解説者たちの意見は疑問であるとし、結局は、解くことのできないタロットの不思議な絵柄を前にして、現代のわたしたちはただカードを見つめるしかないと述べる。しかし、ウィルソンにとって、そのカードを見つめるということこそが、実はタロットを理解するための「最良の方法」であるらしい。すなわち、タロットを研究するには、ウィルソンいわく「ちょうど、子供がお気に入りの絵本の色つきの絵を見つめるのと同様に、ただカードをじっと見つめる」ことが大切なのである。もしかすると、これから見ていくタロティストたちによって提唱されてきたタロットの大アルカナに関する理論の多くも、ウィルソンの言うように、ただカードをじっと見つめ直観を働かせている中から生まれてきたものなのかもしれない。

さて、これからわたしたちは、かくのごとく「首をひねりながらカードを見つめ」たウィルソンをもってしても、その謎を解き明かすことのできなかった大アルカナへと話を進めていく。まず、ここでは現代のタロティストたちが、大アルカナをどのようなものとして解釈しているのかを、いくつか例をあげながらのぞいてみることとしよう。

ユングとタロット、そしてフールズ・ジャーニー

一九七二年にアメリカで出版されたアルフレッド・ダグラスの『タロット　カードの起源、意味、使用法(The Tarot : The Origins, Meaning and Uses of the Cards)』(4)は、タロットの大アルカナのカードの順番を、ユング心理学のいう「個性化」のプロセスに重ね合わせることで、全体のカードの流れと、そこに位置づけられた一枚一枚のカードの意味を、非常に明解に浮き彫りにした。大アルカナは「イニシエーション」の段階を表したものであり、それはユングが錬金術の作業を「個性化」のプロセスであるとみなしたのと同様である、というのがダグラスの解釈の前提となる考え方だ。

まず二十二枚のカードを、それぞれ十一枚ずつの二つのグループに分ける(図10)。前半のグループは「愚者」のカードからはじまり、十番の「運命の輪」

図10　アルフレッド・ダグラスによる大アルカナの配列（出典8）

のカードで終わる。ダグラスの解釈によると、そこまでの十一枚のカードに描かれているテーマは、人間が自分の外の世界に関心を持ち、意識の発達と自我の安定に向かう段階である。そして、前半の最後のカードである「運命の輪」は、ちょうど「個性化」のプロセスのターニング・ポイントに位置づけられることになる。

後半のグループは十一番の「力」のカードから、最後の二十一番の「世界」のカードまでである。この段階において、前半で成長を遂げた自我が、今度は「内なる自己」との結びつきを確立するために、自らの心の深みに直面しなければならない。

ダグラスによれば、この一連の流れの最初に位置づけられた「愚者」のカードの解釈は、「世界に新しく生まれた子供」であり、また「純粋で、無垢で、いまだ分離された存在としての自分自身に無自覚であり、無意識の中に包み込まれた」状態を表すという。そして次の「魔術師」のカードは、個我の芽生えの段階となり、さらにそれに続く「女司祭」、「女帝」、「皇帝」、「司祭」のカードは、「幼い自我が対象化する四つの力」を表すものとなる。それはちょうどユングのいう人間の四つの機能である「直観」、「感情」、「感覚」、「思考」にそれぞれ対応するともいう。以下、「恋人」、「戦車」、「正義」、「隠者」と続いていくカードも、引き続き発達心理学風な人間の心の成長過程として解説されていく。さらに、「力」のカード以降の後半のカードは、内なる心の領域へと目を向けていくことになるため、カードを解釈するために、「シャドウ」、「アニマ」、「集合無意識」などのユング心理学特有のタームが目白押しとなる。そして当然、最後の二十一番の「世界」のカードにどんな説明がくるかは、ユング心理学の入門書をかじったことのある人ならば大方の予想はつくと思うが、「個性化」の完成である「マンダラ」を象徴し、真ん中で踊る人物は「心の全体性」の象徴である「両性具有」を表したものだということになる。

このようなユング心理学のお決まりの概念が羅列されるからといって、ダグラスの大アルカナに対する説明は決して難解なものになっているわけではない。ユング心理学のコンセプトに親しんでいなくても、〈人は成長してゴールに向かい、そしてまた新たに人生をはじめる〉という非常に明解なストーリーに当てはめられた解説は、

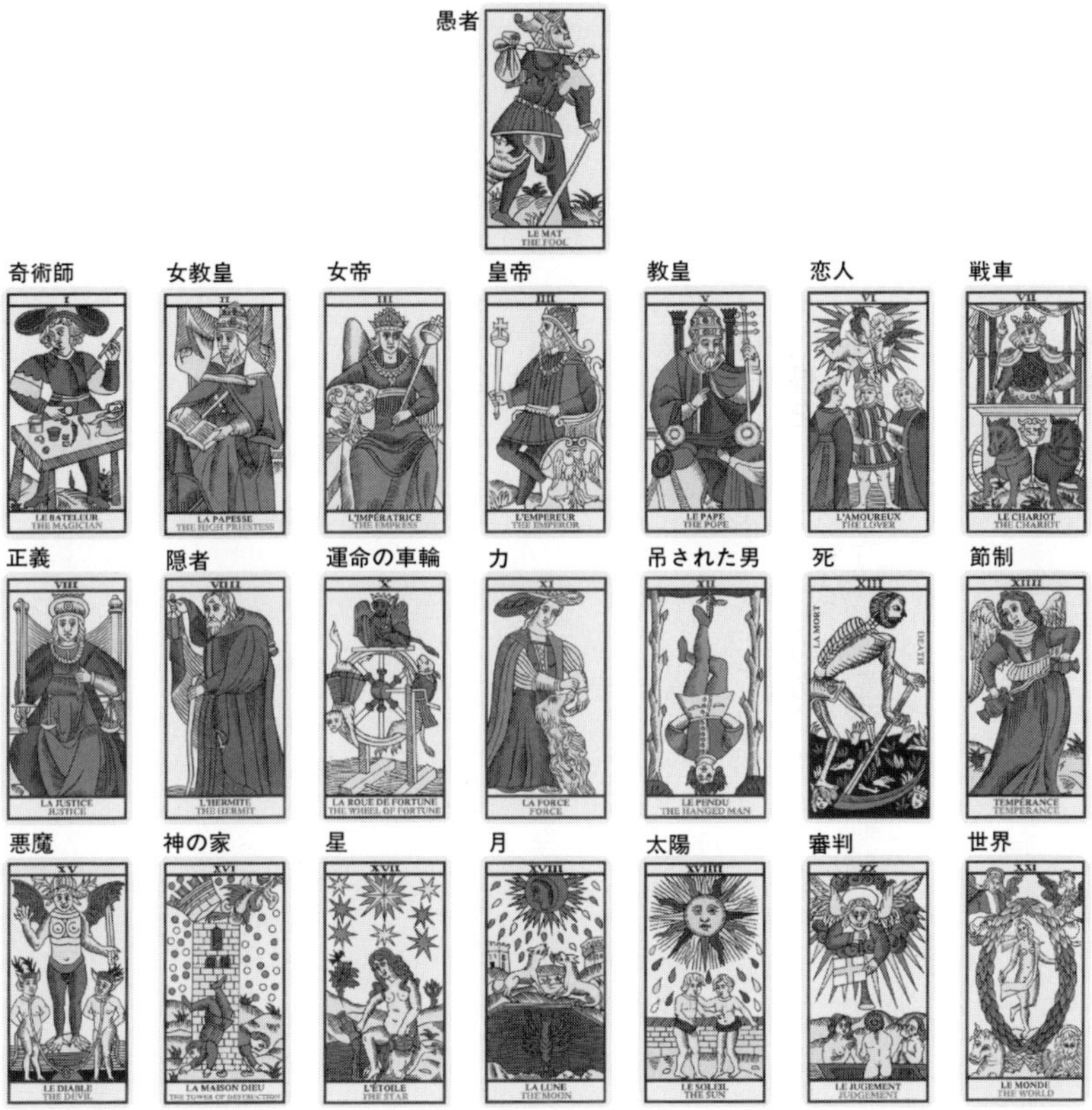

図11　サリー・ニコルズによる大アルカナの配列（出典60）

あやふやな細部を無視して読めば、誰でもすぐに親しむことができるものだ。また、ダグラスは「個性化」に向かうことを、「神話や伝説の装いのもとであらゆる文化のなかに現れている、古い時代の英雄の探求」であるという。すなわち二十二枚のカードのイメージを旅することは、それすなわち「英雄の冒険」の道筋を辿っていくことでもあるというのだ。

ここで、ダグラスと同様の視点で書かれた別の本を紹介しよう。一九八〇年にアメリカで出版されたサリー・ニコルズの『ユングとタロット　元型の旅（Jung and Tarot : An Archetypal Journey）』である。本のサブタイトル「元型の旅」というところからもわかるように、二十二枚のカードは、可能な限りユング派の元型の概念に近づけて解釈される。たとえば「女帝」は「グレート・マザー」、「隠者」は「老賢者」等々。ニコルズは言う。「タロット・カードの中を旅することは、第一義的には、私たち自身の深層を旅することでもある」。大アルカナは「自己実現に向けての一生涯にわたる道程の途上で遭遇する典型的な経験を表す」と。

「愚者」のカードから「世界」のカードへと至るという基本的なコンセプトは、前述のダグラスのものと同様である。ただし、カードのグループ分けはダグラスのものとは異なる。ニコルズは、「愚者」だけをよけて、残りのカードを数字の順番に七枚ごとに分類する。すなわち、大アルカナ全体を「奇術師」から「戦車」、「正義」から「節制」、「悪魔」から「世界」と分けて、三段階のプロセスとする。そして、彼女は最初の「戦車」までの第一列目を「神々の領域」、次の「節制」までの第二列目を「現世的現実と意識的自我の領域」、一番下の第三列目を「天からの啓示と自己実現の領域」と呼ぶ（図11）。

ニコルズによると、最初の列を「神々の領域」と呼ぶのは、「天空に布置された元型（星座のこと）に含まれる主要な特徴の多くが描かれているからである」という。そして二列目を「現世的現実と意識的自我の領域」と呼ぶのは、「幸福を捜し求め、外的世界の中に自己のアイデンティティを確立する旅」を表しているからであり、さらに最後の列を「天からの啓示と自己実現の領域」と呼ぶのは、それらのカードが表す元型を通して「気づきが広がり、洞察が増していくのを見ることができる」からだという。

ニコルズの大アルカナの叙述は、彼女自身の内的なイメージの連想に継ぐ連想がとりとめもなく延々と続いていくスタイルのため（ユング派の人たちは、これを「拡充」と呼ぶ）、お世辞にも読みやすいものとはいえないが、ダグラス以上に明確に「英雄の旅」という側面が強調されていることは明瞭である。

奇しくも同じ一九八〇年に出版されたレイチェル・ポラックの『知恵の七十八の段階（Seventy-Eight Degrees of Wisdom : A Book of Tarot）』[6]では、ニコルズとまったく同様に「愚者」を除いた残りの二十一枚のカードを、数字の順番に七枚ずつ分類することで三つの列に分けるというやり方で大アルカナが説明されている。ただし、その三つの列の意味づけは、ニコルズとはまったく異なる。

ポラックが分けたカードの三つのグループとは、それぞれ「三つの異なった経験の領域を扱うもの」である。彼女はその「三つの異なった経験の領域」のことを、「意識（consciousness）」、「無意識（subconscious）」、「超意識（superconscious）」と呼んでいる。彼女の説明によれば、最初の「意識」のラインは、社会の中での「外への関心」を示し、次の「無意識」のラインでは、「自分が本当は誰であるのかを見つけるために内なるもの」へと向かい、最後の「超意識」のラインでは「スピリチュアルな気づきの発達と元型的なエネルギーの解放」へと向かうことになる。

ポラックは、現代の深層心理学が関わりを持っているのは第二列目の「無意識」の段階だという。さらに、二列目の「無意識」の段階から、三列目の「超意識」の段階へ進むことについて、「わたしたちは本当の自己を見つけることを超えてどこへ向かうことができるのか？」と読者に対して問いかける。彼女によれば、現代の文化で強調して教えられるのは「わたしたちは孤独に生まれ、そして孤独に死ぬ」という意味での「人間の孤立」というものの見方だという。さらに、「十八世紀と十九世紀の物質主義者によって作られたわたしたちの社会は、『超意識』もしくは『ユニヴァーサル・フォース』という概念を拒絶するだけでなく、実際にはそれが意味していることを理解できないのだ」ともいう。しかし、大アルカナの最後の七枚のカードに描かれているのは、そういった「超意識」もしくは「ユニヴァーサル・フォース」というテーマであり、彼女の言い方を借りるなら、それは「生命それ自身の偉大なる力との最終的な結合」へと至る過程である。

要するにポラックがいいたいことは、個としての意識を超えたところでは誰もがみんなつながり合っているが、普段わたしたちはそれをなかなか自覚できない、ということがまず一つ。そして次に、タロットの大アルカナこそは、日常の意識の状態とは異なる超個的な意識、すなわち〝みんながつながり合っていることを自覚する状態〟へと至るための道筋を示しているということ。簡単に言い換えてしまえば、おおよそそんなことだろう。

ここでの記述は、もはや通常のユング心理学の目指す射程を超えていく。すなわち、彼女にとって、タロットの大アルカナの一連のカードが目指して進んでいくのは、一九六〇年代から七〇年代へとアメリカでにわかに形をとりはじめ、その後大きく発展していった、いわゆる「トランスパーソナル心理学」の指し示した領域のことでもあるのだ。

アルフレッド・ダグラス、サリー・ニコルズ、レイチェル・ポラック、ここで取り上げた大アルカナの三つの解釈論は、全体のカードを半分に分けて二つのコースにするか、「愚者」のカードを除いた残りのカードを七枚ずつに分けて三つの段階にするか、という整理の仕方の違いを抜きにすれば、いずれも「愚者」からはじまり、一枚一枚のカードを〝旅〟することで、〝学び〟そして〝成長〟していくという点では、まったく同じ根を分け合っている。こういった同じ土壌から育った大アルカナの説明の方法論を、まとめてここでは「フールズ・ジャーニー（愚者の旅）」と呼んでおこう。

実は、「フールズ・ジャーニー」の観点からカードを眺めるアイデアは、今ではすっかり大アルカナの理論的前提としてひとつの定番となった観もある。ところで、このような解釈の出現は、一九六〇年代から一九七〇年代へかけてのアメリカ特有のカルチャーと非常に深く結びついていることは間違いない。大アルカナの解釈についての内容からいったん話はそれるが、ここで「フールズ・ジャーニー」というタロット観が誕生する背景となった当時の状況をのぞいてみることで、「タロットの現在形」を作り上げている様相を具体的に浮き彫りにしてみたい。

ニューエイジ・ムーヴメントのさなかで

一九七四年一月下旬に、「コフーテックの意識の祭」と題された集会がサンフランシスコ市公会堂を使って開かれた。この行事は一九六九年春、北カリフォルニアで行われて以来、あちこちで行われた「意識の祭」のひとつであり、当時のニューエイジ・ムーヴメントの高揚を象徴する出来事である。[7]「天上連接」、「第一回地球会議」、「総合シンポジウム」、「秋分集会」、「個人的自律のための統合に関する自由参加シンポジウム」、「第一回心霊科学芸術祭」、「宇宙ミサと祝祭」、「秋分の治療祭」、「法《ダルマ》祭」、「祝祭銀河狂想劇」……、これらすべては、一九六九年から一九七五年の間に行われたそれぞれの「意識の祭」につけられたタイトルである。

さて、サンフランシスコの「コフーテックの意識の祭」では、会場内に足を踏み入れた人には、次のように書かれたビラが配られたという。「五十の部屋での諸経験――合気道、キルリアン写真、薬草、精神統合、ホログラフィー、バイオリズム、詠唱、マッサージ、極療法、ゲシュタルト、ドリーム・ワーク、バイオ・フィードバック、聖音《マントラ》、曼荼羅、生物エネルギー工学、占星術、ヨーガ、太極拳、その他さまざま[8]」。

カリフォルニア州立大学ヘイワード校歴史学教授のセオドア・ローザクは、一九七五年の自著の中で、この「コフーテックの意識の祭」の模様を、実況中継さながらこと細かに描き出している。少々長くなるがそのまま引用しておく。

公会堂のあらゆる展示場、あらゆる研究所を探して歩くと、手相とタロットがあり、魔女の魔法の杖があり、実用占い、大ピラミッドの大明知、宇宙創造技術（「あなたの内側から生じる、この世のものならぬ技術形式」）、マハラジ・ジの映画による伝記、バイオ・マグネチックな直観力のための心的周期、過去生の判断、

ＵＦＯ研究、電気針、混沌メディテーション、密教治療、指圧治療、会社重役のための超心理学、ＥＳＰティーチング・マシン、オルガスム統合、歩道振動、業《カルマ》洗浄、普遍的バイオ・イメージがある。「強烈グループ研究会」は「信頼、愛、官能、怒りのようなものを利用して、ヴァイキング・スタイルのグループ経験」を売りものにした。ある心霊開発カウンセラーは、来る者すべてに、「きょうは奇跡を期待するがよい、多くの奇跡があるだろうから」と助言した。もう一人は、まがいもないプラスチック製、わずか一ドルの値段で「自己解放の業《カルマ》粉砕器」を売っていた。〈頂点灯台〉は「火の戦車に乗って太陽への旅行をする」と称し、参加者は「茜色火炎の聖なるアメジストの大天使とともに太陽の背後の太陽に旅する。あらかじめ、宇宙の総天然色スライドといっしょに天体の音楽をききながら瞑想を行なう」と勧めていた。(9)

この当時のレポートを読んだあなたは、いったいどれだけの事柄を想像し、あるいは理解できるだろう。ちなみに一九七四年当時の時代状況を知らないわたしとしては、書いてあることのほとんどが意味不明である。しかしながら、何か漠然としたイメージ、奇異なものを追い求め、日常を逸脱し、別の世界へ連れ出してくれる見せ物のオンパレードとでもいえばいいのだろうか、そのような当時のムードがなんとなく伝わってくる。さらにローザクは会場の雰囲気を次のように描写する。

入場者——何千人もの入場者は、サーカスに来た子どものように陽気に、気軽にだまされようという姿勢、何を見ても驚き、信じたいという顔だった。みな上機嫌で、だれも一心に参加しよう、楽しく幽気意識を発散しようとしていた。人々は通路で踊り、花を差し出すのだった。香の煙と詠唱が空気を満たした。出席した導師たちは終末論的可能性について、進化論的突破口について謎めいた語り方をした。だれも他人のヴィジョンや信念を疑わなかった。便所に行こうとすると、廊下に整列して太鼓をたたき、聖音《マントラ》を唱えている〈クリシュナ意識〉の若者たちが線香を差し出す。(10)

「意識は進化する」。このムーヴメントに参加している人々が共有している確信とはまさにそれだった。意識の進化？　この言葉で今ひとつピンとこないなら、わたしたちがいまだ近代の「物質主義」に染まり、それを超えた進化のヴィジョンを教えられていないからだ。人間はいまだ「未完の動物」である。より高次の段階へと意識を覚醒させることで、より高度なリアリティへと至ることができる……。このムーヴメントでは、きっとそんなスピリチュアルな超越の道が口々に語られたのだろう。ちなみに、一九六八年公開のスタンリー・キューブリック監督の映画『二〇〇一年宇宙の旅』で描かれた猿から人間、そして人間から超人への意識と身体の変容のヴィジョンこそ、まさしく当時の〝人間の進化〟という主題を見事に映像化したものなのである。

ところでローザクは、「意識の祭」に象徴されるような現象全体を指すのに、「水瓶座の境界地域」という当時流行の呼び名を使っている。この言葉は、六〇年代のカウンターカルチャー運動のひとつであるヒッピー・ムーヴメントを象徴するミュージカル『ヘア』（一九六七）の中で、フィフス・ディメンションというグループが「アクエリアス（水瓶座）」という曲を歌ったことで市民権を得たのがきっかけとなり、後に、七十年代のいわゆるニューエイジ・ムーヴメントの精神を象徴するキーワードとなっていったものだ。また、一九八〇年に出版され非常に話題となったマリリン・ファーガソンのニューエイジ文化論のタイトルも、ずばり『アクエリアン革命』[11]である。その中で主張されていることは、水瓶座の時代を迎え、「透明な知性」を持った人々が心の深いレベルでつながりあい、やがてグローバルな形での意識革命が起こるだろうといった、ある種予言めいた内容である。ファーガソンによると、一九六〇年代のアメリカで大きくカウンターカルチャーが隆盛したのは、「水瓶座時代」のはじまりを告げる合図であることを意味しているという。

ところで、この「水瓶座時代」というのは、地軸の歳差運動によって春分点が少しずつずれていくことによって作られる占星術の観点から見た大きな時代区分のひとつである。具体的にいうと、春分点の移動は黄道十二宮全体を一周するのに約二万五八六〇年、ひと星座を移動するのに約二一〇〇年かかる。それによって地球上の時代区分を見ていくと、キリストの誕生した頃がちょうど「魚座時代」のはじまりであり、それからおおよそ二〇〇〇年ほど経過した二十世紀の終わりから二十一世紀にかけて、いよいよ「水瓶座時代」が到来するということになる。

それこそ、かのユングもグノーシス主義や錬金術といった神秘思想を論じた『アイオーン』の中で、この占星術上の時代区分について触れていた。ユングはその著書の中で、福音書の中やその後の時期において、魚を使った象徴的な表現が見られるとして、ペテロとアンドレを「人間をとる漁師」にたとえた話や、マタイ福音書の中での五個のパンと二匹の魚で五〇〇〇人をまかなった話などをあげている。そういった具体例とともに、キリスト教支配というのが「魚座時代」を象徴する出来事であると説明する。キリストは、「一方では魚座時代の最初の魚として生まれるとともに、他方では、去ってゆく時代の最後の雄羊として死ななければならなかったのだ」とユングは言う(12)。

また、ユング派の心理分析家であるジューン・シンガーは、一九七六年の著書の中で、来るべき「水瓶座時代」のことを「男女両性具有の時代」と呼び、新たな時代の幕開けを積極的に肯定しながら、当時のニューエイジ思想にぴったりと波長を合わせている。彼女は次のように言う。「この意識の変化は、新たな時代への道を開く集合的意識の変化の反映によるところが大きい」と(13)。また、「水瓶座時代」あるいは「男女両性具有時代」は、女性解放運動と呼応して展開するものだとシンガーは考える。それは男女の「優越性をめぐる競争の彼方に、男性的意識と女性的意識の対極化の彼方(14)」において実現するものだという。彼女の著作は、当時のアメリカでのユング心理学の受容とニューエイジ思想の幸せな結婚の最たる例であろう。一読してすぐにわかるのは、占星術、グノーシス主義、カバラ、錬金術、ヨーガ、さらには道教に至るまで、数々の〝秘教的〟な思想や修行体系を通して語られる「男女両性具有」のイメージは、シンガー自身が求めてやまない「水瓶座時代」の理想の姿の〝投影〟となっているということだ。それは一言でいうと、あらゆる二元的な対立が結合されたものということになるのであろうが、シンガー自身はその形を具体的なものとして提示することはない。「男性エネルギー」と「女性エネルギー」が結びつき、それは「銀河系宇宙にひろがるオーガズムとなって爆発する。あるいは一定の高みに舞い上がり、海洋的律動を得ては、浜辺で波音を聴きながら眠りに落ちる人の耳から遠ざかっていくうねりのように、エネルギーはゆっくりと静まっていく」[15]。本書の末尾の方で、こうした詩的なイメージを連発するシンガーの口調は、もはや心理学者というよりも、まるで神秘主義者の趣である。そして、「男女両性具有」へと至るための最後の言葉は、「内面へ目を向けることであろう」で締めくくられる。

シンガーの著作はひとつの例に過ぎない。ニューエイジとして括られる当時の本のどれを開いても、西洋の〝神秘思想〟や〝秘教的伝統〟ばかりか、そこにはなにやら東洋の〝秘儀〟、あるいは〝古《いにしえ》の叡智〟らしきものが、至るところ洪水のように氾濫しているのが見受けられる。禅、チベット仏教、タントラ、ヨーガ、スーフィ、タオ、易経、等々は、「水瓶座時代」の人々にとっての「意識の進化」のために、ぜひとも活用したいマニュアルだったようだ。

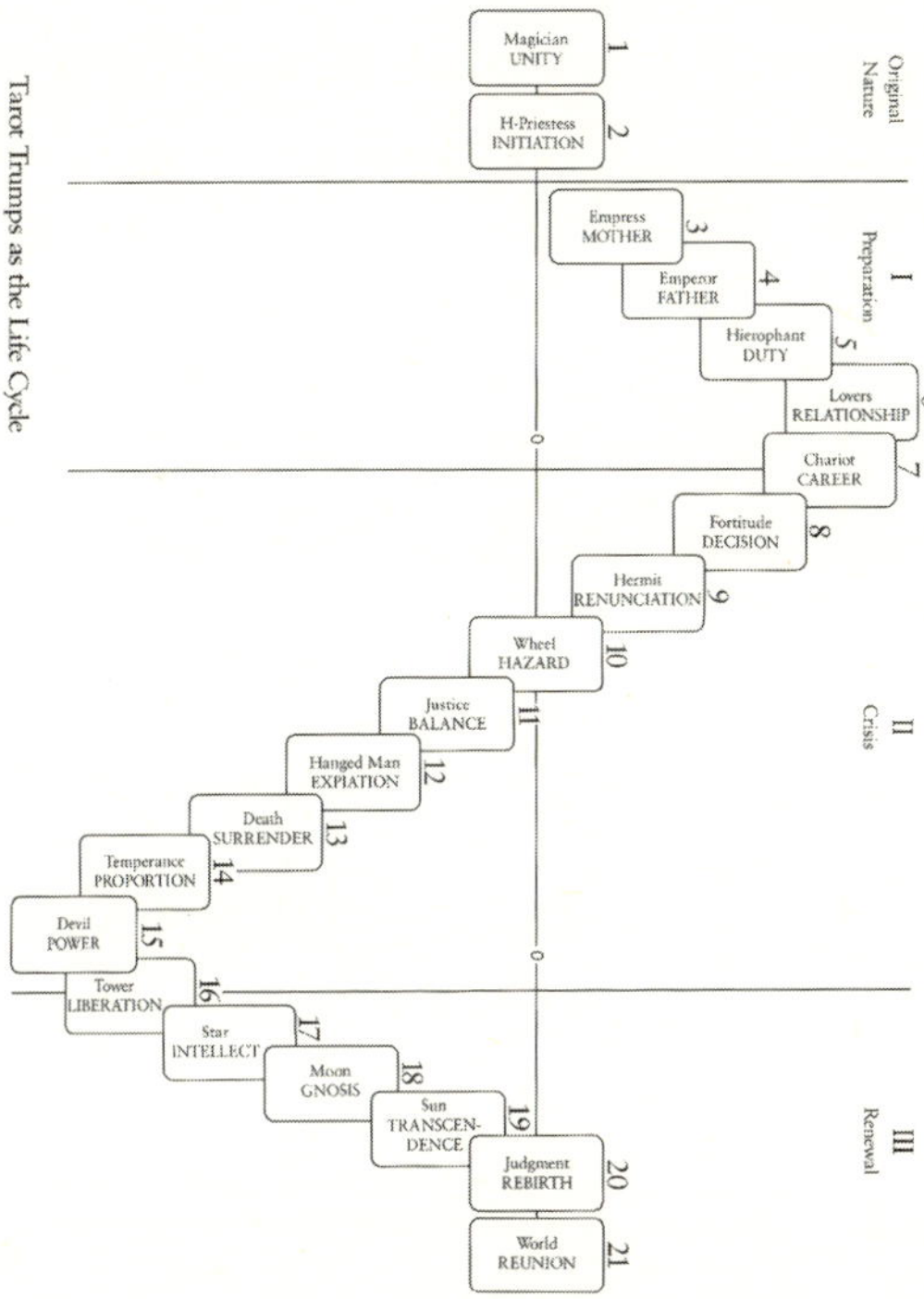

図12　セオドア・ローザクによる大アルカナの配列（出典38）

セオドア・ローザクは、前掲書の中で、このような「水瓶座の境界地域」に対して手厳しい批評を加えながらも、結論としては「有意義な新しい感性を民衆が反映したものである」と述べ、肯定的な姿勢をみせている。これらは「正当に精神的な探究心を民衆が表明しているもの」であり、また「西欧世界の伝統的宗教のかたくなさのため、さまざまな非正統的チャンネルに追いやられていたもの」である。しかも「それは進化論的次元のもので、私たちの文化のレパートリーにおいて言葉の出現や道具をつくる才能の出現と同様、まことに画期的な意識変化なのだ」[16]とローザクはいう。

実は、かくいうローザク自身も、『愚者《フール》のサイクル／完全《フル》なサイクル（Fool's Cycle/ Full Cycle）』というタイトルのタロットについての短い本を書いている[17]。**図12**をご覧いただきたい。これはローザクが二十二枚の大アルカナの順番が、人間のライフ・サイクルを表しているものとして並べたものである。ちなみに、この波のような形は、タオイズムの陰陽のマークに見立てたものでもあるらしい。ローザクの大アルカナの解釈も、「愚者」からはじまって「世界」へと至るまで、人間の意識の成長段階として説明される。そして、最後の「世界」のカードは、やはり「男女両性具有」であり、全体性を象徴する「マンダラ」だと述べられる。結局のところ、ローザクのタロット本も、明らかに「水瓶座の境界地域」に入るものである。

ニューサイエンス、トランスパーソナル心理学、そして東洋へ

ところで、「陰陽」だの「マンダラ」だのといったニューエイジャーたちの東洋志向を支持し、より推進したものに、ニューサイエンスと呼ばれる物理学者たちや、エサレン研究所を中心としたトランスパーソナル心理学者たちといった、科学的な立場に近い方面からの動きがあったことも見逃せない[18]。

ニューサイエンスとは、一九六〇年代末頃から、近代のニュートン物理学的な機械論的自然観やデカルトによる心身二元論を乗り越え、新たな知のパラダイムを提案しようとする自然科学の分野での動きの総称である。その中でも最も有名な人物の一人として、一九六六年にウィーン大学で博士号を取得した後、高エネルギー理論物理学者として研究を重ねていたフリッチョフ・カプラがいるが、彼の一九七五年刊行のデビュー作のタイトルは、

なんと『タオ自然学[19]』である。この本の中でカプラは、タイトルから予想される通り、当時の量子論などの現代科学の成果と、タオイズムやヒンドゥー教などの東洋の思想とをダイレクトに結びつけた。物質の本質が粒子と波動性の相補性であるという量子力学の見解が、タオイズムの「陰」と「陽」に重ね合わされ、素粒子のコズミックダンスは、踊るシヴァ神の隠喩を使って説明される。そして、この本で謳われている結論はというと、いってしまえば、西洋の科学と東洋の叡智が手を取り合うときに地球の未来は明るくなる、といった類のものである。

一方のトランスパーソナル心理学とは、一九六二年、サンフランシスコの南のビッグ・サーに、マイケル・マーフィーとリチャード・プライスという二人の心理学者によってエサレン研究所という教育研修センターが設立されたことからはじまる〈アメリカの〝新しい〟心理学の流れ〉といわれていたものだ。エサレン研究所は、オルダス・ハクスレー、アラン・ワッツ、エイブラハム・マズローなどの当時の著名な作家や心理学者が集まって講義が行われたことでも知られている。また、ゲシュタルト療法のフリッツ・パールズやエンカウンターのウィル・ショッツといった心理学者が、今でいうところの体験型ワークショップを行う宿泊研修施設の基礎となるモデルを作ったのもエサレン研究所においてである。

ヒューマン・ポテンシャル・ムーヴメント（人間の潜在開発運動）推進の中心人物ともいえる心理学者エイブラハム・マズローは、トランスパーソナル心理学を、「人間性、アイデンティティ、自己実現などを超え、人間の欲求や関心ではなく、宇宙に中心を置く、トランスヒューマンな、より『高次の』第四の心理学[20]」として位置づけている。

また、トランスパーソナル心理学のさらに目立った特徴としては、従来の心理学では扱わなかった、あるいは扱ったとしても精神病的な退行として規定されてしまうような、「変性意識状態」を射程に入れる点だ。たとえば、通常の意識状態では起こり得ない、神秘体験や宗教体験などの圧倒的な体験を、人間の個としての存在を超えた領域に進んでいく超越的なものとして捉えなおし、なおかつ、それらは人間の可能性の上限をよりいっそう高みへと引き上げていくようなポジティヴな出来事として肯定される。しかも、それは心理療法などを通して、

更なる〝成長〟段階へと進んでいこうとする人においても起こり得る経験だという。(21)

　さらに、トランスパーソナル心理学もまた意識の変容のための様々なセラピーの手法を、ヨーガ、スーフィ、禅、シャーマニズム等々のオリエンタルな〝伝統的修行法〟と結びつけて考える傾向が強い。かつてトランスパーソナル心理学、随一の理論家といわれていたケン・ウィルバーの『意識のスペクトル』(22)（一九七七）や『アートマン・プロジェクト』(23)（一九八〇）などは、西洋の様々な精神療法の一覧と東西の様々な神秘的な伝統を、人間の意識の段階を表す全体の見取り図の中にこと細かに位置づけていこうとする野心的な試みである。すなわち、自我を超越した境地としての「解脱《モクシャ》」、「絶対者の徳」、「悟り」等々と呼ばれる次元までを包含した〝心理学〟が目指される。ウィルバーによれば、それらの東洋の伝統的な用語は、わたしたちの通常の二元的な意識、つまり観察するものとしての自分と、観察対象としての世界という分離を超えたところのリアリティを名指す言葉である。ウィルバーは次のように言う。「リアリティが、ブラフマン、神、タオ、ダルマダートゥ、空、というようなどんな呼び方をされていようと、さして問題ではない。というのは、すべては同じように、見るものと見られるものとに分断されない非二元的状態を指し示しているからである」(24)と。ここでいう「非二元的状態」というのが、ウィルバーにとって、一人一人の人間が個々分離されているという日常の意識を超えた、トランスパーソナルな次元において開かれる「真実の世界」なのだ。先ほどのレイチェル・ポラックの大アルカナの解釈の中で見た「超意識」というコンセプトが、いかにこういった志向と呼応し合っているものであるかということがわかるだろう。

　こういったニューサイエンスやトランスパーソナル心理学の動向を踏まえたタロット解説書の優れた書き手として知られているのは、ユング心理学の専門家でもあるシンシア・ジャイルズである。ジャイルズは一九九二年に出版された『タロット　歴史、秘儀、伝承（The Tarot : History, Mystery, and Lore）』という本の中で、「科学の光のなかのタロット」と題した一章を割き、タロットと新しい科学的世界観が結びつく可能性を模索している。(25)彼女の本では、アインシュタインやハイゼンベルグからはじまり、デヴット・ボームやルパード・シェルドレイクといったニューサイエンスの流れの中にある科学者たちの理論が紹介され、さらにはイリヤ・プリゴジンの散逸構造論から、はたまたカオス理論までが登場する。さらに、一九九六年に出版された姉妹編ともいえる『タロット　方法、熟達、その他いろいろ（The Tarot : Methods, Mastery, and More）』[26]と合わせた彼女の二冊の著作は、ニューサイエンス及び東洋思想、そして深層心理学の諸見解を踏まえたうえで二十一世紀へ向けてのタロットの更なる可能性を模索しながら、同時に、「占いがなぜ当たるのか？」といったような話題にまで、明確な答えを与えようとする果敢な試みである。ニューエイジ・サイエンスの諸ジャンルを横断しつつ、それらとタロットを手際よく結びつけていく彼女の著書は、この手の話題に関心があるならば、一読に値するものであろうことは間違いない。ただし、理屈抜きで、単に気軽にタロット占いを楽しみたいという人にしてみれば、まったく読む気がそそられない内容であることも間違いない。

ところで、比較的最近出た『タロット　カードの神秘のなかに明かされたあなたの宿命（Tarot : Your Destiny Revealed in the Secrets of the Tarot）』[27]（二〇〇〇）という初心者向きのタロット占いのハウ・ツー本では、白人の女性が、床にカードを並べ、その前で姿勢を正し座禅を組み、瞑想をしている姿の写真が掲載されている。また、占いを行うときの写真は、椅子とテーブルではなく、わたしたち日本人のように、床に直接あぐらをかき、低いテーブルの上にカードを並べて占いを行っている。このように、西洋のタロット・カードが、東洋的な場の中で、まるで禅やら茶の心と結びつけられかねない勢いで扱われているのを見て、なんとも奇妙な感じがしてしまうのは、わたしだけだろうか。

神智学から、魔女術、さらにティモシー・リアリーまで

さて、前述のように、「意識の進化」を目指す「水瓶座の境界地域」は、〝新しい〟物理学や心理学モデルと歩調を合わせてきた。だが、それだけではない。ニューエイジャーたちの中には、マダム・ブラヴァツキー（一八

三一―一八九一）や、グルジエフ（一八七七―一九四九）などの著作（十九世紀から二十世紀初頭にかけて、秘教的な意識の進化論者が謎めいた形而上学的口調で書き連ねられた難解な古典）を、好んで取り上げるものもいる。一九七〇年代においてそれらは、ローザクいわく、「パリパリのまっさらなペーパーバック版で出て、過去に読まれた全体量よりももっと多く、一年間の大学コースで読まれ[28]」ていたという。そう、十九世紀末のオカルト思想も、「水瓶座時代」の新たな光を浴びて、ニューエイジの世界とつながりあうものとして再び息を吹き返したのだ。つけ加えていうなら、ここ日本においても、大型書店の「精神世界」と題されたコーナーに行けば、「ヒーリング」や「アロマセラピー」、「パワーストーン」などに関する書籍と並んで、ブラヴァツキーやグルジエフについての本が並べられているのを目にすることができるだろう。

そもそも、「水瓶座時代」による人類の進化という観念を普及するもとになったのは、マダム・ブラヴァツキーの創始した「神智学協会」が提唱した人類が七つの周期をたどって進化していくという教えである。神智学とは、古代から密かに伝えられてきたとされる秘教的な教えをもとにして、形而上学的な真理探究を目指す学問のことである（神智学については第二部で再び取り上げる）。それによると、現在の人類は七つの周期のうち五番目に位置するらしい。ちなみに、現在の前はアトランティス人、その前はレムーリア人の時代だったということだ。さらに、その五番目にあたる現在の人類も、七つの亜人類に分けられ、今はその中でも五番目に位置するという。そしてわたしたちはやがて六番目、七番目へとより霊的に進んだ段階へと「進化」していくらしい。念のためにいっておくが、このなんとも奇妙で複雑な人類の進化論は、普通に学校で習うダーウィンの進化論と一致させることは不可能である。また、面白いのは、すでに十九世紀末の段階で、神智学者ジョージ・ラッセルが、「太陽はここ二、三年のうちに魚座から水瓶座へ移動する」と述べていたという点だ。つまり、アメリカのニューエイジャーたちに先立つこと七十年あまり早い時期に、ラッセルは「水瓶座時代」の到来を確信していたのだ[29]。

ちなみに、ブラヴァツキーが死後に残したノートをもとに神智学者アニー・ベサントによって編集された『シークレット・ドクトリン』の第三巻では、なんとタロットは古代バビロニアの柱の中に見つけることができるだろうといったことが述べられている（ちなみに、いまだ見つかっていない）[30]。また、すでに一九三〇年には、神智学者A・E・ウェイレンスが、神智学的観点からタロット・カードを解釈した『タロットの概論（The General Book of the Tarot)』という本を残している[31]。さらに、一九六三年には、マーヤナンダという人物が、『現代におけるタロット（The Tarot for Today)』[32]という本を書いているが、その中で大アルカナは、神智学者エルネスト・ウッドの『七条の光線』（一九二五）の中で述べられていた人間の中の「七つのチャンネル」に分類することで解釈されている。

一方、グルジエフの高弟として知られるウスペンスキーも『タロットのシンボリズム（The Symboly Taro)』（一九一三）[33]という本を残している。**図13**はウスペンスキーの考えたタロットの解釈論の前提となるカード配列の方法である。簡単にいうと、外側の四角形に沿ってスートごとに並べられた小アルカナは、「物質的な世界」、あるいは「現象界」を表すとされ、一方で、三角形に沿って七枚ごとに並べられた大アルカナは、「聖なる三位一体」を表すとされる。また、最後に真ん中に置かれた0番の「愚者」のカードは、「霊的な世界の中心」となるものを表しているという。つまり、ウスペンスキーにとってタロット・カードとは、物質的な領域から霊的な領域に至るまでの宇宙全体を、象徴的な形で表したものなのだ。前述のメアリー・K・グリアーやレイチェル・ポラックらの著作の中にも、このウスペンスキーのアイデアが、実際に一部盛り込まれていることを確認できる。

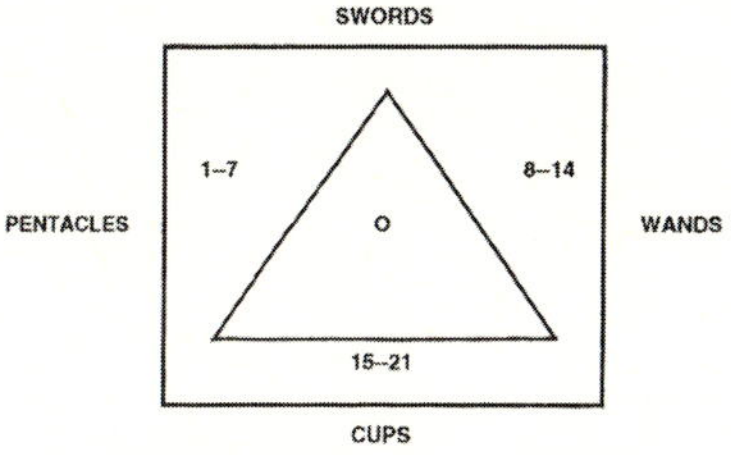

図13　ウスペンスキーによるタロット・カードの配列（出典15）

さらに、「水瓶座の境界地域」には、キリスト教が普及する以前の古代の神神、たとえばギリシア・ローマ、ケルトやゲルマンの神々や、それらの宗教を現代に復興させようとする「ネオ・ペイガニズム」と呼ばれる運動もある。中でも「魔女術」を中心に置いたネオ・ペイガニズムの流れは、見過ごすことのできないひとつの潮流を形作った。一言でネオ・ペイガニズムといっても様々な考え方があるが、それらにほぼ共通するのは、キリスト教の伝統によって抑圧されてきた多神教的な神々たちを蘇らせ、彼らと人間の間に再び調和ある関係を築いていくということ（ただし、ここでいう神々を文字通りの意味にとる人もいれば、自然の力の比喩だという人もいたり、人間の無意識に内在する力であるという人もいたりと、ネオ・ペイガニズムの運動の中でも多様な考え方があるようだ）、そして同時に、自然の力を尊び、この世界のありとあらゆるものとの親密な一体感や共感を大事にし育んでいくといったようなことである。[34]

また、アメリカでのネオ・ペイガニズム運動の最も信頼のおけるリサーチとして知られるマーゴット・アドラーの『月神降臨』では、ネオ・ペイガニズムの考え方の特徴を、「精霊信仰」、「汎神論」、「多神論」という三つの用語で定義している。[35] 万物に生命力があるとみなす「精霊信仰」、神性が自然に内在するとみなす「汎神論」、そして複数の神々を認める「多神論」というネオ・ペイガニズムの世界観は、超越神としての父なる神に基づく一神論のキリスト教的ヒエラルキーや、人間によって支配可能な物質として〈自然〉を対象化していく近代科学的な思考方法とは明らかに異質なものなのである。

現代のネオ・ペイガニズムの起こりは、民俗学者のマーガレット・マレーが、一九二一年刊行の『西欧の魔女崇拝』の中で、ヨーロッパの魔術は、ディアーヌスという角のある神の崇拝に基づく古代の宗教における豊穣儀礼にルーツがあり、それは中世から近世を経て、現在にまで命脈を保っている、と主張したことに端を発している。また、一九四八年にはロバート・グレイヴズが大著『白い女神』の中で、古代には大地と月の女神の儀礼が広く普及していたとの説を主張する。そういった流れの中で、一八四四年生まれのジェラルド・ガードナーが、現代の魔女術の基礎となるものを作った。

また、ユダヤ―キリスト教的な父なる神を拒否し、古代の女神崇拝に基づく儀礼を重んじる魔女術は、フェミニズム的な運動の流れの一部とも合流する。すでにスートの解説のところで取り上げたバーバラ・ウォーカーによるタロットの解釈は、おおよそこの流れの中に位置づけることができるだろう。また、タロット占いが儀式を重んじる魔女術の中に取り入れられた場合、タロット占いを行う手順は非常に複雑なものになっていく傾向がある。以下に、やや長くなるがウォーカーによるタロット占いのための儀式をそのまま紹介しておこう。

カードに問う前に七日間断食する。一日の一定の時か、月の一定の位相に行う。あるいは日没後にだけカードを取り出す。トランプ台の上に黒い絹の布を広げる。香を焚く。黒と白の二本の蠟燭に火を灯し、黒いのを左手に、そして白いのを右手に持つ。裾までたれる長いローブのような特別な服を着る。カードを読む人の椅子の背が真北に向くように置く。呪文を繰り返す。月の金属である銀のゴブレットから水またはワインをすする。カードが暖まるまで手に持ち続ける。カードに息を吹きかける。カードを頭の上に三回上げる。カードを額に当て、七秒間目を閉じるなど、それぞれが好む身振りを行う。(36)

このような儀式的手順を踏むことで、タロット占いが非常に〝神聖な〟ものになっていくことは間違いないとしても、現代の占いハウスや百貨店などの占いコーナーでブースを構えるプロフェッショナルな占い師が、このような手順をすべて踏んで行うことは現実的には困難であることはいうまでもない。おそらく蠟燭に火を灯しただけで、厳しく注意を受けることは間違いないだろう。

また、「水瓶座の境界地域」の主題として、メディア神秘主義や電子神経工学、ドラッグによる意識変容、これらも見逃すことのできない話題である。当時のドラッグ・カルチャーの教祖ともいうべきティモシー・リアリーも、タロットに関する非常に奇妙な書物『ゲーム・オブ・ライフ(The Game of Life)』を一九七九年に出版している。その中で、二十二枚の大アルカナは、リアリーの考える宇宙の進化論のヴィジョンへと結びつけられている。もちろん、最後の「世界」のカードは、宇宙の進化の非常に高いレベルに対応するのだが、面白いのは、その逆の最初の段階に位置づけられた「愚者」のカードは、リアリーによれば、「アメーバ」に相当するということになっている。(37)

リアリーとともに『心理学的経験、チベット死者の書に基づくマニュアル』を書いたことでも知られる心理学者ラルフ・メツナーも、一九七一年に出版した『意識のマップ（Maps of Consciousness）』の中で、その一章をタロットの大アルカナの解説にあてている。(38) たとえば、彼の大アルカナの解釈の例をあげると、「愚者」のカードは「自我」で、「魔術師」のカードは「高次の自己《ハイアー・セルフ》」、また「審判」のカードが意味するのは、「真の自己を悟るためのシグナル」だとされる。メツナーはこの本の中で、タロット以外に、易、タントラ、錬金術、占星術などについても論じているが、要するに、彼にとってそれらすべては、人間の意識を外的な制限から自由にし、よりよい成長をもたらすための古代のツールなのである。

今まで述べてきたもの以外にもサイエンス・フィクション、UFOカルト、サイケデリック・ロック、ピラミッド学、超能力、霊的治療などなど、ここでは書ききれないほどのありとあらゆるエキゾチックで、秘教的で、謎めいているものが「水瓶座の境界地域」では「意識の進化」のもとに勢ぞろいしている。このように「水瓶座の境界地域」の諸ジャンルを列挙していくと、あまりにも多種多様で、現代のわたしたちからするとなんだかよくわからない、単なるなんでもありといった様相として見えてしまうが、一九七〇年代のニューエイジ・ムーヴメントの当事者たち自体、そもそも自分たちの行っていることに対して完全に自覚的であったわけではないだろう。ただし、ひとつ間違いなく言えるのは、「水瓶座の境界地域」を共通して貫いていたのは、今まさに〝新しい時代〟がやって来るという確かな予感と、近代社会を作り上げてきた諸々の価値観とは異なる、オルタナティヴなものを模索していこうとする探究心だったということだ。

さて、これまで見てきたことから、「水瓶座の境界地域」の中におけるタロットが、いかに様々な異なるジャンルから引き合いに出されていたかが、そして、それぞれ自らの世界観を表現するものとして重宝されていたかがお分かりいただけるだろう。魔女のタロットがあるかと思えば、神智学的タロットもあり、さらには宇宙進化論的タロットさえある。また、最初に詳しく紹介した「フールズ・ジャーニー」としての大アルカナも、明らかに「水瓶座時代」の心理学から生まれてきたものだ。このように、それを解釈する人によって、まったく違う世界観を描いたものとみなされるタロットの大アルカナは、逆にいえば、それを見る人の世界観を映し出す「鏡」

のようなものとなっているのだ。

ここで本章での結論めいたことを先にひとつ言ってしまうと、こういった様々な観点から作り上げられた、どう考えても相容れない複数の解釈が乱立するもとで、タロットがなにやら意味ありげな異彩を放っているという状態こそが、まさしく「タロットの現在形」そのものなのである。

セラピー、瞑想のツールとしてのタロット

さらに、「タロットの現在形」を、より鮮明に浮き彫りにする例をいくつかあげてみよう。まず、心理学的な観点からアプローチをする多くのタロティストたちにとっては、大アルカナの絵は、占い上のメッセージの源であるというよりも、人間の心の成長過程が描かれたものだとみなされている。しかも、タロット好きのセラピストの手にかかると、タロット・カードは、なんとセラピーの現場における非常に有効な（?）ツールともなるらしい。

たとえば、アメリカン・サイコセラピー・アソシエイションのディプロマーを持つセラピスト、アーサー・ローゼンガルテンは、『タロットと心理学（Tarot and Psychology）』（二〇〇〇）[39]という、そのものズバリのタイトルの本の中で、セラピーの現場でどのようにタロット・カードを使用しているのかということを、臨床例とともに詳述している。念のために断っておくが、ローゼンガルテンは、クライアントをセラピーの現場で占っているわけではない。あくまで占いとは異なる方法でタロット・カードを使っているのだ。

彼のセラピーでのタロット・カードの使い方を簡単に言ってしまうと、まずすべてのカードの絵をクライアントに見せる。そして、その中から気になる絵の描かれているカードをいくつか選んでもらう。そして、そのカードの絵をもとにしてカウンセリングをしていく。要するに、クライアントにその絵から感じたことや、連想したことを話してもらうことで、当人が心の深層へと無意識に押しやっていた恐れや抑圧されたものへの「気づき」

や「洞察」がもたらされるということらしい。ちなみに、ローゼンガルテンの本の中では、劇的な治癒効果のあった具体的なケース・スタディーも掲載されていて、実際に彼がどういうふうに話を進めていっているのかを詳しく追っていくこともできる。

また、多くのタロティストたちは、カードのイメージは瞑想のツールとして非常に役に立つものであるともいう。たとえば、レイチェル・ポラックは、カードのイメージを瞑想することで心の深層の無意識と対話していくことの重要性を訴えている[40]。ここで彼女の薦める瞑想法を詳述しているゆとりはないが、簡単に言ってしまうと、静かで落ち着いた場所で、まず一枚カードを手に取り、そこに描かれているイメージやシンボルや色等々に集中する。そしてカードを横に置き、目を閉じ瞑想に入る。最後に目を開けて、用意しておいた紙とペンでメモを取るといった手順である。こうして自分の心の内側へと目を向けていくことで、自我が抑圧してきた無意識の中にあるものへと注意を向けることは、とても大切なことだとポラックは言う。また、日本でも翻訳書が出ている『魔女と魔術の辞典』や『天使と精霊の辞典』などの著者としても知られているローズマリー・エレン・グイリーもタロットを使った瞑想を薦めているが、彼女は次のように述べている。「タロットは自己認識と人格の成長を促す瞑想のための素晴らしいツールとなる[41]」。

タロット・カード＝占い。これが一般の人が持つタロットの常識だとするなら、今まで見てきた「水瓶座の境界地域」以後の「タロットの現在形」では、少々様相が異なるということがおわかりだろう。すなわち、ニューエイジ・ムーヴメントの洗礼を受けた以後のタロットとは、日々占いハウスで単なる占いの道具として使用されるだけのものではない。「心の成長」、「自己認識」、「気づき」、「無意識との対話」、といったようなキーワードがまさにぴったりの「心」に寄り沿うツールとなっているのだ。

そして、それに呼応するかのように、占い師が行うタロット占い自体も、「未来を当てる」という意味での占いというよりも、なにやらカードの絵を手がかりに「今」の心の悩みの相談に答えを見つけてあげるというカウンセリングらしきスタイルをとることも珍しくはないようだ。これはアメリカだけではなく、日本のタロット占いの現場でも同様である。「心の時代」というのはどこかで聞いたことがある言葉だが、まさにタロットはそういったキャッチフレーズとぴったり重なり合うような姿となっていることは間違いない。

さて、これまではフールズ・ジャーニーをはじめとするニューエイジ的な世界観を映し出す「鏡」としての大アルカナと、それが生まれてきた一九七〇年代以降の「水瓶座の境界地域」という言葉で象徴される時代背景を重ね合わせることで、現在のタロットがいったいどのようなものであるかを概観してきた。おそらく、今までタロットについてあまり詳しく知らなかった方も、なんとなく「タロットの現在形」のおおまかなイメージが見えてきたのではないだろうか。

ここで念のために断っておくが、タロット・カード自体は、一九七〇年代のアメリカ西海岸で発明されたものではない。タロット・カードは、「水瓶座の境界地域」の人々に取り上げられる以前から存在していた。とはいえ、実は一九七〇年代以降のアメリカでは、標準的なタロット・カードの絵柄とは大きく異なるニューエイジ的な衣装をまとったタロット・カードが、驚くほどたくさん発明されてきたことも事実である。そう、ニューエイジャーたちは、今まで見てきたようないくつかのタロットの解釈論だけではなく、エキゾチックでエキセントリックな絵の描かれた新種のカードのヴァリエーションを無数に生み出してきたのだ。もはや、彼らの作り出したニューエイジ・タロットたちを前にすると、本章の前半部分で述べたプレイング・カードとの差異を云々する必要性などほとんど感じることはないだろう。なぜなら、「水瓶座時代」の洗礼を受けた人々によって懐胎されたそれらの子供たちは、プレイング・カードはおろか、従来の伝統的なスタイルのタロット・カードからも遠く離れてしまった、いわばまったく新種のミュータントたちなのだ。

では、本章の締めくくりとして、「水瓶座時代」のタロット・カードの姿を、いくつかピックアップしてご覧にいれよう。

「水瓶座時代」のタロットたち

まずは、「水瓶座時代」にふさわしい心理学的タロットを見ていただきたい。図14（口絵）は、その名もズバリ「ユンギアン・タロット」である。一九八八年にロバート・ウォンによって作られたこのタロットは、二十二枚の大アルカナをユング心理学の元型だと考える。そして、一番の「魔術師」のカードは「アニムス」、二番の「女司祭」のカードは「アニマ」、九番の隠者のカードは「老賢者」、十五番の「悪魔」のカードは「シャドウ」、二十一番の「世界」のカードは「ペルソナ」というようなユング心理学のコンセプトに合わせて、各カードの絵柄はデザインされ直したものとなっている。もちろん、元型に結びつけられたそれぞれのカードのイメージは〈拡充〉されていて、たとえば「老賢者元型」としての「隠者」のカードの主題は、老子、仏陀、モーゼ、ヘルメス・トリスメギストス、マーリン（アーサー王伝説の登場人物）と関連づけて説明される。[42]

「ユンギアン・タロット」と似たようなコンセプトのもとに作られたものとして、ジュリエット・シャーマン－バークと、リズ・グリーンの二人のユンギアンのコラボレーションで作られた、より神話的な題材を積極的に取り入れたタロット（一九八六）がある（図15口絵）。ちなみに、後者のリズ・グリーンはユング心理学と占星術を融合させた心理占星学のオーソリティーとして、現代の占星術界で非常に著名な人物である。こちらのパックでは、たとえば十二番の「吊るされた男」のカードは、ゼウスの法を侵犯したことによって罰を受けるプロメテウスに題材をとって描かれている。岩に縛りつけられ身動きできないプロメテウスは、カードの右上に描かれた鷲によって毎日はらわたをついばまれる。しかし、夜の間にその傷は癒え、また翌日には鷲がついばみにやってくるという物語が、このカードの絵柄の背景にある主題だとされる。また、「世界」のカードには、体が一つで顔が二つの奇妙な人物が描かれているが、これはヘルメスとアフロディーテの子供である半陰陽のヘルマフロディーテの姿である。[43]「ミスイック・タロット」と題されたこのタロット・パックは、実はすべてのカードがギリシャ神話から題材をとられているので、「ギリシャ神話タロット」といった方が適切であろう。

次の**図16**は、前述のバーバラ・ウォーカーによって作られたタロット・カード（一九八六）である。ウォーカーのタロットの際立った特徴は、コート・カードのすべての人物を神話上の神々に描き変えた点であろう。たとえば、「ワンドのクイーン」は、「死者の女王ヘル」に、「カップのクイーン」は、「氷の女王ヴァージナル」とい

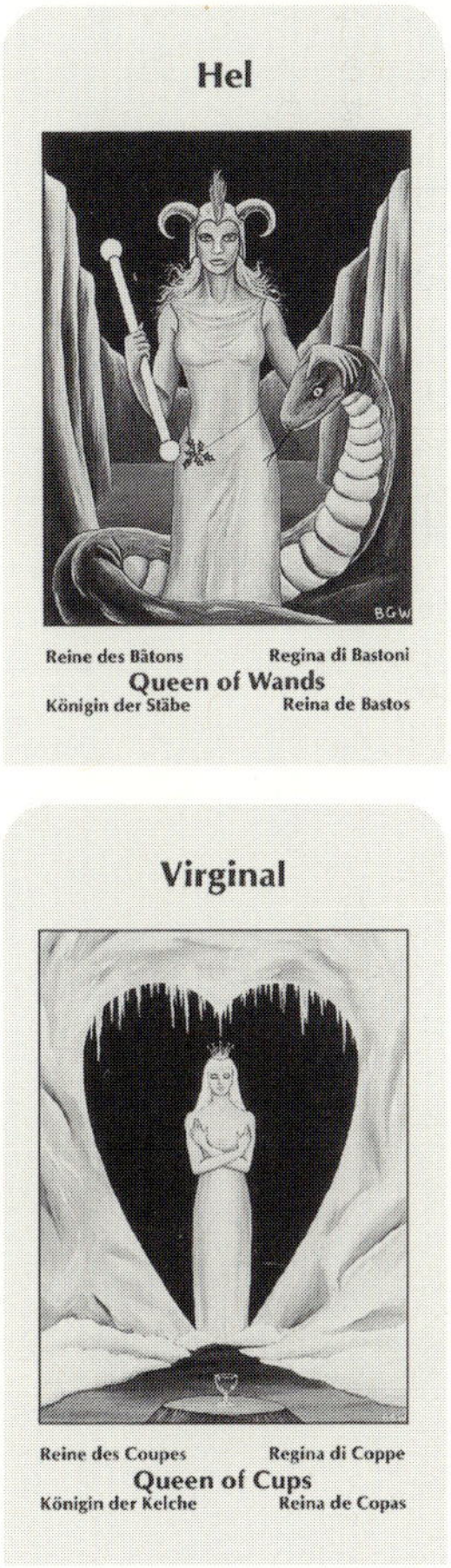

図16（右）　「バーバラ・ウォーカーのタロット」（出典28）上から順に、ヘル、ヴァージナル。

図18（上）　「月の娘たちのタロット」（出典36）上から順に、シャクティ、星。

ったように。タロット・カードは古代の異教の思想を表現していたために、中世の間、キリスト教からは弾圧されていたことを強く主張する彼女は、男性性／女性性の二項対立を基に、頑なに家父長制社会を拒絶する頑強な古典的フェミニストである。そんな彼女の考えをもとにしたタロット・カードは、熱烈な女神崇拝が前面に出すぎていて少々親しみづらいものではあるが、逆にネオ・ペイガニズムに基づいたタロット・パックのひとつのサンプルとしては申し分ない。

同じくネオ・ペイガニズム、及びフェミニズムの観点から作られたタロット・パックとしてもう少しソフトで親しみやすいのは、ヴィッキー・ノーブルとカレン・ヴォーゲルという二人の女性によって作られた「マザー・ピース・タロット」（一九八四）である（図17口絵）。ごらんの通り、カードは四角ではなく円形となり、そこに描かれた絵もスタンダードなタロットのデザインからは大きく離れた、非常にエキゾチックなものとなっている。たとえば、二番の「女司祭」のカードは、月の女神を象徴する角の生えた頭飾りをつけたアフリカの女性が描かれている。また、七番の「戦車」のカードには、戦車を覆うように、古代エジプトの空の女神ヌートがアーチを形作っている。また、**図18**のフィオナ・モルガン、シェキーナ・マウンテンウォーター、ケイト・テイラーらによって作られた「月の娘たちのタロット」（一九八四）も、インドやエジプトの女神たちが多数登場する非常にユニークなネオ・ペイガニズム的タロットである。

「マザー・ピース・タロット」や「月の娘たちのタロット」をはじめとする「水瓶座時代」のタロットのひとつの特徴としては、西洋から見てエキゾチックで異教的なものならば何でもいいといわんばかりに、カードのデザインの素材を自国の文化の伝統以外に求める傾向がある。特に八十年代から九十年代の初頭にかけては、非常に多くの、いわばエスニック・タロットともいうべき奇妙なカードが作られた。いわゆる「ワールド・ミュージック」と総称されるジャンルの音楽が押し寄せてきたのもその頃からであるが、タロットにもそれと似たような現象が起きていたのである。では、ここで「ワールド・ミュージック」ならぬ「ワールド・タロット」のいくつかを紹介してみよう。

図19は一九八三年にオリヴィア・ステファンという人物によって作られた「タロット・ジタン」という題のインド風タロットである。三番のカードは、インドの神ヴィシュヌになり、十九番のカードは、瞑想する仏陀の姿となっている。一方の図20は、一九八二年に出版されたJ・A・ゴンザレッツとマグダ・ゴンザレッツによる「ネイティヴ・アメリカン・タロット」である。たとえば、こちらでは五番の「教皇」のカードは、「シャーマン」となり、十五番の「悪魔」のカードは、白いバッファローとなっている。

さらに、図21（口絵）と図22（口絵）を見ていただきたい。こちらは説明するまでもなく一目でおわかりいただ

図19　「タロット・ジタン」（出典28）左から順に、ヴィシュヌ、仏陀。

図20　「ネイティヴ・アメリカン・タロット」（出典28）左から順に、シャーマン、悪魔。

けると思うが、それぞれ中国と日本を題材とした「チャイニーズ・タロット」（一九八九）と「浮世絵タロット」（一九八三）である。「チャイニーズ・タロット」の「魔術師」のカードは口から火を吹く人物が描かれ、かなり笑える絵になっている。また、「浮世絵タロット」では、十三番の「死」のカードには閻魔大王が描かれ、二十番の「審判」のカードでは、キリスト教の天使がラッパを吹く代わりに、観音様が雲に乗って登場し、「なるほどそうきたか」という絵になっている。ちなみに、これらのカードは中国や日本で作られたタロットではなく、アメリカで製作されたものである。こういった異文化のイメージがアメリカ的に解釈され取り入れられた、なんともいい難いキッチュなカードは、ここでは紹介しきれないほどたくさんの種類が存在する。もう一つだけ、日本を題材にしたもので、かつてわたしが一目見て大笑いしたカードを紹介しておこう。キャロル・マーレイによって製作された「パール・ジ・オリエント」（一九八四）というカードである。**図23**を見ていただきたい。一番の「魔術師」はなんと寿司職人、十五番の「悪魔」のカードはなぜか歌舞伎役者（歌舞伎のメイクが悪魔の姿に見えたのだろうか？　あるいは、もしかするとアメリカのロック・バンド、キッスを連想したのか？）、「剣のペイジ」はタバコを口にくわえたモヒカンのパンクスの横顔となっている。まず間違いなく日本人でこのカードを真剣に占いに使おうと思う人はいないだろう。

次に見ていただくのは、「タオ・タロット」（一九八六）と題されたカードである（**図24**）。これは西洋にタントラを普及し、一部では「セックス・グル」とも呼ばれるバグワン・シュリ・ラジニーシの弟子が、師の哲学を盛り込んで作ったというタロット・カードである。わたしはラジニーシの教えについてはよく知らないので、何と評していいかわからないが、合成写真を使って作られたこれらのカードは、はっと目を引く見事なシュールレアリスム的な出来栄えの作品となっている。

もう一つ合成写真で作られた、これぞニューエイジ時代のタロットの代表作ともいえるカードを紹介しよう。一九八四年に出版されたその名も「ヴォイジャー・タロット」である（**図25口絵**）。製作者であるジェームス・ウォレスは、自身のタロットを「自己の内なる世界を旅するための乗り物」だという。そして「このシンボリック

図23　「パール・ジ・オリエント」（出典28）左から順に、魔術師、悪魔、剣のペイジ。

図24　「タオ・タロット」（出典28）左から順に、悪魔、塔。

なヴォイジャーを通して、あなたは自分自身が世界であると同時に、わたしたちの生きているより大きな世界の一部であることを悟るであろう」と語る。いちいちカードの絵柄の説明はしないが、見ての通り、一枚のカードの中にはエジプト、ギリシャ、インド他様々な異文化のモチーフが寄せ集められ、かなり得体の知れない不気味な世界が出来上がっている。「水瓶座の境界地域」のありとあらゆる要素が見事にコラージュされたこの「ヴォイジャー・タロット」こそ、まさしく「水瓶座時代」を象徴する最高傑作のタロット・パックだと、わたし自身は思っている。

ユニークなタロット・カードはまだまだたくさんあるのだが、きりがないのでこれぐらいでやめておく。実をいうとわたし自身、以前はコレクター心に火がつき、ついつい意味もなくこういったカードを買い漁ることに情熱を注いでしまったものだ。そして、「タロットってこんなにいろいろな種類があるなんて知らなかった」と言われるのがうれしくて、タロットのことをよく知らない人に会うたびに得意気にカード・コレクションを見せびらかしたものである。今思うと、どう考えても単なるタロット・オタクである。

「タロットの現在形」と題してお話ししてきた第一部も、この辺で今までの内容をまとめつつ締めくくるとしよう。まず、「タロットとは何か」というテーマを考えるにあたって、前章ではプレイング・カードとタロット・カードの違いを見た。さらに、スートとコート・カードに焦点を当て、小アルカナを検討した。続いて本章においては、大アルカナの解釈論とヴァラエティ豊かな現代のタロット・カードをのぞいてきた。こうして見てきた結果、「タロットの現在形」とは何であるかと改めて問われれば、前にもすでに一度述べたように、タロットはそれを見る者の世界を映し出す「鏡」となっている、ということだ。もう少し詳しくいうならば、現代のタロティストたちは、タロットを占いのためだけではなく、瞑想やセラピーなどを通して「気づき」、「心の成長」、「意識の発達」等々と彼らが呼ぶニューエイジ的な目的のためにも利用してきた。そればかりか、今まで見てきた様な「水瓶座時代」のタロットからもわかるように、タロティストたちはさらにそこから一歩突っ込み、自分たちの理想とする世界のモデル、もっというならば、一つのコスモロジーとでもいうべきものを、タロットというメディアを利用して表現してきた。また、ワン・セットのタロット・パック全体を、どういう世界としてみなし、各カードの意味をどのようなものとして解釈するか、その読解の中にその人、あるいはその人が生きる時代の世界観が現れる。それが、「タロットの現在形」を概観して、わたし自身が強く感じることである。

ではタロットは、ニューエイジャーたちの手に渡る前は、いったいどんな風に使われ、どのような絵柄のヴァリエーションがあったのだろう。そして、それらはやはり時代によってその姿を大きく変えてきたものなのだろうか。もしそうだとしたら、たとえば描かれた絵柄のモチーフ、あるいは人々の間での流通の仕方などを通して、逆にそれぞれの時代や場所を生きる人々の世界観のようなものが見えてくるのではないか。第二部ではこういった観点から、「タロットの現在形」に至るまでの過去の道のりを、ゆっくりと見ていくつもりである。

第二部　タロットの歴史

第一部では、「タロットの現在形」がどのようなものであるのか、ということを見てきた。すでに見たように、一九七〇年代以降、アメリカを中心としてタロットは変幻自在に大きく姿を変えていった。テーブルの上にタロットを広げそれを注視する人それぞれの、価値観や世界観を映し出す「鏡」のように。

しかし、問いはいまだ残されたままである。そのような「鏡」としてのタロットは、いったい、いつ何の目的で作られたのか。そして現在に至るまで、そこにはどんな流れがあったのだろうか。第二部ではその起源と歴史を概観する。

ここではタロットの歴史をあえて三つの道筋に分けて見ていくことにする。なぜ一つではなく、三つの道筋なのか？　あえてそのような記述を試みる理由は、「タロット」というひとつの言葉が名指す対象が、歴史上、常に同一のものだったのかどうかを問い直してみたい、という意図に由来する。確かに、今日の〝進化〟したタロットからさかのぼり、過去から現在に至るまでのひとつの連続した「タロットの歴史」を書くことも可能であろう。しかし、そのように歴史を物語ることは、現在のタロットへとつながっているとみなされる主題だけを任意に取り出し、中心に据えてしまうことになってしまうだろう。むしろここでは、そのような歴史の遠近法からこぼれ落ちてしまうものを拾い集めることで、改めて「タロットの現在形」を相対化してみたい。

第二部で展開する三つの道筋は、それぞれ「タロット占いの歴史」、「オカルト・タロットの歴史」、「タロット・カードの歴史」と題した。ただし、このように三つに分けたからといって、それぞれが完全に独立した歴史を展開するわけではない。時の流れの中でそれぞれの道筋は相互に入り組み、ときには絡みあい、ときには分離していく、その様を追っていかなければならない。

では、最初に「タロット占いの歴史」から見ていくことにしよう。

第一章　タロット占いの歴史

ジプシーとタロット占い

タロット占いはもともとジプシーのものだったという説はご存知だろうか。わたし自身、そのようなことを人から何度も尋ねられたことがある。第一部の冒頭で引用した澁澤龍彦のエッセイの中でも、古代エジプトを起源とするタロットは、流浪の民・ジプシーの手によってあちらこちらに運ばれたというようなことが書かれていたし、タロット占いの本には「ジプシーのタロット」とか「ジプシー占術」というようなタイトルがつけられていることも多く、「タロット＝ジプシー」という連想は、非常に根強いものがあるようだ。

ところで、ジプシーという言葉は、わたしたちに何を連想させるのだろう。たとえば、情熱的で切ない調べのフラメンコに合わせて、長いスカートを翻しながら踊る女性の姿、あるいは、家財道具を詰め込んだ馬車を引き、家畜を連れ、旅を続ける人々の集団、あるいは未来を予言する神秘的な力を持ったジプシー女のまなざしなどであろうか。また、メリメの小説『カルメン』の物語を思い浮かべる方もいるかもしれない。いや、それよりも、どこかで見かけた挿絵の中に描かれたジプシー女性の独特な服装に、神秘的な女性占い師のステレオタイプを、つい重ね合わせてしまうのはわたしだけだろうか。

これまでタロットとジプシーの関わりについては諸説述べられてきた。イーデン・グレイは、キリスト教から迫害されたエレウシスの秘儀の司祭たちによって、流浪のジプシーに託された伝承こそがタロット・カードだったともいう。[1] このイーデン・グレイの説はわが国でも、ドイツ文学者として高名な種村季弘の「愚者の旅」と題されたタロットに関するエッセイ（一九七二）[2]で、すでに紹介されているため、ひょっとするとご存知の方もいらっしゃるかもしれない。

ただし、「タロット占い＝ジプシー」という形がいかに根強いイメージであるとしても、それが実際に語られるようになったのはさほど昔のことではない。歴史的には、十八世紀フランスの学者クール・ド・ジェブランの『原始世界』という本の中で言及されたのがはじまりである。その後、ジプシーの研究家であったＪ・Ａ・ヴァリアンの『ボヘミアンの歴史』（一八五七）の中で再び取り上げられることで、タロットのジプシー起源説はポピュラーなものになっていった。ちなみに、後で詳しく取り上げることになるド・ジェブランの『原始世界』は、タロットとジプシーを結びつけただけでなく、タロット自体の起源をエジプトに求めたはじめての本でもあった。すなわち、タロットの起源をエジプトとし、その運び手をジプシーだとする説は、このド・ジェブランの本の中から生まれてきたものなのである。

確かにド・ジェブランの時代、流浪の民ジプシーのルーツをエジプトとする見方は、ごく普通に信じられていた事柄でもあった。当時は、古代エジプトの女神イシスを祭った神殿の祭司たちがジプシーの先祖だという説も登場したぐらいである。それゆえ、もしタロットの起源がエジプトにあるのなら、その起源をともにするジプシーたちがカードの運び手としての役を引き受け、ヨーロッパ中を旅してまわるというストーリーが浮かんできたとしても不思議はない。

しかし、ド・ジェブランの時代のすぐ後の十九世紀はじめ頃から、歴史学者、言語学者、民俗学者たちによる本格的なジプシー研究がはじまった。まず、一八四四年から一八四五年の間に出版されたドイツの言語学者ポットの『ヨーロッパとアジアのジプシー』という本の中で、ジプシーの使っている言語はインド北部で使われていた民衆語から派生したもので、古代インドのサンスクリット語との共通点も多いということが証明された。その後、一八七〇年にジプシー研究者ポール・バタイヤールによって、インド北部から小さな集団に別れて西へ向かい、ペルシアから東ローマ帝国内をゆっくり移動していったというジプシーの活動経路がほぼ明らかにされた。そして今日では、ジプシーをめぐる謎は、もともとインドで遊動民的な生活をしていたが、紀元一〇〇〇年頃に移動を開始し、十五世紀頃になってヨーロッパに辿り着いたというインド起源が定説となり、「エジプト＝ジプシー」という図式は完全に退けられてしまっている。(3)

一方で、ジプシーの女性たちが旅の行く先々で占いをして生活費を稼いでいたということは歴史的な事実である（実際には占いそのもので稼ぐというよりも、占いをしながら「巧妙な盗み」を行うということも多かったようだが……）。とはいえ、実のところ、伝統的にジプシーの女性が実際に行っていたのは、タロット占いではなく手相占いだった。十八世紀以前に、タロットはおろか、何らかのカードがジプシーの間で占いに使われていたという証拠はまったく見つかっていないのだ。(4) それゆえ、ジプシーとタロット占いを結びつける説は、あくまで空想の域を出ないものである。

ジプシーとタロット占い――この二つの結びつきを主張する説は、異邦の民であるジプシーに対して中央ヨーロッパの人々が抱いてしまうある種のロマンティシズムに、タロットの起源をめぐる謎が重ね合わされて誕生したファンタジーである。タロット占いの起源は、改めて別の形で問い直さなければならない。

タロット占いのはじまり

タロット占いはいつからはじまったのか。この問いに対して、マイケル・ダメットは、タロットに言及している一次資料を徹底的に調査した。一九六七年の夏からはじまった彼のタロットに関する探求は、一九八〇年にイギリスで出版された『タロットのゲーム（The Game of Tarot）』という六〇〇頁にも及ぶ大部の著作として結実した。さらに一九九六年には、ロナルド・デッカーとテリー・デパリュスといった二人のカード研究家の協力を得て、十八世紀以降のタロットの歴史をまとめた『魔術化されたカード・パック（A Wicked Pack of Cards）』[5]を出版することになる。

　それらの中でダメットらが出した結論は、タロット占いの起源は、現存する資料による限り、遠い過去にまでさかのぼらせることはできない。というよりも、そのはじまりは比較的最近のことでしかないという明確な答えだった。ある意味、それは古代エジプトからジプシーへと続くストーリーを作り出してきたありとあらゆる空想的なタロットの歴史観を、ことごとく打ち破ってしまうものだった。まず、ダメットらがあげている現存するタロット占いの記録を中心に、その起源の足跡を追ってみるとしよう。

　まず、タロット占いのやり方を記したものとして最も古い記録としてあげられるのは、フランコ・プラテッシによってボローニャ大学のライブラリーの中から発見されたたった一枚の手書きのシートである。[6]そこには非常に簡単な各カードの意味と占い方が書き記されている。ただし、ここで使用されているタロット・カードは、第一部で紹介したような、現在親しまれている七十八枚構成のパックではなく、全部で六十二枚から成るタロット・パックである。しかも、実際に占いに用いられていたのはそのうちの三十五枚だけだ。このボローニャのタロット・パックは、現在のスタンダードなタロット・パックとは、デザイン、カードの順番、カードのタイトル、いずれもかなり異なる。[7]実は、タロット・カードの長い歴史の中で、現在の七十八枚構成以外のヴァリエーションのパックは、いくつも存在していたのだ（「タロット・カードの歴史」のところで後述する）。

　ちなみに、そこに記されていた三十五枚のカードの意味は次頁の表の通りである（二十世紀のタロット占いで一般的な「正位置」か「逆位置」かによるカードの意味づけはない）。

　ところで、プラテッシが発見したこの文書は、いつ頃のものなのだろうか。年代の特定は比較的容易である。というのも、ダメットらによると、一七五三年と一七五四年に製作されたボローニャのタロットでは、コート・カードの人物が女性のファンテスカ（Fantesca）から男性のファンテ（Fanti）に変えられているが、ここでリス

天使	結婚と安定
世界	長い旅路
太陽	昼
月	夜
星	贈り物
悪魔	激怒
死	死
裏切り者	裏切り
老人	老人
力	暴力
節制	時
戦車	旅
愛	愛
奇術師	既婚者
愚者	愚行
剣のキング	悪意ある発言
剣の10	涙
剣のエース	手紙
棒のキング	未婚の男性
棒のクイーン	売春婦

トに上がっているのは女性のファンテスカであることから、少なくともおおよそ一七五〇年以前、すなわち十八世紀前半のものだと推定できる。

また、一九八七年にフェラーラのエステ城で催されたタロット・カードの展覧会では、一八二〇年頃のボローニャのタロットが展示された。その六十二枚のカードにはすべて、手書きで占い上の意味が書かれていたことから、プラテッシの発見した文書にあるようなタロット占いが、ボローニャのあたりでは十九世紀初頭まで続いていたと見て間違いない(8)。

しかし、以上のボローニャでの記録が現在知られている限り最古のものだとしても、まだいくつか疑問は残る。まず一つには、このボローニャの記録にあるようなタロット占いは、いかにして生まれたのか。記録に残されていないだけで、何らかの形でそれ以前にも行われていた可能性はないのか？　また、この記録は、どう考えてもプロ占い師向けの指導の書ではない。むしろ、一般の人々が遊びとして楽しむためのものだといった方がいいだろう。では、現在のもののようなより本格派の香りがするタロット占いの手法へと発展するまでにはいかなる過程があったのだろうか。

プレイング・カード占いの最初の記録

タロット・カードとプレイング・カードは、いわば双子の兄弟のようなものなのだろうか。双子、あるいは兄弟の神話というのは、常に対立、

棒のナイト	訪問者
棒のファンテ	思慮深い女性
棒のエース	困惑
カップのキング	老人
カップのクイーン	調和
カップのファンテスカ	女性
カップのナイト	和解
カップの10	屋根のタイル
カップのエース	家
コインのキング	男性
コインのクイーン	真実
コインのナイト	思慮深い男性
コインのファンテスカ	若い女性
コインの10	マネー
コインのエース	食卓

もしくは相補的かつ両極的な二つの原理を象徴するが、それは現代のタロット・カードとプレイング・カードの違いにも当てはめることができるだろう。たとえば、タロット・カードが神秘的な力のあるものだとするなら、プレイング・カードはただの遊び道具というように。しかし、この役割分担は本当なのだろうか?

すでに第一部においてタロット・カードとプレイング・カードの差異を詳細に論じておいたので、ここではタロット占いとプレイング・カード占いという、似たもの同士の関係性を歴史的な観点から探ってみたい。はたしてタロット占いとプレイング・カード占いの間には、過去に何らかの関係があったのだろうか。あったならば、いったいどういう関係だったのか。

まず、タロット・パックとプレイング・カード・パックの二つの関係についてよくいわれている説には次のようなものがある。タロット・パックには、プレイング・カード・パックにはない二十二枚の大アルカナが含まれている。それゆえ、「現在のカード(プレイング・カード)の一揃いは、中世に用いられていたタロットの残骸に過ぎない[9]」。すなわち、まず先にタロット・パックが存在していた——そしてそこからいつの間にか二十二枚の大アルカナが消えてしまい、プレイング・カードになったという推測である。

このあたりの事情については後述するが、少なくとも「占い」ということに関していえば、どうやら順序は逆のようだ。現存する記録からは、タロット占いに先行して、プレイング・カード占いが存在していたことが確認できる。ここでは、プレイング・カードを使った占いの初期の記録をまずは検討してみたい。

プレイング・カードの歴史を本格的に扱った古典的研究書であるE・S・テーラーの『プレイング・カードの歴史』(一八六五)を見ると、プレイング・カード占いの記録として最初にあげられているのが、ブルゴーニュ公フィリップ王(一三九六―一四六七)を描いた「占い師に相談しているフィリップ」と呼ばれる絵である。テーラーはこの絵に描かれているコスチュームをチャールズ八世統治のものであるとし、それゆえこの絵の描かれた年代を一四八三年から一四九八年の間だと推定する。[10] もしテーラーのいう年代が正確であるならば、この絵は十五世紀後半にすでにフランスでプレイング・カード占いが行われていたことの証拠となる。しかし、デレフ・ホフマンによる綿密な絵の分析の結果、テーラーの推測に対する反証が提出されている。ホフマンによると、実際の絵は「占い師に相談しているフィリップ」を描いたものではなく、単にプレイング・カードを使ってゲームをしている姿を描いたものでしかない。[11]

現在、プレイング・カード占いの最古の記録とみなして間違いないのは、フランチェスコ・マルコリーノ・ダ・フォルリによる『思索の庭と名づけられたフォルリのフランチェスコ・マルコリーノの運勢』と題された本である。[12] これは一五四〇年、ヴェネツィアで出版されフェラーラ公ヘルキューレ・エステに献じられたものだ。

さて、そこで使用されているカード・パックは、イタリアン・スートを使った三十六枚のプレイング・カード(それぞれのスートから3から6までのカードが抜かれたもの)である。そこに書かれている占い方は簡単だ。まず、本の中に質問のリストがある。質問のリストはたとえば次のようなものである。「この男の運命は陽気なものか、それとも悲しいものか……彼は美しい妻と醜い妻のいずれかをめとるのがよいか、等々」、あるいは「この婦人は彼女が熱愛する男から大切にされるか……この女は男の子と女の子のどちらを持つだろうか、等」と、なんとも俗っぽい内容であるが、現代の一般的なタロット占いの現場での質問と大差はない。

次にリストの中から質問を選んだら、その質問に該当するページを開く。そこには二枚のカードの可能な組み合わせによる四十五パターンの占いの答えがある(図26)。あとは質問に対して引いた二枚のカードの組み合わせのパターンをその中から探し出して、そこに書かれているお告げを読めばいい。二枚のカードの組み合わせの答えとは、たとえば次のようなものである。「（お前の選んだ）婦人はお前に永遠の憎しみを抱いており、お前に会うよりも、地獄の最も忌むべき悪魔らに会うほうを望むだろう」、あるいは「お前の夫は模範的な人生を送る男である。ふと過ちを犯そうとしたとしても、サタンの口中や手中に落ちることを恐れるだろう[13]」と、こちらはそのあまりにも大仰な表現に思わず苦笑してしまう。

マルコリーノのカード占いの方法では、スートの意味は占い上、一切関係ない。現に本に出ているのは「コイン」のスートのカードの組み合わせのみである。しかも、それぞれのカードには、なんの象徴的な意味も持たされていない。そういう意味で、現在知られているタロット占いやプレイング・カード占いの方法とは大きな隔たりがある。

マルコリーノの本は、十六世紀中の占いにプレイング・カードを使っていたということを示す唯一の現存する確かな記録である。しかしながら、このようなマルコリーノのカード占いの方法は彼の独創ではない。実はこの占い方には先行者がいた。それを次に見てみよう。

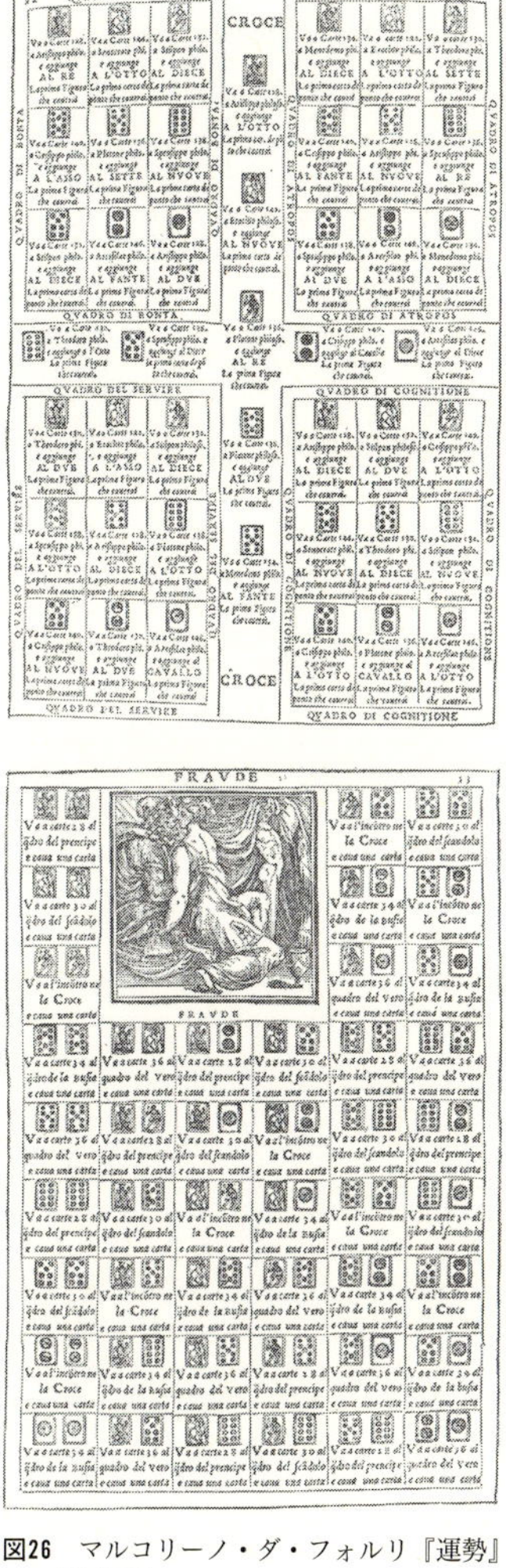

図26　マルコリーノ・ダ・フォルリ『運勢』（出典56）

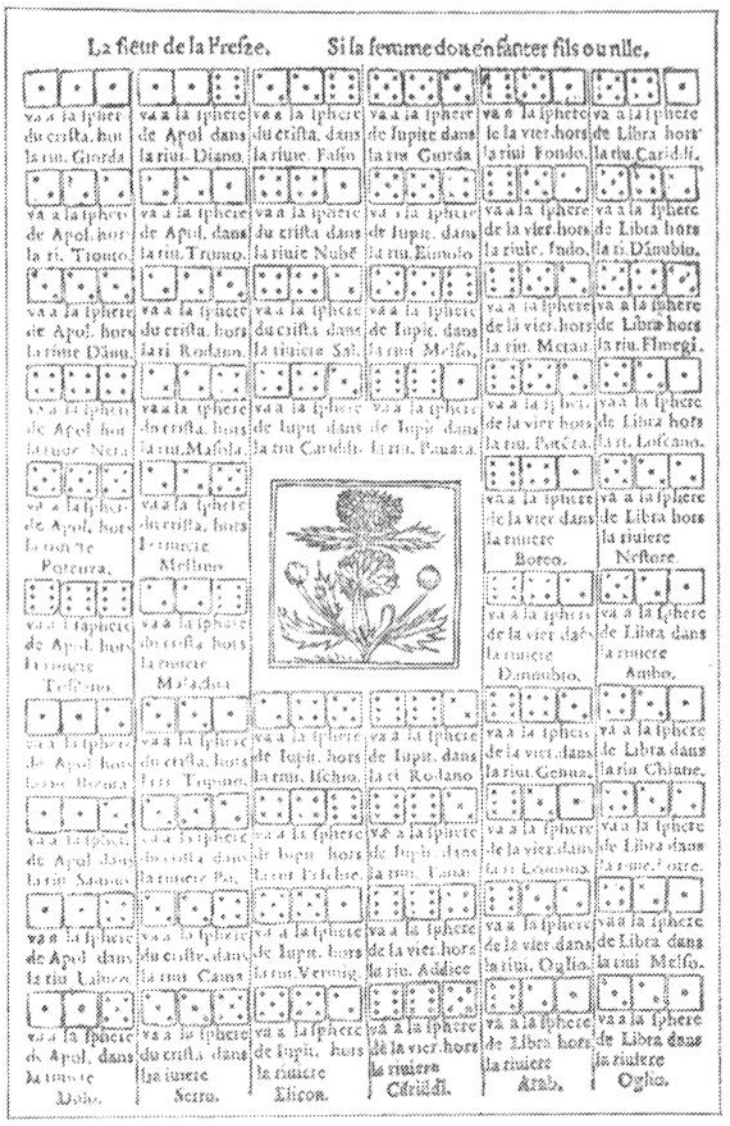

図27 ロラン・レスプリ『さいころ運勢の気晴らし』（出典56）

カード占いの起源の彼方

マルコリーノの本と同じくヴェネツィアで一五二四年に出た、シジスモンド・ファンテによる『運命の勝利』という本がある。マルコリーノの本に先立つこと十六年前である。この本では、マルコリーノとまったく同様の占い方法が採用されている。ただし、カードではなくさいころを使用する形となっているが、アイデアという本質的な点でいえば、マルコリーノの本の文字通りの先行者といえるだろう。[14] また、一五三四年、パリで出版されたロラン・レスプリによる『さいころ運勢の気晴らし二十の質問に答える』という本があるが、その中に載っている**図27**を見ていただくと、さいころを使用した当時の占い方法が、いかにマルコリーノのカード占いとそっくりであるかがおわかりいただけると思う。[15] マルコリーノ流カード占いの起源が、こういったさいころ占いにあるのは明らかだろう。また、上記のようなさいころ占いの本は、当時としては決して珍しいものではなかった。というのも、中世ではさいころに関する書物の多くは、ゲームの本ではなく占いの本だった。[16]

さらに別の例も見てみよう。さいころ占いに先立つ一五〇五年と一五一〇年の間には、ドイツのマインツで印刷された『カード・ゲームの書』がある。[17] 各々のページは、ジャーマン・スートを使用した四十八枚のプレイング・カードの一枚一枚に対応し、そこにはそれぞれ人生の中での質問者の宿命を予言する八行詩の神託[18]が書かれている。これをプレイング・カード占いの最古の記録だと見ることも確かに可能ではある。しかし、ここでは実際のカード自体は使われずに占いが行われるという意味で、言葉の厳密さを重んじるならカード占いに分類することはできないだろう。その〈カードを使わない〉占い方は次のようなものである。
頁の中央には四十八の扇形のマスに分けられた円盤が取りつけられていて、その各々のマス目にはカードの名前がつけられている。質問者は円盤を回し、適当に指を差す。そして、その指差されたマス目に該当する「カードの託宣」を該当頁にあたって読む。要するに、ルーレットとおみくじを合わせたような占い方である。このようなスタイルの占いは十五世紀末から十六世紀初頭にかけてのドイツでは、すでにある程度ポピュラーなものだったようだ。

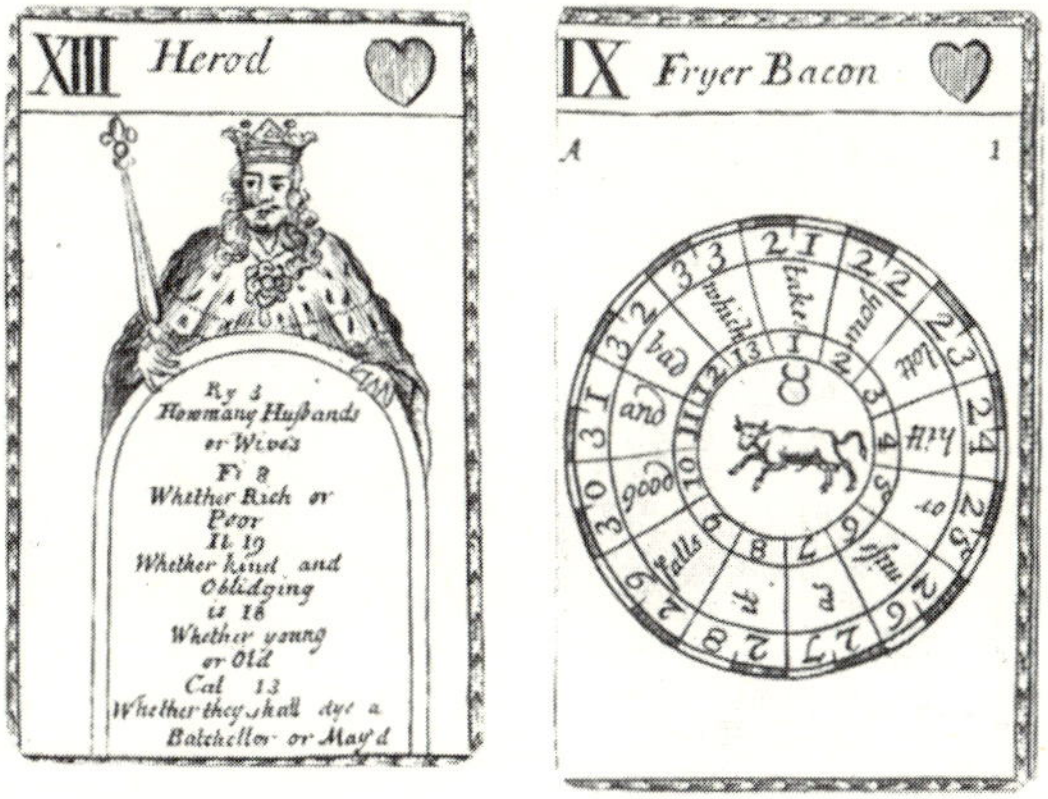

図28　ジョン・レンソールの占いカード（出典23）

今度は少し時代を先に進めてみよう。一七一二年、ロンドンのジョン・レンソールという人物によって占い用に作られたカードが出版された（**図28**）。このカードのオリジナルは、もともと一六九〇年頃にドーマン・ニューマンという人物によって作られたものであり、レンソールのカードはそれのリプリント版である⑲。

ここで使われたカードは通常のプレイング・カードとは大きく異なり、完全に占いに使用するためにアレンジされたものだ。カードの上部には、プレイング・カードと同様、フレンチ・スート、すなわち「クラブ」、「スペード」、「ハート」、「ダイヤ」のマークがつけられ、「1」から「13」までのナンバーが振られている。さらに、何の脈絡もなく寄せ集められたあちこちの古代の賢人、魔術師、哲学者、預言者などの有名人の名前がタイトルとしてそれぞれのカードにつけられている。たとえばマーリン、ファウストゥス、ヘルメス・トリスメギストス等々。

レンソールのカードの占い方を説明するとかなり煩雑になるので省略するが、本質的には、以前に見たマルコリーノの本などでの方法を翻案したものだと見ていいだろう。[20] マルコリーノの占いの場合は、質問と答えは本に書かれているのを参照したが、このレンソールの占いカードでは、質問と答えが特定のカード自体に書き込まれているため、一切本を参照する必要はない。一定の手続きでカードを引き、そして示された特定のカードに書かれているメッセージを読むという手順である。これもまた、現代のわたしたちが知っているタロット占いやプレイング・カード占いの方法とは異なるものである。

ダメットは、これらのカード占いには現代のカード占いの特徴、すなわち、カード一枚一枚に対して、占い上の意味、あるいは象徴的な意味を割り当てるという前提が見られないという点で、後の〝本格的〟なタロット占いやプレイング・カード占いとは、あくまで別種のものとして考えている。さらにダメットは、マルコリーノの本も、「カードは単なるランダムさを作り出す装置として使われているだけ[21]」であり、それらの占いは、十八世紀以降のカード占いとはなんのつながりもないものだと言う。しかし、わたしの見るところ、ダメットの言う「ランダムさを作り出す装置」という点こそが、昔も今も変わらないカード占いの本質であると思う。それはタロット占いであろうがプレイング・カード占いであろうが同じである。そういう意味では、それらの占いの存在こそが、のちのカード占いを準備するものだったとみてよいのではないだろうか。

先ほど見た、ドイツの『カード・ゲームの書』では、「ランダムさ」、すなわち「偶然性」を作り出す装置として円盤が使用されていたが、これに類する方法として「ふるいを回す」コシノマンシーと呼ばれる占いが、中世のごく早い時期からヨーロッパでは知られていたようだ。[22]

そもそも古来、「偶然性」を作り出すための様々な装置を使用した多くの占いが、人々によって実践されてきた。たとえば、一握りの土を地面に投げて、そのできる形を読む「土占い」、静かな水面に小石を三つ投げ込み、波紋の広がりを見る「水占い」、砕いた松脂を火に投げ込み、燃え方を見る「火占い」など、他にも多数の占い方法が考案されてきたが、それらにはすべて「偶然」に起こる現象を観察するという点で、さいころ、ふるい、カードと同様の原理に基づくものだ。プレイング・カード占いにしろタロット占いにしろ、いつはじまったかは定かではないが、こういった「偶然性」を利用した占いの伝統の中で、ひとつの道具として採用されたのがことの起こりだったのは間違いないだろう。

やがて、プレイング・カード占いやタロット占いは、それらの「偶然性」を利用した占いの中で最も大きな成功を収め、現在に至る。では、成功の要因とは何だったのか。カードという道具が、他の道具に比べてよりスタイリッシュであったのが理由だろうか。もちろん、それもひとつの要因であるのかもしれない。しかしそれ以上に、カードの枚数の多さという点で、他のライバルたちには真似のできない、複雑で高度な占いを実現するために十分なポテンシャルが備わっていたことが、最大の理由なのではないだろうか。[23] しかしながら、カードの持つ潜在的な能力が本当の意味で開花するには、十八世紀末のある一人のフランス人の登場まで、しばらく時代を待たなければならなかったのだが。

カード占いを作った男

カードの持つ神秘的な力が今まさに長い眠りから目覚めんとする、十八世紀末のパリ。一七七〇年、アムステルダムとパリで『ミスター＊＊＊によるカードのパックとそれの使用を楽しむ方法（Etteilla, ou manière de se récréer avec de cartes par Mr＊＊＊）』と題された本が出版された。著者名はエテイヤとなっている。

この本はカード占いの歴史という点から見て非常に画期的なものである。というのも、現代に通じるカード占い方法を記述したはじめての正式な出版物だからだ。ここでのカード占い方法は、あらかじめカード一枚一枚に対して占い上の意味が割り振られ、そして実際に占ってカードが出たときにはその意味を基にして答えを導き出すというもので、まぎれもなく現代的なカード占い方法の直接的な祖先である。しかも、このあと見ていくように、十八世紀末から十九世紀前半、フランスはカード占いの全盛時代へと進んでいくが、そのすべてはまさしくこの本の著者エテイヤからはじまったといっても過言ではない。

エテイヤ[24]。タロット占いマニアの方ならば、この名前には聞き覚えがある人も多いことだろう。彼に対する後代の評価は賛否両論あるが、タロットの歴史を少しでも扱っている本の中では、必ずといっていいほど登場する有名人である。ここではまず、エテイヤとはどんな人物であり、そして彼がいかにしてタロット占いの歴史の中に名を残すに至ったかという経緯を追ってみよう。それは同時に、本格的なタロット占いがいかにして誕生したか、その過程を追うことにもなるだろう。

本名――ジャン・バプティスタ・アリエット。本に記されているエテイヤなる著者名はプロフェッショナルな占い師としての名前、いわば芸名である。現在でも占い師というと変わった名前がつけられているのをよく見かけはしないだろうか。一昔前の日本のロック・ミュージシャンの間でも横文字の名前をつけるのが流行したが、なぜか占い師たちも負けず劣らず横文字を好む。しかも、占い師の場合、かなり不思議な名前をつけるのが常である。もちろん、これは日本の占い師に限ったことではなく、欧米の占い師もまったく同様だ。そんなちょっと(いや、かなり?)変わった名前を名乗るという伝統は、どうやらこの「アリエット(Alliette)→エテイヤ(Etteilla)」という文字のアナグラムによる改名からはじまったのだ[25]。

ところで、〝芸名〟を名乗る占い師の元祖ということ以外にも、彼をオリジナルとして後世に引き継がれた遺産はたくさんある。たとえば前述したように、一七七〇年の彼の本は、現代に通じるプレイング・カード占いの方法を詳細に述べた初の印刷物だ。また、職業占い師としての自分を公に宣伝したはじめての人物という点も特筆に価する。すなわち、彼はヨーロッパ近代の商業世界において、占い師としてはじめて商売人のセンスを発揮した人物なのである。夢解釈一回につき六リーブル、カード占い二十四リーブル、ホロスコープ五十リーブル等等という料金で占った彼の、当時の宣伝文句のひとつは次の通りである[26]。「読者よ、エテイヤは、これまで数々の偉人のために見て差し上げてきたホロスコープを、あなたのもとにお届けする。面会の必要はない。あなたの名前の頭文字、生年月日を知らせてもらうだけで十分なのだ[27]」。さらに、「カルトマンシー(Cartomancie)」という言葉の生みの親もエテイヤである。今ではヨーロッパでは普通に「カード占い」という意味で「カルトマンシー」という言葉が使われているが、この言葉のもとはエテイヤが一七八二年から自分の著作物の中で「カルトノマンシー（Cartonomancie）」と使いはじめたのがきっかけで、一八〇三年にウォーリーのフランス語の辞書に取り入れられることで、その後一般的に広まっていったものなのだ[28]。

ところで、彼はいつから占い師になったのだろう。少し前、タロットの本にエテイヤが登場させられるときは決まって、彼の元の職業は「理髪師」だったと書かれていた。だがこれは、最近のリサーチによって誤りだったことが判明している。エテイヤが「理髪師」であるという誤情報は、この後の「オカルト・タロットの歴史」の中で登場するエリファス・レヴィ、そしてパピュスといった、オカルティストたちの著作から広まってしまったものだ。また彼自身は、一七七二年以降の著書で、自分のことを「代数学の教師」という肩書きで呼んでいるが、それが事実だったことを裏づける記録はない。で、実際、彼の職業は何だったかというと、種や穀物を売る商人だったというのが本当のところである。

彼は一七六三年にジャンヌ・ヴァチエールという女性と結婚するが、一七六七年には離婚。どうやら、彼がカード・リーディングを熱心にはじめたのはその時期からのようだ。しかし商人出身のエテイヤが、本格的なプロフェッショナルな占い師として名を高めるきっかけとなったのは、これから見ていく一連の著作活動によってである。ちなみに、彼自身は、処女作の出版を一七五三年だと述べているが、この主張はどうも疑わしい。というのも、他の当時の資料のどれを参照しても、それを証明するものは一切見当たらないからだ。実際のところは、すでに見た一七七〇年の初のカード占い解説書が処女作であると見て間違いない。

ではここで、彼の処女作『ミスター＊＊＊によるカードのパックとそれの使用を楽しむ方法』について簡単に紹介しておこう。一七七〇年の初版の内容は、実のところさほど本格的なものではない。プレイング・カード占い（タロット占いではなく）の他、卵の白味を使った占い、コーヒー占い等々、誰もが日常的に実践できるカジュアルな占い方の寄せ集め的な内容である。ここではこの解説書の中から、プレイング・カード占いが実際にどのように行われていたのかという点だけを概略する。

使用するのは、ピケ・パック。ピケ・パックは、現在スタンダードな五十二枚のパックから、二から六までのヌーメラル・カード二十枚を抜いた形の三十二枚から成り、当時のフランスでは二人でのゲーム用に普通に使われていたものだ。そしてこのピケ・パックに、質問者を表す「エテイヤ」と呼ばれる一枚のカードをつけ加える。

各々のカードの意味は、その向きで二つの意味を持つ。すなわち、今でいうところの「正位置」、「逆位置」によってカードの意味は異なるものになる。しかし、現在のプレイング・カードは、真ん中からそれぞれ上下に向かって均等なデザインが施されているので、タロット・カードとは違って「正位置」「逆位置」はあり得ないのではないかと思われるかもしれない。しかし、当時のフランスのプレイング・カードには、この「ダブル・ヘッド」と呼ばれるスタイルはまだ採用されてはいなかったため、プレイング・カードにもタロット・カードと同じく「正位置」「逆位置」ということが成立する。ということは、「正位置」「逆位置」を適用する占い方法は、もちろんタロット占いの専売特許ではないということでもある。

では、エテイヤによる各々のカードの意味を左の表に列挙してみる。(/R)は逆位置に出たときの意味である。それぞれのカードの意味全体を眺めてみると、「ダイヤ」は主に人間関係、「クラブ」は物質的なものや金銭的なものを表しているのではないかと推測できなくもない。しかし、残りの「ハート」と「スペード」が何を表しているのかは今ひとつはっきりしない。

ところで、これらの各カードの意味は、すべてエテイヤによって考案されたものなのだろうか。それを考えるにあたっては、エテイヤが処女作を上梓する以前のヨーロッパのカード占い事情をもう少し調べてみる必要がある。

すでに見たように、十六世紀のヴェネツィアのマルコリーノや十七世紀末から十八世紀初頭のロンドンのジョン・レンソールによるカード占い方法は、ここでのエテイヤの占いの方法とは本質的に異なるものだった。エテイヤの占いは、カード一枚一枚に意味が割り当てられ、それをもとに質問に対する答えを見つけていくという意

	ハート	ダイヤ	クラブ	スペード
K	金髪で色白の男	男	色黒の男	法律家
（／R）	栗色の髪で色白の男	男	栗色の髪で褐色の肌の男	男やもめ
Q	金髪で色白の女	女性	色黒の女	未亡人
（／R）	栗色の髪で色白の女	女	栗色の髪で褐色の肌の女	子を産んだ女
J	金髪で色白の若者	戦士	色黒の若者	メッセンジャー
（／R）	栗色の髪で色白の若者	使用人	栗色の髪で褐色の肌の若者	スパイ
A	マルス	手紙	財源	ビーナス
（／R）	とんでもないトラブル！	文書	気高さ	妊娠
10	街	黄金	家	涙
（／R）	相続	裏切り	恋人	損失
9	勝利	遅れ	支払い	聖職者
（／R）	倦怠	事業	贈物	サターン
8	金髪で色白	田舎	ブルネット	病気
（／R）	栗色で色白	悲しみ	栗色の髪で褐色の肌	修道女
7	思いつき	ゴシップ	お金	希望
（／R）	欲望	誕生	困惑	友情

味で、すでに現代に通じる方法論を持っている。一方で、十八世紀半ば、エテイヤに先立つこと二十年ほど前、イタリアのボローニャにおいて、タロットの占い方法が記されたシートが発見されたこともすでに見たとおりである。ボローニャの文書とエテイヤの占い方法に直接的な影響関係があったかどうかは別としても、ボローニャの占い方法は、それぞれのカードに占いの意味が割り当てられているという意味では、明らかにエテイヤの先行者であるといえる。ではこのボローニャの記録の他に、エテイヤに先行するカード占いの記録はないのだろうか。

プレイボーイ・カサノヴァが語る彼の十三歳の愛人によるカード占い

ひとつの間接的な記録としては、プレイボーイの代名詞としても知られる十八世紀の文学者および冒険家、ジャコモ・カサノヴァの『回想録』の中の記述をあげることができる。一七二五年ヴェネツィア生まれ。二十五歳で故郷を離れ、欧州各国を渡り歩き、あちこちの宮廷に出入りしながら、放浪の生活を続けたカサノヴァ。彼は晩年になって、若き日の放蕩と、数え切れない数の女性との情事を『回想録』という形で書き記した。実はその中に、十八世紀前半、ロシアですでにプレイング・カードを使用した占いが行われていたことを跡づける物語が見出される。

一七六五年、カサノヴァはロシアのエカテリフにいた。例によって彼はそこでも女性と関係を持つわけだが、そのとき彼の愛人となったのは、十三歳の奴隷の少女である。もちろん、名うてのプレイボーイ、カサノヴァのことである、真面目にその少女だけに愛を誓うということはありえない。そこで、毎夜帰らぬカサノヴァを待ちながら、激しいジェラシーに身を焦がすその少女を夢中にさせたのが、他ならぬカード占いだった。そう、彼女は薄暗いランプのもと、何度も何度もカードをめくりながら、不実なカサノヴァの行動を占ったのだ。

カサノヴァは少女のカード占いへの盲信ぶりを次のように述懐する。「彼女が見たものはすべて彼女の想像だった」。自由で大胆な冒険家であるカサノヴァにしてみれば、物事が占いの結果に左右されるなどということは愚かしさ以外の何ものでもない。結局カードは、カサノヴァの手によって火中に投じられてしまった。

思い通りにならない恋人。そして抑えきれない不安。そんなとき、どうしようもなく救いを求めて、カードが告げる託宣にすがってしまうのは、やはり当時も今も変わらないものなのかと、なんとも感慨に耽ってしまうようなエピソードではなかろうか。

さて、ここでまず注目したいのは、十八世紀の半ばに、すでにロシアでカード占いが行われていたという事実。

しかも、それが奴隷という教育を受けることのできない無学な少女によって行われていたということ。そこから考えられることは次のようなことだ。カード占いは「書物」という形での記録には残っていないとしても、占い方そのものは、口伝えか何かの形で一般大衆の間ではある程度の広がりを持っていたのではないかということ。逆に言えばカード占いは、現在のようにプロの占い師の技となる以前は、このロシアの少女のように、特殊な能力を持たない一般人が一人占いをするために用いることのできる類ものだったということである。だとしたら、前述のボローニャの記録も、当時素人が気軽に占いをするために広まっていた方法を、誰かがたまたま紙に書き写し、それが失われることなく現在まで保存されていたものだと考えられる。

以上のことをまとめると、エテイヤ以前のカード占いは、本という形はとらないまま、誰もが楽しめる遊びとしてある程度の広がりを持っていた。そしておそらくエテイヤは、それを他の諸々の占いと一緒にまとめて本にした。それが彼の一七七〇年の著作なのである。ということは、そこに登場するカードの意味と占い方法は彼のまったくの独創ではなく、おそらく当時広まっていたものをまとめたもの、あるいは、せいぜいそれにほんの少し自分なりに手を加えたものだと見るのが妥当な推測だろう。

エテイヤのプロフェッショナルな占い師としての活動は、いまだ端緒についたばかりである。彼が本領を発揮するのはもう少し先のことになる。いよいよこの後は、彼が本格的なプロの業としてのタロット・カード占いをいかにして編み出していったのかということを見ていくつもりである。しかし、その前に、彼がいかにして一七七〇年時点でのプレイング・カード占いから、後の本格的なタロット占いへと移行していったのかというその過程をのぞいてみる必要がある。

一七八一年、タロット新世紀の夜明け

一七七〇年に出した『ミスター＊＊＊によるカードのパックとそれの使用を楽しむ方法』の初版本の二年後、

エテイヤは『神秘のゾディアック、もしくはエテイヤの神託』という本を出版する。これはいってみると、単なる占星術的な預言の寄せ集めともいうべき内容である。さらに翌年の一七七三年『カードの唯一の読み方。著者によって訂正され、改められ、加筆されたもの(Etteilla, ou la seule manière de tirer les cartes : revue, corrgée et augmentée par l'auteur sur son premier manuscript)』というタイトルで、処女作の改訂版を出版する。初版でみられた卵占いや、コーヒー占いといった雑多な項目は排除され、カード占いだけの内容へと変えられている。三年後に出した第二版でカード占いだけに内容を絞ったということは、すでに彼のカード占いの方法が、何がしかの評判を得ていたと見て間違いない。

しかしその後、彼は約十年間の沈黙を保つことになる。そして一七八三年、ようやくタロット占いの歴史に名を残す、初の本格的なタロット占い本の出版にこぎつける。このしばしの沈黙の間、いったい彼に何が起こったのだろう。

まずはっきりしているのは、エテイヤはこの頃、印刷業および印刷物販売業に着手しはじめたということだ。しかし、それと平行して彼が次なる著作の準備を進めていたかどうかは不明である。いや、推測するに、おそらく著作の準備はいまだはじめてはいなかっただろう。それどころか、その構想すらまだ生まれていなかったのではないか——その後、彼の執筆活動全般に決定的なインスピレーションが与えられる一七八一年までは。

一七八一年。この年号はタロットの歴史の中において、太文字でマークすべき年である。というのも、この年には、すでに言及したクール・ド・ジェブランという学者の手により『原始世界(Monde Primitif)』の第八巻目が出版され、その中のエッセイにおいて、タロット・カードの古代エジプト起源説が唱えられたのだ。

後で見るように、エテイヤはこの『原始世界』第八巻で展開されたタロットの基本コンセプトに、大きなヒントを得た。もっというなら、ド・ジェブランの仕事がなければ、そもそも後のエテイヤのタロット占いへの熱中は生まれてこなかったかもしれない。

ただし、誤解のないように述べておくと、ド・ジェブランがいかにエテイヤに対して大きな影響を与える著作を残したからといって、ド・ジェブラン自身は占い師ではないし、ましてや『原始世界』はタロット占いの本ではない。では、『原始世界』とは一体いかなる本であったのか。ここでいったんエテイヤから離れて、クール・ド・ジェブランと『原始世界』について簡単な紹介をしておこう。[29]

もしもロゼッタ・ストーンの解読がもう少し早かったら……

クール・ド・ジェブランは、フランスのプロテスタントの牧師である父アントニオ・クールの三男としてスイスで生まれる（図29）。出生年は一七一九年、一七二五年、一七二八年と諸説存在し、正確な年はわからないが、後にフランスへと渡るまではずっと出生地のスイスで過ごしていたということは明らかである。一七五四年に、父と同じくプロテスタントの牧師となる。さらに一七六二年はフランスへ向かいあちこちのプロテスタントのグループを訪ね歩くが、翌年にはパリで自分自身の教団を設立するに至る。一方で、一七七〇年代にはフリーメーソンの運動に深くコミットしていく。一七七七年には、彼はいくつかのスコットランド系ロッジ（集会場）で、フリーメーソンの儀式を寓意的に解釈する内容のレクチャーなども行っている。また、特に当時の知識人を広く集めたロッジ「レ・ヌフ・スール」は、コンドルセやヴォルテールといった一級の思想家が会員であったことをはじめ、かのベンジャミン・フランクリンを支部長としたことでも有名であるが、一七七八年、ド・ジェブランはそのロッジの秘書に就任している。

図29　クール・ド・ジェブラン、一七八四年、フランス国立美術館（出典5）

肝心の『原始世界』は、ド・ジェブランがフリーメーソン会員だった生涯最後の十年あまりに執筆されたものである。まず一七七二年に、この全九巻にわたる大著の予約購読のための内容見本が先立って出版される。そして翌年から一七八二年までの間に、第一巻から順に出版が続いていく。

ところで、タイトルにもなっている「原始世界」の「原始」という言葉は、ド・ジェブランにとって、未開で、愚かで、粗野なというような意味での「原始」ではまったくない。むしろ、彼にとってその言葉が意味する世界とは、人間の文明の最も輝かしい時代、すなわち「黄金時代」のことである。逆に、彼にしてみれば、現在の文明とは、その最も素晴らしき時代が退廃してしまったものに過ぎない。要するに、ド・ジェブランは「昔は良かった」という考え方の持ち主だった。そういう意味では、彼の著作『原始世界』は、無垢で純粋な原初の自然状態への憧れを表明した、ほぼ同時代の有名な思想家ジャン・ジャック・ルソー（一七一二―一七七八）の考え方と共鳴し合うものであったともいえる。現に、ド・ジェブランの死後の一七八五年には、アベ・ル・グロスという学者によって、ルソーとド・ジェブラン、二人の著作家の比較研究も行われている。

ド・ジェブランの生きた十八世紀、知識人は彼のように理想化された過去の「黄金時代」を夢想するか、あるいは逆に、科学の進歩を信じて人類のまだ見ぬ未来を理想とするかの二つの間で揺れていた。しかし、いずれにしてもこの頃はまだ大いなるユートピア実現の夢に満ち溢れた時代だったことに変わりはない。モンテスキュー、ディドロ、そしてルソーといった当時の社会思想家たちと同じく、過ぎ去った時に「黄金時代」の理想を投影する夢を、まさしくド・ジェブランは持っていた。そして彼にとって、古き良き時代として行き着く先のひとつが、古代エジプトだったのだ。

『原始世界』は、「黄金時代」としての失われた古代文明に関する膨大な百科全書的な内容である。しかし、それら諸々の古代文明を再現した記述内容は、近代以降の実証的な観点から見るとお世辞にも学術的とはいえない代物である。

ド・ジェブランが『原始世界』の中で、古代文明の姿を再構築するためにとった方法論の一つは、神話を寓意的に解釈することである。たとえば、この本では、古代ギリシャのヘラクレスの十二の難業の神話は、一年を通して行われる月々の農作業のことを象徴的に表現したものとみなされる。したがって、ヘラクレスの十二の難業を見ていくことで、古い時代の原始的な農業のやり方を知ることができる……彼はそう考えた。

もう一つの方法論としては、すべての言葉を昔の原始的な単一の言語に還元することができるとし、語源学的な研究に大きな力点を置く。たとえば「TAR」は「王」という意味で、「RHA」あるいは「RHO」は「道」という意味から、「TAROT」は「王の道」を意味するといった、今でもタロット解説書の中に引用されるこの説明は、『原始世界』第五巻の中に、彼の語源学的研究のひとつのサンプルとして記述されているものだ。ただし、このタロットの語源学は、後のエジプト学や言語学の観点、たとえばウォーリス・バッジ（一八五七—一九三四）などの研究から振り返ってみると、まったく根拠のない解釈なのであるが。

幸か不幸か、ド・ジェブランは生まれるのが少し早かったということなのだろうか。近代の本格的なエジプト学は、一七九八年から一八〇一年の間のナポレオンによるエジプト遠征に由来するものだが、それは『原始世界』の最後の巻が出版されてからわずか十六年後のことである。エジプト遠征中の一七九九年には、古代の石碑ロゼッタ・ストーンが発見された。さらに二十三年後の一八二二年には、フランスのエジプト学者ジャン・フランソワ・シャンポリオン（一七九〇—一八三二）が、そこに記されていた文字の解読に成功する。そして、それまで謎であった古代エジプトの神聖文字ヒエログリフがついに明かされた。(30) それは『原始世界』の最後の巻が出版されてから数えて四十年後のことである。

歴史を語る際に「もしも」という言葉は禁句なのかもしれないが、ド・ジェブラン以降にはじまるタロットの歴史の流れを見てみると、どうしても、この「もしも」を考えてみたくなってしまう。すなわち、もしもド・ジェブランがもう少し後の時代に生きていたなら——あるいは執筆が近代の本格的なエジプト学がはじまってからのものだったとしたら、はたして現在あるような『原始世界』を、彼は書いただろうか。仮に書かれたとしても、まったく違う内容になっていたのではないか。少なくともタロットに対する古代エジプト的な解釈はなされない形を取っていたのではないか。もしそうなっていたら、このあと見ていくようなタロットの〝神秘化〟は起きなかったかもしれない……。

しかしながら、現に、ド・ジェブランによって『原始世界』は書かれた。そして、古代エジプト起源説を含む第八巻が出版された一七八一年のわずか二年後には、エテイヤによる、史上初のタロット占い本が、ついに世に送り出された。

実際のところ、ド・ジェブランの大部の労作のほとんどが、より実証性を重んじる十九世紀の学問の流れの中では黙殺され忘れ去られていった。しかし一方で、その中に記述された、タロットについてのエッセイだけが、タロティストの間でのひとつの伝統、あるいは神話として、長らく二十世紀まで生き延びた。そう、『原始世界』の中から膨大な量の論文が無用のものとして葬られていく中、タロットの古代エジプト起源説ただひとつが、そのたくましい生命力を保ち続けたのだ。改めて考えてみると、不思議な気がしないでもない。

エジプト化されたタロット・カード

ド・ジェブランによるタロットの古代エジプト説とは、一言でいってしまえば、一切の実証的な裏づけをもたない空想の産物である。すなわち、近代のエジプト学誕生前夜に、彼の頭の中で大きく膨らんだ大いなるエジプト文明への憧れと、タロットの不思議な絵柄を重ね合わせるところに生まれたファンタジーであった。

しかし、この一人の男の頭の中で作り上げられたファンタジーこそが、すべての出発点になったのだ。エテイヤをはじめとする後続のタロティストたちは、タロットの起源を頑なに古代エジプトに結びつけることで、さらに異様なファンタジーを生み出していくことになる。繰り返すが、現在にもなお残っている〝神秘〟と〝謎〟に包まれたタロット・カードというイメージは、タロットが古代エジプトのオーラを纏わされたまさしくこの時点からはじまったのだ。

ではここで、ド・ジェブランが十八世紀末という時代の土壌に蒔いたファンタジーの種が具体的にどのようなものであったのかを見てみよう。

まず、ド・ジェブランによると、タロットは古代エジプトの神官らによって発明された。それは、もともと彼らの教義をシンボリックな形で表現した七十八頁の本だった。だが、彼らの図書館が崩壊したとき、火災から逃れるため本はカードという形に変えられて持ち出された。そして、それをヨーロッパに運んだのがジプシーである。

さらに重要なのは、個々のカードに対して与えられた、ド・ジェブラン独特のエジプト風解釈である。(31) まず、カードが古代エジプト起源ならば、それぞれのカードのタイトルもキリスト教的なものだと当然おかしい。そこでたとえば、五番の「教皇」のカードのタイトルは、「司祭長」に、二番の「女教皇」は「女司祭長」へと非キリスト教化された。さらに続けると、七番の「戦車」のカードはエジプトの神「オシリスの勝利」を表し、九番の「隠者」のカードは「賢者」と呼ばれる。また十五番の「悪魔」のカードを、これまたエジプト神話のセト神と同一視されるギリシャ神話の「テュポン」と呼び、十六番の「塔」のカードを「プルータスの城」と呼ぶ。十七番の「星」のカードの真ん中の大きな星はシリウスを表し、その下の裸の女性はエジプトの女神イシスであると解釈される。十八番の「月」のカードの下のところに見られる水はナイル川である。また、ジェブランによると、二十番、二十一番のカードは、それぞれ誤って「最後の審判」、そして「世界」と呼ばれているが、その本当の意味はそれぞれ「創造」と「時」である。それから「愚者」のカードに描かれている動物は、本当は犬ではなく、虎とするのが正しい。そして、このカードには数字の「0」が割り当てられるべきだという。ところで、素朴な疑問だが、なぜエジプトに虎なのだろう？　その理由については、彼が何も語ってくれていないので不明である。

さらに、ド・ジェブランによる極めつけの大胆なカード解釈がある。それは十二番の「吊るされた男」のカードについてである。カードには、片足が縛られて逆さ吊りにされている男が描かれているが、そもそもこの構図は間違っていて、本当は片足で立っている男というのが正しい。そして、その真の意味は「賢明」という中世の枢要徳のひとつを表したものだとド・ジェブランは主張する。

図30　クール・ド・ジェブラン『原始世界』の中のタロット（出典5）

こういったいくつかの改変を施すことで、ド・ジェブランは現在のカードの〝誤り〟を、エジプト起源の〝本来〟の形に〝修正〟する。そして実際に、エジプト的なデザインにカードを改めるために、『原始世界』の挿絵画家であるマドモアゼル・リノーテという女性に筆を執らせた。ド・ジェブランいわく、これらの〝誤り〟は、もともとのエジプトの象徴に無知なヨーロッパのカード・メーカーがそれを間違えて変えてしまったことによる（修正されたカードについては**図30**を参照）。

また、ド・ジェブランのカード解釈で特徴的なのは、第一部で見た二十世紀のタロットの解説者たちとはまったく異なり、二十一番のトランプ・カードから順に数字を逆に降りていくことでカード全体に一連のストーリーを作っていく点である。そこには、天地創造からはじまるこの世界の原初の歴史が描かれているとド・ジェブランは信じた。ところで、なぜ最後の二十一番から逆にカードを見ていくのか？　それについて、ド・ジェブランは「エジプト人は、最も高い数から最も低い数に向かって数えはじめる」と、何のことやらさっぱりわからない説明を加えている。

それから、二十二枚のカードは、エジプト語のアルファベット二十二文字とヘブライ語のアルファベット二十二文字にそれぞれ対応するとド・ジェブランは言う。エジプト語のアルファベットが二十二文字? これも意味不明である。一方で、ヘブライ語のアルファベットは、実際に二十二文字であるから数はぴったりくる。

最後に、ド・ジェブランの細かな主張を他にも列挙しておこう。タロット・パックは「完全に聖なる数七によって作られた」という。すなわち、7×11は愚者のカードを除いたパック全体の枚数、7×3はトランプの枚数、7×2は各々のスートの枚数を表す。また、それぞれのスートは「エジプトにおいて分けられていた四つの身分」に対応するという。「剣」は「王」、「軍人」、「貴族」を、「カップ」は「聖職者」を、「棒」は「農民」を、「コイン」は「商人」を象徴するということになるらしい。

以上が、ド・ジェブランのタロット解釈の概要である。ところで、このようにタロットを古代エジプトに結びつけるというアイデアは、当然、当時の一般的なフランス人が持つエジプトへの憧れと切り離して考えることはできない。しかし、彼が「タロット=古代エジプト起源」説を主張する別の要因として、すでに述べたように彼がフリーメーソン会員だったということも関係しているのではないかと考えてみたくもなる。次に、少しだけそのことについて見ておこう。

タロットのエジプト起源説とフリーメーソン

フリーメーソンといえば、一般的にすぐ思い浮かぶイメージは、オカルト的な秘密結社のようなものだろうか。また、フランス革命を裏で操ったのは実はフリーメーソンだった、なんてことを書いた本があったりするおかげで、政治的陰謀を企てるちょっと危険な秘密結社を想像する方もいらっしゃるかもしれない。

まず、ここでフリーメーソンとは何かを、簡単にまとめておこう。[32] 実際の歴史的な意味でのフリーメーソンの起こりは、中世のイングランドやスコットランドの大聖堂などの建築に携わった石工職人たちが集まってできた職業組合に由来するといわれている。しかし、十七世紀頃からそういった職人以外の一般のメンバーも増えはじめ、もともとの石工たちの実践的な職業組合から少しずつ形を変えはじめる。やがて、フランスを中心として大陸へと広がった十八世紀のフリーメーソンは、次第に思弁的な要素を前面に打ち出した組織となっていくが、それと同時に、この頃のフリーメーソンの中には、錬金術、ヘルメス主義などの神秘思想がすでに流入しはじめている。その結果できあがったのが、中世の実践的な職業組合とは異なるという意味での、近代フリーメーソンである。

新しく生まれ変わったフリーメーソンの特徴は、まず「秘儀伝授結社」としての機能を持っていたということだ。「秘儀伝授」とはわかりづらい言い方だが、簡単にいってしまうと、人類の非常に古い原初の時代から存在する、選ばれた人々の間にのみ秘匿されている知識を、段階を踏んだ儀式という形において新参者に伝えていく形式のことである。

さて、ここで注目すべきは、近代フリーメーソンの内部には、遥か古代にまでさかのぼることのできる自らの起源神話があったということだ。たとえば次のようなものである。

本来のフリーメーソンの石工術あるいは建造術は、幾何学と一体のものであり、それはもともとナイル河の氾濫に対処するためにエジプト人によって発明された。そしてその発明者は、トート・ヘルメス、別名ヘルメス・トリスメギストスである。さらに、そのトート・ヘルメスによる古代の叡智は、ソロモンがテュロス王ヒラムの援助を借りて建てた神殿の幾何学の中に秘められていたと続いていく。(33)

お気づきだろうか。このフリーメーソンの古代エジプトまでさかのぼる起源神話は、ド・ジェブランの行ったタロットの起源に対する説明とどこか似ているということに。古代の叡智は片や神殿の中、片やタロット・カードの中である。すなわち、フリーメーソンもタロットもともに共通しているのが、失われた古代の叡智をいまだ真に継承しているものだ、という点である。だとすると、ド・ジェブランのタロット理論のインスピレーションの源は、おそらくこのような古代へと叡智をさかのぼらせるフリーメーソンの起源神話と重なるところにあると推測してみたくもなる。

ところで、十八世紀のフランスにおいて大きな発展をみせたフリーメーソンとはいったい何だったのか。それを当時の文化的な背景からもう少し見てみよう。まず、当時のフリーメーソンが多くの知識人を巻き込みながら大きな広がりを見せていったひとつの動因としては、十七世紀以降から急激に進展する科学的な世界観と、それに伴う合理的な思考形態によって失われた価値を求めようとする人々の精神性にあったと考えられる。というのも、新たな科学的世界観の台頭は、これまでのヨーロッパ的な価値を支えてきたはずのキリスト教の精神的権威を失墜させずにはおれなかった。そしてそれは同時に、神というひとつの絶対者によって支えられていたキリスト教的な道徳的基盤と、それによって結びあわされていた人々の連帯が奪われていくという事態をも意味した。科学的世界観は、古き秩序を終わらせこそすれ、人々の精神の新しい拠り所とはならなかった。そのとき、古代の叡智という権威を背景としたフリーメーソンの持つ理念が、人々を再び結び合わせる超越的な機能を果たしたに違いない。

一七四二年には、すでにフリーメーソンはフランス全体で二〇〇、そのうちパリだけでも二十二のロッジが存在したといわれている。さらに一七七一年には、パリだけでも一五四のロッジを数えるほどになったという[34]。このようなロッジの拡大を見ても、ヨーロッパの失われた精神性を古代の叡智へと求めるフリーメーソンが、いかに多くの人々を引きつけてやまないものだったかを証明している。そして『原始世界』を書いたド・ジェブランも、そこに引き寄せられたうちの一人であったことはいうまでもない。

ド・ジェブラン以外にも、たとえば、近代ドルイド運動の父といわれる王立考古学協会の創立者ウィリアム・スタックレイなどは、古代の叡智を求めてフリーメーソンに加入した典型的な例である。スタックレイが加入した実際の理由は、連綿とした古代とのつながりを持つとされるフリーメーソンが、古代人の神秘の遺跡を秘匿しているのではと期待してのことだった。またもともとスタックレイは、ナイル河の古代の叡智を求めるために、一七四一年に設立されたエジプト協会の会員でもあった。このことからもわかるように、当時は、古代エジプト愛好熱とともに、古代の叡智を求める思いで、フリーメーソンに加入したという例も珍しくはなかった。

また、フリーメーソン会員でもあったモーツァルトが古代エジプトを舞台としたオペラ『魔笛』(一七九一)を作り、一七七七年にロンドンでフリーメーソンの秘儀参入を受けたカリオストロ伯爵(一七三四—一七九五)が、後にフランスのリヨンでエジプト派フリーメーソン団を設立するなどの事例を見れば、フリーメーソン関連者たちの間で、古代の叡智の由緒ある場所として、はっきりとエジプトが指差されていたということもうかがえる。このように見てくると、当時の秘教的なものに関心のある人々にとって、いかに古代エジプトが魅惑的な場所として映っていたかがわかるだろう。

しかしさらにいうなら、当時のエジプト熱の広がりは、フリーメーソン内部にとどまるものではなく、パリ全体を覆ったひとつの時代の空気でもあった。驚くべきことに、当時、パリの市の紋章には、もともとの船の図案に、エジプトの女神イシス像まで加わったほどである。[35] ド・ジェブランがタロットに憧れのエジプトを投影したのは、まさしくこのような当時のパリを包み込んだエジプト幻想の中においてだったのだ。

M. le C. de M.***なる人物が語る、エジプト人のタロット占いの方法

ここまで述べてきたことで、ド・ジェブランによる「古代エジプト=タロット」のコンセプトと、それを生み出した時代状況に関しては、おおまかなイメージをつかむことができたのではないかと思う。ただし、以上でもって『原始世界』についての詳述を終わらせてしまうわけにはいかない。というのも実は、十九世紀以降のタロティストたちのバイブルとなるこの奇書の中には、実はド・ジェブラン以外に、別のもう一人の著者が存在するのだ。

M. le C. de M.***というイニシャルと「将官、プロヴァンスの役人」。同じ第八巻に含まれるもう一つのエッ

セイの著者について、ド・ジェブラン自身が読者に教えてくれる情報は以上の二つである。よって、この著者がいったい何者なのかということについての詳細は不明である。ただし、現在では少なくとも、この著者の名前の綴りが、ド・メレ（comte de Mellet）であるということだけは、ほぼ明らかとなっている。[36]

ここではまず、肝心のエッセイの内容を追ってみよう。注目すべきは、何といっても「タロットについての調査と、タロット・カードを使った占いについて」（傍点筆者）と題されたエッセイのタイトルである。実はこのエッセイは、エテイヤに先んじてタロットと占いを結びつけた、より早い記録でもあるのだ。

ド・ジェブランは、確かにタロットを古代エジプトへと帰したが、決して占いそのものに結びつけてはいなかった。一方で、ド・メレは、ド・ジェブランの古代エジプト起源説を引きながら、さらに、エジプト人はタロット・カードを使った占いを実際に行っていたと主張する。しかも驚くべきことに、そこで彼が紹介する方法そのものが、当時のエジプトで実際に行われていたものだという！

ちなみにド・メレが記述するタロット占いの方法は、ここで具体的に述べるにはあまりにも混乱している。とりあえず、要点だけをまとめてしまうと次のようになる。まず一定の手続きで出てきたカードのナンバーを合計し、そして結果の数の象徴的な意味に基づいて答えを導き出す。さらに二十一枚のトランプ・カードと「愚者」のカードを合わせた二十二枚のカードは、それぞれ二十二文字のヘブライ語のアルファベットに対応させられる。そして、それらのカードの意味はそのヘブライ語の持っている意味からも解釈するという。

確かに前にも見たように、ド・ジェブランもタロット・カードとヘブライ語の関係をほのめかしてはいた。しかし、実際にそれぞれを具体的に対応させてみるところまではいかなかった。一方でド・メレは、実際に二十二枚のカードとヘブライ語のアルファベット二十二文字との間に、一つ一つの対応関係を導いたのだ。たとえば二十一番のカードは、ヘブライ語のアルファベットである「アレフ」に、二十番のカードは「ベス」に、十九番のカードは「ギメル」に、以下同様、数が下っていく順番に対して、ヘブライ語のアルファベットを順に対応させていく。

さらに、ド・メレの与えるヘブライ語の意味を見てみると、たとえば「ギメル」は、「報酬」もしくは「幸福」、「ザイン」は、「過失」もしくは「罪」、「ラメド」は、「法律」と「科学」……といった具合になっている。ただし、残念ながらこれらのカードに対応させたヘブライ語のアルファベットの意味のリストを、ド・メレは最後まで完全にあげてはくれない。しかも、なぜそれぞれのヘブライ語のアルファベットが、そういう意味になったのかもまったく不明である。

ところで、このド・メレの主張する占い方法が、実際に古代エジプトに由来するものだというのはどう考えても眉唾である。たとえば非常に素朴な疑問なのだが、なぜ古代エジプトでの占い方法に、ヘブライ語が登場するのだろう？　そもそも、ド・メレ自身は、自分の主張を証明する何らかの証拠や根拠を一切あげていない。そこに提示されているのは、なぜか彼本人だけが誰も知らない古代エジプト式タロット占いを知っているという、なんとも摩訶不思議な事実だけである。

しかしながら、このド・メレの小さな第一歩は、後のタロット占いの歴史から見ると非常に大きな意味を持っている。なぜなら彼こそが、タロット占いを古代エジプトにさかのぼる技であると述べ、そこにミステリアスな風味をふんだんにまぶして着飾らせた最初のコーディネイターであるからだ。何といっても、ここからはじまった伝統は、手を変え品を変え、難なく二十世紀にまで引き継がれていくのだから。

食い違う二つのタロット古代エジプト起源説

ところで、『原始世界』の二つのエッセイの間には、若干、意見の食い違う点も存在する。ここではド・ジェブランとの主張の相違点を見ながら、さらにド・メレの主張するタロット理論を具体的に追ってみたい。

まず、二人ともタロットのエジプト起源説を唱えるところでは共通の土台を形成する。しかし、その伝播の仕方については異なる意見を持っている。ド・メレによれば、タロットはローマ帝国の時代には、エジプトを越えて広まることはなかったという。後のアラブの支配によって、タロットははじめてスペインにもたらされた。そしてスペインに居住していたシャルルマーニュの兵士たちによってドイツに運ばれたのだと主張する。つまり、タロットの運び手としてのジプシーは、ド・メレの説明の中には登場しない。

さらにタロットのもともとの形であったエジプトの書物の頁数をド・ジェブランは七十八頁だというが、ド・メレは二十二頁だったと主張する。すなわち、ド・メレは二十一枚のトランプ・カード及び「愚者」のカード以外の五十六枚のカードは、後からつけ加えられたものだとみなしているのだ。

また、タロットの語源についての説明においても、二人は異なる意見を主張する。ド・メレによれば、「TAROT」という言葉はエジプトの「TA-ROSH」に由来する。「T」は「確かな論」、「A」は「教義」、もしくは「科学」を意味する。そして「ROSH」は、エジプトの最初の歴史家であるトートもしくはメルクリウスを意味する。それと同時に「ROSH」は「はじまり」という意味も持つ。よって「TA-ROSH」は「宇宙生成論」を意味するという。ちなみに、このド・メレの説明もド・ジェブランのと同様、語源学的に完全に根拠のない解釈であることに変わりはない。

次に具体的なカードの解釈についてはどうだろう。二十二枚のカードについて数字の大きい方から順番をつけていくというのは同じ。しかしド・メレの方が、ド・ジェブランより詳細にカードの連続するシークエンスについての説明を与えてくれる。簡単に見ておこう。

ド・メレは「愚者」を除いた二十一枚のカードを七枚ごとの三つのグループに分ける（なぜ七枚ごとなのか。ド・メレによれば、カバリストやピタゴラス派においても知られている通り、「七」は「神秘的な数」であるからだという）。最初の「七」から成るグループは、二十一番から十五番までのカードである。そして、それらは「黄金の時代」を、さらに、次の十四番から八番のカードまでは「銀の時代」を、さらに七番から一番のカードまでは「鉄の時代」を表しているという。要するに、二十一番ではじまり、二十番で「創造」が行われ、以下続いていく歴史の段階は、「黄金」、「銀」、「鉄」という三段階の時代として分けられ、最後に行き着くのは「狂気」を表す愚者のカードとなるわけだ。

また、ド・ジェブラン同様、ド・メレは「愚者」のカードの中に描かれた動物を、本来は虎であったとみなす。しかし、ド・メレの場合、そこにさらに「その人物の罪に向かっての歩みは、後悔の象徴としての虎によって邪魔される」といった寓意的な解釈がつけ加えられる。

また、ド・ジェブランが十二番の「吊るされた男」を片足立ちに描き直したのに対して、ド・メレはカードの人物を通常通りの逆さ吊りのままにしておく。

以上見てきたことからわかるように、ド・メレはおおまかなラインではド・ジェブランと一致していながらも、細かな点においては二人の間には決して埋めることのできない溝がある。ここから、ある疑問が浮かんでくる。すなわち、なぜ、ジェブランは自分と意見を異にする人物のエッセイをあえて同じ著書の中に含めたのか？

「タロット＝古代エジプト起源」説のアイデアはどこから来たのか？

ド・ジェブランが『原始世界』の中で言うには、はじめてタロット・カードを目にしたとき、わずか三十分も経たないうちに、それが古代の叡智が記された寓意画であるということを見抜いたという。つまり、ここでのド・ジェブランの主張は、「タロット＝古代エジプト」という図式が他の誰かから得たアイデアではなく、自分自身がそのオリジネイターであるということを意味している。一方で、ド・メレはどうなのだろう。やはり彼はド・ジェブランのアイデアに影響を受けたのだろうか。それについては、本人の口から何も述べられていないのではっきりしたことはわからない。

しかし、もしド・メレがド・ジェブランからアイデアを得ているのだとしたら、彼とド・ジェブランの理論の不一致はあまりにも大きすぎるのではないだろうか。なぜなら、ド・メレがド・ジェブランのフォロワーならば、その先行者に反する彼の主張は行き過ぎであるように思われるからだ。このことから次のような事情が考えられなくもない。

まず、ド・メレは、ド・ジェブランからアイデアを借りたのではなく、あくまでド・ジェブランとは別個に、同様の古代エジプト起源説を思いついた。そして、ド・メレはそれを、ド・ジェブランに対して何らかの方法で知らせた。そしてド・ジェブランは、自分の説とは内容が異なるものの、同じ古代エジプト説を別個に提唱している人物を尊重する意味も含めて、著書の中に含めた。

あるいは、それとは別に次のような仮説を立ててみることも可能である。たとえば、実は、ド・ジェブランとド・メレは、二人とも自分たちのアイデアのもとになる共通のソースを利用していた。そしてそれぞれがそこに自分のオリジナルな着想をつけ加えた。もっというなら、当時のどこかの秘教的なサークルには、すでに「タロット＝古代エジプト」というアイデアが存在していて、二人はそれぞれそこから情報を引き出し、それを膨らませてできあがったのが、『原始世界』の中に収められた二つの異なるタロットのエッセイであると。ただし、もしそうだとしたら、「タロット＝古代エジプト」のアイデアを他から得たのではなく、自らの直観のうちに閃いたという『原始世界』の中でのド・ジェブラン自身の主張は虚偽だということになってしまうのだが……。

ここで状況を整理しておこう。ド・ジェブランはすでに見たようにフリーメーソンに属していたということはわかっているが、一方のド・メレの方は、フリーメーソンか、もしくはその他の秘教的なサークルにコミットしていたかどうかは定かではない。しかし、前述のようなエッセイを書く人物が、当時の何らかの秘教的なサークルにまったく関心がなく一切コンタクトを持っていなかった、ということの方がはるかに考えにくい。そういったサークル内でド・ジェブランやド・メレの先行者がいたかどうかはともかくとして、少なくとも彼らのタロット理論のもとになりそうな着想が十分に熟成されていたということは、ひとつの可能性としてあり得ることだ。はたして、タロット・パックの秘教的な解釈と古代起源の理論は、ド・ジェブランによる『原始世界』の出版よりも先に、すでに何らかの形で存在していたのだろうか。さらにタロットを使った占いも、『原始世界』や、このすぐ後のエテイヤの本のような印刷物の中で陽の目を浴びる以前に、すでに秘教的なサークル内では、何らかの形で実践されていたのだろうか。

仮に以上のような仮説が事実だと認められたとしても、タロットの歴史の中で、ド・ジェブランとド・メレ、あるいは『原始世界』の占める位置は不動である。なぜなら、この先で見ていくように、後の世代が影響を受けたのは、出版物という形をとらない秘教的なサークル内の教えではなく、結局のところ現に出版された『原始世界』の中に含まれているド・ジェブランとド・メレのアイデアであり、さらにその後のエテイヤによるタロット本なのだから。

また一方で、ド・ジェブランとド・メレのアイデアの源泉が、すでに秘教的サークル内に存在していたと仮定しなくても、十八世紀末という時代状況から考えてみれば、彼ら二人が同時期に、偶然にもそれぞれ独立に同様のアイデアを思いついたとしても不思議ではないということも強調しておこう。なんといっても、すでにフリーメーソンについて述べたところでみたように、とりわけ当時のフランスでは、「古代の叡智」をエジプトへさかのぼらせることが流行していた時期であった。決してあり得ないことではない。

「イリュミニスム」の時代

いずれにしても、ド・ジェブランとド・メレの二人のアイデアをすぐに引き継ぐことになったのは、前にも述べたようにパリの占い師エテイヤだった。そして「タロット=古代エジプト起源」説は、これから見るように、瞬く間に多くの人々に受け入れられていく。

ところで、ある新しいアイデアが受け入れられるためには、当然それを受け入れるための素地がその時代の中に準備されていなければならない。そういう意味では、「タロット=古代エジプト起源」説が提出されたタイミングは、まさに絶好の時代だったといえる。

現代のフランスの宗教史家アントワーヌ・フェーブルは、一七七〇年から一八一五年までの間を「イリュミニスム」の時代と呼んでいる。[37] イリュミニスムとは、夢や幻視といったある種の催眠状態の中で、霊界からの情報を受け取り、そこから普通の人には知り得ない事柄や、またはある種の形而上的な事象についてのメッセージを受け取ったりすることをいう。

　中でも、広い教養を持った学者でもあったスウェーデンのエマニュエル・スウェーデンボルク（一六八八―一七七二）は、当時のイリュミニストとして最も有名で、かつ成功した例であろう。彼の考え方によれば、自然界のすべてのものは霊的な世界の反映である。したがって、幻視による霊的世界とのコンタクトをとることで、この自然界で起こる出来事についての予知やその隠された意味を知ることができるということになる。中でも、約三〇〇マイル離れたストックホルムの大火を予言したという彼の透視能力はあまりにも有名な伝説である。ちなみに、彼の創始した教団、「新エルサレム教会」は、現在に至ってもなお数十万の信奉者を擁して活動しているという。

　また、その他にも、十八世紀末には神秘的な儀式を通じて、至高の真理の宿る霊的世界へと近づこうとする秘教的な集団が多数存在した。特にスウェーデンボルクの思想に影響を受けたマルチネス・ド・パスカリ（一七二七―一七七四）は、「エリュ・コーエン」という秘教的結社を作り、より高き自己へと上昇するための魔術的な儀式を実践した。また、マルチネスの秘書、そして弟子であった、ルイ＝クロード・サン・マルタン（一七四三―一八〇三）などは、後にマルティニスムと呼ばれる神智学的なサークルを作り、当時の神秘的なものを好む反啓蒙主義ともいうべき志向を持つ人々に大きな影響力を及ぼした。実際、さらに先で見るように、十九世紀末のタロットの理論に最も貢献した一人であるパピュスは、熱心なマルティニストだったことで有名である。

　最後に「動物磁気説」を唱えたオーストリアの医師、フランツ・アントン・メスメル（一七三四―一八一五）についても触れておいた方がいいだろう。というのも、他ならぬ晩年のド・ジェブランは、完全にメスメルの理論の信奉者となっていたからだ。

　メスメルは磁石が鉄を引きつけるように、万物には、目に見えないけれどもある種の特殊な力が宿っていると

図31　メスメルのサロンを描いた十八世紀の版画、パリ国立図書館（出典58）

考えた。その力はこの宇宙空間すべてに染み渡っている「エーテル」という媒体を通して伝達される。もちろん人間の体も、そのような力を宿している。それゆえ、身体は一種の磁石のように、近づいたり遠ざかったりするだけで、他の物体に対して影響力を与えることができる。そしてこの力のことをメスメルは「動物磁気」と呼んだ。

医者であるメスメルはこの考え方を治療に応用した。大きな円形の容器を部屋の中心に置く。その容器の中には、壜が大量に詰められ、その中には磁気を帯びた水、ガラスの粉末、鉄のやすり屑が入れられた。それらの壜は中央の一本の大きな壜にむかって磁気が導かれるように放射状に並べられる。そして、患者たちは、容器の蓋の穴から出ている何本もの金属の棒を、それぞれつかむか、痛む手足などに当てるかした（**図31**）。

そもそもメスメルにとって、あらゆる病気は、体内の中に染み渡っている「動物磁気」の動きの不調によるものだった。したがって、この装置により発生する磁気が体内の「動物磁気」の動きを調整することで患者の病気は治癒する、そう考えたのだ。

メスメルは一七七八年にウィーンからパリへとやってきた。このとき、ド・ジェブランは一七七三年にメスメルが設立した「宇宙調和教団」に加わった。一七八三年五月、ド・ジェブランは患っていた足の治療をメスメルに依頼した。すぐに治療は成功したかに思われた。しかし、それはほんの一時のことだった。生涯独身で過ごし、古代叡智への探求に晩年を費やしたプロテスタントの牧師、クール・ド・ジェブランは、一七八四年五月十二日、病からの回復を信じ、メスメルの磁気桶につながったまま最期を遂げた。

さて、古代エジプト風の衣装を着せられ神秘的なムードをたたえはじめたわたしたちのタロットは、このような「イリュミニスム」や「メスメリズム」が流行した時代の真っ只中に投じられた。このあと見ていくことになるタロットの様々な新たな相貌とは、まさにこの時代のムードによってかたどられていったものだということがやがて明らかになっていくだろう。

『ヘルメス文書』に基づく宇宙創生のプロセスとタロット

いよいよこれから、本当の意味でのタロット占いの第一歩が踏み出される。ここで再び前述のエテイヤに登場していただこう。

ド・ジェブランの『原始世界』第八巻が発表されたわずか二年後の一七八三年から一七八五年の間、沈黙の十年間を経てエテイヤは新たな本を出版する。タイトルは、『タロットと呼ばれるカードのパックで楽しむ方法(Manière de se récréer avec le jeu de cartes nommées tarots)』。それは二年間の間に、四つの分冊という形をとって出版された。これは前にも述べたように、タロット占いの歴史の中では決定的な意味を持つ著作である。確かに、ド・メレはエテイヤよりも先にタロット占いについてのエッセイを残している。しかし、タロット占いの具体的な方法論として後世に引き継がれていったのは、ド・メレのやり方ではなく、まさしくエテイヤのこの本によって確立されたスタイルの方なのだ。

これから見るように、エテイヤの本の内容は基本的にド・ジェブランとド・メレのアイデアに沿った形で展開されている。おそらくエテイヤはド・ジェブランとド・メレのタロットのエッセイを何度も参照しながら、あれこれ本の構想を練ったに違いない。なんといっても、タロットが古代の哲学を含んだ完全な本であると述べているのが、当時のアカデミーに所属する大学者で学識深いアントニー・クール・ド・ジェブランその人である。このことは、占いというあやういジャンルを生業とするエテイヤにとって、これ以上ない後ろ盾ではないか。

では、エテイヤの新たな本の中で述べられている内容を簡単に見ていくとしよう。まず、エテイヤが詳述する古代エジプト起源説は以下のようなものである。

——タロットは古代エジプトの賢者ヘルメス・トリスメギストスを中心とする十七人のマギの集まりによって考案された。ちょうど今(一七八三)から数えて三五九三年前、その最初のコピーは「黄金の葉」に描かれた。しかしメンフィスの寺院の火災で、オリジナルは消滅してしまった。だがそのコピーは、タロット・カードという形をとって現存している——

さて、このようなエテイヤのタロットの起源に関する説明は、ド・ジェブランの物語以上の重要な何かが語られているわけではない。ただひとつあるとすれば、出所不明のおそろしく細かい年号を、堂々と確信を持って主張していることぐらいである。

さらにエテイヤは、現在のタロット・カードのデザインは、〝無知〟なカード・メーカーの誤りによってエジプトのオリジナルなものから変えられてしまっているともいう。これ自体はすでに『原始世界』の中で述べられていたことと同様の主張の繰り返しでしかない。しかしエテイヤが提出するカードの〝修正案〟は、ド・ジェブランやド・メレのものを部分的に引き継いでいる箇所もあるが、それらから大きく離れた非常に独創的なものを多く含んでいる。特に、彼の先行者たちが思いつきもしなかった、カードの順番の入れ替えという思い切った作業にも着手している。すなわち、エテイヤは〝無知〟なカード・メーカーによって、デザインだけでなく、カードの順番もまったくでたらめなものにされてしまったと考えた。そして、それを自分が本来のエジプト式の順番

エテイヤ		マルセイユ
1	教皇	5
2	太陽	19
3	月	18
4	星	17
5	世界	21
6	女帝	3
7	皇帝	4
8	女教皇	2
9	正義	8
10	節制	14
11	剛毅（力）	11
12	吊るされた男	12
13	恋人	6
14	悪魔	15
15	奇術師	1
16	審判	20
17	死	13
18	隠者	9
19	神の家	16
20	運命の輪	10
21	戦車	7
0	愚者	―

に戻したのだと主張する。

最初に出版された第一分冊（一七八三）の中で示された〝正しい〟順番とは表のような並びとなる。マルセイユのタロットに割り当てられているカードの順番を比較して列挙しておこう。

エテイヤが行ったカードの並びかえは非常に大胆である。見ての通り、マルセイユのタロットと比べてみると、もとの順番の名残りをほとんどとどめていないことがわかる。また彼の説明によれば、「1」から「7」までのカードの順番（彼によって訂正されたカードの順番）が本来表しているのは「世界の創造」のプロセスだったという。これは、すでに見たド・メレの理論の改作であるが、エテイヤによればそのプロセスは『ポイマンドレース（ピマンデル）』という古代の文書の中で記述されている「宇宙創生」の過程にちょうど対応するという。『ポイマンドレース』とは、あくまで言い伝えによると、古代エジプトの賢者ヘルメス・トリスメギストスによって記されたものとされている、いわゆる『ヘルメス文書』に属するテキストのことだ。

エテイヤがこの古代の文書をタロットと結びつけた理由は明瞭である。まず、彼にとってタロットはヘルメス・トリスメギストスによって作られたものである。そして『ポイマンドレース』も、ヘルメス・トリスメギストスによって書かれたものである。したがって、タロットと『ポイマンドレース』は、同一の作者によるものなので、それらの中には同一の思想が含まれている。そう考えたエテイヤは、自分のタロット理論を支える権威として何度もヘルメス・トリスメギストスを著書の中に登場させる。

ちなみに、トリスメギストスとは「三重にもっとも偉大なもの」を意味し、ヘルメス・トリスメギストスという名は、ギリシャの神ヘルメスとエジプトの神トートが同一視され結合された神ヘルメス・トートの綽名である。エジプトに植民したギリシャ人にとって、ヘルメス・トリスメギストスはもともと神だったのだが、後に実在の人物とみなされ伝説化されていった。たとえば、三二二六年間、エジプトの王として君臨し、自然の原理に関する三万六五二五冊の本を書いた等々、というような途方もない人物として。[38]

一方で、『ヘルメス文書』はもともとギリシャ語で書かれていたものだが、十五世紀にフィレンツェの学者マルシリオ・フィチーノの手によってラテン語に翻訳されることで、本格的にヨーロッパに導入された。そして、この頃からヘルメス・トリスメギストスは、キリスト教よりも古く、古代ギリシャのピュタゴラスやプラトンよりももっと古い時代の人物だとみなされるようになる。しかし、実際のところ『ヘルメス文書』が書かれたのは、およそ前三―後三世紀の間でしかなく、プラトンより古いどころか、逆にプラトン哲学の濃い影響を受けて成立したというのが現在の一般的な見解である。すなわち、エテイヤの考える「古代エジプト＝タロット＝ヘルメス文書」という図式が成立する基盤にあるのは、『ヘルメス文書』の成立年代を実際よりも遥か古代に位置づける、当時の完全なアナクロニズムから来たものだった。またつけ加えるなら、『ヘルメス文書』は、実際にはヘルメス・トリスメギストスなる人物の手によるものではなく、おそらくその大部分がアレクサンドリアの神官によって書かれた。そして、その匿名の作者たちが、その作品の中に登場させる主人公に与えた名前こそ、ヘルメス・トリスメギストスなのである。

さて、カードの順番ということに話を戻そう。さらに、エテイヤは続ける。次の八番目のカードは創造の後の休息を表す。そしてその後の九番目から十二番目までに、それぞれ四つの枢要徳、すなわち「正義」、「節制」、「剛毅」、「賢明（ド・ジェブラン同様「吊るされた男」のカードを逆さまにして表現したもの）」とカードを順に位置づける。さらにそれに続く残りの九枚のカードも現在のスタンダードなものとはまったく異なる特殊な並びになっている。

もちろん、エテイヤ自身にはなにがしかの論理があるのかもしれないが、普通に見るなら、そこには一貫したストーリーを見つけることのできない奇妙な並びが続いていく。

ここで、エテイヤの提出するカードの絵柄の〝修正案〟がどうなっているのかにも簡単に触れておこう。たとえば、通常、二十一番目に位置しているはずの「世界」と呼ばれるカードは、エテイヤによって五番目に位置づけられた。そしてその本来の〝正しい〟絵柄として、卵型の輪の装飾は、本来、自らの尾を嚙み円を形作る蛇であるべきであるという。さらに、草地の上には五十九段から成る二つのピラミッドが置かれるのが本来の絵柄である等々と非常に詳細なところまでデザインの指示がなされている。そしてその本来のカードの意味は「旅」を表しているという。しかし、普通に考えて、そのような奇妙なデザインのどこが「旅」を表しているのかは今ひとつ不明である。また、他のカードを例にとっても、たとえば一番目に位置づけられた「教皇」のカードに至っては、「世界創造」のはじまりを表現するものとして、本来は混沌を一掃する光が描かれるべきだとされ、結果的にスタンダードな絵柄の痕跡をまったくとどめないデザインが指示されている。

その他に、エテイヤの施したカードの〝修正〟で注目に値するのは、1から12までのカードに対して、占星術の十二サイン、すなわち白羊宮から双魚宮までを順に割り当てたことだ。このように、占星術をタロットと関連づけるというアイデアは、先行者のド・ジェブランやド・メレには見られなかったエテイヤの独創である。二十世紀に作られたタロット・カードには、当たり前のように占星術との関連を記したものがときどき見受けられるが、その伝統のルーツは、間違いなくエテイヤに帰されるものだ。

以上見てきたように、エテイヤのタロットに関する理論は、ド・ジェブランとド・メレの説をベースに、それをさらに具体的に詳述しながらもかなり大胆で独創的な改変を随所に盛り込んだものとなっている。

このあと、さらにエテイヤは熱心にタロットの普及に努めていくことになるわけだが、それは商人出身のエテイヤ自身が、次第に古の哲学の智者としての姿を装いはじめることと軌を一つにしていくことになる。では、エテイヤのその変身ぶりを、これから見てみるとしよう。

タロット占いのオリジネイターは、サン・ジェルマンの弟子だったのか？

一七八三年から一七八五年の間に四分冊に渡るタロットの解説書を出した後、エテイヤは矢継ぎ早に著作を発表する。まず、翌年の一七八六年には、『完全なる金属についての論文、哲学的なヘルメスの作業の七つの状態』を出版する。そしてそれに引き続く一七八七年には、『額を吟味することによって人を知る術、古代の賢人による観相学の原理』、そして『掌の中にある線と特徴を読む術、手相学の原理』というそれぞれ観相と手相に関する二冊の本を出版する。

これらの中で特に注目に値するのは、一七八六年の『完全なる金属についての論文、哲学的なヘルメスの作業の七つの状態』であるが、これはいわゆる錬金術に関する本である。いったいいつ頃から、エテイヤが錬金術に関心を抱いていたのかは定かではないが、彼が「タロット＝古代エジプト＝ヘルメス・トリスメギストス」という論を展開させた後に、錬金術に関する本を書いたのは当然の成り行きとして理解できる。なぜなら、錬金術の起源神話もまた、古代エジプトにまでさかのぼるとされているし、そもそも錬金術自体がヘルメスの学とも呼ばれている。

ちなみに、錬金術がなぜヘルメスの学と呼ばれたのかというと、ヘルメス・トリスメギストスの記したとされる『エメラルド板』（エメラルド板という名前はヘルメス・トリスメギストスが、直接エメラルドに自らの教えを刻んだということに由来する）というテキストは、錬金術の基本原理の寓意であると解釈され、その他ならぬヘルメス・トリスメギストスこそ、錬金術の開祖だとみなされていたからだ。[39]

では、錬金術とは何か？　その問いに一言で答えるのは難しい。化学的操作によって卑金属から黄金を作り出す術。それも確かにその一面である。しかし、もう一方では、錬金術師自身の神化の過程としての神秘主義的な側面もある。すなわち、錬金術には実際の金を作り出す物質的な側面と、その作業の過程を通して魂を浄化していくある種の精神修養的な側面という二つが存在するといわれる。

ヨーロッパにおける錬金術は、中世の頃にイスラム文化圏から輸入されたものだ。ちなみに、十三世紀最大の学者ともいうべきロジャー・ベーコン（一二一四―一二九四）も、やはりヘルメス・トリスメギストスの名を錬金術に結びつけていた。その後、錬金術が本格的な広がりを見せるのは、作者不詳の多くの錬金術書が書かれた十五世紀と、印刷術の普及した十六世紀においてである。さらに十七世紀には、「薔薇十字団」[40]という秘教結社を巡る運動の中で、錬金術という思想は非常に重要な役割を果たすことになる。しかも、この薔薇十字運動は、すでにド・ジェブランとの関連で述べた近代フリーメーソンの展開と切り離せない関係にある。というのも、近代フリーメーソンが確立されていく過程には、明らかに薔薇十字思想の流入があった。実際に十八世紀半ばには、薔薇十字思想に基づく新しい位階制度が、フリーメーソン内に設けられていった。ド・ジェブランもその一員だった「集合した友人たち」と呼ばれるパリのロッジでも、現に錬金術に基づく高位位階が存在した。すなわち、ヘルメス思想＝錬金術、そして薔薇十字運動、フリーメーソン、これらは十八世紀という時代において、錯綜とした絡み合いの中で、相互影響を与えながら発展していった。

しかしその一方で、同時期、すでに近代科学の一部門としての着実な基盤を固めていった化学の進展は、単なる物理的な意味での錬金術を退却せざるを得なくさせる状況を作りつつあった。とはいえ十八世紀とは、合理と非合理、その二つが乖離していきながらも、並立し得た奇妙な時代である。ラングレ・デュ・フレノワ（一六七五―一七五五）の『ヘルメス学の歴史』（一七四二）や、スウェーデンボルクとマルティニスムに傾倒した元ベネディクト派の修道士で、プロシア国王の司書であったアントアヌ・ジョセフ・ペネルティ（一七一六―一八〇一）の『ヘルメス学辞典』（一七五八）などいくつかの錬金術に関する著作はいまだ書かれ続けた。しかも、当時の一級の知識人ディドロによって編纂された十八世紀フランスにおける啓蒙思想の集大成である『百科全書』（一七五一―一七八〇）の中では、いまだ錬金術に対して好意的なコメントがなされていたぐらいである。

また、エテイヤが錬金術の本を出版したのとちょうど同じ頃に、化学者ラボァアジェ（一七四三―一七九四）が、一七八七年に『化学分類法』、一七八九年に『化学基礎』を発表した。それらの中で述べられた元素という考え方は、錬金術の作業における文字通りの物質の変成ということをあり得ないものとしてしまうものだった。そのような中で書かれたエテイヤによる錬金術の著作は、最後の古典的な錬金術の論文だったといえる。

ところで、十八世紀末のフランスを生きたエテイヤは、やはりフリーメーソンや薔薇十字運動などのような秘教的なサークルと何らかの関わりを持っていたのだろうか。それに関しては、すでに述べた一七七三年にパリで発足したフリーメーソンのロッジ「フィラレート派」が開催した一七八七年三月八日の会議に、エテイヤが招待されたという事実がある。この会議は、各地のフリーメーソンが保持する知識体系を共有することを目的とした各ロッジ連合体の集まりだった。そこにエテイヤは「秘密の科学における知識」を講演するために招かれた。どうやら、一七八三年から一七八五年の間に発表されたタロットの本、そして一七八六年の錬金術に関する本、これらを通してエテイヤの評判は当時のいくつかの秘教的なサークルの耳には届いていたようだ。

しかし、エテイヤは前述の錬金術に関する本の補遺で、「わたしはどのロッジにも属していない」とはっきり述べている。しかも、フリーメーソンの位階制を「叡智というより、愚かなもの」であると述べ、すべての儀式の上演を「科学であるよりも無知」を示すものとして断定する。このように述べるエテイヤの自信がどこから来るものなのか不明であるが、彼自身は、特別にどこかの秘教的なサークルに属していたという証拠はない。ただしひとつ面白いのは、錬金術ということに関して、エテイヤが自らをサン・ジェルマン伯爵の弟子だと自称している点である。ここで、簡単にサン・ジェルマン伯爵の人物紹介をしておこう。

サン・ジェルマンは十八世紀フランスを生きた最も謎めいた人物である。彼の周りには数多くの伝説がつきまとい、何がいったい真実なのかは見定めがたい(41)。「若返りの水」と賢者の石を発見した錬金術の達人であり、彼自身、これまで二〇〇〇年間生きてきたと自称する。言い伝えによれば、彼の歴史的な知識は相当なもので、過去の人物たちの会話を、あたかも自分がそこに居合わせたかのように語ったともいわれている。また語学の才能にも長け、ギリシャ語、ラテン語、サンスクリット語、アラビア語、中国語、フランス語、ドイツ語、英語、イタリア語、ポルトガル語、スペイン語を巧みに操ったともいう。しかし、もっととんでもない話としては、自分の姿を見えなくし、好きな場所に再び姿を現すことができたとか、イエス・キリストが水をワインに変えたという有名なカナの婚礼の宴の客の一人だったというのがあるが、サン・ジェルマンの伝説は、こういった数々の信じがたい奇談にこと欠かない。とはいえ、当時の華やかな宮廷に出入りし、フリードリッヒ王に仕え、ルイ十五世と親交を結んだことは事実である。あれこれの伝説を差し引いてもサン・ジェルマンは、非常に社交術に長け、機知に富んだ魅力的な人物であったことは間違いないだろう。

しかしながら、サン・ジェルマンも結局は普通の人間だった。というのも、霊薬を発見し、不死であるとも噂されていた彼にもやがて死の時が訪れた。一七七九年、ドイツのシュレスヴィッヒに行き、錬金術に熱心だったヘッセン・カッセル伯爵のもとで生涯最後の五年間を過ごすことになる。そのときの正確な年齢は定かではないが、本人自身、もはや二〇〇〇歳とは公言せず、八十八歳と称していた（だが、実際には六十歳を過ぎた頃だったのではないかともいわれている）。ところが本人が死んだ後も、サン・ジェルマンの伝説は、人々の間で生き続けた。激動のフランス革命中、パリのあちらこちらで彼を見かけたという証言が後を絶たなかった。

さて、エテイヤはというと、どうやらこの噂に便乗しようと決め込んだようだ。エテイヤも、自らの錬金術の師であるサン・ジェルマンはいまだ生きている、と主張した。ところで、エテイヤは本当にサン・ジェルマンの弟子だったのだろうか。実際のところ、エテイヤ自身の証言以外に彼がサン・ジェルマンの弟子だったという証拠はないので、そのつながりはどうも疑わしいといわざるを得ない。

いずれにしても、この頃すでに、自称サン・ジェルマンの弟子エテイヤはオカルティストとしての、あるいは〝古代の哲学の智者〟としての確信に満ち溢れた姿を強く押し出すようになっていたのは確かである。しかしこのあと彼を成功に導いたのは、彼が本当に〝古代の哲学の智者〟だったからというよりも、彼の持ち前のビジネス・センスによるところが大きかったことは間違いない。では、このへんで本題のタロットの話に戻し、さらにエテイヤが自らの名を高めていくことになる、その後の展開を追ってみよう。

史上初の占い用タロット・パックとは

エテイヤには、タロットの本の出版と並んでもうひとつのもくろみがあった。それはヘルメス・トリスメギストスの教えに基づいて完全に〝誤り〟を〝修正〟した〝本物の〟タロット・カードを出版することだった。すでに彼は一七八三年のタロット本の中で、可能な限りオリジナル(すなわち古代エジプトのもの)に近づけたタロット・カードを製作したいという旨を述べていた。しかし、コスト、労力、ニーズ等の様々なことを考慮に入れると今はまだ現実化するのが難しいだろうとつけ加えている。

では、彼は〝本物の〟タロット・カードがない状況の中で、どんなタロットを使っていたのだろう。そもそもパリではすでに十七世紀の終わりから、タロット・カードを入手するのが困難だった。そこで彼はマルセイユのカード・メーカーからと、ストラスブールのカード・メーカーから、〝本物ではない〟タロット・カードを取り寄せていた[42]。

そんな中でエテイヤは、なんとしてでも〝修正〟された〝本物〟のタロット・パックを作りたかった。まず、一七八八年に彼は、「トートの書の解釈会(Soiété des Interprètes du Livre de Thot)」という組織を作る。これは、ヘルメス・トリスメギストスの教えに基づくタロットの解釈に興味を持った人々が集まるための組織だった。結果的にというか最初からのもくろみ通りにというか、とにかく彼はこの組織の結成によって〝本物の〟タロット・パック製作のための資本を準備することができた。すなわち「トートの書の解釈会」は、エテイヤに対して出資クラブともいうべき重要な役割を果たしたのだ。

こうして翌年の一七八九年[43]、古代エジプト式に〝修正〟された、エテイヤのオリジナル・タロット・パックが製作された。これは文字通り史上初の占い用タロット・パックである(図32口絵)。

さらにこの新しいタロット・パックを補足するための『トートの書』というタイトルの四頁のパンフレットも

マルセイユ		エテイヤ	
1	奇術師	15	病気
2	女教皇	8	女性の質問者
3	女帝	7	支持
4	皇帝	6	昼／夜
5	教皇	1	男性の質問者
6	恋人	13	結婚
7	戦車	21	不和
8	正義	9	正義
9	隠者	18	裏切り者
10	運命の輪	20	運命
11	剛毅	11	剛毅
12	吊るされた男	12	賢明
13	死	17	死すべき宿命
14	節制	10	節制
15	悪魔	14	偉大な力
16	神の家	19	悲惨／拘留
17	星	4	損失／空気
18	月	3	意見／水
19	太陽	2	啓蒙
20	審判	16	審判
21	世界	5	旅／地
―	愚者	0	愚行

出版された。この〝本物〟のタロット・パックの出版は、エテイヤの信奉者たちの間ではさぞかし待ち望まれていたものだったに違いない。同年の三月十九日、「トートの書の解釈会」のメンバーの一人はエテイヤに次のような賛辞の手紙を書き送っている。「わたしたちは、あなたが送ってくれたタロット・カードを受け取って非常に満足しています。（中略）あなたは独力で、古代のタロット・カードに、それらの真実と古代の輝きを取り戻させました。ヒエログリフが今や、より意味深く、そして理解しやすくなっているので、学習はより容易になり、より興味深いものになりました。あなたに感謝します[44]」。

では、「真実と古代の輝き」を取り戻した待望のタロット・パックがどのようなものであったかを見てみよう。まず二十二枚のカードを、マルセイユのタロットと比較した上の表を見てほしい。

見事なまでにカードの順番は変えられ、さらにカードのタイトルもまったく別のものに置き換えられてしまっている。ここまで大幅に変更されたタロット・パックは、もはや〝修正〟されたものというよりも、完全にエテイヤが生み出した新しいカード・パックであるといった方がいいのかもしれない。

ここでエテイヤのカード・パックをもう少し具体的に解説しておこう（以下の記述は、**図32口絵**を参照のこと）。まず二番目から八番目までのカードは「世界の創造」を表すとされる。ただ、ややこしいことに、カードの数字と創造の日にちが、まったく対応していない。二番目のカードが創造の一日目、次いで、創造の二日目は四番目のカードとなっている。そして、創造の三日目は三番目のカード、さらに六番目のカードと七番目のカードが創造の四日目と五日目、創造の六日目は五番目のカードに、最後に創造の七日目、すなわち創造の後の休息の一日を表すのが、八番目のカードとなっている。

また『タロットと呼ばれるカードで楽しむ法』の第一分冊でも述べられていたのと同様に、一番目から十二番目のカードには白羊宮からはじまり双魚宮で終わる占星術の十二サインが順に割り当てられ、さらに二番目から五番目までのカードには「火」、「地」、「空気（風）」、「水」の四つのエレメンツが対応させられている。さらに九番目から十二番目までのカードは、それぞれ順に「正義」、「節制」、「剛毅」、「賢明」の四つの枢要徳を表すものとなっている。

ここまで説明してきたカードは、今でいうところの大アルカナに該当する（エテイヤの時代のタロットは、まだ大アルカナ、小アルカナと呼ばれてはいない）。では残りのカード（小アルカナに相当するカード）はというと、スートごとに「エース」から「10」までの数が振られているわけではなく、全体を通して「22」から「77」までの連続する数が割り振られている。二十二番目のカードは「棒のキング」、続く二十三番目のカードは「棒のクイーン」、以下順番に「棒のナイト」、「棒のジャック」とコート・カードが二十四番目、二十五番目と続き、次に「棒の10」から「棒のエース」までが二十六番目から三十五番目までと連続する。こうして「棒」のスートのカードが終わると、今度は「カップ」のスートのカードが三十六番目から「キング」ではじまり、以下同様に続いていく。その後は同じことが「剣」のスート、「コイン」のスートという順に続き、最後は七十七番の数字が割り当てられた「コインのエース」に至る。

また、「コインのエース」から「コインの10」までだけは、それぞれ順に、「太陽」、「水星」、「月」、「火星」、「木星」、「土星」、「ドラゴン・ヘッド」、「ドラゴン・テイル」そして「パート・オブ・フォーチュン」という占星術の記号が割り当てられている。

それから、ヌーメラル・カードに対してそれぞれタイトルがつけられている点もエテイヤのタロット・パックの特徴である。それを左の表にまとめてみよう。

これらのカードのタイトルと、一七七〇年にエテイヤが出版したプレイング・カード占いについての本『ミスター＊＊＊によるカードのパックとそれの使用を楽しむ方法』の中の各カードの意味を比較してみると面白いことがわかる。

たとえば、一七七〇年のピケ・カードのスート、すなわち「ハート」、「ダイヤ」、「クラブ」、「スペード」のカードの意味の多くが、それぞれ「カップ」、「棒」、「コイン」、「剣」の各カードのタイトルとして使われていることが発見できる。また、ピケ・カードの「10」から「7」までのカードの「逆位置」の意味のいくつかも、「5」、「4」、「2」のカードに引き継がれている。具体的な例をあげると、たとえば新しいタロット・パックの「カップの5」、「コインの5」、「剣の5」のカードのタイトルである「相続」、「恋人」、「損失」は、それぞれピケ・カードの「ハートの10」の「逆位置」の意味が採用されている。また、「コインの2」と「剣の2」のそれぞれのタイトルである「困惑」と「友情」は、それぞれ「クラブの7」と「スペードの7」の「逆位置」の意味である。実際に、八六―八七頁のピケ・カードの意味と比較してみるとわかるように、他にも意味の引き写しの多数あることが発見できる。

	カップ	棒	コイン	剣
A	安定	誕生	完全な喜び	妊娠
10	街	裏切り	家	涙
9	勝利	遅れ	支払い	聖職者
8	金髪の少女	田舎	色の黒い少女	非難
7	思索	交渉	わずかなお金	希望
6	過去	家族	現在	旅
5	相続	黄金	恋人	損失
4	倦怠	社会的成功	贈物	孤独
3	成功	事業	高貴	別離
2	愛	悲しみ	困惑	友情

エジプト式に〝修正〟したというわりには、一七七〇年のピケ・カードの占いの本からのカードの意味の引き写しがあまりにも多いのはいかがなものだろうか。もっというなら、これらのカードに割り振られたタイトルから、ヘルメス思想らしきもののかすかな痕跡を見出すことすら、まったくもって不可能である。

ただし、このエテイヤによって考案された新しいカードに対しての評価は低く見積もるべきではない。エジプト式に〝修正〟した〝本物〟のタロット云々といういささか胡散臭い主張を除いて、そのデザインや発案に含まれる独創性という点に注目するなら、彼のオリジナル・カードは、非常に高く評価できるものだと思う。数年先のド・ジェブランの『原始世界』の中のカードと見比べてみてほしい（96頁・図30）。いかにエテイヤのカードが独自性とデザイン性において優れたものであるかがわかるだろう。

一方で、わたしがどうしても首を傾げたくなることがひとつある。それは、自分の作ったタロット・パックが古代エジプトの叡智を再現した〝本物〟のタロットだというエテイヤの主張が、果たして本気の発言だったのかという点についてだ。「これぞ本物の〇〇」とか「唯一真実の〇〇」というのは、今も昔も、つい誰もが心そそられてしまう魅惑の言葉であることは間違いない。単に商売人エテイヤはそれをあえて利用したのだろうか。あくまでセールス・トークとして。

バスチーユ陥落のさなかで

いずれにしても、エテイヤがどこまでいっても商売人魂を持ち合わせていたことは事実である。彼は自分の講義と出版を効果的に宣伝することを忘れなかった。父と兄は仕出屋、母は種売り、すなわち商人の家系に生まれ、彼自身も商いを営んでいた経験から、自分のビジネスをどのように宣伝し、どこにお金をかけるべきかをよく心得ていたに違いない。一七八九年に出版した『トートの書』のパンフレットには次のような宣伝文句を掲載している。

「もしあなたがトートの書（六ルーブル）を持っていて、あなたがそれを理解できていないなら、弟子のドドゥセ、もしくはわたし自身から、一回三ルーブルで六レッスンを受けなさい。もしくは他のタロットの本を買いなさい（多くの図版の載った一二〇〇頁の二巻本。値段は十二ルーブル）[45]」。

「カルデア人、エジプト人、アラブ人、アッシリア人、その他の民族から最も高度な秘伝を伝授され、しかも至高の学に通暁していた古代のマギの直系にあたる」と自称するエテイヤの言葉を信じるなら、他では学ぶことのできないその〝秘術〟がこの料金で受講できるというのは、非常にリーズナブルではないだろうか。とにもかくにもエテイヤの唱える〝叡智〟が、貨幣経済のシステムの中を当たり前の商品として流通する。そう、ついに誰もが〝秘伝〟をお金で買える時代がやって来たのだ。

さらに一七九〇年七月一日、エテイヤは、「ヌーベル・エコール・ド・マギ」、すなわち魔術の新しいスクールをパリに設立する。オリジナル・タロット・パックを売り出しはじめて二年後のことである。もちろん、このスクールでは、エテイヤのタロット理論を思う存分学ぶことができる。またこの頃、息子ルイ・ジャン・バプティスト・アリエットが、エテイヤ二世として、すでに親の生業に加担しはじめている。

図33　仕事中のエテイヤ（出典5）

さらに、弟子たちの手によってエテイヤの理論をまとめた『トートの書の理論と実践のレッスン。アート、科学、神託の知恵を理解するための（Cours théorique et pratique du livre de Thot, pour entendre avec justesse l'art, la science et la sagesse de rendre les oracles）』と題する本が出版された。口絵には、エテイヤ自身がカードの相談をしている姿が掲載されていた（図33）。

エテイヤの伝記を一八五九年に出版したミレ・ド・サン＝ピエールは、当時のエテイヤの人気を次のように述べている。「当時、人々の関心はさまざまな領域における技術革新に向けられていた。そして、避雷針、気球、動物磁気とならんで、占いにおける革新としてエテイヤの術が堂々たる地位を占めていた。カリオストロが上流階級の信頼を集めていたのに対し、エテイヤは、研究熱心な人々を集め、科学の光明を道しるべにするかのような装いのもと、進歩の愛好者たち、つまり上流階級よりも科学に明るく騙されにくい人々の階層で人気を勝ち得ていた」[46]（傍点筆者）。

「科学に明るく騙されにくい人々」と、ミレ・ド・サン＝ピエールは述べているが、現代のフランスの歴史家ジョルジュ・ミノワは、当時の占いや予言の類の流行に対して、次のようなやや辛辣な意見を述べている。当時の中産階級が積極的に身につけていった教養とは、「まだまだ表面的なもの」だった。「その教養の浅薄さが、合理性の外見を装い、近代社会の必要にも適合しているようにも見える透視者たちに寄せる信頼というかたちで露呈する。（中略）中産階級の構成員たちは、似非科学のうわべにすっかり幻惑されてしまい、占星術師、透視者たちの絶好の餌食になった[47]」。なんとも手厳しいコメントである。

いずれにしても、こうしてエテイヤは「科学に明るく騙されにくい人々」の支持を得ながら、占いコンサルタント、カードの販売、学校事業と、着実な成功を収めていく。

しかし、ここでひとつ改めて彼のタロット・パックが作られた年号に注目していただきたい。考えてもみれば、一七八九年とは、あの引き返すことのできないフランス革命のはじまりを告げる年である。そう、大挙して押し寄せる民衆がバスチーユを攻略した事件のまさに同年である。先行き定まらぬ不穏な情勢のさなか、誰もが事の成り行きに思いを巡らすとき、まさにそれに呼応するかのように、未来を告げる史上初の占い用タロット・パックが産声をあげたというのは、なんとも意味ありげな符号のようではないか。しかもこの後、動乱の渦へと雪崩れ込むフランス革命の真っ只中では、パリを中心に、カード占いが、またとないほどの驚くべき大流行を迎えることになる。その話に進む前に、もう少しだけエテイヤについて述べておこう。

一七九一年の一月一日から三月二十七日の間、エテイヤは四ページのパンフレットを毎週、定期的に発行した。その後は、五月三十一日、七月五日にそれぞれ一冊ずつ、そしてさらに日付のないものが二冊出ている。しかしこのパンフレットは、タロット占いやら古代エジプトやらの内容はごくわずかで、主に政治的・社会的な事柄についての問題を扱ったものだった。特に十四号目のパンフレットでは、死刑制に反対する精力的な主張が展開されていた。しかも、パンフレットの署名はエテイヤではなく、本名のアリエットの名で。

絶対王政が揺らぎ、革命の嵐が吹き荒れんとする当時のフランスである。出版に携わるものであるならば、当然、政治的・社会的な主張を述べたパンフレットを出したとしても不思議ではない。

また、二月二十一日に発行された八号目のパンフレットでは、プレイング・カードへの税の停止を申請する内容が述べられていた。また、この頃エテイヤは、三十三枚から成る占い用のカード・パック（タロット・パックではない）を出版している（図34）。

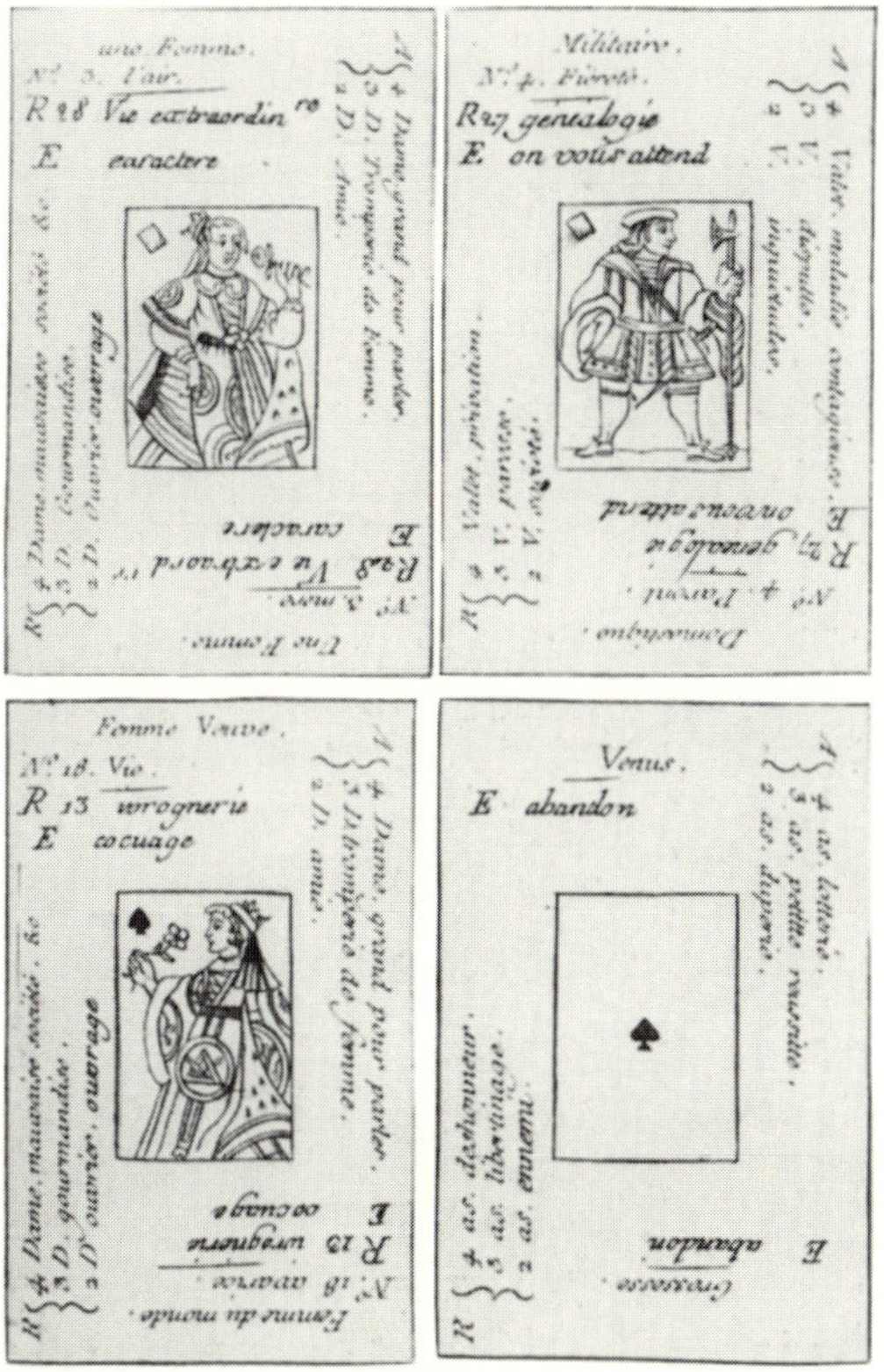

図34　エテイヤの占い用カード、オックスフォード、ボドレイアン・ライブラリー（出典5）

エテイヤの話もそろそろ終わりに近づいている。念願のオリジナル・タロット・パックを出してから、彼の死の年まではわずか二年しか残されていなかった。彼が最後に書いたものは、一七九一年八月七日に署名された『エテイヤ、カード・リーディングの術（Etteilla, ou l'art de lire dans les cartes）』という本の序文だった。同年、十二月十二日に死去。五十三歳。死因はわかっていない。

「西洋哲学の歴史はプラトンの一連の脚注である」というのは、あちこちで引用される二十世紀の哲学者アルフレッド・ノース・ホワイトヘッドのあまりにも有名な言葉であるが、それをもじって、「タロット占いの歴史はエテイヤの一連のアレンジである」などと言い切ってしまうのは語弊があるだろうか。現にこれから見ていくとわかるように、この後に登場する数々のタロット占いのアイデアの支脈のすべては、結局のところ、エテイヤという源流にさかのぼらせることができるのだ。

すでにお気づきかもしれないが、タロット・カードが占いに使用されはじめるのとほぼ時期を同じくして、タロットは少しずつシリアスで重々しい顔を持ちはじめている。そう、古代エジプトというヴェールを被せられたタロットは、思わせぶりで好奇心をそそる秘教的あるいはオカルト的なオーラを放ちはじめたのだ。すでにここに、タロットの歴史において最初の枝分かれができる兆しがある。すなわち、「タロット占いの歴史」に収まりきらない「オカルト・タロットの歴史」というもう一つの流れが。

タロットのオカルト的側面については、第二章の方で取り扱う。したがって、本章では引き続きあくまで「タロット占いの歴史」を中心として話を進めていくつもりである。

さて、時代は十八世紀末から十九世紀へと前進する。次なる物語に登場していただくのは、まさに激動の革命期のパリをしたたかに生き抜き、類を見ないほどの華々しい成功を収めた一人の女予言者である。

政治家はやはり占い師を雇っている⁉

まずは**図35**をご覧いただきたい。イブニング・ドレスを着た女性が片手を上げたまま立ち上がり、ソファーに腰掛けたご婦人に、大仰な身振りで何事かを語らんとしているかのようである。よく見るとテーブルの上にはカードが広げられている。

さて、この女性こそ、十九世紀フランスの最も有名な占い師マドモアゼル・ル・ノルマンである。そして彼女の方を見つめている女性は、ジョセフィーヌ・ド・ボーアルネ、すなわちかのナポレオン・ボナパルトの妻である。そして、後方から扉を開けて、そっと様子をうかがいに入ってこようとしている男こそ他ならぬナポレオン本人である。実は、この絵は皇后ジョセフィーヌに対して、マドモアゼル・ル・ノルマンが、やがて訪れることになるナポレオンとの離婚を予言する場面を描いたものなのだ。なんでも伝えられるところでは、皇后ジョセフィーヌは、マドモアゼル・ル・ノルマンをじきじきに招待し、熱心に彼女の神託に耳を傾けたという。

ナポレオンの栄光と没落を予言し、革命独裁の中心人物ロベスピエールまでをも、そのあまりにも的確な透視能力で震え上がらせたというマドモアゼル・ル・ノルマン。彼女の顧客リストをざっとあげると、ミラボー、プロヴァンス伯、ランバル大后妃、オッシュ、ルフェーブル元帥、フーシェ、エベール、マラー、サン＝ジュスト、ダントン、デムーラン、バレール、タリアン夫人……と革命期を生きた当時の著名人がずらっと並ぶ。いずれもフランス革命を描いた歴史書を読めば、肖像画つきで紹介されるそうそうたる人物ばかりである。かくのごとく党派入り乱れて数多くの著名人たちの信望を集めていたのだとしたら、マドモアゼル・ル・ノルマンこそ、フランス革命に対して暗に大きな影響力を及ぼした黒幕なのではないかという想像を繰り広げてみたくもなるものだ。政治家や実業家は、みんなお抱え占い師を持ち、常にその託宣に耳を傾けているという話は、確かに二十一世紀の今でも一般大衆に流布しがちな神話である。さて、はたして十九世紀前半、激動の革命期の政治を左右してい

図35　マドモアゼル・ル・ノルマンとジョセフィーヌ　ル・ノルマン息子彫版『皇后ジョセフィーヌの回想と秘密』パリ、一八七二年（出典31）ジョセフィーヌに託宣を告げるル・ノルマン、後ろにいるのはナポレオン。

たのは、パリのトゥルノン街五番地に居を構える一人の女占い師の予言の言葉だったのだろうか。

　ところで、マドモアゼル・ル・ノルマンという名は、十九世紀のカード占いの名手として、現代のわたしたちの耳に届いている。また、「ル・ノルマン・カード」と呼ばれるオリジナルの占い用カードの作者としても知られている。しかしながら、当時の記録を見てみると、彼女はほとんどタロット・カードを使った占いは行っていない。ではなぜ、「タロット占いの歴史」の流れの中に、彼女をわざわざ取り上げるのか。それはこの後を読んでいただくとおわかりになると思うが、現代のタロット占い師を含むフォーチュン・テラー全般の元型的ともいうべきイメージを、彼女の生涯そのものが見事に提供してくれているからだ。また、彼女の大きな成功は、現代の多くの占い師が暗に自己同一化を求める〝占い師神話〟のひとつの典型的な例として見ることもできるだろう。

　では、偉大な予言者として現代にまでその名を残すに至ったマドモアゼル・ル・ノルマンとは、いったいどのような人物であったのか（図36）。まずはそれを簡単に見てみよう。

最も有名な占い師は、いかにして最も有名になったか?

図36　マドモアゼル・ル・ノルマン、一八二二年、フランス国立美術館（出典5）

　いったいどこまでが真実なのか？　あまりにもきらびやかな伝説を前にするとき、彼女の活躍した時代より二〇〇年も後の時代を生きるわたしたちが大なり小なり懐疑的になってしまうのは仕方がないだろう。
　実のところ、マドモアゼル・ル・ノルマンについて伝えられている話のほとんどは（前述の話もすべて含めて）、彼女自身によって書かれた『回想録』をもとにしたものでしかない。
　彼女は十四冊の本を書いた。そしてその本の中身はすべて、今までの自分自身のキャリアのアピールと、当時の大物たちと自分がいかに親交を結んでいたかということを、延々と書き連ねたものである。すなわち彼女の本はすべて、文字通りの意味では「占いの本」ではなく、自分の予言者としての能力を巧妙にプロパガンダするための自伝だった。いうまでもなく、いつの時代もその手の本は所詮、虚実入り混ぜての誇大な自己顕示になっているというのが相場である。当然すべてを鵜呑みにするのはためらわれる。また、数多く書かれた彼女についての伝記も、マドモアゼル・ル・ノルマンの名を神話化するのに貢献する記述が目立ち、今ひとつそこから実体をつかむのが難しい。ここでは、ロナルド・デッカーらによる最近の綿密なリサーチをまとめたものから基本となる情報をつかみ出してみたい(48)。

一七七二年、五月二十七日、マリー・アデライード・ル・ノルマンは、アランソンの商人の家に生まれる。翌年、彼女の父ジャン・ルイス・アントニー・ル・ノルマンは死去。彼女の母、マリー＝アン・ジルバートは、一七七四年に再婚。だが、今度は母マリー＝アンの方が、一七七七年に死んでいる。不幸にも彼女はわずか五歳のときに、すでに両親とも失くしてしまうことになる。その後彼女は修道院へ行かされ、そこでベネディクト派のシスターによって教育を受ける。さらに一七八二年、育ての母親によって彼女は仕立て屋に徒弟に出される。しかし結局一七八六年に、彼女は生まれ故郷のアランソンを出てパリへと向かう。

さて、彼女の占い師としての活動は、パリに到着した以後のことである。では、彼女はいったいどのような道筋を辿って成功者となったのだろう。そこが最も気になる部分である。彼女の書いた『あるシビュラの予言的回想録』(一八一四)と、『シビュラの予言　続・予言的回想録』(一八一七)という二つの自伝の中では、彼女はパリへ出てしばらくしてルイス・ジルベルトという身分の高い女性とフランシス・フラメルモンというパン職人の二人から占いの手法を学び、その後はすぐにとんとん拍子で名声が広まり、先述したような数々の有名人を顧客に持つようになったというストーリーが述べられている。だがこれは所詮、彼女自身によって語られた自己宣伝物語に過ぎない。彼女の友人であったセリエ・デュ・ファイエルの書いた『マドモアゼル・ル・ノルマンの真実』(一八四五)という本によれば、一八〇〇年頃までは、彼女は貧民層の顧客を相手に、いまだ質素な生活をしていたという。

また、『シビュラの予言　続・予言的回想録』の中では、彼女自身次のようなエピソードを語っている。一八〇一年、五月二日、ついにジョセフィーヌ・ド・ボーアルネからじきじきに招待を受けるに至った。しかも、ジョセフィーヌの住居であるマルメゾンに直接来るようにと。だが、実はその招待状は匿名で届いていたため、彼女自身は当初、それが誰からの依頼であるかわからなかった。しかし、そのご婦人の手相を拝見することで、その目の前の人物がジョセフィーヌであるということがわかった。そしてそこにはなんと、やがて未来に皇帝になるであろう人物、そう、かのナポレオン・ボナパルトも同席していた。そして自分は「その方（ナポレオン）がいつかフランスにおいて最重要の役割を果たすことになるでしょう、と予言して差し上げました」。以上が、彼女自身の語るジョセフィーヌとの出会いのあらましである。

しかし、これもマドモアゼル・ル・ノルマン自身の『回想録』以外で裏づけることのできない、かなり真実味の薄い話である。ル・ノルマン本人は、ジョセフィーヌとナポレオンと親交を深めたこの時期に自分の予言者としての名声は確固たるものとなっていったと述べているが、逆にわたしたちから見て確かに思えることは、実際のところ真偽の定まらぬその話こそが、彼女自身の名声を高めるために役に立ったであろうということだ。すなわち、現代でも「〇〇という芸能人を占いました」というありがちな宣伝文句に人は案外弱いものである。だったら、かの社交界の花形ジョセフィーヌを占ったという自己申告は、当時においても当然インパクトのある宣伝になったであろうことはいうまでもない。

一方で確かなこととしては、一八〇八年にオーストリアの宰相であるクレメンス・フォン・メッテルニッヒが彼女のもとを訪れたことや、彼女のもとにいかに人混みができていたかということが当時の警察内の文書に記録されている。文書の記録は次の通りである。「トゥルノン街の有名な占い師ル・ノルマンのところに人の出入りが絶えない。メッテルニッヒ氏が、金曜、午後三時に彼女のもとを訪れた。氏の立場、性格、現在の任務に関することで、氏を驚かせるようなことを言ったらしい」。メッテルニッヒといえば、後に一八一四年から一八一五年のウィーンで開かれた戦後処理のための列国会議で、イギリス、ロシア、プロイセン、フランスの各国首脳と渡り合い、大きくヨーロッパの地図を書き換え、いわゆるメッテルニッヒ体制を築いたあの人物である。そう、この公的文書からわかるのは、少なくともこの頃にはすでにマドモアゼル・ル・ノルマンが、「人の出入りが絶えない」ほどの人気とともに、当時の有力者をコンサルタントする占い師としてかなりの知名度を獲得していたことだ（ただし、彼女自身が自慢する通りの著名人の顧客リストがすべて本当だったかどうかということはさておいて）。

彼女の成功の大きな要因は、悪くいうとはったり、よくいえば情報操作の重要さを熟知していたという意味で、非常に現代的なセンスの持ち主だったというところにあるのだろうか。いずれにしても彼女に対しては、どうしてもビッグ・マウスの感が拭い去れないが、現代の言語行為論風にいえば、彼女の主張は「パフォーマティヴ」なものだったともいえなくはない。屁理屈のように聞こえるかもしれないが、「パフォーマティヴ」な発話というのは、そもそもそれ自体は真でも偽でもなく、その発話によって引き起こされた結果がうまくいったかいかないかという視点で捉えるべきものだとされる。だとしたら、その後の彼女の成功を見れば、彼女の「パフォーマティヴ」な発話は十分すぎるほど効力を発揮したといえる。いってみると、彼女の戦略は、現代にもありそうなパターン、「有名占い師」と先に名乗ってしまうことで、後から実際にそこそこ有名になるパターンのひとつの先駆けだったということにでもなるのだろうか。

やはり占いに演出は必要か

ところで、本当に有名になってからのマドモアゼル・ル・ノルマンの占いルームとは、いったいどのようなものだったのだろう。ジョルジュ・ミノワは、次のように巧みに描写している。「予言の女王は非常に多忙とあって、客たちは控えの間で長々と待たされる。油絵、版画、彫像など、古美術品が所狭しと並べられた控えの間は、まさに夢の世界への入り口にふさわしい雰囲気を醸し出している。面会は奥の寝室で行われる。内装は、訪問者を独特の雰囲気に誘わずにはおかない、計算ずくの無秩序に支配されている。秘教主義の専門書、カバラの記号と図版、版画、肖像画、タロット、そして、カトリーヌ・ド・メディシスお抱えの占星術師の一人ルカ・ガウリコの所蔵品であったとされる魔法の鏡……。占い師と訪問客は、緑色のクロスを張ったテーブルに一対一で向かい合う。占いの手法は折衷そのものである。カード、コーヒーの澱、溶き卵の白身、熱で溶かした鉛、手相、ヴェネチアングラスあるいは斑岩の壺に垂らす水滴、姓名判断、三角形のなかに投げる三十三本のギリシャ伝来の棒など(49)」。

しかも、占いが終わった後は、当時の世の中の情勢に関する様々な予言や、噂話をあれこれ掲載した『耳もとで囁く言葉――ご婦人方のドン・キホーテ』という、ル・ノルマン自身が創刊した、今から見ると冗談としか思えないようなタイトルの雑誌の定期購読を、是非にと勧められるそうだ。現代でいえば、ゴシップ盛りだくさんの週刊誌のようなものだと思えばいいだろう。

ちなみに、有名になってからの彼女の占いの料金はというと、「大きな」占いは三十フラン、「小さな」占いは六フラン。生年月日、好きな花、好きな色、好きな動物、嫌いな動物をもとにして組み立てられるホロスコープ(いったいどんなホロスコープなんだろう?)は、一回につきなんと四〇〇フラン! 当時の貨幣価値からすると、「大きな」占いの三十フランという料金は、普通の賃金労働者の平均給料三ヶ月分にも相当するという。だとしたらホロスコープを使った占いは破格の値段である! 今も昔も有名な占いの大先生ともなると「値段はやはりお高くなってしまうのですね」と思いながらも、それにしたって……という金額である。「油絵、版画、彫像など、古美術品」などで占いルームを豪勢に飾りたてることができたというのも納得である。また、この儲け方を思うと、ほんの少し前の成功者エテイヤがとてつもなく地味に見えてしまうことにも恐れ入る。〝秘儀〟を伝授すると称したエテイヤなのだから、彼ももっと高い料金を取ればよかったのにとつい余計なことまで考えたくなってしまう。

しかしながら、彼女の素晴らしき成功には明るい話ばかりではない。実はパリでは一七九一年七月九日の政令以来、あらゆる占いの活動が法的には禁止されることになった。一八一〇年の刑法典、第四七九条では、「事物の予見、予測、あるいは夢の解釈を生業とする者は、十フラン以上十五フラン以下の罰金に処する」旨、そして次の条文で、場合によって身柄の拘束もあり得ると明文化されている。一八〇三年の十二月、現実に彼女は占いをしていたこと自体で拘置所へ送られている。一八〇四年九月の警察の文書には、「トゥルノン街に住むマドモアゼル・ル・ノルマンは、毎日、騙されやすい人々を客として捕まえている」と記録されている。

また、ル・ノルマンという人物を浮き彫りにする面白いエピソードとして、彼女が一八〇九年に逮捕され、拘留を受けた際の後日談を紹介しておこう。まず、その年の警察の記録は次のようになっている。「占いを生業とする女性ル・ノルマンを逮捕した。ほとんどの宮廷関係者が、彼女のもとで現在の情勢に関する占いをしてもらっている。彼女は著名人のホロスコープを占い、それによって年間二万フラン以上の収入を得ていた」。しかし、転んでもただでは起きないとは、まさに彼女のことである。一八〇九年というと、後から振り返ると現実にナポレオンがジョセフィーヌと離婚した年であるが、一八一四年の『あるシビュラの予言的回想録』では、彼女自ら、自身が逮捕された〝本当の理由〟を、このナポレオンとジョセフィーヌの離婚問題と結びつけて説明している。彼女いわく、自分はナポレオンがジョセフィーヌと離婚することをあらかじめ予言していた。そしてそれをなんとかやめさせようと試みた。ところが当局はそのことに関する余計な干渉を遠ざけるために、自分を拘置所へと送った。それが彼女の述べるところの〝真相〟らしい……。

ここまでくると、彼女のしたたかさに正直脱帽である。こうした「実はこれが事件の裏に隠された事実……」という現代の週刊誌を彷彿とさせるノリは、彼女の最も得意とするところである。そうやって暗にほのめかすのは、自分がいかに当時の実力者と縁があり、影響力を持っていたかという、見事なまでの自己アピール以外の何ものでもない。そして、この話を鵜呑みにしてしまう人ならば、是非とも彼女に占ってもらいたいと思うのは当然であろう。そして、多忙を極める売れっ子占い師マドモアゼル・ル・ノルマンと面会にこぎつける頃には、神秘的な部屋のムードと、噂によって助長された彼女に対するいい意味での期待と先入観の相互作用によって、もはや彼女の語るどんな託宣もありがたく受け取れる心理的な状態が無意識のうちに作り出されてしまっているというわけだ。そしてその噂がまた広がり……。彼女の実際の予言能力自体がどうだったかはさておいて、現実問題として、やはり占いに演出は重要なのだなと改めて妙に納得させられてしまうのはわたしだけだろうか。

また、この時代、最も数奇な運命を辿った人物といえばいうまでもなくナポレオンであったのだから、そんな彼ほどの逸材をマドモアゼル・ル・ノルマンをはじめとする当時の占い師たちが放っておくわけがない。というよりも、これほど劇的な人生を送った彼を占い師たちが誰一人予見できなかったのだとしたら、未来を予測するという意味での占いの有効性と価値の威信にかかわる大問題ではないか。ということで確かに、彼の栄光の足跡に対して、多くの占い師により、事後的な予言が大いに主張された。もちろん、早くからナポレオンとその妻ジョセフィーヌに目をつけていたマドモアゼル・ル・ノルマンも、一八二〇年には、前著に加え、さらに『ジョセフィーヌ皇后にまつわる秘密の史的回想録』を出版する。

ところが今回の内容に関しては、さすがにジョセフィーヌの個人的な秘書だったJ・M・デシャンプスをはじめとして、様々なところからでっちあげというクレームがつけられた。しかしそれにもかかわらず、各地でこの本は非常に実売を伸ばした。ドイツでの翻訳が一八二二年。次いですぐにスイスでも翻訳が出版される。アメリカでは一八四七年に翻訳されるが、その後、一八四八年、一八五〇年、一八五二年、一八五四年……と、十九世紀の間に何度も重版を重ねている。昨今も、ダイアナ妃の真実について何度も何度もマスコミが話題にしたように、やはりこの時代も、みんな有名人のゴシップが大好きだったのだな、とつくづく思い知らされてしまう出来事である。

ところで先ほども述べたように、パリでは占いが禁止されていたわけだが、いったいなぜそのような措置が取られるようになったのだろうか。ここで、十八世紀末から十九世紀前半のパリの占い事情を少しだけのぞいてみよう。そうすることで、〈ル・ノルマン現象〉ともいうべき彼女の人気の背後にあるものがいったい何だったのかということが、よりはっきりと浮かび上がってくることだろう。

占いの取締りと、透視術の黄金時代

一八〇四年九月三日の警察の報告書には次のように記されている。「カード占い師に対する警察の取り締まりは無駄である。日々、新たな占い師たちが現れては、町に腰を落ち着けるからである」。これからわかるように、当時のパリで活動する占い師の数は相当多かったらしい。

一方で、警察の取締りがある状況の中、占い師たちはどうやって客寄せをしていたのだろうか。このへんの事情はジョルジュ・ミノワの『未来の歴史』の中に詳しく記述されているが、主にそれを参照しながら以下に当時の状況をまとめてみよう(50)。

たとえば、一八〇二年、ポン゠ヌフ近辺で配られた占い師の宣伝のためのビラには次のようなものがあった。

人類に慰めを与える
カルカスの神託に
我は過ぎ去りし時代の像を呼び寄せる
矢のごとき今の時をとらえ
ほの暗き未来の運命に光をあてる（以下略）

市民イレネから皆様へ。市民イレネは今もなおカード占いを続けております。さらに、新たに奥義を窮めた降霊術を加えて、過去を辿り、今を描き、未来を予告いたします。皆様のあらゆるご質問に答える用意がございます。

格調高い詩が載っていることを除けば、言っている宣伝文句自体は、現代の雑誌の後ろの頁のあたりによく登場する占いの広告とさして変わりはないだろう。こういったビラは、占い禁止令のもと、人から人へとこっそりと手渡されることで流布していったようである。パリ警察の古文書中にある家宅捜査の実例を見ると、「ラコスト、女性、カード占い師、マザリーヌ街」（一八〇二年七月三十日）、「通称リヨネ、カード占い師、ビュシー街」（一八〇二年八月十一日）、「通称ジルベール、カード占い師、バターヴ街」（一八〇二年八月十八日）といった具合に続いていくが、たいがいは、詐欺、あるいは道徳と理性に反する公序紊乱というのが罪状である。彼女らは罪人として大物だったわけではない。刑罰は、たいていの場合、三ヶ月の禁固刑。浮浪者や物乞いと同じ、いわゆる「雑魚」の部類だったという。

これらのリストにあがった占い師たちの名前を他にもあげると、マダム・グランゴー、メイヤー、マドモアゼル・ヴァージニー、シモネッツ、マダム・レブルン、シャヴァリエール等々。実はマドモアゼル・ル・ノルマンは、こういった有象無象の占い師たちの中でとりわけ成功した一人だったに過ぎない。ただひとつ大きな違いがあるとすれば、巧みな自己宣伝のための本を多く残したということである。

帝政期から王政復古期の警察大臣であったフーシェが指揮する捜査部隊は、情報提供者を町中に張り巡らせ、占い師狩りに精を出していたが、彼の報告によると一八〇四年十月二十七日現在、ビセートル、サン＝ドゥニの両監獄には「詐欺師、占星術師、浮浪者、計九十六名」が収監されていたという。

このように、占いに対する取締りが行われていたのはなぜかというと、当局が占い師たちの予言のあまりの的中率を恐れていたからなのだ！……といいたいところだが、実はそうではない。なんといっても十八世紀末から十九世紀にかけてのフランスは、政治的に大きく揺れ動いていた時である。どうでもいい予言が社会不和の種になることを警戒していたということに過ぎない。まずもって、大衆は予言に乗せられやすい。しかも、革命期の最初の原動力は、群れをなす大衆の動きにこそあった。一七八九年、七月十四日のバスチーユ攻略や、十月四日のヴェルサイユ行進などは、いずれも抑えることのできない大衆の騒乱であり、それなくしては絶対王政の崩壊はあり得なかった。不安定な状況の中、占い師の予言を大衆が盲信し、それがそのまま実行に移されることで、結果的に予言が自己成就してしまうということの起こり得る可能性を秘めた時代だったのだ。

とはいえ、一七九一年の法の制定も実質的に占いビジネスにさほど打撃を与えたわけでなかったようだ。なぜなら占いに対する需要は非常に大きかった。また、当時の聖堂議事会員ルカニュは、「占術を追放しようと四苦八苦したあげく、かえって人々の好奇心を煽る結果になってしまった」とも述べている。

しかし、やがて王政復古と七月王政の時代になると、警察による取締りも次第に緩和されていくことになる。占い師たちには、納税義務さえ果たしていれば誰にも文句をいわれず商売ができる環境が再び戻ってきた。そして、占いの広告も堂々と新聞紙上に繰り広げられるようになる。ジョルジュ・ミノワは、この一八一五年から一八四八年の間は、「フランスにおける透視術の黄金時代」だったという。こうした行政側の態度の軟化の要因のひとつは、もはやこの時期の政治指導者たちにとって、占いとは単なる迷信に過ぎず、むしろ「民衆の不満を吸収する人畜無害のはけ口」として放置しておいてよいものとみなされたということである。

たとえば一八二九年の内務省の役人と司法省との間のやり取りは次のようなものであった。

この度、内務省より国璽書にご指摘のありました『万能の占星術師』について、当方では、取り立てて追跡調査に値するものではないとの判断を下しました。(中略)マティウ・レンスベールの予言内容そのものにいたっては、すべて罪のない戯言にすぎず、立件に相当するものとは思われません。たしかに、六月に関して次のような一節が見出されました。〝大物がワインに水を混ぜ、人々はそれをうまそうに飲む。〟さらに七月に関して、〝重大なお家騒動が起こるだろう。憲法も憲章ももたないヨーロッパの一部が火と血に包まれるであろう〟とも記されております。しかし、このような文言は、その馬鹿馬鹿しさ自体において抑圧の対象とはなり得ません。しかも、最後の一文などは、フランスに適用することの不可能なものです。[51]

なぜ占い師は女性が多いのか?

ところで、この時期の占い流行の要因を、心理学的に見てみるとどうだろう。革命という大義名分のもと、大量の処刑、暗殺などが行われた後である。恐怖政治、テロル、内戦などに対する、人々の精神的ショックは大きい。その心の傷跡を埋めるべく、未来への希望、幻想を語り、後ろではなく前を向かせる役割として要請されたのが、未来を語るカード占い師たちだったのではないか。

たとえば、ブーシェ街一番地で占いを行っていたマダム・ラコンブは、当時、自らの占い師としての立場を次のように定義づける。「人々の友にして母、忠言者にして打ち明け話の聞き役」であると。[52] 彼女が強調するのは、占いの結果を言う際に、最も大切なのが人としてのぬくもりだそうである。これから察するに、彼女はまさしく「新宿の母」ならぬ「ブーシェ街の母」だったのだろう。

また、カード占い師は、みずから話すよりも、相手の話に耳を傾けなくてはならないと別の占い師マドモアゼル・ルリエーブルは述べる。彼女の言葉は、そのまま現代の良き占い師が口にしそうなセリフではないか。「占いはカウンセリング」だというセリフは、二十世紀末の日本の占い師たちの間でも好んで使われた非常に聞こえの良いキャッチ・コピーだったが、マドモアゼル・ルリエーブルの占い師観もほぼ同じである。また、当時の彼女の言葉を聞いていると、占い師のひとつの社会的役割が、今の日本の都市部と二百年前のパリでほとんど一緒だったという意外な事実に驚かされる。少し長くなるが、実際の彼女の発言を引用してみよう。

彼ら(占いに頼ってくる人)は、想像力の医者の助けを必要としている、まさに病人なのです。たとえば、わたしは、子どもの悩みを抱える母親に対して、子どもたちの愛情をふたたび取り戻すにはどうしなければならないか、説いてやります。夫婦関係に悩む妻には、夫を本来の義務に立ち返らせるためには何をしなければならないか、説いてやります。そして、あなた方、若き少女たち、かくも優しく、感受性豊かな心をもって、一人の男性を思い続けている乙女たち、わたしは、あなた方に対して、あなた方が心を捧げた男性が、本当にそのような麗しい捧げ物に値する人物であるかどうか、言って差し上げます。（中略）これまでも、不実な憧れの的にたぶらかされそうになっていた無垢の乙女たちを何人救って差し上げたことでしょう。また、思い悩む人々に失った希望を取り戻させることによって、何人の人々を自己破滅の道から救って差し上げたことでしょう。[53]

このマドモアゼル・ルリエーブルの発言は、決して今でも古びていない。それどころか現在でも、占い師のもとへ駆け込む相談者のニーズにピタリと当てはまるやり方ではないか。「わたしたちは、医師、あるいは聴罪司祭のような存在なのです。すべてを聞き出し、すべてを見抜き、そして黙するのです」と語るマドモアゼル・ルリエーブルは、自分の社会的な役割を完璧なまでによく理解し、そしてそれを自覚的に演じようと努めている。

現在の日本の社会で占いが流行るのはカウンセリングや精神分析などがアメリカのように一般的になっていないからで、それらの代わりに、他の人には言えない悩みを占い師のところに相談に行くからだ云々という説明をそこかしこでよく耳にするが、この言い分には、良かれ悪しかれ占い師は現代社会で必要とされ、なおかつ社会的に見て一定の有効な機能を担っているという主張が暗に含まれている。この手の説明が実際に妥当であるかどうかはともかくとして、そのような社会的な役割という観点から占い師の位置づけを再確認しようとする向きには、当時のパリの一占い師マドモアゼル・ルリエーブルの発言はまさに傾聴に値するものであることはいうまでもない。

また当時の興味深い現象のひとつとして注目すべきは、占い師業の大部分を女性が占めていたという事実である。さらにその多くが独身者であり、生活の面で男性に依存しない女性であったということである。このことについてジョルジュ・ミノワは、当時の「女性にとって、透視術は、自己実現のために許された数少ない職業の一つである」というのも、「歴史を通じて、十九世紀ほど男性の後見力が強かった時代はない。伝統的な宗教の掟に加えて民法典の諸条項が、女性という存在を主人の意のままとなる永遠の未成年者扱いにしてしまった」。それゆえ、当時の女性占い師の急増とは「男性支配体制の社会的産物である」とジョルジュ・ミノワは結論づける。[54]

実際、革命の理念が、いかに自由、平等、友愛だったとしても、現実問題、参政権は女性からは排除されていたし、しょせん人権宣言が念頭に置くのは男性でしかなかった。当時、オランプ・ド・グージュという女性が、『女と女市民の権利の宣言』を発表し、その中で彼女は「女は生まれながらにして自由であり、権利において男と平等である」、さらに「女には断頭台にのぼる権利があるのだから、議会の演壇にのぼる権利もなければならない」[55]と激烈に主張したにもかかわらず、この手の女性からの要求は結局のところ黙殺された。現実に認められたのは、結婚と離婚における同権のみだった。依然として支配的だったのは、女性は家庭に関することを中心にすべきだという意見だった。女性が公共の場での議論や行動に参加することが許されたのはせいぜい、女性の役割の延長上にあるとみなされた市場、食糧、物価のことなどについてのみだった。

また、ジョルジュ・ミノワは、「占いという術そのものに女性特有の感受性と想像力が求められるのだ、という説明も成り立つかもしれない」と述べているが、これはむしろ、当時の支配的な言説の中で垣間見られる、男性＝合理、女性＝非合理というジェンダーに基づく支配的イデオロギーを前提にして考えると理解できる。「感受性」と「想像力」というものに結びつけられた占い師という役割の大半を女性が占めていたのとは反対に、「論理」と「理性」を武器とする当時の科学者たちの共同体が男性で占められていたという事実に重ね合わせてみるといい。

ところで、話はそれるが、総じて占い師は女性の仕事であるというのは、二十一世紀の日本においても支配的なイメージなのかもしれない。二〇〇三年十一月三日発売の雑誌『ＡＥＲＡ』[56]の中の記事のタイトルには、なんと「占いは女のビジネス」と書かれている！　その記事では、産休、育休をきっかけに、ホームページを使った占いビジネスをはじめたという女性の例が載っているが、そこにもジェンダー・バイアスが見え隠れしている気がしてならない。たとえば、この女性は、「自らの占いサイトの開業とともにビジネスのイロハも学び、身の丈に合った起業のコツをまとめた本を出版した」と紹介されるが、この「身の丈に合った」というのが、どうやら「プチ起業や週末起業で、楽しみながらビジネス」というスタイルのことらしい。「バリバリ仕事をする」のは女性らしくない。女性は家でもできるネットを使って「プチ起業」すればいい。この記事でははっきりと述べられてはいないが、背後に浮かんでくるのは古くから男女を差別化する支配的なジェンダーに基づく言説である。すなわち、外で「バリバリ仕事をする」のは男性で、家で内職するのが女性の仕事という例の図式である。そして、その女性の仕事の形態に今や最もふさわしいのが「占いビジネス」だ、というメッセージに他ならない。

話を戻そう。いくら占いという職業に女性が好ましいと思われたにせよ、当時、男性の占い師がまったくいなかった訳ではない（今もそうだが）。しかし、男性の占い師は、女性の占い師とは別の道を歩んだ。

どういうことかというと、たとえばエテイヤのような男性占い師とは異なり、マドモアゼル・ル・ノルマンは結局、占いの方法論に関しての本は書いていない。ときおり彼女の自己宣伝用の本の中で、カード占いについて触れられることはあっても、そこで各カードの占い上の意味などが詳述されることはない。そもそも、そんな本など彼女には必要ないものだ。なぜなら、マドモアゼル・ル・ノルマンをはじめとするほとんどの女性占い師は、カードやその他の占いツールは、自分の透視力を深めるために見つめるしるし以外の何物でもなかった。そして、古代の巫女さながら、カードからのメッセージは霊感によって吹き込まれるものだった（あるいは現実的にいえば、いわゆる心理テストのロールシャッハ・テストのように、そこに自分の無意識の中にあるものを見て、そこからありとあらゆる想像を繰り広げていたというべきか）。いずれにしても、前にも述べたように、「論理」や「理性」とはかけ離れた「非合理」にこそ、彼女たちの占いの真実があったのだ。

一方で、男性占い師はというと、たとえばエテイヤの弟子であり『サインの科学』を著したドゥセは、そういった彼女らのやり方を非難する。「カード占い師は決して、霊感や妖術によって占いを行っていると信じ込ませてはならない。占いは学習と知性によって習得した科学によってなされるものである」[57]と述べるドドゥセは、占いなのにも関わらず、いや彼にしてみれば占いだからこそなのか、あくまで「論理」や「理性」を尊重し堅苦しい「合理性」を重んじる。ドドゥセがあくまで占いが「学習と知性によって習得した科学」であるという点を譲らないのは、さすが「古代の叡智」を伝授されたエテイヤの弟子だけのことはある。現在でも「占いは学問である」と述べることで占いの「学」としての地位を高めていこうとするまじめな占いの諸先生方は、いってみればエテイヤ、ドドゥセの遠い末裔なのである。

同じ「占い」という言葉を使いながら、その意味するところが異なるこの二つの立場を和解させることは難しい。ドドゥセなどのいわば〝学術派〟が、彼女らの活躍を尻目に、「いい加減にしてくれよ。そんなんじゃ、本物の占いの学としての価値を誤解されてしまうだろ」とぼやいている姿が想像できる。だが一方の、マドモアゼル・ル・ノルマンをはじめとする〝自称霊感派〟は、真面目なドドゥセの戒めなど、まるで気にも留めずに、毎日お客の前でカードをめくっては、時には恍惚とした表情を浮かべながら託宣を語り、時には占いとはあまり関係のないとりとめのない人生相談のアドバイスで、悩める人々の心を慰めていた。

実際のところ、マドモアゼル・ル・ノルマンの発言の中に、エテイヤやドドゥセはまるで登場しないし、あのド・ジェブランの名前ですら一度たりとも口にされたことはない。すなわち、十九世紀前半、最も成功を収めた〝霊感派〟占い師たちは、ド・ジェブランやエテイヤの後継者ではもちろんないし、また後世のタロット占いの伝統へ引き継がれる実質的な内容は何も残していない。そのせいか、かくのごとく有名人であるマドモアゼル・ル・ノルマンの存在すら、現代のまじめなタロティストの間では、大概、軽視されるか、完全に無視されてしまうかのどちらかである。

しかし実際のところ、カード占い自体をポピュラーにしたのは、マドモアゼル・ル・ノルマンをはじめとする当時の女性占い師たちであったことは間違いない。ギヨワ神父は、一八三六年、当時のカード占いの流行を次のように嘆いている。「数ある占術のなかでも、今日最も盛んに行われ、その荒唐無稽さにもかかわらず社会のあらゆる階層の隅々まで浸透しているのはカード占いである。一般の民衆ばかりか、才気に満ちた殿方、高貴な家柄のご婦人までもがこっそりとカード占い師のもとに足を運んでいる。フランス全国の町という町、村という村、訳知り顔でカードを並べることで大儲けの策士がいないところはない[58]」。

とはいえ、全国的なカード占い隆盛の一方で、占い師や予言を皮肉る風潮がまったく生まれてこなかった訳ではない。たとえば、一八四八年、コルディエ、クレールヴィル共作による『女占い師』という寸劇では、いんちき占い師の言動が、ふんだんに笑いの種として使われている。主人公の女占い師は、薄汚い屋根裏部屋で横になりながら、次のように言う。「このわしが、スペードのキングとダイヤのキングの違いに未来を読み取ることができるなんて、本気で信じている連中がごまんといるってんだからさ！　もしも本当に、冠をかぶった王様のおかげで未来を読み取れるんだったら、いまごろ、こんなところでシーツ二枚だけの暮らしをしているはずもなかろうがね[59]！」。

まさしく仰る通り！　マドモアゼル・ル・ノルマンが、華麗で裕福な生活を誇示したがるのもまったくもって筋が通っている。本当に未来を見通せるならば、その先を読んで少しはリッチにだってなれるだろうにと考えるのが、占いで少しでも得をしようする人たちの思うことなのだから。だったら論より証拠。占い師として箔をつけるためには、一般大衆に対しておおいに成金ぶりを見せつけるぐらいの方が効果的であるに決まっている。まして　やあまりの貧乏とあっては、やはり一流占い師としての説得力に欠けるというもの。しかしあえて意地の悪いことをいうと、何でも未来を見通せると称しているにもかかわらず、自分が警察に捕まってしまうというのはいかがなものだろう？　それにしても、熱烈な占い信奉者がいると思えば冷ややかなアンチ占い派もいるという事情は、まったくいつの時代も変わらないものである。

このあたりで、もう一度、マドモアゼル・ル・ノルマンのことに話を戻し、占い師としての頂点を極めた彼女の、その後の人生を追ってみよう。

十九世紀、パリ最高の占い師の素顔

ナポレオンが失脚し、ややそれに遅れる形でマドモアゼル・ル・ノルマンの栄光にも少しずつ陰りが見えはじめる。一八三〇年の七月革命において、彼女がいつものように、王朝の交代をすでに六年前に予見していたと主張するのはいいとして、その後のブルボン朝の復帰を擁護する予言をしたのはまずかった。確かに一八二五年の時点で、シャルル十世がランス大司教により塗油の儀式を受け、王権神授説にのっとった戴冠式を受けた時点はまだよかった。しかし、一八三〇年、七月二十七日からの三日間の七月革命で、ブルボン家の白旗とユリの紋章は三色旗にとって代わられ、ついに二十九日、ルーブル宮が陥落し、シャルル十世が亡命の途についたことで、彼女の予言は大はずれとなってしまった。

パリでの彼女の名声が次第に色褪せていくのは、この頃からである。しかし、彼女の活力は完全に失われてしまったわけではない。一八三一年と一八三三年の間に、彼女は四冊もの本を出版する。なんとその中では、いかに自分が一八三〇年の革命を正確に予言していたかという名誉挽回の陳述がなされているのだから驚きである。

一八四三年六月二十五日、一世を風靡したマドモアゼル・ル・ノルマンも、一〇八歳まで生きるという自らの予言を成就させることなく、ついに七十一歳で波乱の生涯の幕を閉じることになる。

六月二十七日に行われたペール＝ラシェーズ墓地での彼女の葬儀は、まさしくパリのトップ占い師の名にふさわしいものだった。四頭の飾り立てられた馬に引かれた葬儀車に彼女は乗せられ、その後には彼女の死を惜しむ百人もの葬送者に伴われる、当時としては珍しいバロック風の葬儀が行われた。いくつかの新聞紙は彼女の死を大々的に取り上げた。中でも、一八四三年七月三日の『ル・ジュナル・デ・デバ』紙は、彼女の追悼の記事を長長と掲載した。同誌は彼女に対して次のようにコメントする。「単純素朴な人々を相手にする時、彼女は寛容、温厚そのものだった。相手の人生にダイヤモンドと花を散りばめ、調和、愛情、成功、すべての面で吉兆が見えます、などと言ってやるのだ」。こうして彼女の果たした一定の役割を振り返りながらも、その一方で、最後は彼女に対して距離を置いた冷ややかなコメントで締めくくられる。「普段の彼女は、機知や雄弁につうじるところはまったく見られなかった。霊感、心情、魂の高揚といったものも皆無であった。ましてや現代史の話題など一言も発しなかった。彼女の語り口は俗っぽく、素朴で、平々凡々たるものだった。彼女に備わっていたのは、門番のおかみの如才なさ、古着行商人の悲しさ、執達吏の抜け目なさのみである。(中略)それが、第一執政ボナパルト、皇后ジョセフィーヌをはじめ、当時、向かうところ敵なしの権勢を誇る人々や、最高級の知性を備えた人々から、畏怖と敬意をもって占いの依頼を受けていた女性の素顔である」[60]。

以上のように評されてしまったパリ最高の占い師マドモアゼル・ル・ノルマンは、ついに脱神話化されてしまったのだろうか。現実の事態はまったく逆である。彼女の死後、すぐにパリの有名占い師マドモアゼル・ル・ノルマンの伝説化はスタートする。

彼女の亡くなった翌月のうちに、早くも彼女の伝記が相次いで出版される。それらの内容のほとんどは、生前、彼女自身によって書かれた『回想録』の内容をもとにして書かれている。そして、それら他の人々の手による伝記は、さらに現在にまで伝わる彼女のより誇張された数々の神話を作り上げることに大いに貢献することになる。

ところで、ごく最近わたし自身が驚いたのは、なんと現代においても、彼女の栄光をたたえる伝説がいまだそこかしこに残っていることだ。たとえば、フランスの「文庫クセジュ」の中の一冊として一九八八年(日本語訳は二〇〇三年九月)に出版された『透視術』というタイトルの本の中でも、かのノストラダムスと並んで紹介された彼女が、次のように評されている。「革命期、帝政、王政復古の各時代を通じて、タロット・カードの女王であったマドモアゼル・ル・ノルマンは、占星術師であり、カード占い師であった。彼女の行なった一連の透視があまりにも正確であったために、彼女は数回にわたって投獄された」[61]。そして、その本の中では、この後、ロベスピエールやサン・ジュストに予言をした彼女の瞠目すべき能力を伝える逸話へと続いていく。それにしても、なんとも恐るべき神話作用である。もしかするとこれから先も、彼女の伝説は一向に衰えることなく続いていくのだろうか。

また、彼女の死後間髪を入れずに、彼女の後継者の座を巡り、競って名乗りをあげる者たちが登場しはじめた。マダム・クレメント、マダム・ラコンブなどがその代表である。そしてすでに詳述した十九世紀の占いカウンセラー、マドモアゼル・ルリエーブルは、ポスト・ル・ノルマンとして最右翼に位置する一人だった。

さらに、彼女の死の二年後、占星術的、神話的、ヘルメス主義的な五十二枚から成る奇妙なカード・パックが出版される。それは『マドモアゼル・ル・ノルマンの偉大な結社のゲームと秘密テクニック』と題された五冊の本のコレクションとともに販売された。ただし、これらに記されている「秘密テクニック」の内容と、それぞれのカードのデザインは、実のところ生前の彼女とはまったく関係がない。この「グラン・ジュー・ド・ル・ノルマン」と呼ばれるカード・パックは、一八五四年頃にはすでにドイツでも若干アレンジされた形で出版された（図37口絵）。また「ペティ・ル・ノルマン」と呼ばれる三十六枚から成るカード・パックも一八五〇年頃にドイツ語圏においてリリースされている（図38口絵）。これもマドモアゼル・ル・ノルマン本人とは何の関係もない。実は、このパックの元ネタは、一八〇〇年頃、ニュールンベルグのG・P・J・ビーリングなる人物によって出版された「希望のゲーム」と呼ばれる風変わりなカードにある。本来それは占い用のカードではなく、さいころを使って遊ぶ、双六のようなゲームに使われるものだった。ただし、「希望のゲーム」のカードの使い方を書いたリーフレットの最後には、そのゲームに使用するのとまさに同じカードで占いをするための方法も記されていた。これらのマドモアゼル・ル・ノルマンと何の関係もないカードが彼女の名前にちなんで出版されたことから見ても、彼女の占い師としての名声がどれだけのものであったかということが窺い知れよう。

「トートの書の解釈会」のメンバーたちのその後

ところで、一方のエテイヤ亡き後の弟子たちはいったいどうしていたのだろう。そもそも、エテイヤの弟子と呼ばれる人々は、実際どれぐらいの人数がいたのだろうか。一七九一年にリプリントされたエテイヤの著書『人類のプロジェクト』の中で述べられているところによれば、彼の下にはなんと五〇〇人の弟子がいて、そのうちの一五〇人がプロフェッショナルなカード占い師になったという。しかし、そのうち本当にすぐれたカード占い師は、ヨーロッパには二人だけで、なんと、その他はすべて〝まがいもの〟だと述べられている[62]。

ではそこに述べられている栄誉ある〝本物〟のカード占い師とは誰か。一人はベルリンに住んでいたヒスラーという人物である。彼は一七九三年にライプツィッヒで師匠エテイヤの翻訳本を出版している。そして、もう一人は、クラウド・ハーガンという人物である。彼は一七九一年、リヨンで『カード・リーディング、人生の出来事の成功を促す術』を出版している。エテイヤの別の弟子ボンリキュイーレの一七九二年三月五日の手紙を見ると、エテイヤの数多くの弟子たちの中で、見事に後継者として指名されたのがハーガンだったということも確認できる。しかしながらエテイヤ亡き後、実権を握ったのはハーガンではなかった。彼は一七九二年三月五日の手紙の中で次のように書いている。「彼（エテイヤ）の死以来、すべてが変わってしまいました。彼のオフィスはドドゥセ氏の手に渡ってしまいました[63]」。

ここで述べられているドドゥセについてはすでに少し触れたが、一八〇七年に『サインの科学』という本を出版した人物である。ハーガンとドドゥセの間に実際に何があったのかは定かではないが、少なくとも後継者のポジションを巡っての多少のいざこざがあったのではないかと想像できる。ドドゥセにいわせれば、ハーガンは「熱心」ではあるが「スキルに欠けている」ということらしい。

ドドゥセの著書『サインの科学』は全三巻から成り、エテイヤの思想の概略と、カード占いのやり方の詳細を解説したものである。特にその二巻目の内容は、エテイヤの設立した「トートの書の解釈会」によって一七九一年に出版された『トートの書の解釈辞典』にインスパイアされたものであることは明らかである。

ところで、この『トートの書の解釈辞典』は匿名のまま出版されたが、その実質的な著者は、「トートの書の解釈会」のメンバーであるラ・サレッテという人物に帰することができる。面白いことに、ラ・サレッテは、なんとエジプトのヒエログリフの解読者であるシャンポリオンと親交があったらしい。シャンポリオンと同じく謎に満ちた古代エジプト文明の研究からスタートしたラ・サレッテのタロットへの関心は、第一に、タロットというヒエログリフの謎を解くことだったのだろう。

以上、エテイヤの後継者たちについて簡単に見てきたが、結局のところ、その弟子たちの中からは、師に匹敵するほどの大物は現れなかった。やがて、エテイヤ不在の「トートの書の解釈会」は、実質的な吸引力を失ってしまう。しかし、エテイヤによって確立されたタロット占いの伝統自体は廃れてしまうわけではもちろんない。しばらく後で見ていくように、彼の弟子たちが残した『トートの書の解釈辞典』や『サインの科学』といった本を通して、エテイヤの占いの技は後世のタロット占い師へと引き継がれていくことになる。

第三次産業としての占い

今まで見てきたように、十八世紀末から十九世紀の前半にかけて、フランスではカード占いをはじめとする、様々な占いが流行する。前にも述べたように、まずこの時代は、政治的、社会的、経済的に変動が激しく、まさにはっきりとしたシナリオを描くことができない時代だったということだ。そんな中、不透明な未来の状況に不安を感じる人々が、何よりも心の平安を手に入れたいと願うのは当然のことである。そこで各種の予言手段が脚光を浴びることになったのだ。

ただしこの場合、予言されたことが本当に実現するかどうかは二の次でしかないし、真実であるかどうかなどを問われることもない。むしろ未来の安定や安全、そして幸福や希望を保障してくれる今このときの慰めの言葉そのものが必要とされているに過ぎない。ポイントはそれを信じるかどうかということにある。信じることが安心につながるのなら、そのためだけに人はその予言を信じるだろう。

しかし、こういったことはあくまで大衆文化の中で見られる現象である。というのも、一方で、当時の知的エリート層は、占いなどの伝統的な予言手段をすでに見放していた。とはいえ、彼らが未来を知ることに関心がなかったわけではもちろんない。彼らの採用した見解とは、当時の有名な物理学者ラプラスの『確率計算試論』の中での次のような有名な言葉に尽きるであろう。

一つの知性が、ある瞬間に、自然の内部に息づいている力の何たるかを知り、また、自然を構成する存在のおかれた各状況をも知りえるならば、そして、そこから得られた数値に分析をほどこすだけの幅の広さを有しさえするならば、その知性は、宇宙で最大のものの動きから最も軽い原子の動きにいたるまで、すべてを同じ公式のうちに把握できるであろう。この知性にとって不確実な物事は何一つ存在しないだろうし、また、未来の過去の場合と同様、あたかも現在のごとくその目に浮かび上がってくるだろう(64)。

いわゆる「ラプラスの魔」と呼ばれるこの考え方は、現在のある瞬間におけるすべての物体の質量と速度が把握できたなら、過去にも未来にも起こる事柄すべてを、そこから計算で導き出すことができるだろうという、まさしく機械論的世界観の極みである。こうなると、知的エリート層たちはますます近代科学の方法論を奉じ、合理性、有効性という観点から占いを迷信として退ける。したがって、この時代の占いの生息地は、数式を並べ確立を計算する透明な知性の中ではもちろんなく、革命期の原動力となった大衆の住まう領域へと押しやられる結果となったのだ。

時代は、アンシャン・レジームが葬り去られ、個人の資質によってより良い生活を求めることがある程度可能になりつつあった時である。かつての旧体制下では、人々は出生の条件の中で人生の行方の大部分が縛られていた。しかし、民主化の動きの中でその束縛はいまや緩まりつつあった。社会的にも法的にも、各人がより上を目指すことが可能になってきていた。しかも、当時の自由主義的な風潮の中心に置かれるのは、なんといっても個人であった。そんな時代であったから、占いには、集団の運命を予言するだけではなく、細々とした個人の日々の出来事の見通しを立て、その人の未来により良い夢を描かせるためのものとして要請される。こうして、いまや占いが民衆の間でもてはやされるのに絶好の環境が整ったのだ。

比較的自由な中産階級は、職業、お金、愛情問題、結婚等々、現代の日本の占い事情と変わらない質問をたずさえて、占い師のもとへと通いはじめる。マーケットは十分にある。マーケットがあればビジネスは成立する。こうして、第三次産業、つまりサービス業のひとつとして、占い師という職業の枠組みが自由主義経済機構の中に確立されていくことになる。そう、現代となんら変わることのないビジネスとしての占いのスタイルが確立されたのは、十九世紀前半のマドモアゼル・ル・ノルマンをはじめとする女性カード占い師たちの活躍があったからだった。

進歩の熱に浮かされた十九世紀、ますます時代の動きは加速していく。そして、民衆のための予言術も、少しずつまた違った形に変わりはじめる。より一層の科学万能主義が蔓延する時代、占いもそれに遅れまいと〝科学的〟な装いを気取りはじめる。そして、巧妙な占い師たちは、最新の科学の成果を横目でにらみながら自らの占いの方法の中にそれらしきフレーバーを散りばめはじめる……。

最後に、今まで見てきたことを合わせて振り返ってみよう。わたしたちの「タロット占いの歴史」は、プレイング・カード占いとの関わりを見るところからスタートした。現存する資料から判断する限り、タロット占いよりもプレイング・カード占いの方が先に存在していた。しかも、プレイング・カードを占いに使うアイデアのルーツには、さいころを使った占いがあった。

その一方で、現代のタロット占いのもとを築いたのは、エテイヤによってまとめられた方法論だった。そして、エテイヤにインスピレーションを与え、タロットに熱中させるきっかけになったのは、ド・ジェブランとド・メレによって書かれた『原始世界』の中のタロットのエッセイだった。そしてその時点からタロットは、単なる占いと異なるもうひとつの顔を持ちはじめた。すなわち〝古代の叡智〟を体現したと称するミステリアスなタロット像である。しかし一方では、二十世紀へと続くカード占いの本格的なマーケットが、たった今見たばかりの女性占い師たちの活躍によって整えられていく。

さらに、この後に続くタロットの歴史のおおまかなアウト・ラインについても、予示しておこう。十九世紀後半のフランスではタロットは占いとして人々の間に広まっていったが、それとは別に新世代のオカルティストたちが、タロットのより〝神秘的な〟側面に注目しはじめる。彼らにとっては、タロットが占いに使用されることは二の次であり、タロットの本質的用途は、西洋魔術の理論を構成する中心的要素とみなされていくことになるのだ。これは、タロットの起源を秘教的伝統の源泉へとさかのぼらせるド・ジェブラン、ド・メレ、そしてエテイヤの撒いた種が、十九世紀後半にかけてのフランスでのオカルト復興の動きの中で、にわかに育っていった姿でもある。もちろん、そういった流れの中でタロット占いの歴史が途絶えてしまうわけではまったくない。占いはオカルティストたちによって〝低俗〟なものとして扱われながらも、エテイヤによって確立された方法論は、その流れの底の方で忘れ去られることなく引き継がれていく。

さて、もはや、ヨーロッパ近代のオカルティズムとの関わりなしに語ることができない地点まで来てしまった。したがってこれ以後、わたしたちのタロットの歴史をたどる歩みは、より錯綜とした「オカルト・タロットの歴史」へと移していかなければならない。

第二章　オカルト・タロットの歴史

1　パリ――一八五〇―一九三〇

オカルティズムとは？

「オカルト」あるいは「オカルティズム」。現在、この言葉から連想されるものはいったいどのようなものであろうか？　日本では俗にホラー系の映画や小説などを指すものとして、「オカルト映画」、「オカルト小説」なる用語が使われることがある。そのことから、一般的な認識としては、暗くて怪しげで何やら不気味なものというニュアンスが、「オカルト」という言葉にはつきまとってしまっているのが実状だろう。

ちなみに、イギリスの美術史家フレッド・ゲティングスの『オカルトの事典』を参照してみると、オカルトとは「ラテン語のオックルタ occulta（隠された物）から出たようであり、生活における見えないもの、秘密のもの、人に見せないものの研究に関連する」[1]と簡潔に記されている。また、ルーマニアの著名な宗教学者ミルチャ・エリアーデは、『オックスフォード辞典』から次のような定義を引き出している。

「オカルト」という用語は一五四五年に初めて用いられ、「精神によって理解されないもの、あるいは理解不能なものであり、悟性や通常の知識の範囲を超えた」ものを意味していた。ほぼ一世紀後の一六三三年、この言葉は補足的な意味合いを取り容れた。すなわち、「古代的、中世的と称された諸科学」の部門を指し、「隠された神秘なる自然の働きに関する知識、あるいはその利用を含むとされた（たとえば呪術、錬金術、占星術、神智学）」。(2)

一方で、オカルトもしくはオカルティズムという言葉がタイトルに付されたいくつかの本をざっと眺めてみると、そこには悪魔学、魔女術、超自然現象、心霊術、UFO、輪廻、ピラミッド、アトランティス、秘密結社……といった具合に非常に広範な分野のものが含められてしまっている。そこからすると、オカルトあるいはオカルティズムという名称は、既成宗教の枠に収めることもできず、はたまた近代科学のパラダイムからも扱いに困ってしまうような現象やら世界観を一括するものとしても機能しているようだ。

オカルティズムとは何か。ここではあえてそれについて議論するつもりはない。それにまつわる本質的な問いは、その分野の識者の方々にお任せした方が良いだろう。(3)これから見ていくのは、実際の十九世紀半ばのフランスにおいてはじまったオカルティズムそれ自身のあり方、すなわち、当時、オカルトという言葉によって意味されていた思考方法、世界観、実践の具体例がどのようなものであり、そしてわたしたちのタロット・カードがそれらとどのように関わり、またどのように変化させられていったのかという点についてである。

ではさっそく、十九世紀後半、フランスのオカルティズムの中心となり、なおかつタロットの〝進化〟の莫大なエネルギー源となった『高等魔術の教理と祭儀』という瞠目すべき奇想の書をのぞいてみることからはじめてみたい。

フランスでのオカルティズムの復興者

『高等魔術の教理と祭儀』。この本は二巻本から成る。一巻目の『教理篇』は一九八二年に、二巻目の『祭儀篇』は一九九二年に、それぞれ生田耕作の名訳によってすでに日本でも紹介されている。[4] そのおかげで、オカルティズムに関心を持っている方々にとってはすでに周知の基本文献となっているようだ。

ところで、十年以上前この本をはじめて書店で見かけたとき、その表紙に記されているエリファス・レヴィなる著者の紹介文を一目見て、わたしはすぐにレジへと向かった記憶がある。というのも、次のような一文が、いやがおうにもわたしの関心を惹きつけたのだ。

その魔術関係の諸著作（レヴィの著作のこと）が十九世紀後半以降のヨーロッパ異端思想や文学に与えた影響は甚大で、ボードレール、ヴィリエ・ド・リラダン、マラルメ、ランボー、W・B・イェイツ、ブルトン、バタイユらにインスピレーションを与えたほか、現代の思想・文学・芸術にまで大きな影を投じている。

さして文学に造詣のないわたしですら聞き覚えのあるとてつもなく有名な文学者たちの名が、エリファス・レヴィなる人物の影響下にあるなどと述べられているのだから、もしこれがヨーロッパ文学好きの方であるならばいったいこれはどんな本なのかと頁をめくってみたくなるはずだ。

ところで、実際に本を開いてしばらく読み進めてみた当時のわたしの感想は、最初の大きな期待とは裏腹で、その内容に関しては「現代人には到底理解できない古めかしい迷信の世界」としか思えなかった。それでもさらに「いったいどこにバタイユへの影響があるんだよ?」と思いながらもとりあえず読み進めてはみた。だが、結局わたしが経験したのは、途中で幾度となく襲ってくる睡魔との果てしのない闘いのみだった（要するにかなり退屈だった。もちろん最後まで読めなかった)。とはいえ、格調高い翻訳の文章と一般の人には耳慣れない独特のオカルト用語が相俟って、なんとも言えない味わいのある世界が作られているし、表紙の著者紹介のあおりもあるせいで、仮に内容がよく理解できなかったとしても「きっと名著なんだろう」と読者に思わせてしまうムードは十分にあった。

実は当時、わたしはまだタロットに関心を持っていなかった。それればかりかタロットについてほとんど何も知らなかった。だからレヴィの本を読んだときも、それがタロットに関係している本だということすら、まったくわからなかった(そう思うと、当時のわたしはよっぽど内容が理解できないまま、ただ字面を追っていただけのようだ)。ところがその数年後タロットのことを調べはじめたら、かつてわたしを抗いがたい眠りの迷宮へと誘ったエリファス・レヴィなる人物の本が、十九世紀のもっとも重要なタロットについての理論書であるとされているではないか。そこで、さっそく再び書棚の片隅に眠っていた『高等魔術の教理と祭儀』が取り出されることになったわけである。

『高等魔術の教理と祭儀』の原著が出版された日付を調べてみると、まず一巻目『教理篇』が一八五四年、二巻目『祭儀篇』が一八五五年に出版され、さらに翌年の一八五六年に、二冊の本は一緒にセットで再販されたとなっている。時は産業革命以後の十九世紀後半。「え、そんなつい最近のフランスで魔術の本?」と一瞬思ったものだが、高校の世界史の授業で寝ぼけながら耳に入ってきた知識しか持ち合わせていなかった当時のわたしは、完全に時代状況に無知だったようだ。後で知ったことだが、十九世紀後半のヨーロッパとは、オカルティズムやら魔術やらが近代的な装飾を施されつつ、完全復活を遂げた時代でもあったのだ。そしてその立役者こそが他ならぬエリファス・レヴィその人であり、その彼の数々の著作中、後世のオカルティストから最も高い評価を得、そして最も大きな影響を及ぼしたものこそが、この『高等魔術の教理と祭儀』なのだ。「奔放なロマン主義、幾多の狂詩的な絢爛たる文章、そして不可解なゴシック的恐怖を備えたこの書物は、その突き通すような洞察と喚起力により、次の世代の魔術師たちに感銘と興奮を与えた」[5]と現代のオカルティズムの研究家リチャード・キャヴェンデイッシュはレヴィの本を評している。

それにしても、エリファス・レヴィとはいったい何者なのか？ そして彼のオカルト理論とはどのようなものだったのか？ さらにそこから導き出される彼にとってのタロットの解釈とはいかなるものだったのか？ なにせ十九世紀最大のオカルティストであり、タロットの理論家である。ここは少々時間をかけたいところだ。

ではまず、彼の人となりから順を追って見ていくとしよう。[6] 同時にそれはヨーロッパの近代オカルティズムが、いかにして起こってきたかという経緯を知ることにもなるだろう。

稀代のオカルティストの若き日々

『高等魔術の教理と祭儀』の著者名となっているエリファス・レヴィは本名ではない。もともとの名は、アルフォンス＝ルイ・コンスタン。一八一〇年、パリのサン＝ジェルマン通りの靴屋に生まれた。彼の生涯は大きく二つに分けることができる。まずはカトリックの司祭を目指すものの、その途上でラディカルな社会主義者となって政治的な活動に熱中する時期。そして、もう一つはオカルティストとしてエリファス・レヴィの名を広めていく時期。もちろん、わたしたちの主な関心は、二つ目のオカルティストとしての彼の姿である。だが、実はこれから見ていくとわかるように、彼の前半の人生を無視しては、彼のオカルティズムとタロット理論の歴史的な意味と位置づけを理解することは不可能である。したがって、ここでは直接的なタロットに関する話題をいったん離れて、彼の生涯の前半となる部分を追ってみる必要がある。まずは幼年時代から青年期へかけての彼の生い立ちを駆け足で見ていこう。

クリスチャンの両親を持つコンスタンは、生後二年目にカトリックの洗礼を受けた。家庭は決して裕福ではなかった。そのためコンスタンは、貧民のための学校に通わなければならなかった。しかし、そこで教えていたヒューバート・マルメゾンという名の非常に敬虔な神父に感化され、幼いコンスタンは自分も後に司祭職につくであろうことを天職として胸に刻むことになる。

十五歳になったコンスタンは、聖ニコラ・デュ・シャルドネ神学校に入学し、そこでギリシャ語、ラテン語、ヘブライ語を学ぶ。そこで出会ったフレール・コロンナ神父をコンスタンは非常に尊敬したが、このことは後から振り返ってみると、遠い将来においてオカルティストへの道を歩むことになるコンスタンの人生の方向を予示するかのようなものだったともいえる。というのも、コロンナ神父は、アントン・メスメル（すでに晩年のド・ジェブランとの関係のところで触れた）の理論の信奉者であり、自ら『動物磁気審問』という著作を残しているが、このメスメリズムに由来する動物磁気説こそ、後の魔術理論の基本コンセプトになる。これについては後ほど詳述しよう。

一八三〇年、二十歳のコンスタンはイシ神学校に入り、その二年後には聖シュルピス神学校へとさらに進学する。コンスタン自身は、聖シュルピス神学校での厳しい規律や偽善的な雰囲気に嫌気がさしたということだが、彼の宗教への熱情はこれによって挫かれてしまうことはなかった。特に、この時期には同学校の創設者オリエ師の著書に親しみ、熱烈な聖母崇拝に感化された。そして、一八三三年、コンスタンは早くも副助祭に任命され、続いて一八三五年には、二十五歳の若さで助祭に任命されることにもなる。

しかしながら、このときコンスタンの心を支配しはじめたのは、天上の神へと向かう熱情ではなく、一人の生身の女性への世俗的な愛だった。二十三歳で副助祭になってから彼は、若い女生徒のための教理問答の指導を担当することになっていたが、その際に彼は、クラスの教え子であるアデル・アランバックという娘に恋心を抱いてしまったのだ。コンスタン本人に言わせれば、アデルの顔に処女マリアのヴィジョンが見えたということらしい。

一八三六年の五月、彼は自分の師にこのことを告白した。世俗の愛と聖職者の道、この二つの間でコンスタンは迷った。結局、彼はアデルへの情熱に身を委ねた。よって助祭職を退き司祭になる道を断念することになる。また同時期にコンスタンは、母の自殺というショッキングな事件も経験する。「自分は何をすべきなのか？」

——司祭になるための勉強のみをしてきたにもかかわらず自らその道を捨ててしまったコンスタンは、おそらくこの時期、何度も自らにそう問いかけたに違いない。

聖シュルピス神学校を離れた最初の年、彼は船乗りのための学校で教師をし、次に田舎周りのカンパニーの俳優をしてなんとか生計を立てた。**図39**は当時、二十六歳だった彼の肖像画である。やがて一八三八年、コンスタンはパリに戻るが、そのとき人生の一つ目のターニング・ポイントがやってくる。彼は絵の才能を生かして小さな月刊誌のためのイラストを描くことになる。そしてちょうどその頃、有名な作家オノレ・ド・バルザックとも出会っている。実際のバルザックとコンスタンの関係がどのようなものだったかの詳細は不明である。だが、『ルイ・ランベール』(一八三二)、『セラフィタ』(一八三五)、『神秘の書』(一八三五)などの神秘主義的な作品を残しているバルザックの思想が、その後の彼のオカルト理論に対して何らかの影響を及ぼしたのではないかと想像してみたくもなる。

さらに、青年期へと向かうコンスタンに決定的な影響力を持った人物がいる。社会主義運動の熱烈な主導者であり、初期フェミニズムの活動家ともいうべきフローラ・トリスタン(本名フロール・セレスティーヌ・テレーズ・アンリエット・トリスタン・モスコス)である。[7] 彼女と出会い、その思想や生き方に大きな刺激を受けたことによって、コンスタンは自らも政治的な活動に身を乗り出していくことになる。そして、以前の神学校の同級生だったアルフォンス・エスキロス(一八一二—一八七六)とともに、『パリの美しい女』という定期刊行物を共同で出版することになる。ここでもコンスタンは絵の才能を発揮して、フローラ・トリスタンや、彼の初恋の人であるアデルのシルエットをそこに描いた。

このコンスタンの若き日に活動を共にしたエスキロスという人物は、政治的な過激派であると同時に、奇怪で幻想的なイメジャリーに満ちた『魔術師』(一八三七)という小説を書いた作家としても知られている。エスキ

図39 若き日のエリファス・レヴィ(アルフォンス・ルイ・コンスタン)、一八三六年(出典32)

ロスもまた、当時のコンスタンに大きな影響を与えた一人であることは間違いない。コンスタンが後にエリファス・レヴィの名で出版する『魔術の歴史』(一八六〇)の中では、エスキロスに誘われ、ガノー・マパという奇怪な人物に会いに行き、やがて奇妙な革命思想にのめり込んでいった経緯が述懐されている。[8]ここでそれを簡単に紹介しておこう。

ガノーは「髭を生やして、威厳のある預言者然とした風貌」で、日常「女物の毛皮つきコート」を羽織った一風変わった老人だった。彼は弟子たちに取り巻かれながら、人類の堕落だとか、未来についての予言といった事柄をまくしたてた。「原初の単一は失墜によって壊される。苦痛は蛇の姿で入り込む。そして、生命の木は死の木となる」だとか、「私は見た。尖端が蜂の巣箱になっている巨大なマストのついた大きな船を。(中略)巨大なマストの中心、西方の側に、五つの横木のある十字架が固定されており、その上で女が一人息を引き取っていた。この女の頭上には次のように書かれていた。《フランス　一八一五年六月十八日　聖金曜日》」等々。[9]

このような謎めいた宗教的で奇怪なセリフをのたまうガノーという人物は、要は今でいうところのちょっと危ないカルト的な新興宗教の教祖といったところだろうか。[10]彼は自分をルイ十六世、妻はマリー・アントワネットの生まれ変わりだと大真面目に語る。二人はそんなガノーの「錯乱のさまを楽しむため」に会いに行ったということだが、一方でそんな奇人の雄弁を聞いているうちに、ガノーの唱える革命思想を奉じる気持ちが高まっていったのも事実である。後にコンスタンは次のように述べている。「ガノーの話を聞くと、世間に対し究極の革命を宣し、無秩序状態の深淵にクルティウスのように身を投じてその口を閉ざすことが美しい行為だとにわかに思えてきたものだ[11]」。

ところでなぜ、このような人物の風変わりな教説が、コンスタンやエスキロスといった若者にそれほど大きな影響を与えたのか。ガノーは相当カリスマ的な人物だったのだろうか。前述の独立心の強い女性解放家トリスタンでさえ、次のようにガノーを評している。「ガノーと会ったときから、一瞬たりとも、彼の姿は私から去ったことはありません。彼はいつも、輝く星のように私のかたわらを歩んでおり、私は愛をこめてそれに目を注ぐのです[12]」。

結局、コンスタンはガノーに感化され、一八四一年に『自由の聖書』を出版する。これは当時のネオ・カトリシズムの思想と、熱狂的な社会主義的ラディカリズムに彩られた革命の書であり、教会の堕落や王政の腐敗を糾弾する内容のものだった。しかし、その出版後、わずか一時間で「所有権と公共の宗教的モラルを批判したかど」で当局に押収され、結果としてコンスタンは三〇〇フランの罰金と八ヶ月の禁錮を言い渡されることになる。ちなみにエスキロスの方も『人民の福音書』(一八四〇)という本の中で、イエスを最初のサン・キュロット[13]だと主張し、五〇〇フランの罰金と八ヶ月の投獄の憂き目にあっている。

さらに、同年にコンスタンは『宗教と社会の教え』を発表する。ここでも『自由の聖書』のメッセージが基本的には繰り返されてはいるが、政治的に過激なトーンはやや抑えられている。フランス革命の理念である「自由、平等、友愛」、そして女性の解放などを、カトリックそして神への信仰といかに和解させるか、それがこの本の主題だった。コンスタンは司祭の道を断念したとはいえ、無神論者になったわけでも教会を捨てたわけでもない。幼い頃からの宗教的熱情は、革命思想にのめりこんだコンスタンの魂の深みから決してすぐに消え去ることはなかったのだ。

コンスタンは出獄後、パリのショワジーの教会で宗教画を描いて収入を得る。そして一八四三年には、エヴルーの教会で助祭職を務めるなど、再びカトリックのフィールドへと身を置くことになる。しかし、それも長くは続かなかった。当初、コンスタンはかつての投獄という汚名を隠すために、母の結婚前の姓を使っていた。だが、ローカル紙が、今や平然と助祭を務めている男は、実は『自由の聖書』の著者であるということを公表した。その結果、彼は一八四四年の二月末にエヴルーの教会を去らねばならなくなる。

助祭から革命家へ。これまで見てきたコンスタンの大きな転身は、実は、当時のフランスの歴史的な状況からすると決して不思議なことではない。ここで、そのあたりの事情を簡単に眺めておこう。

社会主義と神秘思想の入り混じったもの

一八三〇年の七月王政から一八四八年の二月革命へと至る間の時。いまだ未完のフランス革命の余波と、イギリス産業革命の波及にさらされ、新たに浮上してきた社会問題に対しての何らかの処方箋が必要とされていた。特に社会的弱者である労働者や農民たちの貧困や失業などは深刻な問題だった。それに対して当時の思想家たちからは、状況を脱却するための救済処置を唱える様々な社会主義的な改革プランが提出された。実のところ前述のようなコンスタンの著書とはそうしたものの中のひとつだった。

ところで、そういった当時の社会主義思想には少なからず宗教的なモラルや救済の観念が含まれていることが珍しくはなかった[14]。たとえば、社会主義的ユートピア思想の提唱者サン＝シモン（一七六〇―一八二五）の思想は、当時非常に大きな広がりをみせていたが、中でもその弟子であったバルテレミー＝プロスペル・アンファンタンなどが訴えたのは、単なる経済的な意味での社会主義制度の確立だけではなかった。一八三三年、アンファンタンはサン＝シモン教団を率いて東方遠征を敢行する。自らを西方世界を象徴する男性メシアと称したアンファンタンのその目的とは、一方の東方世界を象徴する女性メシアを発見することだった。そして、東西両世界が融合する場と位置づけられたエジプトで、スエズ運河を建設することを構想した。

このような、今から見ると単なる宗教的なカルト集団のように見えてしまいかねない荒唐無稽な運動が、当時は大真面目に社会変革の夢と結びつくこともあり得たのだから驚きである。しかしながらカール・マルクス（一八一八―一八八三）登場以前の社会主義思想は、全般的に見て宗教的あるいは神秘主義的な考え方と本質的に不可分であり、常にそれらはある種の千年王国的なユートピアを夢想する類のものだった。

アンファンタンほど極端ではないにせよ、他にも当時の社会思想の例をあげるとするなら、同じくサン＝シモン派に属していたビュシェ（一七九六―一八八五）なども、その思想の根底にあったのはカトリック的献身と友愛のモラルだった。「労働階級」という言葉がはじめて使われたビュシェ主宰の『アトリエ』紙の巻頭では、常に「働かざるもの食うべからず」という聖パウロの言葉が掲げられ、また、カトリックとロベスピエールを禁欲的モラリスムという共通項で結びつけ、フランス革命の意義をキリスト教道徳の観点から擁護した。

さらに、サン＝シモンと並ぶ空想的社会主義者と評されるシャルル・フーリエ（一七六〇―一八二五）の弟子たちや、「イカリア共同体」というユートピアを思い描くエチエンヌ・カベ（一七八八―一八五六）などの思想家たちを見ても、いずれも原始キリスト教を称揚する宗教的熱情と、社会主義的な変革の夢のもつれ合いから生まれた奇怪なヴィジョンを口にしている。このような初期社会主義者の多くがルイ・フィリップ治世下の劣悪な労働環境を改善するために夢想したプランとは、若き日の消え去ることのないキリスト教への信仰の残像に社会変革の思想とがぴったりと重ね合わされることで生まれてくる、宗教的で預言的な色彩の濃い社会改革のヴィジョンだったのだ。

また特に、前述のコンスタンの『自由の聖書』が大きな影響を受けているのは、ネオ・カトリシズムの思想家フェリシテ・ド・ラムネー（一七八二―一八五四）であることは明らかである。ラムネーをはじめとする当時のネオ・カトリシズムの思想家たちも、サン・シモン派やフーリエ、そしてカベらの社会思想家たちと同様に、完全な未来志向という点で共通している。ネオ・カトリシズムとは、「宗教の枠の内部にまで進歩の概念を導入し、より良き世界の構築に向けた信仰と科学の統合を企図(15)」するものである。さらに、それは同時代の社会革命という本来は非宗教的な民衆の運動をなんとかカトリシズムとの総合のうちに結びつけようとするという意味で、本質的には革命期におけるキリスト教救済の試みである。しかし、十八世紀末からの大きな時代のうねりに対してあくまで「永遠不変」の諸価値にしがみつこうとする保守的な教会側からは、ネオ・カトリシズムの持つ進歩的歴史観は決して受け入れることのできないものだった。また、コンスタンの『自由の聖書』もそうであるが、キリスト教精神の推進者を、もはやローマ・カトリック教会ではなくあくまで民衆の運動にこそ求めようとする考え方は、当然のことながらなんとしても容認できるようなものではなく、厳しい断罪の対象として映ったことはいうまでもない。

こうして当時の社会状況の視点から青年期のコンスタンを振り返ってみると、いにしえの魔術を崇敬する「オカルティスト」という肩書きから誤って連想されてしまいがちな、好古趣味の厭世的な人間という肖像画とはほど遠いことがわかるだろう。むしろそこに浮かび上がってくるのは、二月革命へと向かっていくさなかのフランスの都市において革命思想と神秘思想が入り混じった時代の潮流を積極的に吸収していくほどのモダンな感性と、未来のユートピアへとまなざしを向ける多分に理想主義的な面とを持ち合わせた一人の情熱家の姿なのである。

三十代のコンスタンは、いまだ稀代のオカルティスト、エリファス・レヴィではない。やがて彼が政治的な活動から身を引いていくことになるのは、一八四八年の二月革命以降、第二共和制を経たナポレオンによる第二帝政下に入ってからのことである。

革命家はいかにしてオカルティストになったのか？

一八四四年、かつてコンスタンを女権擁護論と社会主義思想へと導いたフローラ・トリスタンはこの世を去った。そして同年の終わりにコンスタンは、有名な作家アレクサンドル・デュマ（一八〇二―一八七〇）の本の挿絵を描くことになる。それらのひとつは、デュマの代表作である『モンテ・クリスト伯』だった。この頃からコンスタンの人生に少しずつ変化が表れはじめる。その後コンスタンが政治活動から身を引くまでの状況を駆け足で追ってみよう。

翌年の一八四五年の終わり頃には、マドモアゼル・ウージェーヌという女性と親密な間柄となる。しかしその一方で、コンスタンは十七歳の少女のマリー＝ノエミ・カディオとも抜き差しならない関係となる。結局、彼は一八四六年七月十三日にノエミと結婚する。だが、同年の九月二十九日には、ウージェーヌの方もコンスタンの息子を出産する。

そういった複雑な愛情問題を抱えながらも、同年に彼は、『最後の受肉』そして『飢餓の声』という二冊の本を出版する。そして後者の本のため、翌年一八四七年の八月に再び一年の禁錮刑に処される。さらに同年九月、ノエミとの間に娘マリアが生まれる。

翌年の一八四八年二月二十四日、十八年あまり続いた七月王政は、民衆運動の大きな波の前にあえなく崩壊した。いわゆる二月革命である。この当時、コンスタンとノエミも社会主義者のクラブを設立し、積極的に政治活動に関わっていた。翌月の二十日には、パリのシャン・ド・マルスを数千の民衆が埋め尽くし、彼らの歓呼の中、三色旗をくくりつけた「自由の木」の植樹祭典が行われ、カトリックの司祭がこの木を厳粛に聖別した。革命の象徴である三色旗とカトリックの十字架が一時的にせよ結び合ったときである。ちょうどその同月に、コンスタンは『自由の証』を出版する。「わたしたちの社会的活動は今や完成した。（中略）わたしたちは役目をまっとうした。そして十分な報いを手に入れた」と革命の勝利を宣言するこの著書は、彼の最後の政治的な出版物となる。

一八五一年、コンスタンの名前で出された最後の本『キリスト教文学の事典』が出版される。これはタイトルからもわかるように、もはや政治的な内容の著作ではない。一方、妻ノエミは、クロード・ヴィニョンという名前で、文筆業と彫刻家としての仕事をスタートする。この頃から二人の間には、もはや修復することのできない亀裂が生じはじめる。結局、一八五四年、二人は離婚。続いてその年の終わりには七歳の娘マリアの死。しかし、コンスタンがエリファス・レヴィという筆名のもとに生まれ変わり、後代のオカルティストのバイブルともいうべき『高等魔術の教理』が世に問われたのは、ちょうどこの悲しむべき年のことだった。

ついにコンスタンの人生は、後世に名を残すことになるエリファス・レヴィへと変貌を遂げる地点にまでやってきた。しかしながら、わたしたちにとっていまだ不可解なのは、革命家からオカルティストへというコンスタンの大きな転身は、いったい何ゆえだったのかということだ。彼にこのような方向転換を促したのはいったいいかなることだったのか？

ここで、二月革命の翌月に出版した『自由の証』の中での「わたしたちは役目をまっとうした」というコンスタンの言葉を思い出そう。これは確かに急進的社会主義者コンスタンとしての活動の終わりを象徴する表現のように聞こえる。またそれと同時に、見逃してはならないのは、待望の二月革命が、結果としてコンスタン自身の政治的な野心に満足感を与えるものではなかったということだ。というのも、彼は国民議会へ出席することを望んでいたが、選挙で議席を獲得することができなかった。すなわち、革命の勝利は、彼が投獄の憂き目にあいながら青春を賭けた政治的な活動の幕を、逆に閉じることになってしまったのだ。コンスタンはもはや若くはなかった。そこで彼は別の道を模索するしかなかった。そして、そこから六年後の一八五四年、ついにエリファス・レヴィとしての最初の著作『高等魔術の教理』を出版。だが、政治的な活動から身を引いて著書を書き上げるまでの間に、具体的にどのような経緯があったのかは、今ひとつはっきりしない。

『高等魔術の教理と祭儀』の英訳者であるアーサー・E・ウェイトは、その序文の中で、コンスタンはどこかの秘教的な結社の中で秘儀伝授を受けたことがきっかけとなってオカルティストになったのではないかという意見を述べている[16]。しかし、実際にそうであったか証拠は明らかではない。レヴィの伝記を書いたトーマス・ウィリアムズは、むしろそれは逆なのではないかと考えている[17]。つまりまずはコンスタン自身が、独自にオカルティズムの研究成果をあげた後にそれらのグループとコンタクトをとることになったのではないかという。というのも、たとえばコンスタンがフリーメーソンと関係を持ったのを見ても、それはエリファス・レヴィとなり『高等魔術の教理と祭儀』を出版した後のことである。しかも結局、彼はフリーメーソンの儀式には満足できず、すぐにそれらを拒絶する態度をみせている。また『高等魔術の教理と祭儀』を見ても、当時のフランスのフリーメーソンにみられるようなシンボリズムからは大きく離れている。そういったことから、レヴィがフリーメーソンなどの何らかの結社から秘儀伝授された結果、オカルティズムに関する知識を身につけたという見方は考えにくい[18]。

その一方で、ひとつ明らかとなっていることもある。それは『キリスト教文学の事典』を出した翌年の一八五二年に、コンスタンがポーランド生まれのジョセフ・マリア・エーネ・ウロンスキー（一七七六―一八五三）という神秘主義者に出会っているということだ（図40）。それがコンスタンをオカルティストへと転身させる、一つの大きなきっかけであったであろうことは確かに十分考えられる。ここでウロンスキーという人物について少しだけ触れておこう。[19]

『数学の至高法則』、『数学の普遍的問題』、『無限の哲学』、『蓋然性の計算の改革』……。これら数々の著作のタイトルを見てもわかるように、まずもってウロンスキーは数学者だった。しかしそれと同時に彼は神秘的な予言者を自認し、さらに彼の考える数学の原理に基づいて構想された、過去、現在、未来の出来事をすべて計算可能だという円盤予知装置《プログノメーター》の実現に熱中する奇矯な発明家でもあった。

また、彼がコンスタンに影響を与えたであろうと思われる最も重要な点は、『メシアニズム、あるいは人知の絶対的改革』などの著書の中で「人間の精神の改革」による「メシアニズム」という神秘思想を掲げていたということだ。

図40　エーネ・ウロンスキー（出典32）

ウロンスキーの考えによれば、人間は五つの進化論的な発達のステージを通過し、やがて〝絶対〟あるいは〝究極〟へと至ることができる。そのためには、まずもって「人間の精神の変革」が必要である。そして、それが達成されてこそ真の社会変革があり得る。このようなウロンスキーの説く霊的進化論と社会変革の融合物は、政治運動に挫折したコンスタンにとって非常に魅力的だったであろうことは容易に想像がつく。なぜなら前にも述べたように、コンスタンは若き情熱をかけて目指した革命家としての道筋に行き詰まりを感じ、それとは別の道を求めていた。そのとき、〝真〟の社会変革とは現実的で外面的な政治行動よりも、まずは内面的な「人間の精神の変革」が優先されるというウロンスキーの「メシアニズム」の思想が、コンスタンにとって新たに進むべき方向を示す導きの光として見えたとしても不思議はない。[20] 一八五三年のウロンスキーの死の後、コンスタンは次のように述べている。「絶対や普遍といったものに対する懐疑の時代」に、ウロンスキーは「人間性と神聖の両方にわたる科学の揺るぎない基礎」を確立したと。[21]

こうして見てみると、彼がコンスタンからレヴィへと移行する間に起こった変化とは、決して非連続的な思想の転向ではなかった。あくまで社会変革という理想は変わらないまま、単にその表面上のベクトルを〈外面〉から〈内面〉へと反転した結果であったように思われる。

かくしてコンスタンは自らの名を〝魔力を秘めた聖なる言語〟ヘブライ語で綴り直し、エリファス・レヴィ・ザヘドとして新たに生まれ変わった（**図41**）。そしてそれは同時に、近代フランスでのオカルティズム復興がはじまる瞬間でもあった。そもそも、フランス語の「オキュルティスム」という言葉を使ったのも、レヴィが最初だといわれている。[22]

図41　エリファス・レヴィ（出典32）

また、さらにいうなら、レヴィ以前／以後のオカルト的知識には決定的な違いがある。そう、それはまさしく、タロットが魔術理論の中心として使われているかどうかということにあるのだ。[23] これから見ていくように、タロットは、レヴィからはじまるネオ・オカルティストたちにとって新たな教義を生み出すための貴重な源泉のひとつとなっていく。

では、このあたりでいよいよ『高等魔術の教理と祭儀』の具体的内容へと足を踏み入れてみよう。

「高等魔術」としてのタロットと「低俗魔術」としてのタロット

この書物は、おそらく「エノクの書」よりも古いが、かつて訳されたことはなく、さらに全体が原始的な文字で、古代人の書付板のようなばらばらな頁の上に書かれている。世間に名を知られていない優秀な一学者が、その秘密とまではいかずとも、その古さと、そしてそれが不思議なくらい原形を保存しているという事実を明らかにした。いま一人の学者、緻密さよりもむしろ豊かな想像力の持ち主が、この書物の研究に三十年の歳月を費やしたが、その非常な重要性に気づいた程度にとどまった。これは、実際、ピラミッドの構造のように単純で堅固な、それゆえ同じように永続する、特異な不滅の作品である。あらゆる学問の集約であり、様々な組み合わせ方法によってあらゆる問題を解決し得る書物。考えさせつつ語りかける書物。あらゆる可能な着想を伝授し統合する書物。おそらく人間精神が産んだ傑作であり、古代がわれわれに残した最も素晴らしいもののひとつと云ってよいだろう。(24)

ここに引用したのは、『高等魔術の教理と祭儀』の序章の中の文章であるが、もちろんここで「この書物」と言っているのはタロットのことである。そして、「世間に名を知られていない優秀な一学者」というのは、クール・ド・ジェブランのことであり、「いま一人の学者、緻密さよりもむしろ豊かな想像力の持ち主」というのがエテイヤのことを指していることはいうまでもない。また、この文章からすぐにわかるように、確かにレヴィは、ド・ジェブランからはじまりエテイヤへと続く、「古代の書物」としてのタロットという伝統の後継者だった。

ところで、わたしがはじめて『高等魔術の教理と祭儀』というタイトルを見たときに疑問に思ったことがある。それは「高等魔術（la haute magie）」という言葉の持つ意味、つまり、「高等魔術」というぐらいだから、それに対立する「低俗魔術」とでもいうべき低い形態のものが存在するのだろうかということだった。どうやら真摯な魔術師を志すものにとって、その二つのものの間にはしっかりとした区別が設けられているらしい。

たとえば、リチャード・キャヴェンディッシュの言葉を借りるなら、「高等魔術」とは「人間のあらゆる制約を超越し、超人または神となるため、自己と環境に対する徹底的な理解と支配力を獲得しようとする試み」であり、一方、「低俗魔術」とは「金をもうけるとか、敵に復讐するとか、愛の勝利を得るといった身近な世俗的利益」に用いられるものであり、それは「呪文や幸運のお守りの販売へと堕していった」ものだといわれる。(25)要するに、「低俗魔術」と蔑まれるものが自らの欲望の自己充足を目指すための魔術だとしたら、「高等魔術」の方はというと、それとは違うもっと崇高な目的（超人となる？　神となる？）のための魔術だということになる。

ここであえてこのような区別に言及しているのは、わたしたちのタロットがレヴィのこの著作によって「高等魔術」の重要な要素として取り上げられ、〝崇高な〟目的のためのツールへと変貌を遂げていったからだ。一方で、普通占いをするといったときに基本的な関心事となるのは庶民的で世俗的な事柄である以上、占いとしてのタロットは所詮「低俗」なものでしかない。

「あらゆる託宣のうちで、タロットはその解答において最も驚異的なものである」[26]、あるいは「いにしえの民の聖なる書物のすべてに霊感を授けたこの奇跡の書は、その図形と数字の照応的正確さからして、全幅の信頼をもって使用できる最も完璧な予見道具である」[27]と述べるレヴィは、確かにタロットを占いに使用した際の効用を認めてはいる。しかし、彼自身はタロットを占いに使用することには、ほとんど積極的な関心を示さない。むしろレヴィは次のように言う。「タロットは魔術師たちの間で古くから読まれていた唯一冊の書物である」[28]。しかも、「タロットがなければ、古代人の魔術はわれわれにとって閉じられた書物も同然」[29]であると。レヴィにとってのタロットとは、まずもって占いの道具というよりも、「高等魔術」のシステムを構成する要となるものだったのだ。では、「高等魔術」と結びつけられたレヴィのタロット理論とは、実際にどのようなものであったのだろう。

彼にとっての「高等魔術」という言葉が具体的に示唆するのは、主にユダヤ教神秘主義として知られるカバラの教義のことだった[30]。そしてレヴィの「高等魔術」の理論においては、カバラとタロットはお互いがそれぞれ双方を補い合うような関係として位置づけられた。どういうことか。

まず、タロットの大アルカナの枚数とヘブライ語のアルファベットが、ともに二十二あるという数の点でこの二つを一対一対応させた。もちろんこのアイデアはすでに前に見たように、『原始世界』の中のド・メレの理論にすでに見られたものである。また面白いのは、レヴィの『高等魔術の教理と祭儀』という二巻本（以下それぞれ分けて呼ぶときには『教理篇』、『祭儀篇』とする）は、それぞれ全二十二章から構成され、それらはタロットの二十一枚のトランプ・カード、及び「愚者」のカードを合わせた二十二枚[31]と対応し、さらにヘブライ語のアルファベット二十二文字にも対応する形となっている。つまり、一章ごとに異なる「高等魔術」の主題が、タロット・カードとヘブライ語のそれぞれの意味に関連させられる形で説明されているのだ。

ところで、これまで「カバラ」という言葉を何度か説明なしに使ってきた。ここで、レヴィによるタロットのカバラ的解釈を見る前に、カバラとは何であるかについて、簡単に述べておく必要があるだろう。

カバラとは何か？

ヘブライ語の「カバラ（Qabbalah）」とは、今日ではユダヤ神秘主義、そしてユダヤ教の秘教的伝統のことを示すのが普通である。ただし本来、カバラとは単に「伝統」もしくは「伝承」といった意味を持つ言葉に過ぎない。このカバラという言葉に、現在のような秘教的なニュアンスが現れるのは、歴史的には十二世紀プロヴァンス地方あたりからだといわれている[32]。

しかし現代においてカバラというと、一般的に思い浮かべられるのが、「セフィロト」という概念を中心とした、やはり神秘主義的な側面のようである。**図42**を見ていただきたい。そこに描かれているシンメトリカルな構造が、いわゆるカバラの思想の根幹を表現した「生命の樹」と呼ばれるものだ。そして、図の中の円の

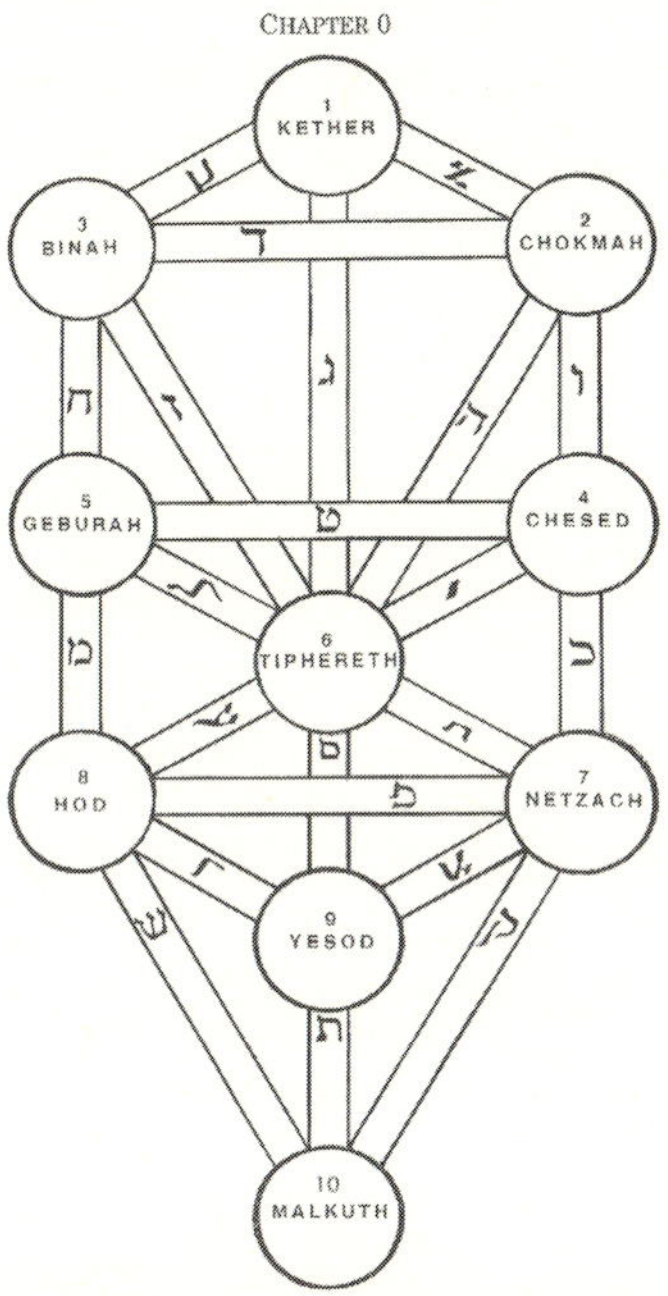

図42　生命の樹（Ronald Decker and Michael Dummett *A History of the Occult Tarot 1870-1970* Duckworth 2002より）（出典６）

部分のところは、セフィロトと呼ばれる。セフィロトは複数形の呼び名であり、その単数形を「セフィラー」というが、その語源はヘブライ語の「サピル（サファイアの意）」であり、そもそもこの語は「神の光輝」を言い表したものだという。

神の光輝？　そう思われた方は、まずもってカバラという考え方が、ユダヤ教の伝統に属するものだということを思い出してほしい。一元論的な〈神〉を中心に置く世界観を奉じることができなければ、そもそもカバラを理解すること自体が不可能である。一神教的な超越神不在の仏教徒や、多神教的な日本古来の神々を信じている人にとってはどう考えたって相容れない世界観であろう。要するに、神社やお寺にお参りに行って、なんとなくありがたい気持ちになってしまうわたしのような生粋の日本人には、所詮どんなに頑張っても共感の湧いてこない教えだということを断っておく。だからといって説明をやめるわけにはいかないので、もう少し続けよう。

カバリストにとっての〈神〉とは、普通想像されるような人格神（人間のような姿、あるいは人間のような性格を持った神という意味）というイメージではまったくない。むしろ、カバリストにとっての〈神〉とは不可知であり、かつ表象不可能なものである。すなわち、〈神〉へのいかなる言及であれ、あるいはいかなるイメージを持つことであれ、それは〈神〉そのものと何ら関わりを持つものではない。言い換えると、〈神〉とは「〇〇である」と決して定義できないものなのだ。[33]いわば、何であるかわからない人知を超越したものへの信仰。そこにこそ、カバリスト独特の〈神〉への信仰の形がある。しかし、その不可知の〈神〉を、あえて語る際に用いられる言葉がある。それが「無限」という意味を持つ「エイン・ソフ」である。このエイン・ソフなる語は、中世のカバリスト、盲人イサアク（一一六五―一二三五）がはじめて使ったものであるが、それは、以後のカバリストにとって、いかなる思考も超越したものであるがゆえに、その本質をそれ自体として把握することの不可能な〈神〉を象徴する言葉となる。

カバリストにとって、このわたしたちの現に生きている世界は、エイン・ソフとしての〈神〉の顕現したものである。すなわち、〈神の顕現〉こそが、イコール〈世界の創造〉だとカバリストは考える。ここで先ほどのセフィロトの話に戻ると、〈世界の創造〉＝〈神の顕現〉を図として表したものこそが、生命の樹なのだ。そして、ご覧のとおり全部で十あるセフィロトとは、上から下に向かって〈世界の創造〉＝〈神の顕現〉が進行していくプロセスについての各段階を表したものである。

しかし、さらにここで驚くべきことがある。今いったような〈世界の創造〉＝〈神の顕現〉のプロセスを、わたしたち人間が自ら逆に辿ることができる、とカバリストたちが主張している点である。つまり、今度は一番下のセフィラーから上に向かって同じ道を逆流していくことが可能だというのだ。

ところで、いったい何のためにそのようなことを行うのか？　なぜなら、再び〈神〉へと合一し、原初的状態を回復することこそが、カバリストたちの目標とされるものだからだ。あるいは、もっというなら、その境地にこそ、カバリストたちが求める、言葉にすることのできない〈真理〉があるからなのだ。では、いったいどうやってそれを行うのか？　カバリストたちは生命の樹への瞑想、祈り、幻視、知的省察などの様々な方法を通してそれを試みる。そう、かくのように、原初の源泉へと辿りつくまで霊的上昇を行うこと。ここにカバラの神秘主義たるゆえんがある。

さてカバラについての説明をざっと試みたがいかがなものだろうか。なんとなくでもご理解いただけただろうか？　ここで「なんだかよくわからなかった」という人も気にしないでいただきたい。以前にカバラの本を読んだことがある人ならともかく、この程度の簡単な説明では、難解とされる神秘主義をすんなり納得することは難しいだろう。詳しく学びたければ、ゲルショム・ショーレムなどの学者によるきちんとしたカバラの研究書にあたっていただくのが最良である。(34)

しかしここでは、当面の議論についてくるためには、とりあえず次のようなポイントだけはおさえておいていただきたい。まず、カバラとはユダヤ教の中の秘教的な教えである。そして、その本来の目的は〈神〉とひとつになるという究極の神秘にある。さらに、そのプロセスを図示したものが生命の樹と呼ばれるもので、その各段階を表す丸いところをセフィロトという。

以上のカバラの基本を押さえたうえで、もう一度、話を『高等魔術の教理と祭儀』のタロット理論へと戻そう。次に見ていくのは、レヴィがカバラの教えをどのように取り入れ、タロット・カードの解釈にどう結びつけていったかという、わたしたちにとっての最大の関心事についてである。

イエズス会士アタナシス・キルヒャーが与えたタロットへの影響とは

そもそもユダヤ教カバラにおいて、ヘブライ語のアルファベットは、その一文字一文字自体に重要な意味があると考えられている。その一方で、レヴィはタロット・カード一枚一枚がヘブライ語のアルファベット一つ一つが持つ意味を絵にしたもの、すなわち「絵文字」だと考えた。よって、すでに述べたようにレヴィは、タロット・カードの大アルカナ二十二枚をヘブライ語のアルファベット二十二文字に一対一対応させ、タロット・カードの隠された意味を読み解こうと考えたのだ。ここで、レヴィの考えたタロットとヘブライ文字の対応というものを左の表に列挙してみよう。

最初にここで注意して欲しいのは、これらのカードの並び順だ。まず、レヴィのカードの配列は、エテイヤの考案したカードの順番にはまったく従っていない。また、ド・ジェブランやド・メレのように、数字の大きい方から順にカードを下っていくという道筋にも従っていない。レヴィはその点オーソドックスに、一番から数の大きくなる順に上がっていく流れをとっている。

ここで、マルセイユのタロットとレヴィのカードの順番を見比べてみよう。レヴィは、そのスタンダードなカードの順番にほとんど手を加えていないことがわかる。しかし、ただ一箇所だけ奇妙な順番の入れ替えがある。そう、通常、数字の振られていない「愚者」のカードを、なぜか二十番の「審判」のカードと、二十一番の「世界」のカードの間に配置しているのだ。いったいなぜ、レヴィは「愚者」をそのようなイレギュラーな場所に置いたのだろうか？　実はこの「愚者」のカードの奇妙な位置は、後の多くのオカルティストたちの頭を悩ませた問題なのである。

ではここでその謎を解いてみよう。しかし、そのためには面倒だが少し順を追っていくつかのことを確認していかなければならない。

1	魔術師	アレフ
2	女教皇	ベス
3	女帝	ギメル
4	皇帝	ダレス
5	教皇	ヘー
6	恋人	ヴァウ
7	戦車	ザイン
8	正義	ケス
9	隠者	テス
10	運命の輪	ヨッド
11	力	カフ
12	吊るされた男	ラメド
13	死	メム
14	節制	ヌン
15	悪魔	サメク
16	塔	アイン
17	星	ペー
18	月	ツァダイ
19	太陽	クォフ
20	審判	レシュ
—	愚者	シン
21	世界	タウ

まず、レヴィはカバラをどこで学んだのだろう。実際、彼が突然キリスト教から改宗し、ユダヤ教のカバリストから直接教えを学んだということはありえない。前述のウロンスキー（彼も本来の意味でのカバリストではないが）から、カバラについて多少の示唆を受けたということはあるかもしれない。しかし、おそらくレヴィのカバラの知識は、カバリストの師から直接伝授されたものではなく、基本的に書物で読んで身につけたものだと考えられる。しかもその書物も、レヴィのカバラに対する理解の仕方から推測するに、少なくとも『高等魔術の教理と祭儀』を書いた時点では、真正なるユダヤ教カバラの古典から学んだわけではなさそうだ。ロナルド・デッカーらの指摘によれば、レヴィのカバラは、おそらく十七世紀のドイツのイエズス会士であり自然科学者であったアタナシス・キルヒャー（一六〇二—一六八〇）の『エジプトのオイディプス』（一六五二—一六五四）という本の中からヒントを得ているものだと考えられる。[35]

では、レヴィはキルヒャーの『エジプトのオイディプス』から具体的にどのような影響を受けているのだろうか。[36]

まずレヴィのカードの順番は先ほど確認した通りだが、肝心のヘブライ語の方はどうなっているかというと、単純に本来のアルファベット順に並べられているだけである。

一方、キルヒャーの『エジプトのオイディプス』の方を見てみよう。そこに

アレフ	セラフィム
ベス	ケルビーム
ギメル	トロウンズ
ダレス	ドミニオンズ
ヘー	パワーズ
ヴァウ	ヴァーチューズ
ザイン	プリンシパリティーズ
ケス	アークエンジェルズ
テス	エンジェルズ
ヨッド	英雄
カフ	第一動因
カフ	恒星天
ラメド	土星
メム	木星
メム	火星
ヌン	太陽
ヌン	金星
サメク	水星
アイン	月
ペー	魂
ペー	霊
ツァダイ	物質
ツァダイ	四大元素
クォフ	鉱物
レシュ	野菜
シン	動物
タウ	ミクロコスモス（人間）

は、ヘブライ語とタロットの対応なるものは登場しない。ただし、上の表のように、ヘブライ語のアルファベットに対して、「セラフィム」、「ケルビーム」からはじまり「エンジェルズ」で終わる天使の諸階級や、「土星」、「木星」、「火星」と続いていく諸天体など、この宇宙のヒエラルキーを構成する諸事物、いわば「存在の大いなる連鎖」が結びつけられている。

ところで、ここに列挙したキルヒャーの対応表で、一つ注意しておいていただきたいのは、いくつかのアルファベットが重複して出てきていることだ。たとえば「メム」は二回連続して出てきているが、一つ目は「木星」、二つ目は「火星」となっている。すなわち、「メム」をはじめとして、いくつかのアルファベットに関しては、二つの属性が持たされている。[37]

さて、再びレヴィの方に話を戻そう。実は『高等魔術の教理と祭儀』の中では、いくつかのカードは、天体との関連も記述されている。[38]

死――木星および火星
節制――太陽
悪魔――水星
塔――月

この対応は一見して奇妙である。なぜなら、カードの絵のイメージと天体のイメージがどう考えても合っているようには思えないからだ。たとえば、天体とカードを対応させることを普通に考えると、「太陽」は「太陽」のカードに、「月」は「月」のカードに関連させてもよさそうなものである。しかし、レヴィはなぜか「太陽」をわざわざ「節制」のカードに割り当て、「月」をわざわざ「塔」のカードに割り当てる。このようなレヴィの示すタロットと天体の対応は、どう見ても非常に不自然である。

まず、この不可解な対応になってしまった理由を解く鍵は、先ほどのキルヒャーのヘブライ語と「存在の大いなる連鎖」の対応にある。たとえば一つ例にとると、キルヒャーはヘブライ語の「メム」を「木星」と「火星」に結びつけている。一方のレヴィの対応表の中でヘブライ語の「メム」は、タロットの「死」のカードに関連させられている。そして少し前に確認したように、レヴィは「死」のカードを「木星」と「火星」に結びつけた。おわかりだろうか。つまり、まとめるとこういうことである。まず、レヴィによるカードとヘブライ語の対応がある（「死」のカード＝「メム」）。もう一方で、キルヒャーのヘブライ語と「存在の大いなる連鎖」の対応がある（「メム」＝「木星」及び「火星」）。ここでヘブライ語を仲介に、レヴィのタロットとの対応、そしてキルヒャーの天体との関係が出来上がる（「死」のカード＝「メム」＝「木星」及び「火星」）。そう、これがレヴィによって作られた一見奇妙なカードと天体の結びつきの理由なのだ。

図43　エリファス・レヴィの描いた「悪魔」（出典67）

レヴィがキルヒャーを参照しながらカードと天体を結びつけたことがわかると、他のことも少しずつわかってくる。たとえば、レヴィはエテイヤほど大胆ではないものの、カードの〝本来〟のデザインを自ら素描し、そこにいくつか新たなシンボルをつけ加えているが、これもキルヒャーを参照すると理解できる。たとえばレヴィの描いた「悪魔」（図43）には、へそのあたりに「メルクリウスの杖（カドケゥス）」がつけ加えられ、「悪魔」のカードは「サメク」に結びつけられている。そしてレヴィはキルヒャーの対応に基づき、さらにそれを「水星」に関連させた。占星術では、「水星」の神名とは、ローマの神メルクリウスである。これで「悪魔」に描き加えられた新たなシンボルである「メルクリウスの杖」の由来は明らかである。

さて、ここから最初の疑問に戻ってみよう。すなわち、「愚者」のカードの奇妙な位置についてである。番号のない「愚者」のカードは、普通に考えて、一番の「奇術師」のカードの前か、もしくは二十一番の「世界」のカードの後に位置づけたくなる（現代の解説書の多くが実際そうなっている）。しかし、おそらくレヴィには「愚者」のカードをそのような位置に置きたくなかった理由がある。

仮に「愚者」のカードを最初にもってきたとしよう。そうすると「愚者」のカードは、ヘブライ語の「アレフ」に対応することになる。そして、それは同時にキルヒャーの対応の中では、天上の階級の中でも最高位の「セラフィム」と呼ばれる天使になる。逆に、最後にもっていったとしよう。そうすると「愚者」のカードは、ヘブライ語の「タウ」と対応することになる。そして「タウ」は、キルヒャーの対応では「ミクロコスモス」となっている。おそらくレヴィにとっては、「セラフィム」にしろ「ミクロコスモス」にしろ、そのどちらも「愚者」のカードのイメージと結びつかないと思ったのに違いない。なぜなら、レヴィにとっての「愚者」のカードのイメージとは次のようなかなり否定的なものだったからだ。

絵文字は、「狂人」。おそらくがらくたの代物、それと悪徳が一杯つまっているにちがいない頭陀袋を背負って、あてもなくさ迷い歩く狂人の身なりをした一人の男。乱れた衣服は隠して当然のものを露出しており、一匹の虎が後ろから追いかけて嚙みつこうとしているが、彼のほうは逃げようとも身を護ろうともしない。(39)

このようなイメージのカードに対して、「セラフィム」や「ミクロコスモス」といったテーマは、どう考えてもふさわしくない。そこでレヴィは「愚者」のカードのイメージにふさわしいと思われる場所を探してみた。そして、「審判」のカードと「世界」のカードの間、ヘブライ語「シン」に対応させてみた。キルヒャーの対応では、「シン」は「動物」となっている。

動物……。レヴィはおおよそこう考えた。理性を失った「狂人」は、もはや人間というよりも「動物」にまで堕落した存在だ。ゆえに「愚者」には「シン」＝「動物」という領域がふさわしいと。おそらくこうして「愚者」は、「動物」を意味する「シン」に対応させられ、よって「審判」と「世界」の間という奇妙なポジションに入れられることになったのだ。

前にも述べたが、実はこのレヴィによって置かれた「愚者」のカードの配置は、以後のオカルティストたちの間で、ちょっとした議論を呼び起こすことになる。というのも、後のオカルティストたちの何人かも、やはりこの「愚者」のイレギュラーな順番を不自然と考えた。そこで彼らはこのことを最終的に次のように説明した。すなわち、レヴィはタロットの〝真実〟の教えを、万人すべてに明かさないようにと、無知な読者をわざと混乱させるような場所へ「愚者」のカードを置いたのではないかと……。

しかしながらわたしたちにとってはすでに明らかなように、その謎の答えとは、単にレヴィがヘブライ語の解釈をキルヒャーに由来させただけのことなのだ。レヴィが、キルヒャーのヘブライ語の対応を参照したということをはっきりと明示しておけば、後のオカルティストたちもその理由を見つけることができたであろう。しかし、レヴィはそれをしなかった。その結果、エリファス・レヴィという偉大な先人が、なぜそのような順番でカードを配列したのかということが、後のオカルティストたちの解かなければならない一個の〝謎〟となってしまったのだ。

最後にもう少しだけ、レヴィに見られるキルヒャーからの影響を見てみよう。たとえば、キルヒャーの本には、ヘブライ語のアルファベットに対するそれぞれの意味の解釈がのっている。レヴィはそれもほとんどそのまま引き継いでいる。たとえば『高等魔術の教理と祭儀』では、「女教皇」＝「ベス」には「家」、「教皇」＝「ヘー」には「見よ」、「恋人」＝「ヴァウ」には「鉤」という一見不可解なキーワードが与えられているが、これらはキルヒャーの解釈したヘブライ語の意味をそのまま引き写したものである。

しかしながら、そもそもこのキーワードがキルヒャーからの影響であることがわからないと、これもまた一つの不可解な謎となってしまうだろう。そもそもレヴィは、トランプ・カードがヘブライ語の意味を「絵文字」にしたものだと述べている。そうすると、たとえば「家」という意味を持つ「ベス」を「絵文字」にして、なぜ「女教皇」になるのかと誰もが首をかしげざるをえなくなる。誰だって単純素朴に考えるならば、「家」というヘブライ語の意味を「絵文字」にするなら、なぜカードに建物の絵ではなく一人の女性の姿を描いたのかと不思議に思うに違いない。ただし、ものごとの裏を読もうとするオカルト・マニアならば、そう描かれていないところに深い意味が隠されているとして、さらなる深読みに頭をひねる可能性もあるだろう。あげくのはてに、「家を守るのは、本来、女性の役割だから、このカードは家を守っている女性を表しているのだ」とか何とか奇妙な理屈でもつけて納得してしまったりしそうである。しかも、それが次世代へと伝わる新たな秘教的解釈とやらで自身満々に語られたりして……。ところで、こういったことは冗談ではなく、今まで占いの理論書に親しんだことのない人には信じられないかもしれないが、笑うに笑えない、タロット界、いや洋の東西問わず占い本全般に見られる恐るべき慣習なのである。

どうやら十七世紀ドイツが生んだ奇才キルヒャーの業績は、二〇〇年後、一人のオカルティストに取り上げられ、はからずしも後々にまで影響を及ぼすオカルト・タロット理論の発展に大きく貢献してしまったようだ。しかも、そのエコーはすぐに消え去ることなく、さらに先まで続いていくことになる。

カバラ、カバラ、カバラ……

ところで、大アルカナ二十二枚以外の残りの五十六枚のカードに対して、レヴィはどのような解釈を行っていたのだろう。おおまかにざっと見てみよう。

まずは、コート・カードについて。レヴィは次のような二連句を書いている。

夫婦、若者、幼児、全人類は、
この四段階を経て、統一へと回帰する。(40)

『高等魔術の教理と祭儀』の中でのレヴィのコート・カードについての説明はたったこれだけである。あまりにも素っ気ない記述ではあるが、ここでレヴィのいいたいことをあえて翻訳すると、人は人生の中でいくつかの段階を通り、そして最後には「統一」、すなわち〈神〉のもとへと「回帰する」といったところだ。ちなみに、コート・カードの「キング」と「クイーン」は「夫婦」に、「ナイト」は「若者」に、「ネイヴ」は「幼児」に対応する。

次に、四つのスートをレヴィはどう解釈しているのか。まず『高等魔術の教理と祭儀』のあちこちに散りばめられている「四つ組み」を拾ってきてまとめてみると、左の表のようになる。

ここにまとめたリストは、すでに第一部で、二十世紀後半のタロティストたちによるスートの解釈として見たものとほとんど一緒である。逆に言うと、レヴィのスートに対する「四つ組み」の照応こそが、後から登場してくるほとんどのタロット理論のベースになっている。

棒	獅子	獅子宮	火	硫黄	ヨッド
カップ	人間	宝瓶宮	水	水銀	ヘー
剣	鷲	天蠍宮	空気	アゾート	ヴァウ
コイン	雄牛	金牛宮	地	塩	ヘー

ただ、ここでいくつか気になる点がある。まず、一つは「宝瓶宮」と同じラインに「水」、「天蠍宮」と同じラインに「空気」が配当されていることだ。これは占星術に親しんでいる人ならばすぐに気がつくことだが、「宝瓶宮」は「空気」に、逆に「天蠍宮」の方が「水」に対応すると考えるのが、一般的な占星術における分類だからだ。だが、なぜかレヴィの解釈ではその逆になっている。

さらに、四つのスートと、四つのエレメンツの対応も見てみよう。第一部ですでに見たとおり、二十世紀後半のタロティストの一致している見解は、「棒」＝「火」、「カップ」＝「水」、「剣」＝「空気」、「コイン」＝「地」だった。ところが、先ほどとは別のところでのレヴィの見解は、「剣」＝「地」、「コイン」＝「空気」ともなっている。ちなみに、これについてレヴィは次のように説明している。「水は、人間が手にしているカップのかたちで表わされ、空気は天上の鷲の頭部を取り巻く輪、つまり円光のかたちで。火は、これを燃え立たせる薪、地球の熱と太陽の熱が実を結ばせる樹木、また獅子がその象徴である王様の笏状（棒のこと）のかたちで。土（地のこと）は、毎年聖なる牛を屠って、その血と一緒に地上のすべての果実をふくらませる樹液をもほとばしらせるミトラの剣のかたちで(41)」

また、「四つ組み」のリストでは、ユダヤ教の神の名である「聖なる四文字」、すなわち「ヨッド・ヘー・ヴァウ・ヘー」が取り上げられているが、レヴィによれば、四つのスートの形は、この「聖なる四文字」の「象形文字」だという。

最後に、エースから10までのヌーメラル・カードについての解釈を取り上げよう。ここで、先ほどカバラのところで説明したセフィロトを思い出していただきたい。生命の樹のセフィラーは全部で十あった。この数の一致ということから、すぐに想像がつくように、十のセフィロトには、それぞれのスートの「エース」から「10」までのカードが配属される。ちなみに、カバラではそれぞれのセフィラーには名称がある。念のためにそれを上から順に列挙しておくと、「王冠《ケテル》」、「知恵《コクマー》」、「知能《ビナー》」、「慈悲《ケセド》」、「厳格《ゲブラー》」、「美《ティフェレト》」、「勝利《ネツァ》」、「永遠《ホド》」、「基礎《イエソド》」、「王国《マルクト》」となる。

一番目のセフィラーである「王冠《ケテル》」には、それぞれのスートの「エース」のカードが、二番目のセフィラーである「知恵《コクマー》」には、それぞれのスートの「2」のカードが、といった具合に、十番目のセフィラーである「王国《マルクト》」に至るまで、それぞれ四枚ずつのカードが割り当てられていく。

ところで、このような対応に何の意味があるのか。レヴィによると、ヌーメラル・カードすべてをセフィロトに対応させることによって、それぞれのカードが持っているカバラ的な意味を知ることができるという。レヴィが例として出すカバラ的な意味とは次のようなものになる。
「勝利《ネツァ》」に結びつく「カップの7」のカードのカバラ的意味は、「慈悲の勝利または女性の戦勝[42]」となり、「永遠《ホド》」に結びつく「剣の8」のカードのカバラ的意味は、「永遠の葛藤もしくは均衡[43]」となる。残念ながら、レヴィはすべてのカードに対して、このような解説をしてくれていない。レヴィのやり方で、カバラ的にカードを解釈しようとする場合、それぞれのセフィラーの意味を学んだうえで、そこから各自がカードの意味を導き出さなければならない。

以上、見てきたように、レヴィはタロット・カードの七十八枚すべてを、カバラのシステムに結びつけようとした。レヴィは言う。「十個の〈セフィロト〉と二十二枚の〈タロット〉は、カバリストが絶対的学問の三十二道と呼ぶものを形作っている[44]」と。しかし、こうして振り返ると、どうしてもコート・カードの部分だけが、レヴィのカバラのシステムから浮いてしまっているような気がしてならない。先ほどの、コート・カードに対してのあまりにも貧弱な説明を見ても、どうもレヴィ自身、コート・カードの解釈をどうしたものかと、もてあましていたのではないかと思いたくもなってしまう。いずれにせよ、こうしてタロットは、その歴史上初めてカバラという一つの一貫した秘教的シンボリズムの体系と結びつけられることになった。

カバラ、カバラ、カバラ……。これ以後、わたしたちは、タロットの世界の至るところで、この魔法の文句のような三文字を、いやというほど耳にしなければならなくなる。

いったいユダヤなのか、エジプトなのか

ところで、十八世紀末のド・ジェブラン、ド・メレ、エテイヤの伝統では、タロットはこれまでエジプト起源のものであると主張されてきた。しかし、レヴィはタロットとカバラとを結びつけた。ということは、レヴィにとって、タロットとはエジプト起源ではなくユダヤ教起源だということなのだろうか？　レヴィはタロットの起

源について次のように述べている。

> 開闢紀元一六一三年、二月二十四日から、「水星」の天使、学術と言葉の天使、知性と勤労の天使ラファエルの統治が始まる。文字が発明されたのもこの頃である。最初の言語は象形文字を用いた世界共通の文字で、その今日まで残されている記念碑が、エノク、カドモス、トート、パラメデスらの書物、ソロモンが後に取り上げた「カバラ」の小鍵、テラフィム、ウリム、トゥミムらの神秘的書物、『光輝の書《ゾハール》』、ギョーム・ポステルの原初的『創世記』、エゼキエルの不可思議な輪、カバリストたちの「車輪《ロタ》」、魔術師やジプシーたちの間で用いられる「タロット・カード」である。(45)

ここで、聞きなれない固有名詞が頻出していたとしても気にしないでいただきたい。本章の主題からみて関心のあるところだけを拾ってみると、要するに「開闢紀元一六一三、二月二十四日」からはじまった「天使ラファエル」の統治の頃に、他の諸々のものと同時に、タロット・カードは作られたということである。

これは中世のベネディクト派修道院の院長トリテミウス（一四六二―一五一六）の『七体の次位神、即ち天使の群、「神」の次に位置する諸天球を動かす精霊について』と題された論考の中で展開されている歴史哲学（?）をもとに、レヴィがタロット・カードの起源らしきものを語っているくだりである。ところで、レヴィはこれを文字通りの意味として語っているのだろうか？　それとも単なる冗長な言い回しで、比喩のようなものとして語っているのだろうか？

その起源の年代や、ここでの奇妙な陳述はおいておくとしても、レヴィの主張する通りにタロットとカバラが密接に結びついているのだとするなら、やはりタロットはユダヤ教起源だと普通は考えたくなるだろう。しかし、レヴィのタロットの絵柄の説明の中には、実はカバラ的な要素以外に、インドやエジプトのシンボルも取り入れられている。確かに、レヴィは二十一枚のトランプ・カードと「愚者」のカードを合わせた二十二枚のカードをヘブライ語の「絵文字」と見立てることによって、エテイヤのカードの〝修正〟を否定し、新たにカバラ的に〝修正〟し直した。だが、それによってたとえば「戦車」のカードのデザインは、カバラ以外からの要素を取り入れミックスされ、結果、次のようなものになった（図44）。やや長くなるがレヴィ自身による「戦車」のカードの説明もそのまま引用しておこう。

　絵文字は、星をちりばめた空色の幕で包まれ、柱が四本そなわった立方体の戦車。戦車の中、四本の柱の間には、金色に輝く三つの「五芒星」で飾られた王冠を頭に戴いた凱旋将軍。凱旋将軍は胴鎧の上に直角定規を三つに重ね合わせ、両肩には「ゲドゥラー」と「ゲブラー」に見立てた二つの三日月によって表される祭司長の印し「ウリム」と「トゥミム」を着けている。片手には円球、四辺形、三角形の飾りが先端にそなわったしゃく状を携え、堂々と落ち着きはらった態度で。戦車には二重のスフィンクス、つまり下腹部で一つにつながった二頭のスフィンクスが繋がれている。彼らはそれぞれ別方向へむかって引っ張っている。しかし二頭のうちの片方が後ろを振り向いているので、両方とも同じ方向を見ていることになる。後ろを向いているスフィンクスは黒く、もう一方は白い。戦車の前面を形づくる正方形には、エジプトの空飛ぶ球体を頭にのせたインドの男根像《リンガム》が見られる。[46]

図44　エリファス・レヴィの描いた「戦車」（出典67）

　以上の説明でわかるように、「戦車」のカードの中には、「スフィンクス」すなわちエジプト的なものと、「インドの男根像《リンガム》」という、ユダヤ教カバラとは明らかに相容れない二つの異質なモチーフが採用されている。もちろん、もともとのカバラの中に、上記のような異教的なシンボルが入っているわけがない。どうしたってこれは、タロット・カードがヘブライ語の「絵文字」であるという主張とは両立しないのではないか？

疑問はさておいても、このような折衷主義で〝修正〟されたレヴィのカバラ的タロットのアイデアは、エテイヤの「エジプティアン・タロット」以上に、後のオカルティストに多大な影響を与えたことは事実である。レヴィが行った、他のカードに関する記述の例もいくつかあげてみよう。

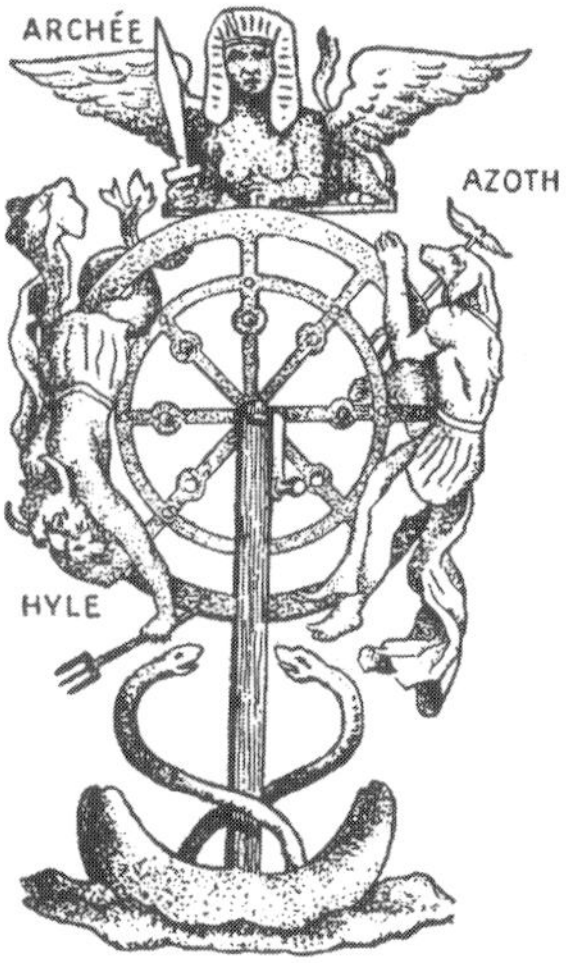

図45　エリファス・レヴィの描いた「運命の車輪」（出典30）

「奇術師」のカード。

頭のまわりには生命と普遍的精神の象徴である∞の形をした輪光をつけ、剣と、盃と、万能符を前に置いて、天に向かって奇蹟の杖をかざしている。(47)

「女教皇」のカード。

頭上に教皇冠をいただき、月の形の、すなわちイシス女神の角をつけて、ヴェールで顔を隠し、胸には太陽を象った十字架をつけ、膝の上に一冊の本を置いて、外套で隠している。(48)

「運命の車輪」のカード。

右脇には上昇する〈ヘルマヌビース〉、左脇には下降する「テュフォン」、そして上方には空中に浮かんで獅子のような爪で剣を掴んでいるスフィンクスとエゼキエルの宇宙開闢的車輪。(49)

レヴィ自体は、このような形で自ら〝修正〟したタロット・パックを、現実に製作することはなかった（すでに見た「戦車」と「悪魔」のカードだけが『高等魔術の教理と祭儀』の中に、またそれ以外に「運命の車輪」のカードが『神秘の鍵』の挿絵として収録されている・**図45**）。だが、レヴィによるこれらの細かなデザインの指定は、後のオカルティストたちによって製作されたタロット・パックの絵柄の中で、見事に実現されていくことになる。しかも、レヴィの施した〝修正〟は、二十世紀初頭に作られるアーサー・E・ウェイトの有名なタロット・パックのデザインにもそのいくつかが引き継がれ、さらに現代に至るまで、スタンダードな占い用タロット・パックに、いまだ多くのモチーフが残存している。

さて、これまではカバラとタロットの関係を中心にして『高等魔術の教理と祭儀』の内容を追ってきた。しかし、レヴィのオカルト理論の核心には、カバラ以外に、「星幽光《アストラル・ライト》」と呼ばれるコンセプトがある。では星幽光《アストラル・ライト》とは何か？　いったんタロットそのものの話題からは外れるが、星幽光《アストラル・ライト》というコンセプトを通して、レヴィの魔術理論の根底にあるものをあぶり出してみよう。

科学と宗教のあいだを満たす〈星幽光《アストラル・ライト》〉

「星幽光《アストラル・ライト》」。それはレヴィにとってすべての魔術の実効性を理論的に説明するためになくてはならない概念である。それればかりかレヴィの著作を読むと、星幽光《アストラル・ライト》でもって、魔術どころか、ありとあらゆる超常現象、はたまた人間の持つ超能力まで、すなわち超自然的で神秘的な事柄すべてが、ことごとく説明されてしまっている。

まず星幽光《アストラル・ライト》についてのレヴィ自身の説明を聞いてみよう。

「自然」の中には蒸気よりも遥かに強力な一種の力が存在しており、これを己がものにし、統御するすべを心得ている人間は、これを用いて、たった一人で、世界の表面を覆すことも、一変させることも出来るのである。この力は古代人のあいだに知られていた均衡を最高法則とする[50]。そして「超越的魔術」の大秘奥とも直結する「普遍的作因」に、この力は寄りかかっているのである。

このレヴィの言い方では、星幽光《アストラル・ライト》は、とにかく「強力な一種の力」とされている。しかし、それが何であるかということについては、それがかなり強力であり、絶大なる効果を持つものであり、実は昔からあるものだということしか、わからない。しかし、何度も繰り返されるレヴィの星幽光《アストラル・ライト》の説明とは、いつもこの調子である。

さらに、これに続くレヴィの文章は次のごとし。「季節の順序すら変更し、夜の最中に昼の現象を生ぜしめ、一瞬にして地球の端から端へと交信し、アポロニウスのように世界の果ての出来事を眺め、離れたところにいて治療し、或いは危害を加え、言葉に遍き成功と反響を授けることが可能である」。レヴィの言葉を文字通りに受け取るなら、星幽光《アストラル・ライト》とはなんと驚嘆すべき力だろうか！　これに比べてしまうと、現代の雑誌の後ろ頁で見られる「幸運の〇〇」、「願いを叶える〇〇〇」といった護符やらペンダントやら風水グッズやらの怪しげな広告の効能書きですら、まるで控えめに思えてくる。なんといっても、「西に黄色」でお金が入ってきたとしても、それで「季節の順序」も変えられるとまでいってしまっては、さすがに誰が聞いても嘘臭い。

話を戻そう。レヴィは星幽光《アストラル・ライト》を、この宇宙に遍く存在する微細な〈流体〉だと考える。それは、通常の目に見える物質的なものではない。ただし、その現れとして「熱、光、電気、磁気」といった四つの形をとる。さらに、大事なのは星幽光《アストラル・ライト》は、人間の〈意志〉によって影響を及ぼすことができるという点だ。そして、それは人間の〈想像力〉を通して、具体的な現象を起こすことも可能である。このような星幽光《アストラル・ライト》の性質に基づくレヴィの魔術理論とは、要約すると次のようなものなのだ。すなわち、偏在する微細な流体星幽光《アストラル・ライト》を、人は〈意志〉でもって支配し、〈想像力〉でそれに形を与えることができる。そして人は、現実を自らの思いのままにしていける[51]。

ところで、ここでタロットから離れて、わざわざ星幽光《アストラル・ライト》の説明をしてきたのには理由がある。というのも、レヴィはタロットを「高等魔術」に結びつけたが、それはあくまで魔術の理論に関わる範囲であって、魔術の実践に使用したわけではない。しかし、後に登場する魔術結社においては、タロットを魔術の実践にも使用した。その際に、それを可能にさせ、用意したのが、このレヴィの星幽光《アストラル・ライト》というコンセプトなのだ。

だが、星幽光《アストラル・ライト》を含むレヴィの考え方は、実は彼自身による独創的な発案ではない。そもそもレヴィの『高等魔術の教理と祭儀』にしても、そこに書かれている事柄は、いずれも彼がオリジナリティを発揮したものはほとんどないといってよい。ただし、これはレヴィの価値を貶めるために言っているのではない。むしろ、逆に彼が何らかのオリジナルなアイデアを提出していたとしたら、彼はオカルティズムのひとつの細い支脈にしかならなかっただろう。実際には、彼はこれまでのあらゆる魔術の伝承の中に含まれている様々な要素を収集し、それらをすべて星幽光《アストラル・ライト》という概念から説明した。すなわち、彼は魔術理論の発案者ではなく、近代における偉大な統合者なのである。

科学と宗教の対立。十九世紀から二十世紀に向かってますます深まっていくその二つの間の溝を、ヨーロッパ近代のオカルティズムが、右往左往しながら埋めようとする。レヴィの星幽光《アストラル・ライト》という発想を見ているとそんな気がしてくる。というのも、レヴィは「高等魔術」の理論を科学だと考えていた。さらにいうなら、そもそも星幽光《アストラル・ライト》という概念自体が、当時の疑似科学のひとつ、メスメリズムの動物磁気説から持ってこられたというのは明らかである。

以前にも少し触れたメスメリズムという運動は、レヴィの時代のオカルティズムを理解するひとつの重要な鍵である。それればかりか、メスメリズムとレヴィの星幽光《アストラル・ライト》を重ね合わせてみると、彼の魔術観そのものが、その時代に蔓延していたひとつの傾向を表現したものだったということもわかるだろう。

ここで、改めて本来のメスメルにはじまる動物磁気説を要約しつつ、それを取り巻く時代状況を概観しておこう。(52)

メスメリズムでは、まず宇宙全体に「動物磁気」と名づけられる〈流体〉が浸透していると考える。そして、それはあまりにも微細でとらえにくいため、検出や測定することのできないエネルギーである。しかし、それは物質も魂も含め、すべての事物に対して生命力を与えている。そしてこの〈流体〉こそが、人間の健康を左右している。よって人体の中に浸透しているこの〈流体〉を調整することで、あらゆる病を治すことができる。メスメリズムの生みの親、医学者メスメルはこう考えた。

では、その〈流体〉をどのようにすればコントロールすることができるのか。メスメルの考えによれば、一つには磁石の助けを借りることでそれができる。それで、前述のド・ジェブランのところで見た、磁気桶につながったメスメルの患者たちというのが登場するわけだ。

念のためにいっておくと、メスメル自身はオカルティストではない。本人にとって動物磁気による医療とは、経験的知識の裏づけのある（と本人は思った）真正なる科学に他ならなかった。しかし、メスメルの考えの中には、確かにオカルト的な関心を呼び起こすものが、本人の意図はどうあれ多分に含まれていた。たとえば、メスメルによれば、動物磁気は、宇宙の星の動きに呼応する。だから、人間の健康を回復するポイントは、宇宙のあり方と調和した適切な配置へと動物磁気を導くことにある。このようなメスメルの宇宙的調和理論の射程は、イタリア・ルネサンスの新プラトン主義者たちの主張した〈大宇宙〉と〈小宇宙〉という世界観や、オカルト・サイエンスとしての占星術や錬金術にも通底する万物の照応や共感といった考え方ともつながっていくものだともいえる。

このような考え方に基づくメスメリズムは、当時のパリでは非常に多くの人たちに受け入れられた。彼の設立した「宇宙調和協会《ソシエテ・ド・ラルモニー・ユニヴェルセル》」（一七八三）は、富裕なブルジョワジーや貴族をも惹きつけ、パリだけで四〇〇人以上の会員を抱え、ストラスブール、リヨン、ディジョンをはじめとする二十二以上の都市にその支部ができている。

一方で面白いのは、マリア・M・タタールの著書、『魔の眼に魅されて　メスメリズムと文学の研究』で詳しく述べられているように、こういったメスメリズムの広がりが、ドイツ・ロマン主義からはじまり、ヴィクトル・ユゴー、テォフィル・ゴーティエ、そしてオノレ・ド・バルザックといったフランス・ロマン主義期の文学者たちの考え方にまで、その大きな影響が及んでいるということだ。タタールは言う。「十九世紀フランスの文学者たちは、一七八〇年代の動物磁気説と、スウェーデンボルグ主義者、光明派、薔薇十字団たちによって発展させられたオカルト的メスメリズムとの、中間の道をすすんだ(53)」と。

実際に、バルザックの小説『絶対の探求』は、レヴィがオカルティストに転身するひとつのきっかけを与えたであろう前述のウロンスキーをモデルにしたのではないかといわれている(54)。こうして見てみると、レヴィの魔術理論と、同時代のフランス・ロマン主義と呼ばれる芸術家たちの間には、時代を反映したひとつの相同性すら見えてくる。あるいは別様に言うなら、メスメリズムというより大きな産湯の中に、オカルティズムとロマン主義という双子がともに浸かっていたとでもいえばいいのだろうか。

結局メスメリズムは、十八世紀末から十九世紀半ばのフランスにおいて、科学と非科学のボーダーラインを行き来する論争の波間を揺れ続けた。熱狂的な支持者たちによる喝采と、反対者たちによる冷ややかな嘲笑。メスメリズムは、常にその極端な賛否両論を生み出していた。その後、メスメリズムに含まれていたエキセントリックな部分は次第に俗化の度合いを増し、交霊会や霊現象のブームの中で心霊主義と結びつき、霊媒を使った怪しげな磁気療法士と称する人たちの手に渡る。その結果としてもはや科学としての資格は完全に失われていく。その反面、メスメリズムに端を発する催眠状態への関心は、パリの医者、ジャン＝マルタン・シャルコー（一八二五—一八九三）によって、その生理学的メカニズムの研究として抽出され、さらにそこからジクムント・フロイト（一八五六—一九三九）の精神分析学へと引き継がれていくことにもなる。

フロイトの精神分析学理論、そしてレヴィの近代魔術理論。ともにメスメリズムを背景として生まれてきたこれら二つは、一見、この先まったく異なる道を歩いていくようだが、実はまったく別のところを目指していたというわけではない。後に見ることになるが、二十世紀後半に至る頃には、お互いに好むと好まざるとにかかわらず、それぞれの行く先の上で、この二つの子孫たちは再び接近していくことになる。

占い師だらけのパリ

さて、しばらくの間、話がタロットの本流からそれてしまったので、この辺りで今まで述べてきた歴史の流れを簡単にまとめてみよう。

タロットがオカルティズムの中へと含まれていくきっかけを作ったのは、一七八一年にパリで出版されたクール・ド・ジェブランとド・メレによる『原始世界』第八巻の中での、タロットを古代エジプトの叡智へと結びつけることを夢想した二つのエッセイだった。その後、それを本格的に占いに導入し広めたのが、プロの占い師として成功を収めたエテイヤだった。その後、パリではカードを使った占いが大流行する。その中で、最も名声を博した人物がマドモアゼル・ル・ノルマンだった。このあたりから、プロフェッショナルな占い師という〝職業〟が、いわばサービス業という形態をとりながら確立されることになっていく。

そして、いよいよ十九世紀半ばを迎えて、エリファス・レヴィの登場である。彼はエテイヤによって作られてしまった「タロット=占い」という図式を嫌い、ド・ジェブランから始まった「タロット=古代の書物」としての地位を強調すべく、タロットを「高等魔術」の理論的枠組として使った。そして、たった今見たように、その背後にあったのは、十八世紀末から広まっていたメスメリズムの影響だった。

ところで、レヴィによってタロットの〝高等〟な理論が作られていく一方で、「低俗魔術」、あるいは世俗的な占いに結びついたタロットは、廃れていってしまったのだろうか。

レヴィは、著書の中で、何度かエテイヤに対してかなり辛辣な批判を投げかけている。たとえば「エテイヤ、一名アリエットは、もっぱら自分の占いを体系づけることに、そしてそこから金銭的利益を引き出すことに腐心し、読み書きも満足に出来ない理髪師上がりの分際で『トートの書』を改良し、それを己れのものにしたと豪語していた。（中略）彼の仕事はクール・ド・ジェブランによって発見された古い書物を、通俗魔術とジプシー女占い師の領域にもう一度突き落としてしまったのである」[55]。

しかし、偉大な高等魔術の理論家レヴィに何といわれようとも、エテイヤによってはじめられたタロット占いの伝統は、現実には十九世紀を通じて継続した。レヴィの嘲笑をよそに、エテイヤに影響を受けたいくつかの「エジプシャン・タロット」[56]のニューヴァージョンは作られ続け、また、「高等魔術」とは関係のないあくまで簡単なカード占いのマニュアル本を求める〝素人〟のニーズは存在した。結局のところ、〝古代の叡智〟に基づくとされる伝統と格式の高い「高等魔術」は、日々の現実の細々とした悩みで頭が一杯の大衆の間では、どうでもいいものであり、そもそも知る由のないものだった。一般の人たちが真に必要としていたのは〝古代の叡智〟や〝哲学的真理〟ではなく、瑣末な日常の問題に対してすぐに役立つ託宣だった。したがって、ポスト・マドモアゼル・ル・ノルマンたちは相変わらずの活躍ぶりを見せていた。

ただし、十九世紀後半のシビュラたちは、その時代の〝科学的技術〟に敏感だった。そう、実は彼女らも前述のメスメリズムを積極的に取り入れたのだ。彼女らは動物磁気を操る助手によって一種の催眠状態に置かれ、その朦朧とした意識の中で、どんな細かな事柄までも見抜くことができると信じられた。メスメリズムという最新モードの装いでより一層の神秘性と信憑性を獲得することに成功した彼女らは、お客の日々の悩みに答えるばかりか、亡くし物のありかを告げ、はたまた宝くじや株式の当たり外れまで予見したのだ。一八五二年には、なんとフランスの人名録に、「超能力催眠術師」なる職種が登場するに至っている。そして世紀末が近づく頃には、このような催眠状態による透視術を行う女性たちの数は、名の通ったものだけでもパリでおよそ一〇〇〇人もいたという[57]。

ちなみに、わたしたちの生きている現在にも、霊能者や占い師と呼ばれる人々は相当数存在する。昨今でもいくつかの女性誌で定期的に行われる占い特集号では、「おいしいと評判のラーメン屋」ならぬ、「当たると評判の占い師」なるコーナーがときおり登場する。それらを見ても、毎度毎度、かなりの数の占い師の方々が、二十一世紀の東京で大いに活躍されていることがわかる。はたして実際にはどれぐらいの数の占い師が存在するのだろうか？

話を、レヴィによって確立された「高等魔術」とタロットの伝統へと戻そう。レヴィの『高等魔術の教理と祭儀』が出て十年あまり後に、レヴィ自身がタロットとカバラを手ほどきした人物によって一冊の奇妙なタイトルの本が出版される。このあたりでいったんレヴィから離れ、彼の与えた影響のにわかな広がりの方に目を向けてみよう。

念入りに書かれた嘘

一八六三年、ポール・クリスチャンなる人物によって書かれた『チュイルリーの赤い人（L'Homme rouge des Tuileries)』という不思議なタイトルの本が出版された。フランス革命の歴史をご存知の方なら、「チュイルリー」という言葉は、よくご存知のはずである。そう、「チュイルリー」とは、かのナポレオン・ボナパルトの宮殿のことである。そして「赤い人」というのは、そのチュイルリー宮殿に出没し、ナポレオンに助言をしたといわれる霊のことである。ちなみに、マドモアゼル・ル・ノルマンも、すでに一八三一年にこの伝説を題材にした『チュイルリー宮殿の赤い小人』というタイトルの本を出版している。

まず、この『チュイルリーの赤い人』を書いたポール・クリスチャンとはいったい何者なのか？[58] まずその彼の略歴を見ていこう（図46）。

一八一一年五月十五日、レミルモンの中産階級の家に生まれる。本名はジャン＝バプティスト・ピトワで、ポール・クリスチャンは後のライター名である。十八歳のときピトワはトラピスト修道院に入る。だが、修道士になる前にそこをやめ、結局、ストラスブールの教区牧師である叔父のもとで学校に通う。その後、学校を出てしばらくたった二十八歳のとき、ピトワは公立学校の図書館の職につく。そこで彼に与えられた仕事は、膨大な数の古書の目録を作成することだった。そのおかげで、彼は後の人生の方向につながる占星術やカバラをはじめとする様々なオカルティズム関連の書物に出会うことができた。ほどなくして、彼自身、オカルティズムに関する本を書きはじめる。

ただし、ピトワはオカルティズム専門の書き手だったわけではない。それ以外にもカトリック信仰に関するものや、パリの歴史、またはゲール伝説の英雄オシアンの物語の翻訳等々、彼は生涯の間に数々のペンネームを使い分けながら、八十冊もの本を出版している。いってみれば、彼はある程度の成功を収めた職業人としての書き手だった。そして、ポール・クリスチャンなる名は、彼の数あるペンネームの中でもとりわけ気に入ったものの一つだった。実際、彼は私生活の友人たちの間においても、ポール・クリスチャンの名で通っていたほどだ。一方、本名のジャン＝バプティスト・ピトワの名では、一冊も本を残していない。

図46　ポール・クリスチャン、一八四六年、パリ国立図書館（出典５）

ところで、この後に見ることになるポール・クリスチャンの名で出版された前述の『チュイルリーの赤い人』は、明らかにレヴィの影響によるものである。そもそも、彼は一八五二年の時点で、たまたま隣人だったエリファス・レヴィに、カバラとタロットに関するレッスンを受けている。ちょうどレヴィが『高等魔術の教理と祭儀』を発表する二年前のことである。

しかし、ピトワの秘教的知識は、必ずしも全面的にレヴィから譲り受けたものではない。というのも、彼はレヴィと出会う以前に、その手の若干の著作をポール・クリスチャンとは別名で出している。まず一八四一年の十二月に、パリで『赤い本 (Le Livre rouge)』を、そして翌年五月に同じくパリで『黄金の本 (Le Livre d'or)』を、ホルテシウス・フラメルなる筆名で出版している。ちなみに、このフラメルという名は、かつてエリファス・レヴィの偽名ではないかと後代のオカルティストたちによって想定されていた。[59] しかし現在では、フラメルはピトワのペンネームであったことが、ほぼ間違いのないこととして同定されている。[60] また、続く一八四五年には、A・フレデリック・ド・ラ・グランジュなる別名によって『宿命の偉大な書 (Le Grand Livre du Destin)』を出版。大部分の内容は『赤い本』と『黄金の本』と一緒であるが、こちらには、カードを使った占いについての項目が、新しくつけ加えられている。

しかし、実はこの『宿命の偉大な書』は、悪い意味でかなり問題のある本である。そこに書かれている内容に関しては、現在のタロットの歴史家からは、かなり容赦のない手厳しいコメントがなされている。[61] では、この本の何がそんなにまずいのだろう。

一言でいってしまうと、著者が途方もない嘘つきだという点に尽きる。というのも、『宿命の偉大な書』の中で事実と称して記されているカード占いに関する歴史的な逸話は、すべて著者によるまったくの作り話なのだ。しかもそれが、あたかも真実であるかのように非常に細かな描写が重ねられているのだから性質が悪い。たとえば、サン・ジャック通りに住む、有名なカード占い師マリア・アンブルジェは、ルイ十四世の相談役をしていた。そして、一七一二年、彼女はその予言が成就したことで六〇〇〇リーブルを受け取った等々。他にも"伝説"のカード占い師の偉業が事細かに描かれるが、いずれにおいてもそれらは事実のわずかな断片すら含まれない完全な虚構の寄せ集めである。これはもうマドモアゼル・ル・ノルマンの自伝どころの騒ぎではない。

余談になるが、二年後の一八四七年に出版された、ポスト・ル・ノルマンとしてすでに紹介したマドモアゼル・ルリエーブルの『占いの科学の正当性』という本の中では、アンブルジェをはじめとする、『宿命の偉大なる書』の中で登場する架空の占い師たちが、すべて真実として受け取られ、引き継がれるということが起こってしまっている。「本に書いてあるぐらいだから本当でしょう」という、〈書かれたもの〉が知らず知らずのうちに持ちうる力の一端がここにうかがえる。

じめてしまう神話作用の波及力に、改めて気をとめさせられる出来事である。

このように見てしまったわたしたちにとって、のっけからピトワは随分と信頼の置けない著作家である。しかし、そんな彼の書いた『チュイルリーの赤い人』、そして七年後の一八七〇年に出版した『魔術の歴史』は、ともに「オカルト・タロットの歴史」の中で後に何人ものフォロワーを生み出した影響力の大きい書物である。

次にこの二冊で展開されるオカルト・タロットの理論が、どのようなものであったかをみてみよう。

占星術に奉仕するタロット

『チュイルリーの赤い人』は、まず序文の冒頭をレヴィの『高等魔術の教理と祭儀』の引用からはじめる。しかしながら、全体の主題は、カバラではなく、実のところ占星術に関するものとなっている。また、この本の叙述のスタイルは、ドン・ボナベンチュール・ギュヨンなる年老いたベネディクト派修道士に関する物語という形をとっている。それによると、古代の知恵の書き記された「失われた書物の断片」である文書を、修道士ギュヨンが所有していた。そして、『チュイルリーの赤い人』の中で述べられる独特の占星術のシステムとは、それに基づくものであるとされる。

ここで「独特」という言葉に傍点を付したのは、クリスチャンがこの本の中で述べている占星術のシステムが、オーソドックスなものとは極めてかけ離れたものだからだ。簡単にまとめると次のようなものである。七つの天体（土星、木星、火星、太陽、金星、水星、月）として表される七つの精霊を、人間や事物を支配している動因とみなす。さらにこれら七つの精霊のもとに、劣った三十六の精霊たちがいる。それは黄道十二宮の「デカン」（三十度ずつの一つの宮を三等分した十度のこと）にちょうど対応している。彼らはさらに十二宮全体の三六〇度に対応した精霊たちを支配するといった具合である。

まず、ギュヨンは「薔薇十字」のシンボルについての詳述からはじめる（図47）。この薔薇十字のシンボルは、

図47　ポール・クリスチャンによる薔薇十字のシンボル（出典2）

「ヘルメス・トート」によって考案され、古代の魔術師たちにおいて知られていたものだと説明される。また、そのシンボルの周りに描かれた人間、牡牛、獅子、鷲のそれぞれに、「INRI」という言葉が対応するともいう。ちなみに、歴史的にこの四文字はキリストを十字に架けた人物、すなわち総督ピラトが書かせた罪状書きの言葉である。そして、その綴りはラテン語の「Iesus Nazarenus, Rex Indaeorum」の頭文字であり、本来は「ナザレのキリスト、ユダヤの王」という意味を持つ。ところが、『赤い人』の中では、これがまったく違った意味に解釈される。

まず「I」は創造と発生のための活動的な原理である。そして、二つ目の「N」は受動的な原理を意味するとされる。さらに三つ目の「R」は、生命の永遠の変容を意味するとされ、最後の「I」は、一つ目の「I」と同じ意味を表す。そして、それら四つの言葉が意味するのは、この世の終わりのない運動だという。

また、『赤い人』の中では、「INRI」以外に数のシンボリズムによっても四つ組みが作られる。数字の「一」は創造的な精神、「二」は物質、「三」は物質と精神の結合、「四」は形の創造を意味するものだと説明される。そして、これらの数の合計は、先ほど述べた占星術のシステムの中のデカン、すなわちその度数である十を導くという（つまり、1＋2＋3＋4＝10）。

さて、肝心のタロット・カードはどのように扱われているのだろうか。実は、『赤い人』の中では、タロットという言葉は一度も出てこない。しかし、円を七十八に分け、それぞれに、カードの数字とタイトルが対応させられている。ここでまず注目すべきは、0の数字が二十番目と二十一番目の間に置かれている点だ。これはレヴィからはじまった0番の「愚者」のカードのイレギュラーなポジションを踏襲したものである。また、1から21

までの数は、ちょうどトランプ・カードに該当しているが、残りの22から77までの数は、ヌーメラル・カードとコート・カードが当てはめられる（このようにすべてのカードを連続した番号に割り当てるというのは、エテイヤがすでに行っていたことを思い出したい）。

念のためにトランプ・カード以外のクリスチャンによるタイトルの順番も確認しておこう。まず「棒」のスートが、二十二枚のトランプ・カードのタイトルの後、すなわち二十三番目にやって来る（ただし、「棒」のスートは「笏（Scepters）」と呼ばれている）。そして、「カップ」のスート、さらに「剣」のスートと続く（ただし、「剣」のスートは「刀（Glaives）」と呼ばれている）。最後に来るのは「コイン」のスートとなる（ただし、「コイン」のスートは、イスラエルの通貨単位であるシケル（Sicles）と呼ばれている）。一方で、各々のスートの中での順序は、まずコート・カードのタイトルが先行する。「支配者（Maître）」、「女支配者（Maîtresse）」、「戦士（Combattant）」、「奴隷（Esclave）」と連続し、その後に「エース」から「10」までのヌーメラル・カードが順に並ぶ。

『赤い人』の中で最も興味深い点は、二十二枚のトランプ・カードに新たに割り当てられた名称である。当時のフランスでスタンダードだったマルセイユのタロットの名称とも、またエテイヤのものとも違う独自の名称となっている。それらを一から順に列挙すると次のようになる。

「マグス」、「オカルトの聖域の門」、「イシス＝ウラニア」、「立方石」、「密議（あるいは秘儀《アルカナ》）の主」、「二つの道」、「オシリスの戦車」、「テミス（秤と剣）」、「覆われたランプ」、「スフィンクス」、「口輪をはめられた獅子（飼いならされた獅子）」、「犠牲」、「刈る骸骨（刈る人。鎌）」、「二つの壺（太陽の守護神）」、「テュポン」、「頭を打たれた塔（稲妻に打たれた塔）」、「マギの星」、「黎明」、「燃え上がる光」、「死者の目覚め（死者の霊）」、「クロコダイル」、「マギの王冠」。

この中でも特に「イシス＝ウラニア」、「オシリスの戦車」、「スフィンクス」、「テュポン」などのようなタイトルは、明らかにエジプトを意識したものである。そしてクリスチャンもまたカードのデザインの〝修正〟すべき点をいくつか主張している。たとえば、０番の「愚者」のカードは「クロコダイル」と呼ばれ、従来のカードで

図48 グラン・タロー・ベリーヌ、コネチカット、ユナイテッド・ステイツ・プレイング・カード・コレクション（出典5）

描かれていた犬は、エジプト〝本来の〟クロコダイルにするのが適切だという。

また、クリスチャンによると、円を七十八に分けた部分に対応させたそれぞれのカードは、「神の世界」、「知性の世界」、「物質の世界」それぞれの領域を表す三重の意味を持つという。たとえば、最初の箇所に対応させられた一番「マグス」は、「一」という数の持つ数秘術的な意味に基づいて解釈した結果、「神の世界」においては「完全なる存在」、「知性の世界」においては「統一」、そして「物質的な世界」においては「人間」を、それぞれ表しているものだという。ちなみに、このようなタロットのシンボリックな意味の解釈は、ホロスコープを作成し占星術による予言をする際の解釈において生かすためのものであり、タロット占いのための意味として提出されているわけではまったくない。最初にも述べたように、『赤い人』は、あくまで占星術に関する書物なのである。

さて、今まで述べてきたこと以外に、わたしたちのタロットの歴史において『赤い人』という本が残した明らかな貢献がある。そのひとつは、彼がタロットを指すのに使用した「アルカナ（Arcanes）」という言葉である。以後、それはオカルティストを通して、一般的な用語法となり、そして第一部でも見たとおり、二十一世紀の現在にまで変わることなく継承されている。また、クリスチャンの思い描いたエジプト風タロットのイメージは、エドモン・ビロード（一八二九―一八八二）なるカード占い師によって再現され、新たな「エジプシャン・タロット」を生み出すことになる（図48）。

さらに続けて、クリスチャンの一八七〇年に出版した『魔術の歴史（Histoire de la magie, du monde surnaturel et de la fatalité à travers les temps et les peuples）』の方を見てみよう。

新プラトン主義者イアンブリコスは、そんなことを言っていないのに……

クリスチャンの『魔術の歴史』は、もしやレヴィの一八六〇年に出版した同名の書に対抗したものなのだろうか。というのも、かつてレヴィからタロットとカバラを学んだとはいえ、クリスチャンは終生レヴィの忠実な弟子だったわけではなかったからだ。クリスチャンの『魔術の歴史』の英訳版の序文を書いたロス・ニコルスは、その中でクリスチャンの未発表の文書を調査した結果、少なくとも一八七一年頃には、クリスチャンはレヴィのことを好まなくなっていたのではないかという点を指摘している[63]。

さて、クリスチャンの『魔術の歴史』の中で述べられているタロットに関わる記述を見てみると、『赤い人』の中で展開されていたものとほぼ重なっている。ただし、全七巻からなる『魔術の歴史』の二巻目では、タロットの起源についての新たな見解が書き加えられている。それについて見てみよう。

まずクリスチャンは、三世紀後半から四世紀初頭を生きた新プラトン主義者イアンブリコス（二五〇頃―三二五頃）の書いた『密議について』という本を引き合いに出す。クリスチャンは、イアンブリコスの著書の中で述べられているという古代エジプトの秘儀伝授の儀式の詳細を引用する。すなわち、クリスチャンがいうには、まず志願者はピラミッドの中の七十八段の階段に導かれる。そしてその通路の両側には、十二の彫像があり、さらにそのそれぞれの彫像の間には全部で二十二の絵（タロットのこと）が飾ってある。そしてそこを志願者は通過していく……。

ここで、古代哲学に造詣の深い方なら、「あれ、そんな話、イアンブリコスの本の中にあったっけ？」と、まず首をかしげるのは間違いない。そう、イアンブリコスの本には、そのような彫像の間の絵などという記述は一切なく、クリスチャンのいうような儀式の類などもまったく書かれていない。これはいったいどういうことか!? ひょっとしてまたしても、クリスチャンは、都合のいい作り話を捏造したのか!? だとしたらクリスチャンはかなり性質が悪い。というのも、わざわざ彼はイアンブリコスの本についての脚注をつけて、一六七八年、オックスフォードで出版されたラテン語とギリシャ語の二ヶ国語版を参照したということまでご丁寧に示してくれている。ないものをいかにもあるかのように見せるための周到な小細工である。[64]

ちなみにダメットは、クリスチャンによる古代エジプトにおける秘儀伝授のアイデアの元ネタは、フランスのオラトリオ会士で哲学教授のジャン・テラソン神父（一六七〇―一七五〇）によって書かれた小説『セト』[65]（一七三一）、もしくは、一七六七年頃に「アフリカの建築者」なるエジプト的フリーメーソンの結社を作ったフリードリヒ・フォン・ケッペン（一七三四―一七九七）と彼の仲間であるヨハン・ヴィルヘルム・ベルンハルド・フォン・ハイムン（一七二五―一七八六/八七？）によって、匿名で出された『神の沈黙』（一七七八）の中で述べられている架空の話から借りられたアイデアなのではないかと指摘している。[66]

気を取り直して、さらに『魔術の歴史』を少しだけ見てみよう。二巻目の第六章と第七章は、フリーメーソンについての記述である。ただし、彼のフリーメーソンに対する扱いは決して好意的ではない。続く第八章と第十二章では、十八世紀末のフランスの革命期を生きたカリオストロ（一七四三―一七九五）について述べられている。錬金術の熟達者を自称し、なんと五五五七歳まで寿命を延ばす方法を知っていると豪語したカリオストロ。彼は一七七七年ロンドンでフリーメーソンに加入し、その後、一七八四年には独自のエジプト風教義に基づく「エジプト儀礼」を発足させた人物である。

ここでクリスチャンは、カリオストロと同時代を生きたクール・ド・ジェブランを持ち出してくる。クリスチャンによれば、ド・ジェブランの『回想録』を見ると、彼は一七八五年五月十日に開催されたフィラレート派のフリーメーソンの会議で、カリオストロと出会っている。そしてその会議の中で、カリオストロは、人の名前を構成するアルファベットを使った占いの方法を披露したという。さらにそこで神妙に語られたのは、ルイ十六世やマリー・アントワネットの詳細な運命、そしてナポレオンの成功と第一帝政勃興に至るまでについての、こと細かな予言だったという。

しかし、ここでもクリスチャンの話には警戒が必要だ。たしかにド・ジェブランはフィラレート派の一員だった。そしてフィラレート派は実際に一七八五年の二月十九日から五月二十六日の間に会議を開いている。しかし、そこでクリスチャンのいうような、ド・ジェブランとカリオストロの接触という出来事は、現実にはあり得ない。なぜなら、ド・ジェブランがメスメリズムへの信仰のもとに死んだのは、会議の一年前の一七八四年五月十二日なのである。まさか、死んだド・ジェブランが、天才魔術師カリオストロの交霊術やら何やらで、その場に蘇ったなんてことはあるまい。また、A・E・ウェイトの『フリーメーソン新辞典』(一九二一)によれば、クリスチャンが参照したというド・ジェブランの『回想録』なるものの存在自体が、そもそも架空の捏造物だと断定されている。[67]

しかし、このド・ジェブランとカリオストロがコンタクトをとったという話は、またしてもその後いくつかの本で繰り返されてしまっているのだから困ったものである。翻訳され今でも広く出回っている著作の中から例をあげると、コリン・ウィルソンの『オカルト』[68]や、マンリ・P・ホールの『象徴哲学体系III カバラと薔薇十字団』[69]などがある。オカルトや秘教的なものに関心を持つ人たちの間では非常に有名なそれらの二十世紀の文献にすら、クリスチャンによって捏造されたド・ジェブランとカリオストロの接触の模様が事実として記されてしまっている。いずれの本も出典を明らかにしていないので、ド・ジェブランとカリオストロについての話がどこから引っ張ってこられたものかは明らかではないが、書かれている内容からしてクリスチャンの『魔術の歴史』

の中から、直接、あるいは間接的に取られていると見てまず間違いないだろう。

これらクリスチャンの偽りの記述は、単なる事実誤認によるものではなく、明らかに意図的なごまかしであるとしか考えられない。問題なのは、それにもかかわらずクリスチャンのこの本は魔術の歴史に関しての真面目な考察の本だと受け取られてしまったということだ。

ところで、このようないい加減さというか、不誠実さというか、何と評していいかわからない捏造の数々を行ってしまっているクリスチャンという人物に対して、ちょっとした疑問がわいてくる。たとえば、彼は秘教的な「古代の叡智」の存在を、本当に信じていたのだろうか？　それとも、単に収入の手段としてオカルト本を書いただけだったのだろうか？　もしかすると、「ひょっとして、これってみんな信じちゃうのかな」などと思いながら、オカルトに熱中する読者たちを半ばからかう気持ちで、ないものをあたかもありそうなものとして創作することを楽しんでいたのだろうか？　もちろん今となっては、そこのところを彼に問いただす術はないのだが……。

〈書かれたもの〉としての「伝統」

ここでクリスチャンの捏造を責めるよりも、彼が作り話をでっち上げたということの背後にあるものを考えてみるほうがわたしたちにとっては有益であろう。

十九世紀という近代を生きるクリスチャンにとって、結局、「古代の叡智」なるものにアクセスする手段は、〈書かれたもの〉を通してでしかなかった。もっというなら、オカルト研究において確かめられるものは〈書かれたもの〉以外には何もなかった。しかしながら、その〈書かれたもの〉自体が本当に信頼の置けるものなのか？　かつて図書館員として膨大な古文書の目録を整理する仕事をしていた彼は、そのような疑問を感じていたのではなかろうか。これまでの秘教的文献の古典の中にも怪しげな記述が含まれているならば、そしてそれが伝統を作る基盤になっているのだとしたら……。そこまで考えた彼は、オカルト研究の未来へ向けて、ちょっとした〝いたずら〟を仕組んでみよう、そう思ったのかもしれない。要するにクリスチャンは、〈書かれたもの〉の集積によって作られるオカルトの伝統の真実性そのものを、はなから信じることができない懐疑主義者だったのかもしれない。

オカルト的知識、あるいは「古代の叡智」、実はそれらが〈書かれたもの〉に依存し、頼るしかないという事態は、なにもクリスチャン一人の問題ではない。「書物が発明されて以来、呪術は文献に頼る研究分野である」と、アメリカの社会学者ダニエル・ローレンス・オキーフは、呪術研究の著書の中で述べているが[70]、その「呪術」という言葉を、「オカルティズム」という言葉に置き換えてしまっても、ここではまったく同じことがいえるだろう。

たとえば、オカルティズムの復興者レヴィを例にとってみよう。あの『高等魔術の教理と祭儀』を書かしめたレヴィのオカルト的知識は、どこから来たものだったのか。もちろん、それは前にも見たように彼の独創ではなかった。また、それは何らかの秘教的な結社から受け継いだものでもなかった。そう、彼の知識のほとんどは〈書かれたもの〉から学んだものだった。そして次世代の彼の後継者たちは、さらに今度はレヴィによって〈書かれたもの〉から学んでいく。

むろんレヴィにとって〈書かれたもの〉というのは、通常の書物だけではない。レヴィにとって重要な〈書かれたもの〉のひとつが、そう「絵文字」としてのタロット・カードだったのだ。だからこそ、レヴィは次のようにも宣言する。

> 一冊の本も与えられずに牢屋の中に閉じ込められても、たまたま「タロット」を持ち合わせていて、そしてその使い方を心得てさえいたならば、数年のうちに彼は、宇宙全般にまたがる知識を手に入れて、万事にかんして比類ない理論と尽きない雄弁をもって語れるようになるであろう[71]。

このようなレヴィの言葉を額面どおりに受け取るなら、もはやオカルティストはどこかの秘教的な結社から秘儀伝授を受ける必要はない。しかもこのタロット・ファンダメンタリズムともいうべき信仰は、もはや失われてしまった〝古代の叡智〟なるものを、なんとか手に入れ〝回復〟あるいは〝復活〟させたいと欲する者にとって、どれだけ心強いものだろう（なぜなら、ただ目の前にタロット・カードの一セットがあればいいのだから）。

まさしく、錯綜とした「オカルト・タロットの歴史」とはこうしてはじまったのだ。そう、たった今、引用したばかりのレヴィの言葉こそが、オカルト・タロットの終わることない解釈の運動が始動されるための、まぎれもない最初のひと突きとなったのだ。

かくして、その解釈への誘惑に手を染めたある人物によって、タロットという聖なるテクストに対する新たな釈義が誕生する。そして、それが文書あるいは口伝という形を通して流通する。しかし、その釈義に不服を感じる人物が、もう一度、原テクストであるタロットへと戻っていく。そしてそこでまた新たな釈義が生み出され、そしてまた……。

「古代の叡智」。それを長い歴史の中、連綿と伝達し続けてきた何らかの「秘密の伝承《シークレット・トラディション》」[72]が、仮にあったとしても、少なくとも十九世紀のフランスにおいては間違いなく失われてしまっていた。だが、歴史家ジェイムズ・ウェッブがいうように、オカルティストたちは「歴史的な伝承に基づくことなしに、新たな教義を発見する」[73]。レヴィが行ったことはまさにそれだったのではないか。

回復、あるいは復活。それは、そもそもが失われているからこそ起こり得る。失われていないならば回復あるいは復活の必要はない。繰り返すが、秘密の伝承《シークレット・トラディション》は失われていた。しかし、十八世紀末のある日、『原始世界』を執筆中のド・ジェブランは、タロット・カードが古代エジプト起源であるということを発見した。そして、ド・ジェブランの示唆をもとに、タロット・カードを眺めたレヴィは、そこにこそ、失われた秘密の伝承《シークレット・トラディション》の痕跡があると確信したのだ。秘密の伝承《シークレット・トラディション》自体が失われていたとしても、古代の叡智自体は生きている！　タロットと呼ばれる絵の描かれたカードの中に。たとえそのオリジナルの持っていた輝きが多少損なわれてしまっているとはいえ、いまだ価値あるものが息を潜めて眠っている！

レヴィにとってはタロットこそがすべての鍵だった。彼にしてみれば、フリーメーソンなどの秘密結社は、真の秘密の伝承《シークレット・トラディション》とは関係がない。実際に一八六一年、レヴィはフリーメーソンに加わるが、その教義の内容に失望し、翌年の早くには脱会している。

その代わりに、レヴィは〈書かれたもの〉の中に、秘密の伝承《シークレット・トラディション》の痕跡を探った。彼は自分よりも先に、タロットのオカルト的主題を発見した「正真正銘の秘法修得者」の著した書物——十六世紀にキリスト教的カバラの著作を残したことで知られる元イエズス会士ギヨーム・ポステル（一五一〇―一五八一）の『秘められてきた事物の鍵』（一五四七）を例にあげる。レヴィは、それを証明するためにポステルの著書から、「ROTA」というアルファベット四文字を引っ張ってくる。「秘密の鍵」と呼ばれるその四文字を、レヴィは十字の形に配置する（**図49**）。そうすると、ご覧の通り、一番上から時計回りに、それが「TARO」、すなわちタロットと読めるわけだ[74]。

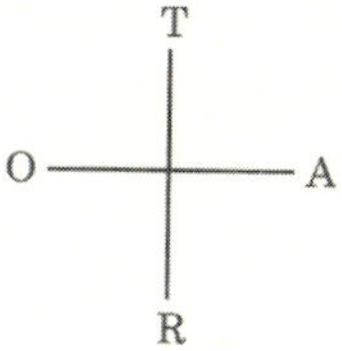

図49　ROTA（出典67）

しかし、もともとポステルの本の中では、レヴィの本の中でのように十字として配置されるのではなく、単にそれは次のように並べられていただけだった。

DEUS
HOMO
ROTA

ポステルの本はタロットについてのものではないし、この四文字の記述の意図は、実際には、「TARO」と読ませるためのものではなく、単に「ROTA」という言葉以上のものではなかった。しかし、レヴィはそこに「タロット」なる言葉を読み込んでしまった。そして自著の中で、十字の形に配列してみたわけである。この例からもわかるようにオカルティストたちにとっての伝統の発見とは、えてして本人の無意識的か、もしくは半ば自覚的な創作によるところが大きい。

レヴィやクリスチャンの後、時代は十九世紀末に向かい、ますます多くの人々が失われた秘密《シークレット》の伝承《トラディション》の在り処を探し求めることに熱中する。だが、彼らが向かうことになる先は、レヴィのような〈書かれたもの〉の中にではない。ある人々は、「見えざる霊的導師」からの指導を仰ぎ、またある人々は、ここではないどこか遠いかの地へとその叡智の痕跡を追い求める。たとえば、イスラム、インド、チベット等々へと。あくまでヨーロッパから見て時間が凍結しているように見えるそれらの場所は、今も昔も失われた叡智を求める人々の間において、いまだ秘密《シークレット》の伝承《トラディション》が存続している聖域としてみなされるのだ。

一八七五年の五月最後の日に、「オカルティズムの復興者」エリファス・レヴィは、『エゼキエルの幻視』の未完の翻訳原稿を机に残したままこの世を去った。彼の死後の一八九六年に出版された最後の作品『平和の教理』には、オカルトに関するものは含まれていなかった。むしろそこでは、若き日にコンスタンの名のもとで出版した社会主義的なものへの回帰が見られた。しかし、かつてほどのラディカルな主張はもはや消えていた。二十代に道を逸れ、革命家、そして魔術師へと転身していった助祭は、死の床において最期の改悛を行った。

一方のポール・クリスチャンこと、ジャン・バプティスト・ピトワも、レヴィの死の二年後の一八七七年七月十二日、リヨンで最期を迎えた。

二人はまさしく同時代を生きた。そして、二人はそれぞれオカルト・タロットの歴史のこれからしばらく続いていく伝統に大きな影響を残した。それは、彼らの手から離れた〈書かれたもの〉が、死後もなお命脈を保ち続けた証である。

そして、時代はいよいよ世紀末へと向かう。

世界を支配する「見えざる霊的導師」

レヴィの死後、約十年の静けさの後、新しい世代の若者たちによって新たなオカルティズムの運動が開始される。しかし、その中心となった人々の中で、レヴィやクリスチャンを直接知っていたものはごくわずかである。彼らのほとんどは〈書かれたもの〉を通してしか、レヴィやクリスチャンを知ることがなかった。

　さて、この時期のオカルティストの間で、「オカルト・タロットの歴史」に対して最も大きな影響を与えたのが、本名ジェラルド・アンコース、筆名をパピュスとして知られる人物である（図50）。彼の一八八九年に出版した『ボヘミアンのタロット（Le Tarot des Bohémiens）』という本は、レヴィの「タロット＝カバラ」のアイデアをより複雑で難解な理論のもとへと導いた(75)。

　一八六五年七月十三日、アンコースはスペインのコローニャで、フランス人の父とスペイン人の母の間に生まれる。家庭も裕福であり、学業も優秀だった。一八八五年から医学の道に進み、一八九四年には医学博士号を授与されている。しかし、同時に彼は、オカルティズムに興味を覚え、国立図書館で見つけたその手の書物を読み漁った。レヴィやクリスチャンの本に出会ったのもちょうどその頃である。また彼は動物磁気や催眠療法にも関心を示し、その流れでシャルコーの仕事や、「超心理学」のパイオニアであるJ・B・ラインの本なども熱心に読んだ。

図50　パピュス、一八九五年、パリ国立図書館（出典５）

　さて、そんな彼がある秘教的結社と関係を持ちはじめたのは、一八八七年十月のことである。彼が加わったのは、「神智学協会」のフランス支部「イシス・ロッジ」だった。もともと神智学協会は、ロシアの貴族の末裔だと称するマダム・ヘレナ・ペトロヴァ・ブラヴァツキ

図51　マダム・ヘレナ・ペトロヴァ・ブラヴァツキー（出典69）

ー（一八三一―一八九一）という女性（**図51**）と、元アメリカ軍人のヘンリー・スティール・オールコット大佐の二人によって、一八七五年九月七日、ニューヨークで設立された。

　ここでパピュスを取り巻く当時の秘教的結社がどういう雰囲気のものだったかを伝えるという意味で、ブラヴァツキーと彼女の神智学協会について簡単に触れておこう[76]。

　彼女の神智学協会の根本にあるのは、前節で述べた「秘密の伝承《シークレット・トラディション》」を拠り所とするものである。彼女が言うには、自分は若い頃一人で七年以上もチベットを歩き回り、「ヒマラヤのマスターたち」からの導きで、神秘の奥義を伝授された。彼女自身が本当にチベットの山々を歩き回ったのかどうなのかということはかなり怪しい。だが、その彼女の主張の背後にはあるのは、十九世紀後半という時代、ヨーロッパから見て、チベットという近寄りがたい遠方の地が、ある種の宗教的な畏敬をたたえた聖域として想像されるほどの象徴的な役割を担っていたということだ。

　さて、ここでブラヴァツキーの主張で最も興味深く、なおかつエリファス・レヴィの時代と大きく分かたれる特徴をひとつあげておこう。それは一言でいうと、彼女が「ブラザーフッド」と呼ぶ「見えざる霊的導師」の存在を、自らの教義の権威の拠り所としている点である。ブラザーフッド？　見えざる霊的導師？？　では、簡単に説明しよう。

　ブラヴァツキーいわく、ブラザーフッドと呼ばれる人々は、ごく限られた者にしかその姿を見ることができないが、太古からの秘儀を継承し、そして今でも一般の人々には知られないやり方で、この世界を支配している者たちのことである。彼らには秘儀を伝授していく神聖なる階級制があり、その頂点に位置する「世界の主」はゴビ砂漠のシャンバラという場所に住んでいるという。ちなみに、過去に出現した偉大なる宗教の指導者や賢者たち、釈迦、孔子、ソロモン、老子、モーゼ、プラトン、さらにはなんと前節でお話ししたばかりの十八世紀から十九世紀初頭を生きたカリオストロ（！）、そしてメスメル（！）までもが、すべてこのブラザーフッドのマスターたちだったという。で、ここがもっとも肝心なところなのだが、他ならぬ彼女の設立した神智学協会こそが、このブラザーフッドと呼ばれる人々からの伝承を受け取ることのできる特権的な場所なのだ。いうまでもなく、これは子供向けのコミックやゲームの世界の中の話ではない。神智学協会というひとつの現実的な組織を背後から支えるための確固たる〈大きな物語〉の枠組みなのである。

もし、これを聞いたあなたや他の多くの人が、このような考え方はまったく受け入れ難いと感じたとしよう。だとしても、ブラヴァツキーや神智学を奉じるものにとっては何の問題もない。なぜなら、その受け入れ難いという一般の人々の反応自体が、この説の魅力を作り出すひとつの源なのだ。というのも、ブラヴァツキーいわく、このような話を含めて神智学の教えが受け入れ難いと感じる人間の多くは、「暗黒の力《ダーク・フォース》」と呼ばれる邪悪な力の影響を受けているせいである。実はブラザーフッドは、わたしたちが知らないだけで、それらの邪悪な力と日夜、密かに戦い続けている。そして、ブラザーフッドと「暗黒の力《ダーク・フォース》」の戦いが熾烈の頂点を極めた時のみ、いや、そうなってはじめて、一般の人々の目にも見えるような事態（たとえばイエス・キリストの受難など）となって現れる。これを逆にいえば、目に見える出来事の裏には、すべてこのような目に見えないところでの出来事があり、それを反映している。そして人間の歴史の様々な出来事の背後にはすべて、一般の人々（どんなに偉い政治家も頭脳明晰な科学者も含む）が気づくことのできない、形而上的な隠された意味があるということにもなる（ちなみに、これを敷衍すると、たとえばある人が酒を飲んで友人と大喧嘩した、あるいは浮気がばれて彼女に引っ叩かれたとしても、そこには単なる日常のつまらない意味を超えた、目に見えない形而上的な世界における何らかの隠された意味があるという〝奥深い〟説明が用意されることになるのだろうか）。神智学協会の首領であるブラヴァツキーは、もちろんその隠された意味を常にしかと承知している。だとしたら、もうおわかりだろう。すなわち、神智学協会に属することは、人の心の中にある選民意識というある種の欲望を、くすぐるものになっているということを。なぜなら、なんといっても、世界で起こっている様々な歴史的な事柄の背後に隠されている意味を、協会に属する自分たちだけが知っているというのは、人類全体、そしてこの宇宙の歴史すべてを、上から見下ろすことすら可能にさせる途方もない優越感を手に入れられることになるのだから（と、わたしがこのようにシニカルな分析をしてしまっていること自体が、神智学的には「暗黒の力《ダーク・フォース》」に影響を受けてしまっていることを意味するのかもしれないのだが……）。

歴史的な事情をいうと、フランスでは一八八〇年代以降、ブラヴァツキーの神智学協会のみならず、大なり小なり、これに類する「見えざる霊的導師」という権威を頂点としたいくつかの秘教的な結社の出現がブームとなる。先にも述べたように一八八七年にパピュスが入ったこの神智学協会のイシス・ロッジは、まさにその先駆けだったのだ。また、このような神智学協会を率いたブラヴァツキーの主張を、やや長く取り上げた理由も、この後のオカルト・タロットの伝統を引き継いでいくのは、神智学協会に関わりを持った者だったり、あるいは何らかの形でこれに類する、秘教的な結社に所属していた者たちによるものだからだ。

ここで、レヴィと新しい世代のオカルティストたちの違いはおわかりだろうか。レヴィは〈書かれたもの〉の伝統への帰依者だった。何度も述べているように、彼にとって秘密の伝承《シークレット・トラディション》は、まずもって書物以外のところから来るものではなかった。しかし、レヴィの子供たちは、〈書かれたもの〉を超えたところに秘密の伝承《シークレット・トラディション》を求めた。なぜか？　おそらくひとつの理由としては次のようなことがあげられるだろう。

オカルトが文字通りの意味でのオカルトであるためには、それが人の目から隠された知識でなければならない。それにも関わらず、レヴィの本をはじめとするオカルトの文献の普及により、オカルト的知識は、それを読むことのできるものにとって容易にアクセスできるものとなった。すなわち、〈書かれたもの〉が印刷され部数を重ねるごとに、オカルト的知識は公共のものとなっていった。しかし繰り返すが、オカルトがオカルトであるゆえんの隠された知識でなければならない以上、もはやそれは〈書かれたもの〉以外のものに求めなければならない。そして、そこに決して書かれることのない、師から弟子への秘儀伝授という形での秘密の伝承《シークレット・トラディション》の系譜が求められる。では、その師は一体どこにいるのか？　ブラヴァツキーにとっての師、すなわちブラザーフッドは、普通一般の人にとっては、見ることができず接触することも難しい至高の存在だった。そして、真の叡智はそこからの直接的な伝授によってのみ受け取ることができる。しかも、前にも述べたように、それが可能なのはマダム・ヘレナ・ブラヴァツキーその人である。そして、そこに彼女を頂点とした神智学協会というひとつの秘教的な組織が作られていく。

ただし、神智学協会に関していうと、そこではフリーメーソンなどと違ってイニシエーションの諸段階や、厳格な位階制度といったものを設けてはいない。ゆえに教義は、儀式を通じて伝授されていくわけではなく、あくまでブラヴァツキーの著書、『ヴェールを剝がれたイシス』（一八七七）や、『シークレット・ドクトリン』（一八八八）を拠り所として学ばれていくものとされる。もちろんその著書は、秘儀伝授をされたブラヴァツキーが書いたものであるという意味で、その内容は秘密《シークレット》の伝承《トラディション》から来たものである。ゆえに、それは絶対的に揺るぎない聖典であるということはいうまでもない。

一方で、世紀末に乱立する他のいくつかの秘教的結社は、十八世紀末に流行したフリーメーソンの儀礼のように、段階を追ったイニシエーションを設定し、新参者は、高位の者から順を追って秘儀伝授されていくという形をとるものが多い。そこには明らかな権威主義とオカルト的知識の独占化が見られる。

ところで、レヴィが生きていたとして、いわば彼の子供たちともいうべき新世代のオカルティストたちによるこのような振る舞いを、はたして手放しで認めたであろうか。もちろん、レヴィの直接的なコメントをもらえない以上、判断は難しい。しかしながら、あえて推測を許されるなら、レヴィにとってそこに成立する権威主義的なヒエラルキーは、おそらくどうにも我慢ならないものに映ったのではないかと思われる。なぜなら、第一に彼は、不平等な社会秩序を構成する階級制を嫌った社会主義の革命家だったのではなかったか。そして彼にとってのオカルティズムとは、その社会変革の夢の延長だったはずだ。だからこそ、彼はオカルト的知識を広く公共のものに開いていこうとしたのではなかったか。[77] タロット・カードという誰からも容易にアクセス可能なツールを使用することで。

しかし、レヴィが行ったことがオカルトの公共化だったとして、これから先、詳しく見ていくように、それは結果として反動を作り出し、権威主義的な秘教的結社の設立という事態を引き起こす。そしてつけ加えるなら、このような権威主義は、容易に排他主義へとつながっていくのが常である。この後、数十年の間、オカルティストたちの間で起こることはまさにそれである。すなわち、真の「秘密の伝承《シークレット・トラディション》」へとつながっていると主張する者たちの間において、最高権威の玉座を巡る飽くなき権力闘争が続いていく……。

本物は誰だ？　いってみれば、この言葉が、これ以後の時代のオカルト狂想曲を貫く通奏低音である。さて、そんなさなかにおいて、わたしたちのタロットは、一体どのような役割を見せていくのだろうか。

イニシエーション結社と象徴派

ここでいったん、パピュスになる以前のアンコースが神智学協会イシス・ロッジに加わった時点に話を戻そう。彼がパピュスという筆名を使い始めたのは、神智学協会の中の会報誌『ロータス』の中においてだった。その『ロータス』の中で、彼はカバラの古典的な文献のひとつである『セーフェル・イェイツィラー』の翻訳を発表する。しかし、イシス・ロッジは間もなく解散する。変わってパピュスは一八八八年に、「薔薇十字カバラ団」の設立メンバーとなる。

この組織の中心となったのは、十九世紀末のオカルティズムの牽引者であり、この時期オカルト・タロットの進展に貢献したスタニスラス・ド・ガイタ（一八六一―一八九七）（**図52**）、そしてオカルティズムだけではなく、後に十九世紀末から二十世紀初頭の象徴派の芸術運動を組織することになるジョセフ・ペラダン（一八五九―一九一八）（**図53**）である。他にも、当時のメンバーとして、もともとパピュスの友人であり、同様に医者であったマルク・ハーベン（一八六八―一九二六）や、『存在』、『舞台装置で』、『愛のパレード』といった秘教的な小説の著者として知られるポール・アダン（一八六二―一九二〇）、そしてカトリックの司祭でありプラトンの『エネアデス』を翻訳したチャールズ・メリーニュなどがいた。
ちなみに、マルク・ハーベンもポール・アダンもタロットに関する本を残している。また主導者であるド・ガイタも彼の主著『創世の蛇（Le Serpent de la Genèse）』の中で、積極的にタロットを取り上げている。これについてはまた後で触れる。

パピュスの話に戻ると、彼は同年に『オカルト・サイエンスの基礎論』を出版し、また雑誌『イニシエーション』を創刊する。また、その年のうちに彼はもうひとつの秘教的結社「サン＝マルタン教団」を設立する。この教団の最高顧問会には、ド・ガイタやペラダンらをはじめとするパリの有力なオカルティストたちが集まった。パピュスは一八九一年に、サン＝マルタン教団の最高位であるグランド・マスターに選出され、生涯の間その地位であり続けた。さらに翌年の一八八九年には、パピュスは「秘教的研究の独立団（Groupe Indépendent d'Études Ésotériques）」という別のグループも組織する。この団はすぐに多くの志願者を集めることに成功した。結果的に、前述の薔薇十字カバラ団やサン＝マルタン教団という、さらに上位のグループへと参入する志願者集めのための下位の組織としての役割をまっとうする形になる。そして、彼のタロットに関する著作である『ボヘミアンのタロット』が出版されたのは、この同じ年のことである。

図52　スタニスラス・ド・ガイタ（出典32）

図53　ジョセフ・ペラダン（出典32）

見ての通り、一八八七年、すなわち二十二歳のときに、神智学協会に加わって以後のパピュスは、短期間の間に非常に精力的にオカルティズムの運動へと力を注いでいる。「オカルト界のバルザック」との異名もとる彼は、それ以後、五十一歳で生涯を閉じるまで、簡潔なパンフレットから膨大な辞書的な論文までを含む出版物に、彼のものとして名前の記されているものがなんと二六〇冊。それ以外にも多数のジャーナルに寄稿し、複数の秘教的結社をかけもちしながら、いずれもその中で重要なポジションとして活躍する。しかも、彼は晩年のレヴィのような専業オカルティストではなく、医者という本職を持ちながらの活動だった。その驚くべきバイタリティこそが、彼を常に周りのオカルティストから一目置かれる存在にし続けていたのだろう。

ところで、そんな彼の活動の中心だったサン＝マルタン教団とは、一体どのような組織だったのだろうか。以前に十八世紀末のイリュミニスムについて述べたところで、ルイ＝クロード・ド・サン＝マルタン、そしてその師であるマルティネス・ド・パスカリについては、ほんの少しだけ触れたのでその名前にご記憶のある方もいるだろう(78)。そう、パピュスの設立したサン＝マルタン教団とは、その名前の通り、十八世紀末の有名なイリュミニスト、サン＝マルタンの流れを引き継ぐものだといわれていた。パピュスがいうには、サン＝マルタンの秘儀は、フリーメーソンなどのいかなる秘教的結社とも関係なく、「知られざる最上者たち」の手によって、代々伝達されてきているという。それは、サン＝マルタンから、アベ・ラノユとシャプタルに、そしてシャプタルからアンリ・ドラアージュへ、そしてドラアージュからパピュスへ伝えられたという。

パピュスの設立した教団は、「準会員（マンブル・アソシエ）」、「秘儀受領者（イニシエ）」、「知られざる長上者（シュペリウール・アンコニュ）」と呼ばれる三位階に分けられていた。ところが、もともとのサン＝マルタン自身の生涯からは、彼がこのような特別な秘儀伝授のシステムを考案したということは考えられない。サン＝マルタンの思想は、師であるパスカリからの影響も強いが、その一方で、十六世紀後半から十七世紀初頭を生きたドイツの非常に有名な神智学者ヤコブ・ベーメ（一五七五―一六二四）の著作から多くの影響を受けていた。そのため、師がフリーメーソンの儀式の中に導入した「エリュ・コーエン」と呼ばれる祭祀システムや魔術的儀式を排して、本来の意味での純粋な神秘主義的なものに近づけた。自らの内奥に目を向け、そこに神を見つけること。そのための方法を、サン＝マルタンはベーメのキリスト教的神智学を導きとして模索したのである。

パピュスのサン＝マルタン教団の儀式が、サン＝マルタンその人から引き継がれたものなのかどうかはともかくとしても、実際にそれが後世へと続くひとつの伝統の流れを作り出したことは間違いない。パピュスが死んだ一九一六年には、彼のサン＝マルタン教団は、ヨーロッパと南北両アメリカには一六〇ものロッジを持っていたという。さらに、この流れは二十世紀半ばに入っても途絶えることなく、たとえばパピュスの息子であるフィリップ・アンコースは、父の教団を引き継ぎ、さらに一九五八年に至っては、「サン＝マルタン派諸教団連合」が発足した。それは、伝統的マルティニスムの流れを汲む三団体（アンコースの「サン＝マルタン教団」、H・C・デュポンの「サン＝マルタン派・マルティネス派教団」、R・アンブランの「エリュ・コーエンたちのサン＝マルタン教団」）の統合を目指したものである。(79)

ところで、前述の薔薇十字カバラ団が設立された一八八八年というのは、非常に注目すべき年である。というのも、ドイツではフランツ・ハルトマンという人物によって設立された「秘教薔薇十字団」が、そしてイギリスでは、二十世紀へと向かうオカルト・タロットの歴史に最大の影響を与えた、もう一つの重要な魔術結社「黄金の夜明け団」が誕生する。もちろん、後者については改めて詳述することになる。

こうして様々な秘教的な結社の設立とともに、オカルティズムの運動は世紀末へと向かってひとつのピークを駆け上がっていく。とはいえ、オカルティズムの運動と一言でいっても、それは一つの統一的な思想を持っていたわけではない。いうならば、レヴィやクリスチャンが生きた十九世紀前半の様々なオカルト思想、秘教主義、心霊主義などのごった煮にしたものの延長に過ぎない。しかし、それがひとつのまとまったオカルティズムの運動として見えるのは、宗教史家アントワーヌ・フェーブルの言い方を借りるなら、当時優勢となってきた「唯物論的実証主義と対決し、象徴主義思潮と類縁性をもっているという点で、まとまった存在と考えられた(80)」からに他ならない。

ここでフェーブルがいう象徴主義思潮というのは、十九世紀末を特徴づける芸術運動のことである。当時のオカルティズムの流れと象徴派の運動を、まったく別個のものとしてとらえるのは難しい。薔薇十字カバラ団の設

図54　カルロス・シュヴァーベ、薔薇十字サロン展ポスター、一八九二年（出典55）

立メンバーであったペラダンによってオーガナイズされ一八九三年から一八九八年にかけて開催された「薔薇十字サロン」展には、当時の一級の画家たち、ギュスターヴ・モロー、フェリシアン・ロップス、ジョルジュ・ルオー、ピュヴィ・ド・シャヴァンヌらによる数々の美しく幻想的な作品が飾られた。薔薇十字サロン第一回の展覧会のカタログの序文の中で、「芸術家よ、そなたは祭祀だ、芸術は大いなる秘儀だから」、「芸術家よ、そなたは王者だ。芸術はまことの帝国だから」、「芸術家よ、そなたは魔術師。芸術は大いなる奇跡だから[81]」と述べるペラダンの言葉は、自らの薔薇十字的な理想を、象徴派の芸術運動へと結びつけ、ともに近代の唯物論的な世界観への決然たる反抗を表現するものとしてここに宣言を打ち立てんとするものだった。展覧会は大きな成功を収めた。なんといっても初日の入場者数だけでも一万一〇〇〇人の観客を集めたというのだから相当なものである（**図54**）。

　さて、このあたりでパピュスの『ボヘミアンのタロット』の内容を検討したいところだが、その前に、新たな「オカルト・タロットの歴史」が作られてくる背景となった薔薇十字カバラ団について先に見ておくとしよう。

甦る薔薇十字運動

ド・ガイタを中心とする薔薇十字カバラ団は、一言でいうと、十七世紀初頭に端を発する薔薇十字運動のフランスにおける新たな復興に他ならない。

本来の薔薇十字運動自体というのは、もともと一六一四年と一六一五年にカッセルで出された『名声《ファーマ》』及び『告白《コンフェッシオ》』と題された二つの短いパンフレットに端を発するものとして知られている。これらのいわゆる「薔薇十字宣言」はクリスチャン・ローゼンクロイツなる人物の手になるものとされ、一六一六年にはさらに第三の出版物、『クリスチャン・ローゼンクロイツの化学の結婚』と題された小説が現れる。それらの中で想定される「薔薇十字団」なる秘密結社は、それが実在するのか架空のものなのか、その実体は謎に包まれたままであったにもかかわらず（いやだからこそ）、多くの人々の想像力を刺激し、ヨーロッパ中にその伝説は広がっていく。それと同時にそれらの中で述べられている千年王国的なユートピア思想は、薔薇十字の精神性として多くの理想主義的な人々を惹きつけ新しい啓蒙運動へと導く原動力ともなったようだ。

この薔薇十字運動についての歴史的な研究として有名な『薔薇十字の覚醒』を書いたフランシス・イェイツによれば、十七世紀に薔薇十字団なる組織が実在したという証拠は見つけられないという。彼女いわく、薔薇十字宣言とは「ある世界に関する、ユートピア的神話の形をとった啓蒙運動の布告と見るべき」であり、「これらの文書の裏に実在の秘密結社を仮定するのは、単なる通俗的誤解にすぎなかった[82]」という。とはいえ、もともとの薔薇十字団が実体のない架空の秘密結社だったとしても、薔薇十字宣言の持つ精神性を継承する形として、現実に様々な薔薇十字運動と呼ぶべきものが起こったことは事実である。たとえば、十八世紀のフリーメーソンの位階制度に、薔薇十字思想が流入したことは前に見た通りである[83]。

ところで、その後の十九世紀のフランスでの薔薇十字思想の流れとして、タロットの歴史を追っているわたしたちの注意を引くのは、レヴィの弟子の一人であるマリ・ゲバールなる人物の文書に『薔薇十字団員の知恵の鍵』というタイトルの写本が含まれているという点である。しかも、年代不詳のこの写本には次のような説明がなされている。「あるユダヤ人が所有し、一七七二年アリエットによって見つけられたカバラ＝ヘルメス図版」と。アリエットとは、もちろんエテイヤの本名である。クリストファー・マッキントッシュは、この文書をエテイヤもしくは、彼の設立したトートの書の解釈会のメンバーの手になるものではないかという。(84) これ以上の具体的なことは定かではないが、エテイヤやレヴィといったタロットの歴史の中での重要な人物の周辺にも、薔薇十字思想が見え隠れしていたということはなかなか興味深いところではある。

さて、肝心の薔薇十字カバラ団であるが、まさしくこれがフランスにおける近代薔薇十字運動の本格的な復興の烽火であった。

まずその主導者であるスタニスラス・ド・ガイタなる人物について簡単に述べておこう。一八六一年四月六日生まれのド・ガイタは、ロレーヌのアルトヴィル城で侯爵家の御曹司として出生した。幼い頃から非常に裕福な家庭に育ち、ディジョンとナンシーでイエズス会の教育を受けた後、二十一歳のとき、法学士の学位を取得するためにパリへと向かう。しかし、そのまままっすぐ道を進む間もなく、詩人シャルル・ボードレールを崇拝し、深く詩作に没頭しはじめる。一八八一年には、詩集『渡り鳥』、そして引き続き『黒い詩女神』(一八八三)、『神秘の薔薇』(一八八五) などを出版する。そんな彼が本格的にオカルティズムに傾倒するきっかけとなったのは、作家であり友人のカテュール・メンデスに、レヴィの著作を読むことを薦められたことがきっかけだという。一八九三年八月三十日の手紙で彼は、レヴィの著作を読んだことについて次のように述べている。「わたしは完全にオカルティズムに心を奪われました。そしてオカルト・サイエンスについて書かれたすべての書物を調査し読み始めました。間もなくわたしはペラダン、バーレット、パピュスと知り合いました(85)」。

さて、一方の一八五八年三月二十八日にリヨンで生まれたジョセフ・ペラダンは、その独特の印象的な風貌からも一目でうかがえるように、非常にエキセントリックな人物であった。銀行員として働いた後、オカルティストに転身し、もじゃもじゃの巻き毛と伸ばし放題の髭面で、サール・マルダク（サールはアッシリア語で「王」、マルダックはカルデアの「木星の神」の意）と自称しはじめる。そしてエキゾチックな衣装を身につけ、独特の異彩を放ちながら、当時のパリの芸術家たちがたむろするモンマルトルのカフェに出没するようになったという。

しかし、そんな奇抜な振る舞いの裏で、彼は作家としての十分な才能も発揮し、両性具有を主なモチーフとした『ラテン民族の頽廃《デカダンス》』と呼ばれる小説のシリーズを出している。特に一八八四年に出版された『ラテン民族の頽廃《デカダンス》』の第一巻『至高の悪徳』は、ド・ガイタに強い印象を与えた。ド・ガイタはペラダンに次のような手紙を書き送っている。「（すべての聖なるものに敬意を表するものの、懐疑主義者である）わたしに、あなたの『至高の悪徳』は、カバラと高等魔術が単に人を惑わすもの以上のものであることを教えてくれました[86]」。

最初、ペラダンとド・ガイタは、師弟関係のような間柄であったが、やがて時間が経つに連れ、互いをマルダックとネボ（カルデアの「水星の神」の意）という名前で呼び合うほどの親しい間柄となった。そして、一八八八年になって、すでに見たようにド・ガイタとペラダンの二人は薔薇十字カバラ団を設立するに至ったわけである。

この教団は十二人から成る「最高参事会」を頂点に置くが、奇妙なのはそのうちの六人は、誰も知らないという点である。この六人が実在していたかどうかはともかく、薔薇十字団において数人の「知られざる導師」を持つことが、当時既に必要不可欠なものだったということは、前述の神智学協会で述べた事情と同じようなことなのだろう。

さて、この教団の会員は、カバラの「学士」、「準学士」、「博士」という参入儀礼の三位階に別れ、それぞれの段階は試問を通過して順に昇っていかなければならない。すなわち、薔薇十字カバラ団は、厳格なヒエラルキーに基づく組織であった。また、教団の目的としては、第一に神秘学の古典の研究、第二に瞑想による神的なるものとの霊的交流、そして第三には未参入者間での理解と共鳴を深めていくことだという。

ところで団の設立メンバーのはずのペラダンは、間もなく他の会員たちの考え方と対立していくことになる。その最大の理由は、彼があくまでカトリシズムに忠実であったからということらしい。その結果、彼は一八九〇年に団から離れて、自ら「カトリック薔薇十字＝聖杯神殿教団（L'Ordre de la Rose Croix Catholique, du Temple et du Graal）」を設立する。ペラダンはこのことをパピュスの雑誌『イニシエーション』の中で発表した。やがて、ペラダンの新しい組織は単なるオカルト教団以上の意味を持ちはじめ、そして彼自身、当時の多くの芸術家を集めるオーガナイザーとして重要な役割を果たしていくことになる。そんな彼が、一八八三年から一八九八年の間に薔薇十字サロン展を、華々しく開催したことはすでに述べた通りである。それにつけ加えるなら、ペラダンは演劇の分野でも、興行主、劇作家、演出家として十二分に活躍した。彼の薔薇十字劇場では、アイスキュロスの戯曲をはじめとして、他にも数々の神秘的な劇が上演された。さらに、熱狂的なワーグナー崇拝者でもあったペラダンは、音楽の分野においても大きな影響力を持っていた。フランスにおいてワーグナーが高い人気を勝ち得るに至ったのは、彼の熱烈な支持がそのひとつの重要な役割を果たしたのではないかとすらもいわれている。また、彼は自ら薔薇十字のオーケストラを組織し、準専属の作曲家に、あのエリック・サティを置いた。おそらく今でもほとんどの人が聞き覚えのある、静謐で美しい旋律を奏でる「ジムノペディ」は、サティが一八八八年にパリで書いた曲である。一八九二年に上演されたペラダン作の戯曲『星々の息子』は、サティの音楽によって彩られた。

一方のド・ガイタにとって、自らのグループから離れていったペラダンのこのような華々しい成功が、いかに面白くなかったかはいうまでもない。一八九三年、ド・ガイタはかつての盟友ペラダンに対して、彼の教団を「分離と背教者の薔薇十字」と述べ、一方的な破門を宣告することになる。

以上、十九世紀フランスでの薔薇十字運動の流れを簡単に見てきたが、ここでその中心人物であったド・ガイタがもたらした「オカルト・タロットの歴史」への影響について見てみよう。

十九世紀最大のオカルティストが果たせなかった未完のプロジェクトとは？

薔薇十字カバラ団を設立する前年の一八八七年に、ド・ガイタはスイス人の磁気催眠術師で、当時まだアマチュアの芸術家であったオスワルト・ウィルト（一八六〇―一九四三）と出会っている。[87] 一八六〇年スイスで生まれたウィルトは、幼い頃からメスメリズムに関心を示し、一八八四年にはフリーメーソンに加入している。ウィルトはわずか一つ年長のド・ガイタのことを非常に尊敬し、彼の個人的な秘書となって働いた。この二人の出会いは、「オカルト・タロットの歴史」上、非常に重要な意味を持っている。なぜなら、一八八九年に、それまでまったくタロットについての知識を持っていなかったウィルトが、ド・ガイタの完全なディレクションのもと、新たなタロット・パックをデザインしたからだ。タイトルは『カバラ的タロットの二十二のアルカナ（Les 22 Arcanes du Tarot Kabblistique）』。さらにサブタイトルとして『スタニスラス・ド・ガイタの指示に従いオスワルト・ウィルトによって参入儀式での使用のためにデザインされた』と記され、三五〇部限定で発表された（**図55**）。

実は、ド・ガイタがタロット・パックを作ろうと思ったのは、レヴィの『高等魔術の教理と祭儀』の中のある言葉を受け継いだことによる。それは次のようなものである。「後にはまだ重要な仕事が一つ残されている。それは厳密に正確に念入りにつくったタロットを版に彫らせて出版することである。いずれこれに取り掛かれる日がやってくるであろう」[88]。一八六一年に、レヴィはロンドンからやってきたイギリス薔薇十字協会員のケネス・マッケンジーに、自身のコンセプトに基づくタロット・パックを製作することを相談したが、結局、彼は生涯それを果たすことができなかった。[89] つまりド・ガイタが成したこととは、ウィルトの筆を借りることにより、敬愛するレヴィが果たせなかったいわば未完のプロジェクトを完遂することだったのだ。

しかしながら、ド・ガイタとウィルトのコラボレーションによってできあがったタロット・パックは、完全にレヴィのタロット解釈だけに従ったわけではない。実際のカードのデザインを見ると、ポール・クリスチャンの

図55　スタニスラス・ド・ガイタとオスワルト・ウィルトのタロット、一八八九年、パリ国立図書館（出典5）

タロット解釈からも少なからぬ影響を受けていることは明らかである。そもそものタロット・パックのタイトルに使われている「アルカナ」という言葉自体が、すでに見たようにクリスチャンの著書の中で使われていたものである。しかし、これまで十九世紀のフランスで作られた占い用タロット・パックといえば、基本的にはエテイヤからの伝統を引き継いだ「エジプシャン・タロット」のヴァリエーションだった。そういう意味では、レヴィとクリスチャンの流れを引き継ぐド・ガイタとウィルトのタロットは、エテイヤからの伝統とはまったく異なる流れに位置する最初のオカルト・タロットのパックだった。

ここでド・ガイタとウィルトによって作られたタロット・カードがどのようなものであったかを少し具体的に見てみよう。各々のカードには1から21までのアラビア数字が振られている。ただし「愚者」のカードにのみ番号が振られていない。さらにそれぞれのカードには、完全にレヴィの対応に基づくヘブライ語のアルファベットが配属されている。またカードのタイトルに関しては、ほぼマルセイユのタロットと同様のものが割り当てられている。ただし、16番のトランプが「天国の炎（le Feu du Ciel）」となり、マルセイユのタロットにおいて唯一タイトルがつけられていない13番のトランプには、「死（la Mort）」というタイトルがつけられている。

また、絵柄の細かい部分に注目してみると、たとえば「愚者」のカードの犬は、クロコダイルに変更されているが、これは前述のクリスチャンのアイデアである。また、「戦車」のカードの馬をスフィンクスに変え、「運命の車輪」のカードに描かれた二匹の絡みつく蛇や、山羊の頭をした「悪魔」のデザインなどは、完全にレヴィに従ったものである。

ド・ガイタはこのタロット・パックの製作とほぼ時期を同じくして、タロットを含む当時のオカルティズムに関する本をいくつか出版した。まずは、一八八六年の『神秘の戸口（Au seuil du mystère）』というタイトルの本からスタートした『呪われた科学についての試論』と題されたシリーズ。そしてその後、代表作『創世の蛇（Le Serpent de la Genèse）』を発表する。これは全三巻に分けられ、しかもそれぞれの巻は、タロットのトランプ・カードを七枚ごとの三つに分けたものに対応している。また、それぞれの章は、その一枚一枚のトランプ・カードに対応するという構成になっている。これは明らかに二十一枚のトランプ・カードと「愚者」のカードを合わせた二十二枚のカードを、二十二の章に割り当てたレヴィの『高等魔術の教理と祭儀』を意識したものである。では、『創世の蛇』の内容をほんの少しだけのぞいてみよう[90]。

悪魔の寺院と魔術抗争

一八九一年、まず『悪魔の寺院（Le Temple de Satan）』と題された第一巻が出版された。それぞれの章は前述のように一から七までのトランプ・カードに対応させられ、さらに、それぞれマルセイユのタロットの名前に順じたタイトルがつけられた。さらに、レヴィによるヘブライ語とトランプ・カードの対応もそのまま採用されて、それぞれに割り当てられた。本の冒頭でタロットは「トートの書」と呼ばれ、それぞれのカードの意味が掲載される。そこに書かれている内容は、完全にレヴィから影響を受けていて、ド・ガイタのオリジナルな考えはまったくといっていいほど含まれていない。

ところで、この『悪魔の寺院』の中の第六章は、当時の秘教的な結社を取り巻いていた禍々しい側面を知るうえで非常に興味深い。内容は、当時の有名なオカルティスト、ジョゼフ＝アントワーヌ・ブーラン（一八二四―一八九三）（図56）、及びその師ピエール・ミシェル・ウジェーヌ・ヴァントラス（一八〇七―一八七五）（図57）の秘教的セクトの儀式や、その他諸々のことに対しての、ド・ガイタによる容赦のない批判である。

「慈悲の御業会」という名前のかなり怪しげな教団を率いるヴァントラスは、レヴィより若干年長の魔術師だった。ブーランがヴァントラスに出会ったのはまさに彼の晩年である。一八二四年生まれのブーランは、一八四八年には司祭職に就いているが、すでに一八五九年には、恋人となったアデル・シュヴァリエという尼僧とともに、「魂を償う会」を設立している。この会で行われていたのは、カトリックのミサを真似た、黒魔術と性的な交わりを含む冒瀆的な儀式だった。一八六〇年には、ブーランとアデルの二人に対してスキャンダルが噴出した。それは、二人の間に生まれた子供が、すぐに亡くなったことに対してかけられた幼児殺しの疑惑だった。いってみると、二人は自らの子供を儀式における生贄に捧げたのではないかというのが、もっぱらの噂だった。結局、幼児殺しについての嫌疑は、罪状認否に問われたものの、正式に証明されることはなかった。だが、良俗を乱しかねない奇妙な儀式を行っていることに対しては、三年の禁固刑が言い渡された。その後、一八七五年にヴァントラスが死んでからは、ブーランは自らを洗礼者ヨハネの生まれ変わりであると主張し、彼の教団である「慈悲の御業会」の実権を掌握することになる。

一八八六年の終わりに、すなわち前述の『呪われた科学についての試論』のシリーズをスタートした年、ド・ガイタは実際にブーラン率いる教団を訪れることになる。そこでド・ガイタはブーランたちの儀式の内実を知り、その結果、ブーランを弾劾するキャンペーンを行うことを決めた。というのも、ド・ガイタにとって、ブーランの放縦な性行為（ここでいう性行為とは、なんと、超自然的存在や人間以外の動物と交わることも含めたものである！）を中心とした儀式は我慢のならないものだったのだ。翌年、ド・ガイタはウィルトとともに、有罪宣告の書状をブーランに対して送りつけた。『悪魔の寺院』の中でド・ガイタが述べるブーランに対する非難は、まさしくその延

図56 ジョゼフ＝アントワーヌ・ブーラン（出典32）

図57 ピエール・ミシェル・ウジェーヌ・ヴァントラス（出典32）

長に他ならない。ド・ガイタにしてみれば、嫌悪の対象でしかないおぞましい黒ミサを執り行う闇の司祭ブーランを、なんとしてでも「いかさま師」として大衆の目の前にさらしてやりたかったのだ。

しかし、このド・ガイタの挑戦状を、ブーランの方は黒魔術によって自らの命を狙おうとしているものと受け取った。ブーランは自らの命を守るため、必死になって魔法やら、おまじないやらを使った防御線を張り巡らせた。こうして、十九世紀末フランスにおける最大の魔術抗争の火蓋が切って落とされることになった。

この魔術抗争は、当時の有名な作家、J・K・ユイスマンスの『彼方』（一八九一）という小説でその模様が取り上げられていることで、広く知られているエピソードである。詳しい話が気になる方は、どうぞそちらをご覧いただきたい[91]。ちなみに、ユイスマンス自身は、ブーランの側に組していたため、彼自身もド・ガイタからの妖術の標的にされたと確信していた。『彼方』の中では、彼がすんでのところで死を免れた様までが描かれている。

ところで、この戦いは、いったいどちらの陣営が勝利を収めたのだろうか。結論が出たのは一八九三年の年明け間もない頃だった。一月三日、ブーランはあまりの息苦しさで午前三時に目を覚ました。しかし、四時頃までには、なんとかそれも治まり、〝呪い〟の危機は去ったかのように思われた。しかし、どうやらそれは早計だった。明けて一月四日に、ついにブーランは絶命した！　ユイスマンスたちはド・ガイタたちの呪いの力がブーランを殺したものと固く信じ、新聞への投書で彼を非難した。ところで、一方のド・ガイタとウィルトの方はというと、呪いなどはまったくなかったとあっさりと否定したのだが……[92]。

『創世の蛇』についての話に戻そう。一八九七年には、その第二巻として『黒魔術の鍵（La Clef de la magie noire）』というタイトルの本が出る。これもまた七章から成り、それぞれトランプ・カードの八番から十四番までに対応している。さらにそれに続く第三巻『悪の問題（Le Problème du mal）』も七章から成り、トランプ・カードの十五番から二十番、それと0番の番号を振られた「愚者」のカードに対応している。「愚者」の位置はレヴィにならって二十番の次に置かれた。よって二十一番のカードは、ちょうどエピローグに対応させられた。

これまで見てきた彼の『創世の蛇』は、実際のタロットについてのコメントに関してはほとんどオリジナルなものはないため、とりたててここで取り上げるべき内容はない。タロットに関していえば、ド・ガイタは良くも悪くもレヴィの忠実なフォロワー以上のものではなかった。しかし、だからこそ彼は、レヴィのプロジェクトの継承者として、新たなオカルト・タロットを作ることができたともいえる。『黒魔術の鍵』が出版された一八九七年、ド・ガイタはオーバードラッグで、突如この世を去る。わずか三十六年の生涯だった。彼がもっと長生きしていたなら、もしかするとその先に、オカルト・タロットの歴史に貢献するより大きな何かを残したのかもしれないが。

薔薇十字カバラ団自体は、ド・ガイタの死後も存続した。さらに、後のアメリカ合衆国で活動する多くの薔薇十字系のグループは、その権威をフランスの薔薇十字運動の分派から引き継いだものだと主張することになる。一方のペラダンのカトリック薔薇十字＝聖杯神殿教団は、一九一八年の彼の死とともに消滅した。

コズミック・ホイール

このあたりでいよいよ、世紀末のフランスにおいて最も革新的なタロット理論を提出したパピュスの著書『ボヘミアンのタロット』の具体的な内容を見ていきたい。

まず全体としてこの本は、現在に至るまでに書かれた数多くのタロットの解説書の中でも、最も硬派なもののひとつである。首尾一貫したシステムとしてタロットを解釈しようとするパピュスは、あくまで論理的な形式で議論を組み立てていく。よって、きちんと段階を踏んで読み進めていかないとその抽象的で複雑な理論についていくことは難しい。ここではその『ボヘミアンのタロット』の中で展開される議論をすべてこと細かに追っていくだけのゆとりはないが、その理論の骨格となっている部分を抽出することで、パピュスのタロット理論の目指したことが何であったのかを明らかにしてみたい[93]。

さっそく彼の理論の一番の要となっている「コズミック・ホイール（宇宙の車輪）」について解説することから

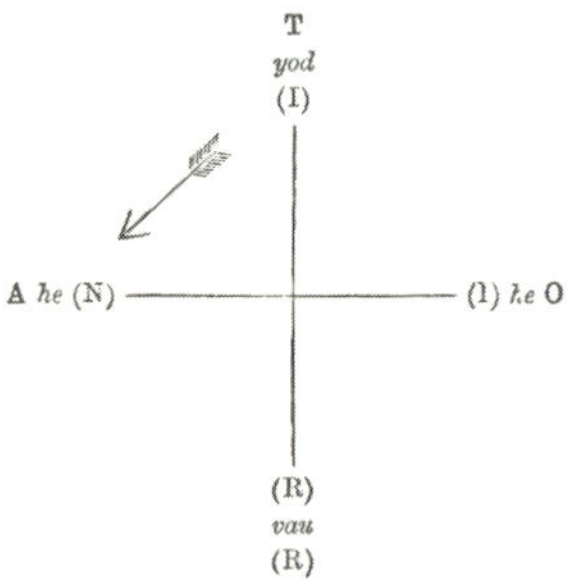

図58　パピュス『ボヘミアンのタロット』の中のカード配列1（出典33）

はじめてみよう。まず**図58**をご覧になっていただくと、パピュスの「コズミック・ホイール」は、レヴィが『高等魔術の教理と祭儀』の中で、「ROTA」という四文字を配列した十字のシンボルをもとにしたものであるのがおわかりいただけるだろう。

さて、この十字のそれぞれの頂点には、レヴィと同様にタロットと読ませるための「TARO」という四文字、それからヘブライ語の神の名前「ヨッド、ヘー、ヴァウ、ヘー」、さらにクリスチャンのところで見た「INRI」の四文字が割り当てられている。この「コズミック・ホイール」は、『ボヘミアンのタロット』の中ですべてのカードをシステマティックに解釈するために、何度も繰り返し出てくる装置であるが、その最も根底にある原理は、パピュス独特の数の論理とその操作に基づくものである。彼はそれを「神智学的減算」と「神智学的加算」と呼ぶ。では、この二つの手続きがどういったものであるかを次に説明しよう。

数の秘教的意味を解き明かす「神智学的減算」と「神智学的加算」

まず「神智学的減算」と呼ばれる方法から説明する。「神智学的」という形容詞がついているからには、何かとてつもなく難しい計算かと思いきや、その実際のやり方は極めて単純である。まずその「神智学的減算」によって実際に数を操作したいくつかの例をみてみよう。

10＝1＋0＝1
11＝1＋1＝2

$$12=1+2=3$$
$$126=1+2+6=9$$
$$2488=2+4+8+8=22=2+2=4$$

　これらの操作の目的は、要するにあらゆる数を一から九までの一桁の数に換算することである。そのために、二桁以上の数字を各々の桁の数に分解し、それを足し合わせる。しかし、その解が一桁にならなかった場合（最後の2488はその例である）は、さらにその数を分解し足し合わせる。そして最終的に一桁の数になったら完了する。[94]

　では、次に「神智学的加算」と呼ばれる方法を説明しよう。ここでもまず具体例を見ていただいた方が早いだろう。

$$4=1+2+3+4=10$$
$$7=1+2+3+4+5+6+7=28$$

　さて、見てのとおり「神智学的加算」とは、1から当の数までの間にある数列上の整数をすべて加算していく操作のことである。パピュスはこの「神智学的減算」と「神智学的加算」の二つの操作を合わせることで、最終的に数の本質的意味を導き出そうとする。具体的にどういうことなのか、たとえば4という数を例にとって見てみよう。

　まず4は「神智学的加算」により、前述の例のように1＋2＋3＋4＝10となる。この10という数に今度は「神智学的減算」を施すと、10＝1＋0＝1となる。よってパピュスによれば、4という数は神智学的には1という数と等価であるとみなされる。同様の操作を試してみると、7、10はいずれも「神智学的加算」と「神智学的減算」によって1となる。ゆえに7と10もそれぞれ神智学的には「1」と等価だとみなされる。彼はこの操作を他の数にもさらに続けていく。すなわち、パピュスによると、13、16、19……という三つずつ大きい数がいずれも「1」と等価になる。また一方で、5、8、11、14、17……は、同様の「神智学的加算」と「神智学的減算」の手続きで、「2」と等価になる。さらに6、9、12、15、18……は「3」と等価になる。彼の導き出した結論をまとめておこう。

1	2	3
4	5	6
7	8	9
10	11	12
13	14	15
16	17	18
19……		

　こうしてパピュスはすべての数を「1」、「2」、「3」いずれかの数に等価であるとみなす。また、彼にとってこの「1」、「2」、「3」という数は、すべての基本となる数であり、もともとそれぞれは特別な意味を持っているという。パピュスによると、「1」は「活動性」、「2」は「受動性」、「3」は「中性」だという。さらに、それに加えてその上の「4」は「1」に戻る原理を表す数だと述べる。

　このような形で、パピュスは、神智学的な数の原理なるものを説明したうえで、基本となる「1」、「2」、「3」、「4」のそれぞれの数を、先ほどの「コズミック・ホイール」に割り当てる。そうするとこれらの割り当てられた数は、ちょうど先ほどのユダヤ教の神の名を表すヘブライ語の四文字、「ヨッド」、「ヘー」、「ヴァウ」、

「へー」にも対応することになる（図59）。

さて、一応、これで基礎理論の解説は終わりである。『ボヘミアンのタロット』では、これらを押さえたうえで、「コズミック・ホイール」を使ったタロット・カードの解釈に移っていく。

ついに登場したタロットの大統一理論なのだが、そもそも算数の計算が……

パピュスは、クリスチャンの「アルカナ」という呼び方を引き継いでいるが、さらに彼は現在一般的な慣例となっている用語法を使用している。すなわち、二十一枚のトランプ・カードと「愚者」のカードを合わせた二十二枚のカードを大アルカナと呼び、残りの五十六枚のカードを小アルカナと呼ぶ。実は、大アルカナ、小アルカナという呼び方は決して伝統あるものではなく、たかだか百年ちょっと前のパピュスの本の中で使用されはじめたものに過ぎないのだ。

パピュスは手はじめに小アルカナの方から、「コズミック・ホイール」に当てはめることを試みる。

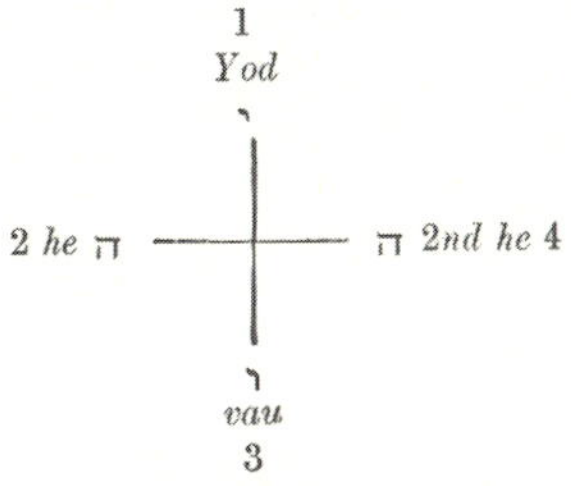

図59　パピュス『ボヘミアンのタロット』の中のカード配列2（出典33）

それぞれのスートの中の十四枚のカードは図60のように「コズミック・ホイール」の中に配置される。ここで「4」と「7」が、それぞれ十字の最後に位置すると同時に、次の十字の最初にも位置するという点が少々まぎらわしい点である。結果的に「4」と「7」のカードは、二つのヘブライ語に対応することになってしまっている。

さらに、ここでレヴィが「ヨッド」、「へー」、「ヴァウ」、「へー」の四文字を、タロット・パックの四つのスートに割り当てたことを思い出していただきたい。パピュスはレヴィの理論の前提を引き継ぐ。「棒」、「カップ」、「剣」、「コイン」をそれぞれレヴィ同様に「ヨッド」、「へー」、「ヴァウ」、

「ヘー」に割り当てる。しかもそれは、先ほどの「1」、「2」、「3」、「4」という数の秘教的意味にも対応する（**図61**）。

さて、このような「キング」から「10」までの各カードのヘブライ語の対応と、それぞれのスートのヘブライ語の対応の両方をまとめると**図62**のようなシステムが出来上がることになる。

では、大アルカナの方はどうなるのだろうか。「コズミック・ホイール」に対応させていく手続きは小アルカナのときとまったく同じである。結果を左の表にまとめる。

ここで「0」は「愚者」のカードに割り当てられた数字である。「4」、「7」、「10」……と、それに続く数が二回使われているのは小アルカナのときと同様である。また、さらにパピュスは、大アルカナに対して「七個一組《セプテナリー》」という用語を使う。これはド・ガイタが『創世の蛇』で、七章ごとに分け、それに七枚のカードを割り当てていたのと同様の配慮である。パピュスはそれを六芒星の形に配置することで、**図63**のようないかにも

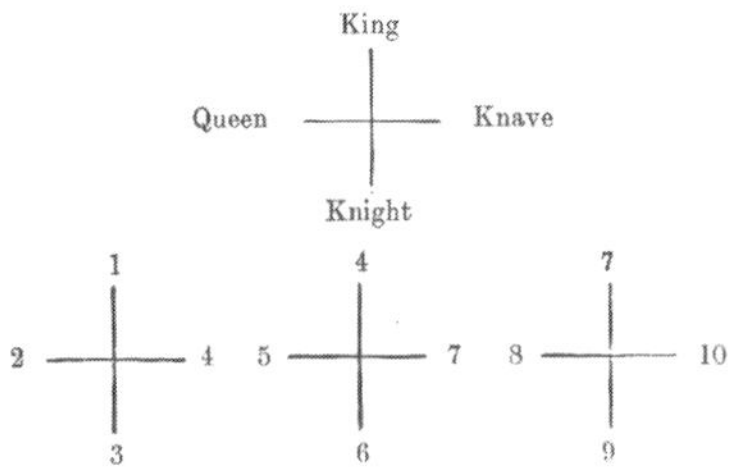

図60　パピュス『ボヘミアンのタロット』の中のカード配列3（出典33）

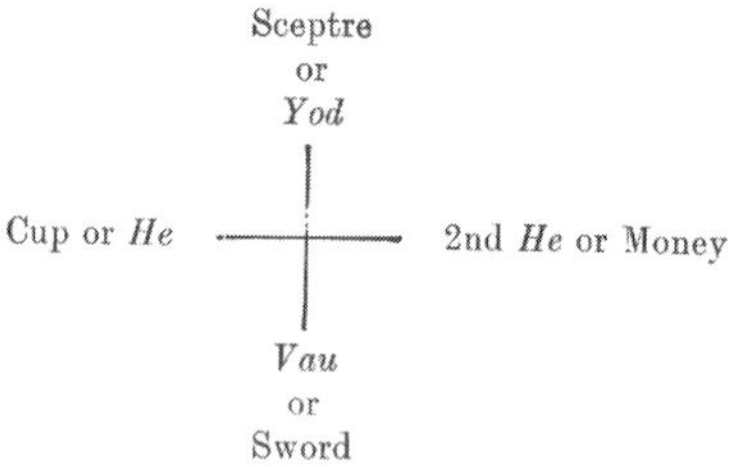

図61　同上、カード配列4（出典33）

図62　同上、カード配列5（出典33）

意味深なものが出来上がる。
「1」から「7」によって最初の「七個一組《セプテナリー》」を、「7」から「13」は二つ目の「七個一組《セプテナリー》」を、「13」から「19」は三つ目の「七個一組《セプテナリー》」を形作る。さらに「19」から、「21」で最後を締めくくる。そして、残された「0」によってすべてのサイクルが閉じられる。また、さらに複雑なことに、最初の「七個一組《セプテナリー》」は「ヨッド」に、二つ目の「七個一組《セプテナリー》」は「ヘー」に、三つ目の「七個一組《セプテナリー》」は「ヴァウ」に、最後の「七個一組《セプテナリー》」は二度目の「ヘー」に対応させられる。

そして今までに述べてきた小アルカナと大アルカナの聖なる四文字に対するすべての照応関係を表すと図のような構成になる。見ての通り、おそろしく複雑ではあるが、タロットの大統一理論とでも呼べそうな、一つの完全なシステムの中にすべてのカードがきれいに収まる形になる（図64）。

1	2	3	4
ヨッド	ヘー	ヴァウ	ヘー
1	2	3	4
4	5	6	7
7	8	9	10
10	11	12	13
13	14	15	16
16	17	18	19
19	20	21	0

それにしても、いったい全体この複雑なシステムは何なのか？　ここまで述べてきた『ボヘミアンのタロット』の第一部を読み終えたときのわたしの偽らざる感想である。確かに七十八枚のカードはシステマティックに整理された。そういう意味では「パピュスさん、本当にあなたはよく考えました」と心から賞賛を送りたくなる。しかし、その一方で、この高度に抽象的な理論から、その結果タロットのいったい何がわかったのだろう？　おそらくかなりの努力を重ねて理論を構築したであろうパピュスには申し訳ないが、その肝心要のところがどうしてもわたしにはよくわからない。さらに、三部構成の『ボヘミアンのタロット』をこの後も読み進めていくと、第二部では大アルカナのシンボリズムに関しての詳細な説明がなされ、第三部の「タロットの応用」へと続いていくが、その中で第一部の神智学的数のシステムによって完成された「コズミック・ホイール」はほとんど生かされていない。

考えてもみれば、かつてちょうど一〇〇年ほど前に、タロットのオカルト化はクール・ド・ジェブランによって主張された古代エジプト起源説を発端としてはじまった。それが今や、タロット

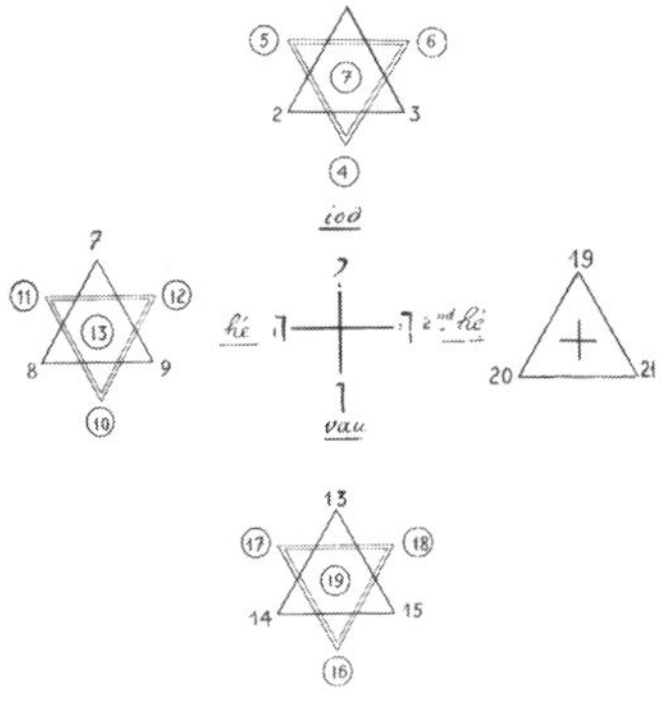

図63　パピュス『ボヘミアンのタロット』の中のカード配列６（出典33）

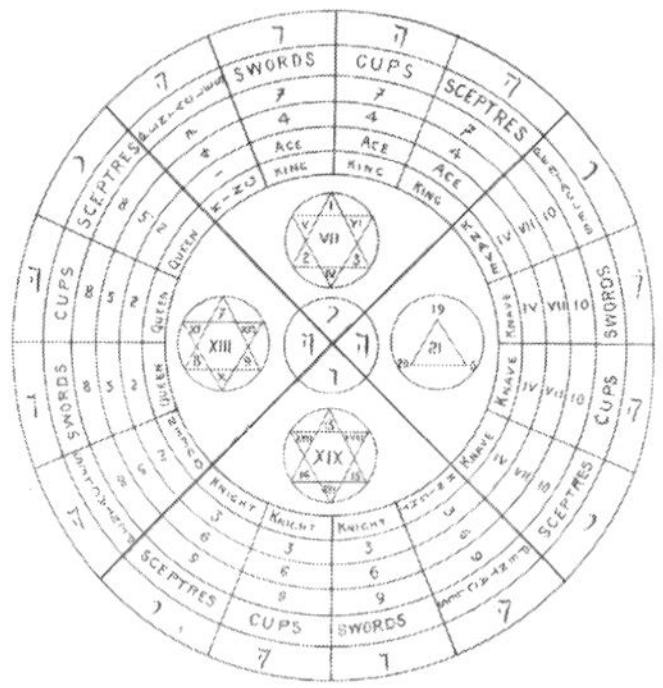

図64　同上、カード配列７（出典33）

は一般人からは到底意味不明な神智学的数のシステムの中へと取り込まれた。

しかしながら、このようにパピュスのシステムが複雑になってしまったのは、すべてを「1」、「2」、「3」という基本となる数の原理と、レヴィがタロットに対応させることを提案した聖なる四文字だけを使用して、すっきりと整理してしまおうとしたパピュスの目論見の逆説的な結果であろう。すなわち、単純な原理に還元しようとしたことが、逆にどうしようもないほどの複雑さをもたらしてしまったのだ。

しかし、このパピュスの神智学的タロット解釈に対しての賛否は脇に置いておいたとしても、実はこの理論自体に非常にやっかいな問題がある。というのも、彼の根本的な理論の土台にはどうしようもなく致命的な欠陥が隠されているのだ。

まずは神智学的数の操作のところに戻って、その初歩的な算数の計算をもう一度見直してみよう。たとえば「5」と「8」は、パピュスの前述の理論では神智学的には「2」と等価とみなしていた。しかし、実際に計算してみるとすぐにわかるが、「5」の「神智学的加算」の結果は「15」である。そして、その「神智学的減算」の結果は「2」ではなく「6」である。また「8」は「神智学的加算」の結果「36」になり、その「神智学的減算」の結果もまた「2」ではなく「9」である。つまり、「1」、「2」、「3」という基本数に、数を神智学的に還元することは、改めて一つ一つ計算してみるとわかるが、そもそもが無理なことだったのだ。なんともこれはいかんともしがたい欠陥ではないか！　パピュスのタロット理論のすべてはこの数の原理を土台としたものだった。しかし、その土台を作るごくごく初歩的な計算にミスがあったのだとしたら……。

正直にいうと、この計算間違いについては、恥ずかしながらわたしも最初まったく気がつかなかった。後に、ダメットの著書の中で指摘されているのを読んで、はじめて気づかされた。[95]さすがは元ケンブリッジ大学の論理学の教授ダメットである。というより、いわれてみればあまりにも単純すぎる計算ミスが指摘されなかったこと自体、おかしいといえばおかしいのだが。

複雑さへの異常な愛情

さて、気を取り直して（といっても無理かもしれないが）、『ボヘミアンのタロット』の残りについてもざっと眺めておこう。第二部では大アルカナのカードのシンボリズムについての詳細な理論が展開されている。そこではレヴィと同様に、それぞれのカードがヘブライ語の二十二文字のアルファベットと対応させられている。しかし、そこでのヘブライ語の解釈は、レヴィが『高等魔術の教理と祭儀』で使用したアタナシス・キルヒャーのものではなく、『セーフェル・イェイツィラー』というカバラの文献をもとにしている。[96]レヴィのところでは触れなかったが、彼が『高等魔術の教理と祭儀』の後に出した『偉大なる神秘の鍵（Clef des grands mysteres）』（一八六一）の中でのヘブライ語のアルファベットの解釈は、キルヒャーのものではなく、実は『セーフェル・イェイツィラー』をもとにしていた。[97]すなわち、パピュスはレヴィの後者の著作の枠組みに従ったというわけである。

ここで肝心なのは、『セーフェル・イェイツィラー』の中で、二十二のヘブライ語に対して、七つの天体、黄道十二宮、そして四つではなく三つのエレメンツ（空気、水、火）がそれぞれに一対一対応させられている点である。パピュスはこの『セーフェル・イェイツィラー』の中のエレメンツのところは無視して、七つの天体と黄道十二宮のみを、大アルカナそれぞれに対応させた。その結果、『セーフェル・イェイツィラー』で、三つのエレ

1	奇術師	アレフ	
2	女教皇	ベス	月
3	女帝	ギメル	金星
4	皇帝	ダレス	木星
5	教皇	ヘー	白羊宮
6	恋人	ヴァウ	金牛宮
7	戦車	ザイン	双子宮
8	正義	ケス	巨蟹宮
9	隠者	テス	獅子宮
10	運命の輪	ヨッド	処女宮
11	力	カフ	火星
12	吊るされた男	ラメド	天秤宮
13	死	メム	
14	節制	ヌン	天蠍宮
15	悪魔	サメク	人馬宮
16	塔	アイン	摩羯宮
17	星	ペー	水星
18	月	ツァダイ	宝瓶宮
19	太陽	クォフ	双魚宮
20	審判	レシュ	土星
0	愚者	シン	
21	世界	タウ	太陽

メンツに対応しているヘブライ語、「アレフ」、「メム」、「シン」に、それぞれ割り当てられた三枚のカード、「1・奇術師」、「13・死」、「0・愚者」には、占星術のシンボルは対応せず照応は単に空白のままになっている。また、「愚者」のカードのポジションは、レヴィにならい「審判」と「世界」のカードの間に置かれている。表に示したのが、『セーフェル・イェイツィラー』をもとにして出来上がったパピュスによる大アルカナとヘブライ語、そして占星術のシンボルの対応である。

また、クリスチャンが行ったように、それぞれのカードには三つの世界に対応した三つの解釈が割り当てられる。パピュスの場合の三つの世界は、「神の領域」、「人間の領域」、「自然の領域」に分けられる。そして、それぞれに対応する実際のカードの解釈はというと、たとえば「奇術師」のカードは、「神の領域」では「父なる神」を意味し、「人間の領域」では「アダム」を意味し、「自然の領域」では「能動的な世界の原理」を意味するという。以下のカードについても同様に三つの解釈が施されていく。

パピュスはよほど物事を複雑にするのが好きな人だったとみえる。というのも、たった今三つの世界に対応させたばかりの大アルカナのカードが、今度は、足して二十二になるカードのペア（たとえば「1」と「21」、「2」と「20」、「3」と「19」……というように）においてそれぞれが双方を補完するような意味も持つという。

しかし、パピュス自身がそのことを具体的に説明してくれていないので、普通に見てどうもしっくりこない。たとえばパピュスによれば、四番の「皇帝」のカードと十七番の「星」のカードはペアになるわけだが、それぞれの「神の領域」での意味は「意志」と「不死」となっている。この「意志」と「不死」という二つの概念は、いったいどう補完する関係だというのだろう？　神智学者ではないわたしが、なんとか無理やり頭をひねって出てきたものといえば、たとえば「死すべき宿命を超え、〈不死〉へと至ることができるのは、神の領域へと結ばれた〈意志〉の力によってである」というような、良くいえば謎めいたアフォリズム、悪くいえば、わかったようなわからないような強引な解釈である。他のどのカードのペアの意味の組み合わせを見ても、そこにある補完し合う意味を見つけるのは難しい。

しかし、パピュスの言うカード同士の対応はこれだけでは終わらない。今度はさらに、それぞれのカードの意味は、連続するカードの意味の間を結びつけるものでなければならないとパピュスは言う。つまり、たとえば五番のカードは、四番と六番のそれぞれのカードの意味をつなぐためのリンクとなる意味を持つということである。ここまでくると、パピュス博士の複雑さへ向かう異常な愛情には、さすがにわたしもつき合う気にはなれない。したがって、もはやいちいち例をあげないが、ここでもパピュスが言うようなカード間の意味関係を見つけることは困難である。

また、第二部の最後の章においては、「神統記」、「男女の創世」、「宇宙の創世」といった事柄についての極めて抽象的な理論が展開される。ここも詳細を述べるとかなり複雑になるので省くが、要するに、わたしたち人間と世界がいかに「父なる神」と「息子」と「聖霊」の至高の「三位一体」[98]から形作られていったかという、神智学的な宇宙創世論が述べられている。パピュスはそもそもこういったオカルト的な宇宙の神秘を解き明かすための鍵としてタロットを想定していたはずだが、ここでの神智学的理論の骨組みには、第一部から彼自身苦労して構築してきたタロット理論はほとんど反映されていない。逆にいえば、このような、本来まさに彼の理論の核心となる部分において、肝心のタロット・カードがほとんど無視されるため、むしろ神智学的宇宙創世論を論じるにあたってそもそもタロット・カードはまったく必要ないのではないかとさえ思えてくる。

さて、残りの第三部は、「タロットの応用」と題されているが、そこには、オスワルト・ウィルトによる「占星術的タロット」、そしてチャールズ・バーレットによる「秘儀参入のタロット」及び、「タロットのなかの神の名前」、ド・ガイタによる「カバラに対するタロットの応用」というように、パピュス本人の書いたものではない、文字通りタロットを他の分野で応用するための論文が含まれている。そしてその後に、パピュス自身によりタロット占いの方法が説明される。

ちなみに、ウィルトによる「占星術的タロット」では、大アルカナと占星術の星座が対応させられているが、これはパピュスの前述の対応とはまったく異なるものとなっている。しかも、たとえば「奇術師」が「オリオン」、「女教皇」が「カシオペア」と対応させられ、通常の黄道十二星座以外の星座の名前がいくつか見られる。また、バーレットによる「秘儀参入のタロット」では、大アルカナが文字通り秘儀参入の儀式を表しているものとして解釈され、最後の「マギの王冠」と呼ばれる二十二番目のアルカナで、秘儀参入者が「ニルヴァーナ」の境地に到達するまでの過程がスケッチされている。これらはすべてパピュスの理論と一致するものではなく、それぞれが独立した論考となっている。

引き続くタロット占いについての章は、全部で七つのレッスンに分けられている。その中でも六番目のレッスンでは、エテイヤのタロット占いの具体的なやり方が紹介されている。またその前の第二レッスン、第三レッスンでは、パピュス自身による小アルカナの各カードの意味と、大アルカナの各カードの意味がそれぞれ列挙されている。だが、いずれもごく簡単な数の原理による解釈法は取り入れられているものの、第一部や第二部で丹念に作り上げた高度な理論とはほとんど関係のないカードの意味となってしまっている。たとえば、実際記述されているカードの意味の例をあげてみると、「剣のキング」のカードは、「色黒で、悪人。戦士。強力な敵。彼は信頼の置けない人物だとみて間違いない[99]」となっている。これはどう考えても深遠なるカバラとはまったく関係ないし、苦労して作り上げた「コズミック・ホイール」から出てきたものでももちろんない。

十九世紀末のフランスにおいて複雑さの頂点を極めたタロット理論の書は、第二十二章で終わる。もちろんこれはレヴィの『高等魔術の教理と祭儀』の章立てを意識したものであることはいうまでもない。

十七世紀の薔薇十字団が所有していた、すべてのことが書かれている一冊の書物

『ボヘミアンのタロット』を閉じる前に、この本のタイトルについても触れておこう。「ボヘミアン」というのはジプシーの呼び名である。すなわち、ここでもタロットの運び手がジプシーであるという伝説に基づいたタロット起源の神話が見られる。すでに第一章「タロット占いの歴史」の冒頭のところで見たように、「タロット・カード＝ジプシー説」は、『ボヘミアンのタロット』が出た頃には、あり得ないものというのが当時のジプシー研究から明らかだった。[100]しかし、パピュスのこの本以後も、「タロット・カード＝ジプシー説」は一部のタロティストの間において根強く残り続ける。

またここで、パピュスが新たに説を唱えることによって後にまで影響を与えることになった、タロットと十七世紀の薔薇十字団との関係という新たな伝説についても触れておこう。前にも述べたように、薔薇十字運動は、もともと十七世紀初頭に出版された薔薇十字宣言と呼ばれるパンフレットからはじまった。そして、薔薇十字団とは、おそらく架空の団体であるというのが一般的な理解であった。ところがパピュスは、十七世紀の薔薇十字団員の実在を前提に、彼らは自分たちの知識の源としてタロットを所有していたと主張する。

パピュスの言い方では次のようになる。彼らはすべてのことがあらかじめ書かれている一冊の本を持っていた。そして、彼らはその本からすべてのことを学ぶことができた。そして、この薔薇十字団が所有していた一冊の本こそが、まさしくタロットのことに他ならないと。[101]このようなパピュスの主張の根拠は、一六一五年の薔薇十字宣言の『告白《コンフェッシオ》』の中の次のような一節から来たものであろう。

諸君が、たった一冊の本を読んだだけで、（これまでに、また現在、そして今後に出版される）他のすべての本の中で過去、現在、未来にわたって学習され、見いだされてきたすべてを、理解し憶えられるとしたら、それはかけがえのない事ではないだろうか。(102)

もちろん、この文章自体は、本来タロットについて述べたものではない。この部分だけの抜粋を読んで、「たった一冊の本」というのが、タロットについて述べているのだと説明されれば、確かにそれらしく見えてしまうかもしれない。だが、実際の『告白《コンフェッシオ》』の中の前後の文脈を読んでみると、これをタロットのことをいっていると結論づけるのはちょっと無理がある。ついでながら、パピュスは一六一五年の『名声《ファーマ》』を、参照としてあげているが、『名声《ファーマ》』が出版されたのは一六一四年であり、一六一五年に出たのは『告白《コンフェッシオ》』の方である。しかも内容も今見たとおり『告白《コンフェッシオ》』の方からのものなのであるから、『名声《ファーマ》』を参照としてあげているのは明らかにパピュスの勘違いであろう。

一方で、タロットの起源自体そのものに関しては、薔薇十字団を超え、はるか昔の「トート・ヘルメス・トリスメギストスの書」であると認める。だが、彼はさらにそれを過去へとさかのぼらせ、なんとも驚くべきことに、人類のはじまりの地点にまで持っていく。パピュスは次のように述べる。タロットは「アダムの書」であり、「古代の文明における最初の啓示の書」(103)であると。パピュスにとってタロットとは、すべての人類の祖先であるアダムがエデンの園で堕罪してしまって以来失われてしまった〝原初の知識〟を保持しているものだった。神の本性や宇宙の起源や構造、それらについての真なる知識を人間たちは失ってしまっている。神智学者パピュスは、タロットを真に理解することがそれを取り戻すための鍵となるとみなしたのだ。

ところで、彼はこの高邁な目的を果たすことができたのだろうか？　『ボヘミアンのタロット』の複雑なタロット理論を見る限り、そこには、彼がもともと持っていた神智学的宇宙論と、七十八枚のタロット・カードをいかに適合させるかという課題と格闘した、一人の理論家による苦難の想像の産物以上のものを見出すことはできない。

パピュスは『ボヘミアンのタロット』を発表したわずか二年後の一八九一年に、『オカルトサイエンスの詳論』という一〇九二頁にも及ぶ大著を出版する。その中では、『ボヘミアンのタロット』でオカルティズムの鍵として非常に熱心に扱っていたはずのタロットに対しての言及は、なぜかほんのわずかしか割かれていない。まるで、オカルトサイエンスすべての鍵にタロットを置くことを、もはや良しとしないかのように。

エジプシャン・タロットVSエジプシャン・タロット

『ボヘミアンのタロット』以後、パピュスがタロットに関して寡黙となっているしばしの間、タロットのトレンドは別の方向へと移っていった。そう、再び占いのツールとしてのタロットが注目を浴び始めたのだ。

一八九六年、R・ファルコナーという人物の書いた『タロット占いの二十二のヘルメス的葉(Les XXII lames hermétiques du Tarot divinatoire)』という本が出版される。この本の中では二十二枚の大アルカナだけを使った占い方法が紹介され、それと同時に新たにデザインされた二十二枚の大アルカナの絵柄が掲載された。これらはファルコナーのディレクションのもと、モーリス・オットー・ウェグナーという人物によって描かれたものである。カードをご覧いただくとおわかりの通り、すべてのカードがエジプト風の衣装を施されている(図65)。また、カードのタイトルは、マルセイユのタロットからは大きく離れ、しかも若干カードの順番も変更されている。

タイトルが変更されているカードだけを列挙してみると、一番から七番まで順に、「奇術師」が「マグス」、「女教皇」が「聖域」、「女帝」が「自然」、「皇帝」が「勝利者」、「教皇」が「司祭長」、「恋人」が「試練」、「戦車」が「凱旋」と呼ばれる。さらに九番目と十番目、「隠者」が「賢者」、「運命の輪」が「スフィンクス」となり、十二番目は「吊るされた男」が「犠牲」、十五番目は「悪魔」が「テュフォン」、十六番目は「神の家」が「ピラミッド」となる。また通常、十八番目のカードである「月」は、「夜」というタイトルになり二十二番目に位置する。また、十九番目の「太陽」はまぎらわしいことにも「愛」と呼ばれる。最後に「愚者」のカードは二十一番目となり、タイトルは「無神論者」と呼ばれる[104]。

こうして再び、難解なタロット理論とは異なる、占いのためのタロットのマニュアル本と、あくまで占いに使うことを主な目的とした（ド・ガイタとウィルトのタロットのようなイニシエーションのためのものではない）タロット・カードが作られはじめた。

パピュスはこの新しいトレンドに刺激されたのだろうか。やや遅まきながらも一九〇九年に、彼はタロットに

図65　R・ファルコナーのタロット・カード、一八九六年、パリ国立図書館（出典５）

ついての二十年間の沈黙を破り、その名もずばり『タロット占術（Le Tarot divinatoire）』と題された本を出版する。[105] これはタイトルからもわかるように、以前の『ボヘミアンのタロット』とは異なり、完全にタロット占いのための本である。それゆえ、この本の中にはとりわけ新しいオカルト理論は含まれていない。

まず、パピュスはあたかもファルコナーの本に対抗するかのように、大アルカナ二十二枚だけを使った占いが広まっていることを批判し、タロット占いを正確に行うためには七十八枚のフルパックを使わなければならないと主張する。その結果、『ボヘミアンのタロット』で採用していたド・ガイタとウィルトのタロットをここではもはや取り上げない。

そもそもド・ガイタとウィルトのタロット・パックは、二十二枚の大アルカナのみをデザインしたものだったが、そのような大アルカナ重視の姿勢は、レヴィの『高等魔術の教理と祭儀』にまでさかのぼる。ド・ガイタが、タロットのデザインの〝修正〟の念頭に置いていたのが結果的に大アルカナ二十二枚のみだったというのは、レヴィの正統的なフォロワーとしての当然の帰結であった。

パピュスはド・ガイタとウィルトのタロットを退け、ファルコナーの二十二枚から成るタロット・パックに対抗するための新たな七十八枚から成るタロット・パックを提出した。また、ライバルであるファルコナーの「エジプシャン・タロット」に対して、パピュスの方も別バージョンの「エジプシャン・タロット」で対抗した。この新たな「エジプシャン・タロット」の絵は、ジャン・ガブリエル・グーリナー（一八八三—一九七二）というアーティストによって描かれた（図66）。

このパックはレヴィからの影響によって作られたと述べられているが、実際にはエテイヤからの影響の方が明らかに強い。それぞれのカードの絵の周りには大きな余白が作られ、そこにはヘブライ語、エジプトのヒエログリフの神官書体、サンスクリット語、カードのキーワード的な三つの意味、占星術の記号等々、ありとあらゆることが書き込まれている。また、小アルカナの方で特に注目すべきは、すべてのカードに、エテイヤにならい22から78までの通し番号がつけられているという点である。ちなみに、余談だが、カードの上の数字のすぐ下のところに、わざわざエテイヤの名前が記されているが、そのスペルの間違いがちょっと気になる（カードのスペルはEtteilaとなっているが本当はEtteilla）。

さて、『タロット占術』の本の内容だが、第一章と第二章では、タロット・パックの全体の構成と、グーリナ

図66　パピュスのタロット・カード、一九〇九年（出典5）

ーによって〝修正〟されたデザインに関しての概説が述べられる。そして第三章では、タロット占いの基本的な原理が説明される。

まず、彼は大アルカナの占い上の意味を述べるが、そこでの意味は『ボヘミアンのタロット』の中の二十章の「レッスン三」ですでに記述していたものとまさに同じものである。そればかりか、「レッスン四」、「レッスン五」で展開された占いのやり方と同じものが、ここで再び繰り返し述べられている。さらに、他のタロット本（ジャン・ガストン・ブールジェという人物によって書かれた一九〇六年出版の『タロット（Le Tarot）』という本）からの引用が続く。それはジプシーによるタロット占いの方法を詳述したものである。

ところで、このパピュスの引用の参照元であるブールジェの『タロット』の記述自体がすでに他からの引用だということは注目に価する。そのオリジナルは、バルセロナで一八六六年に出版された『黒の書（El libro negro）』にさかのぼる。また、『黒の書』の著者はホルテシオ・フラメルとなっているが、それはホルテシウス・フラメルの『赤の書』からの翻訳書であると記述されている。[106] さて、ホルテシウス・フラメルとは、前にも述べたとおり、ポール・クリスチャンことジャン＝バプティスト・ピトワのペンネームだったことを思い出していただきたい。[107] そう、パピュスによるタロット占いの引用の元の出所は、あの信頼の置けない作り話の名手に由来するものだということである。

続いて詳述されるのが、フ

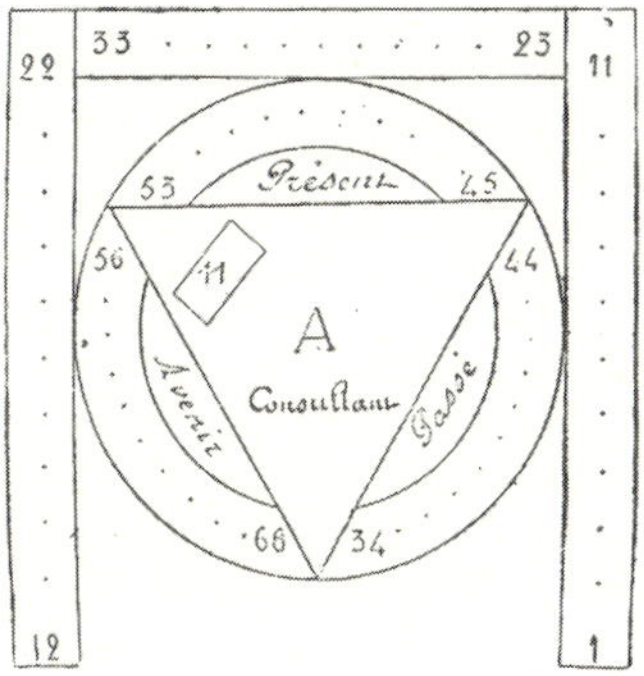

図67 パピュスの本の中で紹介されたエテイヤのカード展開法（出典34）

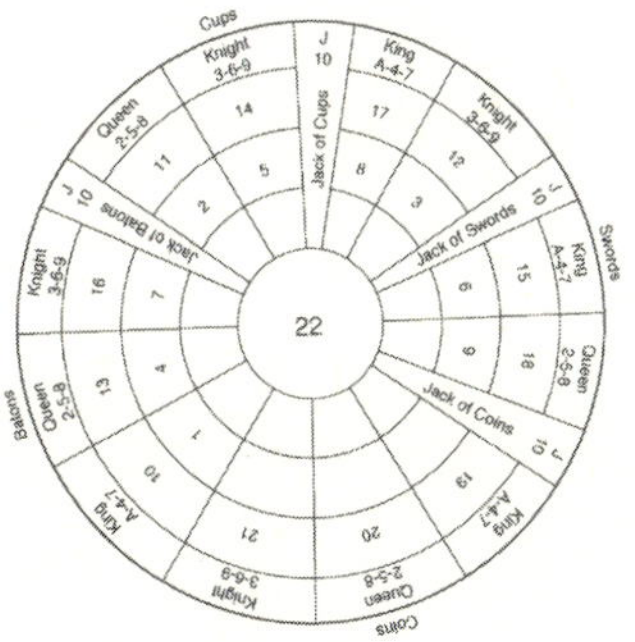

図68 パピュス『タロット占術』の中のカード配列（出典34）

レンチ・スートのついた三十六枚から成るプレイング・カード（タロットではなく）の占い上の意味と、リーディングの方法についてである。さらに、『ボヘミアンのタロット』の「レッスン六」に掲載していたエテイヤによる占い方法が再録されてこの章は終わる（図67）。

次の第四章は、並んで出た二枚のカードのコンビネーションの意味についての解説ではじまる。さらに、同じランクの三枚のカード（すなわちたとえばスートの異なる「キング」が三枚）が並んだ場合についての占い上の意味の解説が続く。第五章は、占星術の十二の「ハウス」の中に配置されたときのそれぞれの意味。さらに、第六章は、エテイヤの設立した「トートの書の解釈会」の『トートの書の解釈辞典』に載っているカードの意味が、そのまま掲載されている。

最終章は、エテイヤ、レヴィ、クリスチャンらのタロットの解釈について少しずつ触れ、ようやく最後の二頁になってタロットに対するパピュス自身の説明がやってくる。ここでも、パピュスお得意の、図68のようにカードの数字を配列した奇妙なダイアグラムが登場する。これについての詳述は省略するが、要は『ボヘミアンのタロット』でさんざん見たのと同様の類の「神智学的」数の操作がここでも繰り返される。たとえば、同じセクションに属している小さい方の数は、大きい方の数の「神智学的減算」になっている云々といったことが述べられている。

以上見てきたように、十九世紀末の秘教的結社の中心人物であったパピュスというオカルティストが残したタロット占いの本は、全体としてまとまりのない、過去のものの寄せ集め的な内容でしかない。そこには『ボヘミアンのタロット』のような独創性はもはやない。最後のパピュスによる論も、本の全体とはほとんどつながりのないつけ足しのようなもので終わっている。

しかしながら、この散漫な印象を拭えないタロット本は結果的に、パピュスの晩年に位置づけられる著作ということになってしまった。時はすでに世紀末を通り越し、第一次世界大戦勃発へと向かっていた。一九一四年八月、彼は医者として戦地に動員された。だが、彼の健康状態は決して芳しくはなかった。翌年の二月に除隊した後、病の床に伏せた。結核だった。

生涯、いくつものフランスの秘教的結社のリーダーとして活躍し、同時にオカルト・タロットの理論化の極北を描いてみせたパピュスことジェラルド・アンコースの魂は、一九一六年十月二十五日に、ついに物質世界から離脱した。享年、五十一歳だった。

ド・ガイタはすでに逝き、ペラダンもパピュスの死の二年後にこの世を去る。フランス薔薇十字運動の当初の牽引者たちは、新世紀の初頭において次々と姿を消していく。

最後の一人

しかし、その頃、師に先立たれ取り残されたオスワルト・ウィルトは、フランスのフリーメーソンの中で重要人物となっていた。一九二六年、彼は以前の自らのカードのデザインを改め『中世のアーティストのタロット(Le Tarot des imagiers du moyen age)』と題された新たなタロット・パックを出版する(図69口絵)。変更点の主なものとしては、たとえば、二番の「女教皇」の手に持たれた書物にはタオイズムの「陰/陽」のシンボルが描かれ、かつて「天国の炎」と呼ばれていた十六番のカードはマルセイユのタロットのタイトルと同じ「神の家」になり、十三番の「死」のカードもマルセイユのタロットと同様、無題となった。また、すべての絵柄の背景にはゴールドが塗られ、全体的に以前のものよりも派手で華やかなイメージのカードとなった。

さらに翌年には同名のタロット本を出版する。ウィルトいわく、この本はド・ガイタの霊的な助けによってインスパイアされたという。「彼の助けなしに、いかにしてわたしは自分の方法を見つけることができたというのか?」[108]。そう述べるウィルトは、ド・ガイタの死後、三十年あまりの時が過ぎていたにもかかわらず、いまだ師に対して感動的なまでに忠実だった。

非常によく練られたこの本は、オカルト・タロットの百科事典と呼んでもいい内容である。ざっと書かれていることを列挙してみると、数秘術的解釈、カバラ的解釈、占星術的解釈、錬金術的解釈といった具合に様々な観点からのタロットの解釈の簡潔な説明、さらにタロットの宇宙論、そして二十二枚の大アルカナのシンボリズムの詳細な説明へと続く。また、秘儀伝授のプロセスを表したものとしてのタロットの解釈、フリーメーソンのシンボルとタロットの間の関連、そして占い上のカードの意味[109]および占い方法までがきっちりと述べられる。ここにはまさしくオカルト・タロット本のアイデアのほとんどが含まれているといっても過言ではない。さらにウィルトは、一九三一年に『タロット研究序説（Introduction à l'etude du Tarot）』を出版する。

エリファス・レヴィによるフランス・オカルティズムの復興以来、わたしたちのタロットは、多くのオカルティストたちによってその理論の中心に置かれてきた。その議論の中で、エテイヤからはじまったタロットと占いの結びつきは、中心ではなく周辺領域へと追いやられてきた。しかしながら世紀の変わり目において、再びタロットは占いとしっかり手を組みはじめた。しかしだからといって、それによってタロットがオカルトから完全に切り離されたわけではない。むしろオカルト的主題は、タロット占いに〝深遠さ〟をかもし出すためのちょっとした味つけとしてこの後もずっと残り続けることになる。

さて、この後の「オカルト・タロットの歴史」の流れを論じるためには、そろそろ舞台をパリからロンドンへと移さなければならない。しかも、それと同時に、少し過去の時点にまで今一度、時計の針を巻き戻す必要がある。

二十世紀に入る少し前、すでにオカルト・タロットは、フランス最大のオカルティスト・エリファス・レヴィの名声のもとに、ドーバ海峡を越え、大英帝国へと進出を開始していた。すなわち、これからお話するのは、レヴィによって確立されたオカルト・タロットのイギリスでの展開についてである。

2　ロンドン――一八八六―一九四七

古代エジプト説の衝撃は海を渡ったのか

すでに何度も繰り返し述べてきたように、フランスにおけるすべてのことの起こりは、『原始世界』第八巻に含まれる二つのタロットについてのエッセイからはじまった。一方、イギリスではどうだったのだろう。はたして、フランスのオカルティストたちのとめどもない夢想の原動力となった「タロット＝古代エジプト起源」説は、海を越えて伝わったのだろうか？

一八一六年、サミュエル・ウェラー・シンガーによる『プレイング・カードの歴史の研究（Researches into the History of Playing Cards）』という本で、『原始世界』の中の「タロット＝古代エジプト起源」説のアイデアがはじめてイギリスにお目見えした。一方のフランスでは、すでに見たように『原始世界』第八巻の出版されたわずか二年後の一七八三年に、エテイヤがそのアイデアをもとにした最初のタロット本を世に送り出したわけだが、それから数えると、イギリスでのこの本は遅れること三十五年である。しかも、商売センスに長けたエテイヤが、ことさらセンセーショナルにタロットの古代エジプト起源説を吹聴しまくったのに対し、イギリスでの事情はそれとはまったく異なり、カードの歴史家による冷静で客観的な立場からの論評だった。シンガーはその本の中での単に補遺のひとつとして、ド・ジェブランとド・メレによるタロットのエッセイを紹介しているに過ぎず、彼のつけたコメントも決して好意的なものではなかった。

結論からいうと、イギリスでのオカルト・タロットの出発点は、直接、『原始世界』に端を発するものではまったくない。それに代わって、ロンドンのオカルティストたちの想像力を刺激することになったのは、逸脱したカトリックの助祭エリファス・レヴィによって執り行なわれたタロットとカバラの結婚だった。

イギリス薔薇十字教会とタロット

では、レヴィはいかなる形でイギリスに影響を及ぼしたのだろうか？　まず、非常に早い時期にレヴィと直接的なコンタクトを持った人物としてあげられるのは、薔薇十字をテーマとした小説『ザノーニ』（一八四二）などを書いたことで知られる作家サー・エドワード・ブルワー＝リットン（一八〇二―一八七三）である。レヴィは、一八五四年と一八六一年の二回に分けて渡英しているが、そのときリットンと会見を果たしている。

また、一八八六年、『魔術の神秘（The Mysteries of Magic）』というタイトルのもと、レヴィの著作からセレクトされたいくつかの論の英語訳が、アーサー・E・ウェイトによってロンドンで出版された。この『魔術の神秘』に収められた論の大部分が、『高等魔術の教理と祭儀』からのものだった。すなわち、これがイギリスで最初に英語で読むことの出来たオカルト・タロットについて書かれた本なのである。

また、前にも少し触れたケネス・ロバート・ヘンデルセン・マッケンジー（一八三三―一八八六）は、一八六一年の時点でパリのレヴィのもとを訪問している。[110]その後、マッケンジーは、一八七三年四月に、「イギリス薔薇十字協会」会員に向けてレヴィの会談の模様を含むレクチャーを行い、さらに、それは会のジャーナルの中で記事としても発表された。ちなみに、イギリス薔薇十字協会は、前述のフランスの薔薇十字カバラ団とはまったく別物である。ただし、この二つの間には、直接的なつながりはないものの、十七世紀初頭のドイツでの「薔薇十字宣言」に端を発する薔薇十字運動の近代における復興という意味では共通点を持っている。

イギリス薔薇十字協会の設立は一八六七年。レヴィの著書を研究していた、若干二十六歳のロバート・ウェントワース・リトル（一八四〇―一八七八）[111]によってはじめられた。そしてその際に大きな助力を与えたのがマッケンジーだった。当時、ドイツの黄金薔薇十字団から秘儀伝授されたというマッケンジーから伝えられた位階制が、イギリス薔薇十字協会の設立にあたっては採用された。

ちなみに、前述のリットンも薔薇十字的小説『ザノーニ』を書いたことから、一八七一年にイギリス薔薇十字協会の名誉支持会員となっているが、面白いのは本人自身がそのことをまったく知らされていなかったことである。要するに、薔薇十字的小説の作家として知名度のあるリットンは、勝手にイギリス薔薇十字協会の会員にされてしまったのだ。リットン自身は、わかっている限りでは、イギリス薔薇十字協会の会合に出席すらしていない[112]。

さて肝心のタロットに関してだが、まず、レヴィとの接触からタロットに大きな関心を持ったマッケンジーが、『タロットのゲーム、考古学的、象徴的考察（The Game of Tarot, Archaeologically and Symbolically Considered）』と題する本の出版計画を立てたところからすべてがはじまる。彼は著書のための内容見本を作り、出版社の承諾を得るところまではいったのだが、残念なことにも、それは現実には出版されずに終わってしまった[113]。一八八五年十二月、イギリス薔薇十字協会員、W・W・ウェストコット宛ての手紙で彼は、次のように書いている。「現在、わたしはタロットについての本を書くことができないでいます。それは何年も前に計画されたものでしたが、無駄に終わってしまいました。もしかしたら、いつかそれを再開するかもしれませんが。（中略）その主題は、おそろしく複雑です。わたしのタロットに関する見解も以前と同じものではありません[114]」。

イギリスで最初のレヴィのタロット理論のフォロワーとして名を残す可能性のあったマッケンジーのタロット本は、結局、途中頓挫してしまったことに違いはないのだが、しかし、それは結果として後の展開への第一歩だった。というのも、手紙の受け取り人であるウェストコットは、おそらくマッケンジーによってタロットへの関心を呼び覚まされた。その結果、すぐ後の一八八六年頃に、彼はオリジナルのタロット・カードのスケッチを描くことになる。さらに、ここでもう一つ重要なことが起こっている。それは、ウェストコットがマッケンジーのタロット本の内容見本を、もう一人のイギリス薔薇十字協会員サミュエル・リデル・メイザーズへ見せたことだ。詳しくは後述するが、一八八八年に出版されたイギリスで最初のタロット本の著者こそが、このメイザーズなのである。

図70　ウィリアム・ウィン・ウェストコット（出典14）

まとめると次のようになる。レヴィから、マッケンジーへ、そしてウェストコット、メイザーズへ。この流れこそが、イギリスでのオカルト・タロットを形作っていくまさしく最初の経路に他ならない。

ここで、この後のイギリスでのオカルト・タロットの展開において、非常に重要な役割を果たすことになるウェストコットとメイザーズ、それぞれの簡単な人物紹介をしておこう。

オカルティストにも仕事は必要である

ウィリアム・ウィン・ウェストコット（一八八四―一九二五）は、一八四八年十二月二十七日に、ウォーウィックシャーのリーミントンにて外科医の息子として生まれる（**図70**）。両親いずれも、彼が十歳の誕生日を迎える前に死去。そして、同じく医者であった未婚の叔父のもとで育てられ、彼も医学の道へと進む。一八七一年には、叔父の助手となり働くが、一方で、この頃からいくつかの秘教的結社と関わりを持ちはじめる。

まず、一八七七年に、ウェストコットはスウェーデンボルグ派のロッジに加わる。そして一八八〇年には、イギリス薔薇十字協会に入る。この頃、ウェストコットはロンドンで検死官の仕事に就く。さらに、一八八三年には、「ソサエティ・オブ・エイト」の設立メンバーとなり、また一八八六年には、神智学協会から分離したキリスト教神秘主義者アンナ・ボナス・キングスフォードによって設立された「ヘルメス協会」へと加わる。一八九一年には、イギリス薔薇十字協会の「至高術士《シュプリーム・マグス》」であったウィリアム・ロバート・ウッドマンが亡くなり、代わってウェストコットはその後を継ぐことにもなる。また、ウェストコットは、以前パピュスのところで述べた神智学協会のマダム・ブラヴァツキーとは個人的に知人でもあったこともつけ加えておこう。

ところで、いかにウェストコットが当時のロンドンの大物オカルティストだったとはいえ、営利を目的として積極的に会費集めをする金儲け主義オカルト結社でも作らない限り、生活のためのお金がどしどし入ってくるわけではない。その点、ウェストコットは純粋かつ健全だった。オカルティズムへの研究は、あくまでプライベートと割り切り、公には検死官の仕事をきちんとまっとうした。また、彼は多くの団員からも信頼され、友好的で温厚な人柄だったとも伝えられている。

一方のサミュエル・リデル・メイザーズ（一八五四―一九一八）（図71）は、まさにウェストコットとは対照的に、まず性格的には自己中心的で好戦的、おまけに妙な貴族趣味を持ち合わせたアクの強い人物である。後の二人のそれぞれの行動を見ても、あらゆる面で二人は水と油のように異なるキャラクターであったのは間違いない。

一八五四年一月八日、メイザーズはロンドンのウエストハックニーに生まれる。幼い頃に父を亡くし、未亡人となった母とともに暮らす。学校を卒業してからは、ボーンマスで事務員の仕事に就く。

一八七七年、二十三歳のメイザーズは、フリーメーソンに加入。そして、さらに一八八二年にはイギリス薔薇十字協会のメンバーとなる。彼がロンドンへと向かったのは、一八八五年、母の死後のことである。このとき職なしのメイザーズは、ロンドンで当初ウェストコット家の厄介になっている。ちなみに、この後の生涯、メイザーズはウェストコットと違い腰を据えた定職に就かなかったため、なにかと金銭的な面で苦労することが多かった[115]。

図71　サミュエル・リデル・メイザーズ（出典14）

一八九〇年、三十六歳になったメイザーズは、十一歳年下の画学生ミナ・ベルグソン[116]と結婚。さて、さすがにそうなるとメイザーズもウェストコットにやっかいになっているわけにもいかなくなり、ホーニマン博物館管理人の職に就く。だが、やはり長続きせず翌年には退職。実はこの仕事は彼の妻の親友であるアニー・ホーニマンが、自分の父親に頼んでわざわざメイザーズに斡旋したものだった。その後、メイザーズとミナはパリに移り住む。そして、そこで夫婦そろってオカルティズムに没頭する。ところで、甲斐性のないメイザーズとその妻ミナのイギリス人夫婦が、いったいどうやってフランスで生計を立てていたのかが気になるところだ。だが、何のことはない、結局、親友のミナを思うホーニマンが金銭面を援助し続けていただけのことである。

ところで、このように述べていると、メイザーズが仕方のない人間のように誤解されそうなのでいっておくが、彼はただの怠け者だったわけではない。なんといっても、この後見ていくように、彼は十九世紀末から二十世紀前半における、もっとも影響力の大きいオカルト・タロットの精緻な理論を考案したほどの人物である。オカルティズムの探求に賭ける情熱は確かなものだった。まず、十七世紀のカバラ学者クノール・フォン・ローゼンロートの『カバラ開顕』（一六七七）の翻訳である『ヴェールを脱いだカバラ』を一八八七年に発表。また、一八八八年にはパリのラルセナル図書館で彼が見つけたという『術士アブラメリンの聖なる魔術の書』を、二年間かけて翻訳し出版する。その他にも中世の魔術書『ソロモン王の鍵』、『ソロモンの小鍵』を博物館から発掘し、それぞれ一八八九年、一九〇三年に翻訳出版している。

また、オカルティズム以外にも、彼は戦争理論を研究し、その一方で、ボクシング、及びフェンシングを趣味にしていた。こういったことからもなんとなく彼の好戦的な性格がうかがわれよう。また、彼の非常に奇矯な一面としては、タータンとキルトというスコットランド人の服装を着用するほど異常なまでのケルト文明崇拝者だったことがあげられるだろう。しかも、自分がケルト・スコットランド血統であることを強く信じた彼は、勝手にスコットランド国王ジェイムズ二世の子孫であると名乗り、一八七八年頃にはグレンストリー伯爵の称号を自ら冠するまでに至っている。

さて、この後詳しく述べることになる黄金の夜明け団というオカルト結社は、かくのようなウェストコットとメイザーズの二人が中心となって組織された。話を先取りしていってしまうなら、世紀末のロンドンに誕生した黄金の夜明け団の活動自体は、結局、短い間でしかなかったが、その後に続くオカルティストたちに与えた影響という点でははかり知れないものがある。また、タロットということに関していっても、黄金の夜明け団の誕生から衰退へと続く一連の出来事が、ある意味、そのままイギリスでのオカルト・タロットの歴史であったといっても過言ではないだろう。

では、ここで黄金の夜明け団におけるオカルト・タロットの展開へと話を進める前に、そのプロト・タイプとなったウェストコット、メイザーズ、それぞれのタロット理論にざっと目を通しておこう。

イギリスでのオカルト・タロットのプロト・タイプ

フランスの世紀末のオカルティストたちが、レヴィのフォロワーであったように、ウェストコットとメイザーズもレヴィの影響下にあったことは間違いない。しかし、ことウェストコットに関していえば、そのタロット理論は早いうちから、レヴィの権威に対してすべて忠実というわけではなかった。ここでまず、一八八七年に出版された『ベンボのイシス・タブレット』という本の中に含まれているウェストコットのタロットの解釈について見てみよう[117]。

まず、レヴィの魔術論の要であったタロットとヘブライ語の対応だが、ウェストコットは完全にはレヴィに従わず、「愚者」のカードは、「シン」から「タウ」へ、一方、「世界」のカードは、「タウ」から「シン」へと変更している。つまり、すでに何度か述べているレヴィが作った「愚者」の奇妙な位置が、この本では引き継がれていない。ある意味、トランプ・カードの並びは、ウェストコットによって〝正常〟に戻されたわけだ。

さらに、ウェストコットによるカードの呼び名を、順に列挙しておこう。「魔術師」、「女司祭」、「女王、もしくはジュノー」、「王、もしくはジュピター」、「司祭」、「結婚」、「戦車のなかの征服者」、「正義」、「隠者」、「宿命の輪」、「剛毅」、「吊るされた男、もしくは達人」、「死」「節制」、「悪魔」、「プルータスの家」、「ドッグ・スター」、「月」、「太陽」、「最後の審判」、「世界、もしくは王冠」、「新参者、もしくは愚者」。

この中でも六番目のカードが、「恋人」と呼ばれずに「結婚」となっているのはエテイヤに従ったものであろう。また四つのスートについては、それぞれ四つの生き物（獅子、人間、鷲、牛）が対応させられ、さらに「INRI」の四文字が関連させられる。これらはすでに見たフランスのオカルティストたちの理論と同じである。

さらに、ウェストコットは「エース」から「10」までのヌーメラル・カードを、カバラの生命の樹の十のセフィロトに対応させる。すなわち、「エース」＝「王冠《ケテル》」からはじまり、最後は「10」＝「王国《マルクト》」に至るといった具合に。また、カバラの中では、世界を「アツィルト」、「ブリアー」、「イェイツィラー」、「アッシャー」と呼ばれる四つの領域に分けるという考え方があるが、セフィロトに対応させられた十枚のカードは、スートごとにそれぞれの世界を表現しているものとしてみなされる。

では、今度は一方のメイザーズによって書かれた『タロット、そのオカルト的意味、占いでの使用と実践の方法（The Tarot : Its Occult Signification, Use in Fortune-Telling and Method of Play）』(118)を見てみよう。ちなみに、前述のウェストコットの本がタロットを専門としたものではなかったのに対して、一八八八年に出版されたメイザーズのこの本は、正真正銘イギリスではじめて登場した完全なタロット本である。しかも、タイトルからもわかるように、その中では実際の具体的な占い方法も紹介もされているが、そのこと自体イギリスの出版物においてははじめてのことだった。発売当初は、輸入されたタロット・パックとのセットで、合わせて五シリングで売られていた。

内容に関してだが、これまでさんざんフランスのオカルティストたちのタロット論を見てきたわたしたちにしてみると、こちらはとりわけ新しいものは何もない。書かれていることをざっと述べると、タロットの古代エジプト起源説をド・ジェブランから借りてきて、カードのオカルト的意味はクリスチャンに従わせる。さらに、「0」から「77」という連続する通しナンバーをカードに割り当てることや、各カードの占い上の意味についてはエテイヤから借りてくる。またカードとヘブライ語の対応、及び、「愚者」のカードの位置は、レヴィからの忠実なコピーとなっている。要するに、この本に書かれていることは、すべてフランスの代表的なタロット解釈をあちこちから拾ってきて寄せ集めたものに過ぎない(119)。ただ逆にいえば、フランスでのタロット理論を非常にコンパクトにまとめたという意味で、良き紹介役を果たした本だともいえるだろう。

しかしながら、この本を通して、メイザーズが果たしたより重要な役割があるとしたら、イギリスでのオカルト・タロットの一般的な用語法を確立したことだろう。たとえば、後のタロット解説書における各カードの英語のタイトルなどは、前述のウェストコットの本の中のものではなくメイザーズによって与えられたものにほとんどが従っている。念のため、トランプ・カード二十一枚と「愚者」のカードを合わせた二十二枚のカードのタイトルを順に列挙しておこう。

1 奇術師（the Juggler）もしくは魔術師（the magician）
2 女司祭（the High Priestess）もしくは女教皇（Female Pope）
3 女帝（the Empress）
4 皇帝（the Emperor）
5 司祭（the Hierophant）もしくは教皇（Pope）
6 恋人（the Lovers）
7 戦車（the Chariot）
8 正義（Justice）
9 隠者（the Hermit）
10 運命の車輪（the wheel of fortune）
11 力（Strength）もしくは剛毅（Fortitude）
12 吊るされた男（the Hanged Man）
13 死（Death）
14 節制（Temperance）

15　悪魔（the Devil）
16　稲妻に打たれた塔（the Lightning-struck Tower）
17　星（the Star）
18　月（the Moon）
19　太陽（the Sun）
20　最後の審判（the Last Judgment）
0　愚かな男（the Foolish Man）
21　ユニバース（the Universe）

また、メイザーズは「コイン（coins）」のスートを「ペンタクル（Pentacles）」と呼ぶが（第一部でも見たように、「ペンタクル」は現在のタロットの本ではポピュラーな呼び名であるが）、公の出版物としてこの呼び名が使われはじめたのはこの本が最初だった。[120] ついでながら述べておくと、大アルカナと小アルカナという用語に関しては、この本の段階ではいまだ使われていない。

さて、これまで述べてきたウェストコット、メイザーズの本をはじめとするイギリスでのタロット受容のプロセスは、いまだほんの序奏に過ぎない。イギリスでのオカルト・タロットの展開は、彼ら二人が黄金の夜明け団をスタートさせることから本格化する。

タロットを勉強するなら黄金の夜明け団

「黄金の夜明け団」。オカルティズムに詳しい方なら、間違いなくこの名前には聞き覚えがあることと思う。あるいは、タロット・マニアの方ならば、もしかすると黄金の夜明け団のタロット理論ついては、すでにいくばくかの知識をお持ちかもしれない。

ところで、以前、わたしがタロットに興味を持ちはじめた頃に知り合ったあるプロのタロット占い師の方から、「タロットを勉強するなら、『黄金の夜明け団』のタロット理論を学ぶといいよ」、と助言を受けたことがある。実は当時、オカルティズムに相当疎かったわたしにとって、黄金の夜明け団という名前はまったくの初耳だった。

そのときに教えられたのが、黄金の夜明け団というのは十九世紀末のイギリスの魔術結社であり、しかも当時の有名人（たとえばノーベル文学賞を受賞したアイルランドの詩人W・B・イェイツとか）も所属するほど、とても奥深いオカルト的知識を保有している団体だというようなことだった。さらに、その占い師の方は、黄金の夜明け団の本がすでに日本でも翻訳出版されていて、本屋で簡単に入手できるということも教えてくれた。

なるほど、実際に調べてみてわかったのが、日本でも黄金の夜明け団関連の書籍の翻訳書は、すでにいくつか出回り、すでにこの分野の識者たちの手によって本格的な紹介がなされていること。[121] さらに、英語圏の文献を見ても、黄金の夜明け団に対するかなり綿密な研究書が多数書かれているため、この団の成立過程からその後の展開、そして団の教義や儀式等についてまで非常に広範な情報を得ることすら可能になっているということだった。[122]

ではここで、さっそく黄金の夜明け団について、その設立の段階から話をはじめてみたい。すでに紹介したウェストコットとメイザーズ、そして当時のイギリス薔薇十字協会の会長ウィリアム・ロバート・ウッドマンを加えた三人の設立メンバーによって、一八八八年、黄金の夜明け団——イシス・ウラニア・テンプルがロンドンに誕生する。ただし、ウッドマンは、一八九一年に早くも他界しているので、団の歴史にはそれほど大きな貢献はしていない。実質的にはウェストコットとメイザーズの二人の指導者によって黄金の夜明け団は進んでいった。

ところで、このはじまりには、後のオカルト・タロットの展開のあり方にも大きく関係してくる見逃すことのできない事情が含まれている。まずその一つに、通称「サイファーMS」として知られる六十枚に及ぶ暗号文書の存在がある[123]（図72）。ウェストコットによると、もともとその暗号文書は、一八八七年八月にA・F・A・ウッドフォードという友人の牧師から受け取ったという。そして、同年九月には、サイファーMSの内容が、一五一八年に出版されたトリテミウスの『ポリグラフィア』という書物の中に含まれている暗号術によって書かれているということを見抜き、自らその解読に成功したという。では、ウェストコットが解読したサイファーMSの内容とはいったい何だったのかというと、なんと驚くことにも、志願者が段階を踏んで秘儀伝授を受けるための儀式と、その位階制の骨格を作るための貴重な青写真となるドイツのある結社の入門儀礼のメモだった。

　さらに、サイファーMSに添えられていた手紙の中には、ドイツの結社の一員であるアンナ・シュプレンゲルという女性の名前と住所が記されていた。ウェストコットはすぐに彼女と手紙でコンタクトを取った。やがて何度かの文通の末、ウェストコットはアンナ・シュプレンゲルを通してドイツの高位位階の団から、ロンドンに新しく団を設立するための許可証（**図73**）を受け取った。しかもそれだけでなくウェストコットは、シュプレンゲルよりもさらに上位に位置する者たちが存在すると述べ、彼らを「秘密の首領《シークレット・チーフ》」と呼んでいた。これは以前、神智学協会のところですでに述べたことと同様のパターンである。すなわち、ブラヴァツキーが、自らの権威の拠

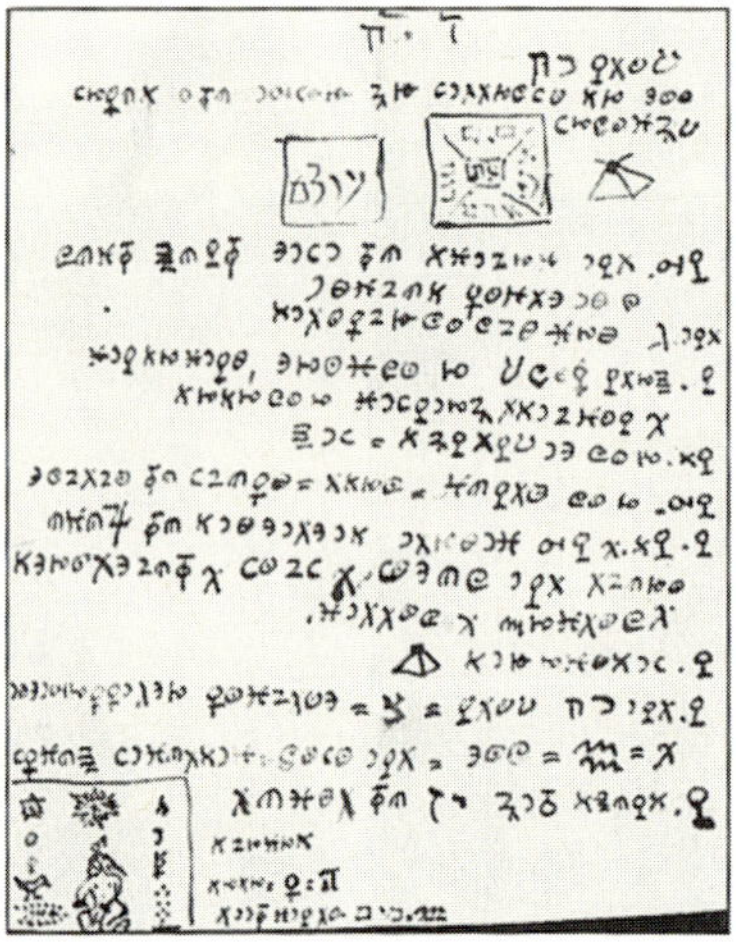

図72　サイファーMS（出典14）

図73　黄金の夜明け団の設立許可証（出典14）

り所として、「見えざる導師」の存在を仮構したように、ウェストコットは黄金の夜明け団の権威を、秘密の首領《シークレット・チーフ》へと求めたのだ。

先ほども述べたように、これらの設立にまつわる状況は、十九世紀末から二十世紀初頭のイギリスのオカルト・タロットの展開において、非常に重要な意味を持っている。したがって、この話についてはのちほど詳しく振り返るつもりである。

秘密の属性《アトリビューション》

ところで、現代の日本のタロット占い師にすら、「タロットを学ぶなら黄金の夜明け団」と言わしめるその魅力とはいったい何なのだろう？　それについて知るためには、黄金の夜明け団において、タロットがどのような位置を占めていたのかについて、順を追って見ていく必要がある。

まず、彼らのタロットの知識の中心にあったのは、秘密の「属性《アトリビューション》」と呼ばれるものだった。ここでいう属性《アトリビューション》とは、タロット・カードと〝正確〟に対応させられた、ヘブライ語、占星術のシンボル、そして金属、宝石、色などのお互いの照応関係についての膨大な知識の総体のことである。

今でこそ、そういった黄金の夜明け団のタロット理論は、一般に市販されている本を通して誰もが普通に接することができるようになっているが、その当時の事情はまったく異なるものだった。今からは信じがたいことだが、黄金の夜明け団の保持するタロットの知識を得るためには、まず団に入団し、秘儀伝授の儀式を受け、その位階を上がっていかなければならなかった。そして、3＝8の「プラクティカス」（十の段階のうち、下から三番目の位階）と呼ばれる段階に達したときにはじめて守秘義務の誓いとともに明かされる、いわば門外不出の知識に属するものだったのだ。もちろん、このような口外してはならないという禁止命令は、より一層その知識の価値と魅力を高めたであろうことは容易に想像がつく。同時にそれは、入団者に対して、黄金の夜明け団の伝授するタロットの知識が、間違いなく〝本物〟なのだと、確信をさらに強めさせることにもなったに違いない。
では、ここで黄金の夜明け団のタロット理論が、どういったものであったのかを実際にのぞいてみよう。

まず、理論の中心に置かれるのは、なんといってもタロットとカバラとの間の対応である。中でも大アルカナは、カバラの生命の樹の、各セフィラーの間をつないでいる二十二本の「径《パス》」に対応させられることで、従来になかった決定的な第一歩を踏み出している。**図74**は生命の樹の径《パス》に、大アルカナを配属させたものである。

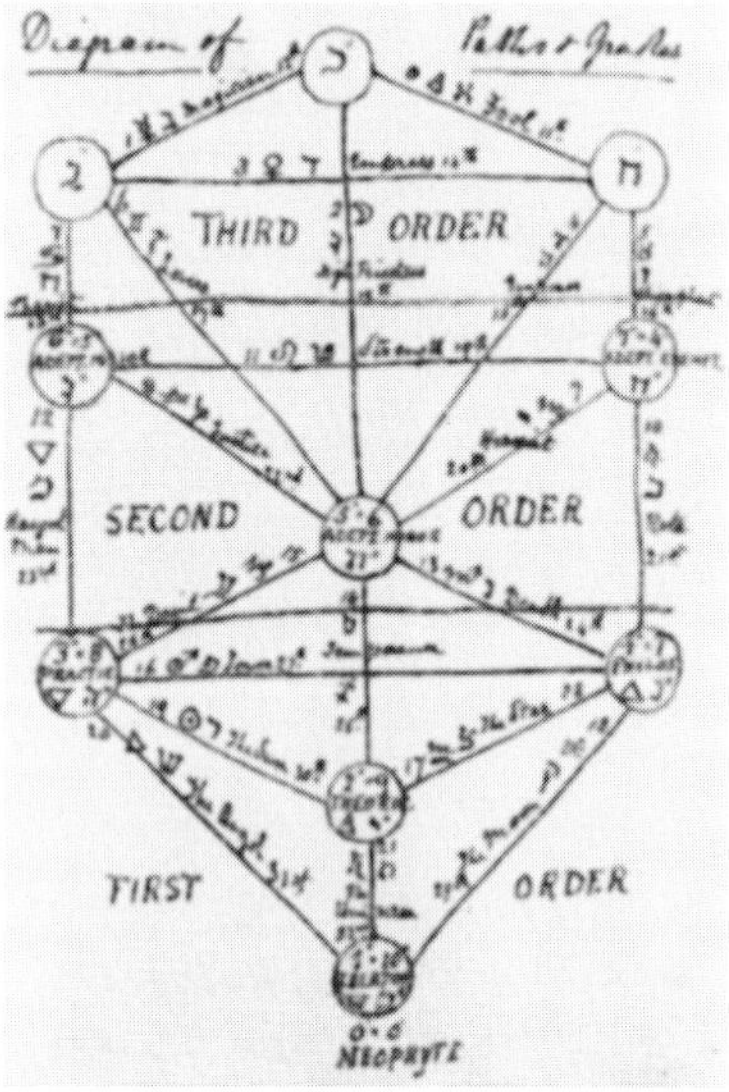

図74　メイザーズによって書かれた生命の樹（出典37）

また、径《パス》に対応させた大アルカナには、もちろん従来通り、ヘブライ語の二十二文字のアルファベットも対応している。しかしこの対応は、すでに一八八七年のウェストコットの著書の中でそうであったように、完全にはレヴィのものと同じではない。まず、レヴィとの決定的な違いは、「愚者」のカードをイレギュラーな場所に入れず、素直にすべての先頭に持ってきたことである。さらにもう一点注目すべきは、従来の八番の「正義」のカードと、十一番の「力」のカードの並び順を入れ替えたことだ。すなわち、八番に「力」のカード、十一番に「正義」のカードが置かれた。「愚者」のカードの配置換えはいいとしても、なぜ、「正義」と「力」のカードをあえて入れ替えなければならなかったのだろう。それは次のような理由による。

黄金の夜明け団のヘブライ語と占星術の対応は、レヴィが『神秘の鍵』で参照したカバラ文献『セフェール・イェツィラー』と同じものだった。それに従うなら、「テス」は「獅子宮」に、「ラメド」は「天秤宮」に対応している。しかし、その一方で大アルカナの「愚者」のカードを先頭に持ってきてしまったことで、結果的に「正義」のカードには「テス」と「獅子宮」が、「力」のカードには「ラメド」と「天秤宮」が対応することになった。ところが、ここでカードの絵を思い出していただきたいのだが、直観的に誰が見ても、「正義」のカードには「天秤宮」を、「力」のカードには「獅子宮」を、それぞれ対応させた方がピッタリくることは明らかだ（「正義」のカードは天秤が描かれているし、「力」のカードには獅子が描かれているため）。そう、そこで、それぞれの絵のイメージと占星術のシンボルを合致させるため、「正義」と「力」のカードの順番が、あえて入れ替えられることになったのだ。

実はこのようなカードの順番の入れ替えの影響は、現在のタロット・パックに至るまで残存している。二十世紀の後半に作られた占い用のタロット・パックの多くが、この黄金の夜明け団が行ったカードの配置換えを継承し、「力」のカードには8番が、「正義」のカードには11番がナンバリングされている。しかも、それらのタロット・パックの多くが、もはやヘブライ語と占星術のシンボルに対応させることをまったく考慮に入れて作られていない場合ですら、その表面上の形だけが引き継がれてしまっている。

さて、結果として黄金の夜明け団の大アルカナの属性《アトリビューション》は次頁の表のようになっている（11からはじまる数字の列は、生命の樹の中での径《パス》の位置を示す）。

繰り返し言うが、黄金の夜明け団のタロット理論の革新的なところは、従来、大アルカナとヘブライ語のアルファベットを対応させるところで終わっていたのを、**図74**のような形で生命の樹の径《パス》へと割り当てたところにある。そしてその結果として、タロット・カードは魔術理論の構成要素としてだけでなく、実践のツールとしての有効性も獲得していくことになる。すなわち、「パス・ワーキング」と呼ばれる技法がそれである。簡単にいうと次のようなことだ。

以前、カバラの説明をしたときに述べたが、カバリストが目指すのは、下位のセフィラーから上位のセフィラーへと上昇し、〈神〉のもとへと回帰することだった。しかし、そのためには、セフィラーとセフィラーの間の

11	12	13	14	15	16	17	18	19	20	21	22	23	24	25	26	27	28	29	30	31	32
1ケテル―2コクマー	1ケテル―3ビナー	1ケテル―6ティファレト	2コクマー―3ビナー	2コクマー―6ティファレト	2コクマー―6ケセド	3ビナー―6ティファレト	3ビナー―5ゲブラー	4ケセド―5ゲブラー	4ケセド―6ティファレト	4ケセド―7ネツアク	5ゲブラー―6ティファレト	5ゲブラー―8ホド	6ティファレト―7ネツアク	6ティファレト―9イエソド	6ティファレト―8ホド	7ネツアク―8ホド	7ネツアク―9イエソド	7ネツアク―10マルクト	8ホド―9イエソド	8ホド―10マルクト	9イエソド―10マルクト
アレフ	ベス	ギメル	ダレス	ヘー	ヴァウ	ザイン	ケス	テス	ヨッド	カフ	ラメド	メム	ヌン	サメク	アイン	ペー	ツァダイ	クォフ	レシュ	シン	タウ
空気	水星	月	金星	白羊宮	金牛宮	双子宮	巨蟹宮	獅子宮	処女宮	木星	天秤宮	水	天蠍宮	人馬宮	摩羯宮	火星	宝瓶宮	双魚宮	太陽	火	土星
0愚者	1魔術師	2女司祭	3女帝	4皇帝	5教皇	6恋人	7戦車	8力	9隠者	10運命の輪	11正義	12吊るされた男	13死	14節制	15悪魔	16破壊された塔	17星	18月	19太陽	20審判	21世界

径《パス》を通過していかなければならない。その際に、その径《パス》にちょうど対応する大アルカナの絵のイメージを借りて瞑想を行う。そうすることで、下位のセフィラーから、上位のセフィラーへと、自らの意識を変容させていくことが可能になるという。すなわち、魔術師たちは、大アルカナのイメージを使用しながら意識を変容させ、生命の樹のセフィロトを上昇する。そして、わたしたちの日常とは別の存在の次元へと赴くのだ。

微妙な数合わせ

大アルカナに続いて小アルカナの方も見ていこう。いよいよここからが、黄金の夜明け団の腕の見せどころである。レヴィのタロット理論の中では、小アルカナはさして重要な位置を占めてはいなかったし、特にコート・カードに関してはまるでおまけのような扱いでしかなかった。それに対して、レヴィの後を引き継いだパピュスが、神智学的数の論理を駆使することで、「コズミック・ホイール」の中に、すべてのカードを余すことなく組み込んだ。その結果、すでに見たように一般人には理解しがたいとてつもない複雑なシステムが出来上がってしまった。一方で、黄金の夜明け団は、小アルカナをどう料理したのだろうか。

まず、スートについて見ていこう。一八八八年のメイザーズの本と同様に、「棒」は「ワンド（Wands)」、「コイン」は「ペンタクル（pentacles)」と呼び名が改められている。また、「カップ」と「剣」の名称は基本的にそのままであるが、しばしば「聖杯（Chalice)」、「短剣（Daggers)」とも呼ばれる。そして、それぞれの四つのスート、「ワンド」、「カップ」、「剣」、「ペンタクル」は、レヴィ同様、順に「ヨッド」、「ヘー」、「ヴァウ」、「ヘー」の聖なる四文字に対応させられる。

次にコート・カードであるが、すでに第一章で述べたように、従来の「キング」、「クイーン」、「ナイト」、「ネイヴ」となっている男女比のバランスが悪いコート・カードの構成を、「キング」、「クイーン」、「プリンス」、「プリンセス」と男女比がちょうど一対一になるように変更している。また、ここでも例によって、それぞれのカードは、「ヨッド」、「ヘー」、「ヴァウ」、「ヘー」が当てはめられる。

一方、ヌーメラル・カードは、生命の樹の十のセフィロトに配属される。これはすでに一八八七年のウェストコットの『ベンボのイシス・タブレット』で見たのと同様である。しかし、さらにヌーメラル・カードは、占星術の三十六のデカンに結びつけられる。ただし、その際には、各スートの「エース」のカードは省く。そうすることで、残りの「2」から「10」までのカードの枚数は三十六枚となり、ちょうどぴったりデカンの数と一致することになる。また、少々ややこしいのは、ヌーメラル・カードとデカンに加えて、占星術の天体までもが、そこに結び付けられている。次頁の表は、ヌーメラル・カードとデカンそして七つの天体の対応、さらにそれぞれのカードの意味をつけ加えたものである（上から順に、デカン、天体、意味、カード）。

まずこの対応を見て不思議に思うのは、なぜデカンのスタートが「獅子宮」からなのかということだ。というのも、通常、占星術のホロスコープは「白羊宮」からはじまるのが一般的である。では何ゆえに、ここでは「獅子宮」が最初に置かれなければならないのか？　その理由は、どうやら天文学でいうところの地球の歳差運動と

獅子宮	土星	闘争	ワンドの5
獅子宮	木星	勝利	ワンドの6
獅子宮	火星	勇気	ワンドの7
処女宮	太陽	深慮	ペンタクルの8
処女宮	金星	物質的獲得	ペンタクルの9
処女宮	水星	富	ペンタクルの10
天秤宮	月	復興した平和	剣の2
天秤宮	土星	悲しみ	剣の3
天秤宮	木星	闘争からの休息	剣の4
天蠍宮	火星	快楽のなかの損失	カップの5
天蠍宮	太陽	快楽	カップの6
天蠍宮	金星	幻の成功	カップの7
人馬宮	水星	迅速	ワンドの8
人馬宮	月	大いなる強さ	ワンドの9
人馬宮	土星	抑圧	ワンドの10
摩羯宮	木星	調和する変化	ペンタクルの2
摩羯宮	火星	物質的作業	ペンタクルの3
摩羯宮	太陽	大地の力	ペンタクルの4
宝瓶宮	金星	敗北	剣の5
宝瓶宮	水星	獲得された成功	剣の6
宝瓶宮	月	不安定な努力	剣の7
双魚宮	土星	見捨てられた成功	カップの8
双魚宮	木星	物質的幸福	カップの9
双魚宮	火星	恒久的成功	カップの10
白羊宮	火星	支配	ワンドの2
白羊宮	太陽	確立された力	ワンドの3

いうものに関連しているらしい。ちなみに、『Tの書』と呼ばれる文書の中では、「真のタロット教義において、獣帯の開始点は獅子宮の輝星レグルスに置かれる」と述べられた後、次のような説明がなされている。「真のタロット教義においては、レグルスを赤経と黄経の0度として数えはじめる。現代西洋の天文学者や占星術師は春分点を白羊宮の0度とする方法を採用しているが、これは実のところ実際の白羊宮とはかけ離れた場所となっている。これは春分点歳差という運動のために、春分点が年々獣帯を退行しているためである。しかしレグルスを起点とするタロットの計算方法では、獣帯の十二宮と実際の星座を一致させることができる」[124]。

一方、それぞれのデカンに対応する天体は、どういう理由からそこに配属されているのだろう。ここで、表の天体の並びを順に追ってみよう。そうすると「土星」、「木星」、「火星」、「太陽」、「金星」、「水星」、「月」という順番が、規則的に繰り返されていることがわかる。[125] つまり、最初の「獅子宮」のデカンを「土星」と決めてしまい、後は前述の規則に従って、単に機械的に天体が並べられているだけのことだ。[126]

白羊宮	金星	完成した作業	ワンドの4
金牛宮	水星	物質的トラブル	ペンタクルの5
金牛宮	月	物質的成功	ペンタクルの6
金牛宮	土星	充足されない成功	ペンタクルの7
双子宮	木星	切り詰められた力	剣の8
双子宮	火星	絶望と残酷	剣の9
双子宮	太陽	破滅	剣の10
巨蟹宮	金星	愛	カップの2
巨蟹宮	水星	豊潤	カップの3
巨蟹宮	月	混合した快楽	カップの4

ところがここで注意すべきなのは、天体は全部で七つ、つまり五回その並びのサイクルを繰り返すと三十五になるということだ。つまり、全部で三十六のデカンに対して、三十五では数が一つ合わない。さて、これはいったいどうやって埋め合わされているのだろう？

再び表を見直してみよう。よく見てみると、全体の中で一箇所だけ、前述の規則の破られているところがある。そう、ちょうど「双魚宮」の最後のデカンと、「白羊宮」の最初のデカンのところだ。すなわち、「双魚宮」の最後のデカンは「火星」が来ているのだから、次の「白羊宮」の最初のデカンは当然、「太陽」が来なければならないはずだが、そこでは再び「火星」が繰り返されている。この掟破りはいったいどういうことなのだろう。ちなみに『Tの書』では次のように説明される。「三十六ものデカンに対して七惑星しか存在しないため、後者のひとつが前者を複数支配することになる。これが火星であり、双魚宮の最終デカンと白羊宮の第一デカンに配属される。冬の長い冷気を克服し、春をはじめるには大いなるエネルギーが必要とされるからである[127]」。確かに、一般的に占星術での「火星」の象徴的な意味は活動的なエネルギーとみなされているので、そこから考えると『Tの書』のいっていることの意味自体は理解できる。だからといって、「火星」だけを二回使うというのは、どう考えてもこじつけっぽい。少なくとも、わたしにはどう見ても強引な数合わせにしか思えないのだが[128]。

最後にカードの配列についても検討してみよう。まず、見てすぐにわかるのは「2」から「10」までの連続する数のサイクルによって、規則的にカードが並べられている。ところが、スートに関しては、三枚ごとに別のスートに変わっている。すなわち、星座の変わり目に合わせてスートの種類は変化していっている。なぜか？　理由は簡単である。星座とスートは、それぞれ「火」、「地」、「空気」、「水」という四つのエレメンツとのつながりを持たされているからだ。つまり、それぞれの星座は、占星術の世界では、それぞれ四つのエレメンツとの関係を持っている。念のため繰り返すと、「白羊宮」、「獅子宮」、「人馬宮」は、「火」のエレメンツ、「金牛宮」、「処女宮」、「摩羯宮」は「地」のエレメンツ、「双子宮」、「天秤宮」、「宝瓶宮」は「空気」のエレメンツ、「巨蟹宮」、「天蠍宮」、「双魚宮」は「水」のエレメンツに対応する。一方、スートも同様に、「ワンド」は「火」、「ペンタクル」は「地」、「剣」は「空気」、「カップ」は「水」に対応する。そうすると、「白羊宮」、「獅子宮」、「人馬宮」のところには常に「ワンド」が、「金牛宮」、「処女宮」、「摩羯宮」のところには常に「ペンタクル」が、「双子宮」、「天秤宮」、「宝瓶宮」のところには、常に「剣」が、「巨蟹宮」、「天蠍宮」、「双魚宮」のところには、常に「カップ」が配属されなければならなくなる。この観点から表を見直してみると、一見不可解なカードの配列の意味も理解できる。

また、煩雑になるので先ほどの表には載せなかったが、『Tの書』では、さらにカバラの七十二の天使をそれぞれのカードに二つずつ対応させている。たとえば、「ワンドの5」だったら「ヴァハヴィア」と「イェライェル」、「剣の2」だったら「イェザレル」と「メバヘル」という具合に。こうして七十二の天使を三十六枚のカードに対してそれぞれ二つずつ対応させれば、数の上では偶然にもちょうどぴったりくるわけだ。

さて先ほども述べたが、以上のような知識は、あくまで団内の進んだ位階に達した者のみが得ることのできるものだった。また、ここでつけ加えておくなら、そもそも黄金の夜明け団のタロットの知識の基本的な部分は、ウェストコットが手に入れ解読した前述のサイファーMSの中に含まれていたものだった。だとすると、黄金の夜明け団のタロットの知識は、もともとは団に設立許可を与えたドイツの結社に属するものだったということになる。とはいえ、黄金の夜明け団のタロット理論が、すべてサイファーMSに書かれていたというわけではない。さらにそれに基礎的な部分の知識を加えていったのは、主にウェストコットである。また、団内のより進んだ段階の位階に達した者が学ぶべき知識は、主にメイザーズによって考案されている。先ほどの『Tの書』の中の内容は、5＝6の「アデプタス・マイナー」（十の段階のうち五番目）という段階によって学ばれるためのものだったが、それもメイザーズの手によって書かれたものなのである。ちなみに『Tの書』の中には、他にもややこしい複雑な手順を踏むタロット占いの実践なども含まれていた。[129] また当初は、「アデプタス・マイナー」の段階になると、メイザーズが妻ミナに描かせた黄金の夜明け団特別仕様のタロット・カードのコピーを、それぞれが自身の手で作成することも要求されていた。ちなみに**図75**は、ウェストコットによる黄金の夜明け団のタロットのコート・カードである。また**図76**は、団内のノートブックに記されていたタロットの絵である。

ところで、もしわたしたちが、当時の真剣にオカルティズムを学ぼうとする学徒の立場だったとしたら、おそらくここである大きな疑問に突き当たりはしないだろうか。すなわち、ドイツの結社から伝統を引き継いだ黄金の夜明け団のタロットの属性《アトリビューション》と、フランスの高等魔術の大家エリファス・レヴィのタロットの属性《アトリビューション》の一体どちらが正しいのかと。真実の属性《アトリビューション》は一つでしかない以上、一方が真であるとすれば、一方は偽であらねばならない。実は、この問題に対する巧みな答えを、きちんとウェストコットは用意していた。

一八九六年、ウェストコットは未刊行のレヴィの文書を翻訳出版した。タイトルは『タロット・トランプによって解釈された、聖域の魔術の儀式（The Magical Ritual of the Sanctum Regnum, interpreted by the Tarot Trumps）[130]』。この本の序文の中でウェストコットは、二つの異なる属性《アトリビューション》の間にある矛盾に対して、明解な説明を与えている。では、ウェストコットの解答とはどのようなものだったのだろう。

偉大な「高等魔術」の書には、著者による意図的な嘘が混ざっていた⁉

まず、ウェストコットは、レヴィの本の中に書かれているタロット・カードに対する属性《アトリビューション》は、誤っているときっぱり主張する。しかし、そういいながらも、ウェストコットは、決して偉大なるオカルティスト、エリファス・レヴィの権威を傷つけはしない。というのも、ウェストコットがいうには、実はレヴィの著作の属性《アトリビューション》

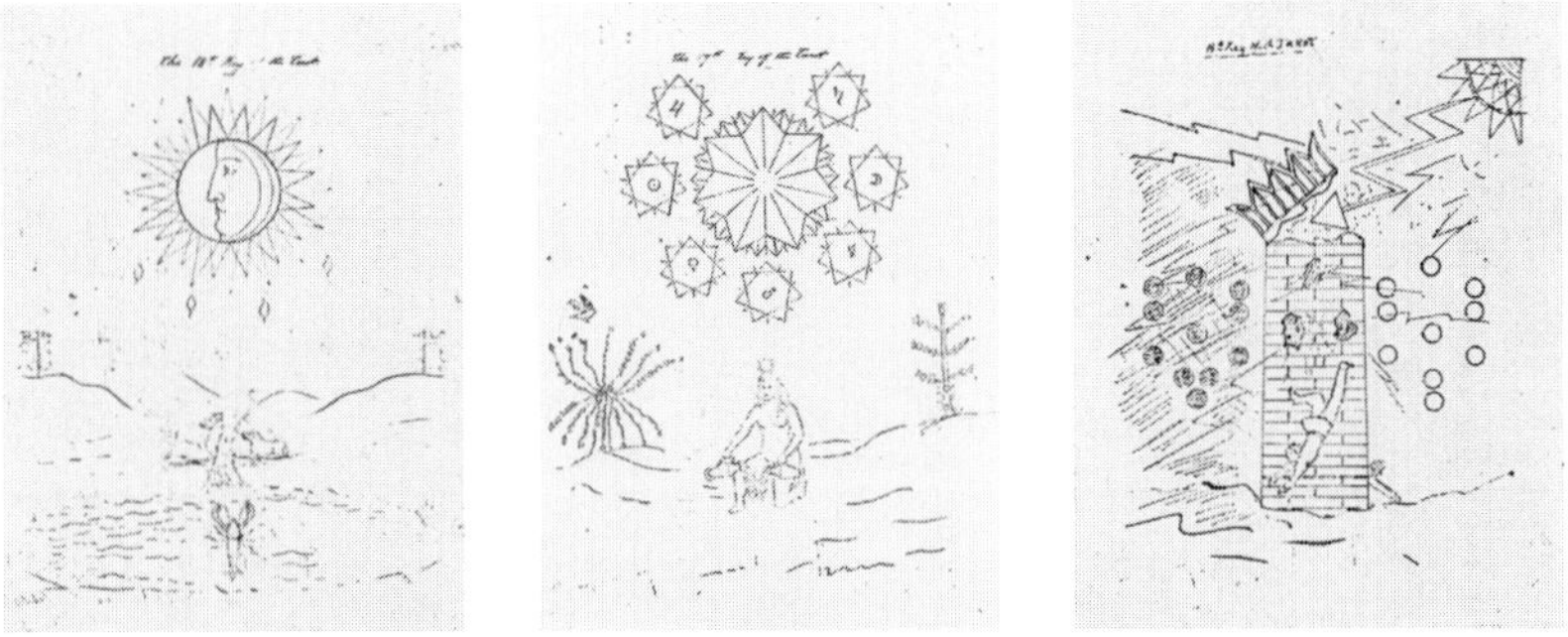

図76（上）　黄金の夜明け団内のタロットのデザイン（出典37）

図75（左）　ウェストコットによって描かれたコート・カード（出典14）

が間違っていたとしても、レヴィ自身は、真実の属性《アトリビューション》を知っていた。しかし、レヴィは読者を欺くために、意図的に誤った「属性《アトリビューション》」を本の中で紹介した。なぜわざわざそんなことをしたのか。それは、秘儀参入していない門外漢から真実の知識を守るためだった。こうしてウェストコットは、レヴィを貶めることなく、同時に、自らの団の属性《アトリビューション》を真なる知識として提示したのだ。

しかも、ウェストコットが巧みなのは、肝心の真なる属性《アトリビューション》がどうなっているのかについては、決して公には明かさない。もちろん、そうすることによって、真なる属性《アトリビューション》は、公共の目に触れることのできない、いわば〝秘伝〟と化す。

常に秘密とは、人の好奇心をそそるものだ。ウェストコットは真なる属性《アトリビューション》の存在を読者にちらつかせながら、出し惜しみをする。そうすると、タロットやオカルティズムに興味のある者にしてみれば、「それでそれで、その先は？」と聞きたくなるのは当然である。しかし、「その先」に進みたければ、黄金の夜明け団の秘儀参入の儀式を受け、段階を踏んで位階を上がっていかなければならない。

ウェストコットの仕掛けた仄めかしつつ明かさないこのような情報の秘匿化こそが、間違いなく当時の黄金の夜明け団の魅力のひとつを作り出す本質的な源となっていた。〝本物のタロット〟の知識について知りたければ、黄金の夜明け団のもとへ。タロットの謎を解く鍵はそこにある。そして、誰もが思うわけだ――タロットを勉強するならやっぱり黄金の夜明け団、と。

ところで、黄金の夜明け団が真実の属性《アトリビューション》の知識を所有しているのは、すでに見たように、ウェストコットがサイファーＭＳを手に入れその暗号を解読したことによるものだった。では、一方のレヴィはどこで真実の属性《アトリビューション》を学んだのだろう？　それについて、ウェストコットは驚くべき事実を教えてくれる。なんと実は、レヴィも一五〇〇年ほど前に、サイファーＭＳを見ていたのだと！

すでに、レヴィの伝記を追ってきたわたしたちからすると、思わず語尾を上げて「ホント〜？」といいたくなってしまうが、ここは百歩譲って、とりあえずウェストコットの主張を黙って聞いておこう。ただし、もし仮にウェストコットのいっていることが本当なのだとしたら、フランスのレヴィ以前に、ドイツのある結社では、わたしたちのタロットが、すでにオカルティズムと結びつけられていたということになる。となると、これまで見てきたわたしたちの「オカルト・タロットの歴史」の流れからはいったん離れて、より以前のドイツへと視線を投げかけなければならなくなるだろう。ここで、わたしたちの関心は、いやがうえにもサイファーMSの出所へと向かわざるをえない。

サイファーMS　秘密から謎へ

サイファーMS。今となってはその起源は一個の謎である。前にも述べたように、ウェストコットはそれを一八八七年に、友人のウッドフォードから受け取ったという。そして、その暗号を解読した結果、それがドイツのある結社から来たものであったことが発覚した。これがウェストコットのいうサイファーMSの由来である。

しかし、実はこういったウェストコットの主張は、いくつかの理由で、そのまま真実として受け取ることはできない。なぜなら、まずその一つとしてサイファーMSは、その内容からドイツ起源というよりもおそらく英語圏の人間の手によるものだという点が、すでに黄金の夜明け団の研究家の何人かによって指摘されている。しかも、その著者の候補としてあげられているのは、なんとあのレヴィと会談をし、イギリスではじめてのタロットの本の出版計画を立てていたケネス・マッケンジーなのである。ここでは、著者をマッケンジーだとする推測の根拠をすべて詳しく論じているゆとりはないが、とりあえず主だった点だけを簡単に指摘しておこう。

まず、サイファーMSの中に記述されている位階制の名称は、「ニオファイト」、「ジェレーター」、「セオリカス」、「プラクティカス」、「フィロソファス」となっているが、これはドイツの黄金薔薇十字団における最初の五つの位階制と等しい。そして、すでに見たようにイギリス薔薇十字協会設立の際に、これと同じものを持ち込んだのがマッケンジーだったという点。また、一八八六年七月三日に、マッケンジーは他界したが、そのときウェストコットは彼の未亡人に対して、何らかの儀式に関連することが書かれた文書を、夫マッケンジーが残していないかを尋ねている。そして同年の八月に、ウェストコットは未亡人からマッケンジーの残した文書を受け取っている。すなわち、このときの文書の中にサイファーMSが含まれていたのではないかという可能性。さらに、サイファーMSで使われていたトリテミウスの暗号は、マッケンジーが別のところでも使っていたなど。以上のようなマッケンジーとサイファーMSの結びつきを示唆する状況証拠は、思いのほか多い。[131]

以上のことから、マッケンジーがサイファーMSを書いたと仮定したら、『高等魔術の教理と祭儀』を書く前に、レヴィがそれを読んだということはあり得ない。前にも見たように、マッケンジーがレヴィと接触したのは『高等魔術の教理』が出版されてから七年後の一八六一年の地点である。しかもそのときの会談は、どう見てもマッケンジーが「高等魔術」の大家であるエリファス・レヴィに貴重なお話をお伺いするといった模様だった。

またウェストコットが言うには、レヴィは秘密の属性《アトリビューション》の知識が俗人の手に渡らないために意図的に偽りの情報を本に書き記したということであったが、それもよく考えてみれば少々疑問がわいてくる。というのも、なぜわざわざそうまでしてレヴィは本など書いたのだろう。それが人に知られたくないものならば、知られないための一番簡単な方法がある。それは、そもそもそんな本など書かず、単に沈黙を守るということだ。一方で、それを誰かに伝授したいのであれば、秘儀伝授の手続きを踏むなりなんなりして、信頼の置ける弟子にだけ伝えていけばよかったのだから。結局のところ、レヴィがサイファーMSを読んでいたことを示唆するものは何もない――ウェストコットの主張以外には。

しかしながら、サイファーMSを書いたのが、仮にマッケンジーだと認められたとしても、この手の起源探しの問いはそこで閉じられてしまうことはない。というのも、その著者であるマッケンジーの知識自体が先行者の誰かから得たものであるかもしれないという憶測は、依然として成り立つからだ。一度はじまった起源探しの問いは、さらなる起源へとさかのぼり、無限に後退していってしまうのが常である。たとえば、マッケンジーは、ドイツの薔薇十字団員から伝えられ、ドイツの薔薇十字団員は中世のテンプル騎士団から伝えられ、さらにテンプル騎士団は……といったような具合に。そしてそこに生まれてくるのが、古来、代々引き継がれてきた「秘密の伝承《シークレット・トラディション》」という系譜である。有名なイマニュエル・カントの哲学ではないが、起源探しは、もはや起源を問うことを無効にするような絶対的な超越項に行き当たるまで時間軸をさかのぼらざるをえないだろう。それゆえ、この時代のオカルト結社に決まって登場する「秘密の首領《シークレット・チーフ》」という存在は、その絶対的な超越項として、どうしても必然的に要請される類のものだったのだ。

さてここで、今度は話をサイファーMSからその帰属先である秘密の首領《シークレット・チーフ》の方へとシフトしてみよう。すでに見たように、ウェストコットはドイツの秘密の首領《シークレット・チーフ》の一人であるシュプレンゲルという女性と手紙によってコンタクトをとった。そしてそこから設立許可を得たと主張することが黄金の夜明け団の権威の源だった。

しかし、ここにもやっかいな問題がある。というのも、結論から言うと、その手紙のやり取り自体がウェストコットによる捏造であると見てほぼ間違いないからだ。まず、シュプレンゲルの書簡を鑑定した筆跡学者によると、この手紙を書いた人物は、その綴りや文法的誤りからドイツ人ではありえないと断定されている[132]。また、シュプレンゲルは当時、ドイツのシュッツトガルトのマルクァルドホテルに滞在していたとされ、ウェストコットはその宛先と手紙のやり取りをしていたはずなのだが、近代オカルティズムの研究家エリック・ハウが念入りに調査した結果によると、シュプレンゲルなる女性の当地滞在の記録は何ら発見できていない。さらに、日本の黄金の夜明け団の研究家として有名な江口之隆は、いくつかの理由から、シュプレンゲルは神智学協会から離反しヘルメス協会を設立したアンナ・キングスフォードをモデルにしてウェストコットが作り上げた架空の人物なのではないかという推測を立てている[133]。

いずれにしても、有力な黄金の夜明け団研究家の意見は、おそらくはシュプレンゲルなる女性は実在しない、そして、少なくとも彼女との書簡のやり取りはウェストコットの捏造であった、という点で一致をみているようだ。

とはいえ肝心なことは、これらのことを黄金の夜明け団のメンバーの誰一人として知らなかったという点だ。

そう、ウェストコットのシュプレンゲルとの書簡のやり取りが黄金の夜明け団の権威を保障するものだった以上、それが架空のものだということは、絶対に知られてはならないトップ・シークレットである。なんといっても、団をともに設立したメイザーズすら、それを知らなかったのだから。「秘密は奥義を守ろうとする意志からではなく、新たにそれを創り出そうとする欲求から生じる」[134]――黄金の夜明け団の設立に仕掛けられたウェストコットのミステリーとは、おそらくそのような類のものだったのだ。

　ウェストコットの目論見は、結果的に十分な成功を収めた。由緒ある地位を与えられた黄金の夜明け団は、一八八八年には五十一人加入、一八八九年には十六人加入、一八九〇年には二十四人加入と着実に団員を増やしていった[135]。

　一方その間、シュプレンゲルとの架空の書簡は、何度かやり取りが行われていた。しかし、やがてある程度団がまとまった形になってきたためだろう、ウェストコットは、権威づけのための捏造を、もはや必要がないものと判断したらしい。彼は、一八九〇年八月二十三日の日付をもって書簡のやり取りに終止符を打った。最後の書簡の内容は、シュプレンゲルの代理の者から、彼女の死が知らされるという内容のものだった。もちろんこれは捏造し続けていた書簡を終了させたいがための、ウェストコットによる作り話であったのだろう。すでに完成された儀式や教義はある。団の形も出来上がった。さて、そろそろ書簡を捏造する手間を省こう。架空の秘密の首領《シークレット・チーフ》なしで、地道に団を運営していこう。ウェストコットはそう思っていたはずだった。

　ところがその後すぐに、事態は思わぬ展開を見せはじめる。ウェストコットはさぞかし驚いたに違いない。相棒のメイザーズが、架空だったはずの秘密の首領《シークレット・チーフ》と、直接、接触を持ったと主張しはじめたのだから！　これはいったいどういうことなのだろうか⁉

0＝0	ニオファイト
1＝10	ジェレイター
2＝9	セオリカス
3＝8	プラクティカス
4＝7	フィロソファス
5＝6	アデプタス・マイナー
6＝5	アデプタス・メジャー
7＝4	アデプタス・イグゼンプタス
8＝3	マジスター・テンプリー
9＝2	マグス
10＝1	イプシンマス

凄まじき霊界通信

ここでいったん、黄金の夜明け団の位階制がどういうものであったかを、遅ればせながら簡単に紹介しておこう。

黄金の夜明け団のこれらの位階制は、大きく分けて三つのレベルに分けられる。まず、0＝0から4＝7までは、「外陣《アウター》」と呼ばれ、さらにより高位の段階として、5＝6から7＝4までは「内陣《インナー》」あるいは「セカンドオーダー」、または「ルビーの薔薇と金の十字架団」とも呼ばれる。ウェストコット、メイザーズ、ウッドマンの三人の創立メンバーは、団の設立許可を得た後、秘密の首領《シークレット・チーフ》から、一応、7＝4のアデプタス・イグゼンプタスに就任を許可されたということになっている。では、さらにその上の8＝3から10＝1という段階は何なのか？　そう、この「サードオーダー」と呼ばれるレベルこそが、秘密の首領《シークレット・チーフ》たちのポジションだった。また、こういった位階制は**図77**のように、生命の樹の各セフィラーとちょうど対応させられていた。

さて問題のメイザーズの秘密の首領《シークレット・チーフ》との接触宣言が行われたのは、ウェストコットがシュプレンゲル書簡を打ち切った翌年の一八九一年のことだった。ちょうどメイザーズはロンドンを離れ、結婚したばかりの妻ミナ・ベルグソンを伴いパリに滞在していた折のことである（**図78**）。

ちなみに、メイザーズが接触した秘密の首領《シークレット・チーフ》とはかくのごとき存在だった。「わたしは彼らの地上の名前すら知らない。ただ彼らを魔法名によってのみ知るばかりである。わたしは肉体を有する者としての彼らに会ったことはほとんどない（中略）わたしとしては、彼らが人間であり、地球上に生活する者たちであると信じているが、恐ろしいほどの超人的能力を有している者たちである」。

さらに彼らとの接触の模様について、メイザーズは次のようにも語る。「実に恐るべき力と接触するといった感覚なのであり、比較するとすれば、暴風雨のさなかに落雷現場に立つ人間が瞬間的に経験するそれあたりだろうか。それにエーテルが生む半窒息に似た呼吸困難が伴うのである。わたしもオカルト作業の試練を経て幾久しいが、これほどの結果を被ったのである。それほど上達していない参入者がこの緊張にさらされたなら、五分とたたずに死んでしまうであろう」[136]。

ウェストコットがかつて穏やかに手紙のやり取りをしていたのとは異なり、メイザーズの経験したコンタクトはなんと凄まじいものだろう！　またメイザーズによれば、接触の大部分は現実の世界で行なわれたのではなく、ある種の霊的なレベル（彼らはこのレベルを、レヴィに従って星幽光《アストラル・ライト》と呼ぶ）での通信によって行われたということらしい。それがいかに大変なことであったかについてメイザーズは次のように語る。「受領通信文章の正誤確認の緊張のため、神経虚脱状態はひどいものであった。この虚脱状態には、大量の冷や汗が伴い、鼻血や吐血、さらにしばしば耳からの出血までが伴った。諸君も知るとおり、テーブルや指輪と円盤から信頼できる回答を得るには、大変な持続集中と批判的判断が要求される。これに加えて喚起儀式があり、ほぼ常時、叡智の発信と受信を阻止しようとする悪霊の力と戦っているのだ。そして精神を高次の

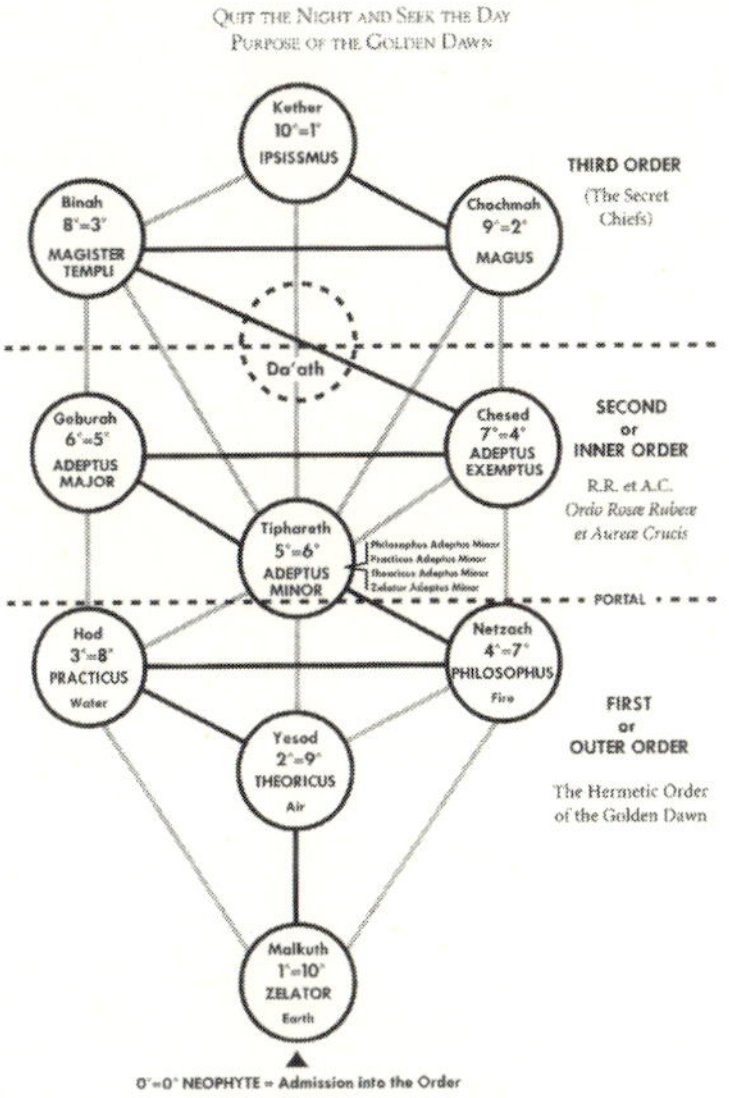

図77　生命の樹と位階制（Mary K. Greer *Women of the Golden Dawn* Park Street Press 1995より）（出典18）

図78　パリのメイザーズとミナ
(出典14)

自己へと上昇させる必要もある……」(137)。

ここでメイザーズが言っている「テーブルや指輪と円盤」というのは、絹糸で吊るした金の指輪を文字入り円盤上にぶらさげ、質問に対する回答を得るといったものらしい(138)。イメージしづらければ、日本でもひところブームになった「こっくりさん」を思い出していただくといいだろう。メイザーズは、いってみればそれの高度（？）で本格的なバージョンを、かなり気合を入れて実践したということだ。そしてその結果、メイザーズいわく、精神的にも肉体的にもかなりのダメージを受けたらしい。

ただし、このようなメイザーズの激烈な描写にはおそらく彼の誇張がかなり入っているに違いない。というのも、まず、メイザーズが秘密の首領《シークレット・チーフ》と直接コンタクトを取れたということは、原理的に誰もが同様のことができる可能性があることを意味してしまう。これは段階を踏んだ秘儀参入を行うことを中心に置く秘教的結社にとっては致命的である。なぜなら、そうすると各自がそれぞれ勝手に霊界通信で秘密の首領《シークレット・チーフ》との関係を打ちたて、彼らから直接知識を入手すればいいということになってしまい、わざわざ時間をかけて位階を上がっていくことばかりか、あえて団に所属している必然性すらもはやなくなってしまう。だからこそメイザーズは、先ほどのような言い方で、他の下位のメンバーたちに脅しをかけたのだろう。「常人にはできないことだぞ。修行を積んだオレだからこそやり遂げることができたんだからな。お前たちに代わって、オレが代表して危険を引き受けているんだからな。いいか、間違っても同じ真似はしないほうが身のためだぞ」といったところが、先ほどのメイザーズの発言の含みであろう。

いずれにせよ、このような苦労の末に、秘密の首領《シークレット・チーフ》から新たな知識を受け取ったメイザーズは、このことをロンドンのメンバーへと伝え、さらに5＝6アデプタス・マイナー用の新たな儀式を考案し、黄金の夜明け団の位階制をより本格的な形へと整えていった。団員の多くは、このメイザーズの新たな儀式を大いに歓迎した。なぜならシュプレンゲルの死の知らせによって、ドイツの秘密の首領《シークレット・チーフ》との接触が断たれてしまったことに不安を感じていたからだ。当然のことながら、この頃からメイザーズの団内での権力は一気に増大し、彼の本来持っていた独裁化傾向に拍車がかかりはじめる。

そこで困ってしまったのが、ウェストコットの方である。メイザーズの団内での権力増大に対して歯止めをかけるためには、そもそも秘密の首領《シークレット・チーフ》が捏造だったことを暴露すればいいのだが、当然それは黄金の夜明け団の基盤を根こそぎひっくり返してしまうことになるのでそうするわけにもいかない。ウェストコットはただ事態の成り行きを見守っていくしかなかったようだ。

一八九二年、メイザーズはパリに黄金の夜明け団の支部、アハトール・テンプルを設立する。[139] そして妻とともにパリに腰を落ち着けたまま、秘密の首領《シークレット・チーフ》から苦労して手に入れた新たな知識を、イギリスのメンバーへと送り続ける。そして、イギリスのメンバーは、それをありがたく受け取る。この時期、黄金の夜明け団は順調だった。いや、最盛期を迎えていたといってもいい。

だが、栄光の時はそう長くは続かない。一八九四年の後半頃から、次第に黄金の夜明け団の内部に不穏な気配が漂いはじめる。主な発端はパリのメイザーズと、ロンドンの女性団員アニー・ホーニマンとの間の不和だった（ちなみに前にも述べたように、ホーニマンは定職を持たないメイザーズとその妻に対して、資金援助をしていた人物でもある）。一方で、他のロンドンのメンバー内では、専制独裁的な態度が増長したメイザーズへの不平も積み重なってきていた頃である。やがてそれらは本格的な団内での争い、分裂、崩壊へとつながっていくことになる。しかしながら皮肉なことに、「オカルト・タロットの歴史」の視点から見れば、団にとって悲劇の種である内輪もめこそが、現在に至るタロットのひとつの本流を作り出すもとになるのだが。

図79　アレイスター・クロウリー、一九三六年頃（出典42）

クロウリー登場

結果的にいうと、様々ないざこざを通過した後、黄金の夜明け団は、「暁の星団」、「聖黄金の夜明け団」、「A∴O《アルファ・オメガ》」の三つのグループに分裂する。分裂の要因はいくつかあるが、その最大の引き金となったのは、アレイスター・クロウリーという一人の人物をめぐっての事件だった（図79）。

強烈な個性の持ち主であるクロウリーについては、面白いエピソードにこと欠かず、彼の紹介に紙数を費やしたいのはやまやまだが、本書の目的からするとそうもいかない。そのためここでは、大雑把にクロウリーという人物のイメージを浮き彫りにしてみようと思う[140]。

アレイスター・クロウリー（本名、エドワード・アレグザンダー・クロウリー）は、一八七五年、十月十二日、リーミントン・スパーに生まれた。奇しくもエリファス・レヴィが死んだ同年である（ちなみに、後にクロウリーは自分がレヴィの生まれ変わりであると確信するようになる）。クロウリーの実家は二代に渡って裕福なビール醸造業を営んでいたが、父親も母親もともにプリマウス・ブレズレンという聖書の言葉を文字通りに信じるキリスト教原理主義者たちの宗派に属していた。十一歳のときに父親が死んだ後、母親とともにロンドンへ移り住んだ。そのとき、母親の兄であるトム・ボンド司教と出会う。しかし、当時の幼いクロウリーから見るとこの人物は我慢ならない偽善者に映ったらしく、結果的に彼の中の反抗心をかきたてるきっかけになったようだ。要するに、クロウリーは不良少年になったわけである。

二十歳のときケンブリッジのトリニティー大学に進学（図80）。そして在学中の一八九六年のクリスマス・ホリデーのときスウェーデンへと旅行に向かうが、十二月三十一日にストックホルムで彼は、ある種の〝神秘体験〟をしたという。クロウリーは次のように述べる。「それは恐怖と苦痛の体験であり、ぞっとするような戦慄を伴っていながら、同時に、この世に存在する最も純粋で神聖な霊的法悦への鍵でもあった」と。しかし、クロウリーの評伝を書いたコリン・ウィルソンによれば、このときの体験というのは、「彼の男色家的傾向と、それに、ことによると彼の生来的なマゾヒズムと、男色行為で受身の役を演じることによってマゾヒズムを満足させる可能性とにまつわる天啓」だったのではないかという(141)。

一八九七年の十月に、クロウリーは病の床に伏した。そのとき彼は、世俗的な名声の空しさを悟り、唯一価値ある偉業である「高等魔術」の道へ進もうと決意したという。その後彼は、大学在学中にアーサー・E・ウェイトの書いた『黒魔術、そして契約の書』(一八八九)を読んだことを思い出し、その著者に手紙を書いた。というのも、彼はウェイトの著作の中に、真の秘儀を保持している結社の存在のほのめかしがあったことに思い至ったからだ。それに対するウェイトの返事は、カール・フォン・エッカルトシャウゼン(一七五二―一八〇三)という十八世紀のドイツの神秘家の書いた『聖域の門』という本を読みなさいという助言がついた親切だがあまり役に立たない内容だったという。

図80 若き日のアレイスター・クロウリー(出典42)

一八九八年、クロウリーはケンブリッジを退学する。この頃、彼には親からの多くの遺産があった。そのため、それまでもずっと続けていた登山をしたり、デカダンスな詩を書いては自費出版をしたりなど、働かずとも好きなことをして暮らしていくだけのゆとりがあった。その一方で、メイザーズの訳した『ヴェールを剝がれたカバラ』などを読み、ますますオカルティズムへの関心も高まっていた。彼がジュリアン・L・ベイカーという化学者と知り合ったのはちょうどその頃だった。

ベイカーはすでにオカルティストたちの間で錬金術師として知られていた人物だった。すぐにクロウリーは、ベイカーに真の秘儀を伝授してくれる結社を探している旨を熱心に訴えた。その後ベイカーは、クロウリーにジョージ・セシル・ジョーンズという知り合いの化学者を紹介した。実は、ベイカーとジョーンズは二人ともすでに黄金の夜明け団のメンバーだった。ジョーンズの紹介で、同年十一月十八日、クロウリーは黄金の夜明け団のイニシエーションを受けた。こうしてクロウリーは、かねてからの念願のオカルト結社への参入を果たすことができたのだった。その後、彼は団内で急速に昇進し、翌年の五月には、「外陣《アウター》」の最高位である4＝7フィロソファスまで到達することになる。

さて、ここからが問題である。クロウリーは更なる上を目指していた。彼が当初から求めていたことは秘密の首領《シークレット・チーフ》とコンタクトをとることだった。同年末、彼は5＝6アデプタス・マイナーに昇格して「内陣《インナー》」に入ることを希望した。ところが、W・B・イェイツやフローレンス・ファーといった当時のロンドンの有力メンバーは、それをあっさり拒絶した。その理由は、公然と述べられてはいないものの、どうやら他のメンバーから見た彼の背徳的な傾向（同性愛などを含む）がひとつにあったようだ。また、すでにロンドンのメンバーとパリのメイザーズの間で不和が生じていたにも関わらず、クロウリーがメイザーズへの忠誠を見せつけたことによって反感を買っていたことなどもその要因であろう。

昇進が拒まれたクロウリーはどうしたのか？　当然、頼るべきはメイザーズである。クロウリーは即刻パリへと向かった。ロンドンから崇拝心あらわに飛んできた若者を、メイザーズが受け入れないわけがない。メイザーズにとってはロンドンのメンバーへのあてつけの意味もあったのだろう。一九〇〇年一月十六日、パリのアハトゥール・テンプルにおいて、クロウリーを5＝6アデプタス・マイナーへと昇格させた。これによってパリのメイザーズとロンドンのイシス・ウラニア・テンプルのメンバーとの間の溝は決定的なものになった。

ここで、いったんクロウリーから話がそれるが、黄金の夜明け団の崩壊へと拍車をかけたもうひとつの事件についても少し触れておこう。

偽黄金の夜明け団

一八八九年秋、なんとアンナ・シュプレンゲルと名乗る（すなわちドイツの結社の団員を称する）、六十歳前後の老婦人がメイザーズのもとを訪問する。もちろん、このシュプレンゲルは偽者である。連れの三十代の小男と偽シュプレンゲルの二人は、詐欺師カップルだった。ところが、こともあろうにメイザーズは、すっかり彼女のことを信用してしまった。しかもここでのポイントは、メイザーズが、シュプレンゲルをウェストコットによって作り出された架空の人物だとは夢にも思っていなかったということだ。結局、偽シュプレンゲルの話を鵜呑みにしたメイザーズは、ウェストコットの文通が捏造だったと確信するに至ったのだ。

メイザーズはロンドンの反乱分子を抑えるため、自分の権威を高めておく必要があった。そこで彼はフローレンス・ファー宛ての手紙に、自分は今シュプレンゲルと接触していること、ウェストコットの書簡はすべて捏造だったことを書き記したのだ。それを聞いて、再び驚いたのはウェストコットである。まさか架空のシュプレンゲルが実在するはずもない。かといって、シュプレンゲルが自分の創作だったといまさら明かすこともできない。それゆえ、またしても事態を傍観するしかなかった。

一方、ロンドンのメンバーにとっても、書簡が捏造であるということは団の根幹に関わる重大な問題である。ウェストコットとメイザーズどちらを信じるべきか？　彼らは急遽、委員会を組織し、ウェストコットとメイザーズ両人に証拠提出を迫った。すぐさま強硬な態度に出たのは、もともと好戦的な気質の持ち主のメイザーズだった。団員たちの勝手な行動に憤慨したメイザーズは、一方的に委員会の解散を命じた。

ここで再びクロウリーの登場である。彼はちょうどこの頃、ネス湖畔に屋敷を借り、メイザーズの翻訳したアブラメリンの魔術の実践に浸っていた（ちなみに、この屋敷は、後に、クロウリー信奉者であり、イギリスの有名なロック・バンド、レッド・ツェッペリンのギタリストであったジミー・ペイジが買い取ったことでも有名である）。しかし、メイザーズとロンドンのメンバーの間での騒動を聞きつけたクロウリーは、メイザーズ援護にまわることに決めた。

すぐさまクロウリーはメイザーズのいるパリへ飛び、そこで全権委任を受けると、単身ロンドンへと乗り込んでいった。目的は、プライスロード三十六番地のロンドン・セカンド・オーダー専用室を占拠し、すべての儀式用具と文書類を奪還することだった。このとき、魔術的理由により、メイザーズはクロウリーに服装の指示を与えているが、それに素直に従った彼の格好はというと、顔には黒い仮面をつけ、頭と肩には肩掛けをまとい、胸には巨大な金色の十字架をつけ、腰には短剣を下げるという、なんとも珍妙な姿だったらしい。とはいえ、身長一九〇センチもあるクロウリーである、さぞかし迫力のある姿だったことは想像がつく。

さて、パリに残ったメイザーズに出来ることといえば、海を隔てたロンドンのメンバーへありったけの黒魔術をかけることだった。それはかくのごときものだった。「乾豆一袋を取り出し、豆のひとつひとつに反乱軍の魔法名で洗礼を授け、それから大いなる《霊》のエノク・タブレット術式によって、ベルゼブルとテュフォン・セトの諸力を喚起してから、ザルのなかの豆をゆすりつつ、悪魔よ、わが敵に襲いかかれ、彼らが互いに争いあい、泥沼のなかで災難の連続に苦しめと呼びかけた(142)」。

結局、クロウリーの孤軍奮闘とメイザーズの恐ろしき呪詛も空しく、プライスロードを手中に収めることになったのはロンドンのメンバーたちだった。一九〇〇年四月十九日の夜、メイザーズとクロウリー両名は正式に黄金の夜明け団を追放された。さて、この結末に対してどうすることもできないメイザーズが、ロンドンから離れたパリのアパートで一人怒り狂っていたことは想像に難くない。一方のクロウリーはどうしたのか？　この頃には彼も、かつて信奉していたはずのメイザーズの権威を疑いはじめていた。同年の六月終わり、クロウリーはあっさり身を引き、ニューヨークに向けて旅立っていく。北アメリカ、メキシコ、セイロン、ビルマ、インドなどをまわる長旅のはじまりだった。

残りのロンドンのメンバーたちは、とりあえずの勝利を勝ち取ったとはいえ、メイザーズというカリスマ的指導者を失ったことは大きかった。いや、ことによるとメイザーズの黒魔術が、後になって効いてきたのだろうか？ W・B・イェイツがとりあえずの指導者に選ばれたものの、結局は内輪もめを繰り返し、団の結束も長続きせず、あえなく分裂していく結果となる。

さらに悪いことが重なる。メイザーズを騙し、団の文書を奪って姿を消した詐欺師カップルは、その後ロンドンで悪辣なオカルト商売をしていたのだが、一九〇一年九月二十六日、少女暴行、金銭詐欺その他の罪で警察に逮捕される。そこまではいいとして、問題なのは、彼らが警察の取り調べに対して、ずうずうしくも自分たちは黄金の夜明け団の首領だと名乗ったことだ。そのおかげで、少女暴行、金銭詐欺、黄金の夜明け団、そして0＝0儀礼の内容が、並んで新聞の一面を飾ることになる。本物の黄金の夜明け団のメンバーにしれみれば、迷惑もはなはだしい。しかし、この事件を契機に、醜聞を嫌った多数の者が団を去っていくこととなってしまう。これをもって本家本元の黄金の夜明け団は、衰退の一途を辿っていくことになる。

一八八八年の結成から、一九〇〇年の分裂騒ぎまでわずか十二年。最後はバツの悪い一騒動とスキャンダルのとばっちりで団の活動が終息していったとはいえ、黄金の夜明け団は二十世紀のオカルティズムに、非常に大きなものをもたらしている。なんといっても、後のオカルト結社で採用された教義や儀式の多くが黄金の夜明け団をその本源としているのだ。

時代は二十世紀に突入し、イギリスのオカルティズムはこれから決定的なターニング・ポイントを迎えることになる。その震源地は、またしてもクロウリーである。さて、今度は一体何をしでかしたのか？

秘密の暴露とオカルト・タロットの大衆化のはじまり

まず、驚くべきことが一九〇四年三月中旬、クロウリーのもとに起こった。それは、前年に知り合ってすぐに結婚した妻ローズとともに、エジプトのカイロに滞在中のことだった。魔術実験に余念がないクロウリーが、空気の精《シルフ》の召喚を行なっていた最中に、ローズの口を通じて、守護天使エイワスからの託宣が告げられたのだ。

四月八日、九日、十日の真夜中きっかりに、そこで耳にしたメッセージを書きとめろというその指示に従って、クロウリーはついに新たな啓示を得た。そして、その啓示を記したのが、クロウリーの代表作『法の書』、別名『リベール・エル・ヴェル・レギス』なのである。この書物は三章から成る散文詩として書かれており、その文章の随所に見られる予言的な調子は、どことなくドイツの哲学者ニーチェの『ツァラトゥストゥラかく語りき』を思わせなくもない。また、この書の中では、クロウリーの生涯の座右の銘となる「〝汝の欲するところをなせ〟それが法のすべてでなければならぬ」という一節も登場する。

さて、守護天使エイワスからの啓示を受けたクロウリーは、ついに自分が秘密の首領《シークレット・チーフ》と接触をしたものと確信したのだから得意満面である。パリに戻ると、さっそく彼はメイザーズに手紙を送る。その中で、クロウリーは傲慢なことにも、黄金の夜明け団分裂以後、メイザーズが率いていた結社A∴O《アルファ・オメガ》の指導者の地位を、自分に譲るようにと要求した。当然、メイザーズがそんなクロウリーの主張を聞き入れるわけがない。こうして、クロウリーとメイザーズの亀裂は決定的になった（その後、どうやら両者は、それぞれアブラメリンの魔術を使って戦ったらしい）。結局、一九〇七年、クロウリーは、自らの結社「銀の星団（Argenteum Astrum）」、略して「A∴A」を設立した。

クロウリーの傍若無人はこれにとどまらない。続いて、彼は黄金の夜明け団において口外禁止の知識であったはずの秘密の属性《アトリビューション》の暴露を開始する。

まず、一九〇九年に『７７７の書』を出版する。[143] 私家版という形ではあれ、彼はこの本の中で、明かしてはならなかったはずのタロットとヘブライ語の対応を、公然のものにした。さらに、同年の三月からは、A∴Aの機関紙『春秋分点（The Equinox）』の発行をスタート。そしてその九月発刊の第二号では、黄金の夜明け団の「外陣《アウター》」の儀式を、簡略版という形で掲載した。しかも、さらに次号では、より高位位階の儀式を公開するとの宣伝つきだった。

あわてたのはメイザーズである。自分が苦労して考案した秘密の儀式を、そう安々と公表されてたまるかと、パリからロンドンへ急行し、すぐさま法的な差し止めを試みる。しかし、それもうまくいかなかった。というのも、財政的な困難に直面していたメイザーズは、再度にわたる法的手続きに訴えるために必要な金銭を準備できなかった。彼は、いまさらながらウェストコットに助力を求めたりもしてみたが、クロウリーは出版を続行し続けた。

このような形での黄金の夜明け団の秘密の属性《アトリビューション》と儀式の公表は、結果的に、イギリスのオカルティズムの流れを大きく方向転換させることになっていく。

この流れに真っ先に反応したのは、同じく黄金の夜明け団のメンバーであったアーサー・E・ウェイトである。クロウリーの『春秋分点』がスタートした同年の一九〇九年十二月、ウェイトは七十八枚から成るタロット・パックを世に送り出す。このパックはすでに第一章でも紹介したように、二十一世紀の今に至るまで、占い用タロット・カードのスタンダード・スタイルとなったものである。そして、実はこれがイギリスで作られ正式に出版されたはじめてのタロット・パックでもあった。

さらに、同年末には、『オカルト・レヴュー』誌の十一号において「V.N.」という署名のもと、何者かによって「タロット・トランプについての真実」というタイトルの記事が掲載された。その中では、黄道十二宮、天体とエレメンツ、ヘブライ語などのタロットとの間の秘密の属性《アトリビューション》が明かされた。クロウリーの『春秋分点』が限られた魔術サークルに属するコアな人たちの目にしか触れないミニコミでしかなかったのに対し、一九〇五年に創刊されて以来号を重ねている『オカルト・レヴュー』誌は、より広範な読者を持つ一般誌である。もはや秘密は秘密ではない。

サイファーMS以来、タロットの属性《アトリビューション》とその解釈は、秘儀参入を受けた者しか知ることのできない秘密の教えだとみなされてきた。しかし、二十世紀最初の十年を過ぎる前に、もはやそれは過去のこととなった。明らかに時代は動きはじめていた。オカルト・タロットの大衆化へ向かって。

タロット界で最も有名になった人

アーサー・E・ウェイトといえば、日本でも、多くのタロット・ファンに親しまれている名前である。実際にはどういう人物であるかが話題にされることはほとんどないが、彼の作ったタロット・パックがあまりにも有名なため、とりあえずその作者として名前だけは非常に幅広く認知されているようだ。なんといっても、ウェイトのタロット・パックは、発表されてから一〇〇周年を迎えようとしているのにも関わらずいまだに売れ続けている驚異のロングセラーである。実際にプロのタロット占い師が初心者用として推薦しているのを耳にすることも多く、これから先しばらくの間もセールスを伸ばし続けていくことは間違いないだろう。

図81　アーサー・E・ウェイト（出典14）

さて、その人気の秘訣は後で分析するとして、まずはここで、この日本でも大人気のタロット・カードの作者であり、同時にオカルト・タロットの大衆化の先鞭をつけたアーサー・E・ウェイトという人物を簡単に紹介しておこう[144]（図81）。

一八五七年十月二日、ニューヨークのブルックリンで生まれる。コネチカットの船長とエマ・ローヴェルという女性の間の私生児だった。父の死後、ウェイトは母とともに、母の生まれ故郷のイギリスへと渡る。ウェイトはまだ一歳だった。

その後、ウェイトは北ロンドンの聖チャールズ・カレッジという小さな学校でカトリックの教育を受ける。学校を卒業すると、事務員の仕事に就きながら空き時間を利用しては詩を書いたりしていた。しかし、妹が死んだことをきっかけに、彼は心霊現象や交霊術などにも深く関心を持ちはじめる。とはいえ、それらと関わることは、逆に彼の中に心霊主義全般に対して強い懐疑心をもたらすことになったようだ。ある意味、この時期の経験が、オカルティズムの研究に打ち込みながらもそれに対しての批判精神を持ち続けるという、他のオカルティストにはみられない、その後の彼の態度を説明するものなのかもしれない。

二十一歳になったウェイトは、大英博物館の図書館室で働きはじめる。そして勤務のかたわら、秘教的な事柄について書かれている多くの著作に触れることになる。その後、一八九一年一月、ついに黄金の夜明け団に加入する。しかし、団の儀式になじめず、しばらくして退団。だが一八九六年二月には復団し、一応5＝6アデプタス・マイナーにまで昇格している。その後、一九〇一年にはフリーメーソンにも加入。また、一九〇三年七月二十四日に、黄金の夜明け団の分裂騒ぎが大きくなっていた折を見て、自ら「聖黄金の夜明け団」を創設し独立する。ウェイトの新設した団の儀式は、黄金の夜明け団の儀式の魔術色を取り払い、一方で神秘主義的な側面を強調したものだった。このことから見ても、キリスト教神秘主義への志向が強かったウェイトは、そもそも黄金の夜明け団の異教的な儀式には最初からなじむことができなかったことがわかる。

ウェイトは生涯にわたって、薔薇十字団、フリーメーソン、カバラ、錬金術等々の多数の著作と翻訳書を残している。また、一八八六年にイギリスではじめてレヴィの本を翻訳し、紹介したことは、すでに見た通りである。(145)しかしわたしたちの最大の関心は、なんといっても彼の残したタロットについての仕事である。彼をタロット界で最も有名な人物にし、その名を長く残すことになったのは、すでに述べたように彼の考案した一九〇九年出版のタロット・パックのおかげだった。では、そのタロット・パックが作られるまでにいかなる経緯があったのかを追ってみよう。

ついに登場するロングセラー・タロット

一八八九年、ロンドンで、『カード占い、フォーチュン・テリング、そしてオカルトの神託の手引き(A Handbook of Cartomancy : Fortune-Telling and Occult Divination)』という本が出版された。[146] 著者名には、グランド・オリエントと記されている。

この本の目次を見ると、「人間の宿命の神託」、「マギの神秘的アルファベット」、「運命の黄金の車輪」……と、なにやらすごそうなタイトルがついているが、中身を見ると、なんのことはない単純で雑多な占いの寄せ集め的な内容である。たとえば、「運命の黄金の車輪」について説明をすると、まず、「黄金の車輪」と呼ばれる図に向かって、目をつぶって「えいっ」と指を差す。たまたま指が当たったところの数字を見る。それぞれの数字には該当する文章があって、占いの結果が告げられているという、なんてことのない占いである。[147] その他も、数やら星座やらを使った占いの方法などについて記述され、はっきりいってここであえて取り上げる必要のないどうでもいい占いの解説の目白押しである。ただし、その中でひとつだけわたしたちの関心領域に関わるものがあるとすれば、五十二枚から成るスタンダードなプレイング・カードを使った占いの方法についての記述であろう。

その後、この本の第四版が一九〇九年に出版されるが、その中では「秘密の言葉の書と運命へのより高き道」という、なんとも大袈裟なタイトルのつけられたタロット・カード占いについてのセクションも加筆された。そこでいわれているのは以下の如し。タロットは「トートの書」と呼ばれ、「予言的洞察を導くため」の方法として使用されてきた。また、タロット・カードの起源は、プレイング・カードより古く、古代エジプトか東洋のどちらかに由来する。しかも、それは単なる占いのツールとしてだけの意味を超えて、「オカルト・サイエンスの秘儀」に関連している等々。すでにわたしたちにとっては飽きるほど耳にしたこういった説明は、完全にエティヤからの影響であることは間違いない。

さて、このような、いまさら目新しくもなんともない内容の本をあえて持ち出しているのには理由がある。というのも、この本を書いたのは、グランド・オリエントという別名を使ったアーサー・E・ウェイトその人なのだ。

ここで、「秘密の言葉の書と運命へのより高き道」という、重々しいタイトルのもとに紹介されるタロット占いがどういうものかを簡単に紹介しておこう。まず、占いには七十八枚すべてのカードは使用せず、二十一枚のトランプ・カードだけを使う。「愚者」のカードは、質問者を表すとされ、残りのカードとは別にして置いておく。

占いの手順は簡単である。まずは心を平静にし、沈黙の祈りを捧げる。そして二十一枚のカードをシャッフルする。その後、テーブルの上にカードを三枚並べる。それぞれのカードは、「世俗的なこと」、「宗教的なこと」、「スピリチュアルなこと」に関することを表しているものとして解釈される。

また、カードの順番に関しても述べておくと、黄金の夜明け団のような「正義」と「力」のカードの入れ替えはなく、あくまでスタンダードな並びとなってる。さらに、「愚者」のカードの位置は、レヴィに従った「20」と「21」の間ではなく、すべてのカードの最後に置かれる。また、この本の中では、コート・カードはそれぞれのスートにつき五枚ずつあると述べられる。一見、なんとも奇妙な発言だが、よく読むとなんのことはない。「エース」のカードが、コート・カードの方に入れられてしまっているだけのことである。また、「カップ」、「剣」、「ワンド」、「ペンタクル」それぞれのスートは、プレイング・カードの「ハート」、「スペード」、「ダイヤ」、「クラブ」にそれぞれ順に対応させられる。これは明らかにサイファーMSに従ったものであろう。というのも、通常、「ワンド」は「クラブ」、「ペンタクル」は「ダイヤ」に関連させられることが多いが、サイファーMSでは、それが逆になっているからだ。

どうやらこの本は好評だったとみえて、一九一二年にはさらに第五版が出ている。その際には、タイトルも『宿命の書、そのリーディングの術（The Book of Destiny and the Art of Reading Therein）』と改められ、その中のひとつのセクションでは、七十二のカバラ的な天使についての「秘密の教義」と呼ばれるものが、長々と語られている。

いってしまえば、ウェイトは別名を使って、このような安易でお手軽な占い本を出版しつつ、それと並行する形で前述のより本格的なタロット・パックを世に登場させたのだった。

一九〇九年十二月、ウェイトは『オカルト・レヴュー』誌において、「タロット、運命の車輪（The Tarot : a Wheel of Fortune）」と題する短いエッセイを発表する。これは自身のタロット・パックの宣伝を兼ねた内容だった。そして、同年同月に、ウェイトはオリジナル・タロット・パックをライダー社から出版している。翌年一九一〇年には、その解説書である『タロットの鍵（The Key to the Tarot）』を出版。さらに翌年の一九一一年には、『タロットの絵で表した鍵（The Pictorial Key to the Tarot）』とタイトルが改められ、本の中にカードのイラストが白黒で掲載されたバージョンが出版された。

ところで、このタロット・パックを製作するにあたって選ばれたのは、パメラ・コールマン・スミスという、当時活躍していた女性の画家だった（図82）。ウェイトが有名人になったわりに、彼女の名前がいまひとつタロット・ファンの間で広まらないのは、個人的には非常に残念なことに思う。

いわゆる流行画家である彼女の描くイラストは決してアカデミックな美術界で認められるような画風ではないが、そこには、単なる親しみやすさだけではなく、繊細であると同時に力強さを兼ね備えた非常に生き生きとした情景が見られる。また、タロット・パック以外に描いた彼女の絵もご覧いただくとお分かりいただけると思うが、そこには見るものをファンタジーの世界へと引き込むなんとも言えない誘引力がある（図83）。ウェイトのタロット・パックがロングセラーとなったひとつの要因として、このような彼女の筆力があったということを決して見逃すべきではないだろう。今まで日本のタロット・ファンの間であまり話題にされることのなかったパメラ・コールマン・スミスだが、ここで彼女のことを簡単に紹介しておこう。[148]

図82　パメラ・コールマン・スミス（出典28）

図83(左上と左)　パメラ・コールマン・スミスの絵(出典28)

世紀のヒット商品を出したのに、借金に苦労した画家

パメラ・コールマン・スミスは、一八七八年二月十六日、ミドルセックスのピムリコに生まれた。両親はともにアメリカ人だった。母方の曾祖父夫婦は、ともに子供向けの本を書いていたが、特に曾祖父の方は、ハドソン・リバーで絵を教えていた。彼女のアーティストとしてのルーツのひとつは、この曾祖父にあるのかもしれない。

一八九〇年代初頭、パメラの家族は、父親の仕事の都合でジャマイカのキングストンへと移る。一八九三年、十五歳のときから、彼女はブルックリンのプラット・インスティテュートで絵を学ぶ。そして一八九七年には、ニューヨークで初の展覧会を開く。彼女のアウト・ラインの描き方や、色彩感覚などは、日本の浮世絵に近いものがあると指摘されることもあるようだが、当時の多くのアーティスト同様、彼女もまた日本画の影響を受けていたことは十分に考えられる。実際に、パメラの父親は浮世絵の膨大なコレクションを所有していたという。

その後、しばらく父親とともに再びジャマイカへと赴く。しかし、一八九九年の十月一日、ニューヨークに戻ってきた折に、父親が亡くなる。その後、彼女は当時の有名な女優エレン・テリーと知り合い、リシェウム・シアター・カンパニーで、セットとコスチュームのデザインを担当することになる。

さらに、一九〇一年の五月には、ロンドンで自分自身のスタジオを所有し、そこで多くのアーティストや作家を招くようになる。当時、交流のあった人物としては、アーサー・ランサム[149]、キャサリン・マンスフィールド[150]、レディ・グレゴリー[151]、ブラーム・ストーカー[152]、フローレンス・ファー[153]、W・B・イェイツ[154]などがあげられる。やがて、この中でもパメラは、イェイツから格別大きな影響を受けるようになり、一九〇一年には、彼の紹介で黄金の夜明け団に参加することになる。ただし、彼女はより高い位階を目指すことに関心がなかったのか、1=10ジェレイター以上に昇格はしていない。また、彼女は黄金の夜明け団の分裂騒ぎのときには、ウェイトの聖黄金の夜明け団へと入っている。

パメラの絵のセンスは決して一流画家として遇されるものではなかったが、その時代のテイストを表現する天賦の才能に恵まれていたことは確かである。一九〇七年から一九〇九年の間に、彼女はニューヨークで毎年展覧会を開催した。とはいえ、彼女にはビジネス的な能力が欠けていたようで、決して金銭的な意味での成功を収めることはなかったようだ。生活のために彼女は本の挿絵などを大量にこなしていたが、たいがいが割りに合わない低い値段の仕事だった。

一九一一年にはカトリックに入信。生涯その信仰を持ち続けた。その後、彼女は女性の権利運動のためのポスターをデザインしたり、第一次世界大戦の間には、赤十字のためのポスターを描いたりもした。

晩年は病気のために寝たきりで日々を過ごすことが多かった。それにも関わらず、彼女の友人たちは、決してパメラの不平を聞いたことがないという。いつもユーモアの感覚を失わないパメラは、親しい友人たちから、いたずら好きな妖精「ピクシー」と呼ばれていた。一九五一年九月十八日、夢と想像の世界を描き続けた彼女は、最後の眠りについた。七十三年の間、終世独身だった。

パメラの遺言によって、晩年を一緒に過ごした女性ノラ・レイクにすべての財産が捧げられたが、実際にはパメラ自身の長年の積み重なった多額の借金の支払いのために消えてしまったという。これは現在に至るまでの間、彼女の描いたタロット・パックが類を見ないほどの大きな成功を収めていることから考えると、信じがたい話である。確かに彼女は、タロット・パックの出版元であるライダー社か、もしくはウェイト自身のどちらかから、一九〇九年にいくばくかの報酬を受け取っている。しかし、一九〇九年の十一月の私信の中で、彼女は次のように書いている。「わたしは、非常にほんのわずかなお金のために、大きな仕事をやり終えました！」[155]。もし彼女がロイヤリティの形で報酬を受け取っていたならば、借金どころか、安楽な暮らしができていたに違いないのだが。

また、現在においても彼女の描いたカードのデザインは、多くの新作タロット・パックに多大な影響を与え続けているにもかかわらず、その名称に、パメラ・コールマン・スミスの名前が冠されることはない。二十世紀最大のベスト・セラー・タロットの呼び名は、ライダー・ウェイト・タロットとして流通してしまっている。本書では以後、パメラの功績を讃える意味もこめて、この二十世紀最大の傑作タロットを、ウェイト―スミス・パックと呼ぶことにしたい。

二十世紀初頭に起こったタロット・カードの革命

ウェイト―スミス・パック以前／以後と、時代を区切ってしまうのは極論だろうか？　いや、そういってしまっても、おそらく異論はないだろう。なんといっても、ウェイト―スミス・パックには、以前のものには見られなかった斬新な変革が施されている。その最も大胆な点をあげるなら、小アルカナのヌーメラル・カードすべてを、ストーリー性のある絵に書き換えたところだ。ウェイト―スミス・パック以前のヌーメラル・カードは、単なる抽象的に数を示すためのスートのマークが書き込まれていただけだったが、いまやパメラの筆によって、いきいきとした具体的な出来事を表現した絵に変貌を遂げた（図84）。

すでにパメラの絵の魅力として、見るものをファンタジーの世界へと引き込む誘引力があることを述べたが、彼女のその才能が如何なく発揮されているのは、大アルカナよりも小アルカナの絵の方である。おそらく大アルカナの方は、カードの全体の構図をはじめとして、オカルト的なシンボルの使用や色の指定などについて、こと細かにウェイトによって指示されたものを描いたのだろう。そういう意味では、パメラの自由な想像力を働かせる余地はあまりなかったと見てもいい。しかし、一方の小アルカナに関しては、そのデザインの細部に対して、ウェイトはさほど熱心に気配りはしていなかったと思われる。というのも、たとえば「カップのエース」のカードを例にあげると、ウェイトの『タロットの鍵』の方では、カップから四本の液体の流れが出ていると記述されているのに対して、実際のパメラの絵は五本の流れを描いている[156]（図85）。こういったことは、明らかにウェイトが小アルカナのデザインの細かいチェックを怠っていた証であろう。

いずれにせよ、小アルカナの方は、完璧にもととなるデザインがあったわけではない。ゆえにそこには大きな自由がある。大アルカナのような伝統という制約がない小アルカナの創作こそが、パメラの生き生きとした想像力を働かせることのできるフィールドだったのだ。現に彼女の描いた小アルカナの一枚一枚の絵を、大アルカナと見比べてみていただきたい。彼女特有のファンタジックな世界は、大アルカナよりも小アルカナの方でこそ、より一層、魅力的に展開されているのではないだろうか。

とはいえ、ウェイト－スミス・パックの小アルカナの絵のもとになるものが、まったく何もなかったわけではない。十五世紀終わりのフェラーラもしくはヴェネツィア起源とされるタロット・パックのいくつかのカードは[157]、明らかにパメラの描いた小アルカナのカードのデザインのもとになっていることを確認することができる（図86）。

このイタリア・ルネサンス期のタロット・パックは、ミラノのソーラ・ブスカ家がもともと所有していたもの

図84（上）　ウェイトースミス・パックの小アルカナ（出典46）左から順に、ワンドの４、剣の２、カップの10。

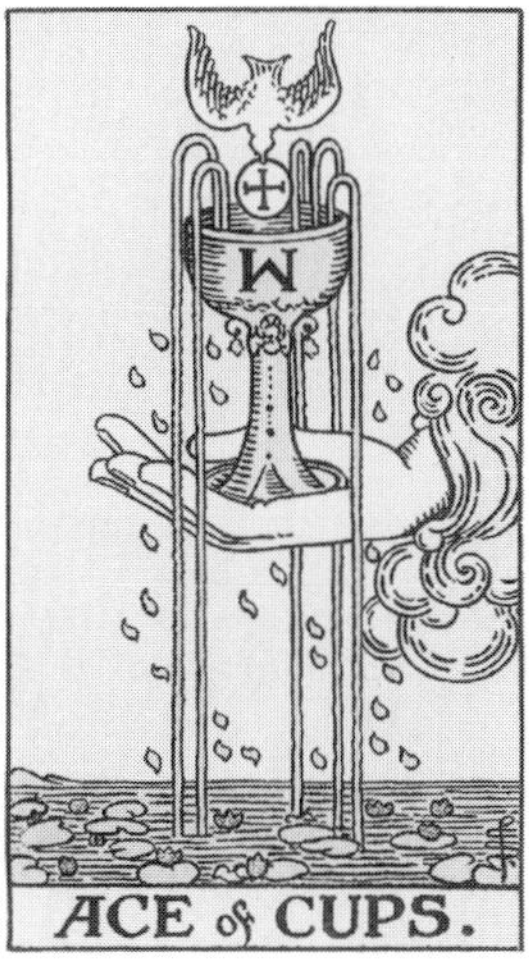

図85（左）　ウェイトースミス・パック「カップのエース」（出典46）

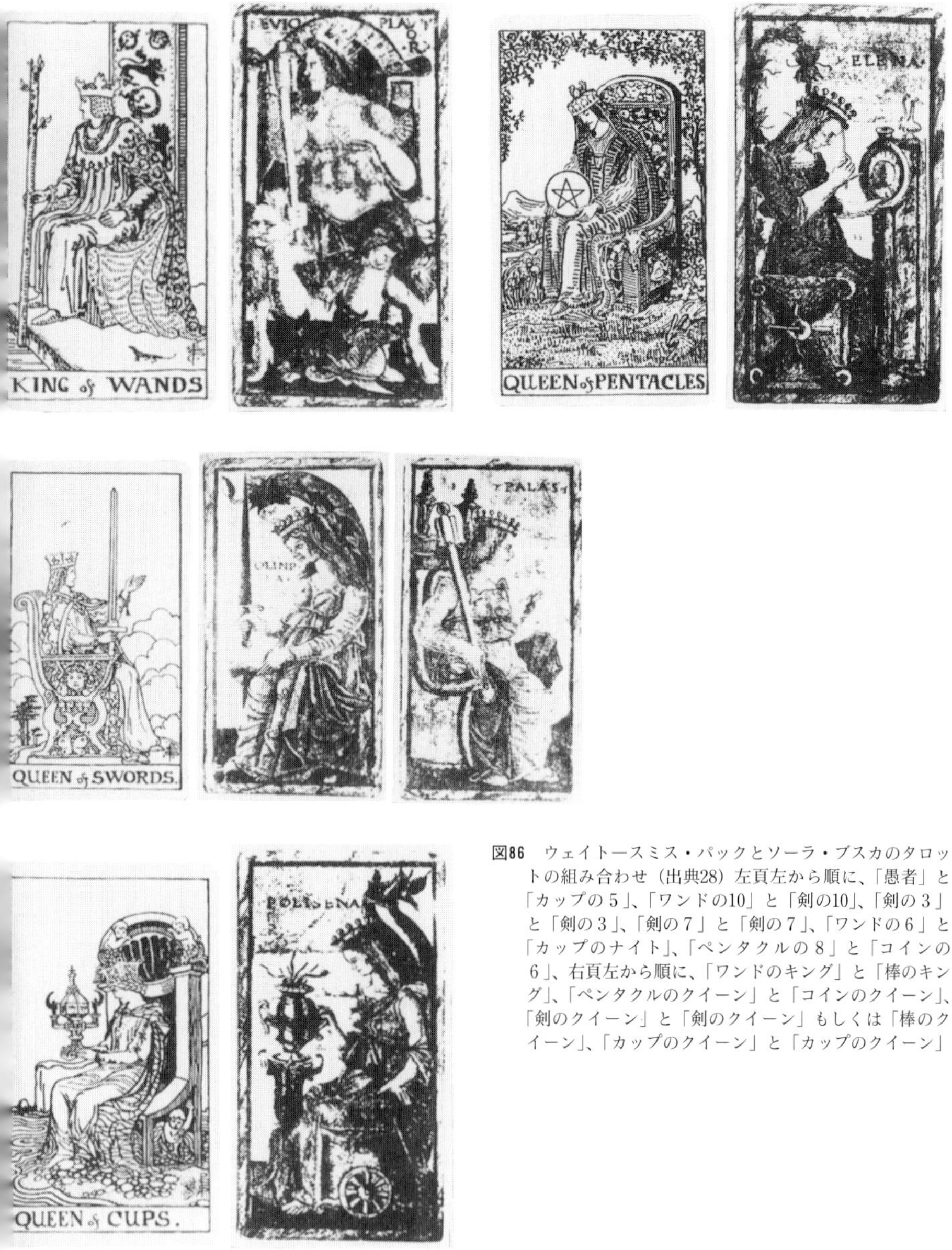

図86　ウェイトースミス・パックとソーラ・ブスカのタロットの組み合わせ（出典28）左頁左から順に、「愚者」と「カップの５」、「ワンドの10」と「剣の10」、「剣の３」と「剣の３」、「剣の７」と「剣の７」、「ワンドの６」と「カップのナイト」、「ペンタクルの８」と「コインの６」、右頁左から順に、「ワンドのキング」と「棒のキング」、「ペンタクルのクイーン」と「コインのクイーン」、「剣のクイーン」と「剣のクイーン」もしくは「棒のクイーン」、「カップのクイーン」と「カップのクイーン」

THE FOOL.

X

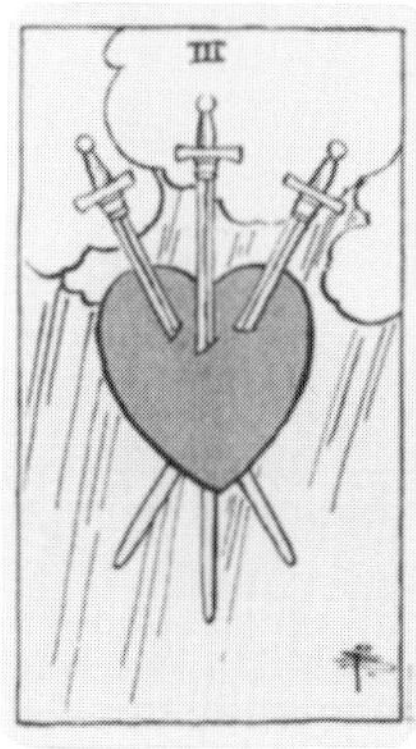
III

VII

VI

TANABO

VIII

ウェイト－スミス・パック	ソーラ・ブスカ
ワンドの10	剣の10
剣の3	剣の3
剣の7	剣の7
ワンドの6	カップのナイト
ペンタクルの8	コインの6
ワンドのキング	棒のキング
ペンタクルのクイーン	コインのクイーン
剣のクイーン	剣のクイーン もしくは 棒のクイーン
カップのクイーン	カップのクイーン

だが、残念なことに、第二次世界大戦のときにミラノが爆撃に合ったため、オリジナルのカードはすべて焼失してしまった。ただし、その直前の一九〇七年に、ソーラ家が大英博物館にすべてのカードを撮影した写真を寄贈していたため、その姿を今でも確認することはできる。ソーラ・ブスカ家のカードは、全部で七十八枚のカードのセットから成り、そのうちのトランプ・カードと、十六枚のコート・カードは、主に古代の戦士などが人物のモチーフとして取り入られている。残りのヌーメラル・カードは、それぞれのスートのマーク以外に、何らかの行為をしている人物の絵が書き加えられている。

　銅版画で製作された重厚なタッチのソーラ・ブスカ家のカードと、パメラのイラストのテイストはまったく異なるものの、二つを見比べてみると、明らかに構図を模倣したと思われるいくつかのカードが見つけられる。たとえば、ウェイト－スミス・パックの「愚者」のカードとソーラ・ブスカ家の「カップの5」を見比べてみると、それぞれ人物は空を見上げ、棒を肩にかつぎ、足元には小犬が描かれている。その他にも明らかに類似しているカードはいくつかあるが、右の表にその組み合わせを列挙しておこう。

　ウェイトが小アルカナのヌーメラル・カードを絵に変えてしまおうと思ったのは、ソーラ・ブスカ家のカードを見てインスパイアされた結果であるということは十分にあり得る。そして、おそらくパメラに対して、ソーラ・ブスカ家のカードを参考にすることを指示したのだろう。

図87　ウェイトースミス・パック「ワンドのキング」（出典46）

図88　ウェイトースミス・パック「カップのキング」（出典46）

とはいえ、右記のカード以外のデザインについていうなら、それらはまったくのパメラの独創である。おそらく彼女はウェイトによって与えられた各カードの意味をベースに一枚一枚のデザインの構想を膨らませていったに違いない。ウェイトの『タロットの鍵』の中で記されている各カードの占い上の意味と実際の絵柄を見比べてみると、おおよそ、そのキーワード的に与えられている複数の意味の中から、いくつかを選びそれをクローズ・アップして絵にしたのだということがわかる。

また、小アルカナの「ワンド」、「ペンタクル」、「剣」、「カップ」の四つのスートに、それぞれ「火」、「地」、「空気」、「水」の四つのエレメンツを対応させているが、特に、コート・カードのデザインには、その反映がはっきりと見られる。たとえば、「火」に関連づけられる「ワンドのキング」のカードには、「火」のエレメンツの象徴としての「火蜥蜴《サラマンダー》」や「獅子」の模様が書き加えられたり（図87）、「水」に関連づけられる「カップ」のスートの「キング」（図88）や「クイーン」のカードには、足元に水が描かれたりしている。

ここで一方の大アルカナのカードもざっと概観しておこう。まずカードのタイトルに関していえば、二番のカードが「女司祭（the High Priestess）」、五番のカードが「司祭（the Hierophant）」となっているところをはじめ、前述した一八八八年のメイザーズの『タロット、そのオカルト的意味、占いでの使用と実践の方法』の中の記述にほぼ従っている。違いは十六番の「雷に打たれた塔（the Lightning-struck Tower）」が「塔（the Tower）」となり、二十番の「最後の審判（the Last Judgment）」が「審判（Judgment）」となり、0番の「愚かな男（the Foolish Man）」が「愚者（the Fool）」となり、二十一番の「ユニバース（the Universe）」が「世界（the World）」に変わったという点である。

また、カードの順番は黄金の夜明け団の属性《アトリビューション》に従い、「正義」のカードと「力」のカードの順番を入れ替え、さらにカードに割り振るナンバーも、「正義」のカードには11を、「力」のカードには8を記している。ただし、ヘブライ語の文字自体は、カードに描かれていない。

さらに、従来のものと比べてデザイン的に特徴のある点をいくつかピック・アップしてみよう（以下、**図2**を参照）。まず、「愚者」のカードであるが、これは今まで見られたカードからは、まったくイメージが一新されている。これまでの「愚者」のカードは、そのタイトル通り、愚かな人物として描かれるのが普通であったが、ウェイトースミス・パックの人物は、颯爽とこれから旅にでも向かうかのような清々しい若者として表現されている。しかも、空からは太陽が照らし、片手には白い薔薇を持っている。全体のイメージはあくまで希望に満ち溢れている。さらに、特徴的なのは、彼が断崖絶壁に向かって歩いているという点だ。この構図は今までにはなかったまったく新しいものである。

「魔術師」のカードは、赤い魔術用のローブを身につけた若い男が、ワンドを持った片手を上に向け、もう片方の手は下を指差す姿が描かれている。彼の頭の上には無限を現す記号が描かれ、机の上には小アルカナのスートを象徴する「ワンド」、「剣」、「カップ」、「ペンタクル」が置かれている。

「女司祭」のカードは、より神秘的なスタイルで描かれている。四角い台に腰掛けた女性の足の下には欠けた月が描かれ、胸には大きな十字をつけ、頭には二本の角のある冠を被っている。彼女の手にはユダヤ教の律法書を表す「トーラ（TORA）」と書かれた巻物があるが、服の袖によって少しだけ隠されている。また、彼女の背後には白と黒の二本の柱があり、そこには「J」と「B」という二つの文字が記されている。これはフリーメーソンのシンボリズムであり、イェルサレム神殿の二本の柱である「ヤヒン（Jachin）」と「ボアズ（Boaz）」を意味している。

最も大胆な絵柄の変更は、「恋人」のカードに見られる。まずカードの上部には、従来、愛の神アモルが矢を構える姿として描かれるのが一般的だったが、ウェイトースミス・パックでは、大きな翼を生やした天使に変えられている。その下には、裸の男女と二本の樹、そして片方には蛇が巻きついている。旧約聖書のエデンの園の光景がここには取り入れられている。

「運命の車輪」のカードの車輪は、レヴィの『偉大な神秘の鍵』に収められている図を模した形に描かれ、そこには「TARO」という文字が書き込まれている。これはアナグラムで「TORA（トーラ）」、及び「ROTA（車輪）」と読めることを示唆している。またカードの四隅には、旧約聖書の「エゼキエルの幻視」に登場する四つの生き物を配置する。そして車輪の上には剣を持ったスフィンクスが鎮座させられている。また輪の両側には、犬の頭を持ったエジプトの神アヌビスと、蛇で象徴されたテュフォンが描かれている。

「吊るされた男」のカードに見られる面白い特徴としては、逆さ吊りにされた人物の頭に後光が指し、何かを悟らんとしているかのような表情として描かれている点だ。また、全体の形がヘブライ語の「タウ（T）」の形になるように配慮されている。また、交差した足は十字の形を作り、後ろにまわされた手の形と合わせてみると、錬金術の硫黄を表す形にもなっている。

「死」のカードには、デューラーの版画を思わせるような鎧を着た死神が描かれ、手に持たれた旗には薔薇のエンブレムが描かれている。

「節制」のカードは、一方のカップから一方のカップへと液体を移し変える天使が描かれ、額には「太陽」の記号がつけられている。

「悪魔」のカードは、ウェイトいわく「メンデスの角のある神」として描かれ、額には逆さにされたペンタグラムが描かれる。縛られた二人の人間には、角と尻尾が生えている。

「太陽」のカードは、二人の裸の子供が描かれるのが一般的だが、ここでは白い馬に乗った一人の裸の子供が描かれている。

以上、いくつか目立った点だけを見てきたが、ウェイト―スミス・パックの大アルカナのデザインを一言でいうと、黄金の夜明け団で描かれていたカードのデザインはもとより、レヴィ、クリスチャン、ウィルト、パピュスといった先行者たちのモチーフをよく研究した上でのパッチ・ワークに、ウェイト自身のアイデアを上手に載せたといったところだろうか。もはや、どの箇所が誰からの影響ということを言及し出したらきりがなくなるほど、あちこちからいいとこ取りをしたうえで作られている。また、見れば見るほど、モチーフやシンボルに関しては、非常に細部にまで気を遣って採用されているということもわかる。後のタロティストたちが、このカードの絵柄に関して、あれこれと過剰な〝深読み〟をしたくなる理由もうなずける。

また、つけ加えておくと、ウェイトは『タロットの鍵』の中では、大アルカナとは呼んでいない。彼の使っている用語は「トランプ・メジャー（Trumps Major）」である。一方、小アルカナの方は、「Minor Arcana」ではなく「Lesser Arcana」と記されている。

こうしてできあがったウェイト―スミス・パックのカードのデザインは、結果的に、二十世紀の占い用タロット・パックのまさにスタンダード・スタイルとなっていく。以後に製作されるカードの多くは、ウェイト以前の先行者にまでアイデアをさかのぼることはせず、あくまでウェイト―スミス・パックを踏襲する形で、さらにそれにオリジナリティを加味しながら様々なヴァリエーションを生み出していくことになる。

タロットを占いに使うなんてどうでもいい

ところで、わたしも日頃、カルチャー・スクールでタロットの講座をすることが度々あるが、そのときに「どうぞ好きなカードを持ってきてくださいね」とアナウンスすると、次の回にはたいがい、多くの受講生の机には、鮮やかな黄色い箱に入ったウェイト＝スミス・パックが並んでいる。わたし個人としてはパメラの親しみやすいイラストが大好きなのだが、そのへんのことを受講生に尋ねてみると、「実はわたし、あまりこのカードの絵柄は好きではないんですよ」と、しばしば意外な答えが返ってくる。彼らいわく、もっと神秘的で怪しげな絵柄のカードの方が雰囲気も出ていいという。

では、なぜあえてウェイト＝スミス・パックを使おうとするのか？　その理由は簡単だ。前にも述べたが、多くのタロット占い師の意見によれば、初心者がタロット占いを学ぶにはウェイト＝スミス・パックが最適だとされているからだ。いつ頃から日本でそういう風潮が広まったのかは定かでないが、「タロット占い＝とりあえずウェイト版でしょう」という図式は、もはやお決まりになっている。

ところが、である。その作者のウェイト自身はというと、タロットを占いに使うことを見下していた。占いに使うことを嫌った作者のタロット・パックが現在の占い用タロットのスタンダード・パックになってしまったのだから、なんとも皮肉なものである。

しかしながら、『タロットの鍵』の中でウェイトがタロット占いについて触れていないわけではない。彼のなんとも煮え切らないところは、タロットは本来占いに使うためのものではないと断りながらも、『タロットの鍵』の中で七十八枚のカードすべてに対して占い上の意味を割り当てているところだ。「これらのカードに対する占い上の意味の割り当ては、拡張された不適当な説明である(158)」というまどろっこしいただし書きをつけたうえではあるが。

ここで、タロットを占いに使うことを軽蔑したウェイトの『タロットの鍵』が、一体どんな内容だったのかを概観しておこう。全体は大きく三つのパートに分かれている。「パート1」では、まずタロットに関する全体的な展望を簡単に与えた後、すぐに二十二枚の「トランプ・メジャー」の解説に入る。「魔術師」のカードからはじめて、「世界」のカードに至るまで（「愚者」のカードは、レヴィに従って「審判」と「世界」の間に位置している）、順に説明される。ここでの解説は、ド・ジェブラン、エテイヤ、レヴィ、クリスチャン、パピュスといった、先行するオカルティストたちの意見を参考にしつつも、随所でそれらに対しての批判が加えられていくといった形で進んでいく。続く小アルカナに対しては、各カードの詳細な解説はないまま、スートとコート・カードについての通り一遍の説明をして終わる。ここでもプレイング・カードのスートとの対応が述べられるが、ここではグランド・オリエント名義で書いた対応とも異なるものになっている。サイファーMS、グランド・オリエント、『タロットの鍵』、そして現在一般的になっているものについてそれぞれ右の表にまとめておこう（尚、サイファーMSとグランド・オリエントは、対応の仕方が同じである）。

	サイファーMS 及び グランド・オリエント	タロットの鍵	現在の一般的な対応
ワンド	ダイヤ	ダイヤ	クラブ
剣	スペード	クラブ	スペード
カップ	ハート	ハート	ハート
ペンタクル	クラブ	スペード	ダイヤ

「パート1」の最後では、タロットの起源についての説明が行われる。ここでのウェイトの主張は、先行するタロットの解説者たちとは大きく異なる。彼は当時のオカルティストには珍しく、近代的な批判精神の持ち主だった。すなわち、良くいえば学者気質ともいえる彼は、実証的な裏づけのない空想的なタロットの起源説を認めない。ド・ジェブランの古代エジプト説をあり得ないものと主張し、それに続くエテイヤの意見に対しても当然のことながら冷ややかである。

このことから考えると不可解なのは、すでに見た一八八九年に、グランド・オリエントの名前で出した『カード占い、フォーチュン・テリング、そしてオカルトの神託の手引き』である。「じゃあ、その中で述べていた古代エジプト説あるいは古代東洋説は何だったの？」と思わずにはいられない。別名で出すぐらいだから、グランド・オリエントの本は商売用のあおりを入れたものだったのだろうか。ちなみに、『タロットの鍵』の中で、ウェイトはグランド・オリエント名義の本を、都合のいいときだけ何度か話題に持ち出し、常にわざとらしく賛意を表明している。これも別名で出した本を売らんがためのちゃっかりしたアピールのように思えてならない。

さて、「パート2」は、「ヴェールの背後の教義」と題され、出だしから、「タロットは普遍的な概念の象徴的な表象を体現している……[159]」と、何やら堅苦しい口調でウェイトははじめる。出だしばかりか、この後の文章も、終始、冗長でまわりくどく、何やら小難しい話が続いていく。とはいえ、そこでウェイトが言いたいことが何であったかを抽出してみるとなんのことはない、おおよそ次のようなものになるだろう。

> タロットは「秘密《シークレット》の伝承《トラディション》」と関わりがある。秘密《シークレット》の伝承《トラディション》はごく少数のものの間で伝えられてきた。で、自分はそれらと関わりを持っている。これからタロットの説明をするが、秘密《シークレット》の伝承《トラディション》に関わっているサークルの外では、詳細を伝えることはできない。だから、本書はすべてを明らかにするものではない。しかし、本書の中では、秘密《シークレット》の伝承《トラディション》のサークルの外において出来る限りでの記述はしたつもりである。秘儀参入を受けたことのある人なら、本書に書かれている暗示からその真の意味を理解することができるが、一般人にはまず無理だろう。ウェイトの主張を煎じ詰めると、およそこんなところだろうか。

「パート1」のメジャー・トランプの説明が、先行するオカルティストの意見を中心に繰り広げられていたのに対し、今度は、自らのディレクションのもとにパメラが描いた〝修正版〟タロット・パックをもとに自説を展開する。間違いなくここが『タロットの鍵』の肝となる箇所なのであろう。ちなみに、これまでもそうだが、ここでのメジャー・トランプの説明の中にも一切、占い上の意味の解説は含まれていない。彼が語るのは、新たに自分の作ったカード一枚一枚の絵柄の中に盛り込まれたシンボルが何であるかという説明のみである。また、随所に「偉大なる神秘の謎を理解している人にだけはわかるが、そうでない者は、この説明を聞いてもわからないだろう」といった感じのウェイト特有の尊大な姿勢が垣間見られる。「偉大なる神秘の謎」を理解している人なら、わざわざこの本を読まないだろうに、とわたしなんかは思ってしまうのだが、本書全体を通してそういったトーンが濃厚で、人によっては読んでいるうちにだんだんうんざりしてくるかもしれない（少なくともわたしはその一人だ）。とはいえ、このようなウェイトの暗示的な説明に魅力を感じるという、まったく逆のタイプの人もいるのかもしれないが。

また、黄金の夜明け団と同様、「正義」のカードと「力」のカードの順番は入れ替えられている。だが、なぜそうしたかについての理由を与えず、「その変化（カードの入れ替え）によって、読者に対して、何か意味するものがあるわけでもないし、説明するための理由となるものもなにもない[160]」と、ウェイトはただ述べるのみである。そもそも黄金の夜明け団内部でのこの二つのカードの入れ替えは、すでに見た通り、ヘブライ語と占星術のサインの対応から来たものだった[161]。しかしウェイトのカードでは、カード自体にヘブライ語が描かれているわけでもないし、また、『タロットの鍵』の中でタロットとヘブライ語の対応についての説明がなされているわけでもない。タロットとヘブライ語の対応について、ウェイトは次のように述べている。「わたしはヘブライ語のアルファベットに対する一般的なカードの属性《アトリビューション》を採用しなかった。――第一に、それは初歩的なハンドブックの目的においてふさわしくない。第二に、ほぼすべての属性《アトリビューション》は間違っているからだ[162]」。このようにウェイトにいわれてしまうと、逆にわたしとしてはただこう思うのみである。「だったら、いっそのことカードの順番も入れ替えなければいいのに」と。

「パート3」は、小アルカナの一枚一枚の解説からはじまる。メジャー・トランプのときの解説とは異なり、〝修正〟したカードの絵柄の説明だけでなく、各カードの占い上の正位置、逆位置の意味もきちんと列挙されている。ここではメジャー・トランプのときのような謎めかした説明も少なく、それぞれのカードに対する、解説文のヴォリューム自体も圧倒的に少ない。ここからも、ウェイトが小アルカナを軽視していたことがうかがえる。

五十六枚すべてのカードの説明が終了した後、今度はメジャー・トランプの占いの意味が、ようやくここで登場する。といっても、さして詳しい説明はなく、それぞれのカードに対して、いくつかのキーワードが並べられているだけである。いかにも、「どうでもいいけどつけ足しました」といったような感じでしかない。

　最後に占い方の説明へと進むが、そこでカードの三種類の展開法が紹介される。そのうちの一つは「古代ケルティック・メソッド（An Ancient Celtic Method of Divination）」と題された方法であるが、これは第一章でもお話した通り、現在、日本でもプロの占い師の間で、「ケルト十字法」と呼ばれ親しまれている方法である。この占い方に関しては、現代のタロット占いの本などでは、ときどき「古来、伝わる伝統的な展開法である」と、あたかも由緒あるもののように語られていることもあるようだが、実はそんなことはなくて、ウェイトのこの本の中ではじめて登場するものなのである。(163)

　結局ウェイトの本では、ド・ジェブラン以来語り継がれてきた古代エジプト云々という空想的なタロット起源説は排除される一方で、「タロットと秘密《シークレット》の伝承《トラディション》の関係」という考え方だけは、頑なに保持されている。ウェイトは秘密《シークレット》の伝承《トラディション》を二つに分ける。一つは〈書かれたもの〉を通して伝えられてきたもの、もう一つは、決して書かれることがなく少数の人の間でのみ伝達されてきたものだ。

　決して書かれることのない秘密《シークレット》の伝承《トラディション》。ウェイトは『タロットの鍵』の中において、あくまでそれが何であるかを明かさない。これは、彼が秘密の属性《アトリビューション》が暴露されていく風潮に目配せをしながらも、その一方では時代遅れのドン・キホーテさながら、最後の聖域だけはあくまで守り抜こうとするような矛盾した姿であるかのように一見思われてしまうかもしれない。しかし、〈書かれたもの〉を通して、黙して語らない彼の態度には、秘密の遵守のためというよりは、おそらくそれが原理的に語り得ないものだったという点が関係しているようにもわたしには思われる。そうだとするなら、彼の態度は決して矛盾したものではない。むしろ、事柄の本質としてそれは必然的なものでさえある。では、原理的に語り得ないとはどういうことか。それについて簡単に説明しておこう。

グノーシス主義者にとってのタロット

注目すべき点として、まずウェイトは本質的に神秘主義者だった。前にも述べたように、黄金の夜明け団の分裂騒ぎのさなか、一九〇三年に彼は聖黄金の夜明け団を創設した。しかし、それも長続きせず、結局一九一四年には「薔薇十字教団（Fellowship of the Rosy Cross）」という新結社を率いることになる。それらで行なわれた彼の儀式は、黄金の夜明け団関係者から極めて評判が悪い。その最大の理由は、過度に神秘主義的な側面を強調したために、従来の黄金の夜明け団の儀式の魔術的側面を異様な形に変質させてしまったからだ。

ここで神秘主義と呼ばれるものが何であるかを簡単にまとめておこう。神秘主義者と括られる人々は、世界に対するある種独特の共通する態度を持っている。まず、世界の〈真の実在〉は、わたしたちの日常の現象世界を超えたところにあるという確信がある。また、〈真の実在〉に対しては、その宗教的な伝統によって様々な呼び名があるが、ウェイトのようなキリスト教神秘主義にとっては、それはさしあたって〈神〉と呼ばれる。そこで、神秘主義者の目指すところは、その〈真の実在〉＝〈神〉の認識であるが、これは通常の感覚によって把握することはできないし、どんなに頭をひねって考えても、人間の知性の理解を超えたものである。そこで神秘主義者たちは、〈体験〉あるいは〈意識の変容〉といった手段を重視する。瞑想なり祈りなどの何らかの手段で意識を変容させることで、〈真の実在〉＝〈神〉との接触を計ろうとする。その結果、得られる〈真の実在〉＝〈神〉との〈合一〉と呼ばれるその境地は、決して言葉にすることのできないものだといわれる。それゆえ、〈真の実在〉＝〈神〉との〈合一〉が何であるかということは、決して語ることができない。それを知るためには、自らがそれを〈体験〉してみるしかない。「原理的に語り得ないもの」といったのはそういう意味である。

このような観点から見てみると、『タロットの鍵』の全体を貫くトーンであるところの、「わかる人にはわかるが、わからない人にはわからない」的なウェイトの態度の理由も、いくぶん理解できないでもないだろう。しかし、『タロットの鍵』の中でのメジャー・トランプの一連の流れの説明を読んでみると、ウェイトの思想は、単にキリスト教神秘主義的という以上に、明らかにグノーシス主義的な二元論に強く彩られていることがわかる。グノーシス主義とは、紀元一世紀より三世紀ないしは四世紀頃までに、ヘレニズム文化において流布した広範囲に及ぶ宗教的な運動であるが、その基本的な考え方は、あくまで物質的な世界を否定的なものとしてとらえ、この地上に肉体的な存在として誕生する以前の霊的な世界へと回帰することに救済を求めるものである。

たとえば、ウェイトの説明する「愚者」のカードとは、新たにこの地上に誕生したわたしたち人間の魂の象徴である。彼はグノーシス主義者を彷彿とさせる口調で次のように述べる。「彼の後ろで輝いている太陽は知っている。彼がどこから来て、どこへ行くのか、そして幾多の日を重ね、いかに彼が別の道を通って戻りゆくかを[164]」。また、頭の後ろに黄金の光がつけ加えられた十二番の「吊るされた男」から、次の十三番の「死」のカードへと至る過程は、わたしたちのこの地上の物質的な次元から霊的な段階へと移行するための象徴的な死を通り抜けるイニシエーションを表したものだとみなされる。さらに、二十番目の「最後の審判」は、物質の世界のまどろみからの覚醒とともに、霊的世界へと回帰するために、この地上の世界からの最後の解放の時を迎える瞬間を表現したものである。

この地上の「物質的な肉体という暗黒」の中に入り込んだ魂が、やがてその生まれ故郷である天上の霊的な世界へと回帰する。これこそが、連続するメジャー・トランプのシークエンスの中に、ウェイトが盛り込んだグノーシス主義的な物語の要約である。こうしてみるとわかるように、現在は誰もが普通に世俗の占いのために何気なく使用しているウェイト－スミス・パックには、パメラの明るく親しみやすいタッチの絵柄からは一見想像できない、ミステリアスな主題が盛り込まれているのだ。

しかしながら、ウェイト自身は、パメラによって描かれたタロット・パックにやがて完全な満足を得られなくなっていったようだ。というのも、ウェイトはその後、彼のセカンド・タロットを、J・B・トリニックという人物に描かせている（図89）。一層神秘主義的な色合いの濃いデザインのこのカードは、パメラが描いたカードのポップさはなく、ひたすらシリアスで暗い。かつて登場したオカルト・タロットの中でも、最も高貴な面持ちを讃えたこのカードは、市販されなかったがゆえに、その後のタロットの絵柄に直接的な影響を及ぼすことはなかった。だが、伝統的なデザインからかつてないほど大幅に離れたその大胆で独創的な構図、そしてなんといって

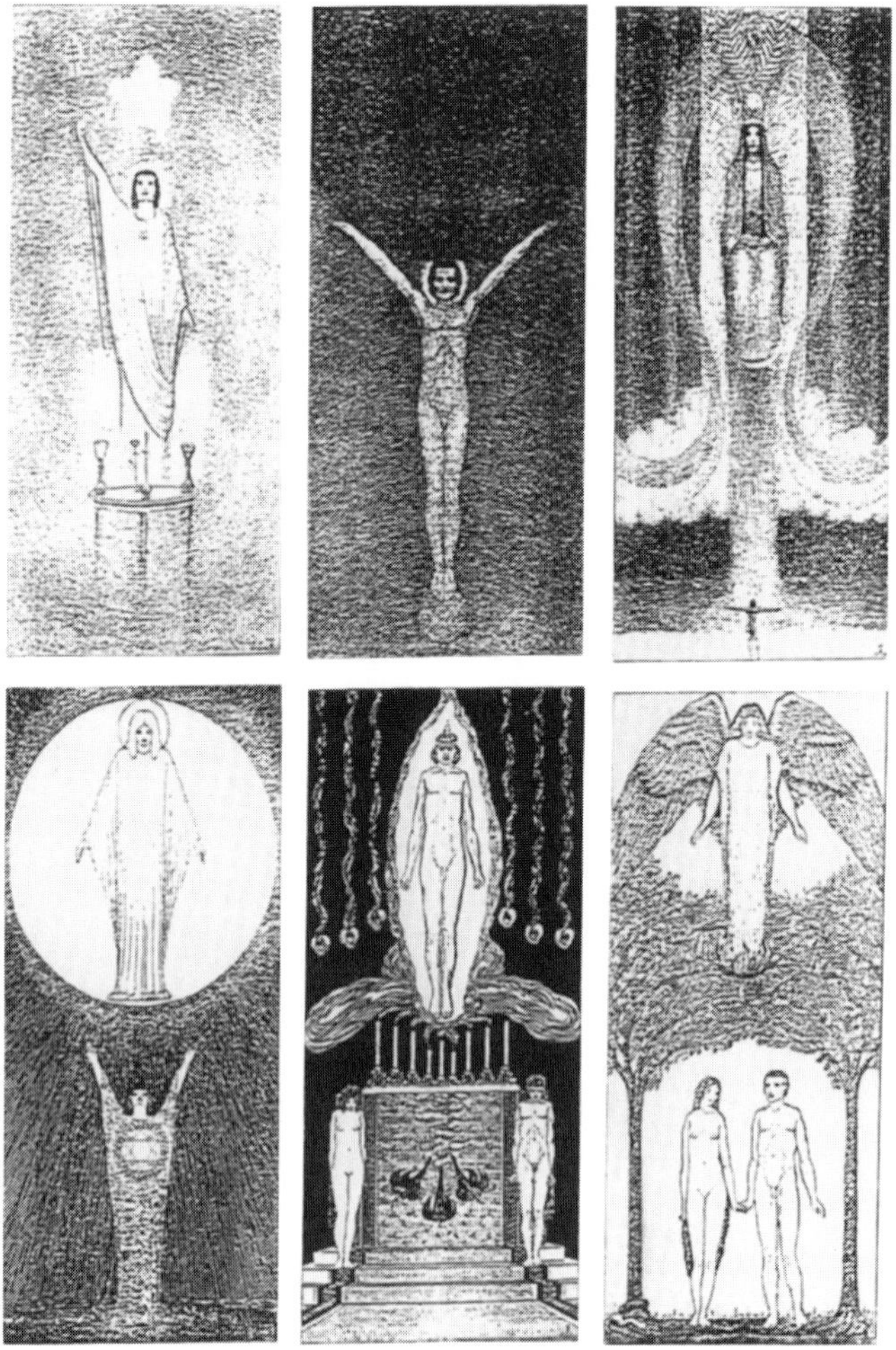

図89　ウェイトのセカンド・タロット（出典6）

もそのアーティスティックな雰囲気は、二十世紀の後半にかけて登場してくる新世代タロットを予感させるものだ。

さて、ウェイトのタロット・パック以後、しばらくして「二十世紀のタロットの最高傑作の一つ」と、タロット・マニアの間では名高いパックがいよいよ登場することになる。そう、ウェイトの成功を尻目に、黄金の夜明け団最大の問題児、アレイスター・クロウリーが、ついにオリジナル・タロットの製作に着手したのだ。

古典的オカルト・タロットの終焉

愚鈍、想像力もなければ真の魔術的知覚力も持ち合わせぬ、間違いだらけの学者気取りの愚物であった。おおよその黒魔術師と同様、彼も常時酒びたりであった。[165]

引用したのは、クロウリーの書いたオカルト小説『ムーン・チャイルド』（一九二九）の中で描写された、A・E・ウェイトの姿である（小説の中ではウェイトは、エドウィン・アースウェイトと名前を変えられ、主人公の敵の黒魔術師として登場させられている。またメイザーズとW・B・イェイツも、それぞれダグラス、ゲイツと呼ばれ、クロウリーの毒舌によって容赦なく罵倒されている）。

クロウリーの小説の中での描写が、ウェイトの真実の姿を表しているかどうかはともかくとしても、彼がウェイトをかなり毛嫌いしていたことは間違いない。[166]「学者気取りの愚物」とののしる宿敵ウェイトが作ったタロット・パックを、当然のことながら、クロウリーが認めるわけがない。

ウェイトの『タロットの鍵』の三年後、一九一二年にクロウリーは「A∴A」の機関紙『春秋分点』の中で、タロットについての理論を発表した。この中で彼は黄金の夜明け団の秘密の属性《アトリビューション》を公表するとともにタロットの理論の概略を描いた。ここで七十八枚のカードは、エテイヤのように1から78までの連続する数を割り当てられた。ただし、順番はエテイヤに従ったものではない。「愚者」のカードからはじまって「世界」のカードで終わる大アルカナ二十二枚は、57番から78番のナンバーが割り当てられた[167]。

クロウリーがオリジナル・タロット・パックを製作するプランを練り始めたのは、一九三〇年代になってからのようだ。結果的に、完成品がはじめて公表されたのは、月日も流れ、一九四二年七月一日、ロンドンのバークリー・ギャラリーにおいてだった。さらに一九四四年には、そのオリジナル・タロットの絵が掲載された『トートの書』と呼ばれるタロットの解説書が、ロンドンとニューヨークで、それぞれ二〇〇部の限定版として出版された。

クロウリーのディレクションのもと、レディ・フリーダ・ハリスという女性によって描かれたタロットの絵柄は、これまで見てきたオカルト・タロットの中で、最も伝統という制約から解き放たれた斬新なデザインとなっている（**図90口絵**）。渦を巻くような筆の運び、ダイナミックな構図、それらが見事に生かされたいくつかのカードからは、非常に生き生きとした躍動感が伝わってくる。傑作タロットと呼ばれるゆえんもうなずける。また、今でも日本のタロット・マニアの間でクロウリーのタロット・パックは非常に人気があるが、その要因としては、比較的最近の日本の上質な少年漫画やアニメの世界にも一脈通じる絵のセンスを感じさせるものだからなのかもしれない。

また、非常にシンプルで見やすいウェイト＝スミス・パックと見比べてみるとわかるように、クロウリー＝ハリス・パックのいくつかのカードは、まるで二十世紀前半の前衛アートのように、一見、何が描かれているかわからないほどデフォルメされたデザインとなっているものもある。これも従来のオカルト・タロットにはなかった点である。考えてもみれば、オカルト・タロットには、〝誤った〟デザインを〝修正〟し、古代エジプトのタロットを〝復元〟するために製作されるという意図があった。しかし、クロウリー＝ハリス・パックは、古代のものに近づけるという当初の目的とはもはや無縁である。むしろ、作者の想像力に形を与える一個の「作品」として作られているといった方がいいだろう。そういう意味で、クロウリー＝ハリス・パックは、オカルト・タロットの古典的な形態に完全に別れを告げるものであり、ウェイトースミス・パックとは違った意味で、二十世紀のオカルト・タロットの歴史における一つのターニング・ポイントを記したモニュメンタルな作品である。これ以後、二十世紀後半のタロット・パックのトレンドは、古代エジプトへとまなざしを向けることは少なくなり、「タロットの現在形」で見たように、次第に第三世界へとその題材を求めるようになる。

さて、ここで『トートの書』の概要を見ると同時に、クロウリーのタロットの中身を簡単に眺めてみよう。

占星術化されていくタロット

まず、クロウリーはタロットの大アルカナのことを「アテュ（Atu）」という造語で呼ぶ。彼はアテュを「古代エジプトにおける、ハウスもしくは鍵のこと[168]」と説明している。だが、もともとのフランス語の「atout」は、ブリッジなどのプレイング・カード・ゲームにおいて切り札を表すために使われていた語である。

また、彼の大アルカナのいくつかのタイトルは、スタンダードなものとはまったく異なるタイトルとなっている。例をあげると「正義」のカードは「調整（Adjustment）」、「力」のカードは「欲望（Lust）」、「節制」のカードは「技（Art）」、「審判」のカードは「永劫（Aeon）」と呼ばれる。

さらに絵柄に関しては、その独創的なデザインのせいで、一見したところ、オカルト・タロットの伝統的なシンボリズム自体からも、大きくかけ離れてしまっているように見えてしまう。だが、『トートの書』の中での各カードの解説を見ると、基本的にサイファーMSに基づく秘密の属性《アトリビューション》に従っていることは明らかである。

エリファス・レヴィ以来ヘブライ語と対応させられることで混乱してきた大アルカナの順番は、クロウリーの場合おおむね黄金の夜明け団に従っている。すなわち、「愚者」のカードは、二十番と二十一番のカードの間に置くレヴィの伝統を拒絶し、一番先頭に持ってこられる。続いて、これまた黄金の夜明け団のところで見たのと同様に、八番目の「正義」と十一番目の「力」のカードの順番も入れ替える。また、クロウリーもレヴィが、サ

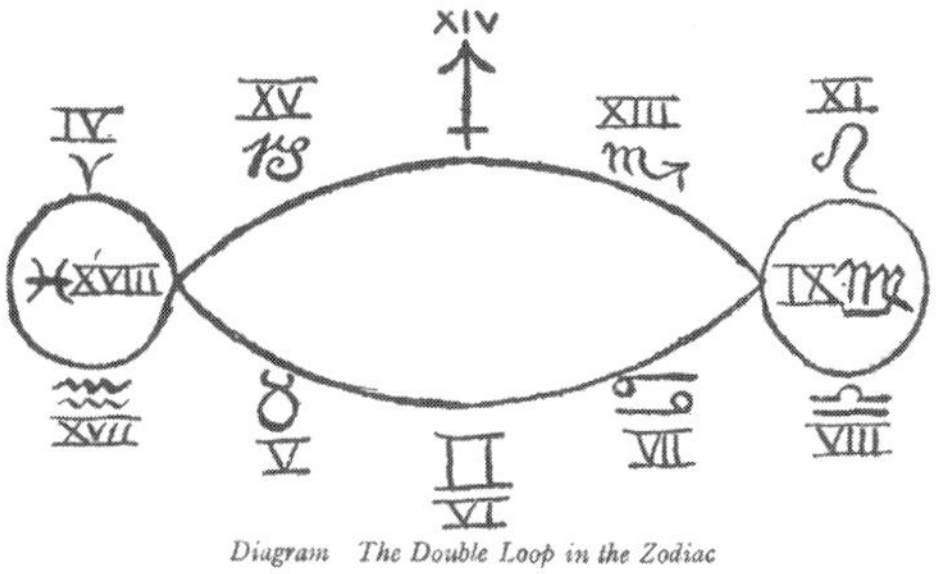

図91　ダブル・ループ（出典３）

イファーMSを見ていたと主張している。だからレヴィは正しい秘密の属性《アトリビューション》を知っていたはずだが、あえて著書の中に嘘を紛れ込ませたと断言する。もちろん、これはすでにウェストコットが述べていた主張の繰り返しである。

さて、問題は次である。クロウリーは「皇帝」のカードと「星」のカードのヘブライ語の対応を黄金の夜明け団と逆にした。すなわち、従来「皇帝」のカードは「ヘー」、「星」のカードは「ツァダイ」が配属されていたものを、「皇帝」のカードに「ツァダイ」を、「星」のカードに「ヘー」を割り当てた。なぜか？　それは前述の、守護天使エイワズのメッセージを書き取ったとされる『法の書』の中に次のような記述があったからである。「わが〈書〉に記されたこれらすべての古の文字はすべて真実である。だが、ツァダイは〈星〉ではない。これもまた秘密である。賢き者たちに対しては、わが預言者にそれを啓示させるとしよう」[169]。要するに、ここで言っていることは、エイワズが「ツァダイ」と「星」のカードを対応するものではないと述べたということだ。黄金の夜明団の属性《アトリビューション》と、エイワズのメッセージの間の矛盾に、クロウリーはしばらく頭を悩まさせられたようだが、最終的に彼が選んだのは、四番の「皇帝」のカードと十七番の「星」のカードを入れ替え、「皇帝」のカードを「ツァダイ」に、「星」のカードを「ヘー」にそれぞれ対応させるという結論だった。**図91**を見ていただきたい。クロウリーは、星座のサインに対応する十二枚の大アルカナを、八番と十一番、四番と十七番の順を入れ替え、さらに楕円の両端にそれぞれ円をくっつけることで出来上がる奇妙なダブル・ループの形に配列することで満足した。

しかし、ここでのクロウリーの論理には一貫性が欠けているように思われる。というのも、ヘブライ語の割り当てを変えたにもかかわらず、星座の対応だけはそのままにしているからだ。思い出していただきたい。レヴィのところで見たように、ヘブライ語、星座、タロットのこの三つの対応の由来は、本来はまず先にカバラにおけるヘブライ語と星座の対応があり、そこにタロットとヘブライ語を対応させることで、おまけとして星座の対応がくっついてきたものだった。ということは普通に考えて、ヘブライ語の対応を変えたなら、星座の対応も変えるべきである。

次に、クロウリーのタロットに描きこまれたシンボリズムの特徴をかいつまんで見てみよう。まず、すぐに目につくのは、星座や天体といった占星術的なシンボリズムが、カードにふんだんに盛り込まれている点である。たとえば、白羊宮に対応させられている四番の「皇帝」のカードには、王座の柱頭には「ヒマラヤの野生の牡羊の頭」、また足元には頭をもたげてうずくまっている子羊が描かれている。また、金牛宮に対応させられている五番の「司祭」のカードには、雄牛が描かれている。クロウリーによると、真ん中の男性は「実際に雄牛の背に座っている」という。さらに、下方に立っている女性は金星を表したものだという（ちなみに、金星は占星術では「金牛宮」の支配星である。よって金牛宮に対応させられる「司祭」のカードには、金星も関連させられるというわけだ）。さらに、双子宮に関連させられる六番の「恋人」のカードは、従来のカードでは、男女が描かれていたところに、双子を象徴する「白人の子」と「黒人の子」が描き加えられている。そしてクロウリーは次のように述べる。「このカードの名は恋人ではなく、兄弟とすべできある」と。最後にもうひとつ例をあげると、巨蟹宮に関連する七番の「戦車」のカードは、人物の冑の頭のところの飾りとして蟹が描かれている。

全部紹介しているときりがないので、このへんでやめておくが、ご覧のようにクロウリーのタロット・カードの多くには、あちらこちらに大胆な占星術のモチーフの導入が見られる。確かにエテイヤ以降、占星術とタロットを対応させる試みがなされてきたが、これほどまで詳細に星座のシンボリズムがカードのデザインに取り込まれたことはなかった。いってみれば、クロウリーのカードは、タロットを占星術と融合する（あるいは占星術化する）ひとつの極みに位置づけられるだろう。

ポスト・ニュートン的なタロット理論

小アルカナの方もざっと見ておこう。四つのスートの名前は、クロウリーによって「ワンド」、「剣」、「カップ」、「ディスク」と呼ばれ、従来通り、四つのエレメンツに対応させられる。また、コート・カードは「ナイト」、「クイーン」、「プリンス」、「プリンセス」となり、男女比は一対一ではあるが、黄金の夜明け団の「キング」、「クイーン」、「プリンス」、「プリンセス」という呼び名とは異なっている。

さらに「ナイト」、「クイーン」、「プリンス」、「プリンセス」はそれぞれ「火」、「水」、「風（空気）」、「地」に対応させられる。さらに、そこにスートとエレメンツの対応を組み合わせることで、たとえば「ワンドのナイト」は「火の火」、「ワンドのクイーン」は「火の水」、また「カップのナイト」は「水の火」、「カップのクイーン」は「水の水」といった具合に、それぞれのコート・カードの性質が決定される。

ヌーメラル・カードは、黄金の夜明け団と同様に、生命の樹の十のセフィロトに対応させられている。また、ヌーメラル・カードの一枚一枚の意味は、各カードの下部にタイトルとして書き込まれている。たとえば、「カップの7」は「堕落」、「カップの9」は「幸福」、「ワンドの3」は「美徳」、「ワンドの5」は「闘争」といったように。これらの意味は、黄金の夜明け団のところで見たように、占星術のデカンに対応させた結果から得たものであろうことと想像がつく。そして各カードは、ウェイト＝スミス・パックのようにわかりやすい具体的な絵ではないものの、それぞれその意味に見合ったイメージ的なデザインが施されている。

一枚一枚のカードのシンボリズムに対する解説がぎっしりと書き込まれた『トートの書』は、明らかに従来のオカルト・タロットの解説書よりも徹底している。また、彼の信奉する魔術的な世界観になじめなかったとしても、『トートの書』の随所から、彼がきわめて理知的に物事を考えようとするタイプの人物だったということがわかる。一読した時点で感じる彼の叙述の難解さの要因は、占星術、錬金術、古今東西の神話などからの抜粋が、何の説明もなく随所に散りばめられているからに他ならない。

彼の解説の特徴としては、易経、タオ、タントラ、仏教、ヨガなどの東洋思想への言及がちらほら見られる点もあげられる。これは黄金の夜明け団やウェイトには見られなかったものだ。中でも、どう考えても関係ないだろうと思われる易経と、カバラの生命の樹を一緒にまとめてしまっているのには驚かされる（図92）。クロウリーにしてみれば、真の高度な教えならば、表面上まったく異なって見えるものも、その根底においては原理的に一致しているものと考える。したがってクロウリーにとって、易経とカバラ、その二つの体系は矛盾するものではないのだ。

さらに興味深いのは、クロウリーが二十世紀の新しい物理学のパラダイムをちらつかせている点だ。現代のタロットの研究家であるシンシア・ジャイルズは次のように述べている。「クロウリーのアプローチのオリジナリティは、彼のアイデアを凝ったものにするための新しい科学の使用という点で特に目を見張るものがある。（中略）『トートの書』は、タロットがポスト・ニュートンの枠組みのなかでアプローチされた最初の仕事だった」[170]。

『トートの書』が出版された頃にはすでに、アインシュタインの相対性理論や、マックス・プランクやハイゼンベルグらの量子力学といった新しい科学の波は、周知のものとなっていた。いにしえの神秘的世界観が、それらの当時の最先端科学の帰結と同じことをいっているということをクロウリーは示そうとしたのだ。しかし

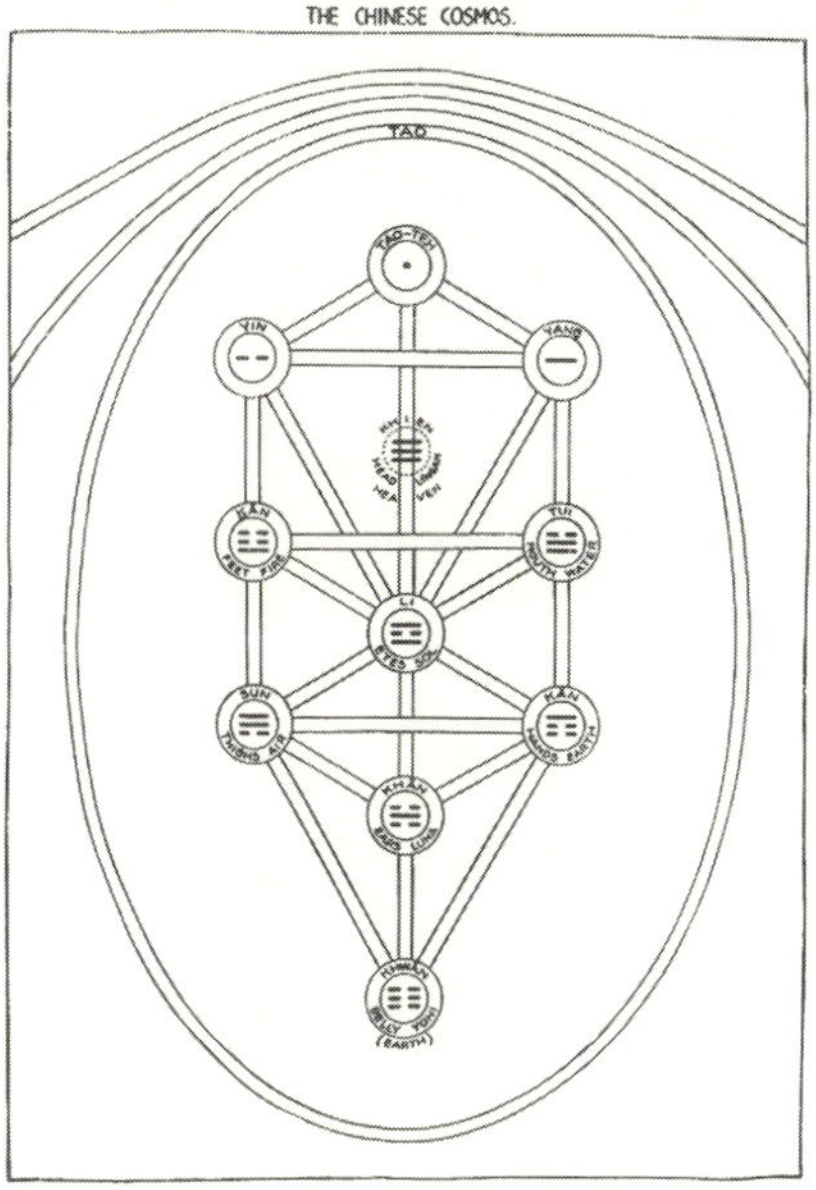

図92　易と生命の樹（出典3）

ながら、ジャイルズの「目を見張る」だとか「ポスト・ニュートンの枠組みのなかでアプローチされた」という言い方は、いささか大袈裟過ぎるだろう。というのも、別にクロウリーのタロット理論が「時空連続体」や「不確定性原理」といった物理学的概念を真剣に考慮に入れたものとなっているわけではないし、ましてや$E=mc^2$の公式が、著書の中に登場するわけでもない。あくまで話のささやかな味つけ程度として出てきているだけである。

とはいえ、「今日の科学の本質は、ライプニッツ、スピノザ、ヘーゲルの不明瞭な推測よりもはるかにミステリアスである。（中略）現代の数学者の心にある宇宙の概念は、奇妙なことにも、ウィリアム・ブレイクの戯言を思い出させる」(171)などと述べるクロウリーの発言は、第一章で見たニューサイエンスという考え方を予感させるものであることは確かである。

ビートルズのお気に入りの魔術師

クロウリーのタロットが発表された頃といえば、ちょうど一九三九年から一九四五年にかけての第二次世界大戦の真っ只中だった。ウェイトはクロウリーとハリスによるタロット・パックが発表される二ヶ月ほど前の一九四二年五月十九日、すでにこの世を去っていた。すでに述べたように、死後彼の名前は、現在のスタンダードとなった占い用タロット・パックの作者としてタロティストの間において不滅となった。

一方のクロウリーは、戦争が終結した二年後の一九四七年十二月一日に、七十二年の生涯最後の日を迎えた。自らを聖書の中の「六六六の大いなる野獣」と称し、実践魔術に没頭したクロウリーにも、ついに永遠の眠りが訪れた。

クロウリーの著作は間違いなく、生前よりも死後しばらくしてから多く読まれるようになった。一九五一年、ジョン・サイモンズが早くもクロウリーの伝記を出版するが、(172)どうやらその中に描かれたデカダンスなクロウリー像が、若い世代に大いにアピールしたらしい。それを皮切りに、かつてはオカルト・サークルに属する人々の間でしか読まれていなかったクロウリーの著作が次々と再販されはじめた。日本でも一九八〇年代には、フランシス・キング監修クロウリー著作集全五巻および別巻三巻が、H・R・ギーガーの絵による禍々しい装丁のもと、書店の棚を占拠した。

ウェイトの影響がタロット・ファン以外のところへはさほど広がっていかないのに対して、クロウリーは、いわゆるサブ・カルチャー全般に対して大きな刺激を与え続けた。特に二十世紀後半のアメリカのカウンター・カルチャーにおけるクロウリーの受容には、目を見張るものがある。

アメリカの一九六〇年代のフラワー・チルドレンの間で賞賛されたクロウリーの著作は、『法の書』の中の「なんじ欲することをなせ」の格言とともに、東洋思想とドラッグにかぶれた若者たちの間のバイブルとなった。アメリカの作家ロバート・アントン・ウィルソンの『サイケデリック神秘学』[173]を読むと、クロウリーがいかに六〇年代から七〇年代のアメリカの西海岸のドラッグ・カルチャーの中で受け入れられていたかを知ることができる。ちなみにウィルソンは、当時のカウンター・カルチャーにおけるカリスマ的存在である禅の哲学者アラン・ワッツからクロウリーの著作を紹介されたという。「ここ何年かのあいだにぼくが読んだ本のなかで最高に良かったのが『アイ・イン・ザ・トライアングル』っていうやつなんだ。アレイスター・クロウリーに関する本だよ[174]」と、ワッツは熱心にウィルソンにクロウリーを勧めたという。

また、ケネス・アンガー監督によって一九七〇年から八〇年にかけて製作された映画『ルシファー・ライジング』は、エジプト魔術をモチーフとしたなんとも不気味な映像満載の作品であるが、これもクロウリーに捧げられたものとして有名である。

さらに、SF小説ファンの間ではおなじみの巨匠ロバート・A・ハインラインもクロウリーの思想をヒントとして『異星の客』(一九六一)[175]を書いている。もともと一九四〇年代に書かれたこの小説は、モラル的な意味でのタブーが多く、当初どこの出版社からも出すことができなかったらしい。そして、ようやく六〇年代になり出版

図93　レッド・ツェッペリンⅣのレコードジャケットに描かれた「隠者」（出典71）

されたとたんにヒッピーたちのバイブルになったという。

一方、イギリスのロック・ミュージシャンの間でもクロウリーの人気は高く、すでに述べたように、レッド・ツェッペリンのジミー・ペイジは、七〇年代、完全にクロウリー信奉者だった。彼らの四枚目のアルバム『レッド・ツェッペリンⅣ』（一九七一）の裏ジャケットには、タロット・カードの「隠者」が描かれている（図93）。また、かつて悪魔主義的なステージで有名だったオジー・オズボーンは、ランディ・ローズの美しいギターの旋律をバックに、「ミスター・クロウリー」という曲をドラマチックに絶唱した。

また、あのビートルズでさえ、クロウリーには一目置いていた。彼らが東洋思想にかぶれていた六〇年代終わりの代表作『サージェント・ペッパーズ・ロンリー・ハーツ・クラブ・バンド』（一九六七）というアルバムで、「ぼくらの好きな人達の一人」として、多くの有名人と並んで、クロウリーの姿が表ジャケットに登場させられる（図94）。

八〇年代に入ってもアンダーグラウンドの音楽シーンでのクロウリー人気は衰えない。当時、ノイズ・ミュージックの実験に明け暮れたスロッビング・グリッスルや、元祖アシッド・ハウスともいうべきサイキックＴＶといったバンドを率いたジェネシス・Ｐ・オリッジは、クロウリー思想の影響下にあることをあからさまにアピールしていた。

若者たちのカウンター・カルチャーの中で、クロウリーがかくも人気があった理由はいったい何なのか？　フランシス・キングは次のように述べる。彼らはクロウリーを「世界に対する非理性的な見方の、そして親があがめてきたあらゆる価値観に対する自分たちの反乱の預言者として捉えた」[176]のだと。

長い間、「オカルト・タロットの歴史」を追ってきたわたしたちは、ついにウェイト、クロウリーの延長線上に、第一章でお話した「タロットの現在形」を見据える地点にまで到達した。ここまでの流れを整理してみよう。十九世紀末、フランスからイギリスへとレヴィの影響が飛び火するとともに、イギリス薔薇十字協会員ケネス・マッケンジーから黄金の夜明け団のウェストコット、メイザーズへと伝わっていく流れの中で、タロットへの関心は高まっていった。イギリスでのオカルト・タロットの理論は、レヴィの思想を下敷きにしたうえに、サイファーMSで与えられたヘブライ語、占星術、タロットをつなぐ秘密の属性《アトリビューション》を巡るものだった。またその理論の核心には、タロット・カードを配列するための、カバラにおける生命の樹というフレームがあった。そして、二十世紀を迎える頃、黄金の夜明け団の分裂騒ぎが起こり、そのメンバーだったウェイトとクロウリーが、それぞれオリジナル・タロットを発表したというのは、たった今見た通りである。

黄金の夜明け団のタロット理論は、二十世紀初頭のイギリスのオカルト・タロットのパラダイムを形成した。ウェイトとクロウリーそれぞれによる革新的タロット・パックは、いずれも黄金の夜明け団という同じ一本の幹から育った大きな果実である。そしてその実が落ちて新たな種となるのは、二十世紀後半のアメリカ大陸という新たな土壌においてである。いよいよわたしたちは、「タロットの現在形」につながる最終局面を見ていくことになる。

図94　ビートルズのレコードジャケットに登場したクロウリー〔左上の矢印の人物〕（出典70）

3　ロサンジェルス――一九一一－一九七〇

ヘルメティック兄弟団とタロット

自由の国アメリカ。なんとも使い古された言い回しではある。

だが、これから述べるアメリカでのオカルト・タロットの展開において、これほどにふさわしい言い方はないだろう。シンシア・ジャイルズは、アメリカでのタロットの特徴が「現代のタロットの解釈の多様性、折衷主義、個人主義(177)」であると指摘している。第一章の「タロットの現在形」で見た何でもありともいうべき数々のニューエイジ・タロットを思い出せば、ここで言っていることも理解できるだろう。従来のオカルト・タロットは、秘密《シークレット》の伝承《トラディション》とは無縁の新しい世代、すなわちニューエイジャーたちの手に渡り、これまでの規範を大幅に逸脱したまったく新しい姿となって生まれ変わっていく。

二十世紀のアメリカにおいてほど、完全に伝統から切り離され、自由なタロットの表現が行われた試しはない。フランスやイギリスとは異なり、アメリカのタロティストたちは、過去ではなく未来へと顔を向けた。古いものよりも新しさ、伝統よりもオリジナリティ。常に後者を優先するアメリカにおいて、古来伝わる秘密《シークレット》の伝承《トラディション》という考え方は、そもそもその好みにまったく合わない。また、秘密《シークレット》の伝承《トラディション》が省みられなくなるところでは、本来の意味でのオカルト・タロットはどうしたって衰退していくしかないだろう。すなわち、二十世紀後半に向けてのより〝自由〟な表現としてのタロットの展開は、これまで尊重されてきた秘密《シークレット》の伝承《トラディション》という考え方自体が手放されていくところからはじまったのだ。まず、ここではそういった事態に至るまでの前段階を駆け足で見ていくとしよう(178)。

一八八五年、『プラトニスト』という非常にマイナーなジャーナルで、アメリカ初のオカルト・タロットに関する記事が作者不詳で発表された。タロットの綴りは「Tarot」ではなく「Taro」と記され、その言葉の説明として、すでにレヴィのところでみたように、「Taro」はラテン語の「Rota」のアナグラムで「車輪」を意味する云々という語源説が採用された。また、ここでもタロットは占星術と結びつけられているが、そのやり方は全般的にポール・クリスチャンからの強い影響が見られる。そればかりか、クリスチャンが『魔術の歴史』の中で捏造した、例の古代エジプトにおけるピラミッドの中の秘儀伝授云々という内容もしっかりと踏襲されている。当時の『プラトニスト』のエディター、トーマス・モア・ジョンソン（一八五一―一九一九）はヘーゲル哲学と新プラトン主義を専門とする哲学者であると同時に「ルクソールのヘルメティック兄弟団（the Hermetic Brotherhood of Luxor）」というオカルト結社の重要なメンバーだった。ちなみに、デッカーとダメットによると、前出の『プラトニスト』の中での無記名のタロットの記事は、ヘルメティック兄弟団のオーガナイザーの一人であるトーマス・ヘンリー・ブルゴーネ（一八八五？—一八九五？）ではないかと推測されている[179]。しかしながらこのアメリカ最初のオカルト・タロットの記事は、後のアメリカでのタロット・カードの展開から見ると本質的にはさほど重要な意味を持っていない。というのも、そのジャーナルのマイナーな性格上、オカルト・タロットのアメリカ進出は、決してその狭いサークルの外に出て行くことはなく、しょせんはアンダー・グランウンドの世界のものでしかなかったからだ。では、アメリカでタロットが大きな広がりを持つきっかけは、いったい何だったのか。

結論から言うと、アメリカのオカルト・タロットの発信源は、完全にウェイト—スミス・パックだった。まず一九一一年、アメリカにおいてウェイトの『タロットの絵の鍵』が出版される。続いて一九一六年には、ウェイト—スミス・パックの海賊版が登場する。やや色合いに違いはあるが、絵柄はまったく同じ。さらに、それに伴って『タロットの鍵、ヴェールに覆われた神託（The Key to the Tarot : Oracles Behind the Veil）』と『タロットのイラスト化された鍵（Illustrated Key to the Tarot）』というタイトルの本が出版される。ウェイトの本とそっくりのタイトルをつけられたこれらの本は、内容に関しても完全な剽窃物である。ちなみに著者名はL・W・ド・ローレンスと記されている。

確かに、アメリカにおけるオカルト・タロットの流入は、イギリスとほぼ同時期の十九世紀末に開始された。とはいえ、結果的にその本格的な展開の原点となったのは、今見たような形でのウェイト—スミス・パックの輸入以降だった。タロットといえばウェイト—スミス・パックという図式はなにも最近はじまったことではなく、アメリカにおいてはすでにスタートの時点からしてそうだったのだ。

黄金の夜明け団の残響と深層心理学への接近

ここで、アメリカにおける初期のオカルト・タロットの進展に貢献した、ポール・フォスター・ケース、そしてイスラエル・リガルディーという二人の人物ついて簡単な紹介をしておこう。ちなみに、この二人はどちらも黄金の夜明け団系の流れを汲む新世代のオカルティストである。

一八八四年ニューヨーク生まれのポール・フォスター・ケースは、もともと黄金の夜明け団の米国支部、トート・ヘルメス・テンプルのメンバーであった[180]（図95）。しかし、本家本元の黄金の夜明け団の衰退に伴い、ケースは「時代を超えた知恵のスクール（the School of Ageless Wisdom）」と呼ばれる結社を、自ら設立するに至る。後に名前を「聖堂の建設団（the Builders of the Adytum）」略してBOTAと改名する。ちなみに、BOTAは、彼の死後、二十一世紀の現在においてもなお、ロサンジェルスを拠点にタロットの通信教育制度を中心とした活動を続けている。

ケースのタロットに関する最も初期の仕事は、一九一六年の神智学的な雑誌『言葉（The Word）』の中において、大アルカナとヘブライ語の対応を扱った記事を寄稿したものだ。しかし、彼のタロットに関するまとまった著作が発表されたのは、一九二七年のことである。当初、『タロットの簡潔な分析（A Brief Analysis of the Tarot）』と題されていたその著書は、後の再販の際に『タロット、時代を超えた知恵への鍵（The Tarot : a Key to the Wisdom of the Ages）』とタイトルが改められる。

ケースのタロット本の内容は、基本的に黄金の夜明け団の理論の枠組みに沿ったものである。ここではケースによってつけ加えられた新たな主張をいくつか指摘しておこう。

まず、最も注目すべきは、大アルカナに対して、従来の「太陽」、「月」、「水星」、「金星」、「火星」、「木星」、「土星」の七天体以外に、「天王星」、「海王星」、「冥王星」を新たに配属した点だ。これら三つの天体は近代以降に発見されたもののため古典的な占星術においては当然のことながら使用されていなかった。かつて黄金の夜明け団において、「愚者」、「吊るされた男」、「審判」のカードに対しては、星座や天体ではなくそれぞれ順に「空気」、「水」、「火」が対応させられていた。ところが、新たに発見された三つの天体を加えると、見事、全体の数は一致する（十二星座＋十天体＝二十二）。そこで、ケースのタロット理論の中では、「愚者」、「吊るされた男」、「審判」のカードは、順に「天王星」、「海王星」、「冥王星」[181]が割り当てられることになったのだ。

また、ケースはタロットの起源に関する空想的な物語をまたひとつ追加した。彼は言う。「実際の（タロットの）発明の日付は、紀元一二〇〇年頃である。発明者たちは、モロッコのフェズの町で定期的に会合していた達人たちのグループだった[182]」と。ド・ジェブランやド・メレ以来の古代エジプト説に比べれば、日付は随分と最近のことになった。しかしながら、一切の証拠も何もないまま断言されているという点において、ケースの主張の信憑性は、古代エジプト説と大同小異である。

さらに、時代の新しさを物語るという意味で、ケースが心理学者C・G・ユングについて言及している点もあげておこう。彼がいうには、タロットに描かれたシンボリズムとは、「普遍的なサイン」である。そして、それらシンボリズムの基本的な意味は、「いつの時代も、どんな形の宗教においても、すべての哲学の種類においても世界中で同じ[183]」である。なぜなら、それらは人類の普遍的な心の深層、すなわちユングのいう「集合的無意識」から出たものだからだとケースはいう。この手の主張は、二十世紀後半のアメリカのタロットの解説書では定番の説明となっているものではあるが、ケースの主張はその最も早い時期のもののひとつである。

図95　ポール・フォスター・ケース（出典18）

一九三一年に、ケースはBOTAで使用するためのオリジナルのタロット・パックを出版する。ジェシー・バーンズ・パークスというBOTAの女性メンバーが絵のデザインを担当した。一枚一枚のカードは、まったく表面処理の施されていないただの白い厚紙に黒い線で絵が印刷されているだけの簡素な作りとなっているが、それはこのパックを使う本人が自ら色を塗ることを課題として与えるためだった（図96）。このことは、アデプタス・マイナーに昇格したタロットの学習者がカードを自分で描かなければならなかった黄金の夜明け団の実践の流れを踏襲したものだ。また、大アルカナのほとんどのカードの絵柄は、ウェイト＝スミス・パックのコピーかと思うほどそっくりである。が、いくつかのカードの細部はマルセイユのカードをベースにし、黄金の夜明け団のタロットのモチーフを取り入れたり、レヴィやクリスチャンそしてオスワルト・ウィルトからヒントを得て作られたものだということも見てとれる。それから、各カードにはローマ数字以外にヘブライ語が記されてはいるものの、ウェイト＝スミス・パックのような八番と十一番のカードの入れ替えは見られない。一方、小アルカナは、ウェイト＝スミス・パックのような絵は描かれず、オーソドックスなデザインのままにとどまっている。

ゲームの終わり

続いてもう一人の黄金の夜明け団系列のタロティスト、イスラエル・リガルディーの方に話を移そう（図97）。彼の場合、単にアメリカでのオカルト・タロットに影響を及ぼした人物と評するよりも、オカルト・タロットの全般の歴史から見て画期的な事件を起こした人物だといった方がいいだろう[184]。

一九〇七年イギリス生まれ。十三歳のときにアメリカへ移住。その後、クロウリーの『春秋分点』を読んで魔術的世界観に開眼。そして二十一歳で、クロウリーの無給の秘書となる。しかし、リガルディーはクロウリーから多くの魔術的知識を吸収しはしたものの、彼のもとで働くのは長く続かず、最終的には決別する。

その後一九三二年に、クロウリーと過ごした時期に獲得した儀式魔術のテクニックを『生命の樹』[185]、『柘榴の園』[186]という二冊の著作として大手出版社から発表する。ちなみに、『生命の樹』は、フランシス・キングによって「これまで発表された中で最良の実践オカルティズム入門書[187]」であるといわれたほど高い評価を得ている一冊である。リガルディーの魔術理論の解説を読んでみるとわかるが、確かに一般の読者にとってもある程度親しみやすい内容となっている。そのひとつの要因としては、リガルディーがフロイトの深層心理学的な発想を採用しながら、非常にわかりやすく魔術の原理を解説している点があげられるだろう。リガルディーと同世代あたりのオカルティストたちから、フロイトやユングの「無意識」という概念が魔術の原理を説明するひとつのキー・コンセプトとして使用されることが多くなっていくが、このことから、いかにオカルティズムといえども、時代

図96　BOTAのタロット（出典1）左から順に、魔術師、司祭、力、悪魔。

図97　イスラエル・リガルディー（出典14）

の流行とまったく無縁ではないということに改めて気がつかされる。(188)

ところで、このリガルディーの著書の出版は、実は、当時の黄金の夜明け団関係者たちの間では、喧々諤々の物議をかもし出す大事件だったようだ。というのも、前出の本は二冊とも、黄金の夜明け団の秘密の属性《アトリビューション》が公然と書き記されたものだったからだ。確かに、すでにクロウリーは『春秋分点』と『七七七の書』において黄金の夜明け団の儀式や秘密の属性《アトリビューション》を暴露してはいたものの、前にも述べたように、しょせん小部数の私家版でしかなかった。しかしリガルディーの本は公共の流通経路に乗り、比較的大部数が出回ることになった。特に、メイザーズの死後も活動を続けていたA∴Oの団員たちは、リガルディーの出版物により団内の教義が白日の下にさらされていくことをことさら問題視し、大きく動揺した。しかし、リガルディーによる教義の暴露はこれで終わったわけではなく、ほんのはじまりに過ぎなかった。

一九三七年から一九四〇年の間、彼は黄金の夜明け団の儀式魔術についての講義文書を編集したものを四巻本として出版する。原題『The Golden Dawn: an Account of the Teachings, Rites and Ceremonies of the Order of the Golden Dawn』というその四巻本は、日本でも『黄金の夜明け魔術全書』というタイトルのもと翻訳出版されていて、現在でも入手可能である。(189) フランシス・キングは、これら一連の出版を「リガルディー衝撃」と呼んでいるが、黄金の夜明け団分裂以降活動を続けていた暁の星団、及びA∴Oにとってみれば、単なる衝撃どころの騒ぎではなかったようだ。というのも、リガルディーの出版によって、秘密だったはずのものが容易に入手可能になり、秘密がもはや秘密の資格を失ってしまった以上、新規加入者を惹き付けるファクターは完全に失われたと同時に、そもそもの団を存続させる理由自体が問われることになってしまったからだ。ちょうど時は第二次世界大戦のさなか。黄金の夜明け団関係者には、リガルディーの出版攻勢の方がよほどすさまじい爆撃だった。秘密《シークレット》の伝承《トラディション》という砂上の楼閣が崩れ去っていくとともに、暁の星団、及び、A∴Oは、その後しばらくして結社としての活動を停止するに至る。

ところで、リガルディーはなぜこのような形での暴露を行ったのだろう。どうやら彼の出版の目的は、黄金の夜明け団の教義を出版物にして後世のために保存するためだったようだ。というのも、彼は一九三四年にいったん暁の星団に加入しているが、テンプル内のリーダーたちの無能さに我慢がならず、このままでは団の教義が滅びてしまうという危惧を感じた。そこで本人いわく、あえて秘密の誓いを破り、出版に踏み切ったということらしい。

さらに一九七七年、リガルディーは『黄金の夜明けタロット（the Golden Dawn Tarot）』と題されたタロット・パックを出版する（図98）。メイザーズのノートブック（図99）をもとにして、ロバート・ウォンによって作画されたこのパックは、実際に団内で使われたものを模したものだという。これはアメリカの大手カード・メーカーから出版され、現在でも入手可能である。また、ロバート・ウォンによって書かれた『黄金の夜明け団のタロットへの序論（An Introduction to the Golden Dawn Tarot）』[190]（一九七八）には、団内の極秘文書「Tの書」もそっくり掲載され、黄金の夜明け団のタロット理論を学ぶには格好の入門書となっている。

前にも述べたように、日本でも黄金の夜明け団関連の書籍のいくつかは翻訳出版されているが、それらは今や一般の書店では、神智学、人智学、ＵＦＯ、トランス・パーソナル心理学、生まれ変わり、臨死体験、魔女術……といった雑多な分野の書籍とともに、「精神世界」と題された書棚の一角を占めている。

ロサンジェルスの秘教的結社とタロット

ロサンジェルスは二十世紀前半のアメリカにおいて、まさしくオカルト・タロットの本拠地だった。前述のケースのBOTAもそうだったが、次に紹介する二人の人物、マンリ・パルマ・ホール[191]とC・C・ザインの二人も活動拠点はロサンジェルスだった。

ケースやリガルディーが、黄金の夜明け団を引き継ぐ、いわばイギリスからの流れだったのに対し、ホールとザインは、フランスのオカルト・タロットの伝統から直接影響を受けているという点で、明らかに系統が異なる。

図98 ロバート・ウォンによる黄金の夜明け団のタロット（出典48）
左から順に、愚者、恋人、節制、星。

一九〇一年、カナダ生まれのマンリ・パルマ・ホールは、古今東西にわたる膨大な秘教的主題を集めた百科辞典的な大著を、わずか二十七歳の若さで上梓した。もともとは『メーソニック、ヘルメティック、カバリスティック、薔薇十字の象徴哲学の百科辞典的な概要（The Encyclopedic Outline of Masonic, Hermetic, Qabbalistic and Rosicrucian Symbolical Philosophy）』（一九二八）というまどろっこしい長いタイトルで出版されたが、後に『すべての時代の秘密の教え（The Secret Teachings of All Ages）』とシンプルに改められた。現在は日本でも『象徴哲学体系』というタイトルのもと全四巻の形で日本語訳も出版されている。(192)

図99　メイザーズによるタロットの素描（出典37）ともに、節制。

内容はというと、アトランティス、ピラミッド、シェイクスピア＝ベーコン同一説、ピュタゴラスの数秘学、ヘルメス・トリスメギストス、錬金術、カバラ、フリーメーソン、薔薇十字団……と秘教的話題が目白押しで、とにかくこの手の不思議系の話題が大好きな人たちの間では必読の古典的名著とみなされているようだ。また、この本の中の一章はまるまるタロットの話題に当てられ、ド・ジェブラン、エテイヤ、レヴィ、クリスチャン、パピュスといった今まで見てきた歴代のタロット解説者たちの説があちこちで引用されている。カードのシンボリズムについても、ほとんどホール自身の個人的な見解は語られず、あくまで十八世紀末から十九世紀のフランスにおける古典的なタロット解釈の簡潔な要約となっている。

さらに翌年の一九二九年には、一八五三年生まれというホールからみてかなり年長の神智学者J・オーガスタス・クナップとともに、新たにデザインした秘教的タロット・パックを出版する。『改訂された新たなアート・タロット（The Revised New Art

Tarot)』と題されたクナップによるカード（図100口絵）のデザインには、イギリスからの影響は少ない。オスワルト・ウィルトのタロットとR・ファルコナーのエジプシャン・タロット[193]という、ともに十九世紀末のフランスを代表するタロット・パックからアイデアの多くが得られている。カードにはヘブライ語がつけられているが、それは黄金の夜明け団のそれではなく、レヴィの対応に従ったものである。

また、クナップはいかにも神智学者らしく、二十一枚のトランプ・カードと「愚者」を合わせた二十二枚のカードを、物質的次元を通しての魂の発達過程を象徴するものとして表現した。「人間の尊厳」と呼ばれる一番のカード「奇術師」からはじまり、「宇宙意識」と呼ばれる二十一番の「世界」のカードに至る流れは、物質的次元を超越し、霊的な次元に至るまでの旅の過程を表したものだという。このアイデアは、一八八九年のパピュスの『ボヘミアンのタロット』の中に掲載されていた、フランスの神智学者チャールズ・バーレットによる論文「秘儀参入のタロット」をベースにしたものである。一方、ヌーメラル・カードの占い上の意味は、「はじまり」、「対立」、「均衡」という三つ組みをベースにした『ボヘミアンのタロット』の中のパピュスの方法論を参考にして作られている。

各々のスートについても、「剣」は「肉体」、「棒」は「エーテル体」、「ペンタクル」は「メンタル体」、「カップ」は「アストラル体」に関連づけられ、いかにも神智学者らしい解釈が与えられている[194]。また、ホールが与えたタロット固有の特徴としては、それぞれのカードの右上に、小さなメディテーション・シンボルが描かれているという点があげられる。ただしホール自身、これらのシンボルが何を表しているのかという点を説明してくれてはいない。その結果、それらは見るものの多様な解釈を導くものとなっている[195]。

一九三六年、ホールはロサンジェルスに本部を置く「哲学探究会（the Philosophical Research Society）」を設立する。そこでは様々な秘教的な思想の講座をはじめ、二年制の通信教育コースを設置した。一九九〇年にホールが死んだ後も、哲学探究会は今もなお活動を続けている。

一方のC・C・ザインは、一八八二年にアイオワ州アデル生まれ、本名をベンジャミン・P・ウィリアムズという[196]。一九一〇年に、彼は「内なるサークル」から、霊的指示を受け取ったという。その後、そこから送られてくる占星術、錬金術、魔術などの主題に関する通信を黙々と書き記しはじめた。一九一八年、彼は「内なるサークル」から得た知識を結社の教義とし、「光の兄弟団（the Brotherhood of Light）」を結成し、同時に、ファルコナーのエジプシャン・タロットそっくりの白黒のタロット・カードを出版した。

彼の「内なるサークル」から得た知識には、ポール・クリスチャンの『魔術の歴史』の中で述べられていたエジプトでのイニシエーションと同じ話も含まれていた。これは例の、クリスチャンがイアンブリコスの本に書いてあったといって捏造した話であるが[197]、驚くことにザインは、実はクリスチャンはイアンブリコスの『エジプトの秘儀伝授』という文書をもとにしたのだと主張する（もちろん、そんな文書はいまだ発見されていない）。しかも、イアンブリコスは、古くから存在する光の兄弟団の入会者だったともいう。また、ザインの主張するタロットの起源は古代エジプトを遥かに越え、なんとも信じがたいことに、あのアトランティス大陸やムー大陸といった伝説の失われた文明にまでさかのぼる。今でいうところの「トンデモ本」を思わせるこれらの話を、当時の光の兄弟団のメンバーは、物語や喩えとしてではなく、はたして本当に真面目な事実として受け取っていたのだろうか……。

一九二七年、ザインは『神秘のタロット（The Sacred Tarot）』を出版。一九三二年、「光の兄弟団」は「光の教会（the Church of Light）」と改められる。そして一九三六年には、『神秘のタロット』の新たなエディションとともに、光の教会のメンバーであるグロリア・ベレスフォードによって新たに描きなおされたタロット・パックが出版される。こちらも相変わらずファルコナーのエジプシャン・タロットのまんまである（図101）。

ザインもまたタロットの大アルカナ二十二枚にヘブライ語と占星術のシンボルを配属している。ちなみに、ザインの最初のシステムでは、「天王星」と「海王星」は登場するが、「冥王星」は使われていなかった。しかし、一九三〇年に「冥王星」が発見されてからは、ザインのタロット理論にも組み込まれ、二十二番目のカード「物質主義者（The Materialist）」と題されたカード（一般的なタロットの「愚者」のカード）に関連づけられた。では、

図101　光の兄弟団のタロット（出典50）左から順に、ピラミッド、審判。

「冥王星」が発見される前、「物質主義者」のカードに配属されていた占星術のシンボルは何だったのかというと「地球」だった。いずれにしても、ちょっと気になるのは、「天王星」、「海王星」、「冥王星」は、近代の光学機器の発達によってはじめて発見されたもので、古代エジプトでは知られていなかったのに、人類の遥か昔にルーツがあると主張するエジプシャン・タロットに、どうしてそれらの天体が結びつけられるのかという点だ。いや、もしかすると過去のアトランティスやムー大陸といった〝高度に進んだ文明〟では、「天王星」、「海王星」、「冥王星」は、すでに知られていたということなのかもしれない……。ザインは一九五一年十一月十八日にこの世を去ったが、光の教会はいまだ活動中である。

オカルト・コマーシャリズム

一九二〇年代から三〇年代前後のカリフォルニアには、前述のケースのBOTAやザインの光の教会などをはじめとして、多くの秘教的スクールや組織が設立された。それらには、これまで見てきた十九世紀末のフランスやイギリスなどのオカルト教団とは大きく異なる点がある。なんといってもそれらのカリフォルニアの組織は大衆という巨大なマーケットを常に意識していた。最盛期の二十世紀前半には、雑誌の裏に広告を出し（図102）、一般の人々から入団者を募り、さらに遠方の人たちのための通信教育制度を設けた[198]。そう、カリフォルニア発の〝オカルト〟は、本質的に誰もが学ぶことのできる完全に開かれたものだったのだ。しかも、秘儀伝授というよりも、きちんと順を追ったレッスンのカリキュラムが組まれているそのスタイルは、どちらかというと〝学校〟といったほうがよさそうである。中でも最も成功した、一九一五年にハーヴェー・スペンサー・ルイス（一八八三—一九三九）によって設立されたAMORC（古代神秘薔薇十字団）などは、単なる通信教育だけでなく、さらに講演会、観光旅行、図書館なども提供し、会員へのサービスに余念がない。その結果、創始者が死んだときには、すでに数百万の会員を抱えていたというのだから驚きである[199]。

これらは十九世紀末のパリで、特権階級ともいうべき芸術家たちを集め薔薇十字展を開催したペラダンらの持っていたエリート意識とはまったく正反対だ。また、このような形での秘教的結社のあり方を営利主義として揶揄する向きもあるかもしれないが、時代の趨勢はそれを後押ししていた。こういった事態に対して、江口之隆は適切にも次のようなコメントをしている。「オカルト・コマーシャリズムは情報化社会到来期の不可避的副産物[200]」だと。

オカルティズム、そしてそれに付随した形でわたしたちのタロット・カードは、二十世紀前半を通じて、アメリカのサブ・カルチャーの中にしっかりと根を下ろしていった。そして、大人たちの社会に背を向けようとした若者たちが、その反体制の象徴としてオカルト的なものに目を向ける。とはいえ、現実にはすでに大人たちの手によって、オカルトが市場経済のひとつの商品となってしまっていたのだが。二十世紀後半、アメリカでロック・ミュージックがショー・ビジネスの中の巨大産業に成長していったのと同様に。

こうして、タロット占いの起源を探ることからスタートしたわたしたちの長い歩みも、そろそろ第一部の「タロットの現在形」の時点へと戻りつつある。ここですでに第一部で紹介したイーデン・グレイが再び登場してくる。時代は一九六〇年代へと向かう。

図102　秘教的結社の雑誌広告　上から順に、AMORCの広告、光の兄弟団の広告（出典15）

タロットという開かれたテクスト

すでに述べたように、アメリカでの本格的なタロットの普及は、ウェイト―スミス・パック以降のことだが、それを一九六〇年代から七〇年代にかけてよりポピュラーなものにするのに貢献したのがイーデン・グレイのタロット本だった。

ここではもう一度、イーデン・グレイ以前のウェイト―スミス・パックの受容の流れを簡単に整理しておこう。[201]

一九一一年にウェイト―スミス・パックが流入し、そして一九一六年にはその海賊版が出版されたというのは以前見たとおりである。ちなみに、ウェイト―スミス・パックのアメリカでの初期ディストリビューターは、実はC・C・ザインの光の教会だった。その後、ウェイト―スミス・パックを使用した本として登場するのは、一九四一年のニューヨークで、ムリエル・ブルース・ハスブロックという女性の『宿命の探求（The Pursuit of Destiny）』である。彼女はタロットの古代エジプト起源説を唱えず、ケースの『タロット、時代を超えた知恵への鍵』の中で述べられたモロッコのフェズ起源説を採用した。一方で、彼女は黄金の夜明け団の「Tの書」の中の教えである三十六のデカンとヌーメラル・カードの対応を取り上げた。しかし、彼女は黄金の夜明け団のメンバーではない。彼女の知識はリガルディーの出版した『黄金の夜明け魔術全書』を参照したものである。また、リガルディーが『黄金の夜明け魔術全書』を公表したのは一九三七年から一九四〇年の間であり、その翌年に彼女が『宿命の探求』を出版したという事実から見ると、「リガルディー衝撃」の波及効果は、非常にスピーディな形で展開していったことがわかる。

そして一九六〇年、いよいよイーデン・グレイの登場である。彼女の最初の本『明かされたタロット（The Tarot Revealed）』は、タロットに興味を持った六〇年代のカウンター・カルチャーの若者の間で、最もスタンダードで良心的なタロット占いのハウ・ツー本としての地位を確立した。そして、彼女がその本の中でイラストとして採用したのが、ウェイト－スミス・パックだったのである。そして、この本の出版後、ウェイト－スミス・パックを採用したタロット本が続々と登場しはじめる。主だったところをいくつか列挙すると、一九六三年、ニューヨークで出版された『ゾラーの新たな占星術的タロット（Zolar's New Astrological Tarot）』という本では、五十六枚のプレイング・カードがウェイトの小アルカナと等しいものとしてみなされた。また、一九六八年ロサンジェルスで、フランキー・アルバーノという人物によってウェイト－スミス・パックの「ニュー・カラー・デラックス・エディション」が出版される。さらに、一九七二年ニューヨークで、魔女術《ウィッチクラフト》の実践家レオ・ルイス・マルテッロの『アンダースタンディング・ザ・タロット（Understanding the Tarot）』が出版され、その中のカードのイラストもウェイト－スミス・パックが使用された。また、一九七五年の『マウンテン・ドリーム・タロット』と題されたタロット・パックは、ウェイト－スミス・パックの実写版ともいうべき奇妙な作品である（図103）。作者のビー・ネットレスは、カードに使用された写真を、ノース・カロライナの山の中で、四年間もかけて撮影を行ったという。[202] その他、イラストが直接本に採用されていない場合でも、明らかにウェイト－スミス・パックを念頭に置いて書かれた本はいくつも存在する。

日本でも、最近出版されて人気のあるタロット占いの本を見ると、その多くがウェイト－スミス・パックの絵を採用している。[203] また、それらの本に載っているカード一枚一枚の解説は、当然のことながら、ウェイト－スミス・パックの絵をもとにしたものとなっている。ただし、書かれている内容を見てみると、本によってカードの

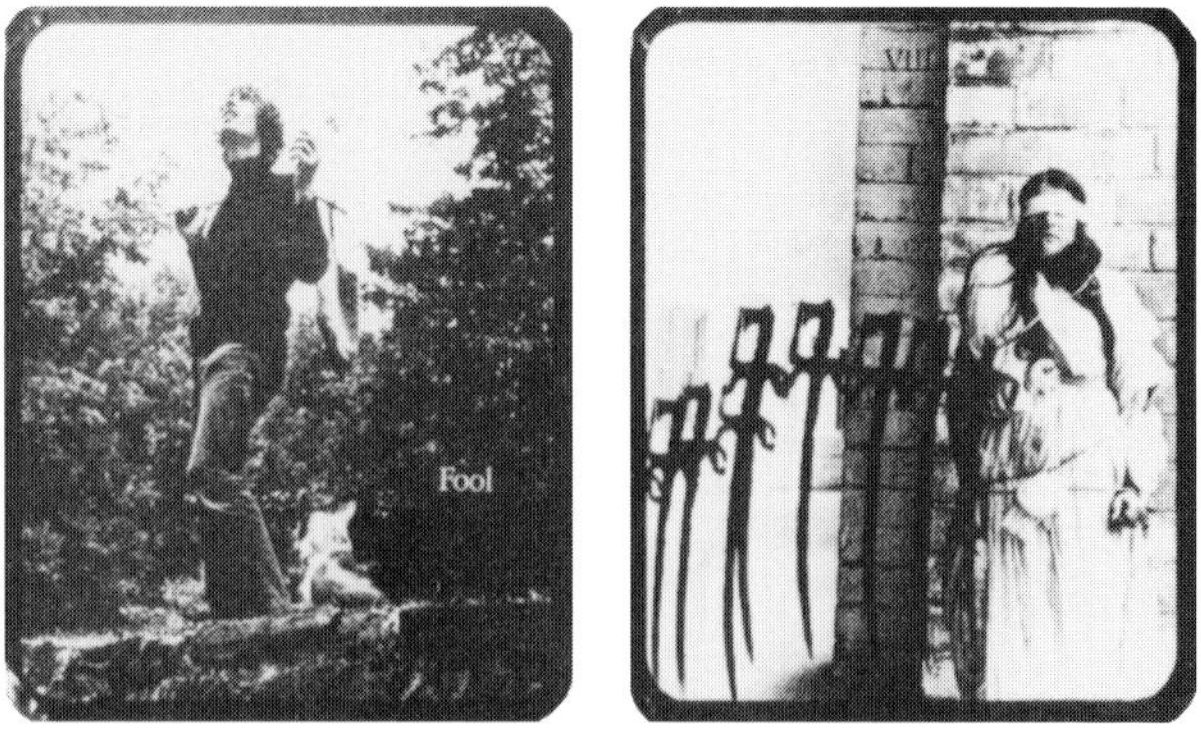

図103　「マウンテン・ドリーム・タロット」（出典28）左から順に、愚者、剣の8。

意味についての説明が異なっていることに気づかされる。それは、それぞれの書き手の世界観によって、ウェイト―スミス・パックの同じ絵から違った解釈が引き出されているからだ。

　二十世紀後半のタロットの世界においては、かつてのサイファーMSのように依拠すべき絶対的な権威はもはや存在しない。秘密の属性《アトリビューション》は、時代のトレンドではない。また、ウェイト―スミス・パックを使用しているにも関わらず、多くのタロティストたちは作者であるウェイトがカードに込めた意図すら省みようとはしない（その一つの現れとして、ウェイトのカードがこれだけもてはやされているのに、その著者の本自体はあまり熱心に読まれることはないことがあげられる）。そこにあるのは、完全なパースペクティヴ主義と、多種多様な解釈へと開かれたウェイト―スミス・パックというひとつのテクストなのだ。ポスト・モダン的なタロット解釈においては、もはやどの読みにも絶対的な〈真理〉は認められないというべきなのだろうか。

　また、二十世紀後半のタロット本の著者の多くは、タロット・カードの中に自らの思想を過剰に読み込んでしまっていることにまったくためらいを感じない。第一部で「タロットという鏡」といったのはまさにこのことである。このような事態の先駆的形態は、すでにイーデン・グレイの著書に見られるものだ。彼女のカード解釈は、後で見るように、本人がどう思っているにせよ、あくまで彼女の世界観の投影以外の何ものでもない。

　では、ウェイト―スミス・パックを大いに広めることに貢献するとともに、二十世紀後半のタロット占いのスタンダード・スタイルを確立したイーデン・グレイのタロット本とはいったいどのようなものであったのだろうか。それを次に見ていくとしよう。

タロット・リーダーすべての母

当時の若者に対して、グレイのタロット本が大いにアピールした魅力とは何だったのか？　まず一つには、なんといってもその本の内容のわかりやすさであろう。一九六〇年の『明かされたタロット』をはじめとして、一九七〇年の『タロット完全ガイド（A Complete Guide to the Tarot）』、そして一九七一年の『マスターリング・ザ・タロット（Mastering the Tarot）』は、いずれもすべてウェイト―スミス・パックのイラストをもとに書かれたものであるが、いたずらに晦渋になりがちなオカルト・タロット解説書の傾向に反して、文体、内容ともに非常に簡潔で、どこをとってもその説明は明解だ。本家本元のウェイトの解説本全般に見られるくどくどとした読みにくい文章とは大違いである。ウェイト―スミス・パックを学ぶ際に、ウェイト自身の解説本ではなく、グレイの著作の方が好まれている現状も納得がいく。

また、従来のオカルト・タロットの本では、今までさんざん見てきたように、頁の大部分が秘教的知識と称したとっつきにくいオカルト理論に割かれ、最後におまけのようにタロット占いのコーナーが用意してあるというのが普通だった。ところが、グレイの本はそのまったく逆だ。最初の数頁でタロットとは何かという彼女なりの概観が与えられ、その後すぐにはじまる各カードの解説は、完全に占い上の意味を中心とした極めて実用的な内容となっている。七十八枚の各カードの占い上の正位置と逆位置の意味、占い方の手順、カードのレイアウトの仕方、実際のリーディングのサンプルなど、まさしくその後に書かれるタロット本のお手本となるものがすべて揃っているといっていい。しかも、グレイの本の中では、「タロットと数秘術」、「タロットとカバラ」、「タロットと占星術[204]」といった従来のオカルト的な要素も、コンパクトな形で一応収められていて、その点にもぬかりはない。

ここでまずはグレイの略歴を紹介しておこう。[205] 一九〇一年六月九日、シカゴ生まれ。本名をプリシラ・パードリッジという。若い頃は舞台女優を目指し、実際にニューヨークやロンドンのシアターに何度か出演を果たしている。イーデン・グレイという名はそのとき使われていたステージ・ネームである。十九歳で作家レスター・コーエンと結婚するが、後に離婚。その後は、医者のアシスタントをしたりラジオ局に勤務するなど、いくつか職業を転々とする。

後に彼女特有のタロット占いのスタイルへと結びつく考え方の萌芽が現われはじめるのは、形而上的な事柄に関心を持ちはじめた一九五〇年代頃である。特に、彼女がニューソート（New Thought）と呼ばれる考え方に深く没頭したことは、非常に重要である（ニューソートとは何かについては後述する）。その結果、まず一九五四年にはニューヨークにそれらの専門書を扱った書店をオープンし、さらに、一九五八年、彼女はオハイオ州シンシナティのディヴァイン・メタフィジックス・カレッジで神学のドクターの学位を取得するまでに至る。このとき彼女は五十七歳だった。

その後の彼女の活動は非常に勢力的である。ニューヨークのラジオ・ステーションWORの超常現象や霊的な神秘などを扱った番組で書店の宣伝を打ち、自ら番組のゲストとしても出演する。その一方で、彼女は自宅でタロット占いの指導をする。またその頃、彼女は書店に訪れる客から、従来のタロットの本がいかに不明瞭でわかりにくいかという不平を何度となく聞かされていた。誰もが読むことのできる平易なタロット本を書くことになったのは、そういった客からの要望に答えてのことだった。そして、一九六〇年、ついに『明かされたタロット』の出版となる。それと同時に、彼女はラジオ・ステーションWNCN―FMで「人生の青写真」というタイトルの自分自身の番組を持ち、週に五回の放送を一九六四年までの四年に渡って続けた。その間、彼女のタロット本についての情報が、公共の電波に乗って多くの人の耳に届いたであろうことはいうまでもない。一九六九年には『認識（Recognition）』というタイトルのニューソートに関する本を出版。そして一九七〇年、一九七一年と二年続けて、前述の二冊のタロット本を出版。また、一九八八年には、彼女の処女作の『明かされたタロット』が再販されたが、その際には、「ニューエイジのためのタロット」、「過去生の占い」という項目が加筆され、七〇年代から八〇年代前半のニューエイジ・ブームを通過した若者たちの志向をきちんと見据えた内容の改訂版となった。

一九九七年、シカゴの「インターナショナル・タロット・ソサエティ」によって開催された「第二回ワールド・タロット・コングレス」に貴賓として招かれた彼女は、世界中からそこに集まった多くの若い世代のタロット・ファンたちに熱く迎えられた。しかし、そのわずか二年後の一九九九年一月に、彼女は病院のベッドの上で静かに息を引き取った。享年、九十七歳だった。

彼女の死を報じた一九九九年三月のインターナショナル・タロット・ソサエティのニューズレターでは、彼女を「タロット・リーダーすべての母」と呼び、「今世紀、他の誰よりも占いとしてのタロット・カードをポピュラーにした」として彼女の功績を讃える記事が掲載された。(206)

まるで「マーフィーの法則」のようになってしまったタロット

すでに見たように、グレイの人生の方向性を変えるきっかけになったのは、ニューソートという考え方だった。彼女の書いたタロット本を読んでみると、確かにそこにはニューソート的な世界観が反映されている。おそらくこのことも彼女のタロット本が当時の若者たちに受けた大きな理由のひとつだったに違いない。まず、ニューソートとは何かをここで簡単に説明しておこう。

一言でいってしまえば、ニューソートとは「人生は心の持ち方次第で変えられる」というような考え方のことである。(207)

アメリカの歴史家フィリップ・ジェンキンスによれば、ニューソートの発想のルーツには、スウェーデンボルグの思想や、メスメリズム、超絶主義[208]といったものがある。また、ニューソートの具体的な形の原点にあるのは、メアリー・ベイカー・エディ（一八二一―一九一〇）という女性が作り上げた「クリスチャン・サイエンス」と呼ばれる新宗教である。そもそもエディがクリスチャン・サイエンスを起こしたのは、心の力こそが治癒を導くと信じたフィニアス・パークハースト・クインビー（一八〇二―一八六六）というメスメリストによって、癒しの体験をもたらされたことがきっかけだったという。一九六九年に出版されたグレイの著作『認識』には、クインビーやエディをはじめ、ニューソートに基づいた教団「キリスト教ユニティ派（the Unity School of Christian）」の設立者チャールズ・フィルモア（一八五四―一九四八）などへの言及が見られる。

ニューソートの最大の特徴は、徹底的なポジティヴ・シンキングを推奨する点だ。

ニューソートの考え方によれば、たとえば一切の病気の原因は誤った信仰にあるとされ、それればかりか人生の不幸はすべて消極的で否定的な心のあり方によって引き起こされるものだからだ。逆に、明るく前向きで積極的な心の持ちようでいられれば、誰もが幸福で健やかな人生を送ることができるとも説く。ただし、単に表面的に前向きに考えるだけではだめで、心の深い無意識のレベルから自分を変えていかなければならない。したがって、自己暗示的な瞑想や祈りのようなものがとりわけ重んじられることになる。ひと頃日本でも、シャクティ・ガウエインの著書[209]などを通して流行した「ポジティヴ・シンキング」系の成功哲学は、ニューソート運動のより最近の展開なのである。[210]

グレイのタロット占いへの考え方には明らかに、このようなニューソートの思想が深く染み込んでいる。『マスターリング・ザ・タロット』の中の「タロットの使用とその誤用」と題された最終章では、予言としての占いについてまわる未来への心理的な悪影響の問題点を指摘している。彼女は二つの実例を読者に紹介する。一つはアマチュアの手相見から悪い予言をされたことで落ち込んでいる女性からの手紙。もう一つは彼女自身の古い友人が他の人に対して遊び半分でやったタロット占いの結果が、何年経った後でも心理的に影響を及ぼしてしまっているという事実。これらの話を引きながら、グレイはいかに占いの言葉が、特に否定的な見解であればあるほど、他人の心理に対して大きな力を持ってしまうかを強く示唆する。これはグレイにとって最も危惧されるべき点である。なぜなら、心のあり方が人生を形作っていくとするニューソートの考え方からすれば、占いで否定的な心理状態を植えつけられてしまったならば、未来はその占いの言葉によって望ましくないものとなってしまう。いうならば、占いの否定的な予言は、すぐにでも呪いの言葉へと変わってしまうのだ。彼女は次のように言う。タロットのリーディングの中で「もしわたしたちがあまりにも文字通りに否定的な解釈をとってしまうなら、その感情を通して潜在意識のなかに否定的な考え方を植えつけてしまっていることになるでしょう。恐れや不安は感情からやってきます。そしてそれらが理性によって支配できないとき、わたしたちの人生のなかに怖れている出来事が導かれてしまうでしょう(211)」。

だから、彼女は決して否定的な形で占いを終えてしまってはならないということを強調する。彼女にとって人を否定的な心理状態にしてしまう占いは、完全に誤ったけしからぬタロット占いのやり方なのだ。『タロット完全ガイド』の中で、彼女は次のように述べている。「決して、決して、決して、がっかりさせる解釈でリーディングを終わらせてはいけません。もしカードが悪いなら、いかに質問者がその問題を乗り越えることができるかを示しなさい(212)」。

では、仮に病気や死などのかなり深刻な暗示が出たらどうするのか？　彼女はそれについてはっきりした予言をしてはならないという。漠然とした言い方で、しかもそれがあくまでわずかな可能性でしかないことを告げるようにと彼女は読者に助言する（とはいえ、漠然とした言い回しだろうがなんだろうが、言われた方としては不安な気持ちになると思うのだが）。

どうやら、彼女にとってのタロット占いとは、未来を予言するためのものではないようだ。人間には選択の自由がある。だから、彼女にとって、カードは「出来事の可能性の道筋を表しているだけ」であり、「未来は個々人の手のなか」にあるものなのだ(213)。そして彼女は力強く言う。「すべての物事は変えることができるのです(214)」と。どんなに悪い状況であっても希望を失う必要はない。別のところで彼女は次のように読者を励ます。「命ある限り、希望はいつもあるのです[215]」。

ニューソート運動は、七〇年代に入りニューエイジ・ムーヴメントと合流し、より広範な市民権を獲得していく。そればかりか、いわゆる成功哲学と銘打ちビジネス書の体裁をとりながら、ニューエイジに特に関心を持たない層にまで読者（あるいは信者？）を作り出していった。日本でもかつて流行した「マーフィーの法則」を思い出していただきたい。自己暗示と潜在意識の活用で誰もが夢を叶えられると説く〝奇跡〟の法則は、それを読んだ人を一時的にせよ元気にさせる要素がある。グレイのニューソート流タロット占いからのメッセージももちろん同じである。グレイは次のようにも言う。「わたしたちには物事を選択する力が与えられています。あなたは冒険と興奮に満ちたすばらしい人生を生きることを選びますか？　あなたが今そう思ったなら、潜在意識はそれをあなたのために作り出すだすでしょう[216]」。こういったグレイの潜在意識への信仰と礼賛は、「マーフィーの法則」に負けず劣らずだ。そういう意味では、グレイの占い観は、タロット占いファンに限らず、一般の人、いや、それればかりかむしろこれまでアンチ占い派だった人にまで、好意的に迎えてもらうことのできるキャッチーな要素を備えている。たとえばグレイにならって「占いは未来を知ることではなく、今の心のあり方を見つめなおし、ポジティヴに未来を作っていくこと」と述べようものなら、「それだったら占いも悪くないかも」なんて見直す人も、決して少なくないはずだ。

グレイの著書は、タロット占い師の役割を、予言者ではなく個々人の願望を実現するための助言者へと変えていくきっかけを作り出した。未来予知という超自然的な機能をあえて切り捨て、心の持ち方に焦点を絞る占いは、たやすく通俗心理学へとすり寄っていく。「自己実現」、「心の成長」、「潜在意識の開発」、こういった七〇年代から八〇年代にかけてのアメリカの大衆に訴える心理学の本に登場する合言葉は、そっくりそのままグレイの占い観の要約にも使えるだろう。また、第一部でフールズ・ジャーニーとしてすでに述べた「愚者」のカードからはじまって「世界」のカードへと至るカードのシークエンスは、グレイにとって「潜在意識のなかのアーキタイプ」を表すものであり、「魂の探求の地図」であると述べられる。二十二枚のカードを旅しながら学び、最後の

「世界」のカードに至った段階は、彼女によって次のようなものとして記述される。「いまや、彼は物質的次元のイニシエーションを通過した。(中略) そして宇宙のまさに中心で生命のダンスを踊りながら、内なるものと外なるものをコントロールすることを学んだのだ[217]」と。

言葉の定義によるのだろうが、もはやこれは占いなのだろうかと問わずにはいられない。二十世紀後半、最も成功したグレイのタロット占い本は、少なくとも未来予知という意味での占いの本ではないだろう。しかしながら、十九世紀パリのシビュラたちの大流行のところで述べたことを思い出していただければ、大衆にとっての占いとして常に本質的に重要な部分とは、そもそもこのようなものだったのではないだろうか。すなわち、日夜占い師のもとに足を運ぶ迷える人々が本当に求めているのは、決定された未来の出来事などではなく、まさに今現在の不安な気持ちを静める精神安定剤としての言葉であり、未来に対する夢と慰めを与える心地の良いファンタジーとしての託宣に他ならない。そう、人好きのする善良な街の占い師たちにとっての未来への夢とは、いつだって心から願って努力すれば叶うものなのだ。

また、これも言葉の定義上の事柄なのかもしれないが、グレイにとってのタロットとは、もはや「隠されたもの」という意味でのオカルトでもない。良くも悪くもグレイの本は、味つけ程度にオカルト的な風味をちらっとまぶした隠れ通俗心理学の指南書なのだ。

かくしてタロットの大衆化は完了した。第一部でも見た通り、今ではどこでも誰でも気軽にタロット占いを楽しんでいる。この極東の島国の日本ですら、タロットがこうしてわたしたちの目の前にある。ところで、他の国はどうだったのか? フランス、イギリス、そしてアメリカ以外で、タロット占い、あるいはオカルト・タロットは流行したのか? 最後にざっとこのことを駆け足で見てみよう。

オカルト・タロットはヨーロッパ中を駆け巡ったのか？

まず、最初に述べておくと、これまで本書で見てきたフランス、イギリス、そしてアメリカ、この流れこそがオカルト・タロットから二十世紀のタロット・ブームまでを形作った、いわばメインストリームである。では、それ以外の地域では、オカルト・タロットは浸透しなかったのだろうか。ここですべての国の詳細を追っていくのは当然のことながら不可能である。したがって、いくつか主だったところだけを拾いあげるにとどめておく。

まず、フランスに近い地域を見てみると、たとえばドイツでは、すでに少しだけ見たように、エテイヤの弟子ヒスラーがベルリンでプロのカード占い師として活躍していた。彼は一七八三年にエテイヤの『トートの書の理論と実践のレッスン』をライプツィヒで出版した。しかし、ドイツ人自身が書いたオカルト・タロット本の出版は、第一次世界大戦以後まで待たなければならなかった。最初に登場したのは、エルンスト・トリスタン・クルトザーハンという人物による、一九二〇年にライプツィヒで出版された『タロット、オカルティズムの鍵としてのカバラ的未来の探求法（Der Tarot : die kabbalistische Methode der Zukunfterforschung als Schlussel zum Okkultismus）』である。この本は『ゴーレム（Der Golem）』（一九一五）などの著作で知られるドイツの有名な幻想文学の作家グスタフ・メイリンク（一八六八―一九三二）に捧げられた。内容はというと、歴史面は古代エジプト説のバリエーションのタロット起源説が主張され、そして理論はパピュスの『ボヘミアンのタロット』の中の神智学的数の操作などが参照され、占いに関してはエテイヤの占い方が紹介される。このように、ドイツのオカルト・タロットの伝統は、完全にフランスからの流れに基づくものである。

やや地理的に離れたロシアでは、オカルト・タロットは意外なことに、フランス、イギリス、アメリカのタロット占い三大国に次いで隆盛をみせる。そうなった理由の一つとして、二十世紀初頭のロシアの知識人たちが、パピュスをはじめとしたフランスのオカルティズムや、ブラヴァツキーの神智学などに関心を示したことがあげられる。一九〇一年、パピュスはプーシキンにマルタン教団のロッジを設立するが、ロシアのオカルト・タロットの流れはそこからはじまった。

パピュスやレヴィの著作からタロットを学んだロシア人のグレゴリー・O・メベス（一八六〇―一九三〇）は、一九一二年『オカルティズムのすべてに渡る講義（Kurs entziklopedii okkultizma）』というタロットに関する本を出版する。また、メベスに若い頃オカルティズムの指導を受けたピョートル・デミアノヴィッチ・ウスペンスキー（一八七八―一九四七）も、すでに第一部で述べたように、同年に『タロットのシンボリズム（The Symboly Taro）』を出版する。ウスペンスキーは、一般にはロシア最大の神秘家であるグルジエフの弟子として知られているが、彼の『タロットのシンボリズム』はグルジエフと出会う前に書かれた著作である。この本の中のウスペンスキーのタロット理論もまたレヴィ、パピュス、ウィルトらの影響下にある。[218]

一方で、フランスに隣接しているイタリアを見てみると、十九世紀末から二十世紀初頭のオカルト・タロットが最も華やかかりし頃には、意外なことにほとんどといっていいほどその影響が及んでいない。[219]なぜだろうか？その理由は簡単である。実は、イタリアにおいてタロット・カードは、一般の人の間でゲームとして有名だったからだ。

ゲーム？ と首をかしげる方もいるかもしれないが、タロットは占いに使用される前には、普通のプレイング・カード同様、ゲームに使用されるのが一般的だった。プレイング・カード愛好家の間ではずいぶんと前から常識となっているようだが、[220]片やオカルト・タロットのファンの間では、タロットがゲームに使用されていたという事実があまり公に語られることはない。というのも、タロットは遊びに使われるような低俗なものではなく、そこには非常に高度な哲学的知識が象徴体系として込められていると主張してきたのが、彼らオカルト・タロット推進派ともいえる人々だったのだからそれも仕方があるまい。しかしながら、タロット好きで熱心な読者の中には、比較的最近出版されたタロットの解説書である鏡リュウジの『タロット　こころの図像学』（二〇〇二）[221]を読み、タロットがゲームに使われていたということを、すでにご存知の方もいるかもしれない。

タロットがゲームとして知られているイタリアのような場合、タロット占いやオカルト・タロットのブームは起こりづらい。なぜなら、タロットにオカルト的な象徴体系が書き込まれているといくらいわれたところで、カードの図像がすでにして見慣れてありふれたものである場合、そこに違った何かを見つけるのは困難である。たとえるなら、日本の子供たちが遊ぶ「ポケモン」や「遊戯王」のカードに古代の叡智が秘められているといわれても、いまいちピンとこないのと一緒のようなものだ。

一方で、オカルト・タロットが大きく花開いたイギリスとアメリカの事情を見ると、逆にタロットのゲームは、一般にほとんど知られていなかった。タロットの独特の絵柄は彼らにとってはまったくなじみがないゆえに、それらの奇異なカードから神秘的なオーラが放たれているように見えたとしても不思議はない（ましてや、わたしたち日本人からしてみればなおのことだろう）。

しかしながらイギリスやアメリカとは違い、フランスでは十六世紀以来、事実としてタロットのゲームは広まっていた。だが、幸運（？）なことにも、ことの発端の地であるド・ジェブランの生きた十八世紀末のパリにおいては、タロットのゲームは事実上、完全に衰退していたのだ。シンシア・ジャイルズは、ド・ジェブラン以前と以後で、タロットの歴史の流れを二つに分けた上で、次のようなコメントをしている。「第二の局面は、第一の局面が完全に忘れられてしまったからこそはじまりえた」[222]と。

さてここでわたしたちは、ド・ジェブラン以前、すなわちジャイルズの言い方を借りるなら、今や完全に忘れ去られてしまった「第一の局面」へと向かうことになる。先ほど、タロットは古くはゲームに使用されていたと述べた。しかし、わたしたちは次のように問うこともできる。タロットは本当にゲームのために作られたのだろうか？　だとしたら、それはいったいどんなゲームだったのか？　また、その不思議な絵柄のルーツは一体何なのか？　そこには何か特別な意味が込められているのだろうか？　タロットが古代エジプト起源ではないとしたら、一体誰がいつどこでそれを発明したというのか？

まだまだタロット・カードを巡る謎は尽きることがない。長らく見てきたオカルト・タロットの歴史を離れ、今度は時間軸をさらに遠くまでさかのぼり、いまだ残されているタロットの起源にまつわるミステリーへと近づいていってみよう。

第三章　タロット・カードの歴史

神が憎悪するタロットのゲーム

時は十五世紀の後半。イタリアの山岳地帯ウルビーノで、一人のドミニコ会の修道士が、当時の人々によって遊ばれていたゲームに関して説教を行った。その中では、「トランプのゲーム（＝タロットのゲーム）」が、キリスト教徒にとって、はなはだ憎悪すべきものだとして述べたてられた。まずは、その言葉に直接耳を傾けてみよう。

第三番目の種類のゲーム、トランプについて述べるとしよう。神にとってトランプのゲームほど憎悪すべきものはない。トランプに目を通してみると明らかなように、そこに含まれているものはすべて、キリスト教の信仰を持つ者にとって基本とされている事柄である。そして、それらの名称が、トランプの発明者である悪魔によって与えられたことは間違いない。トランプのゲームほど、悪魔が勝利を収める（おまけに人々の魂を奪う）ものはない。しかも、キリスト教徒に対する侮辱と嘲りとして、神、天使、天体、枢要徳が、トランプのなかで表され、それればかりか、この世での光を意味する教皇、皇帝までもがゲームのなかに押し込められてしまっているではないか。言うならば、二十一枚のトランプとは、人間を地獄の深淵へと連れてゆく二十一段の梯子なのだ。[1]

この説教の内容は、一五〇〇年頃にラテン語で書かれた文書として現在シンシナティ美術館に所蔵されているものだが、もともとの説教自体は一四五〇年から一四八〇年の間頃に行なわれたものと推定されている。[2]「神にとってトランプのゲームほど憎悪すべきものはない」。無名の修道士が行ったこの説教は、ゲームなどという低俗な事柄に、崇高なキリスト教の主題が使用されていることに対しての非難であるが、それは同時に、当時の人々がいかにタロットのゲームに熱中し、心を奪われていたかを暗に示してもいる。なんといっても、修道士がわざわざ説教を行うぐらいであるから、十五世紀終わり頃のウルビーノでは、すでにタロットのゲームが、相当多くの人々の間に浸透していたとみて間違いない。

ところで、このような説教が行なわれた時代、タロットのゲームはいったい、地理的にどれぐらいの範囲で広まっていたのだろう。この後、より詳しく見ていくが、タロットのゲームに関する初期の記録が見つかっているのは十五世紀半ばあたりぐらいで、場所は主に北イタリアが中心となっている。また、その中でも、フェラーラ、ミラノ、ボローニャが、最もゲームの盛んな地域だったことは、現存する当時の記録の豊富さからみて間違いない。

したがって、これから見ていく「第一の局面」としてのタロット・カードの歴史とその起源の探究は、さしあたって、フェラーラ、ミラノ、ボローニャの三つの都市を中心とした十五世紀半ばの北イタリアからスタートする。すなわち、ここでいったんド・ジェブランの時代から数えて、三〇〇年以上前の時点へと、その歴史をさかのぼっていくことになる。

ここで、あらかじめ本章での論の進め方について述べておこう。まず、タロット・カードの起源については、これまでも見てきたように、実証的な裏づけのない勝手な空想による諸説が提出されてきた。それらに対して、本章ではまず現存する資料に基づいて事実をシビアに確認することからはじめる。その後、いくつか可能な仮説を立てながら、できる限りの範囲でタロット・カードの発祥の謎を明らかにしていきたい。したがって、前半の論は、事実確認の作業のため、少々堅い話になってしまうかもしれない。だが、きちんとした結論を導くためには、どうしても避けては通れない部分である。やや時間をかけてでも、慎重に話を進めていくつもりである。

トライアンフのカード

一四四二年。これが、現在知られているタロット・カードに関して言及された記録の最も古い日付である。場所はイタリアのフェラーラ。当時の領主エステ家の帳簿の中に、「トリオンフィのカードのパック（pare uno de carte da trionfi）」を購入したと記載されている。[3]

ここで「トリオンフィ」という言葉を、はじめて耳にした方も多いのではないかと思われる。実は、十五世紀のイタリアでは、現在のわたしたちに馴染みのある「タロット（tarot）」という呼称はいまだ使われておらず、その代わり、「凱旋」という意味を持つ「トリオンフィ（trionfi）」、もしくはそのラテン語の「トライアンフ（triumphs）」という言葉が使われていた。前述の修道士の説教の中の言葉も、先ほどは「トランプ」と訳しておいたが、実は原文では「トライアンフ」となっている。そもそも、英語の「トランプ（Trump）」という言葉自体、ラテン語の「トライアンフ」から転化したものなのだ。[4]では、「タロット」という呼び名は、いつ頃から使われるようになったのだろう。

「tarot」という言葉は、もとをただせばイタリア語の「tarocco（複数形でtarocchi）」が、フランス語の「tarau（複数形でtaraux）」、「tarault」、もしくはもっとシンプルな「taro」となり、それがやがて英語にも取り入れられ一般化したものである。ちなみに、ドイツでは「tarock」、ハンガリーでは「tarokk」、チェコでは「taroky」[5]、そして日本では「タロット」と呼ばれ[6]、国によってその呼称は微妙に異なっている。そもそも、イタリア語の「タロッキ（tarocchi）」という言葉が、もともとの「トライアンフ」に代わって登場したのは、一五一六年、これまたフェラーラの宮廷の帳簿の中においてである。[7] そして、十六世紀の早いうちには、「タロッキ」という新しい言葉が、「トライアンフ」にとって変わって一般化したようだ。

ところで、この「タロッキ」という言葉はどういう意味なのかということについては、残念ながら今のところ、その言葉の語源も含めてはっきりしたことはわかっていない。[8] そもそも、「タロッキ」という言葉が使われはじめて間もない十六世紀半ばのヴェネツィアで出版されたフラビオ・アルベルティ・ロッリオの『ゲームに対する非難（Invettiva contra Giuoco del Tarocco）』（一五五〇）と題された詩の中でさえ、その語源についてはわからないと、すでに述べられてしまっている。[9]「タロット」という言葉の語源と意味は、いまだタロット・カードにまつわる解くことのできない謎のひとつである。

さて、タロット・カードの初期の記録に関する話に戻そう。フェラーラのその後の記録を見ると、一四五二年、一四五四年、一四六一年に、それぞれ「トリオンフィ」に言及した記録が発見されている。また、ハンガリー滞在中の枢機卿イポリット・エステが、一四九二年に、金箔の「トリオンフィ」を含む様々な品物を受け取ったとして、フェラーラにいる母エレアノーラにあてて書いた感謝の手紙が見つかっている。[10] これらの記録から、フェラーラの宮廷では、十五世紀半ばには、タロット・カードがすでにポピュラーなものになっていたことがわかる。では、初期のタロット・ゲームの中心となっていた三拠点のうち、残りのボローニャとミラノはどうだったのだろう。

まず、ボローニャでは、フェラーラの最初の記録から十七年遅れた一四五九年に、タロットに関して言及した最初の文書が発見されている。ちなみに、この記録は泥棒に盗まれた品物の中に「トライアンフ」が含まれていたといった内容である。[11]

しかしながら、より注目に値するのはミラノの記録であろう。というのも、ミラノからは、タロットに関する文書の記録だけでなく、現存する最古のものとされるタロット・カードがいくつか発見されているからだ。

十五世紀ミラノ公のタロット・カード

では、ミラノにおける最初期のタロットの記録を追ってみよう。まず、一四〇〇年から一四五〇年の間と推定されるゴシック・スタイルで描かれた『タロッキ・プレイヤー』というタイトルで知られる大きなフレスコ画がある（図104口絵）。これはミラノのボロメーオ家の部屋の壁に描かれたものだが、そこには五人の若い人物が屋外で椅子に腰掛けながら、カード・ゲームに興じている姿がみられる。ただし、この絵は『タロッキ・プレイヤー』と呼ばれているものの、現在の保存状態ではどんなに目を凝らしてみても、絵に登場する人たちがタロット・カードで遊んでいるのかもしくはプレイング・カードで遊んでいるのか見極めることは残念ながら不可能だ。[12] もし、これが本当にタロット・カードで遊んでいるものだとしたら、タロットに関する最も初期の記録ということになるのだが。

一方で、確かな記録としては、ミラノ公フランチェスコ・スフォルッアが、宝物保管係に「二つのトライアンフのカード・パック」を送ってくれるようにと要求している、一四五〇年十二月十一日の手紙である。[13] この記録から、少なくともミラノにおいても一四五〇年までに、すでにタロット・カードが存在していたことは明らかである。しかしながら、十五世紀のミラノに関するもので、最も貴重なものといえば、当時のタロット・カードの現物だ。当時ミラノの領主であったヴィスコンティ家、そしてその後を引き継いだスフォルッア家のために作られたとされる手描きのカードが、現在のところ全部で二七一枚発見されている。アメリカのタロット研究家スチュワート・キャプランは、カードのサイズとそこに描かれた絵のスタイルをもとに、それらを十五種類のパックに分類している。[14] ただしいずれのパックも、枚数の上で現在の七十八枚のタロット・パックの姿を完全に再現するものではない。ここではまず、その中でも現存する枚数の多い代表的な三つのパックを紹介しておこう。

最も現在の枚数に近い七十四枚のカードが現存しているのが、ピアポント・モルガン－ベルガモ・パックと呼ばれているものである（図105口絵）。現在、そのうちの三十五枚が、ニューヨークのピアポント・モルガン図書館に、二十六枚がベルガモのアカデミア・カラーラに、そして残りの十三枚が同じくベルガモのコレオーニ家のプライベート・コレクションとして所蔵されている。実際のカードを見てみると、その絵柄のタッチや表現のスタイルは当然のことながら現代のものとはかなり異なるが、そこに使用されている絵のモチーフ自体は、今でも市販のタロット・パックの中にそのまま残っているものも多数見受けられる。また、スートは、「剣」、「カップ」、「コイン」、「棒」から構成され、コート・カードは、「キング」、「クイーン」、「ナイト」、「ペイジ」の四つ組みになっている点も、現代の占い用タロット・パックと何ら変わるところがない。

一方で、現代のタロット・パックと大きな違いがあるとすれば、一枚一枚のカードはすべて手描きの細密画として描かれ、明らかに庶民が手に入れられるような類の安価なカードではないということだ。すなわち、大量印刷され、どこにでも売っている現在のタロット・パックとはまったくその性質や価値が異なるものだったと思われる。

また、カードの素材はもちろん紙であるが、現在のわたしたちが普通に知っているカードよりもかなり厚みがある。しかも、寸法も大柄で一七五ミリ×八七ミリ。タロット・カードは十五世紀にはゲームに使用されていたと述べたが、このピアポント・モルガン―ベルガモ・パックのカードの厚みと寸法から考えて、どうも実際のゲームに使用するにはちょっとふさわしくないような気もする。ちなみに、この後に紹介する同じくミラノ産の二つのタロット・パックは、やはりいずれも大きく、ブランビラ・パックは一七八ミリ×九〇ミリ、さらにケーリー・イエール・パックはなんと一九〇ミリ×九〇ミリである。これらのサイズは、イタリア人の手が日本人より平均して大きいことを考慮に入れたにしても、ゲームに利用するのに適しているサイズとは思えない。

ところで、このピアポント・モルガン―ベルガモ・パックが作られたのは、いったいいつ頃なのだろう。製作された日付を示す記録が存在しないため、特定するのは難しいが、カードの図像の特徴から、おおまかにその年代を推測することは可能である。たとえば、「女帝」と「皇帝」のカードを見ると、彼らの着ている上着には、

図106　スフォルッア家「三つのリング」（出典27）
図107（左）　フランチェスコ・スフォルッア、ワシントン国立美術館（出典27）

三つの交差したリングの図が施されていることがわかる。明らかにこの図はスフォルッア家の紋章に由来するものだ（**図106**）。したがってまずは、このタロット・パックは、スフォルッア家によるミラノ公国統治の期間に作られたものと推測できる。ところが、ここで話をややこしくする事実が出てくる。それは上着の柄には、ヴィスコンティ家のものである月桂樹と棕櫚の枝葉の模様も描かれているという点である。

　なぜ、スフォルッア家とヴィスコンティ家の双方の図案が、カードの中に取り入れられているのだろう。その理由は、当時の歴史的な事情をほんの少しのぞいてみると理解できる。[15] とりあえずここで、ヴィスコンティ家最後のミラノ公、フィリッポ・マリアの後を継ぎ、ミラノ公国を支配することになったフランチェスコ・スフォルッアについて簡単にお話しておこう。

ヴィスコンティ家とスフォルッア家

　スフォルッア家の人間としてはじめてミラノ支配を確立したフランチェスコ・スフォルッア（一四〇一―一四六六）は、もともとはミラノやヴェネツィアなどから雇われていた有名な傭兵隊長《コンドティエリ》だった（**図107**）。一四四一年に彼は、当時のミラノ公フィリッポ・マリア・ヴィスコンティ（一三九二―一四四七）の一人娘ビアンカ・マリアと結婚する。おそらくスフォルッアには野心があった。いまだフィリッポ・マリアには世継ぎがいなかったため、ビアンカ・マリアとの結婚によって自分がその後継者、すなわち次のミラノ公として指名されるに違いないと思っていたであろう。ところが、一四四七年八月十三日、フィリッポ・マリアは何の遺言も残さないまま急死してしまう。

フィリッポ・マリアの死の翌日、かねてからヴィスコンティ家に不満を抱いていた一群の貴族たちは蜂起。後継者のいないヴィスコンティ家をなきものとし、ミラノ公国を廃し、代わってアンブロジアーナ共和国樹立を宣言する。一方、ミラノの最大の敵だったヴェネツィアは、どさくさにまぎれてミラノからピアチェンツァとローディの二市を奪取。そこでアンブロジアーナ共和国はヴェネツィア軍に対抗するため、傭兵隊長《コンドティエリ》フランチェスコ・スフォルッアに軍の指揮をゆだねることになる。ところが、これがアンブロジアーナ共和国にとって最大の失敗だった。というのも、スフォルッアは、いったんはヴェネツィア軍を破って、二市を奪還するものの、その後にヴェネツィア軍と協定を結び、今度は引き返してミラノを包囲する。しばらくの兵糧攻めの後ついに一四五〇年、アンブロジアーナ共和国はあえなく開城。こうして何らの流血惨事もなく、ヴィスコンティ家なき後のミラノをスフォルッア家が支配することになる。

ここでスフォルッアの立場を考えてみよう。彼のミラノ支配は決して合法的なものではなく、いってみれば戦局の混乱に乗じて、半ば強引に奪い取ったようなものだ。そこで、スフォルッアとしては自らの権限を守るために、ヴィスコンティ家の真の継承者としてのポジションをより説得力のあるものとして公にアピールしておかなければならなかった。彼はそのための一つの手段として、ヴィスコンティ家の紋章と座右銘を排することなく、あえて自らのものとして採用したのだ。したがって、先ほどみたピアポント・モルガン―ベルガモ・パックの中には、スフォルッア家の紋章と並んで、ヴィスコンティ家の紋章が描かれていたとしても何の不思議もない。

ついでに、こういった歴史的事情を踏まえた上でピアポント・モルガン―ベルガモ・パックの制作年代を推定するなら次のようになる。まず、スフォルッアがミラノの支配者の座についたのは一四五〇年。それ以前に彼がヴィスコンティ家の紋章を自らのものとして採用することはなかった。それゆえ、ピアポント・モルガン―ベルガモ・パックの制作年代は、一四五〇年以前にさかのぼって考えることはできないということになる。

以上のことからおわかりの通り、こうした年代が記されていない初期のタロット・パックがいつ作られたものなのかを推測するには、年号が載っている文書の記録などとは違い、様々な時代の状況や、絵に描かれているモチーフの細部などを含めて見ていく必要が出てきてしまう。したがって、説明としてどうしてもややまわりくどいものになってしまわざるを得ないがご了承頂きたい。引き続き、ブランビラ・パック、及び、ケーリー・イェール・パックと呼ばれる二つのタロット・パックについても見てみよう。

現存する最古のタロット・パックは?

まず、ブランビラ・パックであるが、現存しているカードの構成は、二枚のトランプ・カード、及び四十六枚のスート・カードの合計四十八枚から成る。「ブランビラ」というタロット・パックの呼び名は、以前の所有者の名前にちなんでつけられたものである。現在はミラノのブレラ・ギャラリーに所蔵されている(図108口絵)。

一方、ケーリー・イェール・パックは、すでに第一部でコート・カードが特殊なバージョンのものとして紹介したものである。[16] 十一枚のトランプ・カード、そして五十六枚のスート・カード、あわせて六十七枚が、現在イェール大学のベイネッキー図書館に所蔵されている(図109)。

ピアポント・モルガン—ベルガモ・パックは、先ほど見たように、カードに描かれているその紋章から、フランチェスコ・スフォルツァに帰されるものだったが、同様の理由で、ブランビラ・パックはヴィスコンティ家最後のミラノ公フィリッポ・マリア(図110)のためのものではないかと推測される。たとえば、ブランビラ・パックのコインのスートの印(図111)には、フィリッポ・マリアのフロリン金貨の図(図112)が採用されている。その他にも「良き正しさとともに(a bon droyt)」というヴィスコンティ家の座右銘が「剣のエース」のカードに採用されている(図113)。また、ブランビラ・パックからは、ピアポント・モルガン—ベルガモ・パックと違いスフォルツァ家に関連した図案は特に見当たらず、すべてヴィスコンティ家に由来しているものだ。したがってブランビラ・パックは、スフォルツァ家ではなくあくまでヴィスコンティ家のために作られたものだということがわかる。当然、製作年代はピアポント・モルガン—ベルガモ・パックより前に位置づけられることになる。遅くとも、

図110　フィリッポ・マリア・ヴィスコンティ、ルーヴル美術館（出典27）

図108　ブランビラ・パック、ミラノ、ブレラ・ギャラリー（出典25）左から順に、皇帝、運命の車輪。

図112　フィリッポ・マリアのフロリン金貨（出典27）

図111　ブランビラ・パック「コインのナイト」、ミラノ、ブレラ・ギャラリー（出典25）

図113　ブランビラ・パック「剣のエース」（出典25）

フィリッポ・マリア在命中の一四四七年以前に製作されたものだと見て間違いないだろう。

最後に、ケーリー・イェール・パックの年代を推定してみよう。まず、こちらのパックの中ですぐに目につくのは、たとえば「コインの２」（図114口絵）に描かれているヴィスコンティ家の紋章としてもっとも有名な「蝮」の図だ（図115）。また、下の方のコインの中にも、フィリッポ・マリアの個人的な図であった「結ばれた垂れ幕」（図116）が使われている。ところが、ケーリー・イェール・パックは、ピアポント・モルガン－ベルガモ・パック同様に、ヴィスコンティ家の図だけでなく、スフォルッア家の図も含まれている。たとえば、コート・カードの人物の上着には、明らかにヴィスコンティ家、スフォルッア家両方の図が含まれている。ということは、このケーリー・イェール・パックもピアポント・モルガン－ベルガモ・パック同様に、スフォルッアがミラノ支配を確立した一四五〇年以降のものだということになるのだろうか。

図115　ヴィスコンティ家「蝮」（出典27）

図116　ヴィスコンティ家「結ばれた垂れ幕」（出典27）

しかし、ケーリー・イェール・パックに関しては、時代をもう少し早める説が、タロットの歴史家から提出されている。[17] やや専門的な話になってしまうが、かいつまんで説明しておこう。一八三一年に、このパックについての歴史的なリサーチをはじめて発表したレオポルド・チッコグナーラは、「愛（恋人）」のカード（図109）の中に描かれているパビリオンの縁に交互に描かれた図案の一方を、パヴィア家のものとして推定している（もう一方は、明らかにヴィスコンティ家の紋章である蝮の図案となっている）。さらに、ロナルド・デッカーは、チッコグナーラの説を採用しつつ、「愛（恋人）」のカードに描かれている男が、実はフランチェスコ・スフォルッア本人なのではないかと推測している。その理由としてデッカーがあげているのは、フランチェスコ・スフォルッアがパヴィアの王子の称号も持っていたという事実である。そこから、「愛（恋人）」のカードの中の向き合って手と手を取り合う男女が、一四四一年のフランチェスコ・スフォルッアとビアンカ・マリアの結婚を描いたものなのではないかとデッカーは推測する。だとすると、ケーリー・イェール・パックは、そもそも二人の結婚を記念してのものだったのではないかとも考えられる。そうなると、ケーリー・イェール・パックの成立年代は、一四五〇年よりも前の一四四一年頃まで早めることが可能になる。また、先ほど見たように、フィリッポ・マリアのフロリン金貨が使われている点を考慮に入れれば、製作されたのは彼の在命中。すなわち、どんなに遅くても一四四七年のフィリッポ・マリアの死の前までに製作されたということになるだろう。

ところで、今まで検討してきたこれら三つのパックのうち、どれが最も古いパックなのだろう。まずピアポント・モルガン―ベルガモ・パックは、スフォルッアによる一四五〇年のミラノ支配後であるということから、三つの中では、最後に作られたものだと推測される。では、ブランビラ・パックとケーリー・イェール・パックでは、どちらが古いものなのだろう。すでに見たように、ブランビラ・パックにはスフォルッア家の紋章が入っていないことから、完全にヴィスコンティ家による統治期間に作られたものであることは間違いない。ということは、ブランビラ・パックが最も古いものなのだろうか。

ところが、ダメットは、ケーリー・イェール・パックの方が、ブランビラ・パックよりも古いのではないかという推測を立てている。ダメットの論拠は、ケーリー・イェール・パックが現在のスタンダード・スタイルと大きくかけ離れたものとなっているという点にある。ここでケーリー・イェール・パックの全体の構成を確認してみよう。

まず、第一部第二章でも見たように、ケーリー・イェール・パックでは、各々のスートに対して、六枚のコート・カードを持っていた。このコート・カードの枚数は、一般的なタロット・パックでは四枚、プレイング・カード・パックでは三枚ということからすると異例の枚数である。また、ケーリー・イェール・パックの特殊性は、それだけでない。トランプ・カードで扱われている主題もスタンダードなものから見てかなり異質である。現存しているカードのタイトルを列挙すると、「女帝」、「皇帝」、「愛（恋人）」、「剛毅（力）」、「凱旋車（戦車）」、「死」、

「天使（審判）」、「世界」、「信仰」、「希望」、「慈愛」。ここで注目すべきは最後の「信仰」、「希望」、「慈愛」の三枚のカードだ[18]（図109口絵）。なぜならこれらは、わたしたちが知っている現代の標準的なタロット・パックには含まれていない主題だからである。

一方のブランビラ・パックは、現存しているカードから推測する限り、わたしたちの知っているスタンダードなタロット・パックから逸脱した構成だったとは考えられない。そこでダメットは、ケーリー・イェール・パックを、タロット・パックのスタンダード・スタイルが確立される以前の初期の形だったのではないかと仮定する。したがって、ダメットの提出するこれら三つのタロットの制作年代は、ケーリー・イェール・パックからはじまり、次にブランビラ・パック、そしてピアポント・モルガン―ベルガモ・パックという順に並ぶことになる。少年代特定に関しての話が長くなってしまったが、いずれにしても、これら初期のタロット・パックは、十五世紀半ばあたりにヴィスコンティ家及びスフォルッア家のために作られたということは明らかである。

ところで、年代特定とは別にもうひとつどうしても気になるのが、これらのカードを描いた画家はいったい誰なのかということだ。なんといっても、時はイタリア・ルネサンス。名の知れた有名な画家を数多く輩出してきた時代である。しかも、たかがゲーム用のカードとはいえ、現代の大量印刷のタロット・パックとは異なり、一枚一枚が手描きによって作られたいわば一品物だ。また、カードの注文主はなんといってもヴィスコンティ家やスフォルッア家といった非常に裕福な人々である。したがって、これら三つのタロット・パックが、現代のわたしたちにも知られている十五世紀の高名な画家の作品である可能性もまったくないわけではない。

ジョットー？　それではちょっと時代が早過ぎる。ではミケランジェロ？　あるいはダ・ヴィンチ？　ボッティチェリ？　ラファエロ？　残念ながら彼らでは時代が遅すぎる。というか、そもそもどうみたって作風が違い過ぎる。では、ヴィスコンティ―スフォルッア家のタロット・カードを描いたのは一体誰なのか。それを次に見てみよう。

タロットの絵を描いた画家は誰なのか?

まず、タロット・パックの作者を特定しようとする際に最も問題となるのは、誰が描いたのかということを特定するための確たる証拠となるものがないという点である。絵に画家のサインやイニシャルがあるわけでもなく、手がかりとなるような手紙や文書といった資料もこれまで一切見つかっていないのだ。

さてそんな困難の中、これら三つのパックのカードの絵柄をもとに、タロットの歴史家、及び美術史家によって、当時の一般の絵画作品などと比較検討しながらリサーチが進められてきた。その際にポイントとしているのは、それぞれの作品のスタイルとの類似性である。その結果、現在、最有力候補としてあげられているアーティストは、ボニファッキオ・ベンボである。一九二八年に美術史家ロバート・ロンギによってはじめてベンボ説が提案されてからというもの、大方の研究家の間で意見の一致がある(19)。

ベンボはクレモーナで一四二〇年頃出生。若い頃は、ミラノのザヴァッターリ兄弟のもとで絵の徒弟修業についた。当時の資料から、ベンボは一四四五年頃には、すでにフランチェスコ・スフォルッアの支持者だったことがわかっている。また、ベンボによる最初の仕事の記録として確かなのは、一四五七年頃、パヴィア城の大広間の装飾の一部を引き受けていることだ。そこは当時、スフォルッアが過ごした場所でもある。その後ベンボは、スフォルッア家から度々仕事の依頼を受けていることも明らかである。その一方で、ベンボがヴィスコンティ家のために何らかの仕事をしたという記録はない。このことは、ブランビラ・パックをベンボが描いたことを立証するにあたって、まず問題となる点である。

さて、多くの支持を得ているベンボ説とは別に、美術史家ジュリアーナ・アルゲリは、一九八一年に、ザヴァッターリ兄弟の一人、フランチェスコを候補とする論を提出した。ベンボとザヴァッターリ兄弟の間にはつながりがないわけではない。先ほど触れたが、そもそもザヴァッターリ兄弟の工房内で、ベンボは若い頃、絵の修行に励んだことが知られている。

ところで、ベンボ説を有力に証拠づけるものとしてあげられているものに、フィレンツェの国立図書館に所蔵されている、一冊の手稿本がある。『コーデックス・パラティーノ556とそのイラストレーション』として知られるこの手稿本は、タイトル・ページが欠落してしまっているため、その本来の作品名は不明だが、当時の聖杯伝説の物語を記した手稿本であることから『湖のランスロットの物語』と呼ばれている。

さて、さしあたってわたしたちの議論にとって肝心なのは、本の中のテキスト自体ではなく、そこに描かれた挿絵の方である。宮廷の生活、馬上試合、狩の風景、食事用の小部屋や庭、お城の風景、戦闘シーンなどを描いた、全部で二八九の生き生きとしたイラストが、『湖のランスロットの物語』のテキストに彩りを与えている。そのトピックやモチーフのバラエティは、明らかに十五世紀の北イタリアの宮廷のスタイルや美的理念などをうかがわせるものとなっている。

この手稿本を書いた人物は、署名があることからズリアーノ・デ・アンゾーリなる人物であることはわかっているが、挿絵の方は誰が描いたものなのかが記されてはいない。ただし、鉛筆の上をインクでなぞった大量のイラストは、そのスタイルから、ベンボ、及び、彼の工房によって描かれた作品ではないかと、多くの研究家が指摘している。

ここで実際のいくつかの絵をご覧いただきたい。『湖のランスロット』の挿絵と、ヴィスコンティ―スフォルツァ家のタロット・パックの間に、類似性を見つけるのは容易である。いくつかの具体的な箇所を列挙してみよう。たとえば、首と肩の周りを覆う頭飾りをつけ腰かけた女性（図117）と、ケーリー・イェール・パックの「女帝」のカードに描かれた女性。ボートに座る王の顔の特徴（図118）と、ケーリー・イェール・パックの「皇帝」あるいは「信仰」のカードの下の方にいる王、結婚のシーンの向かい合った男女（図119）とケーリー・イェール・パックの「愛」のカードのカップルなど。また、全体的に見ても、人物の配列やポーズ、またはその丸く若々しい顔、目や髪の描き方、コスチュームや帽子、馬の頭につけられた装飾用馬具等々、細部に至るまで非常に酷似している部分が多々みられる。こうして見てみると、『湖のランスロットの物語』の挿絵と、ヴィスコンティ＝スフォルッア家のタロット・パックの間に、同一の作者を想定するのは自然なことのように思われる。ということは、もし、ベンボがこれらの挿絵を描いたのだとすれば、ベンボこそが初期のタロット・パックの絵を描いた画家だということになるだろう。[20] しかし、そもそも『湖のランスロットの物語』の画家が、ベンボである確実な保障がない以上、ザヴァッターリ説を否定する論拠にはならない。そればかりか、ザヴァッターリ説を提案するジュリアーナ・アルゲリは、この挿絵の作者自体がベンボではなく、他ならぬザヴァッターリではないかと

図117　宮廷の饗宴

図118　アヴァロンを渡るアーサー王

図119　結婚の光景

「湖のランスロット」フィレンツェ国立図書館（出典27）

主張している。

ベンボとザヴァッターリ、いずれであるかを決定することの困難さが生じてくるのは、前にも述べたように、ベンボがザヴァッターリ兄弟の工房で絵を学び、当然そのスタイルを踏襲していたためだ。したがって、絵の描き方だけから、その作品の作者を決定しようとする議論は、結果的に平行線を辿ってしまわざるをえない。

ちなみに、ダメットは一九八六年の著作において、ジュリアーナ・アルゲリのザヴァッターリ説に賛意を表明し、ベンボ説に対しての疑問を提出している。その理由としては前にも述べたように、ベンボがヴィスコンティ家のために仕事をした記録がないということ。また、いまだ熟練に達していない若いベンボに、晩年のフィリッポ・マリアが、タロット・カードの注文をしたというのが考えにくいという点である。[21]

ここで、アルゲリ及びダメットの意見に従い、ザヴァッターリ説が正しいと仮定してみよう。そうすると、わたしたちがすでに仮定した三つのタロット・パックの製作年代の幅を、さらに狭めることが可能になる。まず知られている限り、ザヴァッターリの活動期は、一四一七年と一四五三年の間である。それに従うなら、ピアポント・モルガン―ベルガモ・パックは、スフォルッアによるミラノの支配の年である一四五〇年から、遅くてもザヴァッターリの存命中である一四五三年までの間に製作されたということになるだろう。

以上、現存する最古のタロット・パックを巡って、いつ、どこで、誰が、それを作ったのかという点を、細部にわたって検討してきた。ここで明らかになったことを改めて整理すると次のようになる。おそらく一四四一年から一四五〇年代の前半あたりにミラノで、ヴィスコンティ家、及び、スフォルッア家のために、現存する最古のタロット・パックがデザインされた。そして、それを描いたのは当時の宮廷画家のザヴァッターリもしくはベンボである。

さて、これまで見てきたのは、あくまで現存するという意味での最古のタロット・パックについてである。したがって、この後わたしたちは、タロット・カードの起源をもう少し視野を広げて検証し直すつもりである。その前に、いったんミラノを離れて、同じく十五世紀に他の地域で作られたタロット・パックについてもいくつか眺めておこう。

十五世紀の様々な手描きのタロット・カード

まずは、十五世紀のイタリアでのタロット・パックの中心地の一つ、フェラーラで製作されたタロット・パックを見てみよう。

中でも最も有名なのが、パリの国立図書館所蔵のグランゴヌール・パックである（図120口絵）。現存するカードは全部で十七枚。そのうち十五枚がトランプ・カード、及び「愚者」のカード、そして残りの一枚が「剣のジャック」である。ヴィスコンティ−スフォルッア家のパックと同じく、カードにタイトル、数字は書き込まれていない。現在のスタンダードなパックと比較して欠落しているトランプ・カードは、「奇術師」、「女教皇」、「女帝」、「運命の車輪」、「悪魔」、「星」である。かつてこのパックは、一三九二年のシャルル六世の帳簿の中にあったカードの購入のための支払いの記録と誤って結びつけられてしまったため、現存する最古のタロット・パックだと考えられてきた。しかし、すでに十九世紀半ばには、ウィリアム・カトーや、R・メルリーンといったプレイング・カードの歴史家によってまったく根拠のない、勘違いからくる説として完全に退けられている。それにもかかわらず、なぜかいまだに多くのタロット解説書などでは、十四世紀にタロット・カードが存在していた証拠として、この説が堂々と主張されてしまっている。現在、このカードは、フランスではなくフェラーラで一四六〇年から一四九〇年頃に製作されたものと推測されている。[22]

同じくフェラーラを起源とする、現在イェール大学のベイネッキー図書館所蔵のタロット・パックを見てみよう（図121口絵）。現存する枚数は十六枚。八枚のコート・カード、及び、「愚者」、「奇術師」、「教皇」、「節制」、「星」、「月」、「太陽」、「世界」のカードから成る。こちらのカードもいずれも番号とタイトルは振られていない。十五世紀から十六世紀にかけてのものと推定されているが、「棒」と「剣」の「クイーン」、及び、「棒」の「ジ

図123　ロスチャイルドのタロット、ルーヴル美術館（出典25）

ヤック」と「ナイト」にはエステ家の紋章が描かれている。また「剣」の「キング」と「ナイト」には、ナポリ王の紋章が描かれている。[23]

さらに、おおよそ十五世紀に製作されたとされているイタリア産のタロット・パックをいくつか紹介しておこう。

カタニアのウルシーノ城の市民博物館にある十五枚のタロット・パックは、十五世紀半ばから終わりに北イタリアのどこかで作られたと想定されている（**図122口絵**）。現存するカードは全部で十五枚。そのうち十一枚がスート・カード。そして三枚が「隠者」、「戦車」、「世界」。残り一枚は、鹿の上に乗った裸の女性が描かれているが、このカードは現在の「節制」のカードに該当するのではないかと想像できるが定かではない。「隠者」と「世界」のカードは、すでに見たグランゴヌール・パックと酷似している。おそらく北イタリアを起源とするこのパックは、十五世紀半ばから終わりにかけて製作されたのではないかと推定されている。[24]

ルーヴル美術館のロスチャイルド・コレクションも、十五世紀終わりから十六世紀初頭のイタリアで製作されたものとみなされている。現存するのは三十一枚。そのうち明らかにトランプ・カードに属するのは、「皇帝」のカード一枚のみ（**図123**）。こちらのカードにもグランゴヌール・パックからの影響がみられる。[25]

ロンドンのギルドホール・ライブラリーには、サイズの異なる二つのペアのカードが現存している。「カップのエース」と「剣のエース」のペアは一三八ミリ×七二ミリ（図124）、一方の「世界」のカードと、おそらく「棒のジャック」だと思われるペアは一四一ミリ×六六ミリ（図125）。絵のスタイルは非常に似ているものの、サイズが若干異なるため、これらのペアが同じパックに属していたかどうかは不明である。後者の「棒のジャック」とみなされているカードは、かなりデザインが特殊である。アーチェリーを構えた若い男が、水の上のサギを狙おうと構えている。このカードが「棒」のスートだと想定されているのは、男の肩の背後に垂直の棒が描かれていることによる。製作されたのはおそらく十五世紀のイタリアだと思われるが、はっきりしたことは不明である[26]。

以前のオーナーの名前をとってゴールドシュミットと呼ばれているドイツのレインフェルデンの博物館にあるカードは、そのデザインがやや特殊なため、それぞれのカードの主題を特定するのは困難である（図126口絵）。キャプランの推定に従うなら、左から順に、「愚者」、「女帝」、「教皇」、「死」もしくは「剣のエース」、そして「太

図124　ギルドホールのタロット１、ギルドホール・ライブラリー、ロンドン（出典９）

図125　ギルドホールのタロット２、ギルドホール・ライブラリー、ロンドン（出典９）

陽」、さらにその次の祈る女性が描かれているカードは不明、「棒の5」、「カップのエース」、また最後のカードも王冠を被った竜のような生き物が描かれているがこれも不明。製作されたのはおそらく十五世紀だと思われるが、キャプランはこれをイタリアもしくはフランスのプロヴァンス地方のものではないかと推測している。[27]

以上、現存する十五世紀のタロット・パックのいくつかを見てきたが、最後に紹介したゴールドシュミットのカードと、ウルシーノ城の一枚のカード（鹿の上に乗った裸の女性）を例外とすれば、トランプ・カードに描かれているそれぞれの主題は、どのタロット・パックの中においても、ほぼ同一のものが描かれていることに気づかされる。

また、いずれもミラノのヴィスコンティ―スフォルッア家のタロット・パックと比べて出来栄えに関してはやや見劣りがするものの、いずれも手描きのパックである。一方で、庶民向けの印刷された安価なカードは、やや時代が下って、十五世紀の終わりから十六世紀初頭のものしか現存していない。以上のことから、とりあえず初期のタロット・パックは、もともとミラノやフェラーラを中心とした当時の貴族のために製作されていたものだったのではないかと、ひとまず仮定しておくことができるだろう。

タロット・カードの起源の検証

現存する初期のタロット・パックを確認できたところで、いよいよタロットの起源の検証へと焦点を絞っていこう。これまで見てきたように、タロットに関しての言及、そして実際のカード、いずれも現存する初期の資料は、明らかに十五世紀半ばの北イタリアを中心としたものばかりである。詳しくは後述するが、フランス、スイス、ドイツといった近隣諸国でのタロットの言及は、イタリアよりも遅れて起こっている。ということは、タロットは十五世紀の北イタリアを起源として、それが後にヨーロッパの他の地域へと広がっていったということになるのだろうか。しかしながら、ここでは念のため、ヨーロッパ以外の地域にも視野を広げてみたい。

現代のアメリカのタロット研究家ロバート・オニールは、およそ過去二〇〇年の間に、多くのタロットのコメンテーターによって提出されてきた起源の候補地として、中国、モロッコのフェズ、古代エジプト、インド、中近東イスラム、イタリアをあげている。(28) 実際、現在でも市販されているタロット占いの多くの本では、「タロット・カードの起源は、古代エジプト、インド、中国、イスラムなどいろいろな説がある。だが、いまだその本当の起源は謎に包まれている」といったような意見が大方のところである。ここでは、これらの国々がタロット・カードの起源として本当に可能性があるものなのかどうかを、一つ一つ検討してみたい。

まず、現代の歴史家たちは、最も古いプレイング・カードは中国に存在していたという点に関しては合意に達している。十一世紀に書かれた中国の歴史書によれば、唐（六一八―九〇六）の時代の中頃、すなわち七世紀か八世紀には、すでに中国でプレイング・カードが使用されていたとの記録がある。一方で、中国から直接ヨーロッパにプレイング・カードが伝来したことを示唆する証拠は何もない。(29) また、中国の一般的なプレイング・カードを見ていただくと明らかなように（図127）、タロット・カードとの類似性をそこに見つけるのは困難である。

ところで、タロット・カードと最も近い関係にあるのが、第一部でも見たように、一般に使われているプレイング・カードである。では、ヨーロッパにおいてプレイング・カードはいつ頃から存在するのだろうか。はたしてタロット・カードよりも先なのか後なのか？

図127　中国のプレイング・カード（出典22）

以下に示すのは、プレイング・カードに関する確かな言及が見られたヨーロッパの場所と年のリストである。(30)

フィレンツェ（一三七七）、バーゼル（一三七七）、シエナ（一三七七）、パリ（一三七七）、レーゲンスブルグ（一三七八）、ヴィテルボ（一三七九）、ブラバン（一三七九）、ガレン（一三七九）、ベルネ（一三六七と一三九八の間、おそらく一三七九）、コンスタンス（一三七九）、バルセロナ（一三八〇）、ニュールンベルグ（一三八〇）、ペルピグナン（一三八〇）、マルセイユ（一三八一）、リラ（一三八二）、ヴァレンシア（一三八四）、シシリー（一三七七と一三九一の間）、チューリッヒ（一三九〇）、オランダ地方（一三九〇）、アウグスブルグ（一三九一）、フランクフルト（一三九二）、ウリム（一三九七）、レイデン（一三九七）。

これらの記録は、プレイング・カード・パックが購入されたことを記した帳簿や、あるいはその都市内でのカードやダイスを使ったゲームの禁止令の布告である。見ての通り、一三七七年という年が、プレイング・カードについて言及した記録として最も古い年となっている。一方で、すでに見たように、タロット・カードについての現存する最も古い記録は、一四四二年のフェラーラのものだった。すなわち、プレイング・カードの記録は、それより六五年先行している。とすると、多くのオカルティストやタロティストたちのいうところの、タロット・カードが先にあり、プレイング・カードはそこから二十二枚のカードと四枚のコート・カードが抜け落ちることで俗化したものだという主張は極めて疑わしい。

ところで、これらの中でも最も早いもののひとつである、一三七七年のバーゼルの記録は特に貴重なものである。というのも、ヨハンという名のドミニコ会の修道士によって残されたその記録は、今となっては現存しない当時のプレイング・カードがいったいどのようなものであったかを伝えてくれている。それによると、すでに当時のプレイング・カードは、現在わたしたちが知っているもの（すなわち、四つのスートがあり、それぞれには十枚のヌーメラル・カードと三枚のコート・カードがあるという構成のもの）と同じ構成だったことがわかる。また、ヨハンの記録には、その年、つまり一三七七年にプレイング・カードが、どこか別のところからバーゼルに入ってきたことが記されている。[31]

また、これらはあくまで現存する資料でしかないので、一三七七年以前に、すでにヨーロッパにプレイング・カードが存在していた可能性はもちろんある。しかし、一三七七年頃から急にプレイング・カードに言及した資料が増えているという事実から、少なくとも、ヨーロッパでポピュラーになっていったのは一三七七年以降だとみて間違いない。それ以前は、存在していたとしても大きな広がりと一般性は獲得していなかったのだろう。さらにいうなら、もし、一三七七年以前にプレイング・カードがヨーロッパの人々の間ですでに十分ポピュラーなものになっていたのだとしたら、フランチェスコ・ペトラルカ（一三〇四—七四）、ジョヴァンニ・ボッカッチョ（一三一三—七五）、ジェフリー・チョーサー（一三四〇—一四〇〇）といった、当時のあらゆる世俗的な事柄を作品の題材とした作家たちの著書の中に、プレイング・カードについて何か書かれている箇所があってもおかしくないはずである。しかし、彼らの著作には、他の種類のゲームへの言及はあっても、プレイング・カードについての言及は、まったくない。

ここで、ヨーロッパ以外の地域へと目を向けてみよう。まず、現在プレイング・カードの歴史家の間で、ヨーロッパのプレイング・カードの直接的な祖先として認められているカードを紹介しておこう。[32] イスタンブールにあるトプカピ・サライ博物館に所蔵されているマムルーク・カードと呼ばれるものである（図128）。一九三九年にL・M・マイヤーの著書によって言及されて以来、このカードは中国のプレイング・カードとヨーロッパのプレイング・カードの間をつなぐミッシング・リンクとして、歴史家たちの間では随分と注目を浴びてきたものだ。トプカピ・サライ博物館のマムルーク・カードは、現存する枚数が四十八枚であるが、もともとは四つのスート（剣、ポロのステッキ、カップ、コイン）から構成された、五十二枚のカードだったと思われる。たとえば、前述のヴィスコンティ—スフォルッア家のブランビラ・パックの「剣」のカード（図129）と見比べてみると、明らかにマムルーク・カードの「剣」や「ポロ」のステッキのデザインと似ていることがおわかりいただけるだろう。また、それぞれのスートは、十枚のヌーメラル・カードと三枚のコート・カードから成っている。コート・カードは「キング（malik）」、「総督（na'ib malik）」、「副総督（thani na'ib）」の三種類から成る。しかし、コート・カードには、それらの人物の姿が絵として描かれているわけではなく、それぞれのカードの下に、文字でそれが明示されている。

さて、マムルーク・カードの製作年代であるが、トプカピ・サライ博物館のカードに関していえば、十五世紀頃のトルコのものと思われる。しかし、その他のばらばらに見つかっているマムルーク・カードから、プレイング・カードの研究家たちは、その起源自体は十三世紀頃までさかのぼることができるのではないかと推測している。

また、インドを中心としたアジアのカードを研究したルドルフ・フォン・レイデンは、マムルーク・カードの

図128　マムルーク・カード　トプカピ・サライ美術館（出典25）

起源自体は、そもそも十三世紀頃のイランに入った中国のプレイング・カードにあり、当時、マムルーク朝エジプトやシリアに移住していたトルコ人が、それらを自分たちの文化的背景にあったものに置き換えることで生まれたものなのではないかという仮説を立てている。さらに、そこで出来上がったマムルーク・カードは、当時、中近東との貿易が盛んだったヴェネツィアを通り、十四世紀頃ヨーロッパに流入した。そして、現在わたしたちの知っているプレイング・カードのもとになった。それがプレイング・カードの流入経路を考えるうえで、最も自然な流れであるように思われる(33)。

ところで、ヨーロッパのプレイング・カードのルーツがこうしてイスラムの方から入ってきたものだったとしても、残念ながらわたしたちのタロット・カードの最大の特徴であるトランプ・カードは、そこにはまったく含まれていない。したがって、プレイング・カードの起源がマムルーク・カードだということがわかっても、わたしたちにとって依然として問題として残り続けているのは、二十一枚のトランプ・カード及び「愚者」のカードの起源である。ここで、過去にタロット・カードの起源として想定されてきた国々とその諸説についてまとめてみたい。

(1) 中国

先ほど見たように、中国はプレイング・カードのルーツを最も古くまでさかのぼることのできる場所ではあるが、直接的にヨーロッパのプレイング・カードに影響を与えたわけではなく、ましてやタロット・カードとの類似性はまったくない。

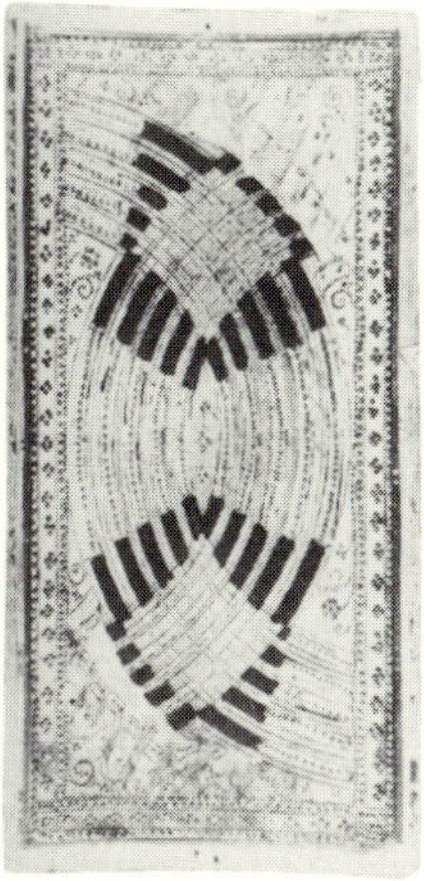

図129　ブランビラ・パック「剣の10」、ブレア・ギャラリー、ミラノ（出典25）

(2) モロッコのフェズ

これは前章のオカルト・タロットの歴史のところでみたポール・フォスター・ケースによって提出されたも

のだ。[34] しかし、そもそもモロッコのフェズ説には、何らの証拠もあげられていないゆえに、あえてここで検討しなければならないことは何もない。

（3）古代エジプト

最もタロットの起源として人気のあるエジプト説だが、これはすでにクール・ド・ジェブランのところで述べたので、ここでは省略する。

（4）インド

まず、インド起源説はジプシー説とも関わりを持っている。以前確認したように、ジプシーの起源は言語学的な研究によってインドだと推定されている。[35] そこでジプシーがインドからヨーロッパにプレイング・カード及びタロット・カードをもたらしたのだという主張が登場する。しかし、ジプシーたちがヨーロッパに到着したのは実際には十五世紀になってからである。ところが、プレイング・カードのヨーロッパの到着自体は、十四世紀のことである。つまり、明らかにプレイング・カードの方がジプシーたちよりも先にヨーロッパに定着しているのだ。ということは、ジプシーたちはタロット・カードはおろか、プレイング・カードの運び手ですらない。

また、インドにはガンジファと呼ばれるプレイング・カードが存在する（図130口絵）。一見、インドのプレイング・カードだけに、とてつもなく古い伝統があるのではないかと思ってしまいがちだが、実はそうではない。ガンジファの起源は、実際にはヨーロッパのプレイング・カード以上に古い時代へとさかのぼることはできない。ガンジファは前述のマムルーク・カードがもとになって、十六世紀頃にイランやインドで作られるようになったものだと推定されている。[36]

（5）中近東イスラム

先ほど見たように中近東イスラムには、通常のヨーロッパのプレイング・カードの直接の祖先としてのマムルーク・カードが存在する。しかし、繰り返すが、そこにトランプ・カードは含まれていない。

また、サラセン人によるシシリア侵入が、タロット・カードを中近東からヨーロッパにもたらしたという説があるが、これはタロット・カード及びプレイング・カードの現存する資料の年代からすると、あまりにも時代が早すぎる。ちなみに、サラセン人のシシリア侵攻は六五二年のことである。

もう少し可能性のありそうなものとしては、十字軍もしくはテンプル騎士団によってイスラム世界からタロット・カード及びプレイング・カードが持ち込まれたという説がある。マムルーク朝エジプト側の攻撃で十字軍がヨーロッパへの敗退を余儀なくされたのが一二九一年。テンプル騎士団の最後の総帥ジャック・ド・モレーが処刑され、団が廃絶されたのは一三一四年。しかし、やはりこれらも時代が少し早すぎる。

もうひとつつけ加えるなら、スーフィズム（イスラム神秘主義）の伝道者と称するイドリス・シャー（一九二四―一九九六）は、その著書『スーフィー』（一九六四）の中で、タロットを「スーフィー・マスターたちの教えの寓意である」と述べている（ちなみに、シャーによれば、シェイクスピアやアリストテレスなど、とにかく西ヨーロッパの思想の多くはイスラム神秘主義スーフィズムからきたものらしい……）。またシャーは、タロットは十九世紀のオカルティストたちの考えたようなカバラやヨーロッパの魔術に結びつくものではなく、むしろ、西アジアの秘教の伝統につながっているともいう[37]。

このようなタロットのイスラム起源説に関連して、naibi という言葉が時折持ち出されることがある。まず、先に事実を述べておくと、naibi という言葉は、十五世紀のイタリアではカードを意味する cartule や carticelle と並んでプレイング・カードを表すために使われていた。しかも、シエナでは、ヨーロッパでプレイング・カードの最も古い記録が記された年である一三七七年に、naibiという言葉が使われている。今日、スペイン語でプレイング・カードを表すのに、一般的に naipes という言葉が使われている。ところで、かつてこの naibi という言葉に対する語源が定かではなかったために、その言葉に対する様々な解釈が行われた（たとえば、シーア派の教義に関連しているとか、ヘブライ語やアラビア語で「予言」とか「魔法」という意味があるとか）。その結果、naibi こそが、もともとのタロットの神秘の名前であり、そのイスラム起源を表すものだとしばしば主張された。しかし、実際には naibi という言葉は、アラビア語の「副官」を意味する na'ib、すなわちマムルーク・カードのコート・カードの一枚に記されているタイトルから来たものだと現在では一般的に考えられている。(38) したがって、naibi という言葉は、タロットの神秘のルーツに関わっているのではなく、ヨーロッパのプレイング・カードのルーツをマムルーク・カードへとさかのぼらせるひとつの根拠としての意味を持っているに過ぎない。

いずれにしても、マムルーク・カード以外に、タロット・カードの起源になりそうなものは、中近東イスラム地域からは見つかっていないという事実を、最後に申し添えておこう。

（6）イタリア

最後の候補地として残ったイタリアは、すでに見たように最も初期のタロット・カードに関する資料が見つかっている場所である。また、これまで見てきたことから明らかなように、タロット・カードの大きな特徴であるトランプ・カードに類するものは、イタリア以前に、他の地域では見つかっていない。ということは、五十六枚のスート・カードはマムルーク・カードへと起源をさかのぼることができるが、トランプ・カード及び「愚者」のカードは、今のところイタリア以外の地域にそのルーツを求めることはできない。したがって、トランプ・カード及び「愚者」のカードはイタリアにおいて発明された、そう推測するのが妥当であろう。しかもそれは、ヨーロッパに一三七七年頃からプレイング・カードが大きく広がっていった後に、北イタリアのどこかで発明されたものだろう。ではそれはいったい何のための発明だったのか？　ここでわたしたちは再び十五世紀のイタリアへと戻り、トランプ・カードの発明が、なぜ、何のために、そしていかにして起こったのかという点をさらに追ってみるとしよう。

十五世紀のタロット・カードの使用法

タロット・カードはゲームのために使われていた。このことは、現存する記録から間違いのないことがわかる。念のために、そのことを改めてきちんと確認しておこう。

まず、前にも述べた一四五〇年のフランチェスコ・スフォルッアが宝物保管係にあてた手紙からは、タロット・パックが明らかに、ゲームのために使用することを目的としていたものであることがわかる。[39]また、同じ年にフィレンツェで発布された勅令では、「トリオンフィ」が、禁止から除外されたゲームのひとつとしてリストに掲載されていた。また、同じ内容の勅令が一四六三年と一四七七年にも発布されている。[40]また、一四八八年、一四八九年、一四九一年、一五〇〇年に、それぞれブレスキア、サーロ、ベルガモ、レッジョ・ネルエミーリアからは、それぞれチェス、バックギャモンと並んで、「トライアンフのゲーム」が、禁止から除外するものとしての布告が発布されている。[41]

これら十五世紀の記録すべては、タロット・カードがゲームに使用されていたことを明らかにするものである。一方で、タロット・カードが占いに使用されていたことや、オカルティズムと結びつくことを示唆する記録は、十五世紀のものとしては今のところまったく見つかっていない。もし、この頃タロット・カードがすでに何らかのオカルト的な主題と結びついていたならば、コルネリウス・アグリッパ（一四八六—一五三五）や、ジョルダーノ・ブルーノ（一五四八—一六〇〇）などによって書かれた十五世紀から十六世紀にかけての有名な魔術論でタロットの存在をほのめかす内容が記されていても良さそうなものである。しかし、それらを含めた当時の魔術などに関する著作の中から、タロットらしきものに関する言及がみつかったということは、いまだ聞いたことがない。また、現代のタロット解説書の中では、「タロット占いは中世の間、キリスト教会から弾圧されてきた」というようなことが述べられていることがあるが、実際にはそのような記録も一切見つかっていない。何を根拠にそういった主張がなされているのかは定かではないが、いわれてみればなんとなくありそうなものとして、それらの話を鵜呑みにしてしまいたくなるから余計に注意が必要である。キリスト教側からの非難があったとしても、記録では、すでに見たドミニコ会の修道士の説教のように、あくまでそれはタロット占いに対してではなく、タロットのゲームに対してのものでしかない。

ただし、タロットがゲーム以外のところで用いられたことを示すごくわずかな例外もあるので、それも念のために紹介しておこう。一四六〇年頃に、マッテオ・マリア・ボイアルド（一四四一－一四九四）によって書かれた二つのソネットと七十八の三行連句から成る詩の中で、タロットのイメージが、その登場人物の特徴を表現するために使用されている。[42] これはタロットがゲーム以外で使われた事実として認められるものであるが、ここで使われているのはタロット・カードそのものではなく、あくまでタロットのイメージが、その題材として使用されているだけである。ついでにいっておくと、このボイアルドの詩は、まったく別の観点から注目に値するものなので、後ほど改めて振り返ることになるだろう。

もう一つ例外を紹介しよう。一五二七年にヴェネツィアで出版された、メルリーニ・クーカイなるペンネームのもとテォフィーレ・フォレンゴという人物によって書かれたトランプ・カードについての五つのソネットの中では、カードのイメージをある特定の人物の性格描写のようなもののために使っているのを見ることができる。どういうことかというと、そこに居合わせた人にカードを配る。そして配られたカードに基づいて、その人物を詠ったソネットを作るといった具合である。ちなみに、キャプランはこれをタロットが占いに使われた最も初期の例とコメントしているが、わたしとしては、人々を前にして即興で詩句を作るこのような遊びは、言葉の狭い意味において「占い」であるとは思われない。[43]

これらのわずかな例外は、もちろんタロット・カード自体が発明された後に起こっているという意味でも、タロット・カードの本来の使用目的ではない。現存する資料から見る限り、どう考えてもタロット・カードの発明自体は、明らかにゲームを目的とするものだった。[44]

また、十六世紀のヴェネツィアでスペローネ・スペローニという人物によって書かれたゲームについての小冊子を見ると、タロット・パックがどのようにして生まれてきたのかもある程度明らかになる。スペローニは言う。「時々、タロッキと呼ばれる追加のカードとともにプレイをし、ときどきそれらなしでプレイをする」と。[45] すなわち、スペローニの小冊子から推測されるのは、タロット・パックとはもともと、当時のイタリアの通常のプレイング・カードに、特別なトランプ・カードを追加して出来上がったものだったということだ。[46]トランプ・カードが追加された？　いったい何のために？　それを知るためには、タロット・カードを使ったゲームがどのようなものかということを簡単にお話しておかなければならない。

トリック・テイキング

しかし、古い時代のタロット・ゲームの細かなルールを知るのは、実はそう簡単ではない。というのも、十七世紀以前のタロット・ゲームのルールが詳細に記されているものは見つかっていないからだ（タロット・ゲームについての最も初期の記録は一六五九年に出版された、フランスのカード・ゲームの本である）。[47] しかし、それ以前にいくつかの詩においてタロット・カードが取り上げられているため、より古い時代のタロット・ゲームがどんなものであったかだいたいのところは想像できる（たとえば、一五五〇年出版のヴェネツィアのロリオの詩などからは、タロットの基本的な原理がどういったものであったかを知ることは十分に可能である）。

タロット・ゲームの特徴をプレイング・カードのゲームの種類を分類する言葉でいえば、「トリック・テイキング」と呼ぶことができる。ここでトリック・テイキングというカード・ゲームがどういうものであるかを、簡単に説明しておこう。

基本的なゲームの方法はシンプルだ。プレイヤーが順にカードを出していく。そして、最も強いカードを出した人が、プレイされたカードすべてを取得する（ここで取得したひとまとまりのカードをトリックという）。こうしたプレイが何度か続けられた最後に、各プレイヤーの取得したトリックの点数を計算する。そして獲得した点数の合計で勝敗が決まる。ちなみに、オンブル、ナポレオン、スカート、ピノクル、ホイストといったようないくつかのプレイング・カード・ゲームの方法は、いずれもタロット・ゲームと同じく、トリック・テイキングに分類される。[48]そもそも、トリック・テイキングと呼ばれるゲームのやり方自体は、明らかにヨーロッパの発明ではない。もともとは中国のプレイング・カードのゲームにおいて行われていたのが、中央アジア、もしくはペルシア北部に伝わり、そして十四世紀にイスラム世界からマムルーク・カードが到着すると同時に、ヨーロッパに紹介されたものだと考えられている。

さて、肝心なのはここからである。まず、トリック・テイキングのゲームを行うためには、必ず「トランプ（切り札）」の役割を担うカードが必要である。普通のプレイング・カードでトリック・テイキングをプレイする場合、パックの中の四つのスートのうちのひとつに、「トランプ（切り札）」の役割をさせていた。

しかし、イタリアでは異なる方法が採用された。そう、おそらく十五世紀前半あたりの北イタリアのどこかで、ゲーム・プレイヤーの誰かが、これまでにはないまったく新しいアイデアを思いついたに違いない。それは通常のプレイング・カード・パックとは別に「トランプ（切り札）」の役割をするまったく新しいカードを作り出すという独創的な発想だった。そうして新たに作り出されたトランプ・カードが従来のプレイング・カード・パックに加えられ、わたしたちの知っているタロット・パックが出来上がったのだ。

三〇〇年の時を隔てたパリのクール・ド・ジェブランを古代エジプトへの空想に駆り立てた、謎めいた絵の描かれた大アルカナのはじまりとは、このようなトリック・テイキングというゲームの特性をより際立たせるために行われたイタリア人による新たな工夫から誕生したものだった、ということは間違いない。[49]

プレイング・カード・パラダイム

ここまでのところで明らかになったタロットの起源について、改めてまとめておくと次のようになる。タロット・カードの発明の時期は、おそらくは十五世紀前半。仮にどんなに早く見積もっても、プレイング・カードがイスラムからヨーロッパに入ってきた十四世紀末以降。場所は北イタリアのどこか、おそらくフェララかミラノあたり。その目的は、トリック・テイキングと呼ばれる種類のゲームのため。すなわち、通常のプレイング・カード・パックに対して、特別なトランプ・カードが追加されることで、現在のタロット・パックの原型となるものが生まれた。以上。

では、これでタロット・カードの発祥にまつわるすべての謎が解けたのだろうか。いや、そうではない。明らかにされるべき肝心な点がいまだ残されている。それはトランプ・カードの絵柄に含まれている謎である。タロットがもともとはゲームのためのカードだったにせよ、二十一世紀のわたしたち日本人からしてみれば、なんとも不思議な絵であることには変わりはない。

ロバート・オニールは、その著書の中で次のように述べている。「タロットがカード・ゲームとして使われていた。そのことは、単純にタロットがシンボリックなシステムであるという可能性をも妨げるものではない[50]」。オニールは『タロット・シンボリズム』という三九二頁にわたる本を丸々一冊使って、タロットの絵柄の中には深いシンボリックな意味が含まれているということを証明しようとした。単にゲームのために使用されていた、という歴史的なリサーチの結果、カードそのものの絵柄には何らシンボリックな意味は含まれていないとする考え方を、オニールは「ノー・シンボリズム理論」あるいは「プレイング・カード・パラダイム」と呼び、それに対してはっきりと異を唱えている。

とはいえオニールは、オカルティストたちのように、カードの絵柄を遥か古くからやってきた秘密《シークレット》の伝承《トラディション》へと、あからさまに結びつけているわけではない。むしろオニールは、そのようなオカルティストたちのアプローチを「オカルト・パラダイム」と呼び、それを根拠のないものとして退ける。オニールは「オカルト・パラダイム」を、常に「遠い昔、遥か彼方の地」へとタロットの起源をさかのぼらせようとする、事実に基づかない単なる空想的な理論に過ぎないという。オニール自身は、あくまで歴史的なリサーチに基づいて、まずはタロット・カードの起源を十五世紀のイタリアへと定位する。そして、当時のルネサンスという知的風土から誕生したカードの絵柄にこそ、哲学的に深い象徴的な意味が隠されているはずだと力説する。つまりオニールが言いたいことは、十五世紀イタリアで作られたタロットは、わざわざ「古代〇〇説」を唱えるまでもなく、その時代の哲学的背景から生み出された十分深いシンボリックな意味を担っているということだ。

さて、このようなオニールの目論見が結果として成功しているかどうかは別として、わたしたちもここで「プレイング・カード・パラダイム」と「オカルト・パラダイム」の間に、とりあえず視点を置いてみる価値はあるだろう。

たとえトランプ・カードの起源が、単にゲームを面白くするために発案されたものでしかなかったとしても、確かに十八世紀末以来、タロット・カードが占いやオカルトへと結びつけられてきたのは、奇妙で不思議なカードの絵柄そのものになんともいえない誘引力があったからだ。トランプ・カード一枚一枚に描き込まれたこれらの絵は、一体何だったのか。オニールが異議を申し立てたように、依然として謎めいてみえるタロット・カードの絵柄は、はたして何らかのシンボリックなシステムに基づいて描かれた深い意味を持ったものだったのだろうか？　すなわち、わたしたちが次に問うべき事柄とは、タロットが誕生したイタリア・ルネサンスという時代の中で、トランプ・カードの絵が、一体どういう意味を持ち、いかなるものに基づいて描かれたものだったのかという点である。

イタリア・ルネサンスのタロット。この魅力的な題目を検討するためには、まずはその時代がどういったものであったかを素描しておく必要がある。

もしやオカルティストたちの直観は当たっていたのか

十五世紀から十六世紀にかけてのイタリア。確かにいわれてみれば、ルネサンスという言葉で浮き彫りにされるその時期は、現代から見て非常に興味深い時代であることは間違いない。「ヒューマニズム」という言葉とともに古代の学芸が復興し、素晴らしい芸術作品の数々が生み出された時。ルネサンスという言葉によって連想される時代のイメージを一言で一般化してしまうならば、おおむねそんなところであろうか。しかしその一方で、ルネサンスを論じた本を開けばわかるように、ヘルメス主義、新プラトン主義、占星術、錬金術、カバラといった、現代のわたしたちからは「オカルト」という言葉で括られてしまうような思想の群れが、当時の輝かしい文化の知的背景として、大真面目に論じられていた時代でもあった。

中でもわたしたちを驚かせるのは、当時における占星術の圧倒的な流行である。とはいえ、現代のような大衆レベルでの「今月の星占い」といったようなものではなく、もっとハイブロウな占星術の攻勢だった。歴史的な観点からいえば、十四世紀の半ばから十七世紀半ばまでの三百年間は、ヨーロッパにおける占星術の最盛期だったともいえる。

現代ではほとんどあり得ないことだが、十四世紀から十六世紀まで、イタリアの諸大学には、占星術の専門の教授が天文学者と並んで任命されていたし、個々の市自治体も正規の占星術師を雇っていたという事実がある。また、歴代の教皇のほとんどが、公然と星占いを信奉していた。すでに十四世紀のアヴィニョン教皇時代から、占星術師たちは教皇の取り巻きとして存在しはじめ、十五世紀には、占星術師は教皇に認められた公的な地位を獲得するに至っていた。たとえばシクストゥス四世、ユリウス二世、レオ十世、パウルス二世のいずれも占星術を信奉し、あらゆる取り決めや決定の際（教皇主催の枢機卿会議の開催、戴冠式の日時の決定、あるいは征服した都市への入城など）は、必ずといっていいほど占星術師に意見を尋ねていたらしい。[51]

また、すでに見た現存する最古のタロット・パックに縁のあるフィリッポ・マリア・ヴィスコンティは、ミラノの城郭に閉じこもり、身の安全に異常なほど気を配った人物だといわれているが、やはり彼も「星回りと盲目的な必然の運命を信じ」、多くの占星術師を抱えていたという。[52] また、フェラーラのボルソのスキファノイア宮殿や、パードヴァの大広間にあるフレスコ画などの、占星術への賛美ともいうべき当時の作品を思い出してみるだけで、占星術が当時のイタリアの上流階級にいかに大きな影響力を持っていたかということを確認できるだろう。

ただし、このような占星術の流行は、単なる吉凶を判断する占いとしての側面だけではなく、ヘルメス主義及び新プラトン主義というより広い思想的コンテクストの中に置かれていたという側面を見逃してはならない。ルネサンスのヘルメス主義とは、すでにエテイヤのところで少し触れたが、[53] 架空の古代の賢者ヘルメス・トリスメギストスによる著作と信じられていた『ヘルメス文書』をもとにして生まれてきたものである。また、新プラトン主義は、ギリシャの哲学者プラトンの思想をもとに、ヘレニズム時代にプロティノスを代表とする哲学者たちによって生み出されたものである。

これらの古代思想は、十五世紀のフィレンツェを中心とした人文主義者たちに受け入れられ、ルネサンスという一つの時代の特徴を生み出すために欠かすことのできない要因だった。先ほどの占星術にしても、当時としては単なる実践的な知識や技術としてだけでなく、ヘルメス主義や新プラトン主義という古代にまでさかのぼる哲学的、宗教的世界観を背景にはじめて理解されるものだったのである。また、ルネサンスに活躍したティツィアーノ、ボッティチェルリ、ミケランジェロをはじめとする当時の多くの画家たちの作品には、これらヘルメス主義や新プラトン主義という世界観が大なり小なり反映されているということは、すでに二十世紀の図像学者たちによって強く指摘されてきたことである。だとしたら、同じルネサンスに生まれたタロット・カードの絵柄にも、ヘルメス主義や新プラトン主義をはじめとする当時流行した古代哲学やら異教思想やらが、様々な寓意の装いのもと秘められていると考えてみても決しておかしなことではないだろう。とすると、すでに見たクール・ド・ジエブラン以降のタロティストたちの直観は、あながち間違っていなかったということになるのかもしれない。たとえその解釈の仕方自体には信頼が置けないとしても、彼らがタロットの絵柄に含まれていると空想した古代の叡智云々は、さほど大きな的外れというわけでもなかったわけだ。

確かに、すでに歴史的な記録を追ってきたわたしたちにとっては、オカルティストの言うような意味でタロットが古代の叡智であると考えることは難しい。しかし、十五世紀の発明であるタロット・カードの中にイタリアのルネサンスで再発見された古代思想が盛り込まれているということならば、可能性としてはまだあり得ることだ。タロット・カードは単なるゲームの道具に過ぎず、それ以上でも以下でもないという「プレイング・カード・パラダイム」に対して、オニールが突きつける反論の根拠はここにある。

したがって、わたしたちは再び問わなければならない。単なるゲームの道具でしかなかったタロット・カードの絵柄には、実はルネサンスに復興された古代哲学、もっというなら古代の異教の秘儀へとさかのぼることのできるシンボリズムが盛り込まれているのだろうかと。

少し遅かったフィレンツェ・アカデミー

まず、十五世紀のイタリアにおいて、新プラトン主義、及びヘルメス主義復興の拠点といえば、なんといってもフィレンツェのコジモ・デ・メディチの庇護のもとマルシリオ・フィチーノ（一四三三—一四九九）を中心として栄えたプラトン・アカデミーである。(54) ここではまず、ルネサンスという言葉の持つ大きなくくりを外して、タロット・カードの誕生した年代とその近辺の知的状況を、いったん冷静に見直してみるとしよう。

中世のヨーロッパの思想の伝統は、長らくアリストテレス主義的スコラ神学が中心だった。それに対して十四世紀から十五世紀にかけて、長らく省みられることのなかったプラトン哲学が知識人たちの興味を引きつけていく。そしてその流れの中で、かねてからのプラトン研究への関心を実行に移すべく、コジモは、一四四九年、フィレンツェにプラトン・アカデミーを創設。そして、コジモはプラトンの著作の写本を収集する一方で、自分の主治医の息子マルシリオ・フィチーノの才能に目をつけ、古典ギリシア語の訓練を受けさせる。一四六二年、コジモから別荘を与えられたフィチーノは、そこでプラトンの著作の翻訳と研究に没頭した。また、コジモはプラトン哲学復興を推進する一方で、フィチーノに『ヘルメス文書』の翻訳を依頼していた。その結果は、まず一四六三年の『ポイマンドレス』翻訳。さらに、一四七〇年には『プラトン全集』の翻訳のおおまかな形が出来上がる（実際の印刷に出されたのは一四八四年）。また、一四八二年にはプラトン思想をもとにした自著『プラトン神学』を出版。一四九二年にはプロティノスの『エネアデス』を出版。

さて、ここで問題になるのは、タロット・カードの製作年代との前後関係である。すでに見たように、現存する最も古いミラノのタロット・パックは、明らかに一四六三年の『ポイマンドレス』や、一四七〇年の『プラトン全集』よりも先である。ということは、最も初期のタロット・パックは、残念ながら新プラトン主義の哲学者マルシリオ・フィチーノらを中心とするフィレンツェ・アカデミーからの影響を受けたとは考えられない。すなわち、タロット・パックの製作は、ルネサンスの本格的な新プラトン主義及びヘルメス主義の復興以前のものであり、それらとはまったく別個に誕生したと見なければならない。

しかし、フィレンツェ・アカデミーからの影響は考えられないとしても、十五世紀初め頃には、オスマン帝国の軍事的圧力から危機に瀕していた東方のビザンチン帝国から多くの聖職者や学者が古代ギリシアの文化的知識を持ってイタリアに流入していたという事実もある。ビザンチン皇帝によって派遣された古典学者マヌエル・クリュソラスは、すでに一三九四年にフィレンツェやヴェネツィアなどイタリアの諸都市を来訪している。彼は一三九六年から七年にわたり、フィレンツェで古典ギリシア語を教授している。そのもとで学んだベルナルド・ブルーニ（一三六九—一四四四）などは、当時すでにプラトンのいくつかの著作を、ギリシア語から翻訳している。また、一四四〇年前後の数年にわたってフィレンツェとフェラーラで開かれた東西教会の統一を図るための宗教会議の際に、ビザンツの代表団の一人だった熱烈なプラトン主義者ゲミストス・プレトン（一三五五—一四五〇）

が訪れている。フィレンツェやフェラーラで、彼はひたすらプラトン哲学を宣伝した。

また、ミラノの地には長い間、ヴィスコンティ家の庇護のもと、ルネサンス最初の人文主義者ともいうべき詩人ペトラルカがいたということも見逃せない。ペトラルカもまた、アウグスティヌスを通して知ったプラトンの哲学に対して大きな敬意を払っていた（ペトラルカについてはまた後で詳しく述べる）。いずれにしても、初期のタロット・パックの製作された十五世紀前半、フィレンツェ・アカデミーによる本格的な古代神学の復興がなされる以前に、中世のキリスト教スコラ神学とは異なる、古代ギリシアやローマの異教思想が十分に入り込んでいたのは事実である。

タロット・カードの絵の主題は、聖杯伝説をもとにしているのか？

ここで具体的に、初期のタロット・パックの絵柄のモチーフとなった可能性のあるものを検討してみよう。タロット・カードの起源をイタリア・ルネサンスに置く研究家の間では、これまでトランプ・カードの絵柄の図像的ルーツとして注目されてきた説が二つある。一つは、主題とモチーフを聖杯伝説にさかのぼらせるもの。もう一つは、ルネサンスに行われていたトライアンフと呼ばれる行列と関連づけるものだ。ここでは最初に、聖杯伝説との関わりについて検討してみよう。

すでに第一部第二章で、聖杯伝説の四つのシンボルがスートと関連しているのではないかというジェシー・L・ウェストンによる説を紹介した。[55] また、ヴィスコンティ－スフォルッア家のタロット・パックと、『湖のランスロット』の中の挿絵についての比較もすでに試みた。[56]

ここで、そもそも聖杯伝説とは何なのかということを簡単にまとめておこう。聖杯伝説はそのルーツのもとを辿れば、アーサー王伝説というブリテン島のブリトン人の古い伝承に由来する。ヨーロッパで知られるようになるアーサー王の物語として最も初期に書かれたものは、おそらく十二世紀のウェールズのものではないかといわれている。さらに、十三世紀頃からフランスを中心として拡がった、アーサー王の物語群の中に登場する聖杯というモチーフにキリスト教的な解釈が施されるようになっていく。そうしてできあがったのが、アーサー王の円卓の騎士であるガラハッド、パーシヴァル、ランスロットらが、聖杯を探しに旅に出るというキリスト教化された聖杯伝説の物語なのである。(57)

ところで、聖杯伝説の大きな魅力のひとつは、主人公たちの探し求める聖杯とはいったい何なのかということが決して明かされないまま物語が作られている点にある。その結果、聖杯探求のストーリーは、必然的に読者の深読みを誘発するものとなっている。中でも非常に人気がある解釈としては、聖杯の探求に着手する主人公が、そのゴールに到達するまで様々な障害を克服することで精神的に成長し、最後には究極のスピリチュアルな目覚めへと至る道筋を描いたものだとするものがある。

仮に、このような意味での聖杯伝説とタロットが結びつくとなると、現代のニューエイジ的タロティストが次のような想像をしたとしても不思議ではない。タロットの大アルカナの二十二枚すべてに一貫してみられる絵柄の主題とは、「愚者」のカードからはじまって「世界」のカードにまで至る、聖杯探求のストーリーをシンボリックな絵で表現したものだと(第一部第三章で見たフールズ・ジャーニーのコンセプトを思い出していただきたい)。しかもそこに、そもそも聖杯伝説のコンセプト自体が、古代ケルトの密議宗教の儀式へとさかのぼらせることができるものなのではないかというウェストンの考えを重ね合わせたなら、大アルカナのイメージの源泉は、非常に古いケルトの伝承にまでさかのぼるものに違いないというような主張が、頭をもたげてくるだろう。

そもそも、タロット以前の問題として、聖杯伝説の起源自体がなにぶんにもミステリアスであり、何やら謎を解き明かすと称した推理小説のような聖杯伝説の研究書が、いくつか出回っているぐらいである。日本でも翻訳の出ているマイケル・ベイジェントの『レンヌ＝ル＝シャトーの謎――イエスの血脈と聖杯伝説』(58)などを見ると、中世の異端の宗派カタリ派や、秘儀の守護者テンプル騎士団といった、この手の本のお決まりともいうべきモチーフのオンパレードとともに、聖杯伝説という形で連綿と伝承されてきた秘儀と、いわゆるイエス・キリストの

〝真実〟と称する話のつながりが、なんとも巧妙な手際の良さで明らかにされていく（実際には事実として受け入れるにはかなり信じ難い話になってしまっているのではあるが）。比較的最近出版されたマーガレット・スターバード著『タロット・トランプと聖杯　中世の偉大な秘儀』（二〇〇〇）[59]という本を見ると、さっそくベイジェントの本の流れを継いだ形で、タロットと聖杯伝説の間のつながりについて、自信に満ちた主張が展開されている。聖杯伝説とそれに関連しているとされるカタリ派、ボゴミール派などの異端の宗派にタロットの伝承を結びつけようとする説明は、「歴史の裏に隠されたキリスト教の真実」といったようなミステリー好きにはたまらなく面白い話題となるだろう。もしかすると今後も、似たような主張をする本が出てくることもあるかもしれない。

それはさておき、実際のタロットと聖杯伝説の関わりだが、前にも確認したように、確かにヴィスコンティ－スフォルツァ家のタロット・パックと、『湖のランスロット』の中の挿絵のスタイルはかなり似ている。しかし、似ているといっても、それはあくまで絵のスタイルであって、タロット・パックの中に描かれているモチーフの多くが、聖杯伝説の物語に登場するものと一致しているわけではない。たとえば、試しに「愚者」のカードを一連の大アルカナの最初に置き、なおかつ聖杯伝説の登場人物であるパーシヴァルを表しているものだとしてみよう。[60]つまり、「愚者」＝パーシヴァルは、これから聖杯を探す旅に出ようとしている若者で、さらにそれに引き続くトランプ・カードは、「愚者」＝パーシヴァルが、聖杯を見つけ出すまでの様々な試練や冒険を表しているといった具合に。確かにそうして一連の大アルカナを物語化していくことは魅力的ではある。とはいえ、実際にそれをやってみるとわかるが、大アルカナの中に描かれているモチーフには、どんなに聖杯伝説の物語の細部に目を通したとしてもみつからないものが、なにぶんにも多すぎる。たとえば、「正義」、「力」、「節制」などは、物語に直接出てこない。とはいえ、それらはその物語の中でパーシヴァルが学んでいかなければならない教訓を表しているのだ等々と、なんとか説明（あるいはこじつけ）してしまうことができるかもしれない。しかし、たとえば「女帝」や「教皇」が物語に出てこないのは如何ともし難いだろう。逆に、聖杯伝説の物語には出てくるけれども、タロット・カードの中には存在しないものが無数にあるということはいうまでもない。

タロット・カードと聖杯伝説。この二つのミステリーを結びつけることには、確かに人を惹きつけずにはおかない魅惑がある。だが、以上見てきたことから結論をいってしまえば、当時広まっていた聖杯伝説の物語が直接そのままトランプ・カードの主題として用いられていたというのは、かなり苦しい説明である。

ミッシング・カードの謎

「悪魔」と「塔」。現在のタロティストたちにとって二十二枚の大アルカナの中で最も不吉だとみなされているこの二枚のカードは、実はわたしたちのタロットの起源を巡る問いの中でも、ことさらやっかいな問題を突きつけてくる。ここで次なるタロットの絵柄の図像的ルーツの検討に入る前に、「悪魔」と「塔」のカードによって提議されるトランプ・カード全体の構成に関してのより根本的な問題を見ておくとしよう。

すでに述べたように、現存するヴィスコンティ－スフォルッア家のカードは、全部で二七一枚。キャプランの分類に従うなら、それらは全部で十五のパックに分けることができる。さて、そこで問題となってくるのが、これらすべての現存するヴィスコンティ－スフォルッア家のタロット・パックのどれをみても、現在のスタンダードなタロット・パックに必ず含まれている「悪魔」と「塔」のカードが見当たらないということだ。そればかりではない。「悪魔」のカードに関していえば、前に紹介したヴィスコンティ－スフォルッア家以外のタロット・パックも含めて、現存するすべての十五世紀の手描きのパックから、完全にその姿を消してしまっているのだ。また、「塔」のカードについても、ただ一つのパック（前に紹介したグランゴヌール・パック）にのみ、その存在が確認できるだけで、それ以外の十五世紀の手描きのタロット・パックからは、なぜか失われてしまっている。これはいったいどういうことなのだろう？

まずひとつあり得る仮説は、単に最初期のタロット・パックには、もともと「悪魔」と「塔」のカードは存在していなかったということだ。すなわち、それらはより後の時代になって作られることになったタロット・パックにおいて新たに追加されたカードであり、もともとのトランプ・カードの枚数は、現在のわたしたちが知っている標準的な枚数ではなかったというものだ。

一方で、「悪魔」と「塔」のカードは最初からパックに含まれていたはずだという前提のもと、別の仮説を立ててみるとどうか。そうすると当然、なぜ、「悪魔」と「塔」のカードだけがすべてのパックの中からことごとく紛失されてしまったのか、その理由を考えてみなければならなくなる。では、それに対しての答えとなりそうなものを考えてみよう。

まず、すぐに思い浮かぶのは、「悪魔」と「塔」のカードは、それらをキリスト教信仰に反するものと判断した教会からの干渉で、タロット・パックの中から排除されることを余儀なくされたのではないかというものだ。だが、おそらくそれはありえない。ここで、タロットは悪魔の発明品だと述べたドミニコ会の修道士の説教を思い出していただきたい。その説教の中で述べられていたタロット・カードのけしからぬ理由とは、キリスト教の主題自体がゲームの中に持ち込まれているという点だった。だとすると、教会が特定のカードを退けるよう干渉したのならば、「女教皇」や「教皇」といった直接キリスト教に関わる主題のカードこそを、真っ先にタロット・パックから排除しようとするはずだ。したがって、「悪魔」と「塔」の二枚のカードだけが、禁じられたであろうとする理由はまったくない。

次に考えられるのが、いわゆる魔女狩りとの関係である。十六世紀、十七世紀にかけてヨーロッパ中を駆け巡る熱狂的な魔女狩りのさなか、魔女と関わりのあるとみなされる悪魔の描かれたカードを所有していることは好ましくないとして、その時代の中で闇に葬られてしまったとも考えられる。しかし、この説明にも無理がある。まず一つには、その説明が仮に「悪魔」のカードの紛失の理由になったとしても、「塔」のカードの紛失の理由としては今ひとつしっくりこない。さらに、もし魔女狩りのせいだとしたなら、もっともそれが大きな広がりを見せた十六世紀、十七世紀に作られた他のタロット・パックからも、「悪魔」のカードが当然排除されてしかるべきであろう。だが、十六世紀に入ってからのタロット・パックには、「悪魔」のカードがしっかりと現存している。

最後に最もシンプルな説明、すなわち特に理由はなく、単にたまたまこの二枚のカードだけが紛失しただけだと考えてみてはどうだろうか。しかし、このような偶然になくなったとする説明に対しては、ロバート・オニールが真っ向からそれに反対している。というのも、オニールの計算によれば、偶然にこの二枚のカードだけがすべてのパックから紛失されたということは、確率という観点から考えて、可能性としてはほとんどあり得ないという。[61] 偶然とも考えられず、一方で、その紛失の特別な理由も定かではないということから、オニールは、ヴィスコンティ—スフォルッア家のタロット・パックには、「悪魔」と「塔」のカードは含まれていなかったという最初に述べた仮説に同意している。しかし、オニールはそれをさらに推し進めて、より大胆な仮説へと論を進めている。[62] それは、わたしたちのタロットの起源を求める問いにも重要な問題を提議するものとなっている。では、オニールの仮説とはどのようなものなのかを次にまとめてみる。

手描きのタロットVS印刷されたタロット

まず、オニールは議論の立脚点として、十五世紀半ばのタロット・パックは、手描きのものしか現存していないという点に注目する。一方で、現在のわたしたちが目にするタロット・パックは、もちろん手描きではなく、印刷されたものだ。なぜ、十五世紀半ばのタロット・パックは、現存しているのが印刷されたものではなくて、手描きのもののみなのか？

本書においても、これまではずっと手描きのタロット・パックを中心としてタロットの起源について考えてきたが、ここでいったん、初期の現存する印刷されたタロット・パックを、いくつか簡単に紹介しておこう。

まず、フェラーラもしくはヴェネツィアで作られたものとみなされているタロットのシート（カードが一枚一枚に切り離される前の状態）を見ていただきたい（図131）。絵の拙さと、損傷から少し見づらいかもしれないが、上から三段目の列の一番右端には、「悪魔」のカードがあるのがご覧いただけるだろうか。それから同じ列の右端から二番目には、「塔」のカードがある。ただし、なぜか逆さまに描かれてしまっているが。このシートは現在ブダペストのファイン・アーツ・ミュージアムに所蔵されているものだが、ニューヨークのメトロポリタン・ミュージアムにも同じような三つのシートがある。[63]

今度は、ボローニャで作られたとみなされるルーヴルにあるエドモンド・ロスチャイルドのコレクションのシート（図132）をご覧いただきたい。こちらにもシートの下の列の左端に、かなり奇妙な姿をした「悪魔」のカードがある。そしてその上にあるのは、「塔」のカードである。[64]

さて、これらのシートの年代であるが、ヴィスコンティ―スフォルッア家のタロットより時代をさかのぼれるものではない。いずれも十五世紀の終わり頃、もしくは十六世紀初頭のものなので、時代的にはヴィスコンティ―スフォルッア家のタロットよりも五十年ほど後のものだということになる。これらのシートと類似のものは、他にもいくつか発見されているが、いずれも年代的には十五世紀の終わりよりも古いものはない。

これらのことから普通に考えると、前にも述べたように、まず貴族などのお金持ちのために高価な手描きのタロット・パックが十五世紀前半あたりに作られ、そしてその後、十五世紀終わり頃には、一般庶民向けに木版画で印刷された安価なタロット・パックが作られるようになっていったのではないかと思われる。ところが、オニールはこのような推測に対して、はっきりと異議を申し立てる。彼は反論の糸口として、印刷されたタロット・パックの持つ性質に注目する。

まず、当時の印刷されたタロット・パックは貴族のためのものではなく庶民のための安価なものだったため、基本的には大切に保管するものではなく、あくまで消耗品でしかなかった。確かに、実際に十六世紀から十七世紀の間に見つかった印刷されたタロット・パックの数は決して多くない。本来ゲームに使用するためのものである以上、カードが一枚でも破損、もしくは紛失したならば、そのパックは使いものにならなくなる。その際にはおそらく、そのパックは処分され、新しいパックが購入された。したがって、長い間保管され続ける可能性は著

図132　ロスチャイルド・コレクション、ルーヴル美術館（出典25）

図131（左）　イタリアのタロット・シート、ファイン・アーツ・ミュージアム、ブダペスト（出典27）

しく低いものとなるだろう。一方、大量に印刷されることのない、いわば一品ものの手描きのタロット・パックは、高価で珍しいものであるがゆえ、代々、大切に保存されていった。結果、その生存率は印刷されたタロット・パックを、格段と上回ることになるのは明らかであろう。

オニールはこれらのことから、さらに突っ込んで次のような理論を展開する。印刷されたタロット・パックは、その本来の性質上、生き残りずらい。一方で、ヴィスコンティ―スフォルッア家のタロット・パックは、あくまで現存するという意味での最古のタロット・パックでしかない。したがって、ヴィスコンティ―スフォルッア家のものをはじめとする手描きのタロット・パック以前に、印刷されたタロット・パックがあったと考えても不思議はない。それゆえ、オニールは架空の印刷されたタロット・パックを手描きのパックに先行するものと位置づける。

それだけではない。その架空の印刷されたタロット・パックは、現存する手描きのタロット・パックのモデルになった。すなわち、手描きのタロット・パックは、印刷されたタロット・パックをコピーしたものだ。しかし、その際のコピーは忠実なものではなく、大幅にデザインは改編された。なぜなら、十五世紀の高価な手描きのタロット・パックは、当時の宮廷で使用するにふさわしいイメージへと細部を変更する必要があったからだ。すなわち、現存する初期の手描きのタロット・パックは、本来のタロット・パックを改変することで生まれた、いわば「貴族ヴァージョン」に過ぎない。そうオニールは考える。さて、ここでいよいよ理論の核心部分が登場する。貴族ヴァージョンに、最もふさわしくない主題。そう、それこそが問題の二枚のカード、「悪魔」と「塔」のカードだとオニールは考える。改変は、単なる絵のアレンジだけではなかった。二枚の不吉なカードは、宮廷での洗練された遊びには好ましくないと判断され、その際に、「悪魔」と「塔」の主題は、パックに含められず、ばっさりとカットされてしまったに違いない。

ところで、以上のような「悪魔」と「塔」のカードを巡る議論は、最初期のタロット・パックのデザインがどのようなものであったかという点についても問題を提議することになるだろう。仮にこれまでのオニールの主張を認めてしまうならば、わたしたちがタロットのオリジナルのデザインを現存する手描きのタロット・パックに求めることは適切ではないということになる。現にオニールは、オリジナルのデザインは現存する印刷されたタロット・パックにより近いものだったはずだと主張する。そればかりか、最初期の印刷されたタロット・パックの絵柄は、現存する印刷されたタロット・パックとほぼ変わらないものだったとさえオニールはいう。

その理由について彼は、「タロット製造業者のコンサヴァティズム」という言葉で説明している。どういうことかというと、ゲームのプレイヤーは、タロット・パックを新しいものにする際に、自分たちが慣れ親しんだデザインとまったく異なるものを使用するのは好まない。なぜなら、特に初期のタロット・パックにはタイトルが振られていなかったため、それぞれのカードはその絵柄で判断するしかなかった。そのため、まったく親しまれていない新たなデザインになってしまうと、ゲームをしづらくなってしまう。したがって、絵柄の基本的なパターンが維持されていることは必要不可欠である。となると当然、カード製造業者も、デザインの変更に対しては保守的になる。それゆえ、最初期のタロット・パックから十五世紀末の現存する印刷されたタロット・パックの間には、ほとんど大きなデザインの変化はなかっただろうとオニールは結論づける。

さて、以上のようなオニールの主張を認めるなら、タロット・パックのオリジナルの絵柄は、現存する十五世紀の手描きのタロット・パックではなく、印刷されたタロット・パックをもとに想定しなければならなくなるだろう。

トランプ・カードの本来の枚数とは?

ところで、このようなオニールの導き出した結論には、はたして妥当性があるのだろうか。オニールの理論はあくまでも、手描きのタロット・パック以前に印刷されたタロット・パックが先行していたという、仮の前提を置いたうえで積み上げられた憶測でしかない。とはいえ、「悪魔」と「塔」の不在を説明する論理としては一応筋が通っているし、可能性としては完全に否定してしまうこともできないだろう。

とりあえずここで、これまで見てきた「悪魔」と「塔」のカードをめぐる論について整理をしておこう。

まず一つ目として、オニールとはまったく正反対の立場で、「悪魔」と「塔」のカードはやはり初期のタロット・パックには含まれていなかったという考え。だとすると、もともと「愚者」のカードを含めたトランプ・カードの枚数は、二十二枚ではなく、おそらく二十枚だったということになる。

二つ目は、「悪魔」と「塔」のカードは最初から含まれていた。そしていかなる理由かはさておき、それらは削除されたか、あるいは紛失した。こちらは、オリジナルのタロット・パックの「愚者」のカードを含めたトランプ・カードが全部で二十二枚だったことをおおむね前提とする。

おそらく、今後も対立するこの二つの仮説のどちらが正しいかを決定することは困難であろう。だがここで、これらの議論の前提となっているものを見直してみることはできないだろうか。すなわち、これら対立する二つの立場が生まれてくる前提にある起源としてのタロット・パックの正式なヴァージョンがあったという自明の考え方自体を疑ってみてはどうだろう。わたし自身の考えとしては、そのような起源としての正式なヴァージョンを想定すること自体にそもそも意味がないように思われる。

ここで、すでに紹介したヴィスコンティ―スフォルッァ家のケーリー・イェール・パックについて思い出していただきたい。ケーリー・イェール・パックには、現在のスタンダードなタロット・パックには含まれていない三枚のトランプ・カードがあった。とりあえず、それらを「信仰」、「希望」、「慈愛」と呼んでおいたが、これらの存在は一体何を意味しているのだろう。前にも述べたように、ダメットはこれらをタロットのスタンダード・スタイルができあがる前のものではないかと仮定していた。さらにそれを押し進めて考えるなら、タロットにはオリジナルとなる正式なバージョンなどなかった。むしろ、最初期の試行錯誤の中で、徐々に現在のスタンダードのもととなるタロット・パックは生まれていったのではないか。

また、七十五枚のカードが現存するピアポント・モルガン―ベルガモ・パックを見ても、実はこのパックの中の六枚のトランプ・カード、「剛毅（力）」、「節制」、「星」、「月」、「太陽」、「世界」は、その絵のスタイルから、明らかに他のカードとは別のアーティストの手によって、後に追加されたものだとみなされている。[65] では、これらの六枚のカードは、なぜ後の画家の手によって描かれたのだろう。それら六枚のカードが破損もしくは紛失したことが原因だろうか。いや、そうではないだろう。それらのカードは高価なものであるがゆえに、少なくともその初期の段階では、比較的に丁寧に扱われていたはずだからだ。[66] したがって、カードの取り替えのためが理由ではない可能性もある。イギリスのタロットの研究家ジョン・シェパルドは、それら新たな六枚のカードは、そのスタイルからして、もともとのタロット・パックを忠実にコピーしようとしたとは思われないという意見を述べている。むしろ、六枚のカードは、古いタロット・パックに新しい種類のシークエンスを盛り込もうとした結果、追加されたものなのではないかと主張する。[67] ということは、極論をいえば、ピアポント・モルガン―ベルガモ・パックの六枚のカードすらも、新たに後から追加された可能性がなきにしもあらずである。

以上のことから、タロット・パックは、その起源においてそもそも最初から完結したスタンダード・スタイルが固定されていたものではなかったと、わたしは考える。むしろ、その初期の段階において、何度かトランプ・カードの追加と削除が行われながら、今ある姿へと変わっていった。したがって、オリジナルのタロット・パックの枚数を問うこと自体にはほとんど意味がない。以上が、わたし自身の結論である。

ペトラルカとトライアンフの行列

ここで再びタロットの絵柄の図像的ルーツへと話題を戻そう。すでに聖杯伝説とトランプ・カードの関係は検討したが、次に見ていくのは、十五世紀のイタリアの諸都市において非常に人気のあった「トライアンフ（凱旋）の行列」との関係である。ところで、トライアンフという語は、すでに述べたように、十五世紀のイタリアにおけるタロットに対する呼び名でもあったことを思い出していただきたい。すなわち、ここでわたしたちの関心を

図133　フランチェスコ・ペトラルカ（出典54）

引くのは、同時代に、カードと祝祭の行列という二つのまったく異なるものに対して、同じトライアンフという言葉が使われているという点だ。このことに注目することで、トランプ・カードとトライアンフの行列を結びつけるアイデアを最初に発表したのが、ニューヨーク・パブリック・ライブラリーの学芸員ガートルード・モークリーである。彼女の一九五六年の論文『タロット・トランプとペトラルカのトリオンフィ』、及び、一九六六年の著作『ベンボによって描かれたタロット・カード』は、オカルティズムとはまったく無縁の純粋な人文学の視点から、本格的にタロットの起源を検証した最初のものである。

まず、彼女の理論の基本的な主張を要約すると次のようになる。[68] トライアンフの行列は十五世紀のイタリアの諸都市ではポピュラーなものだった。そしてその行列には、たくさんの仮装した人物や、凝った装飾を施された凱旋車が登場した。それらの仮装や装飾は、当時の一般的な人々の間でよく知られていた擬人像や寓意の伝統に基づいていた。[69] また、その伝統の多くは、主に十四世紀の詩人フランチェスコ・ペトラルカ（一三〇四―一三七四）（図133）の『トリオンフィ』という詩から借りられたものだ。そして、トランプ・カードの絵柄に描かれている主題とは、ペトラルカの詩に由来する擬人像や寓意の伝統を取り入れた当時の祝祭の行列での仮装した人物や凱旋車をもとにしたものだ。すなわち、一見、謎めいたトランプ・カードの絵柄の起源は、いってしまえば十四世紀イタリアで最も成功した詩人ペトラルカの『トリオンフィ』という詩に由来する。以上がモークリーの結論である。

ここでモークリーの説を検討するにあたって、とりあえず、トライアンフの行列とは、どういうものだったかをもう少し詳しく説明しておこう。そもそもトライアンフの行列の起源とは、古代ローマにおいて闘いで勝利を収めてきた将軍を讃え祝すために壮大に行われた凱旋式にある。その古代の風習を模した形が、イタリア・ルネサンスの時代において、勝利を収めた征服者の実際の入城式としても行われていた。たとえば、当時の戦勝のトライアンフの行列の例として、歴史家ブルクハルトは、一四四三年の大アルフォンソのナポリ入城を次のように記述している。

アルフォンソの〔城壁の突破口を通り、それから町を通って大聖堂に入る〕行列は、古代風の寓意的な要素と純然たる茶番の要素との、ふしぎな混合物であった。アルフォンソの玉座をのせた白馬四頭立ての馬車は、非常に高く、金一色であった。二十人の貴族が金襴の天蓋の竿をささえて歩き、その下を馬車が進んだ。この祭に参加したフィレンツェ人のひきうけた行列の部分は、まず、たくみに槍をふりまわす優雅な騎馬の若者たちと、運命の女神をのせた車と、七つの徳に扮する騎車とから成っていた。運命の女神は、当時芸術家も往々従ったあの容赦のない寓意法にあわせて、頭の前の部分にだけ毛が生え、うしろははげており、車の下の踏板にいる守護霊は、幸福が容易に消え失せることを表しているので、両足を水盤に入れて立っていなければならなかった。(70)

ブルクハルトの描写から、様々な衣装をこらした行列が戦勝を祝うムードの中、街を練り歩くトライアンフの行列のイメージがなんとなくつかめただろうか。もしなんだったら、日本でも行われるお祭りの仮装行列の、いわばイタリア版だと思ってもいいだろう。ただし、当時のイタリアでのそれは、その装飾が芸術的ともいうべき域にまで高められていた。

また、イタリア・ルネサンスのトライアンフの行列の特徴は、実際に祝うべき戦勝がない場合にも、それ自体が見世物としても催されていたということだ。ブルクハルトによると、「祝祭の行列はすべて、それが何かのできごとを賛美するものであれ、たんにそれ自身のために行なわれたものであれ、多かれ少なかれトライアンフの性格を帯び、ほとんど必ずトライアンフの名で呼ばれた」という。(71)

さて、先ほども述べたように、こういった当時のトライアンフの行列に見られる仮装のモチーフに大きな影響を与えたのが、ペトラルカによってイタリア語で書かれた歌集『トリオンフィ』という作品なのである。『トリオンフィ』は、全部で六部から成り、「愛」、「純潔」、「死」、「名声」、「時」、「永遠」、の順で、後のものが前のものを打ち倒し凱旋するという流れになっている。内容を簡単にいってしまうと、最初の「愛」の凱旋では、凱旋車に乗ったキューピッドによって、「愛」の情熱に捕らわれた人々が行進していく。次に続く凱旋は、ペトラルカにとって永遠の女性であるラウラによって擬人化された「純潔」が登場する。そしてキューピッドは「純潔」の力によって打ち負かされ捕らえられる。しかし、次の凱旋では、鎌を持った姿として擬人化された「死」が、「純潔」を打ち負かすことで、人間の避けることのできない宿命を受け入れなければならないことが知らされる。さらに、その次の凱旋では、「死」すら超えて残り続ける「名声」がやってきて、「死」を打ち負かす。しかし、「名声」も次の「時」の凱旋によって打ち負かされ、やがてどんな「名声」も「時」の流れの中で、空しく忘れ去られていくことが告げられる。そして、最後に「時」を打ち負かすためにやってくるのが、変わることなくあり続ける「永遠」の凱旋である。最終章である「永遠」は、ペトラルカの死の直前まで書き続けられていたが、未完のままに終わっている。

以上のような内容を持ったペトラルカの『トリオンフィ』は、十五世紀のイタリアでは広く親しまれていた。実際に、『トリオンフィ』は、ペトラルカの生前から、部分的な写しが広く流布し、十五世紀に至っては、ダンテの『神曲』に次いでよく読まれたともいう。また、この詩に対する挿絵もすぐに描きはじめられ、やがて銅板や木版による印刷が大量に出回ることになる。

ここでペトラルカの『トリオンフィ』に付された十五世紀の二つの図版（図134、図135）を実際にご覧いただきたい。一見して、その図像から、いくつかのトランプ・カードの中に描かれているものと似たような擬人像を読み取るのは容易である。たとえば、いくつか例をあげると、図134の中の凱旋車の上で、目隠しをして矢を放とうとしているキューピッドは、「恋人」のカードの中にもみられるし、右下の方にいる書物を手にした女性は、「女教

図134(右)　「愛のトライアンフ」、一四八八年、ヴェネツィア（出典41）
図135（上）　ペンツ「死のトライアンフ」、一五四〇年頃（出典41）

皇」のカードの中の人物と同一であるように見える。また、**図135**の鎌を持った骸骨は、「死」のカードに描かれているし、背景には「塔」、及び、「悪魔」が描かれている。

また注目すべきなのは、ペトラルカの『トリオンフィ』の主題が、次に来たものが前のものを打ち負かすという流れとなっている点だ。前にも述べたように、トランプ・カードはトリック・テイキングのゲームの中で、「切り札（トランプ）」の役割をするものだった。しかも、その際にトランプ・カードには強さのランキングがあった。一番低い「奇術師」のカードからはじまって、後のカードになればなるほど強いカードになっていく。そして最後に来るカードは、すべての「切り札（トランプ）」を打ち負かすことのできる最強のカードだ。この構造もまったくペトラルカの『トリオンフィ』と同じであることに留意して欲しい。そう、まさしく今までになかった特別な「切り札（トライアンフ）」をカード・パックの中に含めるアイデアを思いついた人物は、もしやペトラルカの『トリオンフィ』を読んでいるときか、あるいはトライアンフの行列を見ているときに、その着想を得たのではないだろうか。

ジョン・シェパルドは、モークリーの説を受け継ぎ、ペトラルカの『トリオンフィ』とトランプ・カードの主題がほぼ完全に一致するという主張を立てている。実際にシェパルドは、六つの部分から成る『トリオンフィ』の主題に合わせて、トランプ・カードすべてをグループ分けにすることで、完全な対応を作り出している。[72] しかし、わたしとしては、トランプ・カードと『トリオンフィ』の間にあるいくつかの主題の同一性は認めたとしても、シェパルドが作った対応に対しては、どうしてもいくつかの点で賛同することができない。ここでシェパルドの対応をいちいちすべて列挙して説明してしまうとかなり煩雑になるので、わたしが思うところの問題点をいくつかあげるにとどめておこう。

たとえば、「月」のカードと「太陽」のカードを、シェパルドは「時」の凱旋を表したものとして説明している。彼によると二つの天体は、それぞれ「月下の時間」と「宇宙の時間」を表しているものだと解釈される。確かに、月と太陽は暦に関係しているため、時を象徴したものだといわれれば、そんな気がしないでもない。しかし、普通に見て「時」を表すのにもっとぴったり来るカードが他にある。手に砂時計を持った老人のカード、現在のタロット・パックでは「隠者」と呼ばれているカードだ。[73] その理由についての詳細は、第三部の「タロットの図像学」のところで説明するが、年老いた老人と砂時計という組み合わせは、当時の慣習として、「時」の擬人化のまず間違いない定番の描き方だった。確かにシェパルドの対応はよく考えられてはいるが、しかし、どうしてもわたしにとっては、このようにこじつけとしか思えない箇所が多々みられる。

一方で、スチュワート・キャプランも、シェパルドとはまったく別に、ペトラルカの『トリオンフィ』とトランプ・カードの対応を作っている。ただし、キャプランの場合は、すべてのカードが『トリオンフィ』に対応させられているわけではなく、左の表のような形になっている。[74]

キャプランの場合、すべてのカードを強引に『トリオンフィ』に当てはめようとはしていない分、シェパルドの対応に比べてさほど無理がない。[75] しかし逆に、これではトランプ・カードの絵柄の図像的ルーツのすべてを、ペトラルカの『トリオンフィ』にさかのぼらせることができない。ということは、トランプ・カードの絵に描かれた主題が、ペトラルカの『トリオンフィ』と関係があるのではないかという推測は、見当外れなのだろうか。

いや、そうではないだろう。おそらく、トランプ・カードの中に盛り込まれたいくつかの図像のアイデアは、ペトラルカの『トリオンフィ』及び、その挿絵から間違いなく影響を受けていたとわたしは思う。たとえば、挿絵入りの本という形でペトラルカの『トリオンフィ』が最も人気を博したのは、一四四〇年代から、その先のことであるが[76]、これはちょうど、ヴィスコンティ―スフォルツァ家のタロット・パックの製作された時期と年代的にぴったり符合している。そればかりか、『トリオンフィ』に基づいた絵は、たとえば十五世紀のフィレンツェを中心に、工芸の分野において、デスコ・ダ・パルトと呼ばれる出産の祝いとして贈られた大きな盆や、カッソーネと呼ばれる衣類などを入れた箪笥にも、好んで描かれていたという[77]。だとしたら、そういった主題が、カードの中の図像として取り込まれていたとしても、まったく不思議はない。

　ここで先ほどの、ブルクハルトが述べた「祝祭の行列はすべてトライアンフの名で呼ばれていた」という言葉を思い出していただきたい。そういった行列には、ペトラルカの『トリオンフィ』には登場しないモチーフも登場していた（たとえば、よりキリスト教的な主題がモチーフとなったものや[78]、ペトラルカより一世代前の偉大なる詩人ダンテ（一二六五―一三二一）の『神曲』の中の描写の影響を受けたものなど[79]）。すなわち、トランプ・カードの絵柄の主題の着想は、ペトラルカの『トリオンフィ』という詩の記述に直接範を求めたのではなく、当時実際に行なわれていた様々なトライアンフの行列のあちらこちらから、そのアイデアを取り込んだに違いない。以上がわたし自身の結論である。

ペトラルカの『トリオンフィ』	トランプ・カード
愛	恋人のカード
純潔	節制のカード
死	死のカード
名声	戦車のカード、正義のカード、世界のカード
時	隠者のカード
永遠	審判のカード、世界のカード

　今や、トランプ・カードの絵柄の謎を解くためにわたしたちが進むべき方向は、ほぼ明らかになった。そう、トライアンフの行列の

仮装と装飾を作り出す背景となった当時の擬人像と寓意の伝統（これについては第三部で説明する）を手がかりに、個々のトランプ・カードの絵柄に込められた意味を読み解いていくことだ。この残された課題については、第三部において試みられることになるだろう。

その前にわたしたちは、十五世紀から十六世紀、そしてタロットの秘教化が到来するド・ジェブランの時代までのタロット・カードの歴史を、簡単に見ておくとしよう。

フランスでの初期のゲーム用のタロット・カード

十五世紀のイタリアから十八世紀のド・ジェブラン以前までの間のタロットの歴史を一言でいうならば、それはゲームの歴史以外の何ものでもない。すでに述べたように、そこにはオカルト的なタロット・カードの使用の例は一切みつかっていない。タロット・カードは、あくまでゲームとしてヨーロッパ中にその勢力を広げていく。もしここでゲームの発展の歴史を詳細に追うとなると、それだけでもう一冊の本を書かなければならなくなるほど膨大なものになってしまう。したがって、とりあえず本書においては、イタリアからどのような経路でタロット・カードが広まっていったかの大まかなスケッチをするにとどめておこう。

まず、イタリア以外の地域で最初にタロットへの言及が参照されるのは、お隣りのフランスにおいてである。F・ゴーデフロイの『古フランス語の辞書』によれば、一四八二年から「トライアンフ」という言葉がフランスのカード・ゲームのために使われはじめたとされている。また、一四九六年にはロレーヌ公ルネ二世（一四五一―一五〇八）の帳簿の中から「トライアンフ」で遊んだとの記述がある。ただし、フランスではもともと普通のプレイング・カードでのゲームのことを「トライアンフ」と呼んでいたため、ここで言及されている「トライアンフ」という言葉が必ずしもタロット・カードを示しているとは限らない。[80] では、初期の記録で最も確かなものはというと、当時のフランスの最も有名な作家の一人フランソワ・ラブレー（一四八五頃―一五五三）の書いた一

図136　ケイトリン・ジョフロイのタロット、クンストハンドヴェルク美術館、フランクフルト（出典9）

五三四年の『ガルガンチュアとパンタグリュエル第一之書』があげられる。この中であげられているゲームのリストの中に、タロット・カードへの言及が含まれている。ちなみに、そこでの綴りはtarauとなっている。また、彼の死後出版された一五六二年の『第五之書』（ちなみに、これはラブレーの偽作ではないかといわれているが）の中に、今度はtarotsという綴りで、再びタロット・カードへの言及がみられる。[81]

実際のところ、フランスでタロット・ゲームがポピュラーになったのは、十六世紀になってからである。当初はイタリアのタロット・パックを使用していたが、少なくとも十六世紀末には、リヨン、ルーアンを中心として、パリでもタロット・パックが作られていたことが、政府によって課せられたタロット・パックの税金の記録などから確認できる。しかし、十六世紀にフランスで作られたタロット・パックで現在にまで残っているものは、なんとわずか一つしかない。一五五七年に、リヨンでケイトリン・ジョフロイという人物によって木版画で作られたタロット・パックのうち、現存する三十八枚のカードが、ドイツのフランクフルトのクンストハンドヴェルク博物館に所蔵されている[82]（図136）。このパックの面白い特徴は、スートがこれまでのイタリアのタロット・パックとはまったく異なるという点である。現存するカードから確認できるスートは、通常の「剣」、「棒」、「カップ」、「コイン」ではなく、「鸚鵡」、「雄孔雀」、「獅子」の三つである。おそらくもともとあったであろう残りのスートは、「猿」だったのではないかということが、ほぼ同時代の普通のプレイング・カードで使われていたスートから推測できる。[83]

十七世紀になると、マルセイユ、トゥーロン、ボルドーなど、フランスのあちらこちらでタロット・カードが作られるようになる。一六二二年に、フランシス・ガラッセという人物が、フランス人の間では、タロットのゲームはチェスよりも広く遊ばれていたことを記録している。[84] それにも関わらず、十七世紀のフランスで作られたタロット・カードで、今でも残っているものはさほど多くない。

図137（口絵） は現在フランス国立図書館に所蔵されている、十七世紀半ばにパリでジャック・ヴィエヴィルによって作られた木版画のタロット・パックである。[85] このパックで面白いのは、「吊るされた男」のカードが、上下逆さまになっている点だ。これはおそらく最後に番号をつけるときに、上下を間違って彫られたのではないかと推測される。また、現在の「隠者」のカードでは、老人が手にランタンを掲げた姿として描かれるのが普通だが、このパックではランタンを掲げているカードと同様のポーズをしているのにも関わらず、手に持っているのは外套の裾になってしまっている。これもおそらく当時のミス・プリントの一つであると思われるが、これらのことからうかがわれるのは、いかに当時のタロットを作っていた職人が、自分の彫っている絵のモチーフや主題をよくわからないまま製作していたかということだ。

図138（口絵） は同じくフランス国立図書館所蔵の十七世紀前半にパリで作られた木版画のタロット・パックである。「コインの2」、「コインの4」、「カップの2」、「カップの3」には、いずれにも本来カード・メーカーの名前が記されていたはずの個所があるが、残念ながらそこの文字が消えてしまっている。このパックは、各カードにタイトルと番号が振られているものとしては現存する最も初期の完全なセットである。また、「剣」、「棒」、「コイン」、「カップ」それぞれの「エース」に、それぞれ「ユニコーン」、「翼の生えたケンタウロス」、「獅子」、「鹿」の姿が描かれているのが特徴的である。[86]

これら二つのタロット・パックの中のカードはそれぞれ、いずれも現在のスタンダードなマルセイユ・パックとは、やや異なるデザインとなっている。では、マルセイユ・パックのタロットの絵柄は、一体いつ頃誕生したのだろうか。

マルセイユのタロットの起源

第一部ですでに見たように、マルセイユのタロットは、現在、日本でもタロット占い好きの間では「マルセイユ版」と呼ばれ、占い用に好んで使用されている。ただし念のために断っておくが、マルセイユ・パックはもともと占い用に作られたものではなく、かつてはゲームのために使われるカードでしかなかった。

また、マルセイユ・パックと一言でいっても、十八世紀には、いくつかのカード・メーカーによってそれぞれ異なる種類のカードが作られていた。ただしそれらの絵柄は、細かく見れば、各カード・メーカーによって微妙に異なる箇所も見受けられるが、おおまかにはデザインの共通性が見られる。

では、現在一般的にマルセイユ・パックと呼ばれるパックの標準的なデザインは、いつ頃生まれたものなのだろうか。まず、現存するカードを見てみると、すでに十七世紀後半に、マルセイユにではなく、パリでジャン・ノブレという人物によって作られたタロット・パックの中に、そのデザインの最初のものが発見できる（図139）。現在パリの国立図書館に所蔵されているジャン・ノブレのタロットは、マルセイユ・パックのトランプ・カードのデザインを持った現存する最初期のパックである。[87] このことは、マルセイユ・パックのトランプ・カードのデザインが、そもそもマルセイユに起源があるわけではないということを示唆している可能性がある。

それればかりか、マルセイユ・パックのプロトタイプともいうべきデザインは、さらに古い時代にさかのぼることも可能である。**図140**は、コネチカットのイェール大学のライブラリーにある十六世紀半ばのイタリアのタロット・カードのシートであるが、ご覧の通り、ここに現れている絵柄には、すでに後のマルセイユ・パックのデザインの基本形が含まれている。[88] 特にマルセイユ・パックの特徴でもある「月」や「星」のカードの独特の図像は、驚くべきことに、この古いイタリアのタロット・カードにおいてすでに登場しているのである。

図139　ジャン・ノブレのタロット、パリ国立図書館、パリ（出典27）

図140　イタリアのタロット・シート、イェール大学（出典９）

マルセイユ・パックの絵柄は、現代でも占い用タロット・カードのデザインのもととなっているせいか、その図像には深い隠された意味があるとしてことさら特別視されることが多い。現代でも多くのタロティストによって、その構図と絵柄には、それ自体に秘教的な教えが含まれているというような主張がなされている。そのような見方が適切かどうかはともかく、ひとつ明らかなのは、マルセイユ・パックの図像が、すべてマルセイユという場所で考案されたわけではなく、そのルーツはイタリアへとさかのぼることができるということだ。

また、それとは別にマルセイユ・パックの重要性として見逃してはならないのは、そのトランプ・カードの順番である。すでに何度も見たように、現在のスタンダードなトランプ・カードの順番は、マルセイユ・パックのそれに基づいている。しかし、マルセイユ・パックのトランプ・カードの順番は、実はすでに紹介した、一五五七年にリヨンで作られたケイトリン・ジョフロイのタロット・パックに同様のものがみられる。ただし、厳密にいうと、現存するカードはすべてマルセイユ・パックのトランプ・カードの順番にぴったりと符合してはいるが、欠落している十一枚のカードが完全にその順番であったかどうかは完璧には確かめられない。しかし、先ほど見たばかりの、十七世紀後半のパリでジャン・ノブレによって作られたタロット・パックは、マルセイユ・パックとまったく同じ順番となっている。したがって、現在スタンダードなトランプ・カードの順番自体も、マルセイユ・パックが作られるよりも前に存在していたとみて間違いないだろう。

ではここでいったん、トランプ・カードの順番というテーマについて少しだけ考えておこう。

数が違えば意味も変わる

十八世紀のド・ジェブランにはじまり、続いて登場してきたタロティストやオカルティストたちは、トランプ・カードの順番に対して強いこだわりを持ち、そのために何度かその順番が入れ替えられてきたことはすでに見た。ここでトランプ・カードの順番というテーマを取り上げるのは、オカルティストたちやニューエイジャーたちのタロット理論の多くが、そもそも現在スタンダードとされているトランプ・カードの順番に支えられているという事実があるからだ。

特に、数のシンボリズムという観点からカードを解釈するタロティスト（「数秘術（numerology）」と呼ばれる占いの方法をタロット・カードの解釈に持ち込む理論家）の場合は、トランプ・カードの順番は絶対的に重要なものである。数秘術をもとにした占いやオカルト理論では、ひとつひとつの数は、単なる加算や減算のための道具ではなく、物事の表面からは隠された本質的な部分を表す、深い象徴的な意味を持つものと考える。すなわち、数は隠された真理を読み解く鍵なのである（タロットを数の理論でまとめようとしたパピュスを思い出していただきたい）。

このような数崇拝を占いに適用する占い師は、ある人物の持って生まれた数がわかれば、性格や運命といった普通には知ることのできないその人物の本質に関わる事柄を見抜くことができるともいう。ある人物の持って生まれた数？　一見、何のことかと思うが、なんのことはない。持って生まれた数（ときどき女性誌の占い特集などに登場するあなたの「運命数」とかと呼ばれているやつのことである）とは、たいがいその人の生年月日を足し合わせた数か、あるいはその人の名前を数に置き換えて足し合わせたものなどで決められる。

ここで、タロットを現代の数秘術の方法論から解釈した著書として良く知られているサンドア・コンラッドの『タロットについての数秘術の鍵』という本の中の、大アルカナについての解釈をのぞいてみよう。[89] たとえば、コンラッドは「1」という数字についての数秘術上の意味を、「リーダー」、「パイオニア」、「オリジナル」だという。そして、彼はその意味を、そのまま一番目のカード「魔術師」の基本的なキーワードとして反映させる。また、「2」という数は、文字通り「二元性」を表しているということから、二番のカード「女司祭」の絵柄の中に描かれている様々なモチーフは、「男性原理」、「女性原理」といった二元的な原理を象徴したものだと解釈する。[90] 以下、このような要領で続いていく各カードの説明は、完全にマルセイユ・パックのトランプ・カードの順番に依存したものとなっている。すなわち、コンラッドに代表されるような数秘術的タロット解釈には、タロット・カードとは数の本来持っている象徴的な意味を絵として表現したものだ、という前提がある。

さて、こういった数秘術的解釈は、まずそこで使用されているトランプ・カードの順番が〝正しい〟ものであるという前提に支えられていることは明らかであろう。すなわち、仮にカードの順番が一つでも間違っていれば、数の象徴的な意味に基づいて行われていたカードの解釈が、まったく当てにならないものだったということになってしまいかねないからだ。また、数秘術的な解釈を採用しない場合でも、たとえばフールズ・ジャーニーのコンセプトでトランプ・カードの流れを物語化していくタロティストにとって、その順番は重要である。なぜなら、彼らの物語はトランプ・カードの順番に依存して作られているのだから。

数秘術的な解釈をとるにしろ、フールズ・ジャーニーで物語化するにしろ、現代のタロティストたちが依拠するトランプ・カードの順番とは、ほとんどすべて、マルセイユ・パックの順番か、もしくは八番と十一番を入れ替えたウェイト＝スミス・パックの順番かのどちらかである。

ちなみに、前述のコンラッドの本なんかを見ると、絵柄はウェイト＝スミス・パックを使っているのに、なぜか順番はマルセイユ・パックのものを用いるという、奇妙な組み合わせが行われている。コンラッドは数の原理に従ってカードの絵柄のモチーフを解釈しているのだから、どう考えてもこれはおかしいことのはずなのだが……。

しかしながら、ことはもっとややこしい。というのも、トランプ・カードの順番は、実はマルセイユ・パックかウェイト＝スミス・パックかの二者択一ではないからだ。十五世紀から十八世紀まで、トランプ・カードの順番には実は無数のヴァリエーションが存在していた。それらを見てみると、そもそも〝正しい〟トランプ・カードの順番という考え方自体がまるで意味をなさないものと思われてくるはずだ。では、実際にヴァリエーションの例をいくつか見てみるとしよう。

トランプ・カードの順番のヴァリエーション

現在のスタンダードであるマルセイユ・パックのトランプ・カードの順番と、より古い時代のトランプ・カードの順番とを次頁に表にして並列してみる。(91) まずは、表中の番号が示すカードの出典をあげておく。

①……マルセイユのタロット

②……ドミニコ会の修道士の説教（十五世紀後半、ウルビーノ）

③……ニューヨーク・メトロポリタン・ミュージアム、及びブダペストのファイン・アーツ・ミュージアム所蔵のタロット・カードのシート（十五世紀もしくは十六世紀初頭、イタリア）

④……ワシントンの国立アート・ギャラリー所蔵のローゼンウォルド・コレクションのタロット・カードのシート（十五世紀末もしくは十六世紀初頭、イタリア）

⑤……『トリオンフィ』、ポーメラン・ダ・チッタデーラの詩（一五三四年、ヴェネツィア）

⑥……ケイトリン・ジョフロイによるタロット・パック（一五五七年、リヨン）

⑦……ジャンバッティスタ・スジオの詩（一五七〇年頃、パヴィア）

⑧……ジャック・ヴィエヴィルのタロット・パック（十七世紀半ば、パリ）

※括弧の中にタイトルが入っているものは、カードに直接タイトルが描きこまれていないが、その絵から類推される主題を記していることを示す（その際のタイトルは、マルセイユ・パックのタイトルを借用した）。また、イコールで結んでタイトルがつけられているものは、最初の方のタイトルがもともとのカードに記されているタイトルであり、イコールの後のタイトルはマルセイユのタロット・カードのどれに対応するかを示すためにつけ加えたものである。また、③の「奇術師」、「戦車」、「世界」は、もともとのカード自体にナンバーが書き込まれていないため、ナンバーは空白にしつつ、スタンダードな順番から類推して本来位置していただろうと推測される場所に三枚のカードをそれぞれ配置した。④の「死」から「審判」までと「吊るされた男」の十枚のカードも、ナンバーが書き込まれていない。よって、そのカードの並び順は、切り離される前のシートの中でカードが並んでいる順を列挙したものである。また、念のために断っておくが、ここでリストにあげたものが、これまで存在していたカードの順番の記録のすべてではない。

①	②	③	④
—愚者	—	（愚者？）	—
1奇術師	1奇術師	（奇術師）	1（奇術師）
2女教皇	2皇帝	2（女帝？）	2（女教皇）
3女帝	3女帝	3（女教皇）	3（女帝）
4皇帝	4女教皇	4（皇帝？）	4（皇帝）
5教皇	5教皇	5（教皇？）	5（教皇）
6恋人	6節制	6（節制）	6（恋人）
7戦車	7愛＝恋人	（戦車）	7（節制）
8正義	8凱旋車＝戦車	8（恋人）	8（正義）
9隠者	9剛毅＝力	9（力）	9（力）
10運命の車輪	10車輪＝運命の車輪	10（運命の車輪）	10（戦車）
11力	11背むし＝隠者	11（隠者）	（吊るされた男）
12吊るされた男	12反逆者＝吊るされた男	12（吊るされた男）	12（隠者）
13（死）	13死	13（死）	（死）
14節制	14悪魔	14（悪魔）	（運命の車輪）
15悪魔	15矢＝塔	15（神の家）	（悪魔）
16神の家	16星	16（星）	（神の家）
17星	17月	17（月）	（星）
18月	18太陽	18（太陽）	（月）
19太陽	19天使＝審判	19（審判）	（太陽）
20審判	20正義	20（正義）	（世界）
21世界	21世界	（世界）	（審判）
	22愚者		

⑤	⑥	⑦	⑧
愚者	―	―	愚者
奇術師	1（奇術師）	奇術師	1奇術師
女帝	2（女教皇）	女帝	2女教皇
女教皇	3（女帝）	女教皇	3女帝
皇帝	4（皇帝）	皇帝	4皇帝
教皇	5（教皇）	教皇	5教皇
節制	―	愛＝恋人	6恋人
凱旋車＝戦車	7（戦車）	正義	7正義
愛＝恋人	―	戦車	8戦車？
剛毅＝力	9（隠者）	剛毅＝力	9力
車輪＝運命の車輪	―	車輪＝運命の車輪	10車輪
時＝隠者	―	老人＝隠者	11老人
裏切り者＝吊るされた男	12（吊るされた男）	裏切り者＝吊るされた男	12吊るされた男
死	13（死）	死	13（死）
悪魔	14（節制）	節制	14貴婦人＝節制？
炎＝神の家	―	悪魔	15悪魔
星	15（塔もしくは悪魔？）	炎＝神の家	16稲妻＝神の家
月	―	星	17星
太陽	―	月	18月
天使＝審判	―	太陽	19太陽
正義	20（審判）	天使	20トランペット＝審判
世界	―	世界	21世界
―	―	―	―

現在スタンダードとされているマルセイユ・パックのトランプ・カード①と、たとえばこの中で最も初期のものである十五世紀後半の修道士の説教の中のカード②を比較してみると、共通している部分はあるものの、かなり大きくその順番が変化していることがわかる（たとえば、マルセイユ・パックでは八番目の「正義」のカードは、修道士の説教の方では、二十番目に位置している）。また、これらの初期の記録の中のカードには、タイトル自体が現在スタンダードとなっているものとは明らかに異なっているものがいくつか見られる（これについては、第三部で各カードの図像解釈を行う際に説明する）。

ところで、これらの一見無秩序に見える無数のヴァリエーションに対して、ダメットは次のような特徴を指摘している。まず、「正義」、「剛毅（力）」、「節制」という三枚のカードの順番の変動。次に「天使（審判）」のカードと「世界」のカードの順番の交替。しかし、後ろからそれに続く「太陽」、「月」、「炎（神の家）」、「悪魔」、「死」に関しては、どのバージョンでも変わらない。さらにそれに続く、「吊るされた男」、「老人もしくは時（隠者）」、「運命の輪」、「戦車」、「恋人」は、隣合ったカード同士を交換することで、すべてのヴァリエーションを作ることができる。最後に、「教皇」、「皇帝」、「女教皇」、「女帝」、「奇術師」、これらの五枚のカードでは、「女教皇」のポジションが重要である。すなわち、「女教皇」が「皇帝」の後か、もしくは「女帝」の前か後になることですべてのヴァリエーションが作られている。そして、ダメットはこれらの点を踏まえたうえで、結果的にこれらのカードの並び順を次のような三つのパターンに分類する。

パターンA……「世界」のカードよりも上位に「天使（審判）」のカードが来る。また、「正義」、「剛毅（力）」、「節制」は、連続して並べられている。しかも、その中でも「節制」はいつも一番下位のランキングになっている。

パターンB……「世界」が最高位のランキングとなっている。そして、それに続くのが「正義」、「天使（審判）」という順になっている。

パターンC……パターンBと同じく「世界」が一番上位にある。しかし、その次に来るのは「正義」ではなく、「天使（審判）」である。また、「節制」は「死」と「悪魔」の間に置かれている。また、「正義」、「剛毅（力）」、「節制」は、パターンAのように隣り合って並べられることはない。この三つの中で「正義」、「剛毅」、「節制」の順でランキングが高くなっていく。[92]

このようなグループを作ると、前述のトランプ・カードのヴァリエーションは、それぞれこの三つのパターンのうちのどれかに割り当てることができる。すなわち、①、⑥、⑦、⑧はパターンCに、②、③、⑤はパターンBに、そして④はパターンAへと。さらに、ダメットは、これら三つのパターンを、十五世紀の北イタリアのタロットのゲームの中心地、ボローニャ、フェラーラ、ミラノにルーツがあるものと推定する。[93] すなわち、パターンAはボローニャ、パターンBはフェラーラ、そしてパターンCはミラノに。ということは、パターンCに属するマルセイユ・パックのトランプ・カードの順番は、ミラノにルーツがあるものだということになる。

そもそも、十五世紀のトランプ・カードの順番とは、前にも述べたように、まずもってトリック・テイキングのゲームの中での強さを表すものだった。したがって、確かにゲームを行う際には、トランプ・カードのランキングについて、参加者の間で共通の合意が得られていなければならなかったのは当然である。すなわち、タロットのゲームのプレイヤーになるためには、トランプ・カードの一連の順番を記憶しておかなければならなかった。そしてその順番は、ナンバーがカードに書き込まれる以前までは、時代や地域ごとに変動する余地があった。

結論を言うと、トランプ・カードの〝正しい〟順番といったものは存在しない。そもそも、前にも述べたように、トランプ・カードの形に「一つのオリジナルな姿」を想定すること自体が疑問である。だとしたら、〝正しい〟順番を想定することも同様に疑問であるといえる。

もちろん、最も最初に作られたという意味での「オリジナル」のタロット・パックはあるだろう。しかし、「正しい」とか「本物」であるとかという意味の「オリジナル」は存在しない。単に「オリジナル」という言葉の文字通りの意味でしか存在し得ず、それ以上でも以下でもない。理屈っぽい話になるが、そもそも何かが「正しい」ということは、別の基準となる何かと比較してそれが完璧な等しさを持っているということを意味する。では、「正しい」順番というときに、いったい何を規準にして「正しい」というのだろう。あるいは、タロット・パックの「正しさ」は一体何を規準として判定されるものなのだろう。この宇宙の真理？ 古代の秘教的な叡智？ あるいはプラトン的な意味でのタロットのイデア？ オカルティストたちのように、タロットはそういった真理やら叡智やらを絵で表現したものだということを前提にした場合にのみ、それらを「正しく」写し取っている「正しい」順番、あるいはそれらを「正しく」写し取っている「本物」のタロットの絵柄ということが問題となる。しかしながら、実際にはタロットの順番や絵柄の「正しさ」を判定する何らかの超越的な基準などは存在しない。それればかりか、今まで見てきたタロットの歴史からわかるように、タロット・カードには、〝正しい〟とか〝本当の〟といった言葉はなじまない。なぜなら、たとえ〝正しさ〟とか〝本当〟が求められてきた時代でさえ、あたかもそれが宿命であるかのごとくタロット・カードは変容をし続けてきた。その変容の歴史に、良いも悪いも、また正しいも間違っているもない。それぞれの時代と文化によって生み出され変化してきたタロット・カードには、それぞれの個性と味わいがある。だからこそ、タロットはいつの時代も面白いのだ。タロットの変容は、これから先の未来においても起こり続けることだろう。

最後に、ミラノ、フェラーラ、ボローニャというイタリアのタロット発祥の三拠点から、それぞれどのような経路で広まっていったかを駆け足で概観し、タロット・カードの歴史の締めくくりとしよう。

ミラノからフランス、そしてヨーロッパ各地へ

十五世紀前半のイタリアではじまったタロットのゲームが、十六世紀初頭に、まずはフランスに侵入していったということはすでに述べた通りである。その際、フランスへと広がったのは、ミラノにルーツを持つゲームだった。当時のミラノの状況を述べると、一四九四年から、フランス軍による侵入がはじまっていた。いわゆるイタリア戦争である。

ミラノ公ロドヴィコは、独帝マクシミリアン一世、ローマ教皇アレクサンデル六世、そしてスペイン、ヴェネツィアなどと反仏大同盟を結成し、いったんはフランス軍を撤退させるものの、一四九九年には、フランス王ルイ十二世（在位一四九八―一五一五）が、教皇やヴェネツィアと結託してミラノを占領。結局、ミラノ公ロドヴィコは追放され、スフォルッツァ家によるミラノ支配は終わりを遂げる。ちなみに、一五〇七年、ルイ十二世はトライアンフの行列によってミラノに入城した。その際には、ユピテル、マルス、といった古代の神々の擬人像ばかりか、大きな網で包まれた「イタリア」という生きた人間の姿まで登場し、さらにその後にはいろいろな戦利品を積んだ凱旋車が続いたという。[94] これらのことから、確かな証拠があるわけではないが、一五一三年まで続くフランス軍のミラノ占領が、タロットのゲームをフランスへと運ぶひとつの要因となった可能性も考えられなくもない。

さて、フランスへと入っていったのとほぼ同時期か、あるいはやや遅れる形で、タロットのゲームはスイスにも広まった。ドイツに到着するのは、十六世紀の終わり頃。十七世紀までには、ボヘミアにまでタロットのゲームは浸透した。ゲームの絶頂期は、フランス、スイスをはじめとして、ベルギー、ネーデルランド、スカンジナヴィア、そしてハプスブルグ帝国全土へと広がった十八世紀である。その当時、イギリスとイベリア半島を除くほぼヨーロッパ全域に、タロットのゲームは浸透した。[95] すなわち、十六世紀以降にヨーロッパに広がっていった

タロットのゲームは、フェラーラやボローニャのものではなく、ミラノ発信のモードなのである。

注目すべきは、ミラノからフランスへとカードが移って行く中で、トランプ・カードの形態が少しずつ変化していく点だ。中でも最も本質的な革命のひとつは、トランプ・カードとコート・カードの下にすべて、タイトルが書き込まれることになったことだ。そうすることで、絵を見てすぐにそのカードに描かれている主題が何であるかを理解することのできない人でもゲームに親しむことが容易になった。特に、十五世紀のイタリアでポピュラーだったトライアンフの主題が知られていない異国におけるゲームの普及において、このことは非常に有利に働いたに違いない。

また、十八世紀後半のドイツとハプスブルグ帝国領内では、さらに根本的な大変革が起こることになる。まず、これまで「剣」、「棒」、「カップ」、「コイン」というイタリアン・スートが普通だったタロット・パックに、「スペード」、「クラブ」、「カップ」、「ダイヤ」から成るフレンチ・スートが採用されたこと。そして、それと同時に、トランプ・カードのための伝統的なデザインが完全に捨てられてしまったことだ。かろうじて「愚者」のカードだけは、道化の姿としてそのイメージは保たれているが、他のカードはすべて、もともとのトランプ・カードの絵柄とはまったく関係のない動物の姿に変えられてしまった。

これら新しく作り直されたニュータイプのタロット・パックのアイデアは、すぐにベルギーでも取り入れられ、十八世紀後半から十九世紀にかけて、イギリスとイベリア半島を除く、ヨーロッパのあちらこちらに広まっていった。しかし、イタリアとスペインでは、動物柄のニュータイプ・タロットは採用されず、伝統的な図像のままのタロット・パックを使用し続けた[96]。ちなみに、**図141**は「アニマル・タロック」と呼ばれる、一七五二年から一七八三年にかけてデンマークで作られたニュータイプのタロット・パックである[97]。もちろん、このニュータイプのタロット・パックは、完全にゲーム用である。やがて絵柄は、動物ものだけでなく、建物、花、風景画、物語に登場するキャラクターなど、多くのヴァリエーションを生み出していく。

なぜ突如、伝統的なトランプ・カードのデザインが見捨てられていったのだろうか。その答えは明らかである。

図141　「アニマル・タロック」（出典27）

見ての通り、各カードには、ローマ数字が非常に目立つ大きさで書き込まれている。そのおかげでトランプ・カードのランキングは一目でわかるようになった。したがって、もはやカードの絵柄は、ゲームをするには本質的なものではなくなった。そこで、伝統的な絵柄に束縛されることのない、単なる装飾としての絵が、その都度、自由に採用されることになったというわけだ。

一方、パリではすでに、十八世紀を迎える頃にはタロットのゲームは完全に衰退していた。その証拠に、一七〇二年以降のパリで出版されたカード・ゲームの本の中には、タロットのゲームは含まれていない。イタリアのジョヴァンニ・フランチェスコ・ストラパローラという人物によって書かれた本の翻訳本の一七二六年のエディションでは、タロットのゲームはすでに時代遅れのものだと記されている。[98] そして、すでに見たように、一七八一年出版の『原始世界』の第八巻で、ド・ジェブランは、タロットの古代エジプト起源説を発表し、占いとオカルティズムの中へとタロット・カードが導き入れられる第一歩が踏み出されたのだ。とはいえ、当時はまだフランス東部においてだけは、タロットのゲームはいまだ行なわれていた。

こうしてみると十八世紀後半から十九世紀にかけては、ミラノからの流れによって作られてきたタロット・カードの伝統が大きく変革する時代だったといえるだろう。片や古代エジプト風に〝修正〟された占い用タロット・パックが、その一方では、まったく伝統を無視した新たなデザインのゲーム用のタロット・パックが、それぞれまったく別個に作られていく。さらに、この二つともまた異なり、通常のプレイング・カードをもとにしてできあがったル・ノルマンの名を冠した奇妙な占いカードが生み出されたのも十九世紀のことである。また、エテイヤから影響を受けたタロットではない占い用カードも十九世紀初頭にはいくつか作られている。たとえば、**図142**と**図143**はそれぞれ一八〇七年と一八一〇年にパリで、四十二枚、及び三十六枚のプレイング・カードをもとにして作られた占い用カードである。

タロット・カード自体の話に限定するなら、十九世紀は、タロット・カードという言葉は三つの別のものを意味していた。まず一つは、フレンチ・スートを採用して新しく生まれたゲーム用のタロット・パック。二つ目は、マルセイユ・パックに代表されるようなイタリアン・スートを使ったタロット・パック。そして三つ目は、エテイヤからの影響によって作られたエジプシャン・タロットだった。

現在では日本でも、二つ目のマルセイユ・パックが占い用のカードとして用いられることは多いが、実は当時、占い用のタロットといえば、明らかに三つ目のエジプシャン・タロットを指すのが普通だった。今となってはエジプシャン・タロットは、第一部第三章で見た二十世紀後半の、エキゾチックでバラエティ豊かなタロット・パックたちに押されてしまいやや下火のようだが、十九世紀の間は圧倒的に人気があったのだ。『偉大なトートの書』（一八三八）、そして『ご婦人の偉大な神託』（一八六五）などと題されて、エテイヤのエジプシャン・タロットの改良バージョンはいくつか作られ続けた（図144、図145）。また、一八九六年には、ポール・クリスチャンの影響を受けた二十二枚から成るエジプシャン・タロットが出版されたこともすでに見た通りである[99]。

こうして、ミラノからはじまったタロット・カードの伝統は、変革の時代ともいうべき十九世紀の間において、その同じ名前を使いながらも、まったく異なる三つの形として存在するに至ったのだ。

図142 「ご婦人の小さな神託」（出典7）

図143 「ヌーヴォ・エテイヤ」（出典7）

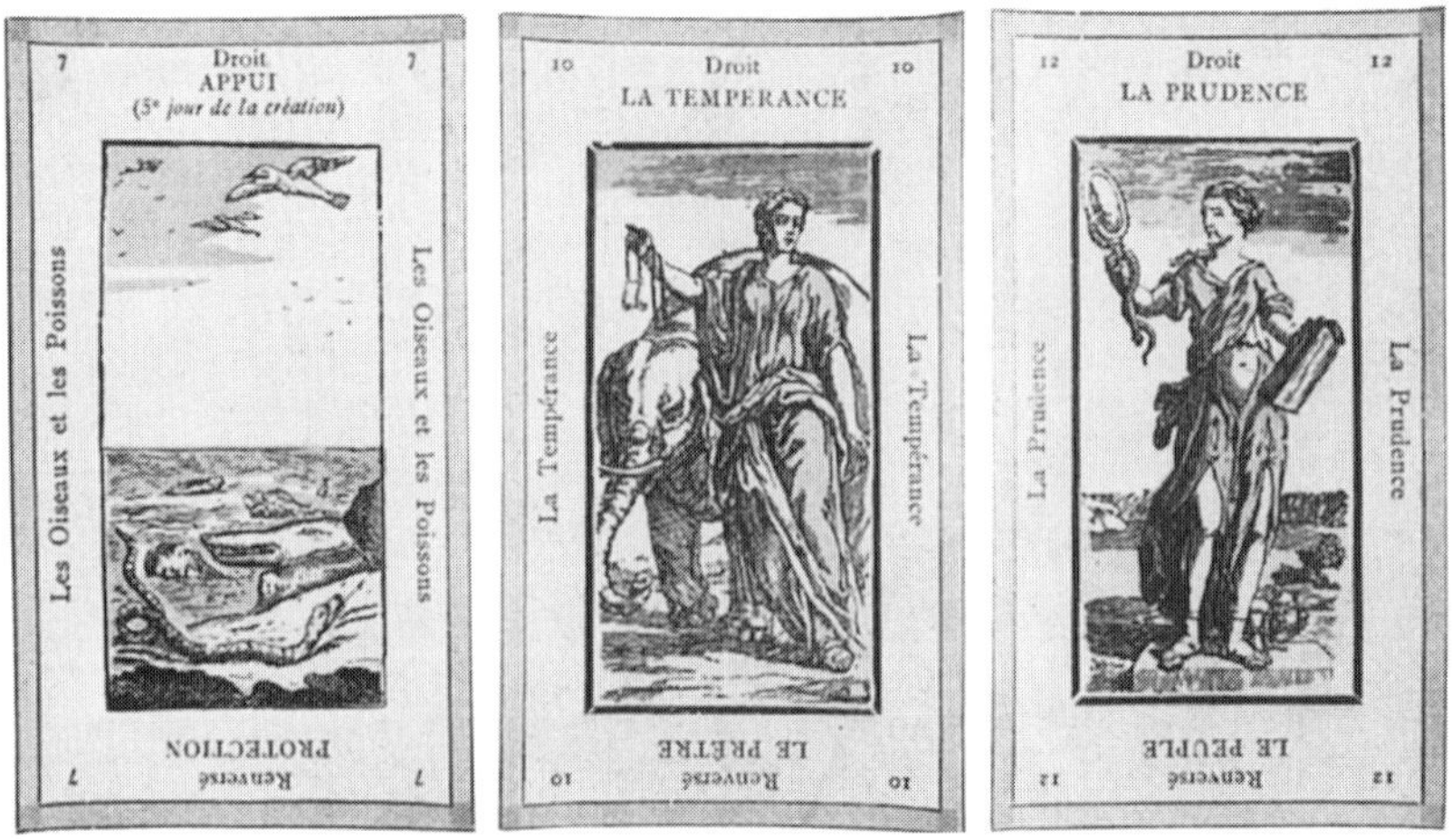

図144「偉大なトートの書」（出典５）

図145　「ご婦人の偉大な神託」（出典５）

フェラーラにおけるタロットの伝統の衰退

次に、フェラーラを拠点とするタロットのゲームはどうなったのだろう。結論からいうと、フェラーラのタロットのゲームは、まさしくエステ家の没落とともに衰退してしまったようだ。

一五九七年、熱心な学芸保護者で有名だったアルフォンソ二世が死去。そしてその後を継いだチェザーレ公は、あっという間に教皇庁によって公位を奪われ、結局、教皇クレメンス八世によって教皇領に組み入れられてしまう。それ以後の一六〇〇年からは先は、フェラーラでタロットのゲームが行なわれていた証拠を見つけることができなくなる。[100]

ところで、フェラーラの伝統の中から、非常に面白いタロット・カードが生まれているのでここに紹介しておこう。**図146**は、エステ家の外交官であったマッテオ・マリア・ボイアルドによってデザインされ、一五二三年のヴェネツィアで出版された本の中に掲載されたタロット・カードである。ちなみに、博該な人文学の教養の持ち主だったボイアルドは、六万行にもわたる叙事詩『オルランド恋慕』を書いた人物としても知られている。まず、各スートのカードの枚数は十四枚というノーマルなままであるものの、スートのマークを見ると、「鞭」、「目」、「矢」、「花瓶」と、非常に奇妙なデザインに変えられている。また、トランプ・カードも、「怠惰」、「労働」、「欲望」、「理性」、「秘密」等々というタイトルがつけられ、スタンダードなタロット・パックとはまったく異なる主題を描いた絵柄となっている。[101]

このボイアルドのタロット・カードは、以前にウェイト―スミス・パックの小アルカナの元ネタということで紹介したヴェネツィアのソーラ・ブスカ・タロッキと並んで、[102]十五世紀末から十六世紀にかけてフェラーラで考案された非常に特殊なタロット・パックの実例として非常に興味深いものだ。

図146　ボイアルドのタロット、プライベート・コレクション、スイス（出典９）

図147　ボローニャのタロット、パリ国立図書館、パリ（出典9）

現在までに引き継がれているボローニャのタロットの伝統

最後に、ボローニャはどうなのだろう。こちらも結論を先にいってしまうと、ボローニャのタロット・ゲームの伝統は、いまだ今日でも続いている。[103] しかし、実際に使われているタロット・パックは、いくつかの点で独特である。まずその枚数であるが、「2」から「5」までのヌーメラル・カードが、それぞれのスートから省略され全部で六十二枚から成る（図147）。この形になったのは、おそらく十六世紀頃だと推定される。また、「教皇」、「女教皇」、「皇帝」、「女帝」の四枚のトランプ・カードは、一七二五年以来、四枚の「ムーア人の王」のカードに変えられてしまっている。

ところで、十五世紀の終わり頃には、ボローニャからのタロット・ゲームの流れは、フィレンツェ、そしてローマの方にまで広まっていったものと思われる。そして、注目すべきは、一五二六年から一五四三年の間のどこかで、フィレンツェにおいて施された大々的なタロット・パックの変形だ。その際に、驚くべきことに、カードの枚数は圧倒的に増大した。従来のトランプ・カードに加えて、新たに占星術の十二星座、四つのエレメンツ、さらに「慈愛」、「信仰」、「熟慮」、「希望」といった徳

1	奇術師
2	グランド・デューク
3	西の皇帝
4	東の皇帝
5	恋人
6	節制
7	剛毅
8	正義
9	運命の輪
10	戦車
11	時
12	裏切り者
13	死
14	悪魔
15	塔
16	希望
17	賢明
18	信仰
19	慈愛
20	火
21	水
22	地
23	空気
24	天秤座
25	乙女座
26	蠍座
27	牡羊座
28	山羊座
29	射手座
30	蟹座
31	魚座
32	水瓶座
33	獅子座
34	牡牛座
35	双子座
	星
	月
	太陽
	世界
	審判
	愚者

が追加され、全部でなんと九七枚にまで膨れ上がった。フィレンツェ産のこれらの特殊なカードは、ミンキアーテ・カードと呼ばれている[104]（図148口絵）。ちなみに、愚者のカードを含めた、ミンキアーテのトランプ・カードの順番は上の表のようになっている。

　占星術のシンボルや四つのエレメンツも含まれるこのパックの方が、スタンダードなものよりもよっぽど〝秘教化〟しやすい要素を持っていると思われるが、残念ながら十八世紀のド・ジェブランやエテイヤは、このミンキアーテ・カードを知らなかった。もし、知っていたら、間違いなくこちらのパックこそを〝本物〟だと思い、飛びついたに違いない。そして、スタンダードなタロット・パックは、ミンキアーテからいくつかのカードを排除することで俗化されたものに過ぎない、というような主張がおそらく展開されたことだろう。

　フィレンツェを起源とするこのパックは、トスカーナ全域と教皇領においてもすぐに広まったが、一六六三年には、スペインの総督が、さらにそれをシチリア島に紹介した。シチリアでは現在でもこれらのカードが作られているが、十四枚のヌーメラル・カードが省略（「コイン」のスートからは「2」と「3」が、他の三つのスートからは「エース」、「2」、「3」、「4」が省略）され、さらに二十枚のトランプ・カードと「愚者」のカードを合わせて、全部で六十三枚となっている。ジェノヴァでは一九三〇年頃までこの伝統は生き残っていたが、今は完全に死滅してしまっているらしい[105]。一方、いまだにタロットのゲームが行われているピエモンテも、そのトランプ・カードの順番から、おそらくボローニャからの伝統が十六世紀頃に伝わったものなのではないかと推測される。

以上、大雑把ではあるが、ミラノ、フェラーラ、ボローニャの三つの拠点を中心に、タロット・カードと、そのゲームの広がりについてまとめておいた。ここで、これまで述べてきたタロットの歴史をざっと振り返り、十五世紀から二十世紀までの約四五〇年のタロットの歩みをまとめておこう。

まとめ

タロット・カードのはじまりは、十五世紀の北イタリアで発明されたゲーム用のプレイング・カードの新たなヴァリエーションだった。そして、それは十六世紀初頭には、ミラノからフランス、そしてスイスへと流入し、さらに十八世紀までの間には、ヨーロッパ各地へと広がっていった。その中で、十五世紀イタリアの文脈から切り離されてしまったタロット・カードは、やがてその本来の図像の寓意も人々の間から完全に忘れ去られた。いってみると、タロット・カードに新たな生命が吹き込まれたのは、トランプ・カードの図像の意味が零度の地点へと限りなく近づいた時だった。トランプ・カードのイメージは当時のパリを駆け巡った空想の中のエジプトへと重ね合わされ、すぐさまその意味の空白は、新たに〝発見〟された古代の叡智によって過剰に埋め合わされた。

十八世紀末から十九世紀にかけて、タロットは占いとオカルティズムの間を揺れながら、過去のゲームとしての来歴は完全に消えていった。そして、世紀末から二十世紀前半には、パリ、ロンドン、そしてロサンジェルスで、それぞれのオカルト結社が、タロットを団の教義において重要な鍵とみなすようになる。しかし、さらに大きな発展と大衆化は、一九六〇年代のカウンター・カルチャー、七〇年代から八〇年代にかけてのニューエイジ・ムーヴメントを通過していく中において訪れた。また、二十世紀の最後のわずか三十年間あまりには、日本という極東の小さな島国においても、タロット占いは急速な広がりをみせ、今に至る。こうして、約四五〇年という歴史の中で、各時代と場所ごとに、様々に姿形を変えながら生き延びてきたタロットは、結果的に、第一部で述べた「タロットの現在形」へと進んでいったのだった。

さてここで、あるひとつのフィクションを紹介して、タロットの歴史の幕を閉じるとしよう。

それでもタロットは宇宙人からのメッセージだと……

紀元前九三二一年、一台の円盤がエジプトの砂漠に着陸した。その船は地上を観察していた遠い銀河系からやってきた。その船の乗組員たちの目的は、この地球上の人間に、最初の種をいくつか植え付け、未来において彼らの霊的発達を高めることだった。そのミッションのために選ばれたのは、彼らの星の最も高次の二十二人のマスターたちだった。

彼らは地球に到着すると、宇宙からの乗り物を、砂漠の砂の下に深く埋め、それぞれ世界中のあちこちへと散らばっていった。何人かは、ミクロネシアに向かう西太平洋を通って、インド、中国の東洋に。他の者たちは、大西洋を渡り、中央、南アメリカへ。そして残りはヨーロッパのあちらこちらへと向かった。

これらのマスターたちは背が高く、美しく、超人間的なサイキックな力を持っていたため、地球上の人間たちからは、まさしく神々であると思われた。実は、すべての神話の中に登場する古代の神々とは、当時の人間たちが見た、宇宙から来たマスターたちの姿の記憶なのだ。

それぞれのミッションが完成したとき、マスターたちは自分たちの故郷の星と最も似ている場所、ヒマラヤの山々へと向かいそこで生活をはじめた。だが、トートという名の一人のマスターだけは、山々に引っ込むことをよしとしなかった。彼一人だけは、エジプトに残り続けた。そして自らの知恵を、人間の最も高次の熟達者に伝授した。ヒエログリフと、人類の未来の発達の鍵としてのタロットとともに。

実は、ここにあげたタロットの「宇宙人起源説」は、オニールが自らの著作の中で、一つの寓話として創作したフィクションを要約したものである。[106] オニールがこのような「トンデモ話」を自分のまじめな研究書の中にあえて取り入れたのは、この手の主張は、誰も確認しようがないという意味で反証不能であり、それゆえどんな荒唐無稽な虚構であっても成立し得るという一つの例として示しておくためだった。

考えてもみれば、古代エジプト説がはじまったのは、エジプトに強い憧れを持っていた十八世紀末のフランスにおいてであった。それならば、宇宙人の到来を信じる二十一世紀の人々の間で、これに類するようなタロットの宇宙人起源説がやがて唱えられるようになったとしても、不思議はない。日本でも非常に受けたグラハム・ハンコックの『神々の指紋』[107]やら、シュメール語を読解しながら論説を張る神話字義主義者ゼカリア・シッチンの「神々＝宇宙人説」[108]やらに大きくうなずきながら、一方でプレアデスやらシリウスなどへと空想を膨らませる新世代のタロティストたちがいるとしたら、「タロットの数のシンボリズムは惑星の公転周期と照応している」といったような宇宙規模のタロット理論をいつか登場させないとも限らない。きっとそこでは、「十五世紀のイタリアからタロットの歴史をはじめるのは、表面上の歴史の裏に隠された真実をわかっていないからだ」というようなことがいわれてしまうのだろう。もしそうなれば、二十年後か三十年後に、本書の続編ともいうべきニューエイジ以後の新たな「タロットの現在形」を書こうと思ったときは、そのネタにまったくこと欠かなくなるわけだが……。

それぞれの時代と文化を通じて、人々の空想と想像力を刺激し続けてきたタロット・カード。二十一世紀という時代においても〝神秘のタロット〟を巡る新たな神話が、はたして産み出されていくのだろうか。

第三部　タロットの図像学

第一章　タロットの図像解釈における若干の方法論について

これらのカードの絵はいったい何を表しているのか？　それがわたし自身のタロット・カードへの興味のはじまりだった。確かに、現在市販されているタロット占いのほとんどの本には、各カードの絵柄に対する説明と、そのシンボルの解釈なるものが書かれてはいる。だがそれらは決して、今までタロットの歴史を追ってきたわたしたちを、満足させるようなものではない。

第三部では、ヴィスコンティ－スフォルツァ家のタロットを中心として、十五世紀のタロット・パックの中の二十一枚のトランプ・カード、及び「愚者」のカードの図像を、実際に解釈していく。だがその前に、現在多くのタロティストの間で最も人気があり、今やその主流かつ定番となっている解釈の方法論に関していくつか問題点を指摘しておこう。

ユング心理学というパラダイム

「元型」。これが二十世紀後半のタロット解釈を象徴するキーワードのひとつである。大アルカナ二十二枚の各カードをユング派の心理学的概念である元型とみなすアプローチは第一部第三章でも見たが、それの是非をここでは再検討してみたい。

二十世紀終わりから現在に至るまでに出版されている英語圏のタロット本をざっと眺めてみると、どうやらユング心理学的なタロットへのアプローチが、かつての古代エジプトやユダヤ教カバラと結びつける方法論にとって代わって、新たに定式化されたタロット理論の堅固なパラダイムとなってしまっているように思われる。現に、七十年代以降のタロティストたちの中で、ユング派的な観点からカードを解釈している論者は非常に数が多い。アルフレッド・ダグラス、サリー・ニコルズ、ロバート・ウォン、ジュリエット・シャーマン－バーク、カレン・ハマカー・ゾンダグなどの本書ですでに触れた論者だけではなく、イレーヌ・ギャド[1]、アンジェレス・アライン[2]をはじめとするその他大勢のタロティストが、いずれも大なり小なりユング派に親近性のあるアプローチをとっている。そればかりか、ユング心理学を解釈の中心に置いていない著者であっても、必ずといっていいほどユング派の元型に関しての肯定的な言及がみられ、むしろユング心理学的な視点のまったくない本を探す方が難しいといってもいいほどである。したがって、数多くのタロット本が存在するにもかかわらず、基本的な発想は、細かな解釈の相違を抜きにすればどれも似たりよったりだともいえる。

　では、まずここで、ユング派的なアプローチを好む論者の共通点を指摘しておこう。そもそもユング派の元型とは、簡単にいってしまうと、人類すべての心の深層には生得的に備わっている普遍的で共通のイメージのパターンがある、ということを前提とするコンセプトである。たとえば、ユング派的な考え方によると、神話や夢なども、人類の心の奥底に潜在している元型が表現されたものだという。ユング派的なアプローチを好むタロティストたちはそこから一歩踏み込んで、タロット・カードに描かれた図像も神話や夢と等しく元型の表現だとみなす。したがって、人類すべてにとって共通の元型の表現としてのタロット・カードの図像は、特定の時代や場所に縛られることのない普遍的なイメージなのだと述べられる。

　サリー・ニコルズが大々的に試みているように、いったんその考えが認められると、各カードの図像の解釈をするにあたって、ヨーロッパの文化だけではなく、エジプト、インド、中国、ネイティヴ・アメリカン等々と国境や宗派の壁を越えた視野のもと尽きることのない似たもの探しの連想が、次から次へと繰り広げられることになる。ユング派の間では「拡充」と呼ばれるそういった方法論が用いられることで、たとえば「吊るされた男」のカードの図像は、北欧神話のオーディンの自己犠牲や、イエス・キリストの磔刑などと並べられ、いずれも象徴的には同じような意味を持つものとして解釈が加えられていく。すなわち、少々乱暴な言い方を許していただけるなら、ユング派の人は、似ていると思われるもの同士はすべて、文化や時代の垣根を越えて同じ一つの元型の表現だとみなしてしまうようだ。また、元型と同時に、参照されるユング心理学のコンセプトに、心の成長過程のモデルである「個性化」という考え方がある。たとえば、先ほどの「吊るされた男」、オーディンの自己犠牲、イエス・キリストの磔刑、これらはいずれもユング派的タロティストにとって、「個性化」に至るまでの心の成長プロセスの特定の段階を象徴的に表現したものだとみなされる。

ついでにいっておくと、ユングの次に現代のタロティストたちが好んで引き合いに出すのが、アメリカの神話学者ジョセフ・キャンベルである。特に、キャンベルの『千の顔を持つ英雄』[3]などは、非常に人気があり、その中に寄せ集められた多くの神話の断片が、「拡充」の元ネタとして使われる場合も少なくない。そもそもキャンベル自体が、神話や民話や伝承の中に人類の普遍的な心のあり方を見つけていこうとする学者である。したがってキャンベルの諸著作は、ユング派的タロティストにとって、カードの図像イメージの「拡充」と心理学的解釈のために、格好の材料を提供してくれるものなのだ。

ここで、ユング心理学的なアプローチをとるタロティストたちの解釈の手順をおおまかに整理してしまうと次のようになるだろう。まず、タロット・カードの図像を結びつけられそうな素材の数々を、世界各国の膨大な神話やお伽噺からどんどん拾い集めてくる。そして、元型をキーワードに、タロット・カードの図像は、あのお話ともこのお話とも同じものを表現しているのだと解説される。最後に、カードの絵に関連づけられたそれらのお話は、「個性化」という心の成長の段階において、かくかくしかじかの意味があるのだと心理学的な説明がつけ加えられる。

では、具体的な解釈例をお見せしよう。たとえば「力」のカードを例にとると、おおよそ次のようになるだろう。まず、「美女と野獣」のお伽話を持ってくる。そして、美女は野獣の真の姿に向き合って、それを否定することなく受け入れていかなければならなかったというのがこのお話のテーマなのだと説明される。もちろん、ここでは「力」のカードと「美女と野獣」の物語は同じ元型に属するということが前提とされている。したがって、「力」のカードに描かれている図像も、「美女と野獣」と同じように、女性がライオンから逃げずに向き合っていこうとしている姿だと解釈される。そして、これら二つに共通している心理学的意味は、内なる女性性である「アニマ」によって、自分が今まで否定してきた心の中の本能的な部分といかに和解していくかといった課題を表したものだと述べられる。また、それは同時に「個性化」という心の成長過程の中で、「自我」が「無意識」と調和ある関係を作っていくためには通らなければならない段階なのだと心理学的な説明がつけ加えられて解説は終わる。

さて、ユング派的な解釈の一例をあげてみたがいかがだろうか。結論としては非常にわかりやすいし、神話やお伽話の世界にまで視野を広げ、なおかつ心理学的な意味にまで結びつけられる解釈は、一見、とてもタロットの世界を豊穣なものにしていくように見えなくもない。それゆえ現在、ユング派的解釈が圧倒的な人気を誇り、主流となってしまっていることについても、そうなる理由はわからないでもない。

とはいえわたし自身は、ユング派的なタロティストたちの解釈には、どうしても共感できない部分がいくつかある。まずその理由の一つとして、わたしには、こういった方法論は、最初から用意されている答え――すなわち「個性化」という心の成長モデルに対して、カードの絵柄、及び神話やお伽話といった素材を単にパズルのように当てはめていく作業以上のものには見えない。

さらに二つ目として、それら別々のところから寄せ集められてきたモチーフすべてが、共通するある一つの普遍的なものの表現だとみなすことは、それぞれの異なる文化の中でそれぞれが持つ独自性を抹消してしまうことへと向かいがちである。どう考えてみてもわたしには、「吊るされた男」、オーディンの自己犠牲、イエス・キリストの磔刑、これらを一つのものに結びつける根拠は、単にそれぞれが何らかの方法で樹につながっているという点にしか認められない。むしろそれぞれには、当たり前のことだが本来それぞれ別の背景とストーリーがあり、そこから生まれてくる意味や価値があるのであって、それらを一緒にして語ってしまうこと自体に疑問がある。にもかかわらず、いったん元型というユング派の魔法の箱の中に入れられてしまうと、それぞれが持つ固有の文化的な意味や価値は一瞬にしてどこかへ消え、どれも根底ではある一つの普遍的なパターンと心のドラマを表現したものなのだということにされてしまう。わたしにとって、ユング派的タロティストたちの言う「普遍性」とは、それぞれが持つ細部の差異を不問にすることによって仮構されたものとしか思えない。

「女帝」のカードは本当に大地の女神を描いたものなのだろうか？「戦車」のカードはエジプトの神ホルスと同一視してもいいのだろうか？「力」のカードは、「美女と野獣」と同じ主題を表現したものなのだろうか？「吊るされた男」は、オーディンのような自己犠牲に身を捧げた人物なのだろうか？こういったユング派的なタロティストが示すカード解釈に対する疑問符が適切か否かは、このあと提示する本書での図像解釈を読んでいただいたうえで、読者それぞれに判断していただければと思う。

擬人像とアトリビュート

では、「元型」、「個性化」という観点から解釈するユング派的パラダイムを退けたとして、具体的にどのような形でカードの解釈を行うのか。本書での方法は何も特別なものではなく、むしろ極めて当たり前でシンプルなものである。すなわち、単純に十五世紀のイタリアという文脈の中にカードの図像を位置づけてみるのだ。これから見ていくとわかるように、タロット・カードに登場する絵柄に使われているモチーフの多くは、同時代の他の様々な表現形式の中においても同様のものが用いられているのを発見できるだろう。つまり、十五世紀のタロット・カードの絵柄のモチーフの多くは特別に考案されたものではなく、絵画や彫刻や文学作品といった他のメディアにおいても利用されていたものだったということだ。したがって、同時代の絵画や彫刻、そして文学作品などは、カードの図像を解釈する際におおいに助けになる。

とはいえ現代のわたしたちには、どうしたってそれらの図像が謎めいて見えることに変わりはない。というのも、十五世紀のイタリアの図像全般には、現代のわたしたちにはほとんど馴染みの薄い「擬人像」の表現が多くみられるからだ。ひとまずここで、「擬人像」について簡単に説明しておこう。

一言でいうと「擬人像」とは、絵として直接表象することの不可能な抽象的な観念や概念を、視覚的イメージに置き換えたものである。たとえば、「愛」、「平和」、「正義」などといった理念は、リンゴや本など具体的なモノのように見ることはできないし、ましてやそのまま絵に描くことはできない。そこで当時は、それらを目に見える形として表現するために、それぞれ特定の約束事に従った方法で、人物像、あるいは人間の形をした像、すなわち擬人像として描かれた。「特定の約束事」というのは、擬人像が何を示すかを識別するために共有されていた、おおまかな決まりのことである。たとえば、「信仰」というキリスト教の徳を表すためには、十四世紀から十六世紀のイタリアでは、「聖杯」と「十字架」、ときにはそのいずれかひとつの持ち物を人物像とともに描いた。[4] このように、絵や彫刻などで表現されている人物が何の擬人像であるかを明示するための特徴を持った付属物（この場合は「聖杯」と「十字架」）のことを、一般的に「アトリビュート」と呼ぶ。このアトリビュートの決まりごとをある程度知っていると、現代のわたしたちでも、当時その図像が何を表現していたのかを認識することは比較的容易になる。

ただし、アトリビュートは常に同一で普遍的なものであるとは限らず、時代や地域によって変化していく。たとえば、同じ「信仰」でも十五世紀のフランスでは、片手に一冊の本、もう一方の手には火のついた蠟燭を持つか、もしくはときには、頭の上に小さな教会をかぶっているという奇妙な姿として描かれる場合もあった。[5] ということは、その擬人像が何であり、そしてその図像が何を表現したものかを理解するためには、いつどこで作られたものなのかを知っておくことは、当然必要不可欠だということになる。

たとえば、現代のタロット本の中には、「力」のカードに描かれている獅子は、人間の中にある統御しなければ

図149　ジョヴァンニ・ドメニコ・チェッリーニ「真実を暴く時」、カッセル国立収集美術絵画館（出典57）

ばならない「獣性」や「本能」を象徴したものである、というような説明がある。しかし、中世ヨーロッパでは一般的に、獅子は「獣性」や「本能」ではなく、「勇気」を表すために好んで描かれていたものだ。このことから、カードの中に描かれているある特定のモチーフが持つ意味は、特定の時代や場所という文脈を抜きにしては見抜くことはできないということがおわかりいただけると思う。

さらに、図像解釈の手順としてまだややこしいことが残っている。擬人像が同定できたとして、次にそれがどういうシチュエーションの中に置かれているかで、さらにそこには、「寓意」という隠された意味が浮き上がって来る場合もあるのだ。たとえば、『「真実」を暴く「時」』という寓意を持つ**図149**の絵をご覧いただきたい。「時」の擬人像である翼をつけた老人が、女性の〈衣服〉を取り去ろうとしているが、その行為が意味しているのは、まさしく「真実」を暴くことである。この場合、解釈の前提として、「真実」とは〈裸〉で表現されることがあるのを知っていなければならない。もしそれがわかっていれば、〈衣服〉とは「真実」を覆い隠すものだという解釈が可能になり、さらにそれを取り去ることは、「真実」を暴くということを意味するのだと理解できるようになる。この例からもわかるように寓意とは、単一の擬人像の描写だけで成り立つものではない。通常、ある行為や行動に関与する擬人像の複合体によってのみ、寓意は表現することが可能になる。(6)

以上、この後各カードの解釈を行ううえでの前提となる、擬人像、アトリビュート、そして寓意という概念について、おおまかなことはご理解いただけただろうか。では最後に、これから解釈していくカードの順番とタイトルについて必要な前置きを述べておこう。

ジャンバッティスタ・スジオの詩

現代のタロティストの解説書のほとんどが、ウェイト–スミス・パックかマルセイユ・パックの順番に基づいてカードを解釈している。が、本書ではあえてそれとは異なり、ジャンバッティスタ・スジオの詩（一五七〇頃）の中のトランプ・カードの順番を採用する。

その理由は、まず本書で参照する図像は、ピアポント・モルガン–ベルガモ・パックをはじめとする十五世紀半ばのミラノのタロット・パックを中心とすることによるため、前述のミラノを拠点としたCグループから順番を採用するのが適当であると思われるからだ。中でも、スジオの詩は、年代的に早い記録であると同時に、パヴィアの宮廷の貴婦人に関する内容のものであるため、十五世紀のミラノの宮廷での一般的なトランプ・カードの順番を保存している可能性が高い。

ちなみに、ペトラルカの『トリオンフィ』に基づいてカードの図像を解釈したガートルード・モークリーは、ドミニコ会の修道士の説教の順番を採用しているが、こちらは年代的にはより古いものであるとはいえ、パターンB、すなわちフェラーラでの順番であるため、ミラノのトランプ・カードの順番として採用するのには適切ではないだろう。

次に、各トランプ・カードのタイトルであるが、本書では、現在スタンダードとなっているものをそのまま引き写さず、これもとりあえずはスジオの詩の中に登場する名称を採用する。

また、図版の中には細かいところが見えにくいものもあるが、ご了承願いたい。

では、以上のような前提を踏まえたうえで、さっそくカードの図像の解釈へと移っていくこととしよう。

第二章　カードの絵の謎を解く

1　ペテン師

最も弱いトランプ・カード

最初に登場するのは、現在、「奇術師」、もしくは「魔術師」と呼ばれているカードである。現代のタロティストたちの解釈においては、ウェイトースミス・パックに描かれているポジティヴな絵のイメージをもとに、決まって「新しい物事のはじまり」を意味するカードだと述べられている。確かに、ウェイトースミス・パックの「魔術師」のカードを見ると、今まさに何かをなさんとする若々しい人物が描かれている（10—11頁・図2）。

また、多くのタロティストたちは、彼の行為が非常に力強くクリエイティヴなものであるといったニュアンスの説明を好む。たとえば、イーデン・グレイの本などを見ると、テーブルの上に置かれたものは、「火」、「空気」、「水」、「地」の四つのエレメンツを象徴し、しかも、片手を上にあげた人物は、「自らの欲望を物質化するために、高位の世界から力を引き出そうとする魔術師」だと述べられている。さらに、グレイはこのカードは、「聖なる力と結ばれた人間の意志」を表しているとも述べ、いかにも「魔術師」というタイトルにふさわしいオカルト風な解釈を施している[1]。

しかしながら、このカードは、本来そういったポジティヴで魔術的な力の表現を意味したものだったのだろうか。なんといっても、割り当てられているナンバーは一番である。すなわち、タロットのゲームの中では、最も弱いトランプとして位置づけられたカードだ。どう考えても、このカードに与えられた低次のランキングが、「聖なる力と結ばれた人間の意志」という意味には、到底ふさわしくないように思われる。

現代のタロティストたちによるカードの解釈は置いておくとして、ひとまずここで、ピアポント・モルガン―ベルガモ・パックのカードの図像を、改めてじっくりと眺めることからはじめてみよう（**図105口絵**）。

カーニバル王

赤いローブと帽子を被り、髭を生やした男が、小さなテーブルの前に座っている。襟元、袖口、そして帽子の縁は白い。また、足元には赤いスリッパのようなものを履いている。床は絵の損傷で見づらいが、緑の草が広がっていると思われる。ところで、テーブルの上に載っているものは一体何だろう。ひとまず、ナイフ、カップが描かれているのはわかるが、小さな二つの丸い物体（コイン？ もしくはパンの切れ端？ あるいはナッツ？）と、人物の右手のすぐ下にあるもの（三重にした皿？ もしくは帽子？ あるいは大量のコインを積み重ねたもの？）は、今ひとつ何を描いたものなのかははっきりしない。また、彼は手に細い棒のようなものを持っているが、それも一見何のためのものなのかよくわからない。

ところで、「カーニバル王」をご存知だろうか。「カーニバル王」とは、春の訪れを祝う祭りの際に、その行事の間だけ戴冠され、最後に犠牲に供される仮の王のことである。トライアンフの行列にトランプ・カードの起源を結びつけたモークリーは、このカードに描かれている人物は、「カーニバル王」ではないかと推測している。モークリーが、このカードの人物を「カーニバル王」であると同定する理由のひとつとしてあげているのは、後に見る「女帝」や「皇帝」のカードの人物と同じく手に笏を持っているという点だ。[2] すなわち、モークリーの説明によれば、その笏は、「カーニバル王」の制度に従い、祭の期間中、一時的に彼が王権を握っていることを象徴したものだということになる。また、モークリーは「カーニバル王」が、そもそもトライアンフの行列の中で好まれたイベントのひとつだったことも指摘している。[3]
しかし、モークリーの説に対してあえて難点をあげるとするなら、この解釈では、机の上に描かれている諸々の物体が何であるかが今ひとつはっきりしない。

手品もしくはさいころ賭博

ここで、スジオの詩からこのカードの古い時代のタイトルを確認してみると、「バガッテーラ（il bagatella）」と呼ばれていたことがわかる。しかし、残念ながらこのタイトルは、カードの絵を解釈する際の手がかりとしてほとんど役には立たない。というのも、ダメットによると、この言葉自体には、トランプ・カードの中で最も弱いカードを指すための呼び名としての意味しかないからだ。[4] しかし、十七世紀に入ってカードにタイトルが書き込まれるようになってから、このカードは「奇術師」、もしくは「ペテン師」と呼ばれるのが普通である。

ここで、十五世紀に作られた他のカードの絵柄も参照してみよう。フェラーラのエステ家のカードでは、二人の子供の前で、手に持ったカップを上に掲げている男が描かれている（図121口絵左端）。一人の子供は、男の持つカップの方へと手を上に伸ばし、もう一人の子供は黙って腕を組んだまま男の手の動きを追っているように見える。この絵からは、手品か何かを行おうとしている「奇術師」もしくは「大道芸人」の姿が想像できる。

別のカードも見てみよう。ファイン・アーツ・ミュージアム所蔵の十五世紀末から十六世紀初頭頃のイタリアのカードでは、机の前に立っている中心の人物を、子供ではなく大人たちが取り囲んでいる（図150）。机の上に注目してみると、二つのダイスが描かれている。このことから、この絵に描かれているのは、エステ家のカードと同様の「奇術師」であるか、あるいは当時の「さいころ賭博」の光景ではないかと推測できる。

ちなみに、遊戯史研究家の増川宏一は、当時のさいころ賭博に関して、次のようなことを述べている。「さいころ賭博の普及は、いかにしてごまかして勝つかのはじまりでもあった。ダイスボックスの考案のように、さいころをふるためのテクニックがあったが、それだけでなく、さいころそのものに細工をすることも早い時期からはじまっていた。中世では主としてさいころに鉛か蠟を入れて、ある特定の面が出やすいように加工することがおこなわれていた」[5]。すなわち、当時のさいころ賭博は、いつの時代もギャンブルについてまわる「いかさま」と背中合わせだった。だとしたら、さきほどのファイン・アーツ・ミュージアム所蔵のカードが、「さいころ賭博」の光景を描いたものだとしても、後のカードのタイトルである「ペテン師」とまったく矛盾するものではない。

ここでもう一度、ピアポント・モルガン―ベルガモ・パックの絵に戻ってみよう（**図105口絵**）。仮に、この人物がメトロポリタン・ミュージアムのカードと同じく、さいころ賭博を行う人間を描いたものだとしたらどうだろう。そうすると、先ほどの意味不明だった小さな二個の物体がさいころで、さらにその隣のカップは、さいころを振るための容器を描いたものだということになるだろう。また、右手の下にあるものは今ひとつ定かではないが、もしかするとさいころを使って遊ばれた西洋式双六の盤を描いたものなのだろうか。ちなみに、「鵞鳥のゲーム」もしくは「螺旋のゲーム」と呼ばれる西洋式双六は、さいころを振り、その目によって駒を動かし、円形または楕円形の盤の上を中央に向かって螺旋状に進み、中心で「上がり」となるものだ。こういった西洋式双六のゲームは、十四世紀ぐらいからイタリア、

図150　イタリアのタロット「奇術師」、ブダペスト、ファイン・アーツ・ミュージアム（出典27）

フランス、ドイツ、イギリスなどで広まっていったといわれている。[6]

ギャンブラーからの嫌われ者

これまでは、このカードに描かれている人物を「奇術師」、もしくは、さいころ賭博を行う「ペテン師」といったところで想像してきた。しかし、ピアポント・モルガン－ベルガモ・パックのカードに関しては、テーブルの上の物体が今ひとつ不明瞭であることから、見る人の多義的な解釈を呼び起こしてしまう。たとえば、キャプランはこのカードに対して、まったく異なる人物の可能性を示唆している。左手の棒は羽ペン。ナイフはペンを削るためのもの。カップはインク入れ。このように机の上の物体を判断することから、キャプランは、この人物を「商人」、もしくは「宿屋の主人」を描いたものだったのではないかといった推測を立てている。[7]

ここで当時のさいころ賭博の状況を調べてみると、奇しくも、このカードから浮んでくる複数のイメージが必ずしも矛盾するものではないことがわかる。というのも、当時の宿屋の主人は、さいころ賭博と密接な関わりを持っていた。それればかりか、宿屋の主人自体がさいころ貸し業を兼ねていることも珍しくはなかった。このことについて簡単に説明しておこう。

当時、旅人たちが泊まる街道に沿った宿泊施設とは、そもそも賭博場を兼ねていることが普通だった。そして、あちらこちらから集まってきた旅人たちは、様々な情報を交換し合いながら、自分たちの故郷のことや、旅の途中で覚えたカードやさいころの方法を伝え、あるいは逆に、その地の新しいルールを会得したりもしていた。[8]さらに、場末の賭博場には金貸兼質屋が顔を出し、賭博に負けた者には賭金を即座に貸し付ける慣習も制度化されていたが、そもそも居酒屋や宿屋の主人がその役割を兼任しているといったこともごく普通のことだった。彼らにとって金貸兼質屋とは、高利の貸付で有利な利殖を得ることのできるおいしい仕事だったのだ。[9]またつけ加えておくと、さいころ貸主の商売をするものは、奇術師や楽師などとともに、けしからぬ要注意人物とみなされていたともいう。[10]

以上のことからすると、「ペテン師」、「さいころ賭博」、「宿屋の主人」、「奇術師」、「大道芸人」といった複数の人物が一つのカードから連想されたとしても、単なる偶然とはいいきれまい。

最後に、このカードが、すべてのトランプ・カードの中で最も低いランクに位置づけられていたということを思い出していただきたい。今やその理由も、次のように考えてみると納得がいく。

タロットのゲームをはじめとするギャンブルにおいて最も憎むべきものは何か？　そう、詐欺を行う「ペテン師」や、あるいは賭博場に顔を出しては、金貸兼質屋を営みながら金儲けをする「宿屋の主人」ほど、腹立たしい存在はないだろう。だったら、トランプ・カードの中で、最も低いランクに位置させるべき主題として、彼らを描く以上にふさわしいものが他にあるだろうか。

2　女帝

確かに妊婦のように見えなくもないが

「女帝」とは誰なのか？　彼女は魔女なのかそれとも女神なのか、呑み込む母なのかそれとも「聖母」なのか、宿命の女なのかそれとも「霊感をもたらす女性」[11]なのか？　その答えはおそらく、それらの中のどれかではなく、それらすべてであるということだろう。

これはユング心理学に結びつけてタロットを説明するサリー・ニコルズによる、「女帝」のカードに対する解釈の結論ともいうべき部分である。彼女はこのカードに、「聖母、太母、天と地の女王」というタイトルを与え、ユング心理学でいうところの「グレートマザー元型」なるものと重ね合わせる。このような解釈は、彼女だけではなく、二十世紀後半の多くのタロティストたちが共有しているひとつの典型でもある。

また、ユング心理学的な説明を好むタロティストたちは、このカードに描かれた女性を、神話的な世界へと「拡充」させることで、ギリシャのデメテールや、シュメールのイシュタルといった古代の大地母神を表したものとみなすことで一致している。すなわち、このカードの解釈のほとんどは、母性＝大地＝自然といった連想へと結びつけられたものとなっている。

このような解釈が現代のタロティストの間で主流となったひとつの要因は、ウェイト＝スミス・パックに描かれたカードの絵柄のイメージによるところが大きいことは間違いない。**図2**を見ていただくとわかるが、ウェイト＝スミス・パックの「女帝」のカードには、大地から穀物が成長し、背景には川が流れるなど、先ほどの連想へと直結する豊かな大地と自然の恵みを表す光景が描きこまれている。

では、ここでピアポント・モルガン＝ベルガモ・パックの「女帝」のカードを眺めてみよう（**図105口絵**）。頭には黄金の王冠をかぶり、右手には細い笏を持ち、左手で黒い鷲が描かれた盾を押さえた、威厳のある女性が座っている。また、彼女のローブの柄は、すでに第二部で指摘した通り、ヴィスコンティ家、及びスフォルツァ家の紋章が描かれている。また、盾に描かれた鷲の紋章は、古くは古代ローマにまでさかのぼることのできるもので、王権や皇帝権の象徴として、ヨーロッパでは至る所に登場するものだ。

こうして改めて見てみると、カードの図像にはまったく謎となるものは何もないし、「大地母神」や自然の恵みを思わせるものも特に描かれてはいない。

ちなみにブルクハルトによれば、「当時、偉大なイタリア女性について語られる最も光栄あることといえば、男性的な精神、男性的な心情をもっている」ということだったらしい[12]。そういわれてみると、ピアポント・モルガン＝ベルガモ・パックの「女帝」が、やけに堂々とした男勝りの風格を備えている女性像として描かれていることも納得がいく。

とはいえ、当時の服装の特徴であるゆったりとしたガウンを着た丸顔の女性として描かれているピアポント・

モルガン―ベルガモ・パックの「女帝」の人物を見ていると、なんとなく妊婦が連想されなくもないので、「母なるもの」をそこに見てしまう気持ちもわからないではない。ただし、そういってしまうと、ヴィスコンティ―スフォルッア家のタロット・パックに登場する女性の多くが同様の特徴を持っているため、他の多くのカードも「グレートマザー」を表していることになってしまうのだが。

3　女教皇

実在しない女教皇

もちろん、カトリックの歴史上、女性の教皇は存在しない。それにもかかわらず、このカードの呼び名が「女教皇（La Papessa）」と記されているのは何とも不可解である。

まずはピアポント・モルガン―ベルガモ・パックのカードをじっくり見てみよう（図105口絵）。台形の台座の上のゴールドの椅子の上に女性が座っている。彼女は茶色の修道院の服と白い頭巾をかぶり、頭の上には三重冠《ティアラ》をかぶっている。右手には上部に十字のついた笏を持ち、左手は膝の上の書物にそえられている。

タロットの研究家の間では、このカードに描かれている主題が何であるかを巡って、これまでもいくつかの仮説が提出されてきた。それらを順に紹介してみよう。

まず、このカードは単に教皇権を示す寓意画だったのではないかという解釈がある。キャプランが例としてあげている、ジョルジオ・ヴァッサーリ（一五一一―一五七四）の描いた『教皇の勝利の寓意』と呼ばれる絵を見ていただきたい[13]（図151）。これは一五七一年のレパントの戦いで、スペインのフェリーペ二世と、ヴェネツィアの連合艦隊が、トルコの海軍を打ち負かした記念に描かれたものだ。ちょうど絵の真ん中に描かれている、頭に三重冠《ティアラ》を被り、右手に二本の鍵を持った女性が教皇権の擬人化である。また、取り囲む二人の女性が手を取り合

図151　ジョルジオ・ヴァッサーリ「教皇の勝利の寓意」、ヴァティカン（出典27）

っているのは、スペインとヴェネツィアが、カトリックというひとつの信仰を介して同盟を結び合っていることを意味している。

こうして二つの絵を比較しながらいわれると、確かにこのカードは、教皇権を表したものと見るのが自然であるような気がしないでもない。しかしながら、この説明には根本的な問題がある。というのも、もしこのカードが教皇権を表しているのだとしたら、なぜこのカードとは別にもう一枚「教皇」のカードが存在しなければならないのかという点が、理解できないからだ。

伝説の女教皇

次にモークリーによって提出された仮説を検討してみよう。モークリーは、このカードの女性を擬人像としてではなく、歴史上の人物を描いたものとすることで、二つの異なる説明を与えている[14]。

一つ目は、タロットの中の「女教皇」は、男装した聖女として有名な伝説上の人物である教皇ジャンヌを描いたものとするものだ。まず、ジャンヌの伝記を簡単にまとめておこう[15]。

イングランドで生まれたジャンヌはドイツのマインツで初等教育を受け、そこでフルダ修道院のある修道士と恋に落ち、男装してその修道院に入る。ふたりはその後、諸国を巡礼してさまよい、学問の研鑽に励む。恋人の死後、ローマでジャンヌは多くの弟子たちに講義をするかたわら、その名声は次第に大きなものとなっていく。そして、ついに八五〇年、教皇レオの後を継いでヨハネス八世の名で、教皇の地位にまで登りつめることになる。しかし、やがてスペインからきたベネディクト会士と恋に落ち、彼女は身篭ってしまう。教皇行列のさなかに産気づいたジャンヌは子を出産し、彼女が男装していたことが白日のもとにさらけ出されてしまう。

さて、以上のような教皇にまで登りつめた聖女ジャンヌの物語は、あくまで事実ではなく単なる伝説上のものなのであるが、十三世紀の幾人かの年代記作者が彼女のことを詳しく記述したため、中世後期には実在が広く信じられていた。彼女の存在が疑問視され、架空の人物だとされるようになったのは十六世紀以降になってのことなのである。

続けて、モークリーによる二つ目の説を紹介しよう。モークリー自身は、ジャンヌ説よりも、こちらの説、それは「女教皇」は異端の宗派のリーダーとなった女性マンフレッダを描いたものではないかという意見である。

では、マンフレッダとは誰なのか。

異端者マンフレッダ

そもそもヴィスコンティ家は、ミラノ支配を確立した初代当主オットーネ・ヴィスコンティ（一二六二―一二九五）の時代から、異端の宗派との関わりを持っていたという事実がある。[16] そもそも、オットーネの母は異端の疑いをかけられたまま死んでいるし、オットーネの伯母は、有名な異端者であったエジディオ・デ・コルテヌオヴァと結婚している。

さて、問題のマンフレッダとは、もともとミラノで誕生した異端の宗派グリエルミティ（ウィルヘルム派）の熱心な信徒だった。グリエルミティは、ボヘミアのウィルヘルミーナという女性がはじめたセクトで、キリストは女であるという異端の主張を持っていた。一二八一年にミラノで死んだウィルヘルミーナは、オットーネとゆかりの深いキアラヴァーレという場所で埋葬された。しかし、教祖ウィルヘルミーナの死後も、グリエルミティは消滅してしまったわけではなかった。信徒たちは、一三〇〇年のペンテコステの時に、男性の教皇は過去のものとなり、教皇権は女性のもとへと移るという預言を信じていた。そして、ついにその時がやってくると同時に、選出された初代女教皇こそが、マンフレッダだったのだ。しかし、同年の秋にマンフレッダは、カトリックの異端審問所により火刑に処されてしまう。

確かに、貴族出身のマンフレッダは、もともとヴィスコンティ家と親交を持っていた。したがって、ヴィスコンティ家にゆかりのあるマンフレッダが、「女教皇」のもとになった人物だったとしてもおかしくはないというのがモークリーの意見である。

モークリーのこの二つ目の仮説も、可能性としてはありそうである。しかし、この説に問題点をひとつ指摘するなら、ヴィスコンティ家はともかくとして、ピアポント・モルガン＝ベルガモ・パックの注文主であるスフォルッア家のフランチェスコが、自分たちとは縁のない異端者マンフレッダを描くことを好んだとはどうしても思えない。したがって、わたしは「女教皇」がマンフレッダであるとするモークリーの見解には、完全には同意できない。

エジプトの女神イシス、あるいは古代の女預言者シビュラ

次に、モークリーとはまったく異なる観点から提出されたロバート・オニールによる二つの仮説も紹介しておこう。一つ目は「女教皇」のカードの女性が、古代エジプト神話の女神イシスを描いたのではないかというものだ[17]。

「女教皇＝女神イシス」という見解は、多くのオカルティストたちが間違いなく同意する意見であろう。また、ウェイト＝スミス・パックを見ても、「女司祭（女教皇）」が頭にかぶっている冠は、明らかに女神イシスの図像のモチーフを模したものである（図2）。一方で、ユング心理学的なタロットの解釈を好む多くのタロティストの間でも、「女教皇」のカードのイメージを「拡充」することで、女神イシスと結びつけるのは、ある種常識のようなものになってしまっている。サリー・ニコルズは、次のように述べている。「女教皇」は「始原の陰、もしくは神性の女性的な側面を象徴しているとみなすことができるだろう。彼女は、イシス、イシュタル、アスタルテなど、女性の神秘の秘儀を司る、すべての女神の本質を体現している[18]」。

ただし、オニールの「女教皇＝女神イシス」説は、オカルティストのようにエジプト幻想を単にカードに投影

したものではない。オニールの意見は、ヴァチカンのボルジア宮にある、ピントリッキオによって描かれたイシスの図像を手がかりとしたものである。図152には三人の人物が描かれているが、その真ん中に腰掛けている女性像がイシスである。ここで、オニールは、両方の図像に一冊の本が共通して描かれている点を指摘している。

しかし、単に本をアトリビュートとした女性像ならば、イタリアのルネサンスの図像の中で他に同様のものを見つけることは容易であるし、イシスの方は三重冠《ティアラ》をかぶっていないという点で、二つの図像の間には決定的に大きな違いがある。したがって、「女教皇」をイシスだと見る根拠は、どう見ても薄弱である。

オニールの提出するもう一つの説は、ルネサンス期に作られたシビュラ像との類似性である。ちなみに、シビュラとは、もともと古代ギリシャにおいて、神意を神がかりになって口にする巫女の固有名であったが、後に古代の女預言者一般を指す呼称となったものである。[19] 図153はシエナ大聖堂に描かれたシビュラ像であるが、見ての通り、いずれも『シビュラの託宣』として知られる一冊の本もしくは巻物を手に持った女性となっている。だが、これもイシスと同じで、本というアトリビュート以外に、「女教皇」のカードと共通する点を見つけることはできない。

ここでイシスやシビュラに結びつける説に対して根本的な疑問を提出しておこう。もし「女教皇」のカードが、イシスやシビュラを描いたものだとするなら、なぜその呼び名が、「イシス」や「シビュラ」ではなく、「女教皇」となっているのだろう。十五世紀後半のドミニコ会の修道士の説教やスジオの詩をはじめとして、イタリアでのこのカードの初期の呼び名はすべて「女教皇」となっている。この単純な事実から、わたしはこのカードが、イシスやシビュラを描いたものだったとは思わない。

愛に囚われた女教皇

これまで、「女教皇」の正体をめぐる諸説を検討してきたが、そろそろわたしなりの結論を提出しておこう。

図152　ピントリッキオ「ヘルメス・トリスメギストス、イシスとモーセ」、ヴァティカン宮殿（出典51）

図153　「ヘレスポントスのシビュラ」、シエナ大聖堂（出典53）

まず、以前タロットの歴史のところで見た、ペトラルカの「愛のトライアンフ」の挿絵を参照してみよう（409頁・**図134**）。すでに確認したように、そこに描かれている女性は、ピアポント・モルガン―ベルガモ・パックの「女教皇」の絵と非常に似ている。頭には教皇の三重冠《ティアラ》をかぶり、手には本を持っているという点で、それぞれのモチーフにも共通性がみられる。

そもそも、「愛のトライアンフ」の挿絵の中の「女教皇」自体も、トランプ・カードの「女教皇」と同じく謎であることには変わりないのだが、しかし、こちらには手がかりとなるものがある。すなわち、クピドーの乗った凱旋車の周りにいる人々は、「女教皇」も含め、すべて「愛」に囚われた人々を表している。ここで、ジャンヌが破局を迎えた理由を思い出していただきたい。そう、ドミニコ会士との「愛」に心を奪われたことが、その原因だった。だとしたら、この凱旋車の横にいる「女教皇」は、伝説の女教皇ジャンヌを描いたものだと考えてみても納得がいく。

また、もし「愛のトライアンフ」に描かれている「女教皇」がジャンヌだとするなら、絵の類似性から、ピアポント・モルガン―ベルガモ・パックの「女教皇」もジャンヌであるとみるのは自然である。こうして見てみると、二人の「女教皇」それぞれが左手に持っている本は、まさしく深い学識によって名声を得たジャンヌを象徴するにふさわしいアトリビュートではないだろうか。[20]

以上のようなことから、わたし自身は、「女教皇」の正体を、さしあたって伝説の女教皇ジャンヌを描いたものだとする見方が妥当であると思われる。

4　皇帝

神聖ローマ皇帝

このカードは「女帝」のカードと同じく、どこからどう見ても単に「皇帝」の姿を描いたものであり、特に謎めいたところはひとつもない。ここでは現存する初期のタロット・パックから、「皇帝」のカードの図像をいくつか比較して眺めてみたい。

まずは、ピアポント・モルガン－ベルガモ・パックの「皇帝」のカードを見てみよう（図105口絵）。グレイの髪と、長く濃い髭を生やした風格のある歳をとった男性が右を向いて座っている。左手に持っている球の上に十字架がついた持ち物は、「帝国宝珠」と呼ばれ、神聖ローマ帝国の権威の象徴である。右手には「女帝」と同じく細い笏を持っている。彼の着ているガウンにも、すでに見たように「女帝」と同じくヴィスコンティ家とスフォルッア家の紋章が描かれている。また、彼は黒い鷲の描かれた大きく派手な帽子をかぶっているが、鷲についてはすでに「女帝」のところで述べた通りである。ちなみにモークリーは、このカードの人物は、当時の神聖ローマ帝国の皇帝フリードリッヒ三世を描いたものなのではないかと述べている[21]。

次にケーリー・イェール・パックの「皇帝」のカードを見てみよう（図109口絵）。二つの層になった台の上の玉座に、髭の生えた人物が鎧を着て正面向きに座っている。また、ピアポント・モルガン－ベルガモ・パックと同様に、黒い鷲の描かれた大きく派手な帽子をかぶっている。また、胸のところには王冠を頭に載せた鷲が描かれている。右手には細い笏を持ち、左手には黄金の宝珠を持っている。また玉座の周りには、四人の若い召使が描かれている。左下の召使は、手に王冠を持ち、ひざまずいている。

最後にブランビラ・パックの「皇帝」のカードを見てみよう（363頁・図108）。これもほとんど特徴は一緒である。正面を向いた髭を生やした男が、黒い鷲の描かれた大きな帽子をかぶっている。左手には帝国宝珠を持ち、右手には笏を持っている。唯一の違いといえば、その笏が先細りになっている点ぐらいである。

5　教皇

ゲームの中の「教皇」

タイトルとその頭にかぶった三重冠《ティアラ》から、このカードが一目見て、「教皇」を描いたものであることは明らかである。「女帝」、「皇帝」のカードと並んで、このカードにもまったく謎は含まれていない。

念のために、ピアポント・モルガン－ベルガモ・パックの「教皇」のカードの絵を確認しておこう（図105口絵）。上に十字のついた長い笏を左手に持ち、右手は祝福を与えるサインを形作っている。ちなみに、カトリックにおいて、頭の三重冠《ティアラ》は、天上界、地上界、地下世界の三領域を治めていることを象徴するとも解釈される。また歴史的には、教皇の冠がこのような形になったのは、教皇ウルバヌス五世（在位一三六二－一三七〇）の時からである。

マルセイユ・パックをはじめとする現代の標準的な「教皇」のカードでは二人の修道士が描かれているが（8－9頁・図1）、十五世紀のものでその構図に近いのはグランゴヌール・パックの「教皇」である（図154）。

真ん中の教皇を取り囲み、その両脇には深紅色の帽子と法衣を着用した二人の枢機卿が描かれている。教皇は左手に聖書を持ち、右手には二つの鍵を持っている。この二つの鍵は、カトリックの伝説の中では、イエス・キリストから使徒ペテロへと手渡され、その後、代々教皇が引き継いできたものだといわれ、教会の正当性と権威を象徴するための役割を果たしている。

また、「教皇」と「女教皇」の二枚のカードのキリスト教的な主題は、タロットの古代エジプト起源を信じるタロティストたちにとって都合がよくないため、後に「司祭」、「女司祭」といった名称に改められ、キリスト教とは関係のない人物へと変化させられたことは、すでに「タロットの歴史」のところで見た通りである。

それにしてもゲームの中に「教皇」のカードが入っているというのは、当時のイタリア人にとってどういった意味を持っていたのだろう。わたしたち日本人にしてみると、たとえば「天皇陛下」と呼ばれるカードが、カード・ゲームの中に含まれた場合の感覚を想像してみればいいのだろうか？　もちろん、日本の場合、そんなことでもしようものなら、「けしからぬこと」として、間違いなくお咎めを食らってしまいそうだが。

図154　グランゴヌール・パック「教皇」、パリ国立図書館（出典25）

6　愛

翼のついた少年は天使ではない

「恋人」、あるいは「恋人たち」と現在呼ばれているこのカードは、今では十五世紀のイタリアのパックとは絵の構図が大きく変化してしまっている。特に、二十世紀のウェイト－スミス・パック（図2）以降は、楽園で過ごすアダムとイヴを蛇が誘惑するという『旧約聖書』の「創世記」の物語がモチーフとして採用され、そもそもの主題自体が、十五世紀のものとはまったく異なるものとなってしまっている。

図155 ピエロ・デラ・フランチェスカ「盲目のクピド」、アレッツオ、聖フランチェスコ教会（出典62）

まず、ピアポント・モルガン―ベルガモ・パックのカードの絵を眺めてみよう（図105口絵）。全体の構図としては、男女が手を取り合い、さらに、二人の背後の台座の上には、大きな翼をつけ、目隠しをした裸の少年が描かれている。少年の右手が持っている矢は、あたかも男性の方をめがけているかのようである。また、男性は、平らな帽子をかぶり、着ている洋服には、ヴィスコンティ家の紋章である「光を放つ太陽」が描かれている。[22] 女性の方も長いローブを身に着けているが、こちらにも同様の紋章が施されている。

特に、この絵の中でとりわけ目を引くのは、台座の上で矢を構える翼の生えた裸の少年である。この裸の少年は、人物に翼が生えているという点からキリスト教の天使を描いたものと誤解されかねないが、実は彼は中世後期からルネサンス期にかけての絵画の中にはしばしば登場する「愛の神」である。ちなみに、図155はアレッツオのサン・フランチェスコ教会の壁にピエロ・デッラ・フランチェスカが描き出した「愛の神」である。見ての通り、この絵がピアポント・モルガン―ベルガモ・パックと同じ特徴を有していることは明らかだろう。また、すでに見たペトラルカの「愛のトライアンフ」でも、凱旋車の上には、弓矢を構える目隠しをされた「愛の神」が描かれているのを見ることができる[23]（409頁・図134）。

当時、「愛の神」は、アムール、アモーレ、クピドーなど様々な名前で呼ばれていたが（以下、とりあえず本書では「愛の神」をクピドーと呼ぶ）、それらのルーツはキリスト教とはまったく関係がなく、もともとはギリシアの恋の神エロスに由来する。また、ローマ神話の中では、軍神マルスとウェヌスの息子として、さまざまな恋愛騒ぎの種をまくキャラクターとしても登場する。また、バロック期やロココ期の絵画などによく描かれている幼児の天使像プットーは、この裸で有翼の異教の「愛の神」が、後にキリスト教化されたものである。

次に、ケーリー・イェール・パックの同じカードを見てみよう（図109口絵）。こちらも、目隠しをされ、翼を生やした裸のクピドーが描かれている。しかし、彼は台座の上に立っているのではなく、二人の男女の上空を飛び、二本の矢を彼らに向けて解き放とうとしているかのような格好をしている。二人の足元には一匹の白い犬が駆け回っている。また、非常にわかりずらいが、男性の広いつばのある帽子には、「良き正しさとともに（a bon droyt）」というヴィスコンティ家の座右銘が記され、パビリオンの屋根には、「愛（Amor）」という文字が書かれている。

キャプランは、初期のタロット・パックの中のこれらのカードの構図が、結婚の肖像画に似ていることから[24]（図156）、このカードの本来の主題は、「愛」で結ばれあった二人の男女の「結婚」を表したものだったのではない

図156　結婚の肖像画（出典27）

図157　アルチャーティ「アンテロース——別の愛を凌ぐ徳の愛」（出典52）

かと推測している。

クピドーの目隠しの意味

ここで、再び両方のカードに共通して現れている「目隠しをされたクピドー」という点に注目してみよう。

図像学者エルヴィン・パノフスキーによると、クピドーが目隠しをされた裸の少年として一般的に描かれるようになったのは、イタリアの十四、十五世紀に入ってからのことだという[25]。ところで、ここで面白いのは、当時のクピドーの描き方として、目隠しをしていない「目の見えるクピドー」と「目隠しをされたクピドー」の二種類があったということだ。また、パノフスキーによると、十四世紀において、目隠しの有無により区別される二つのクピドーには、それぞれ明確な意味の違いがあったという。

パノフスキーは次のよう述べている。「単純に目隠しを付けたりはずしたりすることによって、クピドー像は『聖なる愛』の擬人像から禁じられた『情欲』の擬人像へ、あるいはまたその逆へと変えられることもできた[26]」。すなわち、「目隠しをされたクピドー」は、肉体的欲望に支配された愛を意味するのに対して、「目の見えるクピドー」の方は、精神的で崇高な愛を意味していたということだ。

やや時代は下るが、二つのクピドーの対立を描いた明解な例として、一五四三年にバーゼルで刊行されたアンドレア・アルチャーティの『エンブレム集』の中の挿絵がある[27]（図157）。ここでは、「目隠しをされたクピドー」が、「目の見えるクピドー」によって、柱に縛り付けられ、彼の持ち物であった弓と矢は左手後方の火の中で燃やされている。この場合、「目の見えるクピドー」が崇高な愛を意味するのに対し、「目隠しをされたクピドー」

は、否定されるべき卑しい愛を表したものだった。

ここでもう一度、ヴィスコンティ－スフォルッア家の二枚のカードを見直してみよう。確かにどちらのカップルも幸せそうだが、なんといってもその上に矢を構えているのは、今しがた見たばかりの「目隠しをされクピドー」である。先ほどのパノフスキーの解釈をもとにしてしまうと、このカードの主題はあまりいい意味に解釈することはできない。しかし、あえて好意的に解釈するならば、たとえ「目隠しをされたクピドー」が矢を射ろうとも、高貴な愛で結ばれた二人には効き目がないということにでもなるのだろうか。(28)

同じ「愛」という言葉でもこれだけ違う

ここで、スジオの詩をはじめとする初期の頃のこのカードのタイトルを確認してみると、現代のように「恋人」あるいは「恋人たち」ではなく、「愛（l'amore）」と呼ばれていたことがわかる。いったいこれらのカードに描かれている「愛」とはどんな愛だったのか？

もう一度、「目隠し」というモチーフに話題を戻そう。実は先ほどのパノフスキーとは異なる「目隠し」の解釈の仕方がないわけではない。たとえば、図像学者エドガー・ウィントは、ルネサンス期には「目隠し」のモチーフによって二種類のクピドーが表現されていたというパノフスキーの説を認めながらも、「目隠しをされたクピドー」が必ずしも常に否定的で劣った意味を持っていたわけではないと述べている。むしろそれとはまったく逆に、「目隠しをされたクピドー」が「目の見えるクピドー」よりも優れているとされる場合もあったとウィントは言う。

その理由として、ウィントは、ルネサンス期を代表する新プラトン主義者ピコ・デッラ・ミランドラが、愛は知性を超えているために盲目であると述べていることなどを引き合いに出す。ウィントは、新プラトン主義的な文脈の中では、「目隠しをされたクピドー」が、むしろ天上の世界へと至る形而上的な愛の形を表現するために使用されていたこともあるはずだと主張する。[29] すなわち、ウィントの論に従うなら、「目隠しをされたクピドー」とは、愛を通して〈神〉＝〈一者〉へと至る神秘主義的な思想の表現だったということになる。

もし、このような意味での「目隠しをされたクピドー」の解釈をもとにすると、ヴィスコンティ―スフォルツァ家の二枚のカードの図像に対してまったく違う説明の仕方も可能になるだろう。たとえば、その一つとして、「目隠しをされたクピドー」の下のカップルは、単に愛し合う二人ではなく、愛の情熱を昇華し、地上的な低次の愛から、天上の〈神〉へと魂を上昇させていく新プラトン主義的な愛の哲学の寓意だというような意味にも解釈できる。

ここで、もう一度カードの絵をよく見ていただきたい。ヴィスコンティ―スフォルツァ家の二つの「目隠しをされたクピドー」は二本の矢を持っている。ピアポント・モルガン―ベルガモ・パックではカード自体の損傷から細部が見ずらいので、それとまったく同じ構図で描かれているロンバーディⅠという、もう一つのヴィスコンティ―スフォルツァ家のタロット・パックの中の「愛」のカードを見てみると（図158）、こちらでは、右手の矢が下を向き、左手のもう一本の矢が上を向いていることがわかる。[30]

「上向き」と「下向き」。わたしには、この二本の矢の方向が、新プラトン主義的な愛の二つのあり方（あるいは新プラトン主義的とまではいかなくても理想化された愛と卑俗な愛という二つの愛の観念）を、表現しているのではないかと思えてならない。つまり、「上向きの矢」が「天上の愛」、そして「下向きの矢」が「地上の愛」を。だとすると、このカードが意味しているのは、「天上の愛」、「地上の愛」という二つの方向のどちらにでも傾き得る愛の持つ両義性を表現したものと解釈することもできるだろう。

図158　ロンバーディⅠ「愛」、プライベート・コレクション（出典27）

一方で、グランゴヌール・パックの「愛」のカードを見てみよう（図159）。こちらでは、陽気な三組のカップルを雲の上から狙い撃ちする二人のクピドーが描かれている。前述の二つのパックと違いクピドーは目隠しをしていない。しかし、目隠しをしていないからといって、前述のパノフスキーの解釈に従って、このクピドーが、「聖なる愛」を表したものだということはあり得ないだろう。絵の全体的な雰囲気からして、クピドーの矢は、単に男女の間の恋の情熱をかきたてるものとして描かれているに過ぎない。そのことから、目隠しをしているかしていないかは、ここではまったく重要な意味を持っていない[31]。そもそも、ヴィスコテンィースフォルッア家の二つのカードにみられる真面目な愛のムードが、こちらのカップルたちからはまったく感じられない。もちろん、ここには新プラトン主義的な愛の理念の寓意を思わせるものも何もない。「愛」という同じ主題を描きながらも、ヴィスコンティースフォルッア家のカードと、グランゴヌール・パックのカードでは、明らかにそのニュアンスと意味するものがまったく違うものとなってしまっている。

また、このカードがフランスで作られるようになってからは、二人の女性の間に挟まれた若い男性が描かれるという構図が一般的になった。マルセイユ・パックに代表されるこういった絵柄は（図1）、ギリシアの物語である「分かれ道のヘラクレス」のエピソードを思わせる。図160はニッコロ・ソッジの描いた「分かれ道のヘラクレス」であるが、こちらにはクピドーは描かれてはいないものの、二人の女性の間に挟まれた男性の姿は、マルセイユ・パックの「恋人」のカードの構図を思わせるものであることは明らかであろう。

図159　グランゴヌール・パック「愛」、パリ国立図書館（出典25）

ちなみに、「分かれ道のヘラクレス」の話とは次のようなものである。若き日のヘラクレスが道を歩いていると、それがふたまたに分かれていた。一方の道には質素な女性が立ち、もう一方には美しい女性

図160　ニッコロ・ソッジ（？）「分かれ道のヘラクレス」、ベルリン、王宮美術館（出典62）

が立っていた。前者は苦難と栄光の道を示し、後者は喜びと快楽を約束していた。ヘラクレスは一瞬、後者の快楽の道に心惹かれるが、最後にはそれを思い直し、前者の苦難と栄光の道を選択する。彼のこの選択こそ、その後の有名な十二の難業のための苦難と名声を余示したものだったのだ。

さらに、二十世紀のウェイト－スミス・パックにおいては、すでに最初に見たように、絵のモチーフは完全にユダヤ－キリスト教化されてしまっている。そこに描かれているのは、蛇の誘惑によって堕落する以前のアダムとイヴの姿である（図2）。

7　正義

一つだけ失われた枢要徳

ひとつ前の「愛」のカードとは異なり、十五世紀のものから現在の標準的なタロット・パックまでの間で、図像的にほとんど大きな変更点のないカードである。

このカードの呼び名である「正義」という主題は、中世、ルネサンスを通して、ヨーロッパでは、「剛毅」、「賢明」、「節制」と並んで、四つの枢要徳のうちの一つとして知られていた。これらは、もともとプラトンの『国家』に由来するものであるが、その中で「正義」は、理想都市における市民の行動を律するものであると同時に、「剛毅」、「賢明」、「節制」の、他の三つの美徳の特に基礎となるものとして考えられていた。また、四つの枢要徳は、アリストテレスの『ニコマコス倫理学』で述べられた「倫理観」にも対応し、後に聖アンブロシウス（三四〇頃―三九七）を通して、キリスト教世界に受け入れられていったものだといわれている。実際に、中世の「正義」の擬人像は、教会や礼拝堂を飾る宗教画において、悪徳と戦う美徳の一つとして描かれ、人々に道徳的な訓戒を与える役割を持っていた。ちなみに、「剛毅」、「節制」は、この後のカードの主題として登場するが、最後の「賢明」だけは、標準的なトランプ・カードの中になぜか含まれていない。

　ここでピアポント・モルガン―ベルガモ・パックの「正義」のカードを見てみよう（図105口絵）。左手に「秤」を持ち、右手には「剣」を持つ女性が描かれている。一方で、ヴァチカン宮の署名の間にあるラファエロの描いた「正義」の擬人像を見ていただきたい（図161）。こちらでもまったく同様に「秤」と「剣」が描かれている。すなわち、「秤」と「剣」というモチーフは、当時の一般的な「正義」のカードのアトリビュートなのである。

　ところが、ピアポント・モルガン―ベル

図161　ラファエロ「正義」、ローマ、ヴァティカン宮殿（出典75）

ガモ・パックの「正義」のカードには、少々不可解な点がある。それは「正義」の擬人像である女性の後ろに描かれたアーチの上のあたりに、黒い鎧を着て手に剣を持った若い男が、飾りつけられた白い馬にまたがり、カードの左手から右手の方へと駆けていっているような姿として描かれている。こういった場面は、当時の一般的な「正義」の擬人像の中には見つけることができないし、また後のタロット・パックにも引き継がれていない。このモチーフが何なのかは今ひとつはっきりしないが、「正義」の実現のためには戦いが必要であるといったような意味が込められていたのかもしれない。

図162　グランゴヌール・パック「正義」、パリ国立図書館（出典25）

次に、グランゴヌール・パックの「正義」のカードも見てみよう（図162）。こちらも「秤」と「剣」のアトリビュートを持った女性像が描かれている点はまったく同様だ。ただし、人物の頭の後ろには、「後光」が描かれている。ちなみに、グランゴヌール・パックの中では、「剛毅」と「節制」と「世界」のカードに描かれた人物にも後光がつけられている。ジョン・シェパルドは、この点に注目し面白い意見を述べている。まずシェパルドは、グランゴヌール・パックで「後光」がついている四枚のカードのうちの三枚、すなわち「正義」、「剛毅」、「節制」は、四枢要徳のうちの三つの擬人像である点を指摘する。このことから、グランゴヌール・パックにおいては、枢要徳の擬人像にはいずれも「後光」がつけられていたのでないかとシェパルドは考える。したがって、グランゴヌール・パックの中で「世界」と呼ばれているカードは、実は、「世界」ではなく、四枢要徳の残りの一つ「賢明」の擬人像を描いたものだったのではないかという。[32]

標準的なタロット・パックから失われた「賢明」という枢要徳が、グランゴヌール・パックの中において、実は「世界」のカードとして描かれていたというシェパルドの主張は、確かに面白い説ではあるが、図像学的には無理があるのは否めない。というのも、グランゴヌール・パックの「世界」のカードのアトリビュートや構図から、それが「賢明」を表したものだとみなすのは残念ながら困難である。念のために、当時の「賢明」の擬人像がどのように表現されていたかについても述べておこう。

十四世紀頃の「賢明」の擬人像には、二つの顔がつけられていた。一つの顔は若く、もう一つの顔は老人の顔である。また、十五世紀に入ってからの「賢明」は、よりシンプルに、「鏡」と「蛇」を手に持った姿として表現されるようになった[33]。ちなみに、以前に紹介したフィレンツェのミンキアーテ・パックには、伝統的なアトリビュートである「鏡」と「蛇」を持った女性としての「賢明」がカードに描かれている（図163口絵）。

8　凱旋車

天上へと向かう翼の生えた二頭の馬

現在、「戦車」と呼ばれているこのカードは、二頭の馬を御す若い男性が描かれるのが一般的だが、ピアポント・モルガン－ベルガモ・パックとケーリー・イェール・パックでは、二頭の馬に引かれた馬車の上にいるのは、男性ではなく若い女性となっている。

モークリー以来、このカードに対しての解釈として一般的になっているのは、トライアンフの「凱旋車」を描いたものとするものだ。ちなみに、スジオの詩では、このカードの呼び名は、単に「馬車（Il Carro）」、十五世紀末のドミニコ会の修道士の説教の中では、「凱旋車（Lo caro triumphale）」となっている。

まず、ピアポント・モルガン－ベルガモ・パックの絵を見てみよう（図105口絵）。馬車の上に腰掛けた女性が、黄金の王冠をかぶり、左手には宝珠を持ち、右手には細い笏を持っている。ゆったりとした上着には、やはりヴィスコンティ家の紋章である「光を放つ太陽」が描かれている。また、馬車を引く白い二頭の馬の背中には翼が生えている。ところで、この翼は何か特別意味を持っているのだろうか。たとえば、そこから新プラトン主義の原点であるプラトンの『パイドロス』の中の記述を連想してしまうのは、単なる深読みのし過ぎだろうか。[34]

そこで、魂の似すがたを、翼を持った一組の馬と、その手綱をとる翼を持った御者とが、一体になってはたらく力であるというふうに、思いうかべよう。(中略)そして、われわれ人間の場合、第一に、御者が手綱をとるのは二頭の馬であること、しかも次に、彼の一頭の馬のほうは、資質も血すじも、美しく善い馬であるけれども、もう一頭のほうは、資質も血すじも、これと反対の性格であること、これらの理由によって、われわれ人間にあっては、御者の仕事はどうしても困難となり、厄介なものとならざるをえないのである。[35]

プラトンが翼の生えた二頭の馬とその御者という喩えを使って述べているのは、すでに「愛」のカードのところで見た天上へと向かう形而上学的な愛の理論である。すなわち、翼は「イデア」へと向かう魂として、そして二頭の馬は二つの愛のあり方を表現するものとしての比喩として使用されている。

戦勝の凱旋

ここで、ケーリー・イェール・パックの「凱旋車」のカードも見てみよう(図109口絵)。長いガウンを着た女性が、左手には細長い笏を持ち、右手にはヴィスコンティ家の紋章の図案である白い鳩の描かれた円盤を持っている。また、彼女のガウンの柄には、月桂樹と棕櫚のついた王冠が描かれている。これはヴィスコンティ家の紋章の図案である。[36]また、天蓋のついた「凱旋車」を引くのは二頭の馬であるが、一頭だけ前足をかかげている。しかし、ピアポント・モルガン―ベルガモ・パックに描かれた馬のように翼は生えていない。二頭の馬の奥には、

図164　グランゴヌール・パック「凱旋車」、パリ国立図書館（出典25）

図165(上)　ジョヴァンニ「祝祭の行列」、一四五〇年頃（出典74）
図166(下)　「アルフォンソの凱旋」、一四五二―一四五八年、ナポリ（出典76）

青い服を着て広いつばのある帽子をかぶった若い男が描かれている。絵からは少々わかりづらくて何ともいえないところだが、この人物は奥の方の馬の上にまたがっているようにも見えなくはない。さらに、ピアポント・モルガン―ベルガモ・パックの「凱旋車」が、右に向かっていっているのに対し、ケーリー・イエール・パックでは、左向きになっている。

見ての通り、先ほどのピアポント・モルガン―ベルガモ・パックとは、細部にかなり違いがみられる。また、ピアポント・モルガン―ベルガモ・パックの方では、プラトン的な主題の可能性を読み込んでみたが、こちらのケーリー・イエール・パックの方には、特にそういったことを想像させるモチーフはまったく見られない。

ここで、グランゴヌール・パックの「凱旋車」も見ておこう（図164）。こちらでは、両前足を上げた元気一杯の二頭の馬に引かれた凱旋車が描かれている。しかも、二頭の馬はそれぞれ別の方向を向いている。また、凱旋車の上に乗っているのは、先ほどのヴィスコテンィ―スフォルッア家の二枚のカードのようなゆったりとしたガウンを着た女性ではなく、武装をして立ち上がった男性である。右手には斧を持ち、腰には剣を下げ、帽子をかぶっている。このカードは、以前トライアンフの行列のところで説明したように、戦勝の記念として街に入城する際に将軍が乗る、飾り立てられた凱旋車が描かれたものだろう。[37] ここで**図165**及び**図166**と比較していただきたい。いずれも、これらは当時の凱旋車を描いたものである。特に、**図166**の方は、第二部第三章でもすでに触れた、一四四三年の大アルフォンソのナポリ入城の模様である。[38]

ここで再び、ピアポント・モルガン―ベルガモ・パックのカードに話を戻し、キャプランとオニールによるそれぞれの解釈についても簡単に紹介しておこう。

まず、キャプランの方は、カードの中の女性が手に「宝珠」を持っていることから、このカードは「名声」の寓意ではないかと述べている。[39] 一方で、オニールは、「凱旋車」に乗っている女性は、「愛」のカードの女性と同一人物であり、そのことから、ペトラルカの「貞節のトライアンフ」をもとにしたものなのではないかとの意見を述べている。[40] つまり、かつて「愛」のカードに登場した女性は、今や「愛」に対しての「貞節」の勝利を意味する「凱旋車」の上に乗っているとオニールは考えたわけだ。しかしながら、この二人の解釈には問題がある。というのも、このカードが、それぞれ二人が言うように、「名声」、もしくは「貞節」を表したものだとするなら、なぜこのカードの初期の呼び名に、それらが使用されていないのかが疑問である。わたしはこのことから、このカードが、「名声」もしくは「貞節」の寓意だったという意見には同意できない。

ピアポント・モルガン―ベルガモ・パックに関してだけは、いまだ多少議論の余地は残るものの、その他の十五世紀のカードに描かれているのは、先ほども述べたように、単に「勝利」の「凱旋車」を描いたものだというのが、わたしの結論である。

また、念のためにいっておくと、勝利の凱旋車の人物が、男性ではなく女性であることについても何ら不思議はない。単に擬人像を女性として描く当時の一般的な慣習に従っただけのことである。

9　剛毅

寓意画としての「剛毅」

スジオの詩をはじめとして、現存するイタリアの初期の記録は、すべてこのカードを「剛毅（la fortezza）」と呼んでいる。「正義」のカードのところですでに述べたことだが、「剛毅」とは、中世後期からルネサンスにかけてよく知られていた四つの枢要徳のうちのひとつだった。

まず、十四世紀の北イタリアの画家ジョットーが描いた「剛毅」の図像を見ていただきたい（図167）。なんともいかめしい顔つきをしているが、この人物は男性ではなく女性である。彼女は右手に棍棒を持ち、左手にはライオンの描かれた盾を構えている。このジョットーのフレスコ画で用いられている「棍棒」、「盾」、「ライオン」は、いずれも当時の「剛毅」の典型的なアトリビュートだ。図像学者エミール・マールによると、女性が「剣あるいは棍棒で武装し、腕に楯をかけ、頭をライオンの皮で覆っている」[41]か、あるいは「柱をかかえ、それを揺り動かし、砕き、その柱頭をもぎ取っている」[42]のが、当時の一般的な「剛毅」の図像の表現方法だったという。ここで、このようなアトリビュートの由来が何にあ

図167　ジョットー「剛毅」、一三〇二―一三〇五年、パドヴァ、スクロヴェーニ礼拝堂（出典75）

ったかについても簡単に説明しておこう。

まず、「棍棒」、「ライオン」、あるいは「ライオンの皮」というモチーフは、ヘラクレスもしくはサムソンの物語に基づいたものである。ギリシャ神話の中で、ヘラクレスはライオンを棍棒と素手で闘い、最後に勝利の記念として、その「皮」を身に纏う。また、サムソンも「士師記」の中で、素手でライオンと闘っている。「ぶどう畑まで来たところ、一頭の若いライオンがほえながら向かって来た。そのとき主の霊が激しく彼に降ったので、彼は手に何も持たなくても、子山羊を裂くようにライオンを裂いた」(『旧約聖書』士師記十四：五―六、新共同訳)。

一方で、「柱」というモチーフは、同じく『旧約聖書』の「士師記」で、サムソンが怪力を発揮した場面に基づいたものであろう。ペリシテ人に囚われ、目をつぶされたサムソンは、みせしめに連れてこられた集いの場で、「建物を支えている真ん中の二本を探り当て、一方に右手を、他方に左手をつけて柱にもたれかかった。そこでサムソンは、『わたしの命はペリシテ人と共に絶たれればよい』と言って、力を込めて押した。建物は領主たちだけでなく、そこにいたすべての民の上に崩れ落ちた」(『旧約聖書』士師記十六：二九―三〇、新共同訳)。

以上のことからわかるように、当時の「剛毅」の図像のアトリビュートは、ギリシャ神話のヘラクレスと、旧約聖書のサムソンという異なる二つのソースのミックスから生まれたものである。

ここでグランゴヌール・パックの「剛毅」のカードを見ていただきたい(図168)。「正義」のカードの人物と同じく頭の後ろに後光のある女性が、柱頭をもぎ取っている。このカードの図像は、完全に当時の典型的な「剛毅」の擬人像である。

画家の勘違い?

次に、ケーリー・イェール・パックの「剛毅」のカードを見てみよう(図109口絵)。大きな王冠をかぶった女性が、ライオンの背にまたがっている。しかも、彼女の両手は、ライオンの上顎と下顎を軽々と押さえつけている、もしくは開いて引き裂こうとしているようにも見える。ちなみに、このような女性がライオンの口に両手をかけているという構図は、後のマルセイユのタロット（図1）やウェイトースミス・パック（図2）をはじめとして、現在のスタンダードなタロット・パックの中のデザインへと引き継がれたものだ。

ところで、「剛毅」の擬人像として、このようにライオンの顎を女性が素手で開こうとしている構図は、当時非常に珍しいものであった。むしろ、ライオンの顎に手を置いている図像に登場する人物としては、たいがいサムソンかもしくはヘラクレスを描くのが普通だった。

このことから、キャプランとオニールは、ケーリー・イェール・パックの「剛毅」のカードの図像は、実はアーティストの勘違いによって生まれたものなのではないかといった意見を述べている[43]。どういうことか説明しよう。

図168　グランゴヌール・パック「剛毅」、パリ国立図書館（出典25）

まず、図169のライオンと闘うサムソンを描いた絵を見ていただきたい。これは、フィリッポ・マリア・ヴィスコンティによって注文され、パヴィアのベルベッロという画家によって描かれた『ヴィスコンティ家の時禱書』の中の細密画のひとつである。キャプランは、この絵をケーリー・イェール・パックの基になったものなのではないかと推測することから次のように考える。見ての通り、サムソンは長髪で長いローブを着ている。それゆえ、タロット・パックを描いた画家は、それを女性と見間違えた。その結果、ケーリー・イェール・パックのライオンと戦う人物は、長い髪の男性のサムソンではなく、長い髪の女性として描かれることになった。

しかしわたしは、キャプランらのこういった意見には同意できない。なぜなら、もっと後の時代の、大量印刷される木版画のタロット・パックを作った無学な職人ならいざしらず、ヴィスコンティ家がパトロンで

図169　ライオンと闘うサムソン、フィレンツェ国立図書館（出典27）

あった作品においてそのような単純なミスが起こるとは、どうしても考えにくい。「剛毅」の図像にしろ、サムソンとライオンにしろ、それらは当時一般的によく知られた主題だったはずだ。だとしたら、こともあろうにヴィスコンティ家の画家が、その主題を熟知していないなんてことがあり得るだろうか。また当時は、注文主が絵のモチーフなどの細かい点にまで注文をつけるということは決して珍しくはない。もちろん、カードのパトロンとしてのヴィスコンティ家がそのような誤りを見過ごすとは当然考えられない。

年代的にはややケーリー・イェール・パックよりも後になるが、一四七〇年頃のジョヴァンニ・ベッリーニの素描を見ていただきたい（図170）。ここでは激しくライオンと闘いながら、両手で顎を押さえつけている女性が描かれている。これらは、当時一般的だった「柱」と女性の組み合わせ同様に、ライオンと闘うサムソンの姿を「剛毅」の寓意画として、あえて女性に置き換えたものだろう。決して、画家の単なる見間違いではなく、

実は、男とライオンは闘っていない

今度はピアポント・モルガン―ベルガモ・パックの「剛毅」のカードを見てみよう（図105口絵）。こちらに描かれているのは、女性ではなく、両手で棍棒を振り上げた短髪の男性だ。赤い長袖の上に、濃いブルーのチュニックを着て、赤いスカーフを巻き、赤い長靴下を履いている。

この絵は一見したところ、ライオンと棍棒で闘っている男性が描かれているように見えることから、通常ヘラクレスとライオンの闘いがモチーフになっていると解釈されている。しかしキャプランは、実は男とライオンは闘ってはいないのではないかと指摘している。(44)

図170　ジョヴァンニ・ベッリーニ「剛毅」、一四七〇年頃、ヴェネツィア（出典73）

ここで注意してほしいのは、男とライオンの視線が同じ方向を向いている点だ。そう、あたかも男とライオンは、ともにカードの右側の外の何かを見つめているようだ。しかも、背を向けたライオンの姿勢も、決して男と闘っているようには見えない。むしろ、二人とも、カードには描かれていない共通の敵に向かって身構えているようにすら見える。ロンバーディIのカードを見ていただくと、よりはっきりとこのことがわかるだろう（図171）。

男とライオンは闘ってはいない。だとしたら、カードのモチーフは、ライオンと闘うヘラクレスをモデルにしたものではないということになる。ちなみに、キャプランは、このカードの人物は、肖像画に描かれた顔の類似性から、フランチェスコ・スフォルッアを描いたものではないかという意見も述べている。(45) 傭兵隊長出身のスフォルッアは、確かに「剛毅」という寓意に描かれるにふさわしい力のある人物であるように思われるが、本当のところは定かではない。

10　運命の車輪

運命の女神フォルトゥーナ

まず、**図172**を見ていただきたい。これはタロットの絵ではなく、十三世紀の代表的な寓意文学である『薔薇物語』（一二三〇頃―一二七〇頃）の写本挿絵である。一方で、ピアポント・モルガン―ベルガモ・パック（**図105口絵**）、及び、ブランビラ・パック（363頁・**図108**）のカードが、写本挿絵とほとんどまったく同一の構図で描かれていることがおわかりいただけると思う。こういった図像は、中世からルネサンスにかけて「運命」の擬人化である女神フォルトゥーナを描いたものとして一般的だった。

では、改めてピアポント・モルガン―ベルガモ・パックの絵の方をじっくりと見てみよう。車輪の中心にいるのが、運命の女神フォルトゥーナであるが、彼女は目隠しをされ黄金の翼をつけている。彼女の着ているローブの柄は、「教皇」と同じブルーの六角形の図案が描かれている。また、彼女は両手を水平に広げているが、その姿はあたかもバランスをとっているかのようにも見える。

ところで、まずここで気になるのが、フォルトゥーナが目隠しをされているという点だ。すでに「愛」のカードのところで、クピドーが目隠しをされているという点について説明した。では、フォルトゥーナの目隠しにはいったいどういう意味があるのだろう。

結論から先にいってしまうと、フォルトゥーナの目隠しは、当時一般的に考えられていた運命の女神というものが、物事の真偽や善悪を見極めることのできない盲目な女であるという考え方から来ている。(46)すなわち、彼女が人間にもたらす幸も不幸も道理にかなったものではなく、単に気まぐれで無目的なものでしかないということの表現なのである。

そもそも、「運命」という観念を、擬人像として表象する伝統は非常に古くからあった。古代ギリシアの運命の女神といえば、「分け前」という意味を持つモイラが有名であるが、フォルトゥーナへとつながっているのは、非合理な偶然などを表わすテュケである。すでにヘレニズム時代には、予測のできない運命の女神として、テュケは盲目の姿として表されている。そして、古代ローマにおいて多くのギリシャ伝来の神々が当地の神々と同一視されたように、テュケはフォルトゥーナと結びつけられるようになった。ローマの作家アプレイウスは、『黄金のろば』の中で次のように書いている。

図171　ロンバーディⅠ「剛毅」、プライベート・コレクション（出典27）

図172　『薔薇物語』写本挿絵、オックスフォード、アッシュモリーン図書館（出典68）

つまり、フォルトゥーナは盲目、いや完全に眼をえぐりとられてしまっているので、彼女がいつも目にかけてやるのは、それに相応しない悪い奴ばかり、いまだかつて人間の誰一人にさえ、正しい判断を下したことがないどころか、顔を見ただけで必ず遠くへ逃げ出したくなるような男どもにばかり執心している。(47)

一方で、運命の女神とともに描かれた車輪と、その回転とともにその上から振り落とされて転落する人間たちという構図は、不安定な治世において激しく変わる権力の交替と人生の浮き沈みを表象した図像としてポピュラーなものだった。先ほどの『薔薇物語』の中でも次のように述べられている。「(運命は)回転する輪を持っていて、思いのままにいちばん下にいる者を頂点に上らせ、その一方で輪の上の方にいた者を一回転で泥の中に引きずり落とす(48)」。

また、中世以降の「運命」の擬人化に最も影響を与えたとされているのが、六世紀の哲学者ボエティウス(四八〇—五二四)の書いた『哲学の慰め』の中での描写であるが、すでにその中でも、フォルトゥーナと「車輪」の組み合わせが次のように述べられている。

これはみなわたし(フォルトゥーナ)の力、これはわたしのたえまない遊び、丸い輪を気まぐれに回しながら、物事の場所を変え、低いものを高く、一番低い者を頂きに、一番高い者を一番低いところに変えながら、私は楽しむ。もしおまえが望むなら高く昇れ。ただし、私の車輪が回るたびにすべてが変わったとしても怒らないという約束をしなさい(49)。

ボエティウスは、異民族の侵入による古代ローマの崩壊という激動の時代の只中で、変転極まりない人生を送った哲学者である。したがって、彼が変わりゆく「運命」というものに強い関心を持ったのは当然のことだ。そんな彼にとっての「運命」とは、まさしくぐるぐる回る車輪のイメージだった。また、それと同時に、キリスト教徒である彼にとっては、どうしようもないこの世の不条理を神のせいにするわけにはいかなかった。そこで、それらすべての原因を説明し、責任転嫁する対象として、運命の女神フォルトゥーナという異教の女神が必要とされたわけだ。

こういった、フォルトゥーナと回転する車輪の組み合わせは、ボエティウス以降徐々に浸透していき、十世紀頃からは写本の中に登場しはじめ、さらに十四世紀から十六世紀の社会変動期には大きな流行をみせたようである。わたしたちのタロットの「運命の車輪」の図像も、こういった伝統に従って描かれたものなのだ。

回転する車輪

次に、ピアポント・モルガン―ベルガモ・パックの車輪の回りにいる人物を、上から時計回りに順に見ていこう。車輪の上の台の上には、ロバの耳をつけた若い男が正面を見据えている。彼の黄金色の服には、ヴィスコンティ家の紋章の図案である「光を放つ太陽」の模様がついている。彼の左肩辺りにはリボンが描かれているが、その中にはラテン語で「支配している（Regno）」と記されている。車輪の右側の若い男は、お尻から動物の尻尾が生え、頭を下に向かわせ逆さまになっている。また、彼の口元のリボンには、「支配していた（Regnai）」と記されている。車輪の一番下には、両手と両膝を大地につけ、白い服を着て白くなった髪と髭を生やした老人が描かれている。足首から下は裸足である。また、彼の口元のリボンには「もはや支配せず（Sum sine regno）」と記されている。最後に左側の若い男はロバの耳をつけ、一番上の人物の方を見つめている。彼の口元のリボンには「支配するであろう（Regnabo）」と記されている。

　前述の『薔薇物語』の写本挿絵には、ここにあるようなラテン語の銘文は特に描かれていないが、ミュンヘン

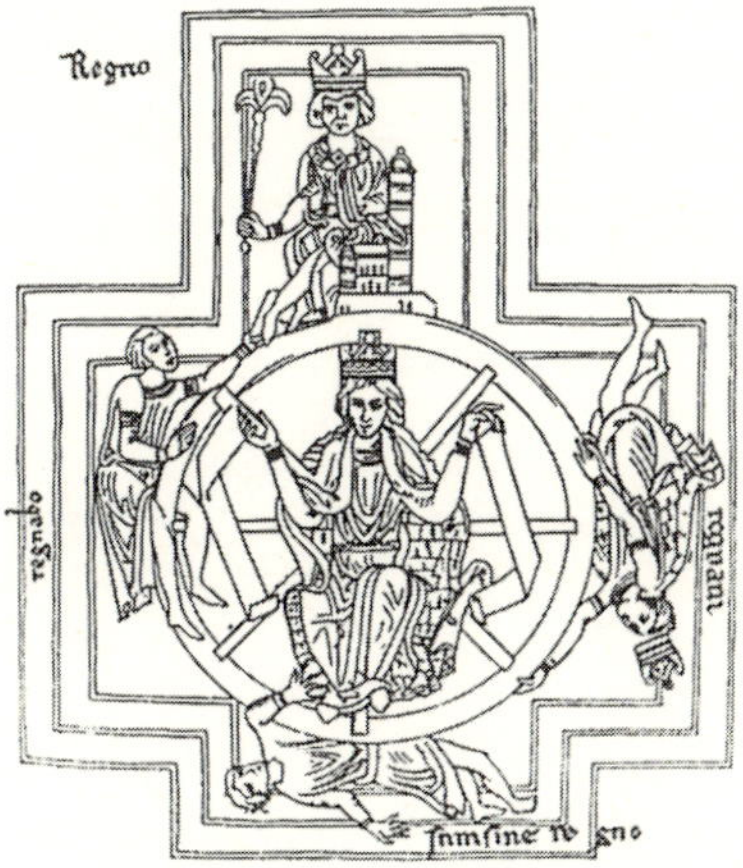

図173　「運命の車輪」『カルミナ・ブラーナ』写本挿絵、ミュンヘン、バイエルン図書館（出典68）

図174　セバスチャン・ブラント「阿呆船」、一四九四年、バーゼル（出典64）

のバイエルン国立図書館に所蔵されている『カルミナ・ブラーナ』の挿絵の「運命の車輪」（**図173**）には、二つのヴィスコンティ－スフォルツァ家のタロットとまったく同様に、「支配している」、「支配していた」、「もはや支配せず」、「支配するであろう」という言葉がそれぞれ四箇所に記されている。

この銘文の意味も、先ほどいった人生の絶え間ない変転や、変化しやすいこの世の権勢を表現したものであることは明らかである。この世のすべては人間の意志や努力とは関係なく、「運命の車輪」が回る度に昇ったり降りたりする。したがって、栄光の頂点にいた人も、やがては「運命の車輪」の回転によって転落していく。こういったことから考えると、ピアポント・モルガン－ベルガモ・パックで、車輪の一番上の人物がロバの耳をつけているのは、おそらく、やがて下降していくだろう自らの運命に対して無知であることの愚かさを示しているとも考えられる。一方で、昇っていく人物のロバの耳は、人間の野望の愚かさを示しているようでもある。また、下降していく人物の尻尾は、かつての栄光のさなかで、退落してしまった様を表したものなのだろうか。

ちなみに、後の時代のマルセイユ・パックの「運命の車輪」では、人間ではなく人間の服を着た奇妙な動物めいた生き物になってしまっている（**図1**）。これはおそらく一四九四年にバーゼルで刊行されたセバスチャン・ブラントの『阿呆舟』の影響であろう。十五世紀末のドイツの道徳的退廃に対する教訓詩や風刺詩のアンソロジーである『阿呆船』は、もともと新高ドイツ語で書かれていたが、後にラテン語、低地ドイツ語、フランス語、オランダ語、英語にも訳され、十六世紀には全ヨーロッパ的に広まったものだ。図174は「運命の気紛れ」という題辞の添えられた『阿呆船』の中の挿絵であるが、マルセイユ・パックのカードと非常に構図が似ていることがおわかりいただけると思う。「運命の車輪」を昇り降りしている三人の阿呆の姿は、もはやおおよそ人間ではない。まず、頂点にいるのは完全なロバで、右側から昇っていこうとしているのはほぼロバで（下半身だけが人間である）、左側で下に落ちて行くのはロバの耳のかぶりものをしたほぼ人間（下半身がロバで）となっている。こういったロバから人間へとあたかも変身していくかのような絵の特徴を持っているのが、十五世紀末から十六世紀末に、フェラーラもしくはヴェネツィアで作られたカードである（401頁・図131　上から三番目、右から三番目）。全体として四人の人物が描かれてはいるものの、輪のまわりにいる三人は、見ての通り、ロバ、ほぼロバ、ほぼ人間という姿となっていることがわかるだろう。

また、マルセイユ・パックの「運命の車輪」のカードと（図1）、『阿呆船』の「運命の気紛れ」には、もはやフォルトゥーナの姿が描かれていない。「運命の気紛れ」の方では、空中にある神の手が車輪を回しているが、マルセイユ・パックの「運命の車輪」のカードに至っては、ただ車輪の取っ手だけが描かれているのみである。

ちなみに、ドミニコ会の修道士の説教やスジオの詩をはじめとする文書を参照すると、十五世紀末から十六世紀にかけてのカードの呼び名は、単に「車輪（La Ruota）」となっている。このことは、彼らの参照していたカードの図像から、すでにフォルトゥーナが消えていたことを意味しているのかもしれない。

ところで、なぜ「運命の車輪」のカードから、フォルトゥーナが消えたのか？　その理由については、後に「世界」のカードの図像を分析する際に改めて説明する。

11　老人

砂時計からランプへ

サリー・ニコルズによれば、このカードはユング心理学でいうところの「老賢者」という元型を表しているという。彼女は次のように述べている。「ここに描かれた修道士は、老子のように、書物の中には見つけることのできない知恵を体現している。彼が与えてくれるものは、手にしたランプのなかの火と同様に、基本的で時代を超越したものだ[50]」。

さて、ニコルズの説明の中にある「修道士」のイメージ、及び「ランプ」というモチーフは、マルセイユ・パックの中には見つけられるが（図1）、ヴィスコンティ－スフォルッア家のタロット・パックの図像には、あてはまらない。

まずは、ピアポント・モルガン－ベルガモ・パックのカードの絵を眺めてみよう（図105口絵）。ふさふさと伸びた白い長い髭の老人が、右手に「ランプ」ではなく、大きな「砂時計」を持っている。また、凝ったデザインの赤い帽子をかぶり、ゴールドのファーのついた濃い青のローブを着ているこの老人の服装は、決して修道士を思わせるものではない。足元の靴は「ペテン師」のカードの人物と同じデザインのものをはいている。左手は白い手袋をはめ、細長い杖をついている。

また、現在このカードは一般的に「隠者」と呼ばれているが、スジオの詩では、このカードのタイトルは、単に「老人（Il Vecchio）」となっている。一方、ドミニコ会の修道士の説教では、「せむし（El gobbo）」と呼ばれている。いわれてみれば、ピアポント・モルガン－ベルガモ・パックのカードの中の老人は、姿勢が悪く、せむしのように見えなくもない。さらに、一五三四年にポーメランの書いた『トリオンフィ』という詩の中では、このカードのタイトルは「時（Tempo）」となっている。以上のように、このカードに関しての初期の呼び名は複数存在するとはいえ、いずれもこのカードを「隠者」とは呼んでいない。

また、「隠者」というタイトルは、現存する資料から判断する限り、フランスで十七世紀半ば頃から使われるようになった呼び名である。以前紹介した、十七世紀半ば頃にパリで作られたマルセイユ・パックの最も早いヴァージョンのひとつであるジャン・ノブレのタロット・パックでは、「隠者（LERMITE）」というタイトルがカードに刻まれている。こちらでは、砂時計ではなく、右手にランプを下げた姿となっている（図175）。

図175　ジャン・ノブレのタロット「隠者」、パリ国立図書館（出典27）

図176　イタリアのタロット「隠者」、ブダペスト、ファイン・アーツ・ミュージアム（出典27）

ところで、このように時代とともに、砂時計がランプに変わってしまったのはなぜなのだろう。ダメットは、単にカード・メーカーが絵のモチーフを誤認したことによるものなのではないかと述べている[51]。つまり、砂時計をランプに見間違えて製作されてしまったものが、その後広まっていったということだ。

すでに十五世紀末から十六世紀初頭にかけて作られたイタリアの木版画のタロット・パックでは、老人の服装は、依然として「隠者」や「修道士」を思わせるものではないが、持ち物は砂時計ではなくランプに変わってしまっている（図176）。しかし、一五五七年のリヨンで作られたケイトリン・ジョフロイのカードでは、腰のところに十字架がぶら下げてあることから、このランプを手に持った老人が、明らかに「修道士」を描いたものとなってしまっていることがわかる（413頁・図136　右から二番目）。また、以前、「タロット・カードの歴史」のところですでに指摘したことだが、十七世紀半ばにパリで製作されたジャック・ヴィエヴィルのカードでは、一見、左手はランプを下げているように思えるが、よく見るとローブの縁を握って持ち上げているだけである。これは明らかに、このカードを作った職人が、いかにそのモチーフと主題を知らずに製作していたかを表すものだ（第二部第三章 414頁・**図137口絵**）。このことからも、ダメットのいうような絵のモチーフの誤認という事態は、十分にあり得ることだ。

時の翁

ところで、「砂時計」は当時の一般的な図像の中で、「時」の擬人化である「時の翁」のアトリビュートだった。[52] また、「時の翁」の特徴を他にもあげておくと、たいがい白髪の老人で、「松葉杖」あるいは「杖」をついているか、もしくは「鎌」を持っている。また、たいがい背中には「翼」をつけている。[53] こういった特徴のほとんどは、ペトラルカの「時のトライアンフ」の写本で見ることのできるものだ（**図177**）。

先ほどのピアポント・モルガン―ベルガモ・パックの老人も、「砂時計」と「杖」の二つのアトリビュートから、おそらく「時の翁」を描いたものだと思われる。ただし、ピアポント・モルガン―ベルガモ・パックの老人を「時の翁」だと解釈することに対しては、若干の難点もある。まず、なんといっても老人の派手な身なりが、どう見ても「時の翁」のイメージにフィットしない。というのも、一般的に「時の翁」は、みすぼらしい外套を着ているか、あるいは腰布だけをつけた裸体として描かれるのが普通だった。

ここで**図178**（**口絵**）のミンキアーテ・パックの中のカードをご覧いただきたい。「松葉杖」をついたこの老人は、「翼」こそ描かれてはいないものの、おそらく「時の翁」を描いたものだと同定できる。ペトラルカの「時のトライアンフ」と比較していただくと、その類似性がよくわかると思う（**図177**）。一方で、十六世紀初頭に作られた**図179**のカードの方は、「翼」も「砂時計」もなく、「松葉杖」をついた、ただの「体の不具な老人」のようにも見

図177 「時のトライアンフ」、十五世紀、フィレンツェ（出典27）

える。また、ドミニコ会の修道士の説教の中にあった「せむし」というタイトルはこのカードの老人にぴったりであろう。

今度はグランゴヌール・パックのカードを見てみよう（図180）。こちらは、手には「砂時計」を持っているが、彼の外套は、ピアポント・モルガン－ベルガモ・パックの老人とは異なり、明らかに貧相である。「砂時計」を手に持っているとはいえ、絵のイメージは、「時の翁」というよりも、どちらかというと「隠者」に近いようにも思われる。

確かに、「隠者」という主題自体は、中世、ルネサンスを通して、一般的だった。特に、ランプを手に持つ「隠者」のイメージのひとつとして、紀元前四世紀のギリシャの哲学者ディオゲネスは、よく知られていた。ディオゲネスは、古めかしい外套を着て、白昼のさなかの雑踏の中でさえ、手にランプを持って歩く。もしかすると、そういったディオゲネスの姿が、グランゴヌール・パックのような「隠者」や「修道士」のように見えるカードのイメージに重ね合わされていくことで、「砂時計」が後の「ランプ」というモチーフへと見間違えられたのかもしれない。

図179　ローゼンウォルド・コレクション「老人」、ワシントン国立美術館（出典25）

図180　グランゴヌール・パック「隠者」、パリ国立図書館（出典25）

土星の星の下で

ここで図181を見ていただきたい。これは、七惑星が人間の性格や運命に及ぼす影響を表していて、十五世紀から十六世紀はじめ頃にかけて、イタリアや北方の国々で特に好まれていた版画のひとつである。これは、その中でもローマの神サトゥルヌスの司る土星の「子供たち」を描いたものだ。絵の上の円の中にいる人物は、ローマの神サトゥルヌスであるが、見ての通り、右手には「鎌」を持ち、左の脇を「松葉杖」で支えている姿となっている。「鎌」と「松葉杖」は、先ほども述べたように、「時の翁」のアトリビュートでもあった。このように「時の翁」とサトゥルヌスが同じアトリビュートを共有しているのは、「時」とサトゥルヌスとが、ひとつに結びつけられて考えられていたことによる。

図181　サトゥルヌス（土星）の子供たち、十五世紀（出典62）

ここで少し説明を加えておくと、サトゥルヌスは本来農耕神であり、それゆえ、もともと「鎌」は彼の持ち物だった。しかし、サトゥルヌスは、ギリシャの神クロノスと同一視されたことで、「時」という主題と結びつくようになった（そもそも、ギリシャの神クロノス（Kronos）は、ギリシャ語で「時間」を意味する言葉「クロノス（Chronos）」と名前が似ていたため、時の属性を持たされてしまっていた)。その結果、逆に「時」の擬人化である「時の翁」に、サトゥルヌスの持ち物の「鎌」が持たされることにもなったわけだ。[54]

ここでもう一度、**図181**に目を向けてみよう。サトゥルヌスの下では、その影響下に生まれた様々な人々の姿が描かれている。ところで、よく見るとわかるが、そこに描かれているのは、絞首台に吊られた人間、松葉杖をつきながら片足で歩いている人など、かなり悲惨な人たちばかりである。実は、サトゥルヌスの支配下にいる人々が不運な境遇として描かれているのは、当時、サトゥルヌス＝土星が、占星術的に非常に不吉で好ましくない影響を与えるものと考えられていたからだ。パノフスキーは、次のように述べている。「惑星のうちでももっとも冷たくもっとも乾燥していて運行の遅いサトゥルヌス(＝土星)は、一般に惨めな貧困や死と結びつけられた[55]。そして、サトゥルヌスのもとに生まれた者は、「びっこ者、守銭奴、乞食、罪人、汚わい屋、墓堀人のごとき、人間のうちでももっとも悲惨で絶望的な身分に類別された[56]」。

なんともサトゥルヌスのもとにだけは生まれたくないものである。円の中のサトゥルヌスの足元にさらに二つの円があるが、そこに描かれているのは山羊座と水瓶座、それぞれのシンボルである(つまり、サトゥルヌスの「子供たち」に分類されるのは、山羊座と水瓶座生まれの人なのである。実は、わたしもサトゥルヌスの「子供たち」の一人だ)。

ここで肝心な点を指摘しておこう。まず、右奥の家の扉口のところに、「隠者」が立っているのがおわかりだろうか。実は、サトゥルヌスの「子供たち」の中で唯一救いのある人物が、「修道士」、もしくは「隠者」なのである。すなわち、これまで述べてきた「時の翁」、「体の不具な老人」、そして「修道士」もしくは「隠者」すべてが、サトゥルヌスの「子供たち」の図版の中に登場しているのだ。

ついでにいうと、十五世紀末、マルシリオ・フィチーノをはじめとするフィレンツェの新プラトン主義者たちは、これまでのサトゥルヌス＝土星の単なる否定的なイメージを一新して、「深淵な哲学的・宗教的瞑想を代表する人物またはその守護者[57]」とみなした。なんといっても、フィチーノ本人のホロスコープが、サトゥルヌスの強い影響下にあった。当然、サトゥルヌスになんとか肯定的なイメージをつけ加えたいと考えるのが自然であろう。その結果、フィチーノは、土星の下に生まれた者を、「知的活動に優れ、神的な事柄を洞察する」哲学者と結びつけた(58)。

さて、こうして見てみると、「時の翁」、「体の不具な老人」、「修道士」もしくは「隠者」、これらの複数のイメージが混同されたとしても決して不思議ではない。なぜなら、それらはいずれも、サトゥルヌス＝土星つながりで結ばれている者たちだからだ。

モチーフが「砂時計」から「ランプ」へと変わり、単なる「体の不具な老人」から、禁欲的な生活で隠遁する「修道士」へと、その図像が変化していったとしても、どのみちこのカードは、サトゥルヌス＝土星の星の下で生まれた「子供たち」であることに変わりはない。

12　裏切り者

謎の「吊るされた男」は、聖なる殉教者なのか？

二十二枚の大アルカナの中で、オカルティストたちによって、もっとも深遠なる意味が語られてきたもののひとつが、「吊るされた男」と呼ばれるカードである。

たとえば、ウェイトースミス・パックの「吊るされた男」のカードを見てみよう（図2）。木に片足首が縛りつけられ、逆さ吊りにされた一人の男。両手は後ろで組まれ、縛られていない方の足は、もう一方の足に交差され、ちょうど十字の形を作るように描かれている。さらに、その男の頭の背後には、まるでキリスト教絵画の聖人のように、後光が描かれ、しかも、その表情は穏やかさすらたたえている。

さて、このカードの人物はいったい何者なのだろう？　聖なる殉教者か、あるいは深い瞑想の境地へと至らんとする修行者なのか？

ちなみに、カードの作者であるウェイト自身によると、「聖なる〝死の神秘〟の後に知るであろう大いなる覚醒」へと向かうストーリーこそが、このカードの隠された意味を解く鍵であるという。(59) 例によって、神秘主義者ウェイトらしいなんとも謎めかした説明ではないか。

一方で、二十世紀の何人かのタロティストたちは、このカードの人物を、北欧神話の主神オーディンの伝説と結びつけて解釈している。(60) 伝説の中でオーディンは、宇宙樹ユグドラシルに自らを九夜の間吊るし、自発的な死を迎える。しかし、やがて再び魔法の力でよみがえることで、他の誰よりも優れた知恵を身につけたという話である。このようなオーディンの物語から、このカードは「直観」、「知恵」、「犠牲」といったような意味を持つと解釈できるという。

ところが、オーディンの神話を描いた絵画や彫刻を見てみると、彼はたいがい灰色の顎鬚をはやした独眼の老人として描かれるのが普通であり、タロットの「吊るされた男」の姿とはまったく似ていない。共通点は、吊るされているというただその一点だけでしかない。

では、ここで少し時代をさかのぼって、ウェイト以前の「吊るされた男」のカードを見てみよう。

立ち上がる「吊るされた男」

すでに第二部の歴史のところで見たように、十八世紀のド・ジェブランは、「吊るされた男」のカードの絵柄を逆さまにし、片足で立っている男の姿とすることで、本来このカードは、四つの枢要徳のうちの「賢明」を描いたものだと解釈した(61)(96頁・**図30**)。しかし、この解釈にはそもそも無理がある。というのも、一般的な「賢明」の寓意画として、片足で立つ男という構図は存在しない。

しかし、同じく十八世紀に、ド・ジェブランとはまったく関係のないところで、逆さ吊りにされた男が逆転して描かれているカードが存在する。ネーデルランドのフランドルで製作されたそのカードは、片足は縛られているものの、つま先で立った人物が、あたかもダンスをしているかのような姿として描かれているのだ（図182）。
ここで、フランドルのようなヨーロッパ北部でもこの時代のタロットが作られるようになった理由をお話ししておこう。十七世紀の間、フランスのリヨンのカード・メーカーは、プレイング・カードの製作に対して課される重税を逃れるためにスイスへと移住した。これがきっかけとなり、ヨーロッパ北部においてもようやくカードの生産が開始されることになった[62]。実際に、十八世紀のヨーロッパ北部のタロットのデザインは、十七世紀のフランス産のタロットの影響を色濃く受けているのを見てとることができる。

そのような歴史的な流れの中、十七世紀半ばのフランスで作られたカードで現存しているものを見てみると、これまた面白いことが発見できる。たとえば、すでに第二章で紹介したように、パリのジャック・ヴィエヴィルによって製作されたタロット・パックの中の「吊るされた男」では、人物は逆さ吊りのままだが、数字のつけられる位置が上下逆さまになってしまっている（図137口絵）。これは前にも述べたように、当時のカード職人のミスであることは間違いない。そして、それがもとになって、後にフランドルのカードのような逆転された構図の、もはや吊るされていない「吊るされた男」が生まれてしまったのだろう。このような意図せざる偶然の誤りが、カードの図像の変遷を形作っていくというのは、たとえるなら遺伝子の突然変異のようでもあり、〝カード進化論〟という視点から見ると、非常に面白いものである。

図182　フランドルのタロット リプリント版（出典43）

逆さ吊りにされた裏切り者

さて、そろそろ十五世紀の「吊るされた男」のカードを見てみよう。ピアポント・モルガン－ベルガモ・パックでは、どのようになっているのだろう（図105口絵）。木の絞首台から、逆さ吊りにされた一人の若い男が描かれている。左足首を縄

図183　グランゴヌール・パック「裏切り者」、パリ国立図書館（出典25）

図184　アンドレア・デル・サルト、「逆さ吊りにされた男」（部分）、チャッツワース、デヴォンシャー・コレクション（出典61）

で縛られ、右足を後ろで交差させている。両手は体の後ろに隠れている。男の頭の後ろに後光がない点を除けば、基本的な構図は、現代のウェイトースミス・パックと大差はない。

一方で、グランゴヌール・パックのカードでは、ひとつ特徴的なモチーフがつけ加えられている点に注目して欲しい（図183）。すなわち、男は両手でずた袋をぶら下げた姿として描かれている。

いったいこのずた袋は何を意味しているのだろう？　モークリーは、ずた袋を持ったこの男を、聖書に登場するイエス・キリストを裏切ったユダを描いたものではないかと指摘している。つまり、両手に持っているずた袋の中に入っているのは、イエスを裏切る見返りに受け取った銀三十枚なのではないかというわけだ[63]。

カードに描かれている人物がユダであるかどうかはともかくとして、モークリーの推測が非常に的を射ているのは間違いない。というのも、スジオの詩をはじめとする文書の中でのこのカードの古い時代の呼び名は、「吊るされた男」ではなく、「裏切り者(il traditore)」となっているのだ[64]。

そこで、十五世紀のイタリアにおける「裏切り者」に関する事柄を調べてみると、すぐになるほどと納得がいく。というのも、モークリーも指摘していることだが、当時のイタリアでは、裏切り者や反逆者を逆さ吊りにして描くというのは、しばしば見られる風習だったからだ(65)。

当時の具体的な例をいくつかあげてみよう。たとえば、一四四〇年にアンドレア・デル・カスターニョは、フィレンツェの監獄の正面壁に、逆さ吊りにされた謀反人の姿を描いている。また、かのボッティチェリが、パッツィ家によるメディチ家陰謀事件の首謀者が処刑された姿を、一四七八年に同じ場所に描いている。さらに、一五二九―三〇年のフィレンツェ攻囲中には、アンドレア・デル・サルトが、逃亡した将校の逆さ吊りにされた姿を、またしても同じ建物に描いている(66)(図184)。

当時、これらの絵が描かれたことの説明として、歴史家ピーター・バーグは次のように述べている。「当時の社会の価値体系における名誉と恥辱の重要性を考えると、これらの絵は犠牲者とその家族の名誉を失墜させ、彼らを社会的に抹殺し、彼らに汚名をきせるために描かれた(67)」。

現在、「吊るされた男」と呼ばれているこのカードは、最初にも述べたように、二十世紀のタロティストたちによって、神秘的で深遠なる意味が与えられてきた。しかし意外なことに、その図像を十五世紀のイタリアへとさかのぼらせてみると、ご覧のとおり、なんとも意外な結論に至った。なんといっても、聖なる殉教者どころか、その正反対の裏切り者だったのだから。

13　死

「死」のカードは『死の舞踏』を描いたものではない

タロット・パックの中でも、最も不吉だとされる「死」のカードは、中世の末期からルネサンスにかけて流行した一連の「死」の図像をもとにしたものであることは間違いない。キャプランをはじめとする何人かのタロット研究家は、このカードの絵柄と十五世紀から十六世紀にかけて流行した『死の舞踏』と呼ばれる一連の図像との類似性を指摘している(68)。では、さっそく『死の舞踏』とタロットの「死」のカードを見比べてみるとしよう。

図185はヨーロッパの各地で描かれた『死の舞踏』の中でも最も有名なもののひとつで、パリの印刷業者ギュイヨ・マルシャンが一四八五年に刊行したものである。これは当時、数ケ月で売りきれ、翌一四八六年には第二版が続けて刊行されるほどの人気だった。『死の舞踏』の図像には、他にも当時の様々な身分や職業の人々が登場するものがあるが、いずれも一人一人に対して、それぞれ一対の「死者」が手を引いている構図となっている。ちなみに、ここで生者の手を引くのは「骸骨」ではなく干からびた「遺骸」である。また、よく勘違いされがちであるが、「遺骸」は「死神」を描いたものではない。「遺骸」が意味しているのは、生きている者もやがてはそうなるであろう死者の姿なのである。すなわち、教皇、皇帝それぞれに付き添っているのは、彼らの行く末の姿であり、いってみれば彼らの分身なのだ(69)。

では、まず、ケーリー・イェール・パックの「死」のカードを見てみよう(**図109口絵**)。黒い馬に乗った「死」が、馬の足元にいる人々に向かって大きな鎌を振り下ろしているかのように描かれている。しかも、そこにいる人々の中には教皇や枢機卿までが含まれている。

ところで、このケーリー・イェール・パックの「死」のカードは、本当に『死の舞踏』を描いたものなのだろうか。結論からいうと、そうではない。というのも、『死の舞踏』は、生者と死者のペアの一対一で描かれるのが普通であるが、ケーリー・イェール・パックでは、一人の「死」と多数の人間となっている。一見、二つの図像は似ているように思われるかもしれないが、明らかにこの「死」のカードは、死者の分身という『死の舞踏』の本質的な特徴を持っていない。

一方で、オニールは、ケーリー・イェール・パックの「死」のカードを、『聖書』の「ヨハネの黙示録」を題材にしているのではないかと指摘している。オニールがいっているのは、「ヨハネの黙示録」の中の次のような一節である。

そして、〔小羊〕が第四の封印を解いた時、私は第四の生き物の声が、「出て来い」というのを聞いた。私は見た、そして蒼白い馬が〔現われた〕ではないか。その馬に乗っている者、その者の名前は「死」と言い、彼の後に、〔別の馬に乗った〕黄泉〔の主〕が付き従っていた。そして、地上の四分の一を支配し、太刀と飢饉と悪疫と地上の野獣とでもって〔人間〕を殺す権能が彼らに与えられた。（「ヨハネの黙示録六：七―八」、新約聖書翻訳委員会訳）

図185　ギュイヨ・マルシャン『死の舞踏』、教皇と皇帝、パリ国立図書館（出典65）

確かに、馬に乗った「死」という部分はケーリー・イェール・パックの絵に重なるが、細かい点では二つの間にまったく共通点はない。たとえば、「ヨハネ黙示録」では、「蒼白い馬」となっているが、ケーリー・イェール・パックの方はそうではない。また、ケーリー・イェール・パックの馬に乗っている「死」は鎌を持っているが、「ヨハネの黙示録」の方では持っていない。

ところで、「鎌」というモチーフは、以前見たように、サトゥルヌスや「時」の擬人像のアトリビュートでもあったが、それと同時にすでに中世から、「死」の図像のアトリビュートとしても用いられていた。また、「時」のアトリビュートである「砂時計」が、十六世紀以降の「死」の図像の中に描かれることも珍しくはなかった。こういったことからもわかるように、「死」と「時」、この二つのイメージは、ルネサンスの図像表現の中において、しばしば混同され

図186　「狩猟家や草刈人となった死」、一四六三、バンベルク（出典66）

ることが多かったようだ[70]。

すでに以前一度見た、ペトラルカの「死のトリオンフィ」の挿絵を見ていただきたい（409頁・**図135**）。ここでは、擬人化された「死」が、手に大きな鎌を持っているのがみられる。また、「狩猟家や草刈人になった死」と呼ばれる**図186**では、擬人化された二人の「死」が描かれているが、一方は馬に乗り弓矢を構え、もう一方は、人々の間で、大きな鎌を構えている。以上のことから明らかなように、ケーリー・イェール・パックの「死」は、先ほどもいったように、『死の舞踏』に描かれた「死者」ではなく、ペトラルカの「死のトライアンフ」に代表されるような、擬人化された「死」を描いたものなのだ。

「死神」は目隠しを外したのか？

ところで、ケーリー・イェール・パックの「死」のカードの図像には、ひとつ奇妙な点がある。それは馬に乗った「死」の額に白い包帯、あるいはヘアバンドのようなものが巻かれていることだ。

ここで、ピアポント・モルガン－ベルガモ・パックの「死」のカードを見てみよう。左手に弓を持ち、右手に矢を持った「死」が、堂々と立ちはだかっているが、やはり、ここでも頭に白い包帯あるいはヘアバンドのようなものが巻かれている（**図105口絵**）。

ちなみに、キャプランはこの額に巻かれたものはヘアバンドではなく、「目隠し」を外したものなのではないかと述べている。[71]「目隠し」というモチーフは、すでにクピドー、フォルトゥーナのところでも見てきたことだが、実は、「目隠し」は、一般的な「死」の擬人像にもしばしばみられるものでもあった。ここで図187を見ていただきたい。『盲者たちの舞踏』と呼ばれる十五世紀のこの絵には、非常に興味深い光景が描かれている。なんとここでは、左から順に、クピドー、フォルトゥーナ、そして死が並べられ、さらに三人とも「目隠し」をした姿として描かれている。

図187　盲者たちの舞踏、十五世紀、ジュネーヴ、大学図書館（出典62）

また、一四六六年のフランスのピエール・ミショーという詩人の『盲者たちの舞踏』と呼ばれる詩には、愛の神、運命の神、そして死の神が、いずれも盲目であると謳われている。

盲でそして目隠しした愛の神と運命の神と死の神は
人間たちをそれぞれの調べに合わせて躍らせる。[72]

パノフスキーがいうには、これらの擬人像が「目隠し」されているのは、「彼らは啓発されない心の状態や光の無い存在の形式の擬人化として盲目であったばかりではなく、盲の人間と同じように振舞う能動的な力の擬人化としても盲目であった」からである。[73]つまり、すでにクピドーとフォルトゥーナのときにも若干説明したように、「目隠し」というモチーフは、彼らの行動の無目的さを示したものであり、「愛」、「運命」、「死」というものが、いずれも一切の公正な規準や、善悪、あるいは真偽を見極めることなしに、好き勝手に人を見舞うという観念を表したものなのだ。

もし、ケーリー・イェール・パックと、ピアポント・モルガン—ベルガモ・パックの「死」の額に巻かれているものが、「目隠し」だとするなら、いったいそれを取り外した意味は何なのだろう？ そこには何か特別な意味が込められていたのだろうか？ 残念ながら、このことに関しては、今のところわたしにははっきりとしたことはわからない。しかし、大地にしっかりと立ち、見るものをその黒い眼窩で見返すピアポント・モルガン—ベルガモ・パックの「死」のカードを見ていると、中世の有名な格言「メメント・モリ（死を忘れるなかれ）」を連想させられることは確かである。

わたしが終わりである

最後に、ヴィクトリア・アンド・アルバート美術館に所蔵されているヴィスコンティ—スフォルッア家のもう一つのタロット・パックの中の「死」のカードを見ていただきたい（図188口絵）。こちらでは、大きなつばのついた帽子と赤いローブを身にまとい、鎌を持った骸骨が描かれている。おそらくその服装は枢機卿のものだと思われる。また、骸骨の口から出ているリボンには、「わたしが終わりである（Son fine）」と書かれている。

歴史家フィリップ・アリエスによれば、中世における死は本来、霊魂の不滅に対するキリスト教的な信仰がもとにあるため、決して忌むべきものではなかったという。すなわち、死は肉体からの霊魂の離脱に過ぎず、最後の審判のときに再び復活し、そして天国での永遠の幸福という長いサイクルの中での一時的な休止の状態であると考えられていたからである。(74) したがって、「死」はいわば「生」の完成でもあったといえる。

しかし、中世末期以来の度重なるペストの流行による大量死が、人々の死生観を大きく変化させることになったのだろうか。十四世紀以降、「死」は「生」の絶対的な破壊者という意味を持つようになり、ペトラルカの

「死のトライアンフ」や、前述の「死の舞踏」のようなイメージが次第に登場しはじめることになる。そのような圧倒的な死のイメージが人々の観念の中に浸透していく過程には、キリスト教的な禁欲主義よりも世俗的な快楽や利益への欲望に傾き、そしてそれに伴って、死後に行われるはずの霊魂救済への不安におびえるという、当時の人々の心理状態が背後にあったのだろう。

以上見てきた十五世紀のタロットの「死」のカードの主題とは、エミール・マールが、『死の舞踏』の図像を評して言うように、「人生の短さ、明日の不確かさ、権力と栄光の虚しさ」[75]、さらには「死を前にした人間の平等と、死が襲いかかる唐突さ」という、「二つの真実」[76]であることは間違いない。

14　節制

水で葡萄酒を薄めること

スジオの詩やドミニコ会の修道士の説教をはじめとする初期から現在に至るまで、このカードのタイトルは「節制」と呼ばれている。現在のユング心理学的なタロットの解釈では、このカードを錬金術のプロセスへと結びつけて考えているが、ピアポント・モルガン–ベルガモ・パックの図像に関する限り、そのような深読みを可能にするモチーフは特に含まれていないように思われる（図105口絵）。

すでに述べたように、「節制」は「正義」、「剛毅」と並んで、タロットの中に含まれている枢要徳のうちのひとつである。イタリア・ルネサンスの「節制」の図像は、ミラノの殉教者聖ペトロの墓、シエナの大聖堂の敷石、ペルージャのカンビオ学院のペルジーノによる壁画（図189）など、あちらこちらで確認することができるが、それらに共通しているのは、両手に壺を持って、一方の中身を他方の壺に注いでいる姿だ。で、それが何をしているところなのかというと、単に水で葡萄酒を薄めているところなのである。[77]現代でも「節制」という言葉に、節

図189　ピエトロ・ペルジーノ「六人の古代の英雄及び剛毅と節制」、一四九七年（出典76）

酒、禁酒といった意味が含まれているのは、当時のこういった図像と関連しているのだろう。

　では、改めてピアポント・モルガン―ベルガモ・パックの「節制」のカードを見てみよう（図105口絵）。一人の女性が、片方の壺を、もう片方へと傾けている。水は描かれてはいないが、明らかに中身を移そうとしていることが見てとれる。彼女は腰の部分にフレアの入った濃いブルーの服を着ている。また、洋服には八つに放射した星の柄がついている。さらに、胸の下では細いリボンのベルトが巻かれている。中に着ている長袖のシャツは赤紫で、足元には赤い靴下を履いている。彼女の前景は、切り立った断崖、もしくは割れ目になっている。

　十五世紀後半から十六世紀初頭のどのカードを見ても、それが単に「節制」という徳の擬人像であることは間違いない。グランゴヌール・パックのカード（図190）、エステ家のカード（図191）、ローゼンウォルドのカード（図192）、どれを見ても壺から壺へと水を移し変える女性が描かれている。

図190　グランゴヌール・パック「節制」、パリ国立図書館（出典25）

図191　フェラーラのエステ家のタロット「節制」、トリノ国立図書館（出典9）

図192　ローゼンウォルドのタロット「節制」、ワシントン国立図書館（出典25）

15　悪魔

実はタロットの「悪魔」は怖くない?

以前、「タロット・カードの歴史」のところで問題にしたように、「悪魔」のカードは、現存する十五世紀の手描きのタロット・パックの中には残っていない。現存するカードとして最も古いものは、十五世紀終わりから十六世紀初頭の木版画のタロット・シートの中で見ることができる（400―401頁・図131　右側の上から三番目、及び図132左側の上から二番目）。

　図131右側の上から三番目のカードでは、翼のついた悪魔が、片手に三叉のフォークを持ち、股間には顔のついた姿として描かれている。もう一方の図132左側の上から二番目のカードでは、お腹に顔のついた、翼の生えた悪魔が描かれているが、ここでは二人の人間を口にくわえて嚙み砕こうとしている。しかも、その姿は鳥の足、角、ヤギの耳のついた奇妙なミクスチャーとなっている。ダデオ・ディ・バルトロの描いた『地獄』の魔王は、人々を貪り食いながら、一方で下の口から排泄しているとい

うなんとも凄まじい姿であるが（図193）、先ほどのカードの顔が二つある悪魔の図像は、こういった当時の絵画から影響を受けたものなのだろう。

図193　タデオ・ディ・バルトロ「地獄」（部分）、一三九三年（出典59）

　こういった悪魔の図像は、もとを辿れば、古代オリエント起源の悪霊などのイメージがベースとなっている。ハンス・ビーダーマンによる『世界シンボル事典』によると、ヨーロッパ中世にみられる悪魔の「ハゲワシの嘴のような鼻、獣のように尖った耳、翼、牙のような歯をもち、死のシンボルである槌を手にしている」という肉体的特徴は、エトルリアの冥府の悪霊カルンに由来するという。さらに、そこにギリシア神話の牧神パンの「雄ヤギの角と脚と尾」がつけ加えられて、悪魔の基本的なイメージができあがったらしい[78]。

　また、悪魔の観念史の著者として知られるJ・B・ラッセルは、中世の典型的な悪魔の姿を次のように描写している。「悪魔はよく化けものじみた奇形の姿をあらわし、この外形は内面の欠陥をさらけだす。堕天したためにびっこである。膝の関節が逆に動く。腹か膝か尻にもう一つの顔をもっている。目が見えない。角と尾を持つ。鼻孔がないか、あっても一つだけである。眉がない。受け皿のような目が炎を放つ。蹄が割れている。硫黄のにおいを放つ。堅く黒い毛に覆われている。不恰好な蝙蝠のごとき翼を備える。絵画に描かれた悪い悪魔は、異教の神のパンに似ており、角と蹄があって、全身が山羊の毛に覆われ、大きすぎる鼻と陽根を備える[79]」。

マルセイユ・パックでは、台座に乗った「悪魔」と、そこに紐でつながれた二人のデーモン（もしくはデーモンに変身してしまった二人の人間）が描かれている（図1）。

現在では、このカードが占いに出ると不吉な意味を持つとして怖れられていることも多いようだが、タロットに描かれている実際の「悪魔」の姿は、実はたいがいがコミカルに見える。キャプランがいうように、それが単に木版画の未熟さから来るものなのかはわからないが、さほど不気味な感じはしない。そもそもが、中世後期の文学作品や演劇の中の「悪魔」は、パロディや風刺の役割を担わされ、庶民の笑いの対象だった。ラッセルいわく、演劇における「滑稽な悪魔の役割は、おかしさによって息抜きをさせ、観客をたのしませるとともに、これにつづく悲劇的な演技に対して心がまえをさせることだった[80]」という。

「悪魔」の図像がよりシリアスなイメージへと変貌するのは、タロットがオカルティズムと結びつけられたエリファス・レヴィ以降のことである（177頁・図43）。

16 火
バベルの塔

現在、このカードは一般的に「塔」と呼ばれているが、十五世紀から十六世紀の資料を参照すると、そこにはいくつか異なったタイトルが見られる。まず、ここではそれらのいくつかを列挙してみると、「矢（la sagitta）」、「火（il fuoco）」、「悪魔の家（la casa del diavolo）」、「稲妻（l'a fovdre）」、「神の家（la maison de Dieu）[81]」と、呼び名のヴァリエーションが非常に多い。ちなみに、「塔」というタイトルが用いられるようになったのは、現存する資料から判断する限り、十九世紀に入ってからのようである。また、すでに述べたように、ヴィスコンティ―スフォルッア家のタロット・パックには、このカードは含まれていない。

図194　グランゴヌール・パック「塔」、パリ国立図書館（出典25）

これまでもタロティストたちによって、このカードに対して様々な解釈がなされてきた。たとえば、旧約聖書の中のソドムとゴモラの物語、あるいはイェルサレムの神殿の破壊、または、カタリ派やその他の異端の宗派によって待ち望まれたローマ教会の崩壊など。中でも、もっとしばしば言及されるのは、『旧約聖書』の「創世記十一章」に描かれているバベルの塔のシーンとの関連である。[82]

しかし、「塔」のカードを「バベルの塔」を表したものとして解釈するのには、そもそも大きな難点がある。なぜなら、バベルの塔の物語の中には、「塔」のカードの絵柄の特徴である、天から降ってくる「火」や「雷」などは登場しない。「創世記」を読む限り、神は、単に人々の使っている言葉を混乱させただけだ。

ここでグランゴヌール・パックの「塔」のカードを見てみよう（図194）。大きな石で作られた建物の片側が、ガタガタに壊れている。よく見ると天から「火」のようなものが降ってきているのがわかる。また、マルセイユ・パックなどでは（図1）、二人の人物が建物から落下する姿が描かれているのが、ここでは人間は描かれていない。もう一つ別のカードを見てみよう（図132　右上）。こちらでは、建物が炎上し、そこから落下してきた二人の人物が描かれている。さらに、もう一つ見てみると、こちらでは建物の頭部が破壊されているのがわかるが、天から降ってきているものが何であるかは不明である（401頁・図131　上から三番目、左から二番目。絵が逆さまに印刷されている）。また、建物の両側には、それぞれ樹が描かれている。

「悪魔の家」か「神の家」か？

ところで、なぜこのカードには、「矢」、「火」、「稲妻」、「悪魔の家」、「神の家」といったまったく異なる複数のタイトルがあったのだろうか。まずもって、これがこのカードに対する最大の謎である。

しかしこのことについては、旧約聖書の中の記述を参照することでおおよそ説明がつくと思われる。たとえば、「詩篇（一八：一六）」では、嵐の中で力を誇示する神が登場するが、雷鳴は神の声であるとされ、さらにそこでは「稲妻」が「火」または「矢」とも呼ばれている。また、「ヨブ記（三六：二六）」では、「神は稲妻を手に持ち（中略）、そのとどろきによって姿を現わす」と書かれている。すなわち、聖書の伝統の中では、「矢」、「火」、「稲妻」、は、いずれも神の力のこの地上での顕現を意味している。そうすると、カードのタイトルが、「矢」、「火」、「稲妻」のいずれであろうとも、神の力の現れという点で、どれも同じ事柄を表した呼び名であるとみてしまっても問題はないだろう。しかも、そういった神の力によって破壊される建物が、「悪魔の家」と呼ばれるのも自然なことだ。

しかしながら、ここで一つだけ取り残されてしまうのが、「神の家」というタイトルである。そもそも、「悪魔の家」と「神の家」では、まったく正反対なものを指している。いったい、この完全に対立する二つのタイトルの存在は、何を意味しているのだろう。

ここで以前紹介した、十六世紀のはじめにフィレンツェで作られたミンキアーテ・カードを見ていただきたい（図195）。ここでの「塔」のカードのデザインは、現在の標準的なものとは完全に異なっている。建物から腰布だけを巻いた裸体の女性が押し出されている。一方で、一四二七年にマザッチオが描いたアダムとイヴの「楽園追放」の絵を見ていただきたい（図196）。一目見て、ミンキアーテの「塔」のカードが、このマザッチオの絵の構図を模倣したものではないかと推測されるだろう。このことからオニールは、ミンキアーテの「塔」のカードを楽

図196　マザッチオ「楽園追放」、フィレンツェ、サンタ・マリア・デル・カルミーネ、一四二七年（出典72）

図195　ミンキアーテ・パック「塔」、リプリント版（出典39）

園を追放されたイヴの姿だと解釈している[83]。だとすると、イヴが追い出されてきた場所こそ、楽園、すなわち「神の家」なのである。

だとすると、「神の家」というタイトルは、もしかすると、本来、このミンキアーテの「塔」のカードのようなデザインのものに対してつけられていたものだったのかもしれない。

17　星

「星」のカードは「希望」を意味してはいなかった

水瓶から水を大地に注ぐ裸の女性。そして夜空に輝く八つの星……。というようなマルセイユ・パックに見られる「星」のカードの絵柄は、非常に意味深で、何か特別なシンボリズムが含まれているようにも見える（図1）。ところが、十五世紀から十六世紀にかけての初期のカードを見てみると、マルセイユ・パックをはじめとする現代の一般的な「星」のカードの絵とは、まったく異なるデザインとなっている。

まず、ピアポント・モルガン―ベルガモ・パックの「星」のカードを見てみよう（図105口絵）。絵の中央に立っている一人の女性が左手を上げている。彼女は開いた手元にある八芒星を見つめている。右手は胸の下のあたりに置かれている。また、彼女は両肩から赤いケープをはおり、茶色のソックスをはいている。ケープには、「節制」のカードの女性の服と同様のゴールドの八つの光線の星の柄がついている。女性の前景も「節制」のカードと同じく切り立った崖、もしくは割れ目になっている。

同じくヴィスコンティ－スフォルッア家のタロットである、アルバート美術館に所蔵されている「星」のカードを見てみよう（図197）。こちらでは、王冠をかぶり、引きずるほど長いローブを着た女王然とした人物が、右手を上げた姿として描かれている。そして、その開いた手元には八芒星があり、左腕には鷹がとまっている。

図197　ヴィクトリア・アンド・アルバート美術館のヴィスコンティ－スフォルッア家のタロット「星」（出典25）

図198　フェラーラのエステ家のタロット「星」、トリノ国立図書館（出典25）

さらに続けて、フェラーラのエステ家のカードを見てみよう。こちらでは、学者風の二人の人物が、上空の星を見上げている（図198）。二人の人物はそれぞれ星を指差している。また、片方の男は手にシートを持っている。おそらく、このカードに描かれている二人は、星の運行を観測する天文学者、もしくは占星術師を描いたものであろう。

次に、ロスチャイルドのカードを見てみよう（400頁・図132　上中央）。一人は冠をかぶり、他の二人は帽子をかぶり、合計三人の人物が描かれている。三人の頭上には八芒星がある。一番左側の人物は、左手に大きな冠を持ち、右手には袋を持っている。また、彼の頭上には小さな十字のついた壺のようなものが描かれている。描かれている個個のモチーフから判断するなら、おそらくこのカードは、イエス・キリストの生誕へと導かれる東

図200　ジョットー「希望」、一三〇二–一三〇五年、パドヴァ、スクロヴェーニ礼拝堂（出典75）

方の三人のマギを描いたものだとみて間違いない。「マタイ福音書」には次のように記されている。「彼らが昇るのを見た星が先だって彼らを導き、幼子のいる場所の上までやって来て、止まった」（「マタイ福音書二：九」、新約聖書翻訳委員会訳）。すなわち、頭上に浮んだ壺のようなものは没薬と乳香、さらに右手に持たれた袋の中身は黄金で、いずれも幼子イエスへの捧げものを描いたものなのだろう。

一方でオニールは、ここに描かれたベツレヘムの星と東方の三人のマギは、カトリックの神学上の三つの徳の一つである「希望」の象徴的な表現なのではないかと述べている[84]。確かに、現代のタロット本でも、ほとんど決まって「星のカードは希望を意味する」といった説明が書かれている。しかし、わたしは「星」のカードは、「希望」という意味を持っていたとは思わない。その理由は、ミンキアーテ・カードのパックの構成を見てみると明らかである。

前にも述べたように、九十七枚から成るミンキアーテのパックには、「希望」を含む神学上の徳がすべて含まれている。では、ミンキアーテの「希望」のカードがどのような絵であるかを見てみると、王冠を取るために腕を伸ばす女性が描れている（**図199口絵**）。こういった絵は、十四世紀から十五世紀にかけての、イタリアでの「希望」の一般的な図像法だった[85]。ちなみに、**図200**はジョットーの描いた「希望」の擬人像である。ところで、ここで注意していただきたいのが、ミンキアーテのパックの中には、この「希望」のカードとは別に「星」のカードが存在するということだ（**図201口絵**）。「星」のカードでは、馬に乗り王冠をかぶった人物が星を見上げている姿が描かれている。このミンキアーテの「星」のカードに描かれているのは、先ほどのロスチャイルドのカードと同様、星に導かれながらベツレヘムへと向かう三人のマギのうちの一人であろう。

このように、「星」のカードと「希望」のカードが別々に存在するということは何を意味しているのか。そもそも「星」のカードがもともと「希望」という意味を持っているのなら、あえて「星」のカード以外に「希望」のカードが作られる必要はない。したがって、「星」のカードは、「希望」を意味していたわけではないはずだ。ベツレヘムへと導かれたマギや、空を見上げホロスコープを作成する占星術師たちにとって「星」が持つ意味とは、この地上で起こる出来事の「予兆」だったのだ。

18　月

壊れた弓を持つディアナ

夜空に浮かび上がる月。二匹の吼える犬。背景には二つの建物。そして前面の水の中に潜む一匹のザリガニ。マルセイユ・パックの「月」のカードは、なんとも意味深で、見る者を不思議な気分にさせるシュールなムードを持っている（図1）。ところが、これまた「星」のカードと同様、十五世紀のイタリアのカードの図像は、こういった現在の標準的なものとはまったく違っている。

まず、グランゴヌール・パックの「月」のカードを見てみよう（図120口絵）。二人の人物が、手にコンパスと書物を持って欠けた月を観察しているのが描かれている。また、エステ家のタロット・パックでは、コンパスで何やら描いている長い髭を生やした一人の男が描かれている（図202）。また、左端に描かれているのは天球儀である。これらに描かれている人物も、「星」のカードで見たのと同じく、天文学者、あるいは占星術師であることに間違いはない。

今度は、ピアポント・モルガン―ベルガモ・パックの「月」のカードを見てみよう（図105口絵）。右手には三日月を持ち、左手には壊れた「弓」を持っている女性が描かれている。さらに絵の背景の山の上にはお城らしきも

図202　フェラーラのエステ家のタロット「月」、トリノ国立図書館（出典25）

図203　コレッジョ「ディアナ」、一五一九年頃（出典75）

のが小さく描かれている。彼女の袖のない赤紫色の服には斜めに平行して八本のゴールドのラインが入っている。その下には濃い青のドレスを着ているが、足は裸足である。女性の前景は「節制」と「星」のカードと同じく、切り立った崖、もしくは割れ目になっている。

このカードに描かれている女性が何であるかを推測するのは容易であろう。「月」というタイトルと、手に持っている「弓」に注目するなら、おそらくローマの月の女神ディアナを描いたものだと想像できる。ちなみに、**図203**は一五一九年にコレッジョによって描かれたディアナである。絵の雰囲気は異なるが、こちらでは戦車に乗ったディアナが頭に三日月をつけ弓矢を背負っているのを確認できる。

ところで、なぜピアポント・モルガン―ベルガモ・パックの中には、あえて「壊れた弓」が描かれていたのだろう？　その理由について答えを提出するために、ここでいったん、当時の人々が宇宙をどのようなものとして考えていたのかという点に注目してみる必要がある。

まず思い出していただきたいのは、初期のタロット・カードが作られていた頃は、コペルニクスの地動説が登場する前だったということだ。すなわち、地球をはじめとする諸惑星が太陽の周りを廻っていると考えるのではなく、あくまで地球が宇宙の中心に置かれ、その周りを諸天球が同心円状に取り巻く構造として想像されていた時代である（図204）。そして、次がポイントなのだが、中でも月は地球から一番近い天球層であり、なおかつ宇宙は月から上と月から下で、その性質を大きく異にするものと考えられていた。すなわち当時の考えでは、月より上は永遠で不変の領域だとされる一方で、月より下の世界は生と死があり、生成と消滅が定めの常に変転する世界だと思われていたのだ。

以上のことから、壊れた「弓」は、月下の世界、すなわち月の女神ディアナが支配する世界における、もろさやはかなさといった、物質的な事物すべての定めを示すために採用されたモチーフだったと結論づけておくことができるのではないだろうか。

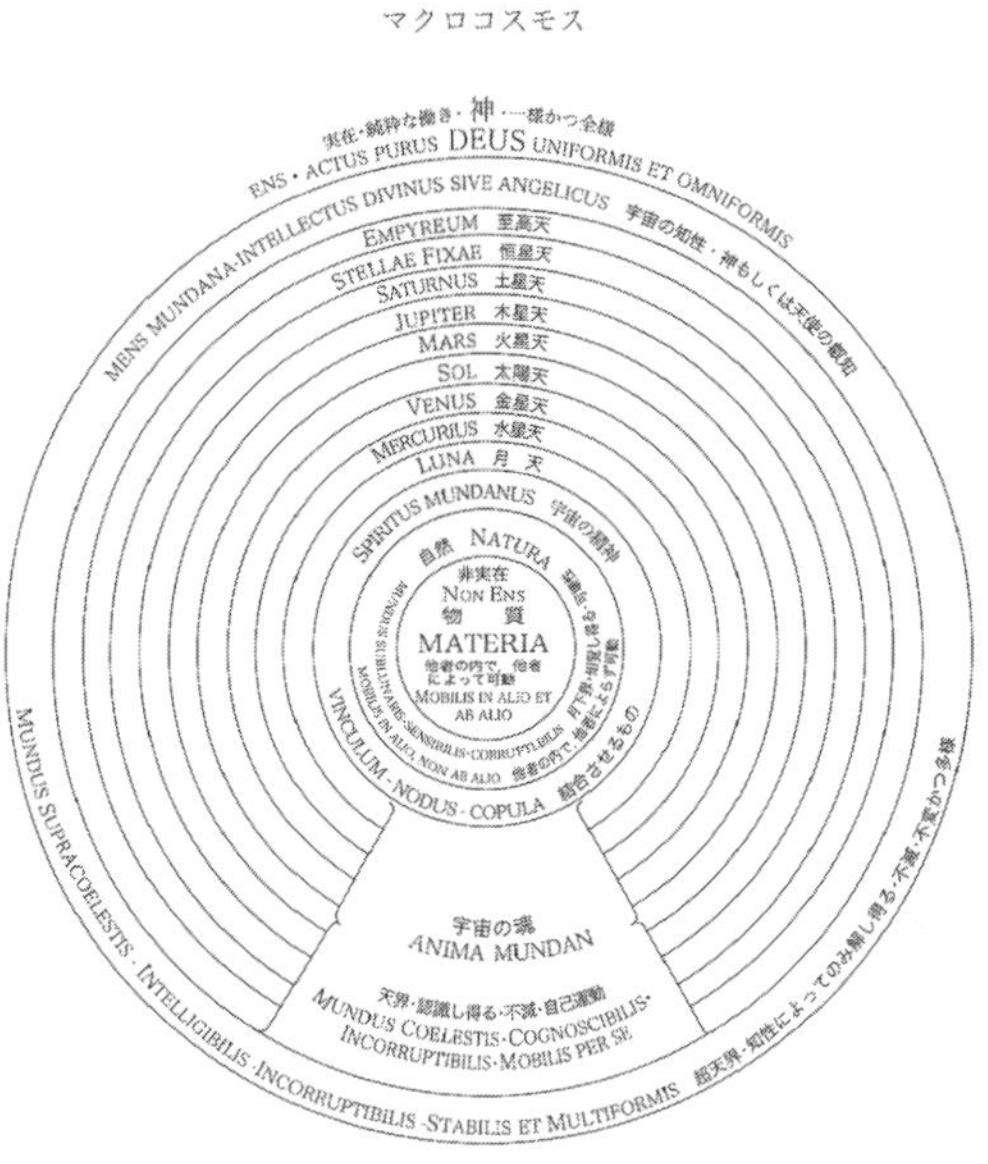

図204　ルネサンスの宇宙観（パノフスキー著、浅野徹、塚田孝雄、福部信敏、阿天坊耀、永沢 峻訳、『イコノロジー研究　下』、二〇〇二年より）（出典63）

19　太陽

太陽をつかまえる？

十五世紀に作られた「太陽」のカードには、統一された絵柄はなく、まったく異なるモチ

図205　グランゴヌール・パック「太陽」、パリ国立図書館（出典25）

ーフと構図を採用した複数のヴァリエーションが存在する。

まず、ピアポント・モルガン―ベルガモ・パックの「太陽」のカードを見てみよう（図105口絵）。濃いブルーで描かれた雲の上に片足で乗り両手で真っ赤な太陽を掲げる、小さな翼の生えた裸体の子供が一人描かれている。首から股間にかけて紫のスカーフが取り巻き、さらに首の周りにはネックレスをつけている。面白いことに太陽は男性の顔になっているが、キャプランは、これを古代ギリシャの太陽神アポロンを表したものではないかと推測している。さらに絵の背景の山の上には「月」のカードと同様に、お城らしきものが小さく描かれている。また、子供の前景には、「節制」、「星」、「月」のカードと同じく、切り立った崖、もしくは割れ目になっている。

次に、エステ家の「太陽」のカードを見てみよう（図121口絵　右から二番目）。こちらでは、樽の淵に座った老人と、その前に立つ王冠をかぶった男が描かれている。これは明らかに哲学者ディオゲネスとアレキサンダー大王の物語をモチーフとしたものであろう。ディオゲネスについては「老人」のカードのところですでに述べたが、非常に禁欲的な生活をしたことで知られている紀元前四世紀の哲学者である。

ある日アレキサンダーはディオゲネスを訪ね、どんな望みでも叶えてやると申し出た。そこでディオゲネスは、アレキサンダーに太陽の光を遮らないよう横にずれて欲しいと頼んだ。彼の腰掛けている樽は、なかば浮浪者のような生活をしている彼の住居である。

今度は、グランゴヌール・パックの「太陽」のカードを見てみよう（図205）。ここではロングドレスを着た若い女性が、太陽の下で「紡ぎ棒」を持った姿が描かれている。ちなみに、糸を紡ぐという仕事は、ヨーロッパの家父長制社会の中で女性のための労働として割り当てられたものだった。[86] しかし、それがなぜ「太陽」という主題の中に描かれているのかは今ひとつわからない。

これと比較していただきたいのが、十七世紀半ばのフランスのジャック・ヴィエヴィルのカードである（図206口絵）。こちらでは糸紡ぎをしている女性は、「太陽」のカードではなく、「月」のカードとして描かれている。このカードが製作された十七世紀は、かつて女性の仕事だったはずの織布産業に男性の組織立った労働力が進出する一方、女性はそれらの職能から追い出され、より日の当らない蔭の労働として糸を梳き、巻き、紡ぐことになったという時代の背景がある。だとしたら、古来、女性性と結びつけられてきた「月」と、女性の職業として割り当てられた糸紡ぎのモチーフの組み合わせはきわめて自然である。また、ヴィエヴィルの「太陽」のカードでは、大きな太陽の下、手に大きな旗を持った裸の子供が、白い馬にまたがっている姿が描かれている（図207口絵）。おそらく、二十世紀のウェイト－スミス・パックは、この絵の構図を参照したのだろう（図2）。

以上見てきたように、当初、「太陽」のカードには、標準的なデザインというものはなかった。これらのカードには、「太陽」という共通のひとつの呼び名が与えられているものの、それぞれに使用されているモチーフのヴァリエーションから考えて、そこに同一の意味を読み取ることは、おそらく不可能である。

最後に、もう一度ピアポント・モルガン－ベルガモ・パックの「太陽」のカードの絵を見直してみよう（図105口絵）。あくまで勝手な主観なのだが、この絵を見ていると、わたしにはどうしても雲に乗った翼の生えた子供が太陽をつかまえようとしている姿に思えてならない。まるで、その運行を止め、永遠に地上を照らし続けさせようとでもするかのように。

20 天使
最後の審判

現在「審判」と呼ばれているこのカードは、キリスト教における最後の審判の光景を描いたものであることは明らかだ。様々なヴァリエーションが存在する「星」、「月」、「太陽」のカードの図像とは異なり、「審判」のカードは、絵の細かなディテールにわずかな変化はあったとしても、十五世紀から現代に至るまで、本質的なところは同じまま維持されている。ただし、スジオの詩やドミニコ会の修道士の説教などの初期の文書でのこのカードの呼び名は、「審判」ではなく「天使（L'Angelo）」となっている。

まず、ケーリー・イェール・パックから見ていこう（図109口絵）。背景に城が描かれ、赤褐色の墓から起き上がる四人の人物が描かれている。そのうち中心にいる人物は衣服をつけているが、両側の若い男女は裸である。一人は墓の中から顔だけ出している。左側の男は胸元で手を交差させている。上方の雲の上には旗のついたトランペットを持った二人の天使がいる。さらにカードの上部には、ラテン語で「Surgite ad judicium（審判のために立ち上がれ）」という銘が刻まれている。

今度は、ピアポント・モルガン―ベルガモ・パックのカードを見てみよう（図105口絵）。ケーリー・イェール・パックと同様に、赤褐色の墓から死者がよみがえってきているが、こちらは四人ではなく、若い男女と年老いた男の三人が描かれている。三人は天を見上げているが、それに加えて二人の若い男女は、祈るかのように両手を合わせている。この二人の顔は、なんとなく「愛」のカードに登場したカップルと同じであるように思われなくもない。上方には旗のついたトランペットを吹く二人の天使がいる。また天使の間の一番高いところには、剣と宝珠を持ち髭を蓄えた男が描かれている。このカードの真ん中の人物は、その年老いた風貌からして、イエスで

図208　アルブレヒト・デューラー「黙示録」、大英博物館（出典65）

図209　グランゴヌール・パック「審判」、パリ国立図書館（出典25）

はなく、父なる神を描いたものだと思われる。ちなみにここで、アルブレヒト・デューラーの描いた『黙示録』をご覧いただきたい（図208）。ピアポント・モルガン―ベルガモ・パックのカードと同じように、父なる神と天使たちが描かれている。また、ここでは神が天使たちにラッパを与え、そして天使たちが、それを地上に向かって吹きならすといった光景となっている。

さらに、グランゴヌール・パックのカードを見てみよう（図209）。ヴィスコンティ―スフォルツァ家のカードと同様に、雲の上から二人の天使がラッパを吹いている。また、先ほど見たヴィスコンティ―スフォルツァ家のカードに登場する人物たちが最後の審判を皆おとなしく受け入れようとしているのに対して、こちらでは、墓からよみがえった総勢七人の裸体の男女たちがそれぞれ思い思いのしぐさをしている。中でも一番右側の男が、これからおとずれる裁きからあたかも逃げ出そうとしているかのように描かれているのが、絵にコミカルな印象を与えている。

21　世界

「永遠」の勝利

いよいよここで、タロットのゲームの中で最強のトランプ・カードを見ていく。まず、ケーリー・イェール・パックの「世界」のカードを見てみよう（図109口絵）。わりあいシンプルなデザインが多いタロット・カードの絵の中で、ケーリー・イェール・パックの「世界」のカードには異例ともいうべき細かな描写がなされている。上方には貴族の服装をした女性が雲の上に浮かんでいる。彼女は、片方の手には旗のついたトランペットを持ち、もう片方の手には王冠を持っている。さらに雲のすぐ下にも大きな王冠がある。その下の円形の中には牧歌的な光景がこと細かに描写されている。まず、池で釣りをしている一人の男。そして、すぐ近くの川でボートに乗っている、二人の修道士のような人物。さらに川のほとりには、手に旗を持った騎士が馬に乗っている。また、その背景には四つの建物があり、一番後方に描かれている海には、三艘の船と燈台がある。

このカードに描かれた風景がどこか特定の場所を描いたものなのか、それとも空想上の場所なのかはわからない。ちなみにキャプランは、この風景がアーサー王の伝説に由来するものかもしれないという意見を述べている(87)。ヨーロッパでアーサー王伝説が持ち出される場合は、決まって自分の宮廷の気高さとアーサー王のそれとが重ね合わされた。ということは、「世界」のカードのデザインは、アーサー王伝説の中の風景とミラノとをダブらせることでヴィスコンティ家の名声を表現しようとしたものということになるのだろうか。とはいえ、このカードの絵柄のモチーフとなる風景が実際にアーサー王伝説のどこから持ってこられたかがわからない以上、キャプランの主張は推測の域をまったく出ないものである。

今度は、ピアポント・モルガン－ベルガモ・パックの「世界」のカードを見てみよう（図105口絵）。こちらは、二人のプットーが球を持ち上げているという構図である。そしてその球の中には、塀によって囲まれた中世風の町が、水の上に浮かんでいるように描かれている。ケーリー・イェール・パックと同様、この町が具体的にどこなのかということは、やはりわからない。しかし、トランプ・カードの最後に位置しているということから考えても、これら二枚のカードに描かれている風景が、最後に到来する待ち望まれたユートピアのようなものだったということは想像できる。加えて、「審判」のカードの後に位置しているということも考えに入れると、あるいはこれは地上に実現した神の国、すなわちイェルサレムなのだろうかという想像も成り立つ。

図210　グランゴヌール・パック「世界」、パリ国立図書館（出典25）

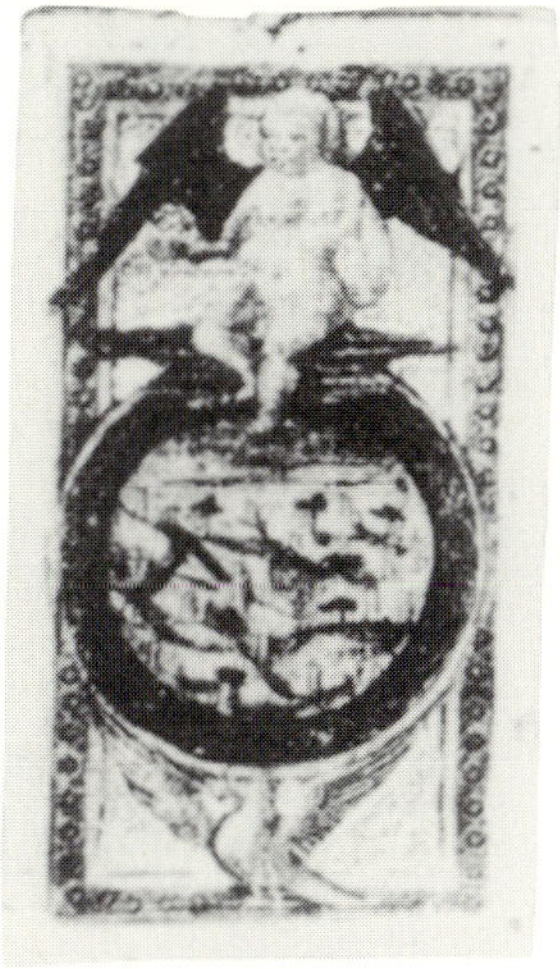

図211　フェラーラのエステ家のタロット「世界」、トリノ国立図書館（出典25）

ヴィスコンティ―スフォルッア家の「世界」のカードに対する解釈としてひとつ考えられる答えは、もっともシンプルなものである。結論からいうと、トランプ・カードの最後に位置するカードの風景とは、ヴィスコンティ―スフォルッア家に統治されることによって到来するユートピアと、地上での神の国の実現とが重ね合わされたものだったに違いない。(88)それと同時に、ペトラルカの『トリオンフィ』で最後に勝利を収めるのが「永遠」だったことを思い出すなら、ヴィスコンティ―スフォルッア家による支配が決して終わることのない「永遠」のもとにあることをアピールしたものだったのだろう。考えてもみれば、最後に来る最も強いカードが、注文主であるヴィスコンティ―スフォルッア家の栄光を讃えるものでないわけがない。

ここで、ヴィスコンティ＝スフォルッァ家のもの以外のカードも見てみよう。グランゴヌール・パックの「世界」のカードでは、いくつかの丘の上に建物が描かれ、それを取り巻く球の上には、剣と宝珠を持った女性が立っている（図210）。また、エステ家のパックでは、グランゴヌール・パックと同様に建物のある丘がいくつかあり、それを取り巻く球が描かれ、その上には一人のプットーが座っている（図211）。そして一羽の鳥が、翼を広げて下から球を支えている。これらのカードが持っている意味も、ヴィスコンティ＝スフォルッァ家の「世界」のカードと同様であるとみて間違いないだろう。

以上のように十五世紀のカードでは、円の中にどこかの風景が描かれ、そこに女性かプットーのどちらかが伴うという構図が定型化している。ところが、現存しているカードを見る限り、十七世紀半ば頃から、「世界」のカードのデザインが大きく変化し、現在のスタンダードなマルセイユ・パックのプロト・タイプともいうべき図像が登場しはじめる。すなわち、カードの四隅には四つの生き物が描かれ、そして真ん中には縦長の楕円の輪に取り巻かれた一人の人物という謎めいた絵柄に変貌を遂げる（図1）。

このマルセイユ・パックの図像が何を意味するのかという点については、タロット研究家の間で今までも様々な意見が出されてきた。ここでは、少々時間をかけてその謎解きをしてみたい。

「世界」のカードの踊る女性は、実は男性だった

マルセイユ・パックの「世界」のカードの解釈として最もすぐに連想されるのは、キリスト教の「最後の審判」の中での「キリストの勝利」を描いたものであるとするものだ。図212を見ていただくとわかるが、アーモンド形の輪の中にキリストがいて、その周りには四つの生き物、天使、ライオン、雄牛、鷲が描かれている。この構図がマルセイユ・パックと同一であることは明らかであろう。ちなみに、ペトラルカの「永遠のトライアンフ」の挿絵を見ていただきたい（図213）。こちらにも、最前面には、四つの生き物が描かれている。

さて、「キリストの勝利」とマルセイユ・パックの「世界」のカードが同一の構図を持っているのは間違いないとしても、ここでひとつ最も重大な問題が残っている。それは、「世界」のカードの真ん中の人物が、キリストではなく女性となっているという点だ。これはいったいどういうことなのだろう。

まず一つ考えられることとしては、本来はそこに描かれていたのはキリスト、すなわち、男性であったのが、いかなる理由からかはわからないが、いつの間にか女性に変えられてしまったのではないかということだ。十七世紀半ばにパリで作られたジャック・ヴィエヴィルのパックを見ていただきたい（図214口絵）。こちらではなんと驚くべきことに、中央にいる人物は女性ではなく男性である！　ということは、やはりマルセイユ・パックの「世界」のカードのもとの図像は、イエス・キリストが描かれていたのが、やがて何らかの理由で、後に女性に変わっていったということなのだろうか。

しかし、ことはそう単純ではない。なぜなら、ほぼ同時期にパリで製作されたジャン・ノブレのパックの中の

図212　「キリストの勝利」、十七世紀（出典27）

図213　「永遠のトライアンフ」、十五世紀、フィレンツェ（出典27）

図215　ジャン・ノブレのタロット「世界」、パリ国立図書館（出典27）

「世界」のカードでは、女性が描かれているからだ（図215）。また、このヴァージョンの「世界」のカードで最も古いものは、ミラノのスフォルッア城で発見された十六世紀末のミラノもしくはフェラーラで作られたとみなされているものであるが、実物のカードは損傷がひどいため、残念なことにその人物が男性であるか女性であるか見分けることは困難である（図216）。ただし、その人物のポーズは、一七六〇年頃にアヴィニョンでジャン・ペイエンという人物によって作られたタロット・パックの「世界」のカードに描かれている人物とよく似ている（図217）。見てのとおり、ペイエンの「世界」のカードの人物は女性ではなく男性である。だとすると、先ほど見たこのヴァージョンで現存するものとして最も古いカード（図216）は男性であった可能性が強い。とはいえ依然として、このカードが本来男性であったのか女性であったのか、その断定を下すことはできないままである。

男女両性具有説

しかしながら、この「世界」のカードの人物が男性か女性かという議論を巡って、そのどちらでもなく男女両性具有を描いたものだ、とする奇妙な解釈も存在している。この説の代表的な意見としてはロバート・オニール[89]とジョージ・ウォルド[90]のものがあるが、ここではそれらを順に紹介しておこう。

まず、男女両性具有説を提出するオニールの論拠は、彼自身の持つ、トランプ・カードに対するあるひとつの前提から来るものである。オニールは、「愚者」からはじまり「世界」に至るまでのカードの流れを、最も低次のレベルからより高次の段階に進んでいく「存在の大いなる連鎖」ともいうべきヒエラルキーを表現したものだとの見方を固持している。したがって、最後のカードは存在の最高位の段階、すなわち完全性を表したものでなければならない。そこでオニールは次のように考える。完全性の象徴としては、男、女という二元的な原理を統合した男女両性具有こそがふさわしいと。

図216　スフォルッア城のタロット「世界」、ミラノ、スフォルッア城（出典27）

図217　ジャン・ペイエンのタロット「世界」、一七六〇年頃、イェール大学（出典27）

続けて、ウォルドの説も紹介しておこう。まず、ウォルドはオランダのデルフで、だらりと垂れ下がった女性の乳房を持ったイエスが描かれている十八世紀のタイルを発見したという。このことからウォルドは、かつてイエスは乳房を持つ姿として描かれることもあり、それがオランダのタイルやタロットの「世界」のカードの中に描かれたのだという。そして、このように女性の胸を持ったイエスが描かれたのは、イエスの男女両性具有性を表現するためだったと主張する。それにしても、なぜイエスが男女両性具有でなければならないのか？　それについてウォルドは、次のように説明している。

「ヒンドゥー教のシヴァの伝統的な表現は、真ん中で別れ、右側が男性で、左側が女性である。仏陀と菩薩は、本質的に男女両性具有であるものとして、豊満な重たい胸とたいがい髭のない姿で描かれる。すべてのなかのすべてとしての神、すべての力であり、すべてを包含する神が、人間にとって表現できるものなら、両性具有という形となるのかもしれない。一方、神が、彼もしくは彼女であるなら、それぞれ男もしくは女の所有している片方の局面を欠落してしまうだろう[91]」

ウォルドの主張も、結局のところはオニールと同じ論拠をもとにしている。すなわち、トランプ・カードの最後は存在の完全性を表している。そして完全性を表現するには、男女両性具有が好ましい。だから、最後のトランプ・カードの人物は男女両性具有でなければならない、といった論法である。

確かに、完全性の表現として男女両性具有のイメージが使用されていること自体は、決して珍しいことではない。なにもウォルドのように、完全性という観念を表象するものとしての男女両性具有のイメージに東洋の神を持ち出さずとも、ヨーロッパの伝統の中においても、容易に見つけることはできるだろう。たとえば錬金術の図版などを見れば、そういったイメージはあちらこちらに見つけられる。

しかしわたしの意見としては、このカードを説明するためにわざわざ男女両性具有説を持ち出す必要はまったくないと思う。これから、彼らとはまったく異なる解釈を試みてみたい。

裸の女性の正体

ここでもう一度、カードの図像を見直してみよう。全体的には同じ構図であるものの、実はカードの真ん中の人物の姿は大きく分けて二つのパターンに分けられることに注目してほしい。一つ目は、前述のヴィエヴィルやジャン・ノブレのタロットにあるように、全裸で背中にマントをはおり、両足で立っているパターン。もう一つは十八世紀初頭からほぼスタンダードとなる、片足で立ちそして裸体にケープを巻きつけたパターン。

ここで、後者のタイプの人物の姿から、イエス・キリストとはまったく違うものを連想してしまうのはわたしだけだろうか。わたし自身の結論を先にいってしまうと、運命の女神フォルトゥーナ、彼女こそが「世界」のカードの中心に位置する人物の正体なのである。ここでは、それを確かめるために、ルネサンス以降のフォルトゥーナの図像の変遷について少し説明しておかなければならない。

すでに一度、「運命の車輪」のカードのときに説明したが、中世からルネサンスにかけてのフォルトゥーナの一般的な図像は、まさにピアポント・モルガン―ベルガモ・パックに描かれているような姿として描かれていた。ところが、フォルトゥーナの図像に関する歴史的な変遷を追ってみると、十六世紀頃から、彼女の姿に著しい変化が現れる。かつての車輪の中心に位置するフォルトゥーナの図像は見られなくなり、彼女は球の上に乗る裸体の女性として描かれるのが一般的になっていく。では、なぜフォルトゥーナの図像は、そのような形へと変貌を遂げていったのだろう？　おそらく、その理由は、当時の科学革命による宇宙観の推移と、社会情勢などから来たものだと考えられる。[92]

まず一点目の宇宙観の推移についてだが、コペルニクスによって唱えられた太陽を中心とする宇宙観にはじまり、ケプラー、ガリレイにいたる科学思想の変化は、古代から続いてきた地球を中心とするプトレマイオス＝アリストテレス的な宇宙観を打ち崩していった。地球が宇宙の不動の中心ではなくなるとともに、有限で閉ざされた世界という観念は過去の遺物となっていった。そして、十六世紀から十七世紀にかけて「回転する天体としての地球」という観念が一般化していく。ここに、「回転する球体の上に乗った女」という、フォルトゥーナの新たな図像への変化との間の同時代的なつながりを見てとることができるだろう。

一方で、十六世紀におけるヨーロッパの政治体制は、中世封建制から近代の絶対主義へと大きく変化し、支配者である王や皇帝のあり方にもかつてない変化が起こった。それとともに、かつて「運命の車輪」が示したような、ぐるぐる回る輪のような規則的な循環をする王侯の権力の変転といったイメージでは、運命の姿が表象できなくなっていったに違いない。そして、その結果登場したのが、もはや規則的に車輪を回す女としてではなく、どこに転がっていくのかわからない球の上に乗った不安定な女としてのフォルトゥーナの像だったのだろう。実際、資本主義の進展、そして封建制から絶対主義への体制の移行、それに伴うさまざまな権力闘争、そしてローマ・カトリック教会がプロテスタントの宗教改革に脅かされる混迷の十六世紀こそ、史上最もフォルトゥーナ表現が増加し、その図像も変化した時期であったようだ。もはや世界の進んでいく道筋が誰にも予測できなくなってしまったその時代に、フォルトゥーナは、どこに向かって転がるかわからない不安定な球の上に乗る裸の女性として表象されるようになっていったのである。

たとえば、ピントリッキョのデザインによるシエナ大聖堂の床石モザイクには、片足を球、片足を船の上に置

図218　ピントリッキョ下絵「運命」、十五世紀、シエナ大聖堂床石モザイク（出典68）

図219　帆を持つフォルトゥーナ、ドイツ、一六一八—一六二七年、オックスフォード、アッシュモリーン図書館（出典68）

き、そして船のマストをかかげる全裸のフォルトゥーナの姿が描かれている（図218）。また、十七世紀ドイツの写本挿絵の中では、フォルトゥーナ自身の体がマストになっていて、片手で帆をかかげ、球の上を転がっていく姿となっている（図219）。

ここで、これらのフォルトゥーナ像と「世界」のカードの女性の姿を見比べてみよう（図1）。そうすると、まず「世界」のカードの中の裸体の女性が身にまとっているケープのようなものは、実は当時の一般的なフォルトゥーナのアトリビュートである船の帆なのではないかということが推測される。フォルトゥーナが船の帆を持つのは、中世以来の伝統である。「運命の車輪」のときにすでに述べた、六世紀の哲学者ボエティウスは『哲学の慰め』の中で、次のように書いている。「お前（フォルトゥーナ）は、船の帆を風に託す時には、お前の意志の欲する方向へではなく、風の推す方向へ進まなくてはなるまい[93]」。また、「世界」のカードの中の女性が片足で立っている不自然な姿も、彼女の足元にはフォルトゥーナの図像のように球があることを想像すると納得がいく。

運命の女神の勝利

「運命の車輪」のカードの説明のところで、なぜマルセイユ・パックの「運命の車輪」のカードの中から、フォルトゥーナが消えたのかといった疑問を提出しておいた。もう、その答えは明らかであろう。彼女は、単に消えてしまったのではない。彼女はタロットのファイナル・カード「世界」の方へと場所を移動したのだ。

フォルトゥーナが本来の「運命の輪」のポジションを離れ「世界」のカードに登場することになった理由は、フォルトゥーナに対する一般的な観念の変化によって、もはや「運命の輪」のカードの中に収めておくことがふさわしくなってしまったからではないかと考えられる。しかしもう一つ、フォルトゥーナを移動させるためのより積極的な理由があったと、わたしは思う。

ここで、キリスト教的な最後の審判の持つ意味を考えてみよう。この世に最後の審判が到来した日には反キリストは滅ぼされ、そして最後にはキリストが勝利することは世の初めから決定されていることである。人類の歴史の中でいかなるドラマがあろうとも、最後の「キリストの勝利」だけは揺るぐことはない。すべてのものがオメガ・ポイントへと向かう予定調和的な世界。それがキリスト教信仰を支える確信である。このように結論がすでに決定されてしまっているキリスト教の世界観は、ゲームの世界とはまったく相容れないものだ。なぜなら、ゲームの世界には、あらかじめ結果の決まったシナリオは不必要だからである。というよりも、最初から勝者が決まっているような予定されたゲームなど、もはやゲームではない。

またキリスト教的な世界観では、神への信仰と人間の行う美徳は、必ずや報われる。しかしゲームの世界では、どんなに神へ祈りを捧げようとも、必ずしも勝利へと導かれるわけではない。「偶然」に配られるカードがゲームの流れを作り、プレイヤーたちはそこに、自分ではどうすることもできない「運」を感じる。それゆえ、「運」「不運」をもたらす運命の女神に見放されてしまってはゲームに勝利することは不可能なことをプレイヤーたちは知っている。だとしたら、運命の女神フォルトゥーナが最後のカードの勝利の座で踊っているのは、ゲームのプレイヤーにしてみれば極めて当然のことであろう。

歴史を振り返ってみると、古代ローマにおいてキリスト教が支配権を獲得して以来、運命の女神フォルトゥーナは常に神学者たちの目の敵だった。そして、フォルトゥーナは、中世を通じて、盲目で移り気といった否定的な形容詞を与えられ、信頼の置けぬ女と悪評判であるのが常だった。しかしそのようにずっと貶められてきたフォルトゥーナが、タロットの世界の中では、なんと最後の審判における「キリストの勝利」の図像の真ん中に、イエスにとって代わる形で、ついにまんまと収まってしまったとは！

あえて、「キリストの勝利」の図像の構図をそのままにして、キリストではなくフォルトゥーナを描くことをはじめたのが誰なのかはわからないが、それを思いついたカード職人のアイデアと、そこに含まれているウィットに、思わず拍手を送りたくなるのはわたしだけだろうか。

22 愚者

愚行の寓意

オカルト・タロットの歴史のところで見たように、番号のない「愚者」のカードの大アルカナの中でのポジションをどこにするかという点は、重要な論点のひとつだった。しかし本来、タロットのゲームにおいて「愚者」のカードはトランプ・カード（切り札）の役割を持っていないので、どこにも位置づけることができない。むしろ「愚者」のカードは、他のカードとは違い、ルールに縛られない特別な役割を持たされている。[94] したがって、ここで「世界」のカードの後に「愚者」のカードを持ってきたのはあくまで便宜上のことに過ぎない。

現代のウェイト－スミス・パックの「愚者」のカードは、明るく希望に満ちたイメージの中、これからどこかへ旅に出ようとしているかのような若者が描かれている（図2）。たとえば、ウェイト－スミス・パックをもとにしてカードを解釈するイーデン・グレイは「愚者」のカードについて、「ここには冒険のすべての喜びと可能性がある」と述べているが、[95] 他の現代のタロティストたちも、おおむねこのカードに対しては「可能性」、「冒険」、「無垢」といったキーワードとともに好意的なコメントをつけている場合が多い。

一方で、ピアポント・モルガン－ベルガモ・パックの「愚者」のカードには、そういったプラスとなるようなイメージはまったくみられない（図105口絵）。無精髭を生やし、ボロボロの服を着た男が、右手で持った棍棒を右肩にかけている。白いストッキングをはいているが、足首から下は擦り切れている。男の巻き毛の間には、まばらに七本の羽がさしてある。「愚者」という呼び名にふさわしく、その顔からは賢さはみられない。

また、このカードの初期の呼び名を調べてみると、ドミニコ会の修道士の説教では「狂人（El matto）」となっている。[96] ちなみに、池上俊一の『身体の中世』によると、中世の狂人とは次のようなものだった。

図220　ジョットー「愚行」、一三〇二―一三〇五年、パドヴァ、スクロヴェーニ礼拝堂（出典75）

かれらは当時の人々に一目でそれと認識されるボロボロの衣服を着ていた。ボロボロなのもゆえなきことではない。なぜならかれらは、発狂したとき自らの衣服を荒々しく引き裂いてしまったからである。

かれらはその無残なボロ着か、裸体または下着姿で自分の家を去る。行く先は、しばしば森の中である。そして、住居不定の放浪生活を送る。動物のように奇声を上げ、飛び跳ねつつ移動する。（中略）その他の印としては、棍棒（先端が少し太くなり、ちょっとくねった）をもっていること。その棍棒を振り回し、誰彼かまわず殴りかかるのでなければ、大人や子供の嫌がらせをする者や苦しめる者を追い散らすのである。(97)

ここで図220を見ていただきたい。これはジョットーによって描かれた「愚行」と呼ばれるフレスコ画である。この棍棒を持ち、頭に羽飾りをつけた擬人像は、ピアポント・モルガン―ベルガモ・パックの人物と特徴が似ていることが、おわかりいただけると思う。スクロヴェーニ礼拝堂では、この「愚行」のちょうど反対の壁には「賢明」が位置し、その他にも、前に見た「剛毅」や「希望」をはじめ、「節制」、「正義」、「信仰」などの徳の寓意画や、一方で、「羨望」、「怒り」、「気まぐれ」などの悪徳が描かれている。

　モークリーはピアポント・モルガン―ベルガモ・パックの「愚者」を、四旬節の断食前に行われるカーニヴァルと結びつけて考えている。四旬節の期間の厳格な戒律に従う前のカーニヴァルの期間は、自由に肉を食べたり、酒を飲んだり、娯楽に興じたりできる最後の数日間だった。また、カーニヴァルでは大々的なパレードが繰り広げられたが、その際に、「愚者」たちは、行列のあちこちに登場した。行列の先頭にも「愚者」がいて、パレードの到着を人々に知らせたりした[98]。また、モークリーは「愚者」のカードの人物の頭についている七本の羽は、四旬節の一週間に一本ずつ引き抜いていく羽であると説明している[99]。

ところで、中世からルネサンスにかけての「愚者」というと、すぐに連想されるのが、宮廷で生活をした「職業」としての「道化」の存在がある。十二世紀頃から登場し、十五、十六世紀には全盛期を迎えた「道化」たちは、あえて愚行を演じることで聴衆を笑わせる役割を引き受けるプロのおどけ者だった。宮廷で雇われた彼らは保護者から大切にされ、物質的には非常に恵まれた生活を送っていたという[100]。しかしながら、ピアポント・モルガン―ベルガモ・パックの「愚者」のカードの絵からは、そういった宮廷の「道化」を思わせるものはない。

むしろタロットの「愚者」はどのカードを見ても、定住者というより「放浪者」のイメージを持っている。たとえば、十八世紀のマルセイユ・パックの「愚者」のカードを見てもわかるように、「愚者」は常にどこか外を歩き回っている姿として描かれている（図1）。タロットの「愚者」のイメージには、おそらくまじめで常識的な日々の生活のパターンから逸脱し解放されることを求めてやまない人々の願望と重なりあうところがあるのだろう。だからこそ、いつの時代も「愚者」のカードは、日常の社会生活に結びつく身分、財産、地位、職業などを一切持たない「放浪者」の姿として描き続けられてきたのに違いない。

おわりに　タロットの未来、あるいは未来のタロット

本書を締めくくるにあたって、第一部で見た「タロットの現在形」が未来に投げかけるタロットの姿を素描してみたい。そして、最後にわたし自身が思うところのタロットの魅力について若干の事柄をつけ加えて終わりとしたい。

社会的に認められていくタロット

近年のタロットのトレンドは、脱オカルト化の傾向にある。特に、「秘密の伝承《シークレット・トラディション》」によって代々引き継がれてきた古代の叡智云々という話が書かれた秘教的なタロット本は、かつてほど多くない。むしろ、特にここ数年の間に出版されたアメリカを代表するタロティストたちの本は、タロットの古代起源説をフィクションとして退ける。それに代わる流行が、以前にも述べたタロットの心理学化なのである（改めて断っておくが、この場合の「心理学」とは、すでに第一部で見た、あくまでユング心理学やトランス・パーソナル心理学を吸収しながら作られた、いわばニューエイジ心理学のことである）。したがって、いまや少し前のタロットの本の頻出語であった「カバラ」に取って代わり、「心」や「無意識」といった言葉が中心に置かれている。今後、日本にもこういった流れを汲んだ心理学的タロットが、積極的に受け入れられていくことは十分に予想される。

心理学の洗礼を受けたタロティストたちにとってのタロットとは、神話やお伽噺と同様に、人間の「集合無意識」の中にある元型という普遍的なイメージの表現である。仮に、カバラや他の秘教的な教義が言及される場合も、錬金術を心の「個性化」の過程と重ね合わせたユングにならい、あくまでそれらを人間の心の内なる世界を映し出したものとみなす。

また、当然ながら、彼らにとってのタロットは、単に未来を予言するためのものとしてみなされることはない。ワークショップ、個人セッション、いかなる場面であっても、タロットは「自分探し」、「セラピー」、「霊的探求」などに奉仕するツールとして使用されるのだ。もしかすると、この路線を順調に歩んでいくことで、タロットはこれまでにないほど社会的に陽の目を浴びる存在へと変わっていく可能性もある。

なんといっても、心理学的タロットを推進するタロティストたちは、大学の修士や博士課程を修了した高学歴の人間が比較的多いのが特徴である。それとなく知的な装いを凝らした彼らのタロット解説書は、従来のタロットの怪しげなイメージを敬遠していた人々にも受け入れられやすい。彼らによる熱心なタロットの心理学化は、従来のタロット＝オカルトや、タロット＝占いという固定した図式を今や大きく変えつつあるのだ。すなわち、一足先に市民権を獲得した「心理学」を後ろ盾に、タロットは「心の成長」、「自己分析」、「癒し」、等々に「役立つ」ものとして宣伝される。タロットの歴史の中で、現代ほど、タロットの社会的な「有用性」が声高に強調されたことはない。

一方で、タロットをあからさまに心理学化せず、あくまでタロットを占いとして使用することを主眼とするタロット占い師たちももちろん存在する。しかし、彼らもタロットの「有用性」を強調するという点では、心理学的タロット推進派と変わらない。タロットが告げるメッセージは、「人生に役立つ」し、現実的な問題を解決するのに非常に「使える」という点を頑として主張する。

マドモアゼル・ル・ノルマンの時代以降に確立した、第三次産業の中の一つの職業としてのカード占いの地位を維持し続けるためには、なんとしても社会的な「有用性」をアピールしておく必要があることはいうまでもない。その場合、「本物のタロット占い」は、文字通りに「当たる」ものなのだと言い張るか、あるいは、「占いはカウンセリングである」を合言葉に、人々の悩みに耳を傾け、心の問題を受け止めてあげる役割を担っていると自らの立場を定位するしかないだろう。

タロットの未来、あるいは未来のタロットとは、はたして、現代のタロティストたちが望んでいるように、より社会的に承認を受け、広くその「有用性」を認知されたツールとなっていくのだろうか。

タロットは〈遊び〉である

以上のような現代のタロティストたちの思惑とは別に、最後に一タロットファンとしてのわたし自身のタロット観を述べておこう。

すでに「はじめに」で述べておいたことだが、わたしにとって、タロットは〈遊び〉である。誤解のないようにいっておくと、「タロットは〈遊び〉である」というとき、タロットは真剣に取り上げるまでもないものだという意味でいっているのではない。

なんといっても〈遊び〉には自由がある。〈遊び〉は義務によって強制されることはない。つまり、〈遊び〉は、日常の生活の中で、絶対に「やらなければならない」必要なことではなく、むしろ「やらなくてもいい」不必要なことなのだ。たとえば、労働が生きていくために行わなければならないことだとしたら、〈遊び〉はそういった意味での必要性に迫られることはない。また、〈遊び〉は非生産的な活動であり、労働のように何かを生み出すことを目的とせず、ひたすら時間を潰すために行われる。非生産的な活動は、労働としての価値を認められない。労働が利益を作り出すための目的を持ったものだとしたら、〈遊び〉は遊ぶこと以外になんら目的を持たない。たとえば、子供が鬼ごっこをして遊ぶのは、単にそれ自体を楽しむためだ。それに対して、義務としていやいや行われる学校の勉強は、勉強すること自体を楽しむのではなく、成績を上げるため、試験のため、将来のため、そういった様々な別のことのために行われる。

さらに、何よりもこれが肝心な点だが、〈遊び〉とは、「まじめ」と「ふまじめ」が同居した特殊な様態である。それにもかかわらず、一般的には、労働を「まじめ」な活動と置き、〈遊び〉は「ふまじめ」と分類してしまいがちである。だが、これでは〈遊び〉の本質を見失ってしまう。なぜなら、〈遊び〉を最高度に楽しむためには、

〈遊び〉はきわめて「まじめ」に行わなければならない。〈遊び〉は、適当に行われるのではなく、真剣に行われるからこそ面白い。しかし、一方で、〈遊び〉には、所詮〈遊び〉であるということをわかった上で行っているという意味で、「ふまじめ」さがつきまとう。

たとえば、タロット占いを普通に楽しむ多くの人の中にあるのは、「まじめ」と「ふまじめ」がひとつとなった〈遊び〉の感覚なのではないだろうか。所詮占いだと思いながらも、一方でドキドキしながらその結果を待つ。これはタロットだけのことではない。どんな種類の占いであろうとも、それが楽しまれるとき、そこには必ずこのような〈遊び〉の心が必要だ。毎日の朝のテレビの星占いをチェックしながら一喜一憂して楽しむことができるのは、占いが〈遊び〉であることを失っていない証である。

逆に、占いから〈遊び〉の要素が完全に失われてしまったところを想像してみていただきたい。占い結果は、百パーセント「まじめ」に受け取られる。占い師の言葉は絶対的なものになり、占いが人生を支配する。そのとき、まったくばかげたことにも、朝のテレビの占いの悪い結果は、その日一日を絶望的なものにしてしまうだろう（もちろん、あり得ないことだろうけれど）。

タロットが〈遊び〉であり続けるかぎり、タロットは現代のタロティストたちの思惑である「有用性」というポジションとは相容れない存在であり続けるだろう。先ほども述べたように、〈遊び〉は、日常生活において、あえて「やらなくてもいい」不必要なものである。〈遊び〉は、現実の実利という観点から見たら不必要でどうでもいいもの、あるいは本質的に無駄なものである。しかし、不必要で無駄であるからこそ、決して義務や強制になることのない〈遊び〉は、常に解放であり、自由であり、それゆえ、逆説的にも人々が求めるものとなるのだ。

本書の執筆を通してわたしが意図したことの一つは、これだけタロットが女性の間で人気の占いになっているにもかかわらず、日本では今ひとつその内実が知られていないため、ある程度まとまった形で紹介してみたいということ。そしてもう一つは、タロットというひとつの具体的なモチーフの詳細を通して、占い、オカルト、精神世界と呼ばれるあやういジャンルを、今一度見直してみたいというひそかな思いもあった。

わたしが思うにそれらは、とかく「まじめ」一辺倒に傾くことで、妄信的なカルトや、排他的で自閉的な世界を形成してしまいがちである。しかし、もしそこにちょっとした〈遊び〉の心さえあれば、占いは単純に楽しいし、オカルトは不思議に憧れる好奇心をそそるものだし、精神世界はほんのひととき人生に慰めを与えてくれるファンタジーとなるだろう。

タロットが、「有用性」や「役に立つ」ことに囚われることなく、身分や地位を持たないがゆえに放浪し続ける「愚者」のカードのように、いつまでも自由であらんことを願って本書を終えるとしよう。

注

はじめに

（1）フィリップ・K・ディック（朝倉久志訳）『高い城の男』早川書房、一九八四年。
（2）種村季弘「愚者の旅」R・ベルヌーリ『錬金術』所収、青土社、一九七二年。
（3）アンドレ・ブルトン（宮川淳訳）『秘法十七番』晶文社セレクション、一九八五年。
（4）現在はアメリカの大手カード・メーカー、U.S.Games Systems から復刻版が出ている。
（5）以下に述べるタイプ別グループの分類には、人によっては異論があるかもしれない。また実際にはこの三つのグループのどれか一つの傾向だけを持っているとは限らず、それぞれの要素を少しずつ折衷的に併せ持っているタイプの人もいるだろう。
（6）ヨハン・ホイジンガ（高橋英夫訳）『ホモ・ルーデンス』中公文庫、一九九四年。

第一部　タロットの現在形

第一章　タロットとは何なのか？

（1）澁澤龍彦「古代カルタの謎」『黒魔術の手帖』所収、河出文庫、一九八三年、八八―八九頁。
（2）それ以前に日本でタロットを紹介したものとしては、一九三一年の河合乙彦『西洋運命書』（春陽堂）、一九三八年の阿部徳蔵『とらんぷ』（第一書房）がある。
一方、本文で触れた澁澤のエッセイの後には、一九七二年に種村季弘によってルドルフ・ベルヌーリのタロット論が翻訳され、『錬金術　タロットと愚者の旅』（青土社）というタイトルで出版されている。さらに同書の中には種村自身のタロット論「愚者の旅」が収められていた。ちなみに、わたし自身がタロットに関する興味を本格的にかきたてられるきっかけになったのが、この種村の「愚者の旅」であり、個人的には非常に深い思い入れのあるエッセイである。

また澁澤のタロットのエッセイが収められた『黒魔術の手帖』（桃源社）が出版されたのと同年の一九六一年には、山田美登利『タロット・カード占法典』という著書が、私家版で刊行されているという（残念ながらわたし自身はいまのところ未見である。これについての情報は、木星王『タロット入門　ジプシー占い』（保育社）の巻末の参考資料の項から得た）。

その後の一九七四年は、まさしくタロット本の出版ラッシュの年である。岡田夏彦『運命の書』（コーベブックス）、前述の木星王『タロット入門　ジプシー占い』（保育社）、辛島宣夫『タロット占いの秘密』（二見書房）、中井勲『タロット』（継書房）が続々と出版されている。これら当時のタロット本はいずれも、タロットという新しいカルチャーを紹介しようとする著者たちの熱い思いが文章のはしばしから感じられ、読み手を強く引きつける魅力に満ちている。まぎれもなく彼らの著書こそが、現在にまでつながる日本のタロット流行の源となったものである。

中でも、積極的に海外のタロット事情を紹介しながら、日本でタロットをポピュラーにするのに貢献すると同時に、最も本格的なタロット占いの本を残しているのが、ジプシー占いの第一人者と知られていた木星王である。木星王は八〇年代、九〇年代にわたって数々の内容の濃いタロット本を出版しているだけでなく、自ら「魔女の家BOOKS」を立ち上げ、海外のタロット本の翻訳書を出版するなどして、日本でのタロット普及に努めた功績は非常に大きい。現在でもなお「魔女の家BOOKS」から刊行されたタロット本は、現役のプロの占い師の間から高い評価を得ている。日本でのタロットの真の中心地であり先進地区は、東京ではなく木星王の「魔女の家BOOKS」が所在する神戸であることは間違いない。

付け加えるなら、数人の占い師がそれぞれのブースで待機するというスタイルを取るいわゆる「占い館」の発祥地も神戸である。一九八二年、神戸市元町に「ジェム占いの館」がオープンしたのが最初である。一方、TVなどにもしばしば登場する東京でもっとも有名な原宿竹下通りの占い館「塔里木（タリム）」のオープンは、その四年後の一九八六年のことである。

（3）ここでの占い方は、Eden Gray, *Mastering the Tarot; Basic Lessons in an Ancient, Mystic Art*, A Signet Book, 1971, pp.145-154, 及びEden Gray, *A Complete Guide to the Tarot*, Bantam books, 1972, pp.147-154, Original edn., 1970 を参照。

（4）以下のカードの意味は、Eden Gray, *A Complete Guide to the Tarot*, pp.172-174 に基づく。

第二章　小アルカナのシンボリズム

（1）松田道弘『トランプゲーム事典』東京堂出版、一九八八年、一〇―一一頁。

（2）ちなみに、「ピップ」という言葉は、日本では「ピップ・エレキバン」という商品名としても使われているが、意味としてはさいころなどの目のことを指す。

（3）Mary K. Greer, *Tarot Mirrors: Reflection of Personal Meaning*, A Newcastle Book, 1988, pp.63-77.

（4）Jessie L. Weston, *From Ritual to Romance*, Dover Publications, 1997, pp.73-76. Original edn., 1920.

（5）また、ウェストンは同書の中で、アイルランドの詩人W・B・イェイツとの間の個人的な書簡を引用している。その中でイェイツは次のように書いている。

（1）カップ、槍、皿、剣、それらがわずかに違った形になっても、その神秘的な意味は今日の魔術的操作の際において失われていない。

（2）タロットの四つのスートによって保存されているカップ、槍、剣、ペンタクル（皿）は、占いを目的としたエソテリックな表記である。

(Jessie L. Weston, ibid., p.75より引用)

イェイツの書簡を引用しつつ、ここでウェストンがいいたいことは、現在のタロットのスートは、聖杯伝説のシンボルとまったく同じ形ではないとしても、その神秘的な意味の本質は変わらず保持されているということである。ちなみに、前述したグリアーのような、「四数組合わせ」を次から次へと羅列していくことの根拠も、それぞれのシンボルの具体的な形の違いは別として、すべて同一の「神秘的な意味の本質」を保持しているものだという考えに基づくものである。

（6）バーバラ・ウォーカー（山下主一郎主幹、青木義孝他訳）『神話・伝承事典　失われた女神たちの復権』大修館書店、一九八八年、七七三―七七四頁。及び、バーバラ・ウォーカー著（寺沢明美訳）『タロットの秘密』魔女の家BOOKS、一九九二年（Barbara G. Walker, *The Secrets of the Tarot: origins, history, and symbolism*, Harper, 1984)。

（7）このウォーカーのアイデアは、すでに十九世紀半ばのオカルティスト、エリファス・レヴィの著書で述べられている。レヴィについては第二章の歴史のところで詳しく見ていく。

（8）以下のスートの歴史的な変遷については、Michael Dummett with the assistance of Sylvia Mann, *The Game of Tarot:From Ferrara to Salt Lake City*, Duckworth, 1980, pp.4-5, 及びRonald Decker, Thierry Depaulis, and Michael Dummett, *A Wicked Pack of Cards: The Origins of the Occult Tarot*, St. Martin's Press, 1996, pp.29-31. を参照。

（9）その当時作られた「天正カルタ」のうち現存しているのはたった一枚だけである。芦屋市の滴翠（てきすい）美術館にて保存されている。詳しくは、山口格太郎「日本のカルタの流れ」『別冊太陽　いろはかるた』所収、一九七四年、一二六頁。

（10）Eden Gray, ibid., p71.

（11）Mary K. Greer, ibid., pp.86-88.

（12）Karen Hamaker-Zondag, *Tarot as A Way of Life: A Jungian Approach to the Tarot*, Samuel Weiser, Inc., 1997, pp.113-115. Original edn., 1995.

（13）Carl Sargent, *Personality, Divination, and the Tarot*, Destiny Books, 1998, pp.159-160.

（14）以下のコート・カードの歴史的な変遷については、Michael Dummett with the assistance of Sylvia Mann, ibid., pp.6-7. を参照。

（15）厳密にいうと、フレンチ・スートでのコート・カードの名称は、それぞれ Roi, Dame, Valet となっている。

（16）厳密にいうと、イタリアン・スートでのコート・カードの名称は、それぞれ Re, Cavallo, Fante, であり、スパニッシュ・スートでは、それぞれ Rey, Caballo, Sota となっている。

第三章　大アルカナという鏡

（1）エリファス・レヴィ（生田耕作訳）『高等魔術の教理と祭儀　教理篇』人文書院、一九八二年、一八一頁。

（2）Arthur Edward Waite, *The Pictorial Key to the Tarot: Being Fragments of a Secret Tradition under the Veil of Divination*, Samuel Weiser, inc., 2000, p.116, Original edn., 1910.

（3）コリン・ウィルソン（中村保男訳）『オカルト 上』河出文庫、一九一頁。

（4）以下の説明は、Alfred Douglas, *The Tarot: The Origins, Meaning and Uses of the Cards*, Penguin Books, 1976, pp.34-40, Original edn., 1972〔アルフレッド・ダグラス（栂正行訳）『タロット その歴史・意味・読解法』、河出書房新社〕。

（5）以下の説明は、Sallie Nichols, *Jung and Tarot: An Archetypal Journey*, Samuel Weiser, inc., 1984, pp.8-21. Original edn., 1980〔サリー・ニコルズ（秋山さと子、若山隆良訳）『ユングとタロット』新思索社〕。

（6）以下の説明は、Rachel Pollack, *Seventy-Eight Degrees of Wisdom: A Book of Tarot, PartI The Major Arcana*, 1980, pp. 21-23.

（7）以下「意識の祭」についての内容は、セオドア・ローザク（志村正雄訳）『意識の進化と神秘主義 第二版』紀伊國屋書店、一九八八年を参照〔Theodore Rozak, *Unfinished Animal: The Aquarian Frontier and the Evolution of Consciousness*, Haper Collins, 1975〕。

（8）同前、四九頁。

（9）同前、四九―五〇頁。

（10）同前、五〇頁。

（11）マリリン・ファーガソン（松尾弌之訳）『アクエリアン革命 八十年代を変革する透明の知性』実業之日本社、一九八一年。

（12）C・G・ユング、M―L・フォン・フランツ（野田卓訳）『ユング・コレクション4 アイオーン』人文書院、一〇七頁。

（13）J・シンガー（藤瀬恭子訳）『男女両性具有I 性意識の新しい理論を求めて』人文書院、一九八二年、三二頁。

（14）同前、四一頁。

（15）J・シンガー（藤瀬恭子訳）『男女両性具有II 性意識の新しい理論を求めて』人文書院、一九八二年、一八三頁。

（16）セオドア・ローザク『意識の進化と神秘主義 第二版』一四頁。

（17）Theodore Roszak, *Fool's Cycle/ Full Cycle: Reflections on the Great Trumps of the Tarot*, Robert Briggs Associates, 1988.

（18）ニューサイエンスやトランス・パーソナル心理学などを、狭義の「ニューエイジ」に含めてしまうのは問題があるのかもしれない。ただし、アメリカの一九七〇年代という時代の中で、「ニューエイジ」の理論的バックボーンを支える役割を担っていたという意味で、ここではとりあえず広義のニューエイジ運動の中に含めて考えている。「ニューエイジ」という用語の定義については、島薗進『精神世界のゆくえ 現代世界と新霊性運動』（東京堂出版、一九九六年）に詳しい。

（19）フリッチョフ・カプラ（吉福伸逸、田中三彦、島田裕巳、中山直子訳）『タオ自然学 増補版』工作舎、一九七九年。

（20）A・H・マズロー（上田吉一訳）『人間性の最高価値』、誠信書房、一九七一年、三―四頁。ちなみにここでトランスパーソナル心理学は第四番目の段階の心理学と位置づけられている。第一番目は精神分析、第二番目は行動主義心理学、第三番目は人間性心理学、そしてその次に来る第四番目がトランスパーソナル心理学になる。

(21) トランスパーソナル心理学は二〇〇四年の今も現在進行形である。最近の思想的動向は、おそらく当時の状況とはムードも変わってきているのだろう。本書で触れているトランスパーソナル心理学はあくまで当時の状況の要約をしているに過ぎない。

(22) ケン・ウィルバー（吉福伸逸、菅靖彦訳）『意識のスペクトル　一・二』春秋社、一九八五年。

(23) ケン・ウィルバー（吉福伸逸、ブラブッダ、菅靖彦訳）『アートマン・プロジェクト』春秋社、一九八六年。

(24) ケン・ウィルバー『意識のスペクトル　一』一二二頁。

(25) Cynthia Giles, *The Tarot: History, Mystery, and Lore*, A Fireside Book, 1994, pp.143-167, Original edn., 1992.

(26) Cynthia Giles, *The Tarot: Methods, Mastery, and More*, A Fireside Book, 1996.

(27) Staci Mendoza, David Bourne, *Tarot: Your Destiny Revealed in the Secrets of the Tarot*, Southwater, 2000.

(28) セオドア・ローザク（志村正雄訳）『意識の進化と神秘主義　第二版』五三頁。

(29) レイチェル・ストーム（高橋巌、小杉英了訳）『ニューエイジの歴史と現在　地上の楽園を求めて』角川書店、二七頁。

(30) Ronald Decker and Michael Dummett, *A History of the Occult Tarot* 1870-1970, Duckworth, 2002, p.306.

(31) A.E.Thierens, *The General Book of The Tarot*, Kessinger Publishing.

(32) Mayananda, *The Tarot for Today*, Zeus Press, 1963.

(33) P. D. Ouspensky, *The Symbolism of the Tarot: The Philosophy of Occultism in Pictures and Numbers*, Newcastle, 1995. Original edn., 1913.

(34) ネオ・ペイガニズム、及び魔女術については、マーゴット・アドラー（江口之隆訳）『月神降臨』国書刊行会、二〇〇三年、及び、J・B・ラッセル（野村美紀子訳）『魔術の歴史』筑摩書房、一九八七年、二二二―二六〇頁を参照した。

(35) マーゴット・アドラー、『月神降臨』四四―五一頁。

(36) バーバラ・ウォーカー（寺沢明美訳）『タロットの秘密』魔女の家BOOKS、一九九二年、一八五―一八六頁。

(37) Timothy Leary, *The Game of Life*, Peace Press, 1979, pp.52-59.

(38) Ralph Metzner, *Maps of Consciousness: I Ching, Tantra, Tarot, Alchemy, Astrology, Actualism*, The Macmillian Company, 1971, pp.54-81.

(39) Arthur Rosengarten, *Tarot and Psychology: Spectrums of Possibility*, Paragon House, 2000.

(40) Rachel Pollack, *Tarot Readings and Meditation*, The Aquarian Press, pp.149-159, 1990, Original edn., 1986.

(41) Rosemary Ellen Guiley, *The Tarot: A Complete All-In-One Guide For the Beginner or Advanced Student*, A Signet Book,1991, p.307.

(42) Robert Wang, *The Jungian Tarot and Its Archetypal Imagery*, Marcus Aurelius,2001, pp.131-140.

(43) Juliet Sharman-Burke, Liz Green, *Mythic Tarot*,

Fireside, 2001, Original edn., 1986.

第二部　タロットの歴史

第一章　タロット占いの歴史

（1）Eden Gray, *A Complete Guide to the Tarot*, Bantam books, 1972, p.6.

（2）種村季弘「愚者の旅」『薔薇十字の魔法』所収、河出文庫、一九九三年、一九八頁（初出『錬金術』青土社、一九七二年三月）。

（3）アンリエット・アセオ（芝健介監修、遠藤ゆかり訳）『ジプシーの謎』創元社、二〇〇二年、六七―七三頁。

（4）たとえば、ジプシーのおまじないや占い等を、実地に調査収集しまとめたチャールズ・G・リーランドの『ジプシーと魔術の占い』（国文社、一九八六年）を見ても、タロット占いはまったく出てこない。ちなみに、原著の*Gypsy Sorcery and Fortune-telling*は、一八九一年に出版されたものである。

（5）Ronald Decker, Thierry Depaulis, and Michael Dummett, *A Wicked Pack of Cards: The Origins of the Occult Tarot*, St. Martin's Press, 1996.

（6）ibid., pp.48-50.

（7）ボローニャのタロット・パックについては、四三五頁を見よ。

（8）Ronald Decker, Thierry Depaulis, and Michael Dummett, ibid., p.50.

（9）バーバラ・ウォーカー（山下主一郎主幹、青木義孝他訳）『神話・伝承事典　失われた女神たちの復権』大修館書店、一九九八年、七七一頁。

（10）Ed. S. Taylor and others, *The History of Playing Cards with Anecdotes of their use in Conjuring, Fortune-Telling and Card-Shaping*, Charles E. Tuttle Company, 1973, p.454, Original edn., 1865.

（11）ホフマンによる反証の詳細は、Michael Dummett with the assistance of Sylvia Mann, *The Game of Tarot: From Ferrara to Salt Lake City*, Duckworth, 1980, p.94.

（12）マルコリーノの本については、Catherine Perry Hargrave, *A History of Playing Cards and Bibliography of cards and gaming*, Dover, 2000, p.242, Original edn., 1930, 及び、Michael Dummett with the assistance of Sylvia Mann, ibid., pp.94-95を参照。

（13）マルコリーノの本の中の質問と答えの引用は、グリヨ・ド・ジヴリ（林瑞枝訳）『妖術師・秘術師・錬金術師の博物館』（法政大学出版局、一九九〇年）三五三―三五六頁より。

（14）Michael Dummett with the assistance of Sylvia Mann, ibid., p.95.

（15）グリヨ・ド・ジヴリ『妖術師・秘術師・錬金術師の博物館』三七一頁。

（16）増川宏一『ものと人間の文化史70　さいころ』法政大学出版局、一九九二年、九六頁。

（17）Michael Dummett with the assistance of Sylvia Mann, ibid., pp.95-96.

（18）この詩と同様のものは一四八五年にバーゼルで出版された本の中で使われているのを見ることができるという。そこでは五十二の神託がそれぞれ異なる動物として描かれている。ibid., p.95 の注5を参照。

（19）レンソールのカードについては、ibid., pp.95-96, 及び Kathleen Wowk, *Playing cards of the world: A collector's Guide*, Lutterworth Press, 1983, p.142 を参照。

（20）実際の占い方はMichael Dummett with the assistance of Sylvia Mann, ibid., p.95. の Note.7 を見よ。

（21）ibid., p.97.

（22）グリヨ・ド・ジヴリ『妖術師・秘術師・錬金術師の博物館』三六七頁。

（23）現代にまで大きな成功を収めた占いは、実際すべてある程度の複雑さを備えている。たとえば占星術、手相、易占などは、いずれもそれぞれ異なる意味ではあるが、かなりの複雑さを持っている。

（24）これまで日本語で書かれたタロットの本に登場する際には、エッテイラと呼ばれるのが慣例であったが、本書では、よりフランス語の発音に近いエテイヤという表記を採用した。

（25）以下述べるエテイヤについては、Michael Dummett with the assistance of Sylvia Mann, ibid., pp.106-110, 及び、Ronald Decker, Thierry Depaulis, and Michael Dummett, ibid., pp.101-115, 及び、Christopher McIntosh, *Eliphas Levi and the French Occult Revival*, Rider, London, 1972, pp.50-53 を主に参照。

（26）Christopher McIntosh, ibid., p.52.

（27）ジョルジュ・ミノワ（菅野賢治、平野隆文訳）『未来の歴史　古代の預言から未来研究まで』筑摩書房、二〇〇〇年、五五四頁より引用。

（28）Ronald Decker, Thierry Depaulis, and Michael Dummett, ibid., p.99.

（29）クール・ド・ジェブランと『原始世界』については、ibid., pp.52-73, 及び、Michael Dummett with the assistance of Sylvia Mann, ibid., pp.102-106, 及び、Christopher McIntosh, ibid., pp.49-50 を主に参照。

（30）ミシェル・ドヴァシュテール（遠藤ゆかり訳）『天才シャンポリオン、苦闘の生涯　ヒエログリフの謎を解く』（創元社、二〇〇一年）を参照。

（31）ド・ジェブランの修正されたカードについては、Stuart R. Kaplan, *The Encyclopedia of Tarot volume1*, U.S.Games Systems, 2001, p.137, p.139, Original edn., 1978 を参照。

（32）フリーメーソンについては、ポール・ノードン（安斎和雄訳）『フリーメーソン』（白水社、一九九六年）及び、リュック・ヌフォンテーヌ（村上伸子訳）『フリーメーソン』（創元社、一九九六年）などを主に参照。また、なぜフリーメーソンがかくのような変貌を遂げたのかということについては、本書の範囲を超える難しい議論となるのでここでは触れない。右記の研究書を参照のこと。

（33）このフリーメーソンの起源神話については、フランセス・イェーツ（山下知夫訳）『薔薇十字の覚醒　隠されたヨーロッパ精神史』工作舎、一九八六年、二九五―二九六頁を参照。

(34) ポール・ノードン『フリーメーソン』五五頁。

(35) バルトルシャイティス（有田忠郎訳）『バルトルシャイティス著作集三　イシス探求』国書刊行会、一九九二年、八七―八九頁。

(36) 詳しくは Michael Dummett with the assistance of Sylvia Mann, ibid., pp.105 の注13を参照のこと。

(37) アントワーヌ・フェーヴル（田中義廣訳）『エゾテリスム思想　西洋隠秘学の系譜』白水社、一九九五年、七六―七八頁。

(38) ヘルメス・トリスメギストスの伝説については、K・セリグマン（平田寛訳）『魔法　その歴史と正体』（人文書院、一九九三年）一三九―一四一頁を参照。また、ヘルメス・トリスメギストスの実像については、荒井献（柴田有訳）『ヘルメス文書』（朝日出版社、一九九五年）一二―四二頁、及び、村上陽一郎「第三章　神秘思想の評価（1）」「第四章　神秘思想の評価（2）」（『科学史の逆遠近法　ルネサンスの再評価』所収、講談社学術文庫、一九九五年）を参照。

(39) 錬金術については、アレン・G・ディーバス（川崎勝、大谷卓史訳）『近代錬金術の歴史』（平凡社、一九九九年）及び、F・S・テイラー（平田寛、大槻真一郎訳）『錬金術師　近代化学の創設者たち』（人文書院、一九七八年）及び、セルジュ・ユタン（有田忠郎訳）『錬金術』（白水社、一九九三年）、村上陽一郎「第八章　錬金術の展開とその意味」（『科学史の逆遠近法　ルネサンスの再評価』所収）などを参照。

(40) 薔薇十字団については、第二章「オカルト・タロットの歴史」の方で詳述する。

(41) サン・ジェルマンの伝説については、K・セリグマン『魔法　その歴史と正体』五〇九―五一六頁を参照。

(42) 当時のストラスブールのパックは、「教皇」のカードが「ジュピター」に、「女教皇」のカードが「ジュノー」に置き換えられていたものだった。

(43) エテイヤのオリジナル・カードが製作された年代は厳密にはわかっていない。ただし、彼の弟子との書簡から推測すると一七八九年だと見るのが妥当である。詳しくは Ronald Decker, Thierry Depaulis, and Michael Dummett, ibid., p.92.

(44) ibid., p.91 より引用。

(45) ibid., p.89 より引用。

(46) ジョルジュ・ミノワ『未来の歴史　古代の預言から未来研究まで』五五四頁。

(47) 同前、五五〇頁。

(48) マドモアゼル・ル・ノルマンについては、Ronald Decker, Thierry Depaulis, and Michael Dummett, ibid., p.116-142 を主に参照。

(49) ジョルジュ・ミノワ『未来の歴史　古代の預言から未来研究まで』五七〇頁。

(50) 以下の内容は、同前、五五七―五五九頁を参照。

(51) 同前、五六六―五六七頁より引用。

(52) 同前、五六三頁。

(53) 同前、五六四頁。

(54) 同前、五六五頁。

(55) 五十嵐武士、福井憲彦『世界の歴史21　アメリカとフランスの革命』（中央公論社、一九九八年）三七〇頁より引用。

(56)「占いは女のビジネス」『ＡＥＲＡ』所収、朝日新聞社、二〇〇三年十一月三日。

(57) グリヨ・ド・ジヴリ『妖術師・秘術師・錬金術師の博物館』三六一頁より引用。

(58) ジョルジュ・ミノワ『未来の歴史　古代の預言から未来研究まで』五六六頁より引用。

(59) 同前、五六八頁より引用。

(60) 同前、五七三頁より引用。

(61) ジョゼフ・デスアール、アニク・デスアール（阿部静子、笹本孝訳）『透視術　予言と占いの歴史』白水社、二〇〇三年、一四三―一四五頁。

(62) エテイヤの弟子たちについては、Ronald Decker, Thierry Depaulis, and Michael Dummett, ibid., pp.100–115を参照。

(63) ibid., p.101より引用。

(64) ジョルジュ・ミノワ『未来の歴史　古代の預言から未来研究まで』五四五頁より引用。

第二章　オカルト・タロットの歴史

(1) フレッド・ゲティングス（松田幸雄訳）『オカルトの事典』青土社、一九九三年、八七頁。

(2) ミルチャ・エリアーデ（楠正弘、池上良正訳）『オカルティズム、魔術、文化流行』未來社、一九七八年、八四頁。

(3) 一応、わたしなりの捉え方を述べておくと、「オカルト」あるいは「オカルティズム」とは、通常の五感で捉えることのできる物質的な世界とは異なる「隠された」世界を探求しようとする姿勢であり、その実践の総体を意味する。

(4) エリファス・レヴィ（生田耕作訳）『高等魔術の教理と祭儀　教理篇』人文書院、一九八二年、及び『高等魔術の教理と祭儀　祭儀篇』人文書院、一九九二年。

(5) リチャード・キャヴェンディッシュ（栂正行訳）『魔術の歴史』河出書房新社、一九九七年、二〇二頁。

(6) エリファス・レヴィの生涯については、Thomas A. Williams, *Elifas Levi: Masters of the Cabala the Tarot and the Secret Doctrines*, Venture Press, 2003, 及び Ronald Decker, Thierry Depaulis, and Michael Dummett, ibid., pp.166-193, 及び Christopher McIntosh, *Eliphas Levi and the French Occult Revival*, pp.73-153, 及び Michael Dummett with the assistance of Sylvia Mann, ibid., pp.113-120 等を参照。

(7) 彼女は画家ポール・ゴーギャンの祖母にあたる。彼女については巌谷國士『幻視者たち　宇宙論的考察』（河出書房新社、一九九一年）所収「フロラ・トリスタン「花」と「悲しみ」」に詳しい生涯の記述がある。

(8) エリファス・レヴィ（鈴木啓司訳）『魔術の歴史』人文書院、一九九八年、五〇四―五〇九頁。

(9) 同前、五〇六頁。

(10) ガノー・マパ（Ganneau Mapah）なる人物は、エヴァティズムなる女性崇拝の新宗教を唱えたフランスの彫刻家だった。同前、訳注六〇三頁を参照。

(11) 同前、五〇七頁。

(12) 巌谷國士『幻視者たち　宇宙論的考察』一五二頁より。

(13) 十八世紀末の革命を動かしたパリの民衆運動を担った人々のこと。

(14) 当時の社会主義の運動については、谷川稔『フランス社会運動史』（山川出版社、一九八三年）及び、E・バーク（半沢孝麿訳）『フランス革命の省察』（みすず書房、一九九七年）及び、谷川稔『世界の歴史22　近代ヨーロッパの情熱と苦悩』（中央公論新社、一九九九年）などを参照。

(15) Thomas A. Williams, ibid., p.90 より引用。

(16) Eliphs Levi, Translated by Arthur E. Waite, *Transcendental Magic*, Samuel Weiser, 1968.

(17) Thomas A. Williams, ibid., p.96.

(18) もちろん、ここでフリーメーソン以外の一般には知られていない結社から秘儀伝授されたのではないかという反論があるかもしれないが、それが知られていない以上、そうだとする根拠は何もない。そういったことをあえて仮定しようとするのは、火のないところに煙を起こそうとするようなものだろう。

(19) ウロンスキーについては、Thomas A. Williams, ibid., pp.98-102 及び、Christopher McIntosh, ibid., pp.96-100 及び、アンドレ・ナタフ（高橋誠、他訳）『オカルティズム事典』（一九九八年、三交社、二四九－二五一頁）を参照。

(20) ここには、第一章でも触れた二十世紀終わりのニューエイジ思想などにも共通して見られるおおまかな視点の転換がある。すなわち、自己変革のために本当に大事なのは〝外的〟なことではなく個々人における〝内的〟なことだというのだから。

(21) Thomas A. Williams, ibid., p.100. より引用。

(22) アントワーヌ・フェーブル（鶴岡賀雄訳）「オカルティズムとは何か」『エリアーデ・オカルト辞典』所収、法蔵館、二〇〇二年、二二頁。

(23) これまで見てきたようなレヴィ以前にタロットを秘教化した人たちがいるではないかという反論があるかもしれないが、ド・ジェブランやド・メレは、そもそもオカルティストではないし、エテイヤはしょせん占い師であり、言葉の狭い意味においてオカルティストと呼ぶのはふさわしくないと思われる。

(24) エリファス・レヴィ『高等魔術の教理と祭儀　教理篇』一一頁。

(25) リチャード・キャヴェンディッシュ『魔術の歴史』二四－二五頁。

(26) エリファス・レヴィ『高等魔術の教理と祭儀　祭儀篇』二六六頁。

(27) エリファス・レヴィ『高等魔術の教理と祭儀　教理篇』二六七頁。

(28) エリファス・レヴィ『高等魔術の教理と祭儀　祭儀篇』二六六頁。

(29) 同前、二八三頁。

(30) 考えてもみれば、もともとカトリックの司祭職を目指していた男が、いきなりユダヤ教の神秘主義を持ち出すというのは奇妙である。改宗でもしたのだろうか？　いや、もちろんレヴィはユダヤ教信者になったわけではない。この後見るように、レヴィにおけるカバラとは、本質的にはキリスト教化されたカバラなのである。

(31) ちなみに、レヴィの時代はまだ「大アルカナ」、「小アルカナ」という呼び方はされていない。

(32) 以下のカバラについての説明は、ゲルショム・ショーレム（山下肇、他訳）『ユダヤ神秘主義』（法政大学出版局、一九八五年）及び、ロラン・ゲッチェル（田中義廣訳）『文庫クセジュ818 カバラ』（白水社、一九九九年）及び、ハロルド・ブルーム（島弘之訳）『カバラーと批評』（国書刊行会、一九八六年）等を参照。

(33) 先ほどわたしは仏教的な世界観とカバラ的な世界観が相容れないものだと述べた。だが、カバラにおいて〈神〉が表象不可能なものであり、非人格神としての〈神〉ならば、仏教徒のいう「涅槃」と呼ばれるものと最終的には同じことを指しているのではないかと思われる方がいらっしゃるかもしれない。しかし、これも厳密にいえば同一ではない。タロット本という本書の性格からするとどうでもいいことかもしれないが、一応、念のために説明しておこう。イギリスの比較宗教学者ジェフリー・パリンダーは、「合一」と「同一」という概念でその違いを説明している。カバラのような有神論における神秘主義では、〈神〉と人との交わりという意味で、「合一」だという。一方の唯一神のいない仏教では、「合一」の対象がいるわけではなく、むしろわたしという「自我」と「仏性」との区別は消え、その二つが「同一」であることを悟ることが求められる。ただし、阿弥陀仏や観世音菩薩との「合一」を望む浄土系の仏教は、むしろ「合一」であるという。詳しくはジェフリー・パリンダー（中川正生訳）『神秘主義』（講談社学術文庫、二〇〇一年）、本文及び、訳注を参照のこと。

(34) ゲルショム・ショーレムの、『ユダヤ神秘主義』と『カバラとその象徴的表現』（小岸 昭、岡部 仁訳、法政大学出版局、一九八五年）等。

(35) レヴィ自身は、カバラ及びヘブライ語の解釈をキルヒャーから得ているということを明言してはいない。ただし、レヴィは後の著作の『魔術の歴史』の中で、キルヒャーの『エジプトのオイディプス』について若干の頁を割いている（エリファス・レヴィ『魔術の歴史』九四—九六頁）。あるいは、レヴィは『高等魔術の教理と祭儀』の執筆時においては、キルヒャーを直接読んだというよりも、間接的な別の書物、たとえば一八二三年の、ルーナンという人物が書いた『良き精霊を知ることのカバラ的科学もしくは技術』という本を通して、キルヒャー流カバラを学んだ可能性すら考えられる。このルーナンという著者は、実は当時のヘブライ語の研究に大きく寄与したアントワーヌ・ファーブル・ドリヴェ（一七六七—一八二五）という学者の別名である（Stuart R. Kaplan, *The Encyclopedia of Tarot Vol.1*, p.22)。ちなみに、ドリヴェは、実はもともとド・ジェブランの秘書をしていたらしいが、彼の著書『ピュタゴラスの黄金詩篇』（一八一三）や『ヘブライ語の復元』（一八一六）などは、失われた太古の秘教的な知識の実在を示そうとした試みとして当時影響力があったことを考えてみると、その二人の間のつながりもうなずける。

(36) 以下の非常に示唆に富むキルヒャーのレヴィにもたらした影響については、Ronald Decker, Thierry Depaulis,

and Michael Dummett, ibid., pp.187-188 を参照した。

(37) キルヒャーのヘブライ語の対応表は、ibid., p.16 から抜粋した。

(38) エリファス・レヴィ『高等魔術の教理と祭儀　祭儀篇』二九四―二九五頁。

(39) 同前、二九七頁。

(40) エリファス・レヴィ『高等魔術の教理と祭儀　教理篇』一六一頁。

(41) エリファス・レヴィ『高等魔術の教理と祭儀　祭儀篇』二七六頁。

(42) エリファス・レヴィ『高等魔術の教理と祭儀　教理篇』一六一頁。

(43) 同前、一六〇頁。

(44) 同前、一六二頁。

(45) エリファス・レヴィ『高等魔術の教理と祭儀　祭儀篇』二七二頁。

(46) 同前、二九一頁。

(47) 同前、二八七頁。

(48) 同前、二八七―二八八頁。

(49) 同前、二九三頁。

(50) エリファス・レヴィ『高等魔術の教理と祭儀　教理篇』二四頁。

(51) レヴィは魔術理論及びオカルティズムの基礎に三つの基本的な法則を置いていた。一つはここで見た「星幽光（アストラル・ライト）」、後の二つは「コレスポンダンスの法則」と「意志」である。このことについて簡潔にまとめたものとして、フランシス・キング（澁澤龍彦訳）『イメージの博物誌1　魔術　もう一つのヨーロッパ精神史』（平凡社、一九七八年）八二―八四頁がある。

(52) メスメリズムについては、マリア・M・タタール（鈴木晶訳）『魔の眼に魅されて　メスメリズムと文学の研究』（国書刊行会、一九九四年）及び、ロバート・ダーントン（稲生永訳）『パリのメスマー　大革命と動物磁気催眠術』（平凡社、一九八七年）及び、ジョン・ベロフ（笠原敏雄訳）『超心理学史　ルネッサンスの魔術から転生研究までの四百年』（日本教文社、一九九八年）などを主に参照。

(53) マリア・M・タタール『魔の眼に魅されて　メスメリズムと文学の研究』一七五頁。

(54) E・R・クルティウス（小竹澄栄訳）『バルザック論』みすず書房、一九九〇年、二六一頁。

(55) エリファス・レヴィ『高等魔術の教理と祭儀　祭儀篇』二八一―二八二頁。また、エテイヤが理髪師だったというのは、すでに指摘したようにレヴィの勘違いである。本書八五頁を見よ。

(56) 当時の「エジプシャン・タロット」については、次章の「タロット・カードの歴史」のところで詳述する。

(57) ジョルジュ・ミノワ『未来の歴史　古代の預言から未来研究まで』五七四頁。

(58) ポール・クリスチャンについては、主に以下のものを参照。Ronald Decker, Thierry Depaulis, and Michael Dummett, ibid., pp.151-160, pp.194-213, 及びChristopher McIntosh, ibid., pp.128-130, 及び Michael Dummett with the assistance of Sylvia Mann, ibid., pp.120-123, 及び Paul Christian, edited by Ross Nichols, translated by

James Kirkup and Julia Shaw, *The History of Magic*, London, 1952.

（59）たとえば、A・E・ウェイトも、レヴィの『高等魔術の教理と祭儀』の英訳版（一八九六）の序文でフラメルがレヴィのペンネームであることの理由についての説明をしている（Eliphas Levi, Translated by Arthur E. Waite, *Transcendental Magic*）。

（60）詳しくは Ronald Decker, Thierry Depaulis, and Michael Dummett, ibid., pp. 154-157

（61）ibid., pp. 153-154

（62）ルリエーブルについては、本書「タロット占いの歴史」の一三九－一四〇頁を見よ。

（63）Paul Christian, *The History of Magic*, p.14.

（64）ibid, p.89.

（65）Michael Dummett with the assistance of Sylvia Mann, ibid., p.124.

（66）詳しくは Ronald Decker, Thierry Depaulis, and Michael Dummett, ibid., p.20, p.250.

（67）Arthur E Waite, *New Encyclopedia of Freemasonry*, Wings Press, 1994, p.90, original edn., 1921.

（68）コリン・ウィルソン『オカルト　上』五七七－五七八頁。

（69）マンリ・P・ホール（大沼忠弘、山田耕士、吉村正和訳）『象徴哲学大系III　カバラと薔薇十字団』人文書院、一九八一年、二八四－二八九頁。

（70）ダニエル・ローレンス・オキーフ（谷林真理子、他訳）『盗まれた稲妻　呪術の社会学　下』法政大学出版局、一九九七年、七八五頁。

（71）エリファス・レヴィ『高等魔術の教理と祭儀　教理篇』二九九頁。

（72）ここでいう「秘密の伝承（シークレット・トラディション）」とは、一般大衆には知られずに、特別にイニシエートされたものだけが、古代からの叡智を世代を超えてずっと保持し、守り続けてきているという意味である。

（73）James Webb, *the Occult Underground*, Open Court, 1990, Original edn., 1974, p.234.

（74）エリファス・レヴィ『高等魔術の教理と祭儀　祭儀篇』二八二頁。

（75）パピュスと彼を取り巻く当時のフランスのオカルティズムの全般的な状況については、Ronald Decker, Thierry Depaulis, and Michael Dummett, ibid., pp.234-262, 及び Christopher McIntosh, ibid., pp.157-224, 及び Michael Dummett with the assistance of Sylvia Mann, ibid., pp125-136, 及びクリストファー・マッキントッシュ（吉村正和訳）『薔薇十字団』ちくま学芸文庫、一七一－一八六頁などを主に参照。

（76）以下のブラヴァツキー及び神智学協会については、ピーター・ワシントン著、『神秘主義への扉　現代オカルティズムはどこから来たか』中央公論新社、及び James Webb, ibid., 及び John Symonds, *Madame Blavatsky, Medium and Magician*, Odhams, 1959 等を主に参照。

（77）つけ加えるなら、レヴィの社会主義のヴィジョンは、前にも見たようにフローラ・トリスタンに影響を受けた女権運動の影響を抜きに語ることはできない。そして彼にとっての女権運動とは、精神分析風にいうなら、「母なるもの」への回帰を理想とするものだった。だからこそ、父権制原理に基づくキリスト教（父なるものの宗教）に、彼は終生、完全に帰依することができなかった。「父なるもの」の秩序は、上から下へと降りていく垂直なヒエラルキーを構成する。一方、「母なるもの」を求めるイマジネーションは、あらゆる特権的なヒエラルキーを嫌い、すべてものが等しく愛され慈しまれる世界を夢見る。

(78) 本書一〇七頁を見よ。

(79) 以上のサン=マルタンからパピュスの教団への流れは、ポール・ノードン（安斎和雄訳）『フリーメーソン』白水社、一九九六年、一五〇—一五五頁を参照。

(80) アントワーヌ・フェーヴル『エゾテリスム思想』一〇六頁。

(81) ハンス・H・ホーフステッター（種村季弘訳）『象徴主義と世紀末芸術』（美術出版社、一九七〇年）の中の巻末の付録、文献資料集の中の文章から抜粋。

(82) フランセス・イェーツ『薔薇十字の覚醒　隠されたヨーロッパ精神史』二八九頁。

(83) 本書一一五頁を見よ。

(84) クリストファー・マッキントッシュ『薔薇十字団』一七八頁。

(85) Christopher McIntosh, ibid., pp.164–165 から引用。

(86) ibid., p.166 から引用。

(87) オスワルト・ヴィルトについては、Ronald Decker and Michael Dummett, *A History of the Occult Tarot* 1870–1970, Duckworth, 2002, pp.177–185 を参照。

(88) エリファス・レヴィ『高等魔術の教理と祭儀　祭儀篇』三〇四頁。

(89) ケネス・マッケンジーとの興味深い会見は以下のものに詳しく紹介されている。フランシス・キング（江口之隆訳）『黄金の夜明け魔法体系五　英国魔術結社の興亡』国書刊行会、一九九四年、三一—四二頁。

(90) ここでの『創世の蛇』についての内容は、Ronald Decker, Thierry Depaulis, and Michael Dummett, ibid., pp. 240–242, 及びMichael Dummett with the assistance of Sylvia Mann, ibid., pp.126–127 を参照。

(91) J・K・ユイスマンス（田辺貞之助訳）『彼方』東京創元社、二〇〇二年。

(92) 以上の魔術抗争について詳しくは Christopher McIntosh, ibid., pp.177–194. また翻訳文献として、フランシス・キング『イメージの博物誌1　魔術　もう一つのヨーロッパ精神史』及び、リチャード・キャヴェンディッシュ（栂正行訳）『黒魔術』（河出書房新社、一九九二年）四八—五三頁、及びコリン・ウィルソン『オカルト　上』五二—六六頁などでも紹介されている。

(93) 以下のパピュスの理論は、Papus, Translated by A. P. Morton, *The Tarot of the Bohemians: Abosolute Key to the Occult Science*, Wilshire Book を参照。

(94) 実はこの「神智学的減算」は、占いに詳しい方ならご存知の、現在「数秘術」と呼ばれている数を使った占い方法の中で、よく用いられている操作である。

(95) Michael Dummett with the assistance of Sylvia Mann, ibid., p.129.

(96) 前にも述べたように、パピュスはすでに『セーフェル・イェイツィラー』の翻訳を神智学協会の機関紙で発表している。
ちなみに、『セーフェル・イェイツィラー』という書物は、一般的に「カバラ」の起源に位置する書物だといわれている。はじめて引用されたのは、六世紀のユダヤ教詩人エレアザール・ハ＝カリールによってであるといわれているが、実のところ、いつ頃著されたものかということ自体については、はっきりしたことがわかっていない。だが、おそらくその起源は、三世紀頃にまで遡るものではないかと推測されている。また、『セーフェル・イェイツィラー』が、ローマ人に迫害されて殉教したラビ・アキバの作だとされる説もあるが、これは後世の俗説のようである。いずれにしても正統的なカバラの立派な文献である。
(97) Eliphas Levi, Translated by Aleister Crowley, *The Key of the Mystery*, Weiser, 2001, original edn., 1861 を参照。
(98) パピュスは「三位一体」という概念を、必ずしもキリスト教的意味では使っていない。あくまで多くの宗教の伝統が共通に持っている基本的な原理を「三位一体」という言葉で表現しているに過ぎない。
(99) Papus, ibid., p.313.
(100) 七三―七四頁を見よ。
(101) Papus, ibid., p.298.
(102) フランセス・イェーツ『薔薇十字の覚醒　隠されたヨーロッパ精神史』の巻末に収録の薔薇十字宣言から引用。
(103) Papus, ibid., p.9.
(104) ファルコナーのタロットについては、Stuart R. Kaplan, *The Encyclopedia of Tarot volume2*, U.S.Games Inc., 1986, p.391, pp.394-395.
(105) Papus, *Le Tarot divinatoire: Clef du tirage des cartes et des sorts*, Dangles, Original edn., 1909.
(106) Ronald Decker, Thierry Depaulis, and Michael Dummett, ibid., notes 57, p. 292.
(107) 一九六頁を見よ。
(108) Oswald Wirth, *The Tarot of the Magicians*, Samuel Weiser, 1990, p.10. First Published in Paris in 1927 under the original title: *Le Tarot, des Imagiers du Moyen Age.*
(109) オスワルト・ウィルトのカードの解釈については、種村季弘『薔薇十字の魔法』二〇三―二〇八頁の中で、簡単に概略が紹介されている。
(110) 二二三頁を見よ。
(111) これも十七世紀のもともとの薔薇十字運動とは別である。詳しくはクリストファー・マッキントッシュ『薔薇十字団』一三五―一五七頁「第八章　黄金薔薇十字団」を見よ。
(112) 同前、一九一頁。
(113) 詳しくは、Ellic Howe, *The Magicians of the Golden Dawn*, Samuel Weiser, 1984, p.30, footnote 2 を見よ。
(114) ibid., p.30.
(115) ウェストコットとメイザーズについては、主に　Ellic Howe, ibid. を参照した。
(116) ミナ・ベルグソンは、フランスの有名な哲学者アンリ・ベルグソンの妹である。

(117) W. Wynn Westcott , *The Isiac Tablet of Cardinal Bembo: Its History and Occult Significance*, 1887, Kessinger Publishing Company, 2003, original edn., 1887.

このウエストコットの本は、以前見たレヴィのヘブライ語の理解のもとであった十七世紀のキルヒャーの『エジプトのオイディプス』という本の中で解説されていた「イシスのベンバイン表」と呼ばれるものについて書かれた本である。「イシスのベンバイン表」とは、古代エジプトの秘教的な象徴体系が図示されたものとして信じられていたものであるが、レヴィはその中央の区画にある二十一の像をタロットに対応するものと信じた。エリファス・レヴィ『魔術の歴史』九四―九六頁にレヴィによる表の解説がある。また、キルヒャー、レヴィ、ウェストコットを含む表の解釈を、おおまかにまとめたものとしてマンリー・P・ホール著、「イシスのベンバイン表」、『象徴哲学体系Ⅰ 古代の密議』人文書院、一九九一年、所収がある。

(118) S. L. Macgregor Mathers, *The Tarot: Its Occult Signification, Use in Fortune-Telling and Method of Play*, Weiser, 1973, original edn., 1888.

(119) メイザーズが一つ新たにつけ加えたものがあるとしたら、「タロット」という言葉の語源についてである。ちなみに、メイザーズによれば、「tarot」の語源は、エジプト語の「taru」にあり、もともと「答えを要求することや、もしくは助言すること」を意味するというが、首をかしげざるをえないのは、その言葉がエジプト語の辞書には見当たらないという点である（S. L. Macgregor Mathers, ibid., p.6）。

(120) ただし、「ペンタクル」という語は、すでに当時のオカルティストのサークル内では一般的だったようだ。というのも、イギリス薔薇十字協会員のフレドリック・ホーランドによる「シェキーナの啓示」（一八八七）という論の中では、すでに「ペンタクル」という言葉が使用されている。ただし、この段階では、現在のタロット・パックの中で描かれているような「五ぼう星」の形を指す言葉として使われていたわけではなく、単に「護符」一般を意味していた。詳しくは Ronald Decker and Michael Dummett, ibid., p. 51, p.58 を見よ。

(121) 江口之隆、亀井勝行『世界魔法大全1 黄金の夜明け』（国書刊行会、一九八三年）は、すでに初版から二十年以上が経っているが、いまだ黄金の夜明け団全般に渡る基礎的な情報を収集するうえで非常に優れた一冊である。特に、客観的かつ冷静な視点から書かれた前半の「歴史篇」の記述は、随所に示唆を受けることが多々あった。その他、本書での黄金の夜明け団の歴史などの全般的な記述に関しては、フランシス・キング（江口之隆訳）『英国魔術結社の興亡』（国書刊行会、一九九四年）及び、Ellic Howe, ibid., 及び Ronald Decker and Michael Dummett, ibid., pp.76-124, 及び R.A. Gilbert, *The Magical Mason, in the series Roots of the Golden Dawn*, Wellinborough, 1983, 及び R.A. Gilbert, *The Golden Dawn Companion*, Wellinborough, 1987, 及び R.A. Gilbert, *Revelation of the Golden Dawn: the Rise & Fall of A Magical Order*, Quantum, 1997 などを主に参照した。

(122) ところで、黄金の夜明け団関係の本を実際に手に取り、あれこれ読んでみると、魔術素人にはどうしても理解に苦しむところが多々あるとはいえ、これがまたなかなか思いのほか興味深い。というのも、わたしたちの生きている時代に近い過去に実践されていた魔術が書かれているからだ。今読んでもそこでの説明のスタイルは、さほど古さを感じさせない。そればかりか、より最近になって書かれた黄金の夜明け団の解説書になると、魔術の効果を深層心理学的な観点から説明しようとしてくれているため、比較的現代人でも親しみやすいものとなっているように思われる。したがって、魔術なるものがどうしてもおとぎ話の世界のことにしか思えないという方であっても、もしかしたらそれなりの興味を持って読むことができるものなのかもしれない。

(123) 実際のサイファーMSは、Carroll Poke Runyon, *Secrets of the Golden Dawn Cypher Manuscript*, Pasadena, 1997 に掲載されているものを参照した。

(124) イスラエル・リガルディー編（秋端勉監修、江口之隆訳）『黄金の夜明け魔法体系2　黄金の夜明け魔術全書　下』国書刊行会、四一〇頁。

(125) この天体の規則的な順番は、公転周期の最も遅い「土星」からはじまり、最後の最も早い「月」へと順に並べられていることがわかる。

(126) ここでもまた、なぜ「土星」からはじめなければならないのかという疑問も浮かんでくるが、『Tの書』では、とりあえず次のような説明がされている。「デカンの開始は獅子の心臓にある（王の星）、コル・レオニスからである。ゆえに最初のデカンは獅子座の土星から始まる」（イスラエル・リガルディー編『黄金の夜明け魔法体系2　黄金の夜明け魔術全書　下』三五三頁）。

(127) イスラエル・リガルディー編『黄金の夜明け魔法体系2　黄金の夜明け魔術全書　下』三五三頁。

(128) ついでに意地悪をいうと、このような冬から春への季節の移行による説明は、地球の南半球に住んでいる人々にとってまったく意味をなさない。

(129) イスラエル・リガルディー編『黄金の夜明け魔法体系2　黄金の夜明け魔術全書　下』三三五―四〇一頁。

(130) Eliphas Levi, Translated by W. W. Westcott, *The Magical Ritual of the Sanctum Regnum, interpreted by the Tarot Trumps*, Kessinger Publishing Company, 1997, original edn., 1896.

(131) 他にもマッケンジーが書いたのではないかということを裏づける状況証拠は、いくつかあげられているが、ここでは煩雑になるので詳細は省く。詳しくは Ronald Decker and Michael Dummett, ibid., p.86 を見よ。

　しかしながら、マッケンジーがサイファーMSを書いたことを認めると、今度は、彼が何の目的でそれを書いたのかということが問題になる。ここでとりあえず注目すべきは、サイファーMSが、わざわざ古い紙に書かれていたという点だ。つまり、そこから考えると、マッケンジーは、その文書の出所を、古い時代のものであることを、人に信じさせたかったのではないかと思われる。しかし、何のために？　ここで、彼が『タロットのゲーム』という本を書こうと計画していたことを思い出していただきたい。もしかすると、サイファーMSを書いた目的の一つは、その中で展開されるはずのタロット理論の根拠として提出するためのものだったのではないか。

また、ついでながら、マッケンジーがサイファーMSのもともとの作者だとしたら、彼こそがタロットの秘密の「属性（アトリビューション）」の考案者だということになる。さらに、「黄金の夜明け団」の教義がサイファーMSをもとにして作られている以上、それがマッケンジー本人の意図かどうかは別として、結果的に見ると、彼こそが団の創立の彼方に位置する真の創立者だということにもなるだろう。

(132) Ellic Howe, ibid., p.7.

(133) 江口之隆、亀井勝行『世界魔法大全1　黄金の夜明け』三〇―三一頁。

(134) マリオ・ベルニオーラ（岡田温司、金井直訳）『エニグマ　エジプト・バロック・千年終末』ありな書房、一九九九年、一六頁。

(135) Ellic Howe, ibid., p.49.

(136) フランシス・キング『英国魔術結社の興亡』五一頁より引用。

(137) 同前、五二頁より引用。

(138) フランシス・キングはこれを次のように説明している。「『机』とは、ヴィクトリア朝時代の降霊術者の間で非常にはやっていた『テーブル・ターニング』を、いくらか洗練された形に変えたものである。『きびしくも不断の注意』が必要とされた『輪』と『盤』とは、占い杖（ラディステーシアと普通呼ばれているものの類）に掛けられ振動する振り子、それに今日ではごく一般的になった霊応盤とほぼ同じものを組み合わせた一種特異な技法を指す。板紙でできた地・空気・火それに水の元素を象徴した色が施された輪は、メイザーズあるいは彼の妻が手に持った絹糸で吊り下げられ、ヘブライ文字が記されている盤の上を旋回して意味のある（まれにだが）言葉をつづり、それが当の問題への回答となったり指示を伝えたりするのである」（フランシス・キング著、山岸映自訳、『アレイスター・クロウリー著作集別巻1　アレイスター・クロウリーの魔術世界』、国書刊行会、一九八七年、三三頁）。

(139) ちなみに、パピュスは短期間、アハトール・テンプルに在籍していた。

(140) クロウリーについては、Lawrence Sutin, *Do What Thou Wilt: A Life of Aleister Crowley*, St.Martin, 2002, Original edn., 2000, 及びJohn Symonds, *The Great Beast: the life and magic of Aleister Crowley*, Macdonald and Co.,1971, Original edn., 1951, 及びフランシス・キング著『アレイスター・クロウリーの魔術世界』を主に参照した。

(141) 詳しくは、コリン・ウィルソン（中村保男訳）『現代の魔術師　クローリー伝』河出書房新社、一九八八年、五四―五五頁。

(142) フランシス・キング『英国魔術結社の興亡』八五頁。

(143) Aleister Crowley, *777 revised; vel, Prolegomena smbolica ad systemam sceptico-mysticae viae explicandae, fundamentum hieroglyphicum sanctissimorum scientiae summae*, Samuel Weiser, 1970, Original edn.,1909〔アレイスター・クロウリー著、江口之隆訳『アレイスター・クロウリー著作集第五巻、777の書』国書刊行会、一九九二

年〕
(144) ウェイトについては、R.A. Gilbert, *A.E. Waite: Magician of Many Parts*, Clucible, 1987 を主に参照した。
(145) 二五二頁を見よ。
(146) Grand Orient, *The Handbook of Cartomancy: Fortune-Telling and Occult Divination*, George Redway, 1966, original edn., 1889.
(147) これは以前、「タロット占いの歴史」の最初の方で見た、十五世紀のドイツの占い方法と本質的に同じものである。八〇―八一頁を見よ。
(148) パメラ・コールマン・スミスについては、Stuart R. Kaplan, *The Encyclopedia of Tarot Vol.3*, U.S. Games, 1990, pp.1-45, 及びRonald Decker and Michael Dummett, ibid.,pp.130-131 を参照した。
(149) アーサー・ランサム。イギリスの児童文学の作家。『ツバメ号とアマゾン号』などの冒険小説で有名。
(150) キャサリン・マンスフィールド。短編小説で有名なイギリスの作家。『ガーデン・パーティ』などが有名。
(151) レディ・グレゴリー。アイルランドの作家。アイルランドの古い英雄伝説を再話した『ムイルエブナのクーフリン』が有名。
(152) ブラーム・ストーカー。イギリス怪奇小説の傑作『ドラキュラ』の作者。
(153) フローレンス・ファー。当時の有名な舞台女優。「黄金の夜明け団」のイシス・テンプルで「スフィア」なるグループを作り中心的な役割を果たす。また、ウェストコットの書簡捏造の手紙を、メイザーズから受け取った人物。二八五頁を見よ。
(154) W・B・イェイツ。ノーベル文学賞を受賞したアイルランドを代表する詩人。「黄金の夜明け団」の分裂騒ぎの最中、イシス・テンプルで一時、指導的立場にもなる。
(155) Stuart R. Kaplan, ibid., p.30 から引用。
(156) Arthur Edward Waite, *The Pictorial Key to the Tarot*, p.224.
(157) ソーラ・ブスカ家のカードについての解説は、Stuart R. Kaplan, *The Encyclopedia of Tarot Vol.2.*, pp.297-302, 及び、Stuart R. Kaplan, *The Encyclopedia of Tarot Vol.3.*, pp.30-32. を参照。
(158) Arthur Edward Waite, *The Pictorial Key to the Tarot*, p.287.
(159) ibid., p.59.
(160) ibid., p.100.
(161) 二六四―二六五頁を見よ。
(162) Arthur Edward Waite, ibid., p.161.
(163) ただし、黄金の夜明け団のメンバーであるJ・W・ブロディー・インズは、一九一九年の『オカルト・レヴュー(Occult Review29, no.2)』誌で、ケルティック・メソッドは、黄金の夜明け団のメンバーであるフローレンス・ファーやその他の人たちによって使用されていたものだとも述べている。Mary K. Greer, *Women of the Golden Dawn*, Park Street Press, 1995, p.405.
(164) Arthur Edward Waite, *The Pictorial Key to the Tarot*, pp. 152-155.
(165) アレイスター・クロウリー（江口之隆訳）『ムーンチャ

イルド』創元推理文庫、一九九〇年、一九一頁。

(166) 終始、小説の中では、ウェイトを筆頭に、メイザーズ（小説の中ではダグラス）やW・B・イエイツ（小説の中ではゲイツ）といった「黄金の夜明け団」の主要メンバーが、クロウリーの毒舌でもって容赦なく罵倒されている。

(167) リプリント版である Aleister Crowley, Tarot Divination, Red Wheel Weiser, 1976. を参照した。

(168) Aleister Clowley（The Master Therion）, *The Book of Thoth: A Short Essay on the Egyptians,* Weiser Books, 2000, Original edn., 1944, p.34, note.1（翻訳、アレイスター・クロウリー（榊原宗秀訳）『アレイスター・クロウリー著作集第二巻、トートの書』国書刊行会、一九九一年）。

(169) Aleister Clowley, ibid., p.9.

(170) Cynthia Giles, *The Tarot: History, Mystery, and Lore,* Simon & Schuster, 1994, First Edition 1992, p.47.

(171) Aleister Clowley, ibid., p.46.

(172) John Symonds, ibid.

(173) ロバート・A・ウィルソン（浜野アキオ訳）『サイケデリック神秘学』ペヨトル工房、一九九二年。

(174) ロバート・A・ウィルソン（武邑光裕訳）『コズミック・トリガー　イリュミナティ最後の秘密』八幡書店、一一七頁。『アイ・イン・ザ・トライアングル（The Eye In the Triangle）』はイスラエル・リガルディーの書いたクロウリーについての解説書である。

(175) ロバート・A・ハインライン（井上一夫訳）『異星の客』一九六九年、創元SF文庫。

(176) フランシス・キング『英国魔術結社の興亡』二五七頁。

(177) Cynthia Giles, *The Tarot: History, Mystery, and Lore,* p.54.

(178) 以下のヘルメティック兄弟団周辺の記述は、Ronald Decker and Michael Dummett, ibid., p.61-75 を参照した。

(179) Ronald Decker and Michael Dummett, ibid., p.62.

(180) ポール・フォスター・ケースとBOTAについては、Ronald Decker and Michael Dummett, ibid., pp. 246−258 を参照した。

(181) 天王星、海王星、冥王星、それぞれの発見は、順に一七八一年、一八四六年、一九三〇年である。黄金の夜明け団のシステムの中に冥王星を加えるのは、その発見年代からして、不可能だったことは言うまでもないだろう。

(182) Paul Foster Case, *The Tarot: A Key to the Wisdom of the Ages,* Builders of the Adytum, 1990, Original edition, 1947.

(183) Paul Foster Case, ibid., p. 23. p. 2.

(184) リガルディーについては、Ronald Decker and Michael Dummett, ibid., pp. 167-169. 及び、フランシス・キング『英国魔術結社の興亡』一八六−一八九頁を主に参照した。

(185) Israel Regardie, *The Tree of Life: An Illustrated Study in Magic,* Llewellyn Publications, 2000, Original edn., 1932.

(186) Israel Regardie, *A Garden of Pomegranates: Skrying on the Tree of Life,* Llewellyn Publications, 1999, Original edn., 1932.

(187) フランシス・キング『英国魔術結社の興亡』一八七頁。

(188) ちなみに、リガルディーは後にカリフォルニアで、カイロプラティックやウィルヘルム・ライヒ（フロイトの異端の門下生）の菜食主義を取り入れたオルタナティヴな医学療法を使った開業医となったらしい。

(189) イスラエル・リガルディー編『黄金の夜明け魔法体系2　黄金の夜明け魔術全書　下』。

(190) Robert Wang, *An Introduction to the Golden Dawn Tarot*, Weiser, 1978.

(191) マンリ・パルマ・ホールについては、Philip Jenkins, *Mystics and Messiahs: Cults and New Religions in American History*, Oxford University Press, 2000, pp.84-85, 及び、Ronald Decker and Michael Dummett, ibid., pp.234-245, を主に参照。

(192) マンリ・パルマ・ホール（大沢忠弘、山田耕士、吉村正和訳）『象徴哲学大系I　古代の密儀』『象徴哲学大系II　秘密の博物誌』『象徴哲学大系III　カバラと薔薇十字団』『象徴哲学大系IV　錬金術』人文書院。

(193) 二四三―二四四頁を見よ。

(194) 神智学では、人間には目に見える肉体を包む、より微細な高次元のからだを持っていると考えられている。それらは、「エーテル体」、「アストラル体」、「メンタル体」と呼ばれる段階に分けられるが、残念ながら普通の人の目では見ることができないらしい。

(195) ホールのつけ加えたメディテーション・シンボルは、神秘主義者F・ホーマー・カーティスと彼の妻ハリエッテの書いた『万有の鍵』（一九一五）及び、『宿命の鍵』（一九一九）という二冊のタロットの本から得たアイデアである。詳しくは Ronald Decker and Michael Dummett, ibid., pp.243-245 を参照のこと。

(196) C・C・ザインについては Cynthia Giles, *The Tarot: History, Mystery, and Lore*, pp.57-58, 及びRonald Decker and Michael Dummett, ibid., pp.218-223 を参照した。

(197) 二〇一―二〇二頁を見よ。

(198) 十八世紀末にすでに似たようなことを行っていたエテイヤは、オカルト大衆化の先駆者といえるだろう。

(199) アントワーヌ・フェーブル『エゾテリスム思想』一三四頁。

(200) 江口之隆、亀井勝行『世界魔法大全1　黄金の夜明け』一三六頁。

(201) アメリカでのウェイトースミス・パックの受容の流れについては、Ronald Decker and Michael Dummett, ibid., pp.291-293 を参照。

(202) Stuart R. Kaplan, *The Encyclopedia of Tarot vol.1*, U.S. Games Systems, 1978, pp. 264-265.

(203) 東條真人の『タロット大事典』（国書刊行会、一九九四年）であるとか、井上教子の『タロット解釈実践事典　大宇宙（マクロコスモス）の神秘と小宇宙（ミクロコスモス）の密儀』（国書刊行会、二〇〇〇年）は、いずれもこの手の本にしては異例の四千円代という高めの価格設定ながら、日本のタロット・ファンの間ではかなり販売数を伸ばしているようだ。ともにウェイトースミス・パックを採用しながら、それをベースに議論を組み立てているが、それぞれの著者の世界観の違いが、カードの解釈の差異となって反映されている。『タロット大事典』は、タロットを

「古代ミトラ教」の救済の物語として解釈するもので、少少宗教色の強い精神世界系タロット本となっている。一方、『タロット解釈実践事典』は、より西洋魔術系の影響の強い実践的な内容のタロット本となっている。

(204)「タロットと占星術」は、一冊目の『明かされたタロット(The Tarot Revealed)』には含まれていない。二冊目の、一九七〇年の『タロット完全ガイド(A Complete Guide to the Tarot)』、そして一九七一年の『マスターリング・ザ・タロット(Mastering the Tarot)』においてである。なお、「タロットと占星術」を書いたのは、グレイ本人ではなく、彼女の娘のメアリー・ベックウィズ・コーエンである。グレイ自身は占星術を信じていなかった。大アルカナに天体と星座が対応させられていて、基本は黄金の夜明け団の対応に従っているが、いくつか違いもある。以下に娘メアリー・コーエンによるタロットと占星術の対応を示す。

愚者=星雲、魔術師=水星、女司祭=月、女帝=金星、皇帝=木星、司祭=金牛宮、恋人=双子宮、戦車=巨蟹宮、力=獅子宮、隠者=処女宮、運命の輪=エレメンツ、正義=天秤宮、吊るされた男=太陽、死=土星、節制=人馬宮、悪魔=摩羯宮、塔=火星、星=宝瓶宮、月=双魚宮、太陽=白羊宮、審判=天蠍宮、世界=ゾディアック。

(205) イーデン・グレイについては、Ronald Decker and Michael Dummett, ibid., pp. 293-300, を参照した。

(206) Eden Gray Dies at 97, *Newsletter of the International Tarot Society*, March 1999, vol.3, Number 1.

(207) ニューソートについては、Philip Jenkins, ibid, pp. 53-69を参照した。

(208) 十八世紀末のニューイングランドにおいて栄えた思想。ラルフ・ウォルド・エマソン(一八〇三—一八八二)やヘンリー・デヴィッド・ソロー(一八一七—一八六二)などの作家を代表とし、個々の人間と宇宙全体や自然との一体性の重要性を問いた。

(209) シャクティ・ガウィン(大野 純一、大塚 正之訳)『ポジティヴ・シンキング　あなたが真に求めるものを得るために』阿含宗総本山出版局、一九九一年、他。

(210) 一九三〇年代に成立した我が国の新宗教教団「生長の家」もニューソートの大きな影響下で生まれた。

(211) Eden Gray, *Mastering the Tarot: Basic Lessons in an Ancient, Mystic Art*, pp.195-196.

(212) Eden Gray, *A Complete Guide to the Tarot*, Bantam Books, 1972, p.150, Original edn., 1970.

(213) Eden Gray, *Mastering the tarot*, p.148.

(214) ibid., p.148.

(215) Eden Gray, *A Complete Guide to the Tarot*, p.151.

(216) Eden Gray, *Mastering the tarot*, p.197.

(217) Eden Gray, *A Complete Guide to the Tarot*, p.229.

(218) 以上のようなドイツとロシアのオカルト・タロット事情については、それぞれRonald Decker and Michael Dummett, ibid., pp. 187-198, pp.199-214に詳しい。

(219) かろうじてエテイヤの影響を受けた占い用タロット・パックが、十九世紀にイタリアで一つ作られたものが大英博物館に収められている。詳しくは Michael Dummett with the assistance of Sylvia Mann, ibid., p.162 を見よ。

(220) たとえば松田道弘『トランプものがたり』(岩波新書、一九七九年)及び同著者『トランプゲーム事典』(東京堂出版、一九八八年)では、非常に簡単ではあるが、タロット・カードがゲームに使われていたということや、ド・ジェブランの古代エジプト起源説なども確証がないものと退けられている。

(221) 鏡リュウジ『タロット　こころの図像学』河出書房新社、二〇〇二年。

(222) Cynthia Giles, *The Tarot: History, Mystery, and Lore*, p.22.

第三章　タロット・カードの歴史

(1) Cynthia Giles, ibid., p.7 から引用。

(2) Michael Dummett with the assistance of Sylvia Mann, ibid., p.75.

(3) Stuart R. Kaplan, *The Encyclopedia of Tarot Vol.2*, p.3.

(4) Michael Dummett, *The Visconti-Sforza Tarot Cards*, George Braziller, 1986, p.5.

(5) Michael Dummett with the assistance of Sylvia Mann, ibid., p.80.

(6) かつて日本でもこの「tarot」という言葉の発音を巡って、「タロット」と「タロー」の論争があったらしい。たしかに英語の発音からすれば「タロー」が正しいのだが、そもそも国によってその呼び方は違うので、「タロー」でなければならないという理由はないと思われる。また、「タロー」という発音だと、日本の場合、「太郎」が連想されるため、「タロット」の方が呼び名としてしっくりくるのではないだろうか。実際に現在では「タロット」という発音が一般化してしまっているのは周知の通りである。ちなみに、日本にタロットを最も早い時期に紹介したと思われる澁澤龍彦の論「古代カルタの謎」の中では、「タロット」でもなく「タロー」でもなく、「タロック」と表記されている。

(7) Stuart R. Kaplan, *The Encyclopedia of Tarot Vol.2*, p.8.

(8) ド・ジェブランやド・メレの「tarot」という言葉に対する説明に根拠がないということはすでに「タロット占いの歴史」のところで見てきた。また、今まで本書では特に触れなかったが、その後のオカルティストたちが時折述べている「tarot」という言葉に対する様々な〝語源学〟は、言語学的にまったく根拠がないものである。そもそも、オカルティストたちは「tarot」という言葉をもとにして様々な空想を繰り広げているが、そのもとの語源が、今見たようにイタリア語の「tarocchi」にあることをまったく考慮に入れていない。

(9) Stuart R. Kaplan, *The Encyclopedia of Tarot Vol.1*, p.29-30.

(10) Michael Dummett with the assistance of Sylvia Mann, ibid., p.80.

(11) Michael Dummett with the assistance of Sylvia Mann, ibid., p.316.

(12) Stuart R. Kaplan, *The Encyclopedia of Tarot Vol.2*,

p.4.

(13) ibid., p.4.

(14) ibid., pp.42-45.

(15) 当時の歴史については、モンタネッリ、ジェルヴァーゾ(藤沢道朗訳)『ルネサンスの歴史　上』(中公文庫、一九八五年)及び、E・R・ラバンド(大高順雄訳)『ルネサンスのイタリア』(みすず書房、一九八八年)及び Stuart R. Kaplan, *The Encyclopedia of Tarot Vol.2*, pp. 91-101 を主に参照した。

(16) このパックは以前の所有者の名前にちなんで、ヴィスコンティ・モンドローネ・パックとも呼ばれている。

(17) ここでは Michael Dummett with the assistance of Sylvia Mann, ibid., pp.78-79, 及び Michael Dummett, *The Visconti-Sforza Tarot Cards*, pp.11-15, 及び Stuart R. Kaplan, *The Encyclopedia of Tarot Vol.1*, p.106-107 での論を主に参照した。

(18) ここで一つ断っておくと、当時のミラノのタロット・パックはすべて、現在のタロット・パックのように、カードの下に、それぞれのタイトルが書き込まれていたわけではない。したがって、ここであげたタイトルは、あくまで後のタイトルがついているカードの絵との類似性、及び、それぞれの絵自体から、現代のタロットの研究家たちによって推測されたタイトルを述べているに過ぎない。

(19) また、以下のベンボについての記述は、Stuart R. Kaplan, *The Encyclopedia of Tarot Vol.2*, pp.120-122, 及び Gertrude Moakley, *The Tarot Cards Painted by Bonifacio Bembo for the Visconti-Sforza Family Historycal Study*, The New York Public Library, 1966, pp.20-24 を主に参照した。

(20) これら比較の詳細は、Stuart R. Kaplan, *The Encyclopedia of Tarot Vol.2*, pp.123-128.

(21) Michael Dummett, ibid., pp.12-13.

(22) Michael Dummett with the assistance of Sylvia Mann, ibid., pp.65-66, 及び Ronald Decker, Thierry Depaulis, and Michael Dummett, ibid., p.28, p.226, notes 11.

(23) Michael Dummett with the assistance of Sylvia Mann, ibid., p.69, 及び Stuart R. Kaplan, *The Encyclopedia of Tarot Vol.1*, p.117.

(24) Michael Dummett with the assistance of Sylvia Mann, ibid., p.69, 及び Stuart R. Kaplan, ibid., pp.108-110.

(25) Michael Dummett with the assistance of Sylvia Mann, ibid., p.69, 及び Stuart R. Kaplan, ibid., pp.120-122.

(26) Michael Dummett with the assistance of Sylvia Mann, ibid., pp.72-73, 及びStuart R. Kaplan, ibid., p.111.

(27) Michael Dummett with the assistance of Sylvia Mann, ibid., pp.73-75, 及び Stuart R. Kaplan, ibid., pp. 110-111.

(28) Robert V. O'Neill, *Tarot Symbolism*, Fairway Press, 1986, p.51.

なお、ロバート・オニールの著書の中では、「起源の国々」以外に、これまで出されてきたタロットの起源の仮説について次のような分類を行なっている。
ヨーロッパへのカードの運び手――
　十字軍　サラセン人　テンプル騎士団　ジプシー
哲学的起源――
　グノーシス主義　アルビジョワ派　密儀宗教　カバラ
解釈の理論――
　魔術　カバラ　占星術　数秘術　錬金術　メディテーション　グノーシス神話　ユング心理学

　最後の解釈の理論については、すでに第一章及び、オカルト・タロットのところで見てきた主題に重複するので、ここではあえて扱わない。また、「ヨーロッパのカードの運び手」及び「哲学的起源」についても、この後に論じるタロットの起源の国々との関連で話題になる場合にのみ、言及するつもりである。

(29) 中国のプレイング・カードについての詳細は、本書の範囲を超えるので省略するが、Michael Dummett with the assistance of Sylvia Mann, ibid., pp.34-38 に詳しい記述がある。

(30) Michael Dummett with the assistance of Sylvia Mann, ibid., pp.34-38,10.

(31) Stuart R. Kaplan, *The Encyclopedia of Tarot Vol.*1, pp.22-23, 及び Michael Dummett with the assistance of Sylvia Mann, ibid., pp.11.

(32) マムルーク・カードについては、Stuart R. Kaplan, *The Encyclopedia of Tarot Vol.*1, p.53, p.56, 及び Michael Dummett with the assistance of Sylvia Mann, ibid., pp.39-45.

(33) Rudolf Fon Leyden, *Ganjifa: the Playing Cards of India,* Victoria and Albert Museum, 1982, pp.5-10.

(34) 三二九頁を見よ。

(35) 七三一七四頁を見よ。

(36) Rudolf Fon Leyden, ibid., p.7.

(37) Idries Shah, *The Sufi,* Doubleday, 1971, p.449.

(38) naibi については、Stuart R. Kaplan, *The Encyclopedia of Tarot Vol.*1, p.20, 及び Michael Dummett with the assistance of Sylvia Mann, ibid., pp.44-45, p.65.

(39) Ronald Decker, Thierry Depaulis, and Michael Dummett, ibid., p.31.

(40) Ronald Decker, Thierry Depaulis, and Michael Dummett, ibid., pp.32-33.

(41) Michael Dummett with the assistance of Sylvia Mann, ibid., pp.98-99.

(42) Stuart R. Kaplan, *The Encyclopedia of Tarot Vol.*1, pp.28, 及び Michael Dummett with the assistance of Sylvia Mann, ibid., p.421.

(43) Stuart R. Kaplan, *The Encyclopedia of Tarot Vol.*2, p.8.

(44) なお本文では触れていない、エテイヤ以前にタロットがゲーム以外で使われていた例としては特筆すべきものとして次のようなものがある。

　一五八九年、ヴェネツィアの異端審問所が、タロットの「悪魔」のカードは妖術の儀式に使用されていたと記録している (Ruth Martin, *Witchcraft and the Inquisition in Venice,* Blackwell Pub., 1989, p. 162)。一方、タロットが当時の魔術を扱った本の中で言及されていないということから、メアリー・K・グリアーは、タロットが魔術や妖術と関連していたとしても、「高度な魔術ではなく、低次の民間伝承の一部として用いられていた」のではないかとコメントしている（Mary K.Greer, *Tarot for Your Self: A Workbook for Personal Transformation*, CareerPress, 2002, p.279）。

　また異端審問所の記録の中で、タロットに対する言及が見つかっているのは、今のところこのひとつだけである。

　もうひとつ面白い例としては、時代はさかのぼるが、一五一五年にドイツのカード職人エルハルド・ショーエンによってレオンハルド・レイマンという人物のために作られた、出生のカレンダーの図版がある。それを見ると、占星術の「12ハウス」のシステムに、明らかにタロット・カードの絵柄のイメージと思われるものが描かれているのを見ることができる。たとえば2ハウスには、テーブルの上のお金を数える守銭奴が描かれているが、これはタロットの「奇術師」のカードを思わせる。以下、4ハウスの杖をついた背むしの修道士は「隠者」のカード、5ハウスの遊ぶ二人の子供は「太陽」のカード、7ハウスの男と女の間に立つ男は「恋人」のカード、8ハウスの教皇と二人の付き添い人は「教皇」のカード、10ハウスのしゃくと宝珠を持った皇帝は「皇帝」のカードというように、それぞれのハウスにタロットの絵柄を当てはめる形で、タロットのイメージと占星術のハウスが関連させられている。ただし全部のハウスの絵に、タロットの絵が使用されているわけではない（詳しくは、Stuart R.Kaplan, *The Encyclopedia of Tarot* Vol.2, p.157）。

（45）Michael Dummett with the assistance of Sylvia Mann, ibid., p.318, note 10.

（46）ただし、ここでこのことに対して、あり得る反論をあげておこう。通常のプレイング・カード・パックはコート・カードが三枚であるのに、タロット・パックは四枚である。よって、通常のプレイング・カードに対して、単純にトランプ・カードが追加されることでタロット・パックが出来上がったというのはおかしいと思われるかもしれない。しかし、第一章のコート・カードについて述べたところで（三三頁を見よ）もすでに触れたように、十五世紀のドイツでは、通常のプレイング・カード・パック（タロット・パックではない）に、「クイーン」のカードを含む、四枚のコート・カードから成るものが見つかっている。とはいえ、残念ながら、イタリアのパックからはそれが見つかっていない。果たしてイタリアにも四枚のコート・カードから成るプレイング・カード・パックがあったのかどうなのかという点が、ここでの議論の唯一の問題としてあげられるだろう。

（47）Michael Dummett with the assistance of Sylvia Mann, ibid., p.195.

（48）ちなみに、比較的日本でポピュラーなゲームである、ババ抜き、ページ・ワン、七並べなどは、もちろんトリック・テイキングには分類されない。それらはストップと呼ばれるタイプのゲームに分類される。ストップと呼ばれるゲームは、手持ちのカードを早くなくしてしまった人が勝ちというルールに基づくものである。

(49) ここで、タロットのゲームの発祥について、ひとつ気になる点をつけ加えておく。十五世紀の非常に早い時期から、ドイツの農民の間でポピュラーだったカルノッフェルと呼ばれるトリック・テイキングのゲームがある。すでに一四二六年にはそのゲームが行なわれていたことについての記録がある。一時は、ドイツ、スイス、ネーデルランドにまで広がったが、十六世紀以降、カルノッフェルは衰退していったが、現在でもスイスのニドウォルデンの州では、カイザーシュピールという名前で、いまだそのプレイが行なわれているという。ところで、タロットのゲームもカルノッフェルのゲームも、同じトリック・テイキングのゲームであることから、この二つの間に何らかの関係、たとえば、タロットのゲームはカルノッフェルからインスパイアされて生まれたのではないかという推測をしてみたくなる。しかし、ダメットの意見では、それはあまり考えられないという。まずそのひとつの理由は、タロットの発祥の地であるミラノやフェラーラといった当時のイタリアの富裕な宮廷で、ドイツやスイスの農民らの間でポピュラーだったカルノッフェルのようなものが知られていたとは考えづらい。だが、その一方で、十五世紀のフェラーラの宮廷で知られていた「皇帝のゲーム(ludus Imperatoris)」と呼ばれたゲームが、カルノッフェルと同じものであった可能性はある。しかし、カルノッフェルをプレイするためには、当時のドイツで使われていたスート(葉、ドングリの実、ハート、ベル)のついたカードが必要である。しかし、当時のイタリアにおいて、そのようなジャーマン・スートのついたカードが使用されたという記録はない。そこからダメットは、やはりカルノッフェルがフェラーラでプレイされていたとは考えづらいという。結論としては、おそらく別々に独立して生まれたものだと考えられる。詳しくは Michael Dummett, *Twelve Tarot Games*, Duckworth, 1980, pp.6–8, 及び、Michael Dummett with the assistance of Sylvia Mann, ibid., pp.184–191.

(50) Robert V. O'Neill, ibid., p.89.

(51) ブルクハルト(柴田治三郎訳)『イタリア・ルネサンスの文化II』中公クラシック、二〇〇二年、三四五—三四六頁、及び、ジョルジュ・ミノワ(菅野賢治、平野隆文訳)『未来の歴史』筑摩書房、二〇〇〇年、三六四—三六五頁。

(52) ブルクハルト(柴田治三郎訳)『イタリア・ルネサンスの文化I』中公クラシック、二〇〇二年、六三頁。

(53) 一一二頁を見よ。

(54) 以下のフィレンツェ・アカデミー及び、フィチーノの仕事については、アンドレ・シャステル(桂芳樹訳)『ルネサンス精神の深層　フィチーノと芸術』(ちくま学芸文庫、二〇〇二年)を主に参照した。

(55) 二四頁を見よ。

(56) 三六八—三六九頁を見よ。

(57) アンヌ・ベルトゥロ(松村剛監修、村上伸子訳)『アーサー王伝説』(創元社、二〇〇二年)を参照。

(58) マイケル・ベイジェント他(林和彦訳)『レンヌ＝ル＝シャトーの謎　イエスの血脈と聖杯伝説』柏書房、一九九七年。

(59) Margaret Starbird, *The Tarot Trumps and the Holy*

Grail: Great Secrets of the Middle Ages, WovenWord Press, 2000.

（60）ちなみにスターバードの本においても、「愚者」のカードに描かれているのは、いまだ異端の秘儀のイニシエイトを受けていない探求者としてのパーシヴァルだとなっている。Margaret Starbird, ibid., p21.

（61）実際に、二枚のカードが偶然に紛失したとする確率の計算をオニールは行っている。詳しくは、Robert V. O'Neill, ibid., p.94.

（62）以下のオニールの仮説は、Robert V. O'Neill, ibid., pp. 91-96. を参照。

（63）Stuart R. Kaplan, *The Encyclopedia of Tarot Vol.2*, p.271, p.276.

（64）Stuart R. Kaplan, *The Encyclopedia of Tarot Vol.1*, pp.128-129.

（65）後の画家が誰であるかの可能性として、アントニオ・チッコグナーラの名があがっているが、はっきりとした証拠があるわけではない。詳しくは Michael Dummett with the assistance of Sylvia Mann, ibid., p.70, note.22, pp.89-90.

（66）以前にも手描きのタロット・パックのカードのサイズから、それらがゲームの使用に適していないのではないかと指摘しておいた。そもそも初期の高価な手描きのカードが、実際にゲームに使用されていたのかどうかも問題である。これについては改めて後で論じる。

（67）John Shephard, *Tarot Trumps: Cosmos in Minature, The Structure and Symbolism of the Twenty-Two Tarot Trump Cards*, The Aquarian Press, 1985, p.29.

（68）以下のモークリーによるトライアンフの行列とトランプ・カードの関係についての理論は、Gertrude Moakley, *The Tarot Cards Painted by Bonifacio Bembo for the Visconti-Sforza Family Historycal Study*, 43-51, を参照。

（69）祝祭における仮装された人物が、一般の人々にも理解されたということについて、歴史家ブルクハルトは次のように述べている。「大部分の観衆は〔都市においては〕神話上の人物を理解し、少なくとも他のどこにおいてよりも容易に、寓意的あるいは歴史的な人物を判じることができた。それらは、一般に普及した教養の世界からとられたものだったからである」（ブルクハルト『イタリア・ルネサンスの文化II』一八六頁）。

（70）同前、二〇一頁。

（71）同前、二〇三頁。

（72）John Shephard, ibid, p.37.

（73）現在のスタンダードなタロット・パックでは、老人は手には砂時計ではなく、ランプを持っている。このことについては、第三部の「タロットの図像学」で詳述する。

（74）Stuart R. Kaplan, *The Encyclopedia of Tarot Vol.2*, p.147.

（75）なぜ、キャプランが『トリオンフィ』の主題と各トランプ・カードを、このように対応させたかは、ここでは省略する。詳しくは Stuart R. Kaplan, *The Encyclopedia of Tarot Vol.2*, pp.142-147.

（76）John Shephard, ibid, p.36.

（77）池上英洋「ロレンツォ・コスタとペトラルカ『凱旋』

図像」『イタリア・ルネサンス美術論、プロト・ルネサンス美術からバロック美術へ』所収、東京堂出版、二〇〇〇年。

(78) サヴォナローラの『十字架の凱旋』など。詳しくは、ブルクハルト『イタリア・ルネサンスの文化II』二〇〇頁。

(79) ダンテの『神曲』の煉獄篇の中にもトライアンフは描かれている。黙示録の二十四人の長老、四匹の神秘的な動物、三種のキリスト教的な徳（信仰、希望、愛）と四種の基本道徳（熟慮、正義、勇気、節度）等々。

(80) これらについてのさらに詳細は、Michael Dummett with the assistance of Sylvia Mann, ibid., p.84.

(81) Michael Dummett with the assistance of Sylvia Mann, ibid., pp.83-84.

(82) Stuart R. Kaplan, *The Encyclopedia of Tarot Vol.1*, p.132, 及びStuart R. Kaplan, *The Encyclopedia of Tarot Vol.2*, pp.302-303.

(83) Michael Dummett with the assistance of Sylvia Mann, ibid., p.203.

(84) Michael Dummett with the assistance of Sylvia Mann, ibid., p.205.

(85) Stuart R. Kaplan, *The Encyclopedia of Tarot Vol.2*, pp.307-308.

(86) Stuart R. Kaplan, *The Encyclopedia of Tarot Vol.1*, p.135, 及び Stuart R. Kaplan, *The Encyclopedia of Tarot Vol.2*, pp.310 -311.

(87) Stuart R. Kaplan, *The Encyclopedia of Tarot Vol.2*, p.307, p.309.

(88) ibid., p.285.

(89) Sandor Konraad, *Numerology Key to the Tarot*, Whitford Press, 1983.

(90) ibid., pp.30-31.

(91) 以下のトランプ・カードの順番は、Stuart R. Kaplan, *The Encyclopedia of Tarot Vol.2*, pp.182-191 を参照した。

(92) Michael Dummett with the assistance of Sylvia Mann, ibid., pp.399-417.

(93) ミラノ、ボローニャ、フェラーラの三地点に、トランプ・カードの順番のルーツを帰するダメットの推論を説明するのには、各地域のトランプ・カードの順番を詳細に比較検討したうえで跡づけていかなければならないため、かなりの紙幅と、タロットのゲームについての専門的な知識が必要とされる。したがってここでは、ダメットの結論だけを述べるにとどめておく。詳しくは、Michael Dummett with the assistance of Sylvia Mann, ibid., pp.387-417.

(94) ブルクハルト『イタリア・ルネサンスの文化II』二〇二頁。

(95) Michael Dummett, ibid., p.9, 及び Ronald Decker, Thierry Depaulis, and Michael Dummett, ibid., p.40.

(96) Michael Dummett, ibid., pp.9-10, 及び Michael Dummett with the assistance of Sylvia Mann, ibid., p.104, note.12, p.219.

(97) Stuart R. Kaplan, *The Encyclopedia of Tarot Vol.2*, p.411, p.413.

（98）Michael Dummett with the assistance of Sylvia Mann, ibid., p.104, note.12, p.213.
（99）二〇〇—二〇一頁を見よ。
（100）Michael Dummett, *Twelve Tarot Games*, p.8.
（101）Michael Dummett with the assistance of Sylvia Mann, ibid., p.76, note.33, 及び Stuart R Kaplan, *The Encyclopedia of Tarot Vol.1*, p.135. また、ボイアルドについては、すでに三八四頁で一度言及している。
（102）二九八—三〇二頁を見よ。
（103）ボローニャのタロットのゲームについては、Michael Dummett with the assistance of Sylvia Mann, ibid., pp. 316-320, pp.327-337, に詳しい。
（104）ミンキアーテ・カードについては、Michael Dummett with the assistance of Sylvia Mann, ibid., pp.316-320, pp. 338-354, 及び、Stuart R. Kaplan, *The Encyclopedia of Tarot Vol.2*, pp.256-267.
（105）シチリアのタロット・パックについては、Michael Dummett with the assistance of Sylvia Mann, ibid., pp. 316-320, pp.371-386, 及び Stuart R. Kaplan, *The Encyclopedia of Tarot Vol.2*, p.257, pp.268-269.
（106）Robert V. O'Neill, ibid., pp.51-53.
（107）グラハム・ハンコック（大地舜訳）『神々の指紋　上・下』小学館文庫、一九九九年。
（108）ゼカリア・シッチン（竹内慧訳）『宇宙人はなぜ人類に地球を与えたのか　オーパーツ驚異の謎解き』徳間書店、一九九五年など。

第三部　タロットの図像学

第一章　タロットの図像解釈における若干の方法論について

（1）Irene Gad, *Tarot and Individuation: Correspondences With Cabala and Alchemy*, Red Wheel Weiser, 1994.
（2）Angeles Arrien, *The Tarot Handbook: Practical Applications of Ancient Visual Symbols*, Putnam Pub Group, 1997.
（3）ジョセフ・キャンベル（平田武靖、浅輪幸夫監訳）『千の顔をもつ英雄　上・下』人文書院、一九八四年。
（4）エミール・マール（田中仁彦訳）『中世末期の図像学　下』国書刊行会、二〇〇〇年、四三頁。
（5）同前、三二頁。
（6）ここでの寓意についての考え方は、ルーロフ・ファン・ストラーテン（鯨井秀伸訳）『イコノグラフィー入門』（ブリュッケ、二〇〇二年）六二—七〇頁を参照した。

第二章　カードの絵の謎を解く

（1）Eden Gray, *A Complete Guide to the Tarot*, p.20.
（2）Gertrude Moakley, *The Tarot Cards Painted by Bonifacion Bembo for the Visonti-Sforza Family an Iconographic and Historical Study*, The New York Public Library, 1966, p.63.
（3）ibid., pp.55-58.

（4）Michael Dummett, *The Visconti-Sforza Tarot Cards*, p.102.
（5）増川宏一『ものと人間の文化史70　さいころ』法政大学出版局、一九九二年、九八頁。
（6）同前、一二四頁。
（7）Stuart R. Kaplan, *The Encyclopedia of Tarot Vol.2*, p.160.
（8）増川宏一『ものと人間の文化史70　さいころ』一一二頁。
（9）同前、一一五頁。
（10）同前、一一四—一一五頁。
（11）Sallie Nichols, ibid., p.101.
（12）ブルクハルト（柴田治三郎訳）『イタリア・ルネサンスの文化II』中公クラシックス、二〇〇二年、一七一頁。
（13）Stuart R. Kaplan, *The Encyclopedia of Tarot Vol.2*, p.160.
（14）Gertrude Moakley, ibid., p.72.
（15）教皇ジャンヌについては、池上俊一『身体の中世』（ちくま学芸文庫、二〇〇一年）二三二—二三四頁を参照した。
（16）以下のマンフレッダと異端の宗派に関しては、Gertrude Moakley, ibid., pp.72-73, 及びマリア・ベロンチ（大條成昭訳）『ミラノ　ヴィスコンティ家の物語』（新書館、一九九八年）三四—三六頁を参照した。
（17）Robert V. O'Nell, *Tarot Symbolism*, p.214.
（18）Sallie Nichols, ibid, p.72.
（19）伊藤博明『ヘルメスとシビュラのイコノロジー　シエナ大聖堂舗床に見るルネサンス期イタリアのシンクレティズム』ありな書房、一九九二年。
（20）ピアポント・モルガン—ベルガモ・パックの「女教皇」の本について、キャプランもこれと同様の指摘をしている。Stuart R. Kaplan, *The Encyclopedia of Tarot Vol.2*, p.161.
（21）Gertrude Moakley, ibid., p.71.
（22）Stuart R. Kaplan, *The Encyclopedia of Tarot Vol.1*, p.160, 及び Stuart R. Kaplan, *The Encyclopedia of Tarot Vol.2*, p.49.
（23）ただし、ペトラルカの『トライアンフ』の挿絵の場合、そのすべての図像の中で、必ずしもクピドーが常に「目隠し」をしているとは限らない。
（24）Stuart R. Kaplan, *The Encyclopedia of Tarot Vol.2*, p.160.
（25）エルヴィン・パノフスキー（浅野徹、塚田孝雄、福部信敏、阿天坊耀、永沢峻訳）『イコノロジー研究　上』ちくま学芸文庫、二〇〇二年、二二四頁。
（26）同前、二二五頁。
（27）アンドレア・アルチャーティ（伊藤博明訳）『エンブレム集』ありな書房、二〇〇〇年、八一頁。
（28）ちなみに、パノフスキーの論の中には、クピドーの矢を受けても傷つかない「賢い男」を描いた一三八〇年頃のドイツの写本の挿絵の例が載っている（エルヴィン・パノフスキー『イコノロジー研究　上』二一一頁、二一三頁）。
（29）詳しくは、エドガー・ウィント（田中英道、藤田博、加藤雅之訳）『ルネサンスの異教秘儀』一九八六年、晶文社、五二—七四頁。

（30）Stuart R. Kaplan, *The Encyclopedia of Tarot Volume2*, pp.14-15.

（31）パノフスキーは「目隠し」というモチーフについて次のようにも述べている。「伝統的にも内容的にも意味深い目隠しをつけられたこの裸体の少年の像がいたるところに現われるようになると、目隠しのモチーフはしばしばその特殊な意味を伝えることをやめるようになった」という。エルヴィン・パノフスキー『イコノロジー研究　上』二二七—二二八頁。

（32）John Shephard, ibid., p.27.

（33）エミール・マール『中世末期の図像学　下』四三頁。

（34）ちなみに、アメリカの神話学者ジョセフ・キャンベルも、マルセイユのタロットのこのカードの絵をもとに、プラトンの『パイドロス』との関連を指摘している。Joseph Cambell, Richard Roberts, *Tarot Revelations*, Vernal Equinox Press, 1987, p.14, Original edn., 1979.

（35）プラトン（藤沢令夫訳）『パイドロス』岩波文庫、一九六七年、五八頁。

（36）Stuart R. Kaplan, *The Encyclopedia of Tarot Volume1*, p.61, 及び、Stuart R. Kaplan, *The Encyclopedia of Tarot Volume2*, p.49.

（37）四〇六—四〇七頁を見よ。

（38）四〇七頁を見よ。

（39）Stuart R. Kaplan, *The Encyclopedia of Tarot Volume2*, p.165.

（40）Robert V. O'Neill, ibid., p.216.

（41）エミール・マール『中世末期の図像学　下』四三—四四頁。

（42）エミール・マール『中世末期の図像学　下』四四頁。

（43）Stuart R. Kaplan, *The Encyclopedia of Tarot Volume2*, p.168, 及び Robert V. O'Neill, ibid., p.218.

（44）Stuart R. Kaplan, *The Encyclopedia of Tarot Volume1*, p.70.

（45）Stuart R. Kaplan, *The Encyclopedia of Tarot Volume2*, p.101.

（46）以下のフォルトゥーナについての説明は、若桑みどり『象徴としての女性像　ジェンダー史から見た家父長制社会における女性表象』（筑摩書房、二〇〇〇年）七八—一二〇頁、及び、ハワード・ロリン・パッチ（黒瀬保監訳）『中世文学における運命の女神』（三省堂、一九九三年）を参照した。

（47）アプレイウス（呉茂一、国原吉之助訳）『黄金のろば　一巻』岩波文庫、一九九七年、八—九頁。

（48）ギヨーム・ド・ロリス、ジャン・ド・マン（篠田勝英訳）『薔薇物語』平凡社、一九九六年、九七頁。

（49）ボエティウス（畠中尚志訳）『哲学の慰め』岩波文庫、四九頁。

（50）Sallie Nichols, ibid., p.165.

（51）Michael Dummett, *The Visconti-Sforza Tarot Cards*, p.122.

（52）四一〇頁を見よ。

（53）「時の翁」のアトリビュートなどについては、エルヴィン・パノフスキー『イコノロジー研究　上』一四〇—一八六頁、及び、若桑みどり『マニエリスム芸術論』ちくま学

芸文庫、二〇〇一年、一一七―一四九頁を参照。

(54) エルヴィン・パノフスキー『イコノロジー研究　上』一四五―一四七頁。

(55) 同前、一五二頁。

(56) 同前、一五二頁。

(57) 同前、一五二頁。

(58) 伊藤博明『神々の再生　ルネサンスの神秘思想』東京書籍、一九九六年、二七三―二七六頁。

(59) Arthur Edward Waite, *The Pictorial Key to the Tarot*, p.119.

(60)「吊るされた男」とオーディンを結びつけて解釈した最も早い例としては、Paul Hanson, *The Devil's Picture Book*, Putnam, 1971 や Alfred Douglas, *The Tarot: The Origins, Meaning and Uses of the Cards*, Penguin Books, 1976, Original edn., 1972 がある。

(61) 九五頁を見よ。

(62) Thierry Depaulis, *Vandenborre Baccus Tarot*, Carta Mundi N.V. and U.S. Games Systems, Inc., 1983, pp.4-5.

(63) Gertrude Moakley, ibid., p.95.

(64) Stuart R. Kaplan, *The Encyclopedia of Tarot Volume2*, pp.187-189.

(65) Gertrude Moakley, ibid., p.95, あるいは Michael Dummett, ibid., p.124.

(66) ピーター・バーク（森田義之、柴野均訳）『イタリア・ルネサンスの文化と社会』岩波書店、二〇〇〇年、二一四―二一五頁参照。

(67) 同前、二一四頁。

(68) Stuart R. Kaplan, *The Encyclopedia of Tarot Volume2*, p.169.

(69) エミール・マール『中世末期の図像学　下』九九―一〇二頁。

(70) エルヴィン・パノフスキー『イコノロジー研究　上』一六四頁。

(71) Stuart R. Kaplan, *The Encyclopedia of Tarot Volume1*, p.70.

(72) エルヴィン・パノフスキー『イコノロジー研究　上』二一一頁より引用。

(73) 同前、二一〇頁。

(74) フィリップ・アリエス（伊藤晃、成瀬駒男訳）『死と歴史　西欧中世から現代へ』みすず書房、一九八三年、三三―四九頁。

(75) エミール・マール『中世末期の図像学　下』九一三頁。

(76) 同前、一二〇頁。

(77) 同前、四三頁。

(78) ハンス・ビーダーマン（藤代幸一監訳）『図説　世界シンボル事典』八坂書房、二〇〇〇年、五頁。

(79) J・B・ラッセル（大瀧啓裕訳）『悪魔の系譜』青土社、一九九〇年、一八六頁。

(80) 同前、二四二頁。

(81) それぞれの呼び名のもとは、以下のものによるものである。

「矢」……………十五世紀末のドミニコ会修道士の説教

「火」……………一五三四年のポーメランの詩、及び一五七〇年のスジオの詩

「悪魔の家」……一五五〇年頃のベルトーニの詩
「稲妻」…………十七世紀半ばパリで製作されたタロット
「神の家」………一六五九年に出版されたカード・ゲームのルール・ブック『遊びを含む学術書』の第二版（ちなみに一六五四年出版の初版にはタロットのゲームについては書かれていない）。

これらについての詳細は、Stuart R. Kaplan, *The Encyclopedia of Tarot Volume2*, pp.185-196.

(82) Richard Cavendish, *The Tarot*, Chancellor Press, 1975, p.123.

(83) Robert V. O'Neill, ibid., p.220.

(84) ibid., pp.220-221.

(85) 十四世紀から十五世紀にかけてのイタリアでの「希望」は、王冠を取るために腕を伸ばしているか、天に向かって手をあげている翼を持つ女性の姿かどちらかであった。エミール・マール『中世末期の図像学　下』四三頁。

(86) 女性と糸紡ぎについては、若桑みどり『象徴としての女性像　ジェンダー史から見た家父長制社会における女性表象』三五八―四〇三頁を参照。

(87) Stuart R. Kaplan, *The Encyclopedia of Tarot Vol.2*, pp.178.

(88) そもそも当時のイタリアの都市国家を表す「キヴィタス（civitas）」という言葉は、聖アウグスティヌス（三五四―四三〇）の著書『神の国（De civitate Dei）』にまでさかのぼるとされる、地上の理想的な都市国家とは天上の神の国の地上での現れであるといったような意味を持っていた。

(89) Robert V. O'Neill, ibid., p.222.

(90) Stuart R. Kaplan, *The Encyclopedia of Tarot Volume2*, p.180.

(91) Stuart R. Kaplan, *The Encyclopedia of Tarot Volume2*, p.180.

(92) 以下のフォルトゥーナの図像の変遷については、若桑みどり『象徴としての女性像　ジェンダー史から見た家父長制社会における女性表象』一〇五―一二〇頁を参照した。

(93) ボエティウス『哲学の慰め』四七頁。

(94) ゲームの中での「愚者」のカードの特徴は、それを持っているプレイヤーは、いつどんなときでも、それを出すことができるということである。通常、他のカードの場合にはカードを出す規則がある。簡単にいうと、前のプレイヤーが出したのと同じスートを出さなければならない。また、前のプレイヤーによってトランプ・カードが出されたら、次のプレイヤーもトランプ・カードを出さなければならない。ところが「愚者」は、こういった、スートやトランプ・カードをフォローしなければならないといった一切の決まりから除外されている。しかも「愚者」のカードは、他のプレイヤーがどんな強いトランプを出しても、相手に取られることがない。通常、「愚者」のカードを出すプレイヤーは、他のカードのようにテーブルの中央には置かず、ただ他のプレイヤーに対して見せるだけで、自分のテーブルの脇に伏せておく。このように、「愚者」はトリックで勝ったプレイヤーのもとにいくことはないわけだが、その反面、「愚者」は、一切トリックを取ることもできない。
(95) Eden Gray, *Mastering the Tarot: Basic Lessons In an Ancient Mystic Art*, p.96.
(96) Stuart R. Kaplan, *The Encyclopedia of Tarot Volume2*, p.186.
(97) 池上俊一『身体の中世』一八八頁。
(98) ジャン・ヴェルドン（池上俊一監修）『笑いの中世史』原書房、二〇〇二年、一五九―一七二頁。
(99) Gertrude Moakley, ibid., p.113.
(100) ルネサンスの宮廷愚者については、イーニッド・ウェルズフォード（内藤健二訳）『道化』晶文全書、一九七九年、一二四―一四九頁。

■著者：伊泉 龍一（いずみ りゅういち）

インターナショナル・プレイング・カード・ソサエティ会員。1997年より新宿朝日カルチャーセンターでタロット・カード及びプレイング・カードについての講座をおこなっている。欧米の研究成果を踏まえたタロットやプレイング・カードの日本への紹介者として活躍中。
ホームページ
https://unmeinosekai.com/

タロット大全──歴史から図像まで

2004年8月31日　第1刷発行
2022年2月17日　第8刷発行

発行所　株式会社 紀伊國屋書店
東京都新宿区新宿 3－17－7
出版部（編集）　電話 03(6910)0508
ホール部（営業）　電話 03(6910)0519
セール
東京都目黒区下目黒 3-7-10
郵便番号　153-8504

BOOKS KINOKUNIYA
KINOKUNIYA BOOK STORE TOKYO
KINOKUNIYA BOOK STORE TOKYO SHINJUKU

印刷　新藤慶昌堂
製本　大口製本印刷

©Ryuichi Izumi, 2004
ISBN 978-4-314-00964-5 C0022
Printed in Japan
定価は外装に表示してあります

索引

さ行

た行

な行

は行

ま行

や行

ら行

図版出典目録

〈1〉B.O.T.A. (1989) Builders of the Adytum, B.O.T.A.

〈2〉Christian, P., edited by Nichols, *The History of Magic,* Kessinger Publishing's.

〈3〉Clowley, A. (2000) *The Book of Thoth: A Short Essay on the Egyptians,* Weiser Books.

〈4〉Crowlery, A., Thoth Tarot, AGM.

〈5〉Decker, R., Depaulis, T. and Dummett, M. (1996) *A Wicked Pack of Cards: The Origins of the Occult Tarot,* St. Martin's Press.

〈6〉Decker, R., Dummett, M. (2002) *A History of the Occult Tarot* 1870–1970, Duckworth.

〈7〉Depaulis, T. (1984) *Tarot, Jeu Et Magie,* BiBliotheque Nationale.

〈8〉Douglas, A. (1976) *The Tarot: The Origins, Meaning and Uses of the Cards,* Penguin Books.

〈9〉Dummett, M. (1980) *The Game of Tarot from Ferrara to salt Lake City,* Duckworth.

〈10〉Dummett, M. (1986) The Visconti-Sforza Tarot Cards, George Braziller.

〈11〉Etteilla, Grand Etteilla: Egyptian Gypsies Tarot, Grimaud.

〈12〉Fournier, F., *Playing Cards-Fournier Museunm: General History From Their Creation to the Present Day, Heraclio Fouriner,* S.A. -Vitoria.

〈13〉Furuta, K. (1983) Ukiyoe Tarot, U.S. Games Systems.

〈14〉Gilbert, R. (1997) *Revelations of the Golden Dawn,* Quantum.

〈15〉Giles, C. (1992) *The Tarot: History, Mystery, and Lore,* A Fireside Book.

〈16〉Gray, E. (1971) *Mastering the Tarot; Basic Lessons in an Ancient, Mystic Art,* A Signet Book.

〈17〉Greer, K. (1988) *Tarot Mirrors: Reflection of Personal Meaning,* A Newcastle Book.

〈18〉Greer, M. (1995) *Women of the Golden Dawn,* Park Street Press.

〈19〉Grimaud, Grand Jeu De Mlle Lenormand, Grimaud.

〈20〉Grimaud, Tarot de Paris, Grimaud.

〈21〉Grimaud (1963) Tarot of Marseilles, Grimaud.

〈22〉Hargrave, C. (2000), *A History of Playing Cards and Bibliography of Cards and Gaming,* Dover.

〈23〉Hoffmann, D. (1972) *The Playing Card: An Illustrated History,* New York

Graphic Society Ltd.
〈24〉Jui, G. (1989) The Chinese Tarot Deck, U.S. Games Systems.
〈25〉Kaplan, S. (1978) *The Encyclopedia of Tarot Vol.*1, U.S. Games Systems.
〈26〉U.S.Games Systems (1984) Cary-Yale Visconti Tarocchi Deck, U.S. Games Systems.
〈27〉Kaplan, S. (1986) *The Encyclopedia of Tarot Vol.*2 , U.S. Games Systems.
〈28〉Kaplan, S. (1990) *The Encyclopedia of Tarot Vol.*3, U.S. Games Systems.
〈29〉Knapp, J., Hall, M. (1985) Knapp-Hall Tarot Deck, U.S. Games Systems.
〈30〉Levi, E., Translated by Crowley, A. (2002) *The Key of the Mysteries,* Weiser books.
〈31〉Lyle, J. (1990) *Tarot: Read the Cards Interpret The Future Solve Your Problems,* Mallard Press.
〈32〉McIntosh, C. (1972) *Eliphas Levi and the French Occult Revival,* Rider.
〈33〉Papus, Tranlsated by Morton, A.P., *The Tarot of the Bohemians: Abosolute Key to the Occult Science,* Wilshire Book.
〈34〉Papus (1909) *Le Tarot Divinatoire: Clef du tirage des cartes et des sorts,* Dangles.
〈35〉Piatnik (1986) Mlle. Lenormand Jeu de destin, Piatnik.
〈36〉Pollack, R. (1990) *The New Tarot: Modern Variations of Ancient Images,* The Overlook Press.
〈37〉Raine, K. (1976) Yeats, *The Tarot and the Golden Dawn,* The Dolmen Press.
〈38〉Roszak T. (1988) *Fool's Cycle/ Full Cycle: Reflections on the Great Trumps of the Tarot,* Robert Briggs Associates.
〈39〉Scarabeo (1996) Ancient Minchiate Etruria, Lo Scarabeo.
〈40〉Sharman-Burke, J., Green, L. (2001) Mythic Tarot, Fireside.
〈41〉Shephard, J. (1985) *Tarot Trumps: Cosmos in Minature, The Structure and Symbolism of the Twenty-Two Tarot Trump Cards,* The Aquarian Press.
〈42〉Sutin, L. (2002) *Do What Thou Wilt: A Life of Aleister Crowley,* St. Martin.
〈43〉U.S. Games Systems (1983) Vandenborre Bacchus Tarot, U.S. Games Systems.
〈44〉Vieville, J. (1984) Tarot Jacqves Vieville, Heron・Boechat.
〈45〉Vogel, K., Noble, V. (1995) Motherpeace Tarot, U.S. Games Systems.

〈46〉Waite, A., Smith, P. (1971) The Original Rider Waite Tarot Pack, U.S. Games Systems.

〈47〉Wirth, O. (1975) Oswald Wirth Tarot Deck, U.S. Games Systems.

〈48〉Wang, R. (1978) The Golden Dawn Tarot Deck, U.S. Games Systems.

〈49〉Wang. R. (2001) The Jungian Tarot, Marcus Aurelius Press.

〈50〉Zain, C.C., The Brotherhood of Light Egyptian Tarot Cards, U.S. Games Systems.

〈51〉マーガレット・アストン著、樺山紘一監訳（1998）『図説　ルネサンス百科事典』三省堂。

〈52〉アンドレア・アルチャーティ著、伊藤博明訳（2000）『エンブレム集』ありな書房。

〈53〉伊藤博明著（1992）『ヘルメスとシビュラのイコノロジー　シエナ大聖堂舗床に見るルネサンス期イタリアのシンクレティズム』ありな書房。

〈54〉樺山紘一著（1996）『世界の歴史16　ルネサンスと地中海』中央公論新社。

〈55〉フランシス・キング著、澁澤龍彦訳（1978）『イメージの博物誌１　魔術もう一つのヨーロッパ精神史』平凡社。

〈56〉グリヨ・ド・ジヴリ著、林瑞枝訳（1990）『妖術師・秘術師・錬金術師の博物館』法政大学出版局。

〈57〉ルーロフ・ファン・ストラーテン著、鯨井秀伸訳（2002）『イコノグラフィー入門』ブリュッケ。

〈58〉マリア・M・タタール著、鈴木晶訳（1994）『魔の眼に魅されて　メスメリズムと文学の研究』国書刊行会。

〈59〉利倉隆著（1999）『悪魔の美術と物語』美術出版社。

〈60〉サリー・ニコルズ著、秋山さと子、若山隆良訳（2001）『ユングとタロット』新思索社。

〈61〉ピーター・バーグ著、森田義之、柴野均訳（2000）『新版　イタリア・ルネサンスの文化と社会』岩波書店。

〈62〉エルヴィン・パノフスキー著、浅野徹、塚田孝雄、福部信敏、阿天坊耀、永沢峻訳（2002）『イコノロジー研究　上』。

〈63〉エルヴィン・パノフスキー著、浅野徹、塚田孝雄、福部信敏、阿天坊耀、永沢峻訳（2002）『イコノロジー研究　下』。

〈64〉ミハイル・バフチン著、川端香男里訳（1997）『フランソワ・ラブレーの作品と中世・ルネッサンスの民衆文化　〈笑う人間（ホモ・リーデンス）〉の復権』せりか書房。

〈65〉エミール・マール著、田中仁彦他訳（2000）『中世末期の図像学　下』国書

刊行会。
〈66〉水之江有一著（1995）『死の舞踏　ヨーロッパ民衆文化の華』丸善ブックス。
〈67〉エリファス・レヴィ著、生田耕作訳（1982）『高等魔術の教理と祭儀　祭儀篇』人文書院、一九九二年。
〈68〉若桑みどり著（2000）『象徴としての女性像　ジェンダー史から見た家父長制社会における女性表象』筑摩書房。
〈69〉ピーター・ワシントン著、白幡節子・門田俊夫訳（1999）『神秘主義への扉　現代オカルティズムはどこから来たか』中央公論新社。
〈70〉ビートルズ（1998）サージェント・ペパーズ・ロンリー・ハーツ・クラブ・バンド、東芝EMI。
〈71〉レッド・ツェッペリン（1995）レッド・ツェッペリンIV、イーストウェスト・ジャパン。
〈72〉CGFA, http://cgfa.sunsite.dk/index.html
〈73〉The Getty, http://www.getty.edu/
〈74〉The Norton Museum of Art, http://www.norton.org
〈75〉Olga's Gallery, http://www.abcgallery.com/index.html
〈76〉Web Gallery of Art, http://www.kfki.hu/~arthp/welcome.html